田健治郎日記 7

昭和四年〜昭和五年
書簡・人名索引

芙蓉書房出版

『田 健治郎日記』編集委員会

田 健治郎 （1855-1930）

安子 榮子 英夫 田 艇吉 敏夫 田 健治郎 美智子 田 昌

田家の人びと

田健治郎邸　　萬象閣と内部　座敷は上げ天井となっている

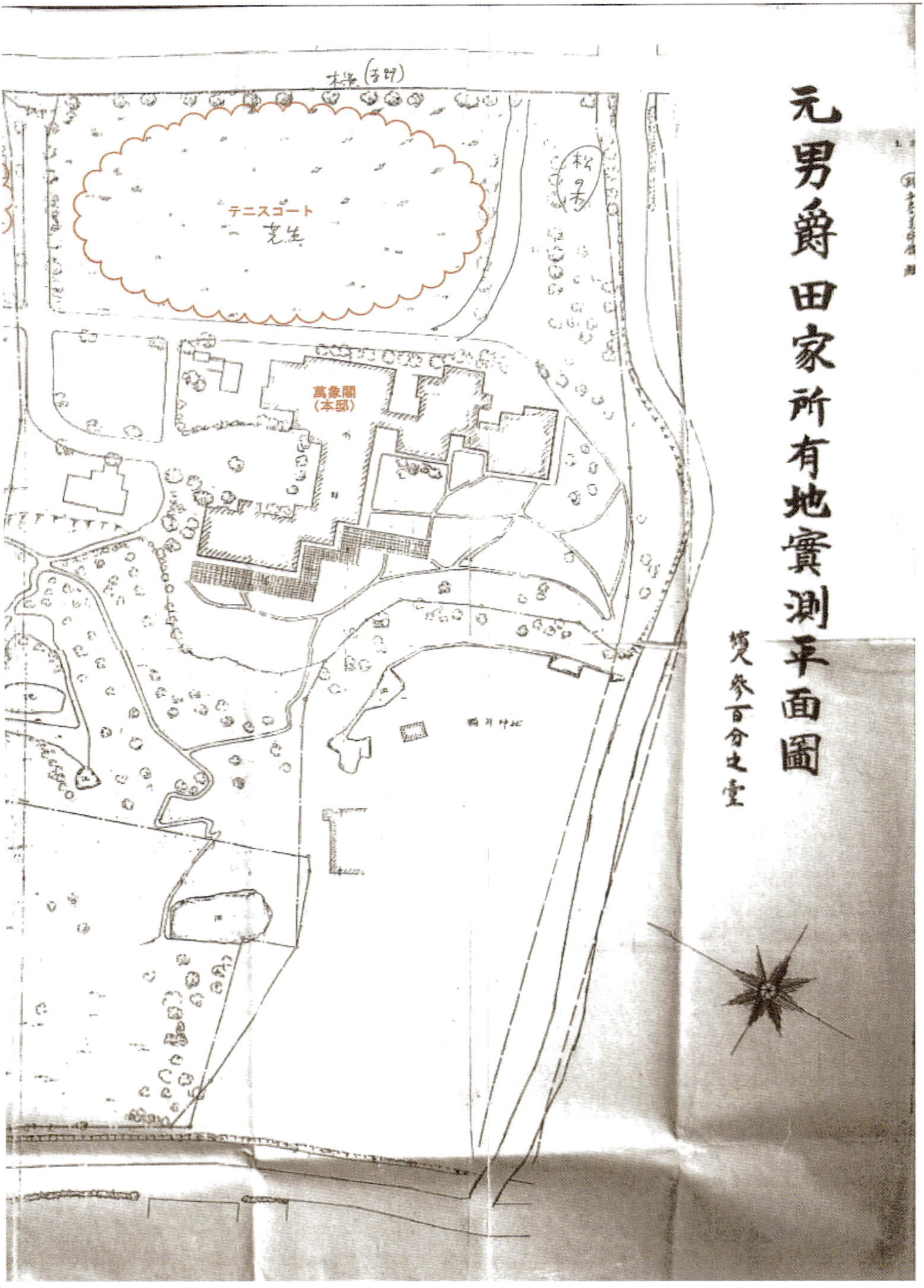

敷地の一部は現在五島美術館になっている（東京都世田谷区上野毛）

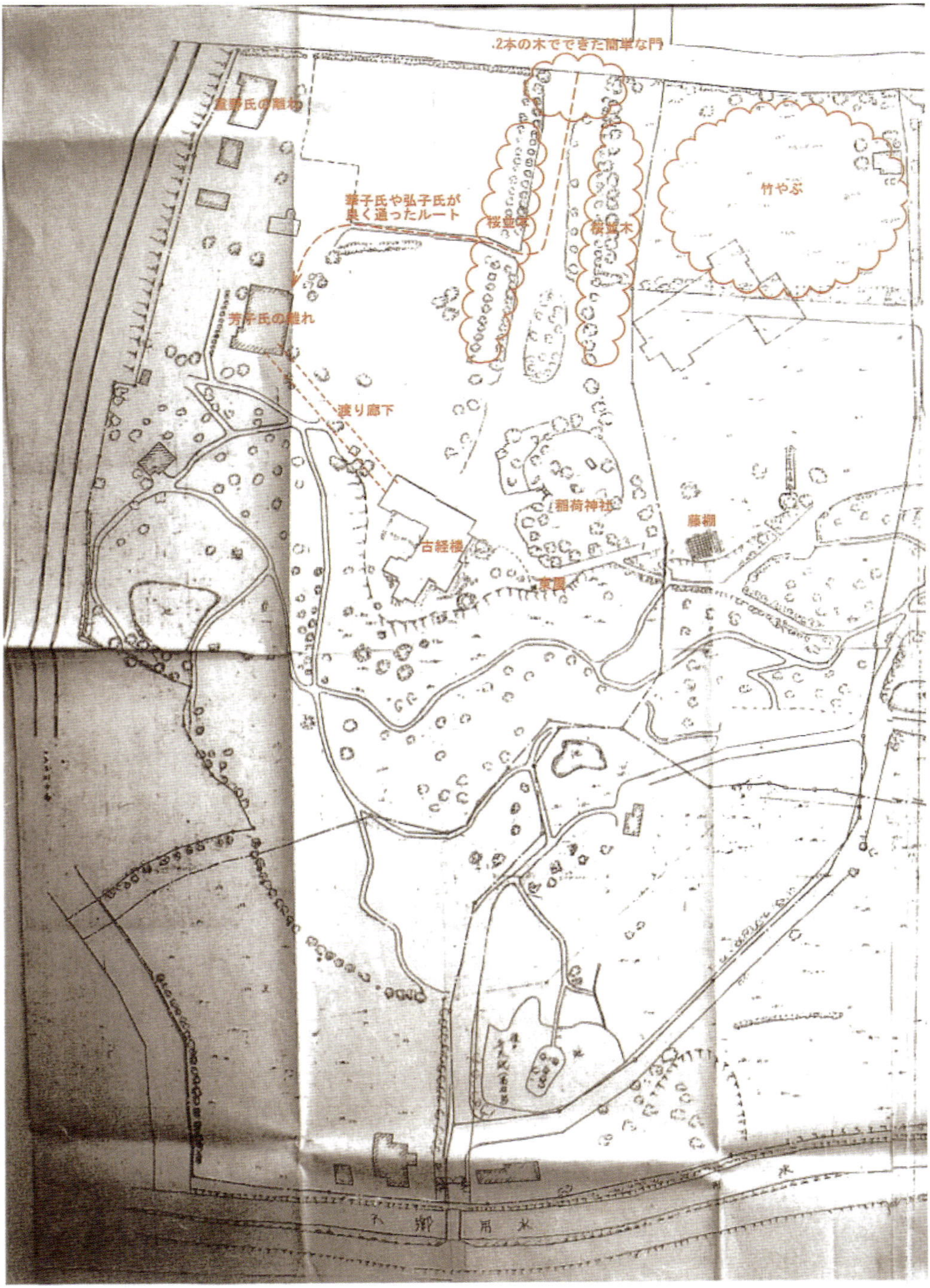

「元男爵田家所有地実測平面図」

田健治郎日記　昭和4年7月2日
田中内閣総辞職の翌日

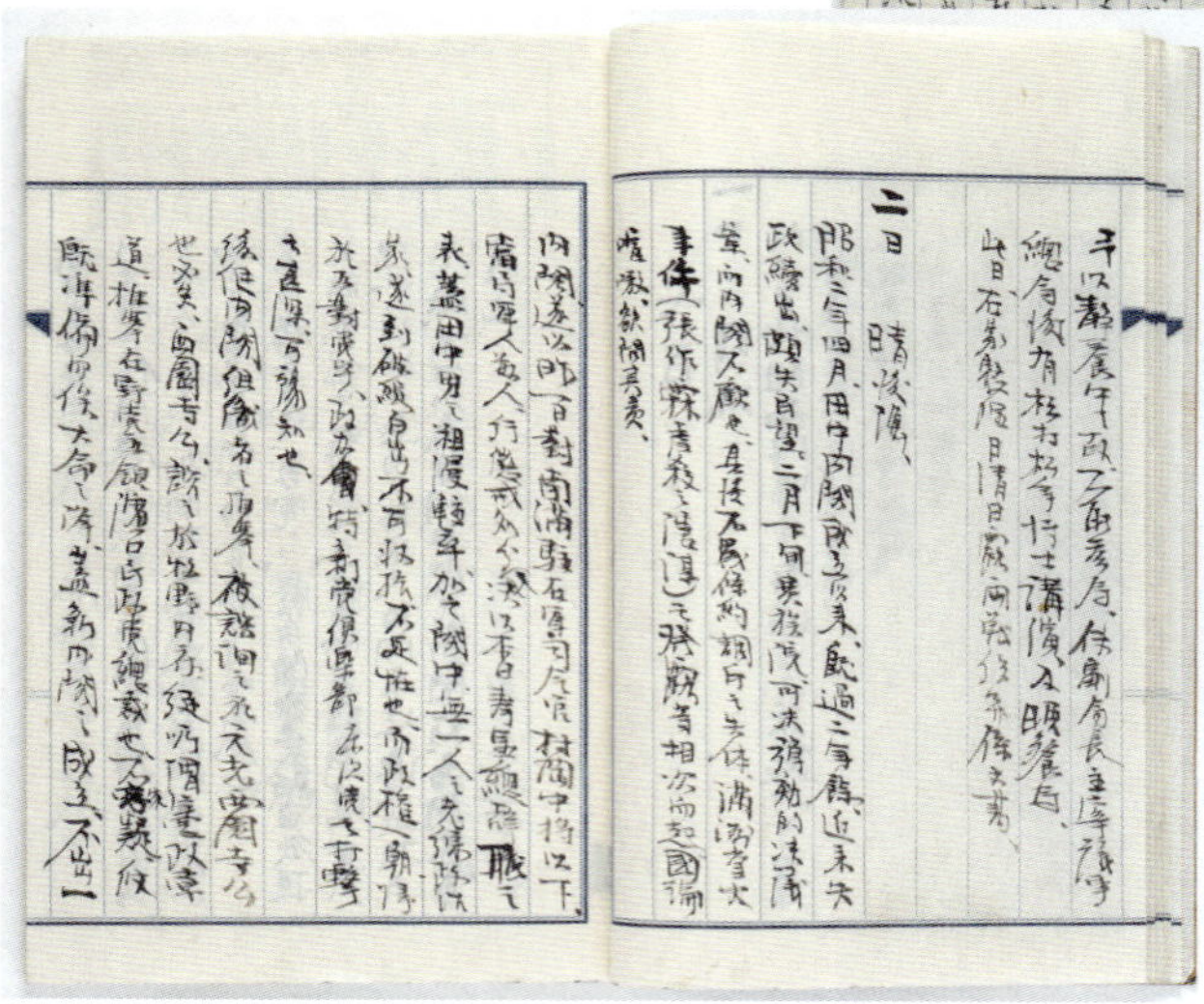

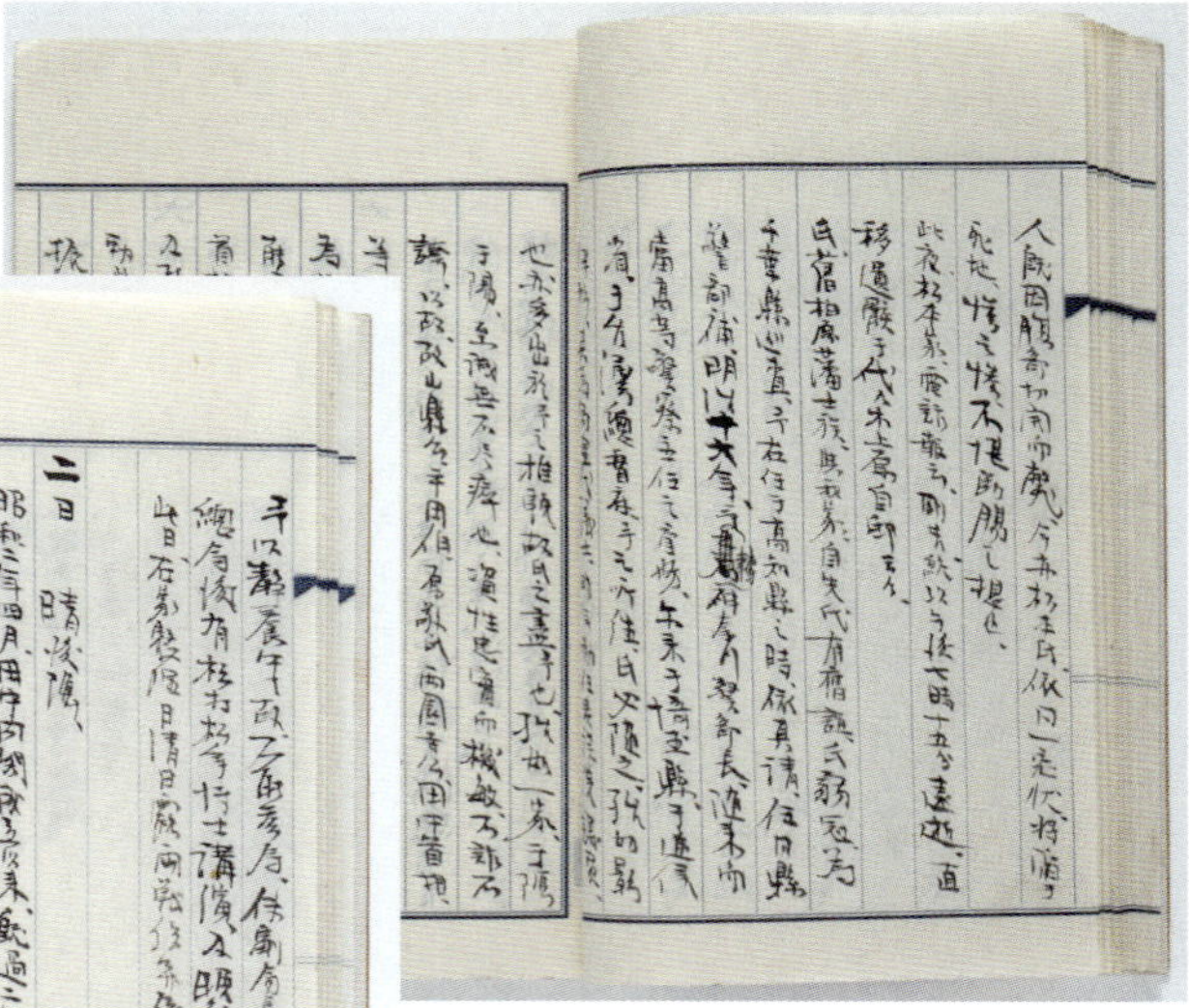

田健治郎日記　昭和4年3月5日
松本剛吉死去

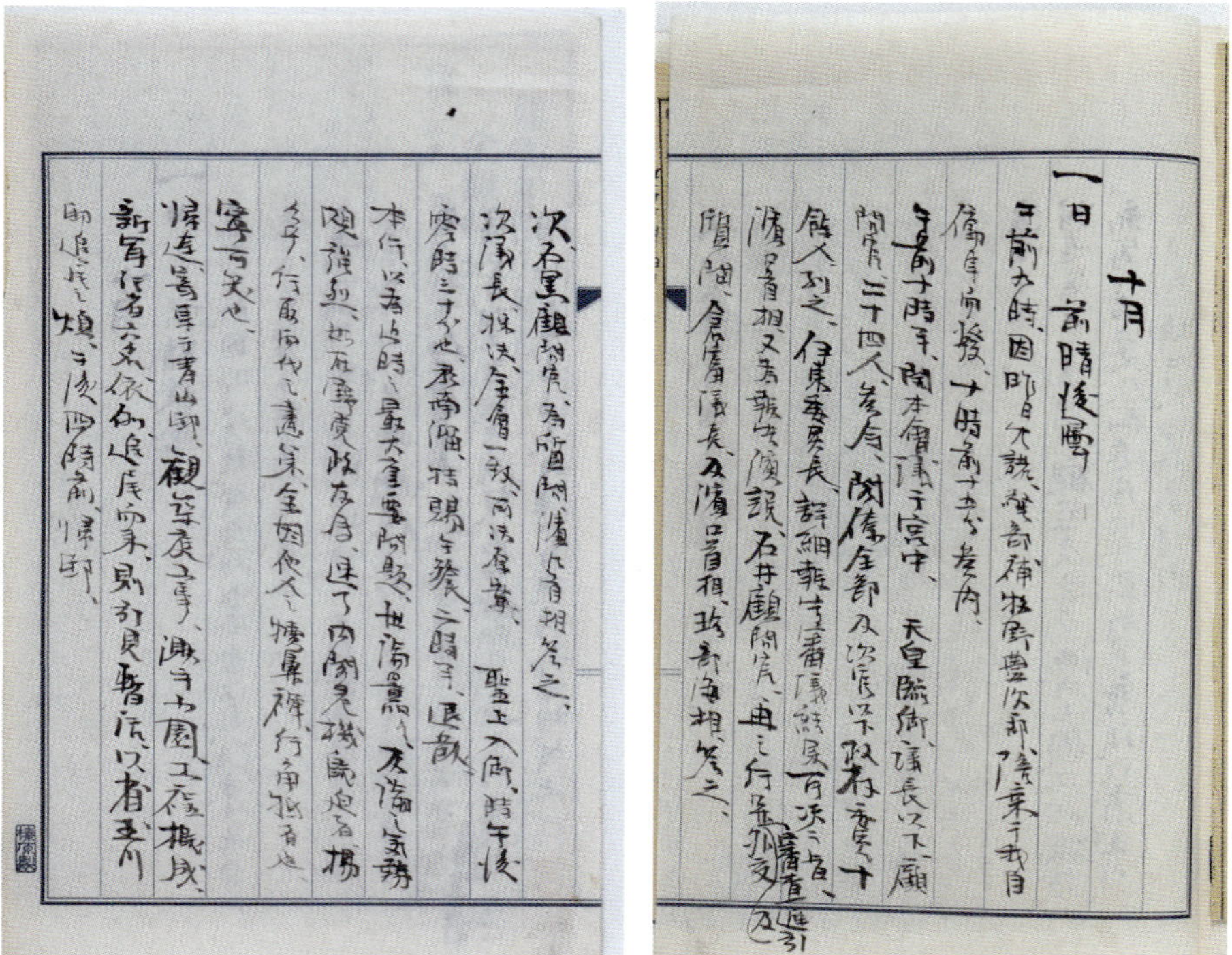

田健治郎日記　昭和5年10月1日　ロンドン海軍軍縮条約枢密院可決

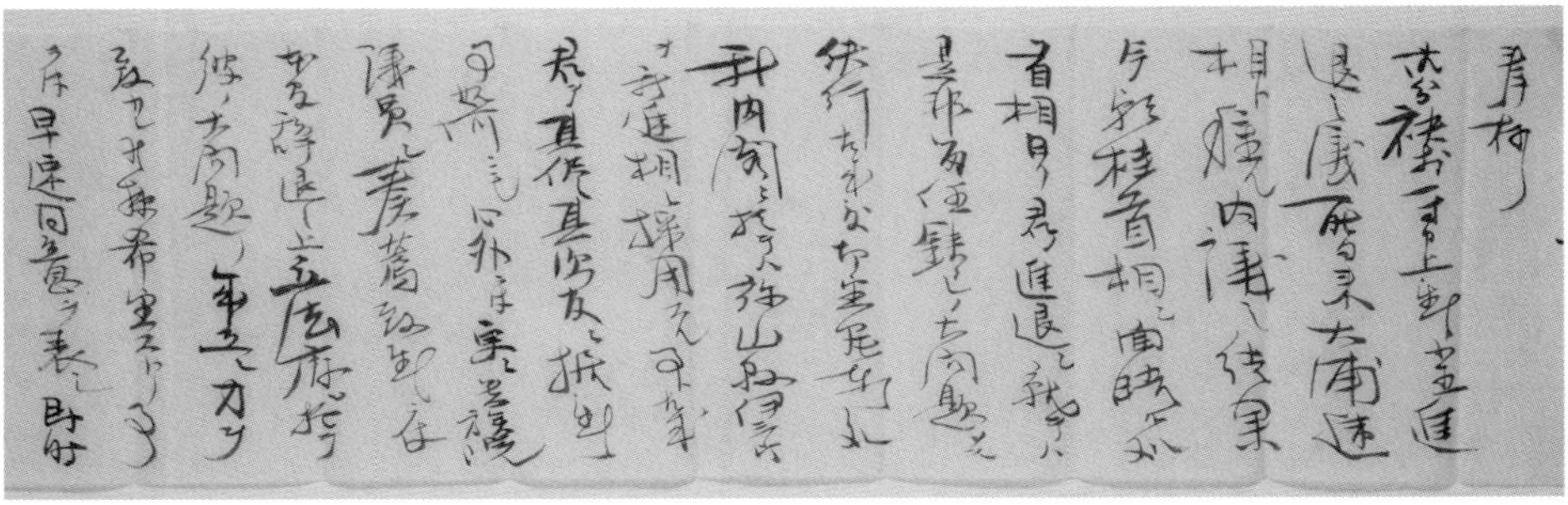

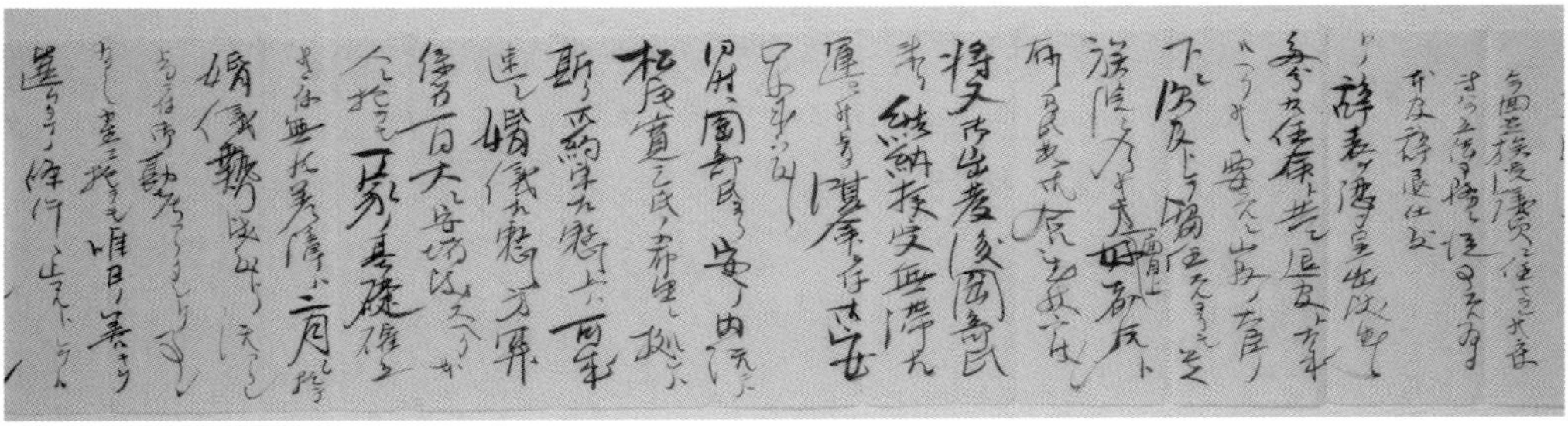

田艇吉あて田健治郎書簡（明治39年1月6日）

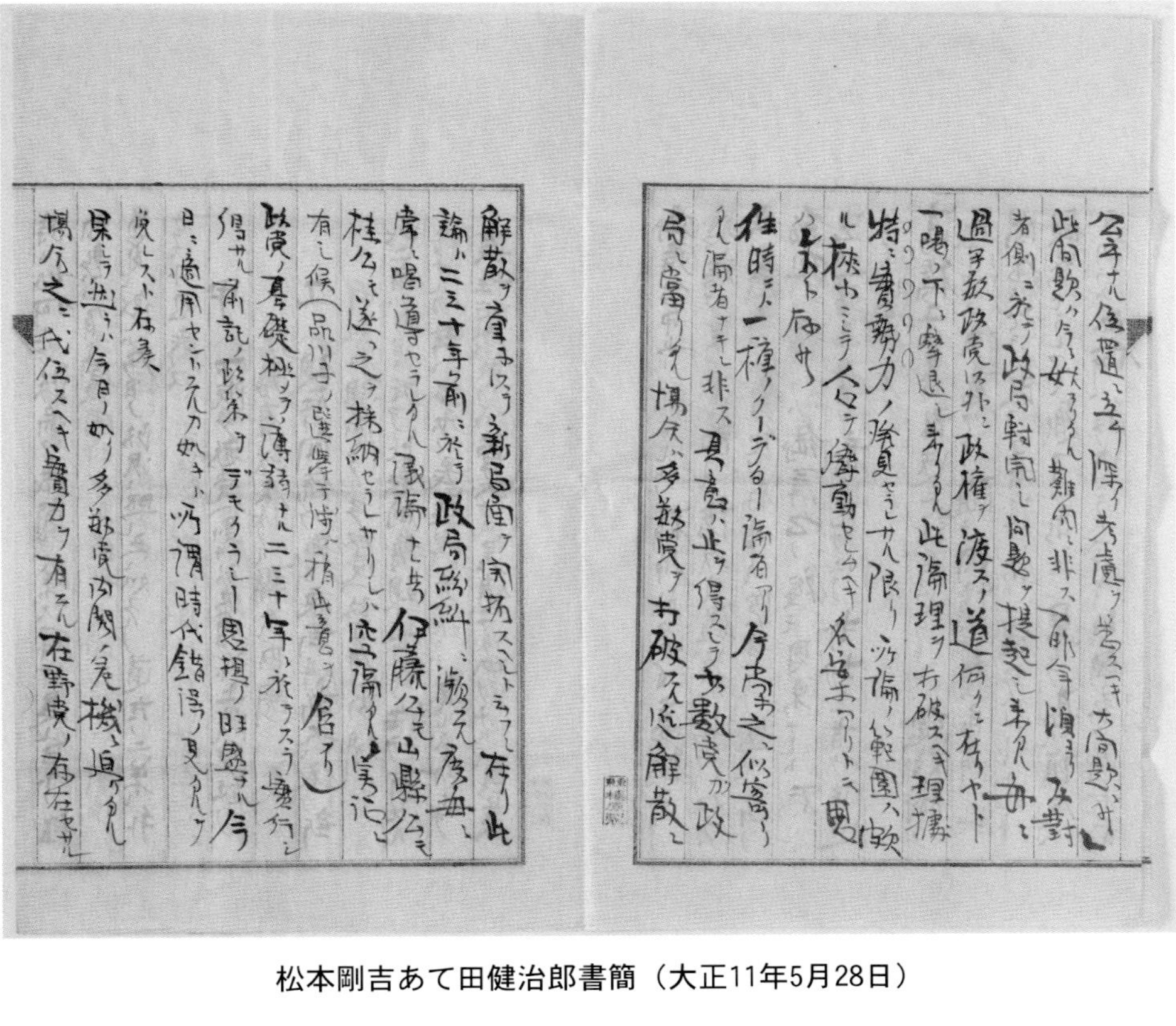

松本剛吉あて田健治郎書簡（大正11年5月28日）

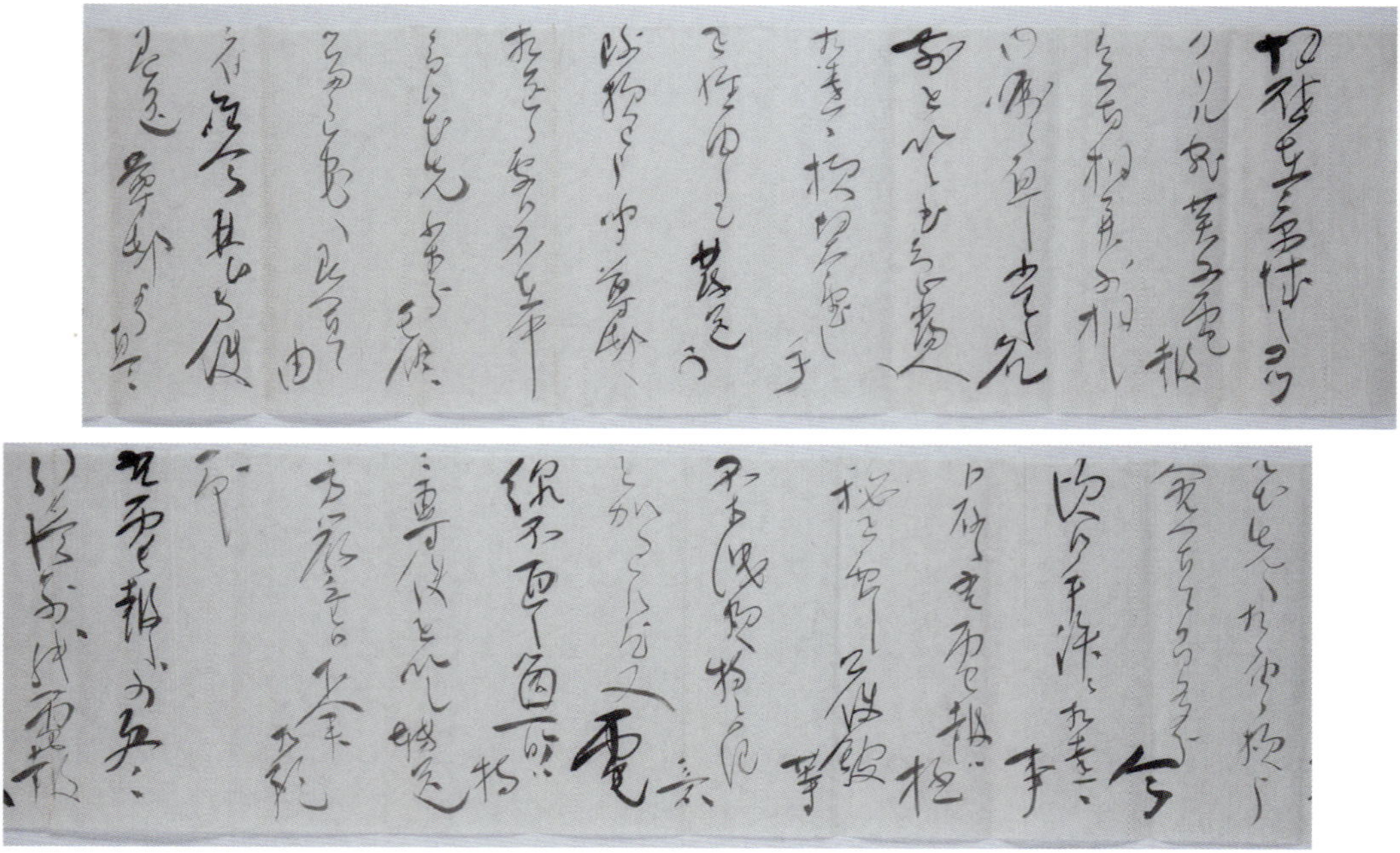

田健治郎あて伊東巳代治書簡（明治27年10月12日）

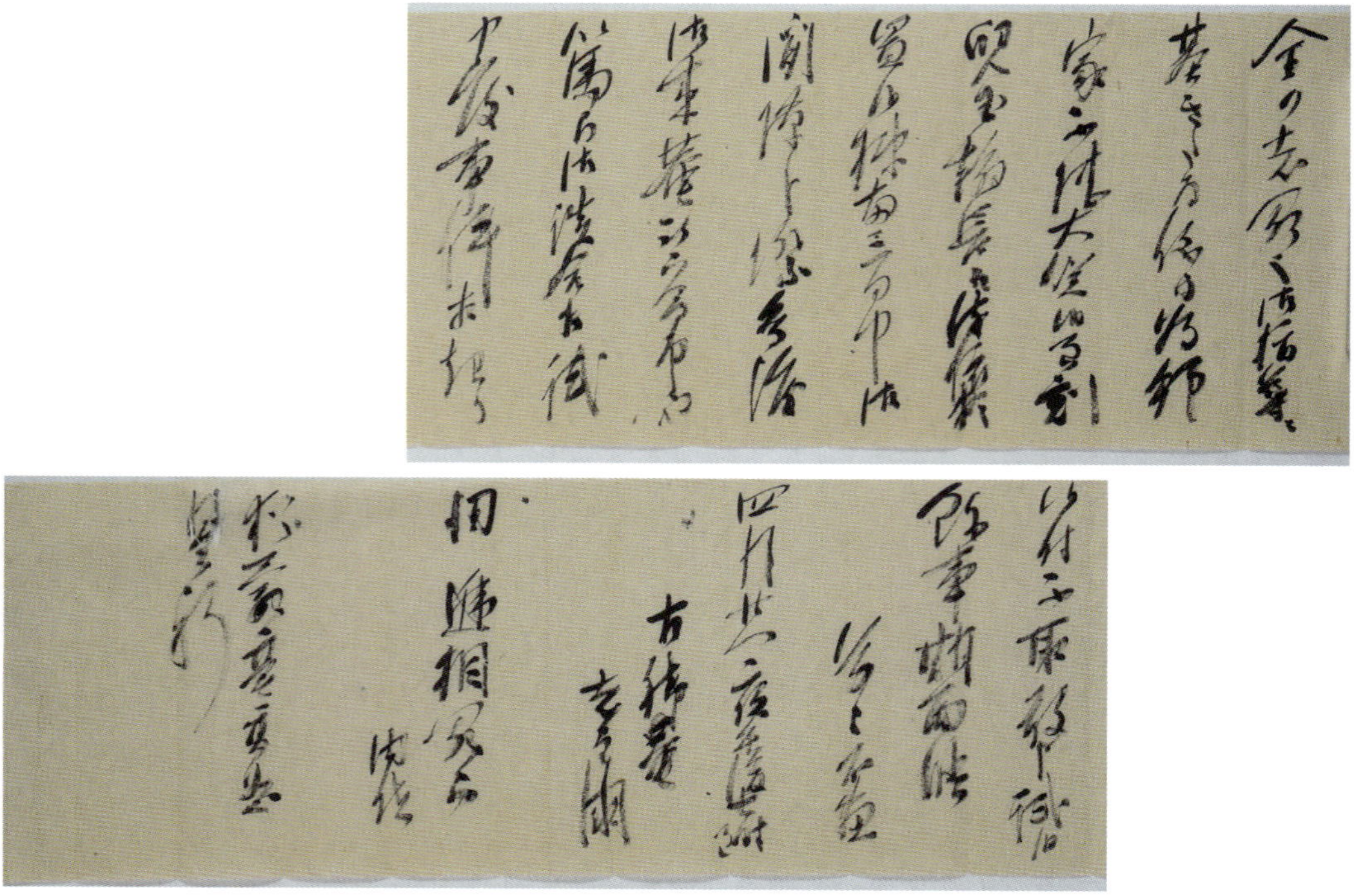

田健治郎あて山県有朋書簡（大正6年4月21日）

刊行にあたって

今回、尚友叢書は「田健治郎日記」を翻刻する運びとなった。尚友叢書14―7はその第七巻である。男爵 田健治郎（安政二年～昭和五年）は、貴族院議員、逓信大臣、台湾総督、農商務大臣兼司法大臣、枢密顧問官を歴任した官僚出身の政治家であるが、明治三十九年より昭和五年に至るまでの日記が、国立国会図書館憲政資料室に所蔵されている。

この日記には、田健治郎の貴族院における議員活動の詳細、台湾総督府の問題、逓信事業の変遷など、明治末から昭和初期に至る多くの情報を含んでおり、日本近代政治史研究の貴重な史料として多くの研究者に注目されている。しかし日記は漢文で書かれており、現代では難解であるので、今回は「読み下し体」として翻刻した次第である。

本書の翻刻刊行にあたり、田敏夫氏からは快諾を賜った。

第七巻は、日記（昭和四年、五年）、田艇吉宛田健治郎書簡一〇三通、松本剛吉宛田健治郎書簡二三通、田健治郎宛書簡九九通（いずれも国立国会図書館憲政資料室所蔵）、ならびに全巻の人名索引を収録した。編集校正は駿河台大学名誉教授広瀬順晧氏、創価大学教授季武嘉也氏、麗澤大学教授櫻井良樹氏、宮内庁書陵部主任研究官内藤一成氏、霞会館非常勤嘱託員松田好史氏の全委員にご尽力いただいた。索引作成では飯川幸子氏に長期間にわたる労をとっていただいた。あわせて感謝申し上げる。

本書が、日本近代政治史研究に貢献することを願ってやまない。

平成三十年三月

一般社団法人 尚友倶楽部
理事長　山本　衞

田健治郎日記　7〈昭和四年・五年、書簡、人名索引〉●目次

刊行にあたって……………………………………山本　衞　1

凡　例………………………………………………5

昭和四年……………………………………………9

昭和五年……………………………………………139

田健治郎書簡………………………………………245

田艇吉宛書簡　246

松本剛吉宛書簡　325

田健治郎宛書簡……………………………………343

伊藤博文書簡　344

伊東巳代治書簡　346

大石熊吉書簡　352

大隈重信書簡　353

桂　太郎書簡　355

加藤高明書簡　356

加藤友三郎書簡　357

清浦奎吾書簡　357

黒田清隆書簡　363

西園寺公望書簡　371

高橋是清書簡 371
松方正義書簡 379
田中義一書簡 372
山県有朋書簡 381
寺内正毅書簡 372
若槻礼次郎書簡 383
原　敬書簡 378
『田　健治郎日記』全七巻の刊行を終えて……上田　和子 385
田　健治郎　関係系図…… 389
人名索引

凡　例

一、本書は国立国会図書館憲政資料室所蔵「田健治郎関係文書」の中から大正十三年より昭和三年にいたる日記を翻刻したものである。
二、日記の原文は漢文体で書かれているが、本書では通読の便を考えて読み下し体とした。
三、読み下しにあたっては、新たに句読点を付し、旧仮名遣いを用いた。
四、漢字は原則として新字体を用い、旧字体は最小限にとどめた。
五、明らかな誤字脱字は訂正した。ただし固有名詞で誤用しているものは原本のままとした。
六、異体字は正字に改めた。
七、本文中の（　）の記述は編者による註記である。
八、日記中に今日の価値尺度からみて不適切と思われる表現が多々あるが、本書の史料翻刻という性格に鑑みそのまま再現した。

田　健治郎日記

7

〈昭和四年・五年、書簡、人名索引〉

昭和四年

一　月

一月一日　晴暄　夕陰小雪一過

早く起き潔斎。午前八時大礼服を着し、一家団欒にて祝杯を挙げ新年を迎ふ。

午前八時四十分、武田喜久子と同乗出邸す。途次、喜久子女子学習院へ赴く。予九時三十分参内し、直ちに西溜間に入る。安は所労を以て辞して参朝せず。

午前十時十分、山本大勲位、田中首相以下国務大臣、枢密顧問官、陸海軍大将等順次正殿に於て両陛下に対し拝賀の礼を行ひて退出。

転じて青山御所に参入、皇太后陛下に対し拝賀の外、順次左記皇族邸に抵り、祝賀の意を表す。

　秩父宮　高松宮　澄宮　閑院宮　東伏見宮
　伏見宮　山階宮　賀陽宮　久邇宮　梨本宮　朝香宮
　東久邇宮　北白川宮　竹田宮

途次、篤邸の前を過ぎ、一顧存問して過ぐ。此の日、天候静穏、好個の元旦気象也。

此の日、宮地茂秋、広瀬昌三、同節男、尾間信、引地興五郎、小谷哲、同富貴、同正雄、森田景三、畑中宗甲来賀。

安部俊夫、同和子礼訪に来る。重野厚次亦来賀。

飯坂忠正が其の子を伴ひ礼訪に来る。則ち嚮に嘱せし所の書幅及び額各一葉を交付す。

一月二日　晴　寒甚

朝来、新元鹿之助夫妻、昌夫妻、園田寛夫妻、吉田貞、重野紹一郎、町田襄治相次で来賀。酒食を饗して別る。

夕刻、町田襄治、雅子を伴ひて帰去。

安場二女児来遊、留宿。

南郷次郎、田中重忠来賀、近藤孝亦来賀。

此の日、原氏に嘱し、年賀状数百通を署せしむ。

一月三日　快晴厳寒　元始祭

此の日、賢所に於て元始祭を行はせらるゝも、予風邪の懸念を以て、辞して参列せず。

小林霊学、日比野正之、松本米蔵来賀。細田冉三亦来る。

安と誠は誠三児、芳子三児、安場二児等を誘ひ、上野浅草見物に赴き、夜に入りて別る。栄子、砧村本尾家へ赴き、夕刻帰来。

此の日斎藤酉男治に賀状数十通を作さしめ之れを発送せしむ。

数人の為め、額幅約十点に揮毫す。

一月四日　好晴穏和
西村歌子、長田博光、池上慶造等来賀。
午後、原生をして賀状の整理に着手せしむ。
家族相伴ひ東京に年賀に赴き、夕刻帰来す。

一月五日　天候如昨　新年宴会
午前十一時過ぎ大礼服にて参内す。正午豊明殿へ入り定席に就く。
天皇は皇族、国務大臣、締盟国使臣を随へ臨御、御宴を賜る。田中首相及び首席使臣が御前に進み勅語に奉答。
午後一時入御し順次退散。此の日、天気清明、春陽の如く、好個の新年気象也。

一月六日　天候益窂　日曜日
此の夕、誠は栄子及び三児を伴ひ、夜行列車に搭り帰任の途に就く。
本年の年賀状発着、大要左の如し。

当初発送通数	弐百八十通
既発に対する来状	弐百壱通
来状に対し発送したる賀状	四百七十二通
来賀状に答へざる分	三百九十壱通
通計　当方より発送数	七百五十弐通
他方より来翰数	千六十四通

一月七日　天候依然
安、季等は町田雅子及び其の二児を省る為め、品川邸に赴く。

金谷ツタ一昨日来、来りて施術、本日、安に随ひて辞去。

枢密顧問官石原健三夫人静子が本月四日病歿せし訃に接し、細川生をして其の葬を青山会館に送らしめ、且贈賻す。

又玉江義朗（元農商務省属吏）の訃に接し、書を発してこれを弔し且つ贈賻す。

積日堆積の来翰を整理、略ぼ其の緒に就く。

一月八日　陰寒

午後芦田哲造来賀。

一月九日　晴寒

天皇皇后両陛下、避寒の為め照宮内親王を伴ひ、午前十時二十分東京駅発の特発車に搭り、相州葉山別邸に行幸啓せらる。予、風邪の兆を以て、奉送する能はず。之れが為め枢密院定例参集を休止す。

徳島元太郎来賀、寛話後、求に応じ書幅一葉を贈る。

予、曾て故文学博士物集高見翁の請に応じ、其の編輯せし「皇学叢書」に対し題字を与ふ。其の報謝の為め、嚮に大巻五巻を贈り、此の日又六巻を贈り来れば、則ち其の主幹西川幸蔵に向け謝状を致す。

一月十日　晴暄

中島徳四郎、台湾より晋京、同専売局採用斡旋の恩を来謝、且つ揮毫を請ふ。

荒木善次、坂本辰之助、峠箕の紹介状を携へ来訪。荒木学園（低能児教育）基本金に資せんが為め、揮毫を請ふ。

下啓助氏来賀、北海道漁業及び水産群書編纂に関する事を寛話、資料書籍の借覧を請ひ、共に午餐して去る。

一月十一日　天候如昨

鮮人李英実来邸、再び紙本及び短冊四十点に揮毫を請ふ。

西川幸蔵、将に物集高見に代はり台湾に赴き、偉人伝記調査に従事せんとすれば、則ち請に応じ、川村総督及び常吉徳寿に対する紹介書を与へ、且つ台湾事情、田捨女集各一冊を贈る。

雄弁学会編輯部の予の演説筆記を要求する来翰に対し、返書を送り、筆記現存せざる旨を答ふ。

一月十二日　天候依然

此の日、数年来堆積せる新聞切抜の整理を行ひ、略ぼ其の緒に就く。

午時、柴家下隣の木村某家宅が失火全焼。我が家之れを覚知せず、対岸の大野銀次郎、見舞に来り述べ初めて之れを知る。則ち中島生をして柴家を慰問せしむ。

此の日、町田襄治、雅子一族、僑居青山北町三丁目より移転を行ふ。安、季等往きて之れを助け、夕刻帰来。

枢密院、来る十六日会議の議案三件を送付し来る。

金谷ツタ、来り施術。

一月十三日　天候不変　　日曜日

午前、答礼の為め、近隣南郷次郎氏を其の邸に訪ひ、寛話し且つ田捨女集一部を贈る。

午後、安と同乗、新元鹿之助を駒沢新町邸に答訪す。適ま西村淳一郎、妻児と共に来り在り、寛話して帰る。

引地興五郎医、武田慎二を来診。予亦診察を受く。

金谷ツタ辞去。

原生に年賀状を整理せしめ、且つ金蘭簿（大正十五年改訂）の改訂新写に着手す。

来る十七日、利光鶴松外二名よりの、十八日夕、日土協会よりの晩餐の招状に接するも、医の戒めにて夜行を禁ずるの理由に依り、之れを謝絶す。

一月十四日　天候依然

午前、新元鹿之助、野呂寧が台湾倶楽部を代表し来訪。同倶楽部総会決議を以て予を同倶楽部名誉会員に推薦の事を通告し来る。則ち承諾の旨を答ふ。

明治二十一年以来の諸団体嘱托状并に謝状等を整理区分し略ぼ其の緒に就く。

一月十五日　南風送暖　検温計六十八度

午後、増島夫人葦沙子礼訪に来る。適ま安入京不在なれば、予及び季子迎接、暫話して去る。

日高明、縹に喜多樺太長官に対する紹介に依り、知取町長拝命の恩を来謝するも、逢はずして去る。

山田ヒロ婆及び挿花師吉野カン相次で来賀。

大垣市金森吉次郎、藍綬褒章を受くるを聞き、書を贈りて之れを賀す。

一月十六日　晴寒　五十二度

午前十時参内す。枢密院本会議に列し、左記議案を議す。田中首相兼外相、其の理由を説明、全会一致を以て之れを可決して散ず。

一　会計検査院法中改正（書記官一名増加）の件。

一　日本洪牙利国間通商取極めの件。

一　仲裁条項議定書に関し、朝鮮、台湾、樺太、関東州租借地及び委任統治南洋諸島を加入せしむる件。

侍従長兼枢密顧問官珍田捨巳伯病篤きを聞き、其の上二番町邸に抵り之れを問ふ。夫人出でて接し、今朝七時過ぎ、薨去の旨を告ぐれば、則ち弔意を述べ、且つ其の遺骸に礼拝告別して去る。

伯、日露戦役時、文官次官九人（併せて一木法制長官、柴田内閣翰長を算ふ）中の一人也。而して伯は外務次官を以て外交を掌り、阪谷大蔵次官財政を掌り、予は逓信次官を以て運輸通信（鉄道、船舶、郵便、電話）の衝に当る。戦後、男爵に叙せらるる者、文官次官に在りては此の三人のみ（石本陸軍、斎藤海軍次官、又男爵に叙せらる）。今忽ち溘焉を聞く、洵に悼むべき也。享年七十有四。

途次、赤坂区丹後町に抵り、町田襄治新居を観、小憩後安、季と同車して帰る。

不在中、喜多樺太長官礼訪に来る。

此の日、田中外相、本決議後、昨年来の対支政策の経過及び支那政界転変定まり無き真状に関し報告。

金谷ツタ、夕刻来り施術。

一月十七日　晴寒　四十八度
午前、昌、梅代及び園田桂礼訪に来る。昌、遊説の為め栃木県、京都府地方を旅行、昨日帰京と云ふ。
桂、亦寛の来状を提示。其の中、不日平安南道（則ち平壌也）知事転任の事を内報、而して云く、移転準備の為め将に明日発し朝鮮へ赴かんとす、と。而して書中、不満の意有るごとければ、則ち慰諭且つ軽挙を誡めて別る。
午後広瀬昌三来賀、寛話して去る。

一月十八日　天候如昨
中島徳四郎、長田博光外数人の為め、幅額十七点に揮毫す。就中、大額八点は長田の嘱に依り、播磨国各小学校の為め書せし所也。
夕、中末郁二来訪するも、逢はずして去る。

一月十九日　陰寒欲雪
中島徳四郎代人川島義忠（赤坂郵便局書記）来邸。則ち過般嘱せし所の揮毫絖本幅額三点を交付す。

阿部滂存問に来る。要務の為め晋京、不日帰郷の予定也と。

在台湾新竹伊藤鉄児が電報にて、技師新任の事、且つ厚庇の恩を深謝し来る。

電機製造業者酒井信正、社員に電気治療機修理の要領を説明に来らしむ。則ち其の修繕料を交付す。

昨日、園田寛、平安南道知事（高等官一等）転任の件、発表せらる。

一月二十日　陰寒如昨　大寒節　日曜日
やまと新聞社長松下吉郎、同重役雑賀梅治来訪、同新聞経営の事情を談ず。時に予、将に他出せんとすれば、則ち再来を約して去る。
午後二時半、
　侍従長兼枢密顧問官従一位勲一等
　　伯爵　珍田捨巳氏
の葬を青山斎場に送る。
荒木善次来邸。則ち嚮に嘱せし所の揮毫四幅を交付す。
奥田永吉（故象三翁相続人）米国より帰り、存問に来る。

一月二十一日　天候依然
午後三時、天皇皇后両陛下、葉山御用邸より宮城に還御、予は静養の為め奉迎する能はず。

午後、竹内陸軍次官存問に来る。帝国議会本日を以て再開、対支重大問題（張作霖爆殺事件）に関し、在野党論難沸騰、内閣は困難の事情を弁解すと談ず。

長田博光来訪、則ち嘱せし所の揮毫大額八葉を交付す。

夜、田中重忠、納税の順序を来談。

〔欄外添付〕
両院各派分野　二十日現在
貴族院
　皇族一六　△研究会一四九　△公正会六七
△交友クラブ四一　△同成会二九　△同和会三九
△火曜会二六　△各派に属せざる者三三
△欠員二（男爵議員前勅選各一名）
衆議院
政友会二二〇　△民政党一七二　△新党クラブ三〇
△憲政一新会七　△明政会四　△無産党八
△実同三　△革新党一　△無所属一四　△欠員七

一月二十二日　天気不変
朝、井上雅二、事業会一部に於て東洋協会、南洋協会合同の希図有る旨を来談。予、其の事時宜に適ふを考へ、慫慂し其の達成を促して別る。

軍令部長海軍大将鈴木貫太郎、珍田伯の後任として侍従長に任ぜらる。

一月二十三日　陰寒依然

午前十時参内す。直ちに御学問所へ入り、拝謁して退出す。

途次西村寓へ入りて小憩し、正午帰邸す。

不在中、賀来佐賀太郎来訪。不日南洋旅行に就く事を我が家人に告げ去る。

数人の嘱の為め、幅額十二点に揮毫す。日暮れて息む。

内田隆、台湾より入京、人をして台湾物産を来り贈らしむ。

一月二十四日　晴寒

午後一時過ぎ枢密院事務所へ赴き、左記御諮詢案委員会に列す。委員長井上顧問官以下委員七名（内田伯病気欠席）及び田中外相、中橋商相并に吉田外務次官以下当該官吏数名参列し審査を行ふ。

一　支那改訂輸入税率承認方の件。

数年来、支那内地騒乱の為め、永く税率を制定する能はず、久しく仮納の形式に因る。今初めて国民党政府と改訂の交換を遂ぐる也。

質問応答の後、全案を可決、来る三十日を以て本会に附すを約して退散。

石井文治（都）、猪俣直二（報知）、大平安孝（新聞聯合社）、予の車を逐ひて来訪、唯雑話して別る。安藤覚堂（読売）亦来る。

今朝、椎床を招き理髪を行ふ。

一月二十五日　天気如昨

午後在大阪鈴木右吉来訪。其の考按に係る汽錐車の烟避試験の希望を述ぶ。則ち請に応じ在阪誠方に紹介す。

在丹波大山の土田叔母君、本年八十八（世に之れを米寿と謂ふ）の高齢を迎へ、此の日祝品料若干を贈呈す。家兄との協定に出づる也。

一月二十六日　天候不変

鮮人李英実来邸、則ち嚮に来嘱せし所の幅額十点、短冊三十葉揮毫書を交付す。

坂本直也（大和民労会理事）来訪、静養中の故を以て辞して面晤せず。

夕刻、輝子、二女児を伴ひて来遊。

一月二十七日　天候不変　　日曜日

今朝の新紙、久邇宮邦彦王殿下、熱海別邸に於て腸出血症の為め重体なる旨を報ず。又枢密院、電話にて皇后陛下看護の為め午前十一時発にて熱海行啓の旨を報ず。予、右御慰問の為め車を飛して久邇宮邸に参候し、御見舞を奉申して帰る。

貴族院議員服部一三（元兵庫県知事）病歿の訃に接し、書を其の嫡子兵次郎に贈り、之れを弔す。

午後、家族と共に邸内の目黒電気鉄道通過地点を巡検、孟宗藪及び果樹等移植地点を協議す。

やまと新聞雑賀梅治来訪。同新聞経営困難の事情を述べ、指導を乞ふ。又其の請に依り、之れを桑山逓信次官に紹介す。

安江安吉（南洋協会南洋商品陳列所長）、土耳格コンスタンチノープルに新設の商品陳列所長に転任、将に赴任せんとし、飯泉主事を伴ひ告別に来る。寛話後、共に撮影して去る。

枢密院夕刻に及び再報して云く、久邇宮邦彦王終に午後零時二十九分を以て薨去せらると。皇后陛下、夕刻還啓。天皇本日及び葬儀当日、廃朝を仰せ出でらる。

田川辰一（台北市）病歿の訃に接し、書を贈りて之れを弔す。

一月二十八日　陰寒　後細雨成雪　夕刻大地白

午前十時、安及び芳子、輝子、季子、保雅、一婢と同乗、入京す。芳子以下途中別れ去る。予と安は参内し、天皇皇后両陛下に対し、拝弔の意を奉表す。転じて渋谷久邇宮邸及び番町賀陽宮に抵り、弔意を表す。

安、西村寓へ入り、予独り帰邸す。

午後、広瀬小照存問に来る。

一月二十九日　半晴寒

午前、内田隆存問に来り、母の病を省る為め、福島県下に帰郷すと云ひ、寛話して去る。

此の日細川生をして久邇宮邸に抵らしめ、供物を奉呈せしむ。

昨日来、金谷ツタ来り施術。

昨日、渡辺千冬子より、古籀篇刊行始末を贈り、且つ其の事業完結を報じ来る。是高田忠周、積年熱誠の結果、獲し所の大著述也。普く之れを世界各国図書館に頒つと云ふ。真に学会の盛事、書を贈りて之れを謝す。

一月三十日　晴　烈寒

午前十時参内、枢密院会議に列す。顧問官十九人、閣僚九名参集、天皇親臨、左件を審議。

一　支那改訂輸入税率承認の件。

井上委員長、精査委員会精審の結果を報告。二三質問の後、全会一致を以て之れを可決し退散。

途次、西村寓に於て安と同乗し、久邇宮邸に参候す。霊柩を拝し、拝訣の意を表して帰る。

大久保利和氏来賀、寛話後、予に明治七年中、台湾征討全勝に関する祝詩の揮毫の事を嘱して去る。

本多為三郎来賀。安と自働車置場新築地点を検定す。目黒鉄道通過地点を避けんが為め也。

一月三十一日　天候益窄

今朝金谷ツタ辞去。

二　月

二月一日　晴寒

此の日、昨日大久保氏嘱せし所の明治七年台湾事件の祝詩を横巻一帖に揮毫す。

新藤新平なる者、近世名流大家真蹟集購買を来請、之れを謝絶し、且逢はずして去る。

日土協会、今般高松宮宣仁親王殿下を其の総裁に推戴、允諾を得るの旨を通報し来る。

二月二日　快晴強寒

午前、雑賀梅治来訪。前日に続き、やまと新聞経営難の事情を談じ、更に川村台湾総督に対し紹介を請ふ。

午後、田村七五郎、小林建築部の嘱を受け来邸。我が邸内自働車置場に関し、警視庁出願の必要を述べ、実地指示を乞ふ。則ち実地に就き之れを指定し、又邸内地図二種を貸付す。

二月三日　快晴如昨　　日曜日

此の日小石川区豊島岡御墓所に於て、故久邇宮邦彦王殿下葬儀を執行せらる。午前八時二十分大礼服にて出邸す。九時二十分前に護国寺側参集所に着す。参列資格、勲一等以上に限る。十時少し前、柩車を門前に奉迎して、小憩す。

式部官の導に因り、暫く右側幄舎に入る。祭官、祭詞を奉唱の後、三陛下御代拝、皇族以下順次礼拝、十一時二十分式全く了る。十二時過ぎ帰邸す。

広瀬節男存問に来り、関西九州地方巡回視察の状況を寛話して去る。

二月四日　天候依然　　立春節

午前、井田東陽来訪、寛話して去る。

故鈴木徳松未亡人春病歿の訃に接し、書を其の子重秋に贈り之れを弔す。

誠、本日公務を以て鉄道省に来り、夜九時来邸、留宿。

重野英子来邸、其の求に応じ、寄宿料其の他若干円を交付す。安、入京の為め不在也。

二月五日　天候不変

午後、柴大将を訪ふも、夫妻共に不在。則ち田捨女集を贈りて帰る。

更に我が邸内を巡り、目黒鉄道経過地点及び其れ以北の割譲地約三千余坪を実検す。園丁長以下に対し、孟宗藪及び栗柿并に杉松等移植地点を指示し、其準備を行はしむ。

又庭球弄場（テニスコート）の撤廃を行はしむ。孟宗藪其の他移植地に充当せんが為め也。又桜樹に寄生する天狗巣の截伐を行はしむ。

午後、皇后陛下、避寒の為め照宮内親王を伴ひ、葉山御用邸に行啓せらるも、拝送する能はず。

徳島元太郎、新聞発行の援助の為め、田中首相に紹介を来請。行ふべからざる理由を述べ、之れを謝絶す。田捨女集一部を贈る。

在米大沢栄の病歿の訃に接す（未知の人也）。書を其の未亡人満寿子に発し、之れを弔す。

二月六日　陰寒

此の日、枢密院例会日也。所労の故を以て、辞して参朝せず。

石光真臣（予備陸軍中将）来訪、現田中内閣更迭機運の切近する事情、及び平沼副議長後継受命の必要を述べ、予の賛助を乞へば、則ち予の現職、政治運動に関与すべからざるの事由を答へ、之れを謝絶す。尚寛話して去る。

千代田通信社員井原頼明、政界思出談の談話を来請、則ち来る十日再会を約して別る。

目黒蒲田電鉄会社五島慶太、其社員白井嘉市をして我邸内該鉄道通過地点、及び其の北部山林田畑参千四百三十九坪余を代金五万千五百余円を以て譲渡の事を来請せしむれば、則ち承諾証を与ふ。彼、手附金壱万五千四百余円を納付、而して尚近日実地測量を実行する事を約して去る。

金谷ツタ、夕刻来り施術。

二月七日　暄

朝、松本剛吉来訪。近時政況を語り、且つ同氏の斡旋に依り、新党倶楽部総裁床次竹次郎[二]と田中首相が会見、互に意思を通じ、本期議会無事終了の見込確立せし旨を述べ、寛話して去る。

柴五郎大将来謝。金谷ツタ辞去。

高野山本覚院主稲葉宗瑞、別府別院創建賛成の署名を来請、諾して之れを与ふ。同山宝城院因縁等の事情を寛話、田捨女集一冊及び布施等を贈与し、共に午餐して辞去す。此の日、式部職に対し、来る十一日紀元節賢所参拝并に陪宴は、所労を以て参列拝辞の旨を届出づ。

午後、安場保健来訪。庭園用の為め、檜稚樹分譲を請ふ。則ち共に鉄道分譲地を実検し、約三十幹分贈を諾約して去る。

武田慎二、昨年学齢に達するも、仏国在留中の故を以て入校する能はず。今期暁星学校の試験を受け、入学を許さる。本日、篤、芳子は之れを伴ひ、入校の手続きを行ふ。

二月八日　天候如昨

此の日、数十年来の来翰を整理し、其の存廃を区別す。安、芳子、季子は田村良子の招に応じ、其の寓の午餐会へ赴き、夜に入りて帰る。

園丁長末吉、小林大工を誘ひ来謁。則ち自働車置場新築の着手、及び裏門改造を命ず。

細田冉三来訪して云く、将に今春期を以て早稲田大学の科程を畢らんとす、将来就業の方向に関し指導を請ふと。

二月九日　天候依然

此の日、北庭の井戸堀工事及び物置壁塗り工事に再び着手するを検視す。又、末吉と林地を踏査し、柿、栗、松、檜等移植及び伐截の樹種并に地点を指示す。

安、誠、及び芳子、季子等観劇に赴く。

世田谷ヶ署長、巡査山本清太郎を来候せしむ。近時東京郊外強盗猖獗を極めんが為め也。

此の日、予の旧来堆積の論文、意見書等を整理す。

此の夕、金谷ツタ来り施術。

二月十日　半晴烈寒　　日曜日

井原頼明、前約に依り午後来訪、則ち請に応じ、明治廿三年第一議会に於ける光妙寺三郎の代議士森時之助の在監発言の件、及び二十年保安条例実施の情況に関し寛話す。応答数刻して去る。

午後三時、誠帰任の途に就くと云ひ、夜行列車に搭りて出発。

世田谷署高等係神山喜一、警備の為め来候。

此の日、書を在米重野彦熊に贈り、英子の就職及び結婚の斡旋は担当困難なる事を答ふ。

二月十一日　快晴烈寒　　紀元節

静養の為め、賢所参拝及び陪宴を拝辞し参内せず。各所名勝図会数種を点検し、予の詠ずる詩を其の図巻に記入す。

健一以下群孫、学友を伴ひ来遊。

二月十二日　天候如昨

高野山宝城院住職山東宥海、二僧を随へ来訪、寛話数刻して辞去。

梅谷光貞書を致し、本日発、伯剌西爾へ赴き、移民事業に従事、行程約一年を期す旨を報じ、告別の意を致す。

二月十三日　半晴

風邪予防の為め、辞して参内せず。

井原頼明（千代田通信社員）来訪。去る十日の予の談話筆記の校閲を請ふ。然して其の筆記未だ到達せず、明日を約して去る。

午後、右筆記到達すれば、則ち校正を行ふ。

此の日、予の名義を以て学習院に対し、武田精一入学願書を提出す。武蔵高等学校成蹟不良の為め也と云ふ。

和歌山市湊三七四、滝本直次郎が其の長男寿勝就職の斡旋を来請。之れを誠に移し、其の配意を嘱す。

二月十四日　天候如昨

午前十時、安と同乗、誠の住宅建築候補地を実検の為め、青山六丁目へ赴く。安場保健来会、共に売地を観る。地広さ百五十四坪に止まると雖も、高敞開潤、頗る佳良也。則ち保健に嘱し売買交渉を行はしめ、手附金若干を委托して別る。

途次渋谷町篤邸を叩きて小憩す。更に季子（昨夜町田家に宿す）と同乗して帰邸す。

井原頼明来訪、則ち予の談話筆記一括を交付す。

午後、井戸側の築造、物置移転及び伐木工事等を監視す。

二月十五日　快晴酷寒

此の日、高野山宝城院主山東宥海に対し書を致し、正、勤、勲三児遺骨埋葬場に五輪宝塔建設の実行の事を嘱し、細川生に之れを其の宿所に携送せしむ。
昨日左の如く親任式を行はせらる。
侍従長　海軍大将正三位勲一等功三級　鈴木貫太郎
兼任枢密顧問官
従二位勲一等　子爵　石井菊次郎
任枢密顧問官

二月十六日　晴寒

此の日、旧来起草の文稿及び来翰等の整理を継続す。下啓助来訪、嚮に貸付せし所の満州に於ける交通機関善後一篇を返付。其の編纂する所の東洋水産及び交通歴史の資料に供すと云ふ。

二月十七日　天候益窄　日曜日

町田襄治、雅子が清子児を携へ来遊、夕刻帰去。鮮人李載甲、箕浦勝人の紹介書を携へ来訪、其の処世方針に関し指導を請ふ。則ち朝鮮歴史上の変遷を詳述し、生産第一主義の必要を勧告。彼感謝し且つ紙本十余点の揮毫を請ひて去る。飯泉良三揮毫を来請、且つ安江安吉贈りし所の蘭国製花瓶一個、及び共撮せし所の写真数葉を呈出。喜多樺太長官来訪、貴族院、衆議院に於ける質問応答の真状、及び林熊徴家政困難の事情を寛話して去る。夜、安場保健来訪。十四日実見する所の青山南町六丁目誠邸宅敷地買収交渉成立の事を報ず。地積百五十四坪九合五勺、代金弐万八千六百六拾五円（一坪百八十五円に当たる）也。則ち手附金壱割を交付し、売買契約を締結せしむ。

二月十八日　小雨断続

午後、芦田哲造来訪、其の長女縁談の件、及び郷里の近況を寛話、夕刻に及びて辞去。在津山の布野万長、書を致し、支那暦の事来を論ず。此の日返書を裁し、夏殷周三代の暦法を記述し、之れに答ふ。此の日、細川生をして故村上敬次郎の葬を青山斎場に代送せしむ。氏は村上隆吉男先代にて、日露戦役当時の海軍経理局長也。
客冬十二月中旬以来、雨なきこと五十余日、空気乾燥、気候凜烈、咽頭炎の感冒に犯さるゝ者頗る多し。今暁来小雨、未だ水源を潤すに到らずと雖も、唯空気頗る穏和を加ふ。健康の為め悦ぶべき也。

二月十九日　晴　烈風煽塵一天晦暝

中山松子なる者、将に其の郷たる伯州へ帰らんとし、短冊二十七葉に揮毫を来請、三日間を約して之れを諾す。

陸軍大将立花小一郎男、病に依り薨去の訃報に接し、嗣子立花花馨に書を贈りて之れを弔す。

二月二十日　快晴　寒　四十八度

朝、安、季子と同乗し入京す。両人途中下車、別れ去る。

午前十時参内、聖上に拝謁して退出す。

途次小林霊学老医邸に抵り、診察を受く。

又西村寓に抵り、安と同乗して帰る。

午後我が邸内北部の物置等修繕工事を監視す。

広島市杉原義威、書を致し、且つ絹本十五点、書画帖二巻の揮毫を請ひ来る。

此の夕、金谷ツタ来り施術。

二月二十一日　晴冷　有風

午前、山本久米之亮（神戸市大塚町五丁目八番、氷上郡人）来訪。熊本県部分林処置請願に関し、山本農相に対する紹介を請ふ。諾して添簡を与ふ。

枢密院、左記御諮詢案三件の審査委員を指定し来り、予亦委員に指定せらる。

一　裁判所構成法改正法律案、帝国議会に提出の件。

一　検察庁法案、帝国議会提出の件。

一　検事懲戒法案、帝国議会提出の件。

此の夜、原生に対し、村役場に於て誠の印鑑証明申受けの事を指命す。

二月二十二日　晴暄

午後、目黒蒲田電鉄会社五島慶太、社員三名を伴ひ邸宅割譲の恵を来謝。則ち相伴ひ割譲地を実視す。其の地内の現存の樹木移植、若しくは伐截の種類等を協定す。

又鑿井工事を実検し、自働車清掃場所の工事を指示。

松本剛吉腸出血症施術の為め、再び慶応病院に入るの報に接し、書を贈り之れを慰問す。椎床を招き理髪す。

杉原義威嘱する所の帖二巻に揮毫し、之れを郵送す。

本期帝国議会、上下両院に於て、田中首相が私情を以て久原房之助を逓相に任用せし件に関し、物議頗る沸騰。

只下院に於ては政友会が新党倶楽部の援助（床次党也）を獲、僅かに無事を得るも、貴族院に於ては議論沸騰の結果、本日百七十二票対百四十九票、則ち二十三票の多数を以て左記決議案を可決。

水野文相の進退に関し、田中総理大臣が採る所の処置、甚だ軽率不謹慎に渉り、職責上欠くる所有り、洵に遺憾と為す。右決議す。

嗚呼田中首相、就職以来、為す所概ね軽佻及び情実に渉り、朝野斉しく不満の色を現す。今此の擯斥を受け、今後の進退果して如何。政党政治の余弊、観るに堪へざる也。若し首相靦然として其の椅子に噛じり附かんか、一般国民に信を失ひ威信失墜、政令行へず、遂に雪隠詰の窮境に陥るや必なり。田中男の為めには、須べからく猛省処決する処有るべき也。

二月二十三日　天気如昨

朝鮮人李載甲外数人の為め、幅額等弐拾弐葉を揮毫す。

在大阪の田慎治、嚮に予が移牒せし所の在米宮川純の重野英子に対する求婚の件に対し、此の日返書を致し、宮川家原籍調査の結果、支障無き事を報じ、且つ結婚同意の旨を答へ来る。

天皇陛下、本日午後、葉山御用邸に行幸せらる。蓋し三浦郡初声村新御用邸地候補地天覧の為めか。

二月二十四日　陰寒　四十七度　日曜日

午後、重野英子来訪、宮川純求婚に関する田慎治同意の来翰を提示、渡米旅行券申受の準備をせしむ。則ち請に依り右同意の来翰を貸付す。

鮮人金学玖、肥田景之の紹介に依り、紙本十点揮毫を来請、暫く朝鮮事情を話して去る。

二月二十五日　晴寒　烈風揚塵

朝、竹内陸軍次官来訪、故林謙吉郎長女結婚斡旋の事を嘱し、且つ時局切迫の事情を寛話して去る。

午後、邸内鑿井附帯工事を検視、且つ園丁長粕谷末吉に対し、庭樹移植、園池埋立等の指示を行ふ。

一昨日書せし所の幅額等二十余点を整理捺印す。

枢密院電話にて、本日午後の審査委員会延期の事を通知。

郷人三崎省三、摂州芦屋に於て病歿の事を聞き、書を其の嗣子哲二に贈り、之れを弔す。

蒲田電鉄社員白井嘉平来訪。割譲地代金の内第二回前払金壱万円を納付して去る。

此の日、安をして松本氏を慶応病院に慰問せしむ。帰来し報じて云く、一昨日施術を行ひ経過頗る佳と。

此の夜、所得税額調査に着手、深更に及びて息む。

二月二十六日　晴　厳寒（室内温度三十六度、稀有の烈寒也）

予及び篤、誠の所得金額調査漸く成れば、則ち之れを両人に転報す。

又、誠邸地買収実行登記の準備を為す。

二月二十七日　晴寒如昨　煙塵如霧

午前十時、安、季子と同車し入京す。安は安場邸に入り、誠邸地買収登記の事を保健に嘱託す。

季子、町田家へ赴く。此の夕、雅子等と研声会音曲会に赴かんが為め也。此の夕、町田家に留宿。

予参内し、枢密院会議に列す。天皇親臨、左記御諮詢案二件を決議して散ず。

一　陪審法中改正法案、帝国議会提出の件。

一　日本帝国及び香港間小包郵便交換約定締結の件。

散会後、華族会館に抵りて評議員会に列し、徳川館長満期後重任の件、及び評議員満期改選の件を議決す。総て重任と決す。

会後、寺島誠一郎伯と会談、其の問に応じ、対支政策の沿革及び共産党鎮圧の歴史、伊東巳代治伯の内閣員去就の経歴を説明。午後一時過ぎ、辞去す。

午後一時半、枢密院事務所に抵り、左記三法案審査委員法〔ママ〕に列す。田中首相、原法相、立法の理由を説明。

一　裁判所法、検察庁法及び検事懲戒法の三法案、帝国議会提出の件。

質問応答約二時間半、伊東委員長の発議に依り、明二十八日午後再開を約して散ず。

途次、住友銀行青山支店に抵り、当座預金に関し支店長小岩三郎と面談、更に西村寓に抵り、安と同乗して帰る。

金谷ツタ、夕刻来り施術。

此の日、久邇宮邸に伺候し、其の服喪に対し御機嫌を奉伺す。

名古屋市（東区杉町□附）玉田友右ヱ門が熊井駒之助をして金子子の紹介を以て、父親佑喜寿及び金婚式祝品喜楽紬を来贈せしむ。詩を贈り之れを謝す。

二月二十八日　細雨断続

午後一時半、枢密院委員会に列し、昨日の三法案の審査を継続。検察庁法案中検察官官制、法律に依らず勅令を以て規定すべしとの論理に関し、議論頗る沸騰。結局議長より田中首相に交渉の旨趣を協定す。午後四時過ぎ、散じ帰る。

小野敏夫（時事）、森田親一（日々）、大塚喜平（朝日）、窪田伝一（中外商業）、長林密蔵（新聞聯合）来訪。枢密院委員会に関する談話を謝絶すれば、則ち彼等の請に依り、台湾統治の事情及び数年来帝国議会の内閣に対する争議の実歴談を寛話す。昏暮に及びて辞去。蓋し去る二十二日、貴族院内閣問責案を議決以来、議会の形勢頗る不穏と為り、地租委譲の重大案件の可否の運命は推知するべからず。政界頗る動揺を有する也。

山口県電気局が萩及び防府電灯事業買収経過記一巻を贈り来る。書を贈り之れを謝す。

昨臘来久しく旱、しかのみならず数日来烈風塵を揚げ煙霧四塞、不快殊に甚だし。此の日雨量甚だ小なりと雖も、大地湿潤し草木蘇えらんと欲し、快さ甚だし。

安場保健、電話にて青山南町誠邸地買収の件は登記完了し、取引決済せし旨を報告。

三　月

三月一日　晴温　七十二度

昨日、雄弁会講談社長野間清治、書を致し、其の発行雑誌幼年倶楽部の賛助員たらんことを請ふ。則ち承諾の旨を答ふ。

午前、家兄の再報に依り、郷里の所得に異動を生じたりと。則ち所得届の修正に従事す。

午後、郷人藤井節太郎、堀川万次来訪、今般氷上郡幸世村波多野宗高卿神社建立の計画を語り、社額揮毫の事を請ふ。又請に応じ、予の書せし所の幅額三葉を贈与す。郷里の近況を寛話して去る。

塩原又策来訪、篤等発企の共同デパートメント発起人内部における会計紊乱の真情を内報。則ち篤に就き真相糾明の事、及び矯正方の配意を懇嘱す。氏、承諾して去る。

三月二日　細雨断続　冷五十三度　後晴

鮮人李載甲及び金学玖外数人の嘱の為め、幅額等大小二十二点に揮毫す。

原生に修正所得金額届を浄書せしむ。

三月三日　晴後陰　日曜日

朝、佐野実親来訪。過日斎藤実より協議せし所の重野英子と宮川純結婚に同意の旨を答へ、関係文書を返付、暫話して去る。

山崎広、存問に来り、暫話して去る。

午後、鈴木愨太郎来訪、宮川純が重野英子に対する求婚の諾否を問ふ。則ち佐野氏来談の事を談じ、親族皆同意の旨を答ふ。氏、其の旨を在米宮川氏に電報すべき旨を告げ、満足して去る。

松本剛吉、腸部切解後経過不良の趣を聞き、安をして其の家に就かしめ、之れを慰問。帰り報じて云く、安危の決は三四日の間に在り云々と。懸念の至りに堪へず、神明の加護を万禱す。

鮮人金学玖来訪、則ち嚮に嘱せし所の書幅額を交付す。逢はずして去る。

昨来、金谷ツタ来り摩擦治術を行ふ。

三月四日　晴寒　四十七度

午後、西村小静、西村歌子を伴ひ来訪、頃日上京、西村淳一郎宅に滞留と云ふ。寛話して去る。

川村淳、台湾より上京して来訪。台湾事情を寛話して去る。氏、新元八津雄妻田鶴子の父也。

此の日、所得税納入地届を作成し、之れを家兄に郵送し、柏原税務署に届出づる事を托す。

犬養毅、書を致し、平壌の金寿啓高等官昇叙の事を懇嘱し来る。則ち園田知事に転嘱す。

ニュー・ジャパン社の者、新日本人物伝編纂の計画を以て、予の小伝を作成、校閲を求め来る。此の夜些少の修正を加へ、且つ官歴の大要を記入し之れを郵送に附す。

此の日、田村良、書を致し、田村市郎が久原房之助政治運動援助の為め、資産蕩尽の苦情を愁訴し来る。然れども是れ予等の干渉すべき事体に非ず、施すべき策無き也。

三月五日　陰寒　四十九度

朝、松本米蔵来訪して云く、今回愛知県熱田警察署長の命を拝し、将に赴任せんと別意を告ぐ。則ち激励して之れを送る。

枢密院より電話、明六日（水曜日）定例参集休止の旨を報ず。

井原頼明（千代田通信社員）来り、予の嚮に談話せし所の筆記を提出し検閲を乞ふ。雑誌朝日に掲載せんが為め也。

露領水産組合橋口九十馬、須田孝太郎、小山富三の三人、岩倉道倶男の紹介に依り来訪。露国政府が日本漁業家を圧迫し、露領東亜沿岸の漁業は殆ど露国独占の惨状に陥れりと訴へ、外務省に対し警告の尽力を請ふ。則ち予の現境遇により政務に干渉する能はざる理由を答へ、之れを謝絶するも、遂に其懇請に依り、之れを阪谷芳郎男に紹介す。

午前、松本剛吉昨夜来の経過不良の電報に接し、午後五時、安を伴ひ、之れを慶応病院に慰問。既に来集者数十人、直ちに病室に入り之れを看るに、気息奄々、殆ど意識を失ひ、全く絶望の重体に陥れば、則ち別室に入る。喜多氏既に葬儀の準備に着手、其の指示を求む。依りて共に諸種善後事項を協定し、在院約一時半間にて帰る。蓋し腹部切開の大施術上、病源腸部癌腫に在るを発見すと云ふ。是れ原より死病也。命数既に竭くると謂ふべきか。痛惜の至りに堪へざる也。

我、眷顧する所の股肱の後輩中、鈴木徳松、岡部則光の二人既に腹部切開に因り斃れ、今亦松本氏が同一症状に依り、将に死地に陥らんとす。惨の惨、断腸の想に堪へざる也。

此の夜松本家、電話にて報じて云く、剛吉終に午後七時十五分を以て遠逝、直ちに遺骸を代々木上原自邸に移す云々と。

氏、旧柏原藩士族、我が家と先代より旧誼を有す。氏、弱冠千葉県巡査と為り、予、高知県に在任の時、其の請に依り同県警部補に任ず。明治十六年、予神奈川警部長に転ずれば、随ひ来りて高等警察主任の重務に当る。爾来埼玉県に、逓信省に、台湾総督府に予の往く所、氏必ず之れに随ひ、殆ど影の形に伴ふが如し。其の郷里代議士、昨年勅任貴族院議員と為るや、亦多くは予の推輓に出づ。故に氏の予に尽くすや、殆ど一家の如く、陰に陽に至誠尽瘁せざる無き也。資性忠実にして機敏、詐らず誇らず、故を以て故山県公、平田伯、原敬氏、西園寺公、田中首相等、皆満腔の信用を置く。常に政治上の枢機に預り、識者は以て此等先輩の高等秘書官と為す。而して又能く人を愛し、能く人を使ひ、能く政界の内情に通じ、最近、床次新党総裁の田中首相との提携の成立、亦氏の斡旋に出づる也。氏の実業界及び政治界に於ける成敗幾変、殆ど七顛八起の観有り。而して近時勅選議員と為り、満鉄会社顧問と為り窮状一掃、家道稍や振ひ、一生涯中最も幸福の時期に属す。而して今溘焉して逝く。予、今股肱を喪ふの感を存す、洵に痛惜すべき也。享年六十有八、嗚呼悲しき哉。

三月六日　晴寒

此の日、家に在り、井原頼明呈出せし所の予の談話筆記を検閲し、之れを訂正す。

安をして代々木上原松本邸に抵らしめ、弔問を為し、且つ供物料理及び花環等を贈る。

重野謙次郎、安久津白鳥をして台湾総督に対し台湾学生名簿買上配賦の事を来請せしむるも、之れを謝絶す。

愛沢寧堅病歿の訃に接し、書を贈り之れを弔す。

昨日、安場末喜男が、次男保国が妻を迎へんが為め、宮内省認可願の連署調印を求め来る。諾して之れに応ず。

三月七日　天候如昨

朝、片山秀太郎存問に来るも、逢はずして去る。

台湾電力会社副社長遠藤達来訪。日月潭発電計画予算議会通過の事情を寛話して去る。

新任内蔵頭大谷正男、書を致し、新任挨拶を披露し来る。返書を送り祝賀の意を表す。

金谷ツタ、昨夕来り施術、本日辞去。

午後、安と邸内鉄道会社分譲地を巡視す。園丁長末吉に対し、楓、檜、栗、柿等諸樹移植地点を指示し、且つ同人をして田中重忠と協議、埋築工事を行ふ為の、丘下耕地の小作解除の交渉を行はしむ。

名古屋仏教感化救済会員鈴木修一郎、慈善資金募集の為め、幅額等揮毫の事を来請。

三月八日　天候依然

午前、重野謙次郎、再び安久津白鳥をして窮状を訴へせしめ来り、若干の恩借を求むるも、又之れを謝絶す。

芳子と同車、松本邸に抵り、相続人其の他親族に対し弔意を述べ、柩前に焼香礼拝す。河野葬儀主任に対し、葬儀順序を問ひ、午後に及びて帰る。

昌来訪、議会状況を寛話、且つ塚口三之助依頼の産業組合場扁額の揮毫を嘱して去る。

引地医来り、武田弘子種痘を行ひ、又予の血圧を測るに百六十を算ふ。共に夕食して辞去。

三月九日　天候不変

鮮人李載甲来訪、則ち嚮に来嘱せし所の揮毫幅額十二葉を交付す。逢はずして去る。

仏教感化救済会長杉山辰子、一昨日の約に依り、人をして紙本十二葉を齎らしめ、揮毫を来請。

池田旭（故北垣国道男次子）病歿の訃に接し、書を其の女初子及び北垣晋一男に致し之れを弔す。

来る十四日浜御苑に於ける鴨猟の御召状を拝受す。

午後、内田嘉吉来訪。予に旧交と親睦を全ふする為め、譲山会組織の計画を寛話。其の趣意書及び発起人二十余名、会員百余名の名簿を呈出、承認を求めらるれば、則ち感謝の意を表す。尚ほ貴族院の近時内閣に対する物論沸騰の状況を談じて去る。

此の時、氏に対し、篤の近時企業目論監視の事を求む。

井原頼明（千代田通信社員）来訪、則ち予の、光明寺三郎第一議会に於ける行動、及び保安条例執行に関する談話筆記を交付、逢はずして去る。

三月十日　前晴後陰　　日曜日

金谷ツタ、昨夕来り施術、今夜留宿施術。

吉田妙、昨日鎌倉より存問に来り、昨夜留宿、本日辞去。

午後一時、故貴族院議員正五位勲三等松本剛吉の葬儀を青山斎場に行ふ。曹洞宗僧九名、引導を為す。安亦会葬、来会者数百人、花環満場、以て生前交際の広きを識るべき也。勤経了り、予が喪主に代り来会者に対し謝辞を述べ、三時式終る。更に柩車に乗載、之れを桐谷火葬場に送る。我等柩車に向ひて送別の礼を行ひ、午後四時帰邸す。

三月十一日　半晴　烈風

松本氏病歿に対し、郵電にて弔意を寄する者頗る多し。予と親交有るを知る也。答書を贈りて之れを謝す。

邸内鑿井工事略ぼ完成、末吉と共に之れを検ず。

数人の嘱意の為、幅額等十七葉に揮毫す。皆大作也。

高等工業学校生土田元、将に春暇を得、朝鮮清道の父土田昇方へ帰省せんとして来訪、則ち伝言を托し且つ書額二葉を与ふ。

松本剛吉氏、諡号左の如し。

大鑑院松巌剛量大居士

三月十二日　快晴

松本親戚林明、其妻浜子（剛吉長女）を伴ひ来訪、松本家善後処分に関し協議する所有り。蓋し卓、曾て心疾に罹るも庶子数人有り。而して二通の遺言状未だ開披せざるも、一通は親族者に対し、将に民法に随ひ裁判所に於て開披を求めんとす。一通は友人に対するものにて、予は田中義一男の開披を勧告す。遺族の関係頗る複雑に渉るを想ひ、物議を招くの虞れ有り、故に慎重に事に処するを要する也。

蒲田鉄道社員白井嘉平来り、第三回譲地代金若干を交付。則ち社員数名と共に実地を臨検、移植する樹木の事を指示、且つ測量を行はしむ。又丘下の池沼及び低地埋立の事を嘱す。

長田博光来候。

昨日書せし所の幅額十余点を整理捺印す。

三月十三日　晴　烈風

午前九時、安、季子と同乗入京す。両人途中別れ去る。予参内、聖上に拝謁し、又皇后宮の御機嫌を奉伺して退出す。

途次安と同車、正午帰邸す。

此の日、故勲児第六年週忌日に当たれば、笠原立定師を迎へ勤経回向、家族焼香礼拝、笠原師共に午食して辞去。

此の日、東京に於て銀座鳩居堂に抵り、大小筆若干枝を購求す。

午後、講談倶楽部瀬川正夫、其の雑誌記事の批評を来請。

金谷ツタ来り施術。

三月十四日　快晴有風

此の日、御召に依り、午前十時浜離宮に参入。召さるゝ者、前官待遇者、枢密院議長、顧問官其の他親任官等約三十名。鴨池に入り網猟三回を試む。予二回して二匹を獲る。午後三時半、恩賜の五匹を携へ、衆に先んじ退出帰邸す。

此の夕、安、季子が西村小静外数名を招き、歌舞妓座観劇に赴く。

此の日、日本美術協会が美術展覧会を上野に開き、我を招くも、時無きを以て観に赴かず。

青山南町誠邸地購入斡旋者山西源三郎（飯倉五丁目四十三番）に対し謝状を草し、安場保健に托し一品相添へ之れを贈与す。

三月十五日　晴冷

午前、林明、同浜子来訪。昨日田中男に因り開披せし所の、松本剛吉第一遺言書を呈示。之れを閲す。予及び親友数名に対する自己葬儀等に関する委嘱の書也。昭和二年四月草する所にて、蓋し自己生命の永からずとの感想に出づるか。

目黒蒲田電鉄社員生田喜八、及び譲地割鑿主任栗津義隆来訪、線路開鑿工事着手の事を報ず。

午後、外務次官吉田茂来訪、目下世論嗷々の題目に係る列強不戦約定中「人民名ニ於テ（インザネームゼアーレスペクチーブピープルス）」条文成立の経過を詳説、枢密院諮詢の際、諒解通過の事を切に請ひ、其の大権を侵さざるの説明文を呈出。則ち注意すべき要点を答示して別る。

千代田通信社井原頼明来訪。則ち求めに応じ、予の写真及び末松三郎来翰一封（明治二十三年九月廿九日の日附也）を貸附す。

田村良子、中道養をして田村市郎に対し、二女治子（良子一女也）分産の事を来請せしむ。事他人の家庭内の私事に渉ると雖も、預りて謝絶するべからざれば、則ち承諾の意を答ふ。

安と丘下埋立予定地を巡視、其の方法及び地域を指示し、又裏門改築の成蹟を検視す。面目一新す。

芳子来り、生活費の欠乏を愁訴すれば、則ち若干の補助を与へ、且つ節倹の必要を戒飾す。

陸軍大学、予昨年三月同校に於て講演せし日清日露両戦役の経歴談筆記の出版の計画を立て、電話にて承諾を請ふ。承諾の旨を答ふ。

夕、吉田妙来訪、留宿。

三月十六日　天候如昨

枢密院より裁判所法、検察庁法及び検察官懲戒法の三案、御沙汰に依り返上の旨通知し来る。是、もとは客月廿八日に委員会より内閣に勧告の旨趣也。

吉田妙、安等と同車して入京、辞去す。

石井三郎久しく臥病、頃者静岡県興津清見寺に転療せり。此の日一書を贈り之れを慰問す。

邸内鑿井及び附属工事完成。

過日林玉子（故謙吉郎未亡人）の懇請に依り、書を岡崎邦輔に贈り、久原房之助に対し林遺族生活費補助支給方交渉の件を転嘱す。

午後、篤、角田正喬（東邦電力会社専務取締役）を伴ひ来訪、新に株式会社江戸屋を組織、旧合同デパートメントの事業を継承、デパートメント事業経営の計画を報告説明。

此の夕、牧野伸顕伯外四人の発起に依り、故珍田捨巳伯追悼会を東京会館に挙げ、午後五時之れに赴く。会する者百余名、牧野伯が司会者と為り、先ず式辞及び追悼の辞を述べ、内田伯外三人相次で追悼若しくは感想談を述ぶ。午後七時食堂へ入る。食後、林男外二名の追懐談有り、十時前散会帰邸す。

金谷ツタ来り施術。

三月十七日　天候依然　　日曜日

昨来、再び日清日露戦役講演筆記の校閲を行ふ。陸軍より出版の計画を有せんが為め也。大体誤謬の点無きを認む。

午後、新館謹次郎台湾より上京、来訪。松本氏の遠逝を弔し、又台湾近況を談ず。其の請に応じ、之れを為替貯金管理所長園田栄五郎に紹介す。

過日来、原生に金蘭簿（友人名簿也）を新調せしめ此の日成るを告ぐ。

三月十八日　天候不変

此の日、陰暦二月八日則ち予七十四回誕辰に当るも、家人の請に依り、其の賀会を四月開花の時に延ばす。

諸人の嘱の為め、絖紙幅額十四葉に揮毫す。

午後、新政倶楽部総裁床次竹次郎来訪。詳かに目下政海動揺の真相を語り、今後採るべき体度に関し、予の指導を請へば、則ち慎重の体度を持すべき必要を答へ、相互に意見を上下し、寛談約三時間にして夕刻辞去。

金谷ツタ辞去。

此の日、住友銀行青山支店に托し、金弐百五十円を高野山宝城院主山東宥海に送らしむ。正、勤、勲三児遺骨墳墓に供する為めの石塔建立費中前渡金也。又書を同師に贈り、之れを委嘱す。

〔新聞切抜貼付・省略〕

三月十九日　前烈風　午後大驟雨　晩快晴

田村良の懇請に依り、一書を在神戸田村市郎に贈り、次女治子に対する生活資産分譲の事を内嘱す。他家家庭内の事に係ると雖も、前年東京別居調停の労を取りし縁故を以て、故に此の事有る也。

松本良太郎（明治大学教授）病歿の訃に接し（無面識の人也）、書を男松本幸一に贈り、之れを弔す
昨来、園丁に丘下園池南半部埋立準備の為め、杭打ち工事に着手せしむ。

夕、重野英子来訪、留宿。

昨冬十一月中旬以来、約三か月久しく旱、其の間、二三回小雨有りと雖も、地を潤すに至らず。東京市外郊村、往々飲料欠乏を訴ふるに至る。此の日、驟雨大に至り、草木蘇生の色を生ず。喜ぶべき也。

三月二十日　陰湿

此の日、参集例日なるも、所労を以て拝辞して参内せず。

宮中に於て左件の審議を開き、翰長の審査報告に依り、

之れを可決。
一　日本国波斯国間、修好通商暫定取極公文交換の件。午後、枢密院の事務所に於て、高等試験令外三件審査委員会を開く。両議長及び委員八名参列、予、亦之れに参加す（珍田伯薨去）。委員長伊東伯、前回委員会決議に従ひ、三項目に渉る修正の件を詳しく報告し、内閣が改案提出の約諾に同意したれば、則ち報告起案の件を委員長に委嘱して散ず（前回は昨十二月二十日也）。
午後三時、丹後町町田襄治寓に入り、安及び喜久子、安場二女児、季子等来会、則ち同乗して帰る。

十八日より二十日に至る三日間、御大礼献上品を赤坂離宮に陳列、拝観を許さるゝも、時無きを以て往観する能はず。

田中重忠来り、丘下小作田地取揚、小作米寛恕の件を協議す。則ち之れを諾し、適宜取計の事を委任す。

三月二十一日　晴冷　春季皇霊祭
午前、賢所皇霊殿に於て御親祭を行はせらるゝも、予は所労を以て拝辞して参列する能はず。

午前、台湾嘉義街長真木勝太、頃日晋京来訪。竹根製茶托五個を贈り、暫話して去る。

目黒蒲田電鉄社員粟津義隆、工夫等を率ひ来邸、線路土功着手の旨を報ず。則ち相伴ひ、軽便運搬鉄道線路邸地経過地点を実見し、又池塘埋立方法を指示す。

新元氏、来月上旬我邸新館借用して歌会開催の件を来請、承諾の旨を答ふ。

西村淳一郎、妻児を伴ひ来訪、且つ揮毫を請ふ。

故武田頴三姪菊子、其の夫山越弘平（千葉県官）を伴ひ存問に来る。偶ま芳子青山墓を展べて不在、寛話して去る。

広瀬小照、存問に来る。

数日来、訪客及び来翰輻輳、殆ど応接の暇あらず、多忙を極む。

三月二十二日　天候如昨
午後、梅代、小谷富貴存問に来り、大阪市中野太右衛門四男道求婚の事を内話。
嚮に在但馬出石の八十六翁桜井勉（児山）、日本上寿録を編み、山田貞助を経て一本を寄せ来る。此の日、一詩を贈り、祝謝の意を寄せて云く。

天降長生薬　錫之有徳人
光風兼霽月　耆寿類霊椿

三月二十三日　天候依然
此の日、数人の嘱の為め、幅額十七葉に揮毫す。皆大作也。

長田博光来訪。請に応じ、講談社瀬川正夫に紹介す。

目黒電鉄社員来り、将に軽便鉄道を邸内に路線を敷設せんとす。即ち実地に就き之れを指示す。

故曽根〔禰〕荒助未亡人の病を慰めんが為め、其の慰安会より出金を乞ひ来る。則ち若干金を寄贈す。名家の末路、憐むべき也。

金谷ツタ、来り施術。

三月二十四日　晴温　有風　日曜日
昨日、揮毫せし所の幅額等を整理す。

三月二十五日　陰湿欲雨
誠が栄子及び三児を伴ひ今朝着京。直ちに迎への自働車に搭り帰邸。誠は私暇に依り、児等は校暇を以て帰省也。

重野伯母、亦同車して帰来。

鹿島組竹原慶作、工夫等を率ひ来邸、我が邸内線路土功着手の事を来報。

則ち誠を伴ひ割譲地を巡検す。青山新邸移植の樹種を指定し、末吉に対し其の準備を命ず。

午後、渡辺修来訪。篤、嚮に関せし所の合同デパートメント設立再計画の旨を談ず。即ち其の請に応じ、之れを根津嘉一郎に紹介す。又自己の電気協会長満期後、井上敬次郎後任推挙の事情を談ず。

重野英子、再渡米の為め告別、将に関西地方へ赴かんとす。則ち求めに依り旅費金若干を交付す。

町田雅子亦来訪、夕刻帰去。

三月二十六日　前陰後小雨
今朝、安場輝子分娩、女児出産の報に接す。
午前、誠入京して用務を弁じ、直ちに帰任の途に就く。
妻児は尚ほ留宿。
鉄道省、新乗車券を送付し来る。則ち昨年分旧券を返納す。
在兵庫県下六甲村の田中亮三病歿の訃に接し、書を贈りれを弔す。

帝国議会、昨夜半に於て終了を告ぐ。近時田中内閣、国民に威信を失ひ、施設益す孟浪に陥る。独り下院の混乱を招くのみならず、上院亦問責案を決議、其の結果、地租委譲案其の他重要法案、多く上院握り潰しの厄に遭ふ。而して尚ほ辞職若しくは下院解散を決行する能はず、隠忍塗糊、一日の安を貪る。政党政治の流弊、茲に至りて極まれり。慨くべき也。

午後、小谷哲来訪、則ち嚮に伝嘱せる所の大阪市中野伝求婚の申込を謝絶す。

中島滋麿来訪。其の請に応じ、其の実弟大阪製瓶業者山川迪吉を台湾常吉専売局長官に紹介す。

季子、栄子、諸幼児を携へ、幼童劇へ赴く。

邸内、自働車庫工事開始す。即ち電灯架設の地点を指示す。

此の日、貴族院に於て帝国議院閉会式を挙げらる。議会紛擾、及び政府提出案挫折の多きは立憲制実施以来、絶へて見ざる所也。田中内閣たるもの中外に対し何の面目あるか。慨くべき哉。

三月二十七日　細雨断続　如梅候

朝、千鶴堂主桑島留吉、嚮に装潢せし所の書画幅九箱を携へ来り納付。即ち其の工費を交付す。

午前九時、安及び安場二女児等と同乗入京す。彼等途次別れ去る。

十時参内、枢密院会議に列す。閣僚九人、顧問官二十四人参列。天皇親臨、左記四件を議す。

一　高等試験令改正の件。

一　大正十二年勅令第百九十六号（試験関係）中改正の件。

一　同年勅令第百九十七号（受験資格）中改正の件。

一　高等試験委員官制等の中改正の件。

右御諮詢案は客年十一月以来数回委員会を開き、内閣に対し三項の修正を交渉し、内閣之れを容れ原案を訂正し来る也。伊東委員長、審査結果を報告、全会一致を以て之れを可決。

途次、青山斎場に抵り、前衆議院議長、正四位勲二等杉田定一告別式に列し、焼香礼拝して退く。

西村寓に転入、小憩す。安来会したれば、即ち同乗して安場男邸を訪ね、輝子及び生児を看る。皆強健喜ぶべきな也。即ち男爵及び保健と新築邸宅を観るに、潔麗人に可く、門柱及び杉樹数十幹、皆予の贈りし所也。更に二女と同乗して帰る。

此の日、枢密院に於て田中外相、済南事件に関し支那南方政府と協議成立、我が軍隊遠からず撤退決定の旨を報告。

夕刻、喜多樺太長官存問に来り、共に夕飯を喫し、松本家善後処分見込、及び政界近況、樺太近状等を寛話して去る。

金谷ツタ来り施術。

三月二十八日　半晴

忌中見舞の為め、安をして松本家を慰問せしむ。

土田文治、上京来訪、左記要件を談じ、予の協力を請ふ。
一　田村市郎次女治子の為め、婿養子岡山県近藤家次男某を迎ふるの議に関し予の同意を求め、且つ田村良の承諾に対し、予の懇諭を請ふ件。
一　去る十九日予が田村市郎に治子分産の件を贈りしに対し、市郎同意の回答を呈し、且良子に対し、其の実行を諭示、婿養子迎入れの時を期し、良子に同意を求むる事。
予、承諾の旨を答へ、且つ同時に分家の手続を実行するの得策たるべき旨を指示す。土田氏諒承して去る。

目黒電鉄社員白井嘉平外一人、土功中一時邸内通路利用の事を来請すれば、則ち実地に即し其の地点を指示す(且邸内地図一葉を貸付)。

三月二十九日　細雨後霽

午前十時、南洋協会理事会へ赴く。内田、藤山両副会頭、井上専務及び東郷、井上、伊東理事来会、左件を議定、共に午餐して閉会。
一　昭和四年度、本部収支予算案。
一　同新嘉坡、スラバヤ陳列所予算二案。
次で外務省委託の南洋商業練習生十名、并に其の父兄に対し、練習上服膺すべき心得を訓諭す。不日飯泉主事、之れを率ひ出発の予定也。

林明来訪、遺族及び親族に対する松本剛吉の遺言状を提出。其の要は負債処分及び遺産分配に在り。要は多少親友の捐資を受くるに非ざれば、其の目的を達し難ければ、則ち竹内友次郎、喜多孝治二友に嘱し、其の斡旋を受くる事を協定す。

帰途西村寓に抵り、芳子及び慎二と同乗して帰る。

新館謹次郎、其の息止雄入学の件に関し、横浜高等工業学校鈴木達治に紹介を来請、則ち諾して紹介状を与ふ。

此の夜、小谷哲来訪、其の著せし所の日本国体起源書二冊を提出、査閲を乞ふ。公私繁忙の故を以て、他日に譲る旨を答へ、一旦之れを謝絶す。

三月三十日　晴冷

朝鮮人李英子、色紙二十葉、紙本幅額十六葉の揮毫を来請。

武蔵中央鉄道創立総会、定款其の他を可決、且つ藤山雷太を挙げ会長と為し、新元鹿之助取締役と為すの通知に接す。

諸人の嘱の為め、色紙紙絹など数十葉に揮毫す。

枢密院、皇后陛下御懐妊の旨を通知し来る。

国民文芸協会小村欣一と長崎英造の来翰の懇請に依り、再入会承諾の旨を答ふ。

三月三十一日　好晴　日曜日

午前十時皇城、青山御所及び久邇宮へ参入、皇后陛下御妊娠を奉祝す。

午後、林献堂が三男林雲龍及び通訳呂霊石を伴ひ、存問に来る。氏昨年、欧米諸国を漫遊、其の所感を談ず。又生駒台中州知事に対し、台東信托会社眷顧を転嘱する事を懇請して去る。

竹内陸軍次官来訪、目下政局の趨勢、及び床次竹次郎[二]氏現内閣と提携の結果を談ず。又松本家遺族生計問題に関し意見を交換す。西園寺公に対し間接援助方懇談の件を懇請して別る。

柏手社主河手長平病歿の訃を聞き、書を其の男捨二、恒之に贈り之れを弔す。氏、我が玉川邸購買の斡旋者也。

男爵議員三名補欠選挙の為め、協同会の候補者推挙に依り、左記三名に投票す。

　肝付兼英、井田磐楠、中村謙一

四　月

四月一日　晴暄

此の日、故正児第十三回祥月命日に当たれば、松濤孝原師来り勤経供養を行ひ、午餐を喫して去る。

長田博光来訪、則ち嚮に嘱せし所の大額五葉を交付す。

広瀬昌三来訪、其の男節男、将に来る十二日を以て華盛頓大使館に赴任せんとする旨を告げ、出淵大使に対し添書を請ふ。即ち之れを諾す。

細田冉三、早稲田学校卒業の旨を来報、即ち請に応じ、幅画一葉を与ふ。

台湾殖産局長内田隆、将に帰任せんとして告別に来る。則ち伊藤鉄児眷顧の事を嘱す。

表門戸扉、改造成るを告げ、之れを検ずるに頗る好観を備ふ。

四月二日　細雨陰湿如梅天

数人の嘱の為め、幅額大作二十一葉を揮毫す。

小谷哲、氷上郷友会開催場所の事を来談、又郷友会資金決算を理事会に対し引継の事を談ず。

午後、誠が家眷を迎へんが為め上京来邸。午後七時半、栄子及び三児と同車し出発。午後八時過ぎの列車に搭り、帰任の途に就く。

四月三日　半晴　　神武天皇祭

此の日、賢所に於て御親祭を挙げらるゝも、予、風邪の故を以て辞して参列せず。昨日書せし所の幅額等を整理、捺印を行ふ。

昌、梅代を伴ひ存問に来り、地方遊説の事を語る。

朝鮮鉄道史編纂主任川村十二郎の嘱に応じ、京釜、京義二鉄道敷設の顚末を調査す。主に予の明治三十七八年中の日記に拠り、一編の調査書を作す。

四月四日　陰後晴

椎床を招き理髪を行ふ。

嚮に安場家の請に応じ、檜木数十幹分譲を行ふ。此の日又第二回分譲を為し、松、檜其他数十本を輸送せしむ。

此の日、南洋協会に於て台湾総務長官河原田氏を招き、午食を饗するも、予、風邪の為め之れに臨む能はず。

森島こと病歿の訃（未知の人也）に接し、名刺を父森島孫次郎に贈り之れを弔す。

四月五日　快晴　冷

後藤新平伯汽車旅行中、前原[米]駅辺に於て軽度脳溢血を発し、京都府立病院に入院治療の事を聞き、電を発して之れを慰問す。

又賀来佐賀太郎心臓病に罹るを聞き、書を贈りて之れを慰問す。

此の日、岩倉鉄道学校卒業式、馨光会夕餐会及び同気倶楽部清浦伯以下昇爵等祝賀会有るも、所労を以て、皆之れを謝絶す。

朝鮮学生高相大（馬山人）、箕浦勝人の紹介書を携へ揮毫を来請。

橋本五雄来訪、近時政局の趨勢を報告、其の後古今内外に渉り政治の変遷を談じ、寛話して去る。別るゝ時請に応じ、田捨女集一巻を贈る。

此の夜、快進舎（下谷区西町一番地人参染商）人をして来報して云く、佐野貞吉、業務を以て昨夜来宿するに、今朝俄かに心臓麻痺症を起こし死亡す云々と。驚くべし、亦憐むべし。即ち篤に電にて告げ、往弔の手続を行はしむ。

此の夜、其の遺骸を横須賀実家に送ると云ふ。

四月六日　晴　烈風

篤に命じ、代人木村某を横須賀へ赴かしめ佐野貞吉の喪を弔せしめ且つ賻を贈る。

鉄道省熊川知義、電話にて報じて曰く、京都後藤新平伯時々発作、且つ嘔吐を起し容体不良也と。憂ふべき也。

鮮人李英子来訪、則ち嘱せし所の揮毫三十六葉を交付し、逢はずして去る。

仏教感化救済会杉山辰子代人来訪、則ち幅額十葉を交付す。

中村豊次郎が其の息年郎及び林某を伴ひ存問に来り、款談数刻して去る。

朝日記者田畑政治、時事記者小野敏夫相次で来訪。先ず後藤新平伯篤疾に関する所感を問ひ、遂に時局問題に及び、寛話して去る。

枢密院左記御諮詢案を送り来り、予を審査委員七名中の一人に指定。

一　朝鮮教育令中改正の件。

又左記御諮詢案に対し、予を委員九名の一人に指定し来る。

一　拓殖省官制外十二件、概ね関係各庁官制中改正の件に係る。

四月七日　細雨断続　後晴　　日曜日

我が邸園庭、桜花約七分を開く。此の日、親戚家族殊に児童を招き観桜会を開く。偶ま細雨断続し外遊に不便なれば、則ち室内に於て午餐弁当を供す。会する者六十余人。食後、白紙切抜術、落語等を行ふ。皆巧妙にて、集る者大に賛歎して興に入る。一種の清興也。午後四時頃、款を尽くして散ず。

安場末喜男四男保国、井野英一長女小夜子と結婚式を挙げ披露宴を帝国ホテルに開き、我等を招くも、安、辞して赴かず。予、季子を伴ひ、午後五時之れに赴く。途中篤を伴ひ、途次後藤新平伯桜田町邸へ入り病を問ふ。家人云く、最近の消息尚ほ依然、未だ予後の吉凶を予測するべからず云々と。

午後五時半、帝国ホテルに抵る。来賓百余人、伯鶴講談を聞きて後開宴、媒酌人栃内曾次郎大将紹介の辞を述べ、牧野大審院長、来賓に代り祝謝辞を述べ、予、提唱して両家の為め祝杯を挙げ、宴了る。而して町田襄治、雅子及び篤を各其の邸へ送り、午後十時、季子と帰邸す。

此の夜、金谷ツタ来邸。

四月八日　陰寒　夜雨

朝、井上雅二来訪、南洋協会総会開催の件及び役員増加の件を協議す。又拓殖協会創立の計画を談ず。

林明来訪。松本家善後措置の件を談じ、且つ田中首相と本件に関し協議の事を請ふ。

此の日、大浦育英会評議員の集会、及び清浦奎吾伯外数人昇爵并に栄典祝賀会の催し有るも、辞して参列せず。

又十三日を以て華族会館にて家庭会の催し有るも、又之れを謝絶す。

午後、松田三徳、藤江正治来訪、幅額等十四葉に揮毫を請ふ。

目黒蒲田電鉄社員粟津義隆、品川税務署宛の我が邸内線路土地分筆願の調印を来請、諾して之れを与ふ。又邸内池塘埋立等の件を談ず。又我が揮毫を請ふ。

関鶴子、同秀子が幼児宗正及び帝国大学農業経済科卒業生加藤勇を携へ来訪、同人農林省就業志願の旨を述べ、推薦を請ふ。則ち山本農相に対する紹介書を付与す。

過日来、朝鮮鉄道局員鉄道歴史編纂主任川村十二郎の懇嘱に依り、予の三十六年乃至三十九年の日記に就き、朝鮮鉄道敷設記事を抜粋、今夕完了す。紙数三十六葉に上る、其の労や鮮少ならざる也。原生に之れを謄写せしむ。

四月九日　陰湿

午前、芦田哲造来候、寛話、午餐を喫して去る。

午後、目黒電鉄社員白井嘉平、粟津義隆来訪。線路用地坪数に関し、弁明する所有り。又井戸改鑿等工費に関し、実費仕払金額を調べ、其の協定を承諾して別る。

鮮人申太休（獣医）の来嘱の為め、色紙四、短冊十葉に揮毫す。

長田博光来訪、則ち嚮に嘱せし所の幅額大幅額数葉を交付す。

一書を台中州知事生駒高常に送り、過日林献堂懇嘱せし所の大東信託会社擁護の件を転嘱す。

加藤勇、昨日山本農相に対する書翰を秘書官に交付せし旨を来報。

四月十日　陰湿　夜雨

此の日、枢密院例会日。午後十時参内、田中首相来会、先ず便殿へ入り聖上に拝謁、退きて直ちに会議席に入る。内閣席、先ず済南事件解決関係日支往復及び議定書等を配付。

近時、本件に関し本院諮詢を経ず議定書交換後、聖上に対し首相其の疎漏を奉謝の件、及び不戦条約中「人民の名に於て締約」の文字に世論頗る嗷々、内閣の失体を咎む。故を以て田中首相、先ず類似の先例を挙げ、且つ急を要し其の暇無き事由を述べ、陳謝的釈明を行ふ。其の理由、頗る薄弱也。

是に於て江木、井上、石黒三顧問官、交も難詰的質問を為し、首相釈明する所頗る曖昧。而して陛下に陳謝の一事、最も難詰の中心に属す。適ま正午の号砲囂然と響き来り、倉富議長直ちに散会を宣告。而して本日の会議、もとは議案の在るに非ず、単に首相の釈明を聴くに在るを以て、本件自然之れを以て終了を告ぐ。号砲、首相の窮地を救ふと謂ふべきか。首相の威信、地に墜つる亦止むを得ざる也。

帰途、西村寓へ抵り、安を伴ひ帰邸す。

不在中、新館謹次郎来謝、告別して台湾へ帰ると云ふ。

猪俣直二（報知）、長林密蔵（新聞聯合）時事を来問。

昌、梅代来訪。仁井田益太郎博士長男秀穂、季子に対し求婚の事を談じ、且つ其の身元調査報告書を交付。昌、関西旅行の事を告ぐ。

此の日、新元氏、我が邸新館を借り歌会を行ふ。会する者約二十人と云ふ。其の中故山県含雪公妾吉田貞子有り、一友を伴ひ来訪。予、無隣庵を訪ねし時、屢同女の款待を受くれば、則ち暫話して辞去。

鉄道省中山忠三郎、青山南町誠邸地実測図二葉を郵送し来る。誠の嘱に依る也。則ち其の一葉を誠方に転送す。

金谷ツタ来り施術。

四月十一日　陰寒

昨来、咽喉炎を感ずれば、則ち就蓐、金谷ツタに摩擦治を行はしむ。

安場保国、新婦を伴ひ礼訪に来り、安等之れを接迎。

日高栄三郎及び須田雅六（世田谷署高等係）、下沢光三郎（同上）相次で来訪、辞して面会せず。

枢密院、本日午後一時半、朝鮮教育令委員会を開くも、予、所労を以て辞して参列せず。

鮮、申太休来訪、則ち揮毫色紙短冊十四葉を交付し、逢はずして去る。

広瀬節男、将に明日を以て華盛頓大使館に赴任せんとし、告別に来る。則ち嘱に依り、出淵大使に対する紹介状を付与。

四月十二日　陰寒　細雨断続

午前、樺太長官喜多孝治来訪、松本家善後処分に関し事情を談ず。

頃者、我が旧友内田嘉吉以下二十人相謀り、新に譲山会を組織、我が旧友を募りて会員と為し、毎歳二回会合を催し、予を招き以て親交を致すを図る。入会者約百六十名を得。此の夕、日本倶楽部に於て初会を開くを以て予を招き、午後五時半之れに赴く。来会者約六十名、内田氏開会の辞を述べ、下村宏予の経歴を述べ、予先ず謝辞を述ぶ。次で請に依り、青島に於ける独逸討伐の原因及び結果を演述、歓を尽くして散ず。頗る盛会也。旧友の厚誼、感悦すべき也。

四月十三日　晴冷

朝、目黒蒲田電鉄社員粟津義隆来訪、我が邸内線路割譲地登記結了の旨を報告。其の書類を提出、且つ地代金残部壱万九千余円を納付。本件大体結了を告ぐ。

今朝、後藤伯留守宅より電話を以て、新平伯終に午前五時半に京都府病院にて薨去の旨を報告。誠、亦鉄道省を経て同事を報告、且つ遺骸を護り今夕発、明十四日午前九時二十分着京の事を告知し来る。電を発して之れを弔す。

午前、佐野貞吉未亡人竹子、鈴木勝広を伴ひ、貞吉生前の恩顧及び死後弔賻の恵を来謝。

予、来客を以て、之に逢ふ能はず。

土田元、朝鮮より帰校、来訪。

午後一時、車を駆せ、麻布桜田町後藤伯邸に抵る。永田秀次郎迎接、則ち弔意を述ぶ。氏曰く、来る十六日を以て、青山斎場に於て葬儀を行ふと。

午後一時半、枢密院拓殖省官制外十二件委員会に列す。先ず田中首相の説明を聴き、次で審査会を開き、審議約二時間して散会。

不在中、須藤喜三郎、鮮人池金龍（元山人）来訪。

少閑あり、目黒鉄道我が邸内及び隣家岩井別荘内土功を観る。工事頗る進み、而して我が邸内柿、栗等移植の準備亦大に進行。

此の日南洋協会、日本工業倶楽部に於て蘭領印度太平洋学術大会参列者を送らんが為め、茶話会を開くも、枢密院会議の為め、之れに列する能はず。

玉川村青年団総代田中広、星谷辰男、運動会優勝旗揮毫を来請、之れを諾す。則ち其の旗を托して去る。

日置雅章父藤夫病歿の訃を聞き、書を発して之れを弔す。

此の日、安、季子が楠田氏三名、田村良二人、其の他数人を招き、新坐敷に於て長唄会を催す。夜に入りて終了し散じ帰る。

四月十四日　晴冷如昨　　日曜日

後藤新平伯霊柩、午前九時二十分東京駅に帰着。予、同駅に之れを迎ふ。来迎者数百人、誠は職務を以て京都より同乗して着京、柩車に従ひ桜田町邸に入る。礼拝了りて、誠と同乗して玉川邸に帰る。電鉄線路土工を観るに、工程大に進む。

故新平伯、性質機警敏活、御祭的活劇を好む。其の長所の存する所則ち短所にて往々軽挙に陥り、是を以て其の生涯中、波瀾畳出。近年、稍や老熟し政治的社会的に頗る重望を占む。今溘焉して逝く。享年七十三歳、惜しむべく又悼むべき也。

不在中、朝鮮女学生金淑子、箕浦勝人の紹介を携へ、幅額短冊等に揮毫を来請。

来る十八日観桜会の安、季子の不参届を作し、之れを式部職に提出。

四月十五日　晴　有風

午前、原保太郎翁存問に来り、将に本月下旬に鎌倉に移住せんとすと云ふ。互に旧を語り新を話し寛話、共に午餐して辞去。則ち自働車にて之れを其の邸に送らしむ。旧友凋落中、其の老健喜ぶべき也。

波部悦三（多紀郡八上人）、家兄の添書を携へ来訪、新たに組織中の大日本国柱会の顧問たらんことを請ふ。諾して署名を与ふ。又小絖に揮毫を請ひ、又請に応じ之れを岡崎邦輔、野々村政也二氏に紹介す。

森田親一（日々）時事を来問、笑談暫話して去る。

広瀬昌三が節男渡米に対する餞別の恵を来謝。朝鮮高相大、書を来請するも、繁務面晤するを得ずして去る。

誠、季子が長唄師匠を慰問の為め観劇に赴き深更に帰る。

帝室博物館復興資金の為め、金百円を寄附せしに、徳川会長の謝状来る。

関鶴子、秀子が幼児及び加藤勇を伴ひ再び来訪、加藤生の為め、喜多孝治に紹介を請へば、則ち之れを与ふ。農林省就職斡旋の為め也。

四月十六日　晴暄

午前九時半、安、誠と同乗、青山斎場に抵り故正二位貴族院議員伯爵後藤新平の葬に列す。親族席に入り、十一時柩車到着、十一時仏式に依り之れを行ふ。

法名　天真院殿山棲霞大居士

伯、交友頗る広く、花環、生華等を贈る者約六百個、式場内に尽く容るゝべからず、庭前尚ほ数十台を飾る。勤経引導及び親族、親友焼香了り、正午一旦閉式、予と安は先に帰る。

午後一時更に告別式を行ひ、誠を之れに列せしむ。三時に到り止め、会葬者約五千名に上ると云ふ。葬儀の盛大なること近年稀に見る所、真に伯の性行に相適ひ、伯以て瞑目すべき也。

午後幅額数葉及び玉川青年団優勝旗「剛健」二字を揮毫、而して偶ま客来に遭ひたれば、則ち筆を止む。

井原頼明、過日貸付たる所の末松三郎来翰、及び予の写真を返納し来る。暫話して去る。

誠、午後八時半の列車に搭り、帰任の途に就く。

西山小太郎病歿の訃に接し、書を其の子脩に贈り、之れを弔す。

四月十七日　晴暖
午前十時、枢密院会議に列す。聖上親臨、左件を議す。
　一　朝鮮教育令中改正の件。
富井委員長、審査の結果を報告、全会一致、之れを可決して散ず。

往復途次、安と同乗、榛原店に抵り筆及び封筒を購ひて帰る。

午後、島順子（安次郎夫人）存問に来り、且つ男爵斯波忠三郎長男正夫求婚の事を談ず。

清藤秋子来訪、来る二十一日我が邸に於て東洋婦人会総会を催す為め、新館及び庭園借用の事を請ふ。則ち承諾の旨を答ふ。

加藤勇、父剣三郎を誘ひ、農林省就職に関する斡旋の恩を来謝、暫話して去る。

日高栄三郎再び来訪、山林払下の件の為め、喜多樺太長官に対する紹介を請ふ。氏が頃日破産の境遇に陥るの事情は頗る憐むべき也。諾して之れを与ふ。

窪田勘六（國華社主幹）病歿の訃に接し、書を贈りて之れを弔す。

目黒電鉄社員粟津義隆来り、邸内鑿井工費全額を納付。

大倉喜七郎より、来る廿六日感涙会開催の招状来る。亡父喜八郎の遺志を継続せんが為め也。差障り有り、参会を謝絶す。

四月十八日　陰湿有雨意　夕小雨
此の日午後新宿御苑に於て、観桜会を催せらるゝも、所労を以て拝辞して参列せず。

朝鮮人池金龍、揮毫を来請。

橋本五雄、国粋会理事長中安信三郎（京都市人、前代議士）を誘ひ来訪、政局不振を痛歎、予の奮起を請ふ。之れを拒絶の後、古今内外の政状の変遷を寛話、約二時間して辞去。

竹内友次郎来訪。政局不安の実情を寛談の後、更に故松本剛吉遺族救済資金募集困難の事情を談じて辞去。

四月十九日　天候如昨

井上雅二来訪、拓殖省設置後の、及び伯剌西爾（海外興業会社関係の利害等）其の他植民地の利害を叩き、次で過日成立の譲山会拡張の希図等を談じ、寛話数刻にて去る。

午後、数人の嘱の為め、幅額二十四葉、短冊二十葉に揮毫す。而して書債尚ほ山積。請求する者連日絶へず、驚くべき也。

玉川青年団田中博、星谷辰男来訪、則ち嘱せし所の揮毫優勝旗書「剛健」二字物を交付す。

四月二十日　夜来滔雨滂沱終日不歇

此の日、昨日書せし所の幅額短冊等に捺印及び整理を行ふ。頗る煩雑に渉り、殆ど終日の労力を要す。

士風会井上鑲病歿の訃に接し、書を其の未亡人に贈り、之れを弔す。

四月二十一日　晴冷有風　日曜日

午後十時喜多氏、台湾生菓組合生菓運送請負業、上組合資会社員持田常吉を誘ひ来訪。予の台湾在職以来引続き内地移入の生菓逓送請負の事歴、及び将来継続の希望を述べ、生駒台中知事其の他関係官憲に対し、勧告的助言を請へれば、則ち若し面会の機有らば、談示すべき意を答へて別る。

此の日、前諾に依り、我が邸内新館及び庭園に於て、東洋婦人会総会を開く。午前十時頃会長鍋島侯老母、会員本野、柳沢、長岡、町田其の他夫人令嬢、来会者百余人、先ず新館に集り、会長及び予が挨拶を述べ、次で本館に移り、謡曲、長歌（芳子、季子、富貴、歌子等之れに参ず）及び講談等の余興有り。次で広庭に於て園遊会的行楽を行ふ。風頗る烈しと雖も、幸ひ未だ之れを妨ぐに到らず。各、款を尽くして漸次退散、亦一種の清会也。

町田襄治、雅子、及び幼児尚ほ留り、共に夕食して去る。

岐阜県牧野彦太郎、片百合種を贈り来る。書を発して之れを謝す。

四月二十二日　陰湿　午前晴

永山止米郎、電を致し、台南州知事任命の事を報じ、且つ平素の庇護を謝す。返電し其の栄転を祝す。

新元華子、夫に代り代訪、譲山会成立を祝す歌短冊を贈り来る。

数人の嘱の為め、幅十額八葉に揮毫す。力を費すこと頗る多し。

加藤勇、再び農林省就職の斡旋を来請。

一木宮相、五月九日宮城に於ける武道大会陪覧の事を通知し来る。

四月二十三日　晴冷

朝鮮女学生金淑子来訪、則ち嘱せし所の幅額短冊三十余葉を交付す。逢はずして去る。同学生池金龍来訪、嘱せし所の幅額八葉を交付し、朝鮮事情を暫話して去る。

数人の嘱の為め幅六葉、額十葉に揮毫。概ね大作也。

清藤秋子が梅代、富貴を伴ひ、前日園遊会後、家人と花牌を弄せしを来謝、夕刻に及びて辞去。

井田武雄（通称東陽）が原田芳則（漢高祖の裔者と称す）面会の事を来請、逢はずして去る。

松本卓来り、父病歿前後の厚情を謝し、寛話して去る。

午後十一時二十分強震、電灯一時消滅、暫時して復旧。

朝鮮川村十三郎に対し、朝鮮各鉄道建設事歴一冊を郵送す。

四月二十四日　天候如昨

午前十時参内、聖上に拝謁して退散す。

途次、小林医院に入り、霊学老医の診察を受く。更に四谷に赴き安の安場家を訪ふを送る。

転じて答礼の為め原保太郎翁、福田大将邸を歴訪するも皆不在なれば、則ち帰邸す。

鮮人高相大来訪、嚮に嘱せし所の幅額等を交付す。逢はずして去る。

午後、橋本五雄、小寺謙吉を誘ひ来訪、小寺氏、近来の政局不安、殊に対外政策失敗の頻出を慨き、矯正策を問へば、則ち所見を挙げて之れに答ふ。寛話数刻にして去る。

此の時、小寺氏に対し「田捨女」一部を贈る。

隣村砧村岩崎家の静嘉堂文庫より同文庫図書分類目録大巻一部を贈り来る。書を発して之れを謝し、且つ「田捨女一部」を寄贈す。

義勇財団海防義会、来る三十日を以て評議員会開催の事を通知し来る。議案同意の旨を答へ、辞して参列せず。

横浜大谷嘉兵衛、歳歯八十六、国家社会に力を致すこと七十年、頃者、原富太郎外二人と公益団体八会を糾合し、其の頌徳会を組織したれば、賛助員たらんことを請ふ。予、翁と旧交有るを以て承諾の旨を答ふ。

四月二十五日　晴和

宗秩寮総裁仙石政敬子、宮内大臣の命を承り午前来訪、予に対し宗秩寮審議官たらんことを求むれば、則ち敬承の旨を答ふ。勅裁後、更に通報の旨を告げ、我が庭園を一巡して辞去（枢密顧問官補任定員三人の中の一人也）。

日高栄三郎来訪、再び樺太営林所位置の希望を述べ、喜多長官に対する助言を請ふ。則ち前日照会状を与へし所に依り、直談を遂ぐべき旨を答へて別る。

午後、安を伴ひ、町田経宇氏を訪ね、孫女初節句の雛人形、及び夫人華甲の祝品を贈り、同氏及び夫人等と暫話して去る。

次で島安次郎邸を訪ふも夫妻共不在、則ち去る。

更に大久保利和を二本榎邸に訪ひて久濶を叙し、又嚮に嘱せし所の明治七年台湾征討成功の賛詩を贈り、暫話して帰る。

鈴木喜三郎夫人カツ子病歿の訃に接し、書を贈りて之れを弔す。

此の夜、郷郡の需に依り、波多野宗高追賞記を作す。又林献堂贈る所の七絶に和し、之れに答ふ。

四月二十六日　晴　有風

此の日、聖上親臨、九段招魂社臨時大祭を行ふも、予参列せず。

目黒電鉄道社員粟津義隆来り、丘下庭池南半の埋立及び田地地揚の工程を協議す。

午後、樺太知取町長日高明来訪、樺太事情を寛話。

此の日、故波多野宗高卿追賞記を額面に揮毫す。

此の夜、暴風大に到り、之れが為め電灯明滅、幾回を知らず。僅かに蝋燭を点して事を弁ず。蓋し多大の被害を招くか。

四月二十七日　晴暖

郷郡谷川村綿貫重吉（石工）、奇人也、午前来訪、来月三日長男綿貫藤次郎（商工事務官在職）結婚披露宴臨席を請ふも、夜宴に係るを以て之れを謝絶す。波多野宗高卿追賞の件を寛話、則ち藤井節太郎に対し同卿追賞記文大額転贈の事を嘱し、且つ其の副本一部を与ふ。彼大に悦びて去る。

極東社柏村桂谷来訪、請に応じ其の著昭和国勢人物史一部を購求す。政界及び実業界約三百名の詳伝也。

金谷ツタ来り施術、留宿して去る。

四月二十八日　天候如昨　　日曜日

此の日、数年来の来翰の整理に着く。

午後、目黒電鉄線通過地点を実検、土功頗る進む。

午後、吉田妙、重野伯母等と骨牌戯を弄す。数年来無き所也。

此の夕、金谷ツタ施術。

四月二十九日　陰　　天長節

此の日、天長令節の寵招を辱ふし、午前十時半、大礼装にて安及び吉田妙、金谷ツタと同乗入京、安等皆途中別れ去る。予、午前十一時四十分参内。正午鳳鳴（豊明と相同じ）殿に於て賜宴に陪す。皇族、閣僚、重臣及び外国使節以下参列者千余人。之れを明治二十五六年頃に比するに、其の数殆ど四倍を超え、以て国位の進展を察すべき也。午後一時過ぎ、宴了りて順次退出。

途次、赤坂町田寓に抵り、安と同乗して帰る。

午後、長井益太郎来訪、幅額に揮毫を請ひ、暫話して去る。

四月三十日　晴冷

興津転療中の石井三郎、其の代人をして慰問の恩を来謝せしむ（代人安藤俊雄也）。

鮮人朴栄赫、崔悳来り、拓殖省新設し朝鮮を管轄するに反対の意見書を呈するも、対客中の故を以て、逢はずして去る。

細川運転手、墓参の為め五日の休暇を与へ、故郷越中へ帰る。代理運転手堀孝今朝来り勤務。

此の夕、季子研声会、長唄会へ赴く。

五　月

五月一日　陰湿　後細雨断続

午前十時参内、枢密院会議に列す。天皇親臨、左件を議す。

一　南京事件解決に関する件。

一　漢口事件解決、公文交換に関する件。

是皆昨年中支那暴民、我が官民の身体財産に対し、暴行的損害を加ふるの件也。金子委員長、審査の結果を報告、二三質問する所有り、全会一致を以て之れを可決して散ず。

往復途中、安と同乗、途次用務を弁じて帰る。

此の夕、吉田妙、金谷ツタ来邸。

五月二日　半晴　夜雨

昨来、腰痛を感じ、金谷女の摩擦術を受く。半日稍や軽快。

此の日、英皇第三皇子グロスター公、ガーター大勲章を我が天皇陛下に贈呈せんが為め、来朝入京。聖上之れを東京駅に迎ふ。

芦田哲造来訪。来る十二日夕、長女淑子、照木昌爾長男敏雄と学士会館に於て結婚式を挙ぐる事を告げ、我等二人に臨席を請ふ。共に夕食して去る。

五月三日　冷雨如梅候

宮内省より宗秩寮審議官仰せ付けらるの辞令書を贈り来る。

塩原又策夫人千代来訪。長女朝子、石崎丈太郎長男政一郎と結婚の事を告げ、来る廿二日、日本工業倶楽部に於ける披露宴に臨席を請ふ。

町田雅子、清子児を携へ来邸、夜に入りて去る。

子爵水野直、病に依り薨去の訃を聞き、書を嗣子勝邦に贈り之れを弔す。

五月四日　冷雨如昨

此の日、故井上馨侯伝記編纂会の嘱に依り、既往の日記等に就き、同侯に関はる記事を調査す。

鮮人池金龍、同地産海苔一包を来贈。揮毫を謝する也。

五月五日　晴冷　有風　　日曜日

昨来微恙を感じ、金谷ツタの摩擦治を受く。

此の日午後、皇室警察部に於て、天皇親臨、御大礼記念武道大会を挙げらる。全国剣柔道大家数十名が召に応じ参加。予、宮相の招状を受け之れに参列を約するも、微恙出頭する能はず。則ち御断届を呈して静養す。

鮮人李英実再び来り揮毫を請ふも、静養中を以て之れを謝絶す。

喜多子、同級生三十余人を伴ひ、庭園に於て遊戯、夕に及びて散ず。

昨来、目黒電鉄、我が邸丘下低地の地揚に着手。

細川運転手、郷里越中より帰来。

五月六日　晴暄

重野英子、大阪、鹿児島等親戚訪問旅行を了りて帰る。

林浜子（松本卓細君）来訪、松本家善後処分に関し、懇請する所有れば、則ち田中首相其の他懇談の趣を告げ、慰諭する所有りて別る。

芦田哲造娘淑子、照木昌爾長男敏雄と来る十二日を以て結婚式を挙げんとして我等両人を招く。則ち祝品を贈り、宴席に臨席することは謝絶す。

鮮人池金龍来訪、静養中を以て面会を謝絶す。

西村歌子、幼児を携へ故武田額三の一週忌霊牌を拝して去る。

五月七日　細雨断続

武田亮太、額三一周忌墓参の為め来邸。

午後一時半、枢密院事務所にて拓殖省官制外十二件審査委員会に臨む。田中首相と法制長官、質問する所有り、四時廿分に及びて散ず。途次西村寓に抵り、安、芳子、季子と同乗して帰る。

武田亮太、額三墓参の為め、今朝来邸。則ち同乗入京し、途次袖を分ちて青山墓地に抵り展墓す。

故井上馨侯伝記資料調査収拾略ぼ成る。

五月八日　天候如昨

朝、安等入京、午後雅子を伴ひ帰る。料理稽古の為めと云ふ。

五月九日　陰湿

午前八時半、兼ねての約に依り、西園寺公望公を駿河台邸に訪ひ、先ず故松本剛吉眷顧の恩を謝す。次で其の遺族生活援助に関し、田中首相に対し助言の事を請ふ。公之れを快諾。後、維新以来の政局変遷に関し、寛談約一時間して辞去す。此の時又、田捨女集表題揮毫の事を謝す。

途次、床次竹次郎[二]を三河台邸に答訪し、暫く政局趨移を話す。去りて更に田中都吉を渋谷邸に訪ふも、偶ま在宅せず、正午過ぎ帰邸す。

鮮人池金龍再び来り、揮毫を請ふも、再度に係るを以て之れを謝絶す。

午後、井上馨侯伝記編纂員鈴木重瓊磨、速記者を伴ひ来訪。則ち前日調査の資料を交付し、之れの説明を為す。且請に応じ故侯関係文書五種を貸付。氏、予の談話要領を速記せしめて去る。

林明来訪、則ち今朝西園寺公と松本家善後処置に関し協議の事情を詳告、氏大に其の好意を謝し、尚善後の希望を談じて去る。

金谷ツタ来り施術。尚請に依り、邸内供待部に寓居するを許諾す。

金沢市銀器匠、伊藤勝典来り即位大礼に賜りし所の銀簪菓子器等容器を納付、則ち代価を仕払ひ、尚同一容器一具を注文す。

五月十日　陰霖如梅雨

午後二時、故武田額三の一周忌法事を青山北町持法院(日蓮宗)に行ひ、安、季及び武田一家之れに赴くも、予之れに列する能はず。午後四時過ぎ、式了りて帰来、親戚、親友来列者約二十人と云ふ。

予、家に在りて、郷里藤井節太郎嘱せし所の柏原町名称沿革唱呼法等の事歴を調ぶ。

五月十一日　天候如昨

吉田貞子、大木修が武田額三昨日の法要欠席の為め、本日焼香に来り、田、園田両家昔時の関係を寛話して去る。

引地興五郎医、将に本月廿四日を以て発し、独逸国留学に赴かんとして来訪、餞別の恵を謝す。又予を診て云く、血圧百七十を算へ、之れを昨年の百四十五に比し、あきらかに高然と雖も、大体健康状体にて頗る良好也と。出発前再診を約して去る。

此の日、竹内陸軍次官来訪。故松本剛吉遺族救済に関し、西園寺に対する助言依頼の恩を深謝、又田中首相に対し秦豊助拓殖大臣の任命を推挙する事を内嘱。

五月十二日　晴冷　日曜日

午前、町田敬二、幼女児綾子を携へ来訪。嚮の母堂梅子還暦祝及び生児滋幸誕生祝の贈品を謝し、其の内祝品を贈る。暫話して去る。

最上政三来訪、逓信省旧時談を問ふ。則ち後藤象次〔二〕郎伯と遭遇の筆記を提示し、請に依り之れを貸付す。

午後、赤石定蔵、夫人喜美子を伴ひ存問に来り、台湾事情及び故珍田捨巳伯事歴等を寛話して去る。

新元鉄雄、譲山会発会式写真を伝贈し来る。夕刻、新元夫人存問に来る。

朝鮮総督府鉄道史編纂主任川村十二郎の請に依り、予の写真一葉を郵送貸付す。

五月十三日　陰湿

午前、冷灰全集刊行会木村棣之、花井卓蔵の紹介書を携へ、故江木衷全集購読を来請、則ち一部購読を諾す。

午後、時事新報社員塚本寿一、写真師を伴ひ来訪、近世政治史資料の為め、大正六年総選挙関係の故山県有朋公及び原敬氏来翰の撮影を請ふ。則ち諾して之れを提示す。

此の夕、故後藤新平伯の故旧相謀り、工業倶楽部に於て追悼会の催し有るも、夜行を避けんが為め辞して赴かず。

目黒電鉄工事主任粟津義隆、丘下の大道西側の低地埋立計画を来談、邸内に運搬軌道敷地を一時借用する事を請ひ之れを諾す。又同人外八名、幅額揮毫の事を請ふ。

五月十四日　陰又晴　冷

此の日、明治七八年以来の先妣及び家兄よりの来翰の整理に着手す。

五月十五日　晴後陰　夜雨

午前九時、安、季子と同乗入京、両人途中別れ去る。予、午前十時参内、故久邇宮邦彦王満忌御餅料を受け、又鎮海湾海軍記念碑資金寄付を為し、聖上陛下に拝謁、又宗秩寮審議官拝命の御礼を記帳して退散す。

帰途、安を誘ひ、共に青山南町誠邸地の植樹地点を実検して帰る。

茨城県土田右馬太郎存問に来り、又重野隠宅を転訪して去る。

今川淵（台湾専売局庶務課長）上京、此の日来訪、寛話して去る。

森田親一（日々新聞）来訪、同社長本山彦一の言を伝へ、来る十七日徳富蘇峰入社披露会に臨席を請ふも、夜行の故を述べ之れを謝絶す。

五月十六日　陰湿　小雨断続

午前、久邇宮、御附相沢富蔵をして故邦彦王殿下百日祭御菓子壱折を来贈せしむ。薨去の際、御供物進献に酬ひらる也。

午後、故逓信省傭ウイルアム・ストーン相続人ヘンリー、小林来訪。故ストーン拝領の明治天皇、大正天皇両陛下御写真の処置に関し指示を乞ふ。則ち逓信省を経、宮内省に返納することが時宜に最も適ふ旨を挙げ、寛話して去る。

中川小十郎来訪。西園寺の意を伝へ、過日、予が同公に懇嘱せし所の故松本剛吉遺族救済の件に関し、田中首相と懇談の顚末を談ず。中川氏は丹波人也。別れに臨み、「田捨女」集一巻を贈る。

昨来、金谷ツタ来り施術。

五月十七日　半晴

午前、井上雅二来訪、南洋協会総会開催、及び理事一名補欠選挙并に事務処理の件を談ず。

亀谷新一来訪、政局近状を寛話して去る（特に朝鮮官紙の紊乱に関し最も詳悉）。

午後、昌来訪、各地遊説の状況を談ず。小谷哲亦来訪、氷上郷友会開催の事を議す。又二人と共に郷友会資金保管に係はり、理事に向け引渡す件を協議す。共に我が邸内の電鉄線路土功地点を巡視して別る。

五月十八日　陰湿有雨意

午後、末吉と丘下土功を検視す。低地地揚既に成り、園池南半の埋立工事又将に完成せんとす。則ち園丁に護岸杭打工事を為さしむ。

嚮に安場家に対し、檜樹十余株を贈り、此の日又請に応じ、檜樹十余株及び躑躅数株を寄贈せしむ。

井原頼明（千代田通信社）来り、時事意見を問ふ。

加藤勇来訪、嚮に関家に貸せし所の我が邸地図を返付。

重野英子、金谷ツタの導に依り今朝発し、日光山観光へ赴く。

五月十九日　細雨断続　　日曜日

喜多樺太長官将に近日帰任せんとし来訪。樺太近況及び近日伏見博恭王同地巡遊の事、并に松本剛吉遺族救済の事等を寛話、共に午餐して去る。

安、季子が町田襄治并に雅子を誘ひ、演技座観劇に赴き、夜に入りて帰る。

重野英子、金谷ツタ亦夜に入りて帰来。

千葉県茂原税務署照会に応じ、原氏に武田精一相続財産調書を作成せしめ、明日を以て之れを郵送す。

五月二十日　晴冷

午前、椎床を招致し理髪を行ふ。

午後、竹内陸軍次官来訪、田中首相の意を伝へ、故松本剛吉遺族救済協議の為め、廿二日を以て外相官邸に於て旧友会を催すとて参会の事を請ふ。承諾の旨を答ふ。

又来る廿二日寺島誠一郎伯及び衆議院議長川原茂輔葬儀の節、予に代り送葬参会の事を托す。

五月二十一日　天候如昨

山口宗義四男鉄彦（園田桂弟、代議士岡崎久次郎娘夫）、三月廿六日以来失跡捜索中、一昨日、日光山中に於て自殺遺骸を発見。直ちに荼毘に附し、明日遺骨は山口家に入る。其の原因、確知するべからず。今朝、安をして往かしめ弔し且つ供物を贈る。痛歎の深き、推察すべき也。

午前、尾間立顕来候して云く、頃者朝鮮より帰京、万暦版千字文摺本一巻を贈ると。朝鮮現状を寛話、共に午餐して去る。

午後、長井益太郎外十二人の為め、幅額十八葉に揮毫す。

此の夜、家兄に対し、先妣書翰等数通を移送す。

五月二十二日　晴暄　後陰　夜雨

午前十時、例に依り参内、拝謁して退く。

帰途安場邸を訪ふも、保健は旅行にて不在、末喜男夫妻、輝子等出でて接す。過日植樹分譲の恵を深謝。寛話して去る。

次で田中外相を外相官邸に訪ふも不在。則ち転じて首相官邸を訪ふ。直ちに引見、則ち過日西園寺懇嘱の趣を懇談し、故松本剛吉遺族救済処分の斡旋を採るを求む。男快諾、則ち来る廿九日正午外相官邸に於て、旧友集まり協議会開設の事を約して帰る。

午後二時半、林熊徴、張園を伴ひ存問に来り、自家経済再び窮迫の事情を談じ、善後措置の指導を乞ふ。現今の境遇にて此等の事に関与すべからざる理由を答へ、喜多孝治と協議すべき旨を指示して別る。

此の夕、石崎丈太郎長男政一郎、塩原又策長女朝子と結婚披露宴の招を受く。午後五時半、安と日本工業倶楽部に赴く。来客約二百人、林博太郎伯媒酌挨拶を述べ、予、来賓を代表して祝辞及び謝詞を述べ、兼ねて新夫婦訓戒の辞を述べ、祝杯表賀の事を首唱し、而して散ず。頗る盛会也。九時過ぎ帰邸す。

此の日、竹内氏をして予に代り衆議院議長の葬を議長官舎に、寺島誠一郎（上院伯爵議員）伯の葬を青山斎場に送らしむ。

此の夜、金谷ツタ来り施術。

五月二十三日　夜来雨　後雨勢如覆盆　電雷亦烈　夜烈風

午後一時半、枢密院へ赴き、左記御諮詢案委員会に列す。

一　拓殖省官制新定、外十二件。

二上翰長、内閣と交渉の顛末を報告、概ね委員会の希望に同意也。

一　拓殖省の名称を改め拓務省と為す事。

一　朝鮮部を新置し、其の部長は拓部次官が兼補する事。

一　施行期日を改め、交付日と為すこと。

一　朝鮮総督官制改正案を撤回の事。

而して内閣員と表決の権衡を保つ為め、顧問官定員二名を増加の事等也。而して奏請を採る為め順序を改案し、一時撤回の形式を行ふ事。

各委員、之れに同意して午後四時半散じ帰る。

此の夜、風烈しく電灯障害を受けて照らず、燭に依り僅かに事を弁ず。

五月二十四日　晴

英帝、贈勲使節グロスター皇子を特派、贈勲後、各地観光旅行を為し、本日帰国の途に就かせらる。

午前、井手二郎来り、樺太官林払下の件に関し、喜多長官に対し紹介の事を請ふも、堅く之れを謝絶す。寛話して辞去。

午後、梅代、小谷富貴、西村歌子、及び生駒和子、其の幼児高康相伴ひ存問に来る。心得の為め、先妣の高徳及び訓諭の来翰等の事を寛話す。偶ま新元鉄雄来りて、共に晩餐を饗して辞去。

此の日、去る廿一日書せし所の幅額等十八葉に捺印整理し、分贈を行ふ。

又、安を青山南町誠邸に赴かしめ、市役所指定せし所の下水溝分堺点を承認。

此の夕、金谷ツタ来り施術。

五月二十五日　晴冷

午前、楢橋篤義来訪、前年書せし所の予の詩幅三笘を提出、箱上に題名を請ふ。又絹絖四葉を齎し、新に揮毫を請ひ、寛話して去る。

午後、吉武源五郎（拓殖新報社）来訪、拓務省新設に関する影響を問ふも、故らに政談を避け、只社会的影響を答へるのみ。

中西四郎存問に来り、今秋東京に於て開く所の国際工業会議準備困難の実情を談ず。

此の日、粟津義隆を招致し、嚮に嘱せし所の書幅額十一葉を交付す。

〔欄外記入〕此の時楢橋氏に対し「田捨女一巻」を贈る

五月二十六日　陰湿　　日曜日

午前、安藤盛（東洋協会員）、故後藤新平伯事蹟并に逸話を来問。感ずる所を挙げて之れに答ふ。

斎藤酉男治来り、例に依り、刀剣保存の手入を行ふ。

本多為三郎来候、暫話して辞去。

此の日、畳職三名に居室等畳表の張替を行はしむ。

五月二十七日　天候依然

午前、竹内陸軍次官来訪、則ち来る二十九日外相官邸に於ける故松本剛吉遺族救済協議会の事情を説明す。

氏、亦田中首相に対し自己の新置拓務次官転任の件、及び豊助秦氏拓務大臣に栄任するを勧告の件を懇請。

後藤一蔵、書を致し、来る三十一日を以て帝国ホテルに宴を開き、故新平伯七七法会を営み、併せて晩餐を供するの招状到来。夜行差扣中の故を以て、返翰を送り之れを謝絶す。

又書を八千代生命保険会社に送り、予の生命保険の解約を求む。該社基礎鞏固を欠くるの故を以て也。

午後、最上政之来訪して云く、嚮に貸せし所の筆記を還付すと。之れを逓信友報に掲載せんと欲し、承諾を求む。且つ寛話して去る。

此の夜、小谷哲及び正雄来訪、過日嘱せし所の有価証券購入の件を談じ、尚ほ寛話して去る。

五月二十八日　細雨断続

此の日、諸人の嘱の為め、幅六、額三葉に揮毫す。

邸内、安居室并に武田寓を除く外、畳換工完了、其の畳数約百三十畳を算ふ。

従来我が自働車籍、八洲自働車会社芝区車庫に在り。頃者我が邸内に車庫及び気発油貯蔵所完成、本日、移籍の手続を行ひ、完結を告ぐ。

天皇陛下、大阪神戸和歌山地方巡幸の為め今朝発輦、横須賀港より軍艦那智に搭り、先ず八丈島并に大島へ向け発航せらる。予、静養中の為め拝送する能はず。六月九日を以て還幸の予定也。

五月二十九日　晴

午前九時、安、季子を伴ひ晋京、途中に於て別る。予、午前十時参内す。枢密院本会議に列し、去る廿三日委員の審査を経し左件を審議す。

一　拓務省官制案、外十一件。

金子委員長、審査の結果を報告、久保田男が重大案件の故を以て聖上還幸を俟ち親臨審議に附すべしとの延期説を発議。賛成者無し。議論頗る多きを以て、議長読会の順序を経るべき旨を宣告、第一読会を経、第二読会に入る。石井子、第一条第三項修正説を発議、左の如し。

一　前項事務に就き、外務大臣は拓務大臣と協議の上、領事を指揮監督。

一　領事官規則改正案、廃案に附すべし。

其の他、議論頗る沸騰、近時稀に見る所也。採決に及び、又賛成無く、第三読会に及び全会一致、原案を可決、午後一時半散会。

去る廿二日の兼ねての約に依り、故松本剛吉善後処分を協議せんが為め、外相官邸へ赴く。田中首相主と為る外、久原逓相、満鉄副社長松岡洋右、竹内陸軍次官、喜多樺太長官来会。先ず特調せし所の洋食の昼餐を受け、了りて席に復し、協議する所左の如し。竹内氏実情を説明の後、

一　松岡氏、先ず松本家差向きの生活費を充たさんが為め、毎月金参百円を支給すべき事を快諾、予、竹内氏に受領及び支給の事を嘱す。

一　自金資産約十万円に関し、負債七万余円を扣除し残額約弐万余円の外、新たに約八万円乃至拾万円を募集し、以て遺族の生活費に充当すべき事、更に熟考再議を尽くすべき事。

床次氏に対し、竹内氏に嘱し右の事情を転報、相当の配意を求むる事。

衆が散じて後、予、田中首相に対し、左記二件を推轂するを懇請す。

一　秦豊助を新任拓務大臣若しくは他閣僚に挙ぐる事。

一　竹内陸軍次官を転じ、拓務次官に任ずる事。

其理由は、適才を挙げ適処に之れを用ふるに在り。首相考慮を尽くすべき旨を答へて別る。未だ果たして能く実現すべきか、否かを知らず。

安場邸へ転入す。此の日安場家より、過般其の三男保定夫妻が村田男爵家を出嗣する故を以て、其の二女児に対し、左記の処置を要す。

安場末喜孫　安場多嘉子（昭和二年一月三日生）

安場久子（昭和三年八月十六日生）

右後見人　戸主　安場末喜

親族会議の決議に依り、予に後見監督人たらんことを求むれば、則ち之れを諾す。安、季子と同車して夕刻帰邸す。途次故後藤伯の墓を展る。

不在中、土田文治来訪、明日の再訪を約して去る。

加藤勇亦不在中来訪、農務局就職の恩を謝す。

金谷ツタ来り施術。

五月三十日　陰

午前、一昨日書せし所の幅額を捺印整理す。

午後、土田文治再び来訪、今回田村市郎次女治子入婿の為め、岡山県下近藤某を迎ふるの縁談成立の旨を詳説。予の同意を求め、且つ姉良及び治子に対し、訓誨の事を請ふ。則ち了承の意を答ふ。

長井益太郎来訪、則ち嚮に嘱せし所の書幅額を交付し、寛話して去る。

森長徽（東洋文化協会員）其の発行せる書画帖購求を来請。之れを謝絶。

重野英子、将に六月八日を以て帰米の途に就かんとす。父彦熊委托せし所の保管金を決算し、本日其の残金全額を英子に返付す。

高泉節治、井戸川辰三（陸軍中将）の意を伝へ、某を挙げ余と床次氏の間の伝令使に当らしむるを請ふも、床次氏の直接紹介を要するの意を答ふ。

五月三十一日　晴

午前、竹内陸軍次官来訪。一昨日協議会の事情を報告、転じて松本家の事を告ぐ。予則ち亦拓相及び同次官推挙に関し田中首相と密談の顚末を告ぐ。又臼井哲夫脳溢血症に罹るの報を聞き、竹内氏に嘱し、予に代り之れを芝公園の寓居に慰問せしむ。

中川小十郎の請に依り、帝国同仁会賛助員たらんことを諾し、其の承諾書を送る。同会、特種部落に対し一視同仁の目的を以て設くるもの也。

夕刻、河野公明来訪、則ち嘱に依り書せし所の幅額を交付す。逢はずして去る。

此の夕、故後藤新平伯七七忌法会に当る。予、参列辞退すと雖も、昨日竹内店に命じ生華一桶を其の墓前に供ふ。

目黒電鉄社員粟津義隆を招致し、邸内低地地揚工費の件を談ず。

六　月

六月一日　陰湿　後細雨

駐露大使田中都吉、将に今夕を以て帰任の途に就かんとするも、静養中にて送別する能はず、書を贈り送別の意を告ぐ。

竹原慶作（鹿島組代表）来り、地揚工費の件を弁疏。本件毫も同組に関係無く、全然粟津義隆の責任に属するの意を答ふ。

午後、数人の嘱の為め、幅額計十六葉に揮毫す。

細田冉三来候、早稲田学校法科卒業の旨を述べ、就職の斡旋を請ふ。

六月二日　晴　日曜日

太洋堂重役織田正誠、前日の揮毫を来謝。其の編せし所の「帝国の柱石」（明治以来の偉人伝）壱部を贈り、又幅額に揮毫を請ふ。

楢橋篤義来訪、則ち嚮に揮毫せし所の幅額三葉及び箱書二幅分を交付す。逢はずして去る。

昨来金谷ツタの施術を受く。

重野英子、将に来る八日郵船に搭り米国へ帰らんとす。予、書幅一箱を贈り賸と為す。

六月三日　晴

今朝強震。

午前、井上雅二来訪、拓務省新置に関し、自己が社長たる海外興業会社の移民事業との利害関係如何を問ふ。所見を挙げて之れに答ふ。尚ほ時事を寛話して去る。

一昨日書せし所の幅額等を捺印整理す。

此の夕、小谷哲来訪、則ち前約に依り、予、保管する所の氷上郷友会資金弐千四百余円を同会幹事小谷哲并に本庄忠治に交付す。又其の紹介に係る東京電灯株弐百株買収の代価を決済す。

六月四日　半陰　温暖

朝、野口栄世来訪、新発明寿玄米の試用を請ひ、寛話後、予の昔話掲載の逓信春秋一部を与へて去る。

午後十二時四十分地震、震度軽しと雖も、家屋震動。

午後、山崎和子、西村歌子が各幼児を伴ひ存問に来る。

枢密院、明五日定例参集休止を通報し来る。聖上関西地方巡幸中の為め也。

六月五日　半晴

諸人の嘱の為め、幅額合はせて二十葉に揮毫す。

誠、郵書を以て高野山納骨碑竣成の旨を転報。

此の日、本村駐在巡査某来り、我が畜犬白（牝狗）隣人を咬傷せし趣を以て、繋留すべき意を伝ふ。此の事既に隣人の訴に依り相当の慰問の処置を行ひ、且つ獣医の検診に依り狂犬病に非ざるを確認、唯繋留を行ひ其の再発を予防せり。則ち此の旨趣を答ふ。

約一週日以来、樺太山林が火災を発し、其の被害人家に及び、其の区域将に数十里に及ばんとす。昨四日、喜多長官豊原着任の電報に接し、直ちに慰問の電報を発す。本夕、謝電到来、併せて鎮火の旨を報ず。

六月六日　前雨後晴

大山、土田卯之助が家族調和の為め、人和家栄の四字額面の揮毫を請ひ来る。此の日書して之れを返送す。

六月七日　前晴後細雨

午前、広瀬昌三存問に来り、其の男節男米国大学入学の事を告ぐ。

飯野吉二郎[三]、田中首相に対し、自己を貴族院議員に推挙せん事を来請、其の資質無きを以て之れを謝絶。

重野英子、将に明日を以て帰米の途に就かんとす。其の父彦熊に対する返翰を作し、併せて其の既約せる宮川純に関する身元調書を送り、之れを其の父に致らしむ。

六月八日　半陰

重野英子、午前十時半発、帰米の途に上り、将に横浜に於て大洋丸に搭乗せんとす。安、芳子、季子、金谷ツタ等之れを東京駅に送る。

朝鮮人朴詠坤、紙本十葉に揮毫を来請、暫話して去る。

内田嘉吉夫人隣子存問に来り、暫話して去る。

此の夕、金谷帰邸施術。

六月九日　半晴　暑気漸動　日曜日

午前、安達常助（東海通信社長）、将に不日台湾へ赴かん事を来語。請に依り之れを常吉氏に紹介し、且つ台湾事情を暫話して去る。

藤江正治来訪、大正史編纂の企図を述べ、寺内内閣総選挙担当時の真相を問ふ。則ち其の概要を挙げ、之れに答ふ。

芦田哲造、其の新婚女婿照木敏雄夫妻を伴ひ礼訪に来る。同氏、現管船局在職中を以て船舶行政の沿革を述べ、之れを誨へて別る。

此の日、安が旧友遺族、関鶴子、秀子及び幼児、及び加藤勇、吉松清子及び娘、田辺米子同娘、林玉子同娘等約十人を新館に招き、互に午前午後、懇話会を開く。予、対客を了りて後之れに赴き款談、共に夕食して散ず。

北岡元運転手来候、請に依り、書額三葉を与ふ。

午後四時五十分、聖上南海及び関西地方巡幸を終りて還幸、予、静養中の故を以て奉迎する能はず。

金谷ツタ来り施術。梅谷光貞夫人、娘を伴ひ存問に来る。

六月十日　晴　薄暑如昨
此の日事無し。則ち明治三十年来、予が草せし所の論文、意見書其の他序文、跋文等を整理す。

六月十一日　晴　薄暑　七十五度
午前、織田正誠（太洋堂）来訪、則ち過日来嘱されたる幅額三葉を交付の後、寛話して去る。又予に書幅箱書を嘱す。

乃木庵主佐藤健治、其の理事大辻默堂（大崎町白金猿町了真寺主）をして幅額十葉に揮毫せんことを来請せしむ。

鮮人柳淵杓、幅額五葉に揮毫を来請。

数人の嘱の為め幅十葉に揮毫す。

小谷哲来訪、東電株式売買の決算を報告。

夕刻、枢密院、左記御諮詢案審査委員を指名し来る。
一　戦争抛棄条約御批准に関する件。
　委員長　伊東顧問官
　委員　金子　富井　石黒　江木　田　荒井
　　斎藤　石井
　　各顧問官　計九人
是れ頃者、世論囂々の重大案件に係はる也。同時に左記二件の審査委員、亦指定せらる。
一　文部省官制中改正の件。
一　社会教育官特別任用の件。

委員長　山川顧問官

黒田　古市　江木　桜井　河合　鎌田

各顧問官　計七人

夜中、小野敏夫（時事）、杉山孝次（日々）、大塚喜平（朝日）記者来訪、右諮詢案を談話するを謝絶し、唯大隈及び寺内内閣時の昔話を為す。寛話数刻して辞去。

六月十二日　細雨断続　入梅雨候

此の日、定例参集日なるも、静養の故を以て辞して参朝せず。

午前、韮沢信治（朝日）、午後木下猛（同上）時事を来問、職務外の時事を漫談して去る。

兵庫県多紀郡、京都府船井郡関係町村長及び有志総代山川頼三郎外二十五名連署にて、園部篠山間官設鉄道敷設予算通過決定につき、斡旋の謝状を贈り来る。

台湾新竹鄭神宝、書を致し、故松本剛吉遺族救済方法を問ひ来れば、則ち事情を具して之れに答ふ。氏、此の問題に対し、好意を寄する也。

金谷ツタ、嚮に我が正門内供侍所に寄寓せんことを請ひたれば、之れを許す。此の夕、之れに来寓す。亦摩擦治術を受く。

六月十三日　陰湿

昨日の電約に依り、午前十時、伊東巳代治伯を永田町邸に訪ふ。頃日御諮詢に係る戦争放棄条約御批准案に関はる委員会の方針を協議する為め也。伯、頃日世論嗷々の字句、則ち「其各自の人民の名に於て（インザネームゼアーレスペクチーブピープルズ）」の一語、日本国に限り之れを不適用の宣言書を起草するに関し、内閣方の田中首相、久原逓相及び正副議長と協商の顛末を説く。頗る詳し。切に予の同意を求む。

予、昨日、右御諮詢文及び宣言書案を一閲、此の宣言書に依り観るに、右の一句我国に於て適用せざるは頗る妥当の処置たると認め、略ぼ之れを是認したれば、則ち同意の旨を答へ、尚ほ同僚勧説の事、又内田康哉伯全権調印の故を以て、大に責任を感じ将に進退を決せんとするの件に関し協議す。伯頻りに予に勧解を為すを懇嘱すれば、則ち了諾の旨を答へ、正午辞去。内閣危機の難題、須らく平静に帰すべき也。

帰途、太田正隆医院へ入り、健康診断を求む。博士一診して曰く、全然病兆無く、唯臓器の下垂を予防すべきのみ、と。則ち其の方法を叩きて帰る。

昌、梅代、此の頃知事会議の為め入京の園田寛夫妻を伴ひて来訪、寛話後、共に電鉄開鑿工事を一覧して去る。

田慎治、将に月末を以て世界周遊の途に上らんとし、告別に来り、且つ重野英子優遇の恩を深謝して別る。

加藤勇来り、我が邸及び建物図面を謄写して去る。

六月十四日　天候如昨

吉田外務次官、昨夕の電約に依り午前九時来訪。三月十五日の来話を継続、戦争抛棄条約御諮詢案枢密院可決の事を懇請したれば、則ち昨日伊東委員長と協議の顚末を談じて之れに答ふ。氏悦びて去る。

午後、雅子二幼児及び一婢を携へ来遊、料理稽古の為め也。夜に入りて辞去。

此の夜、内田国造（報知）、大平安孝（新聞聯合）、不戦問題の事を来問、職務に関するを以て之れを謝絶す。

六月十五日　朝細雨一過　後陰湿

午前、椎床を招き理髪す。

午後、藤江正治来訪。則ち嚮に嘱せし所の揮毫幅額十四葉を交付す。

砲兵士官、庭丘に於て照準観測を行ふを来請、之れを許す。

夕刻、安場長女来遊。

夜、金谷ツタ来り施術。

六月十六日　晴暄　日曜日

数日前、高野山宝城院、書を致し、昨年注文せし所の正、勤、勲三亡児供養の石塔竣成の事を報じ来たれば、則ち納骨式を行ふ為め、安をして之れに赴かしむ。偶ま田村良又将に姫路士田文次寓へ赴かんとしたれば、相約し、共に今午前九時半の特急列車に搭り大阪へ赴く。誠、亦之れを途中に於て迎ふを約す。

安場次女及び保雅来遊、夕刻去る。篤児女、亦同伴来りて去る。

松本剛吉未亡人、不幸以来の種々の斡旋の恩を来謝。

此の夕、浴後食前赤裸の時、体重を量るに十二貫九百目を算ふ。之れを壮時に比するに、約三貫余を減ずる也。

六月十七日　半晴

此の日正午、南洋協会理事会を開くも、偶ま予、腸部に違和を感じ、辞して参会せず。

午後〇時半、芳子、季子を伴ひ入京す。二人と途中にて別れ去る。予、枢密院事務所に抵り、左記委員会に列す。

一　戦争抛棄条約案御諮詢に関する件。

両議長及び伊東委員長以下委員九名、之れに列す。先ず田中首相兼外相の説明を聴く。各委員相次で質問を行ひ、前田法制局長官及び外務当局者、之れに答弁。午後四時に及び、明日午後再会精査を約して散ず。時に午後四時也。

帰途、芳子、季子と同乗して帰る。

不在中、土田元が広内繁吉嘱せし所の揮毫画仙紙十葉を齎し来訪するも、逢はずして去る。

木下猛（朝日）、田村寿（日々）、塚本寿一（時事）、松田義政（同上）、松山幸逸（報知）、新井達夫（時事）、葉梨新五郎（日本電報通信社）相次で来訪、諮問に関し談話するを謝絶し、余事を談じて別る。

元逓信事務官戸倉能利病歿の訃を聞き、書を発して之れを弔す。

六月十八日　梅雨寂瀝

前九時、竹内陸軍次官来訪、松本遺族救済の件を協議す。後、政局安定の為め床次竹次郎〔二〕入閣の必要を談じ、予に居中斡旋の事を懇請す。

不戦条約審査開始以来、警察署警官来り我が邸を護衛。其の必要無きを以て昨日之れを辞するも、今朝以来、尚ほ来り警戒を行ふ。蓋し反対論者の来訪に備へんが為めか。夕刻に及びて去る。

午後一時半、枢密院事務所に抵り左の件の精査委員会に列す。

一　戦争抛棄条約御批准に関する件。

正副議長、及び伊東委員長、各委員、皆参集。

各員順次意見を述べる。而して其の論鋒、多くは所謂「各自の人民の名に於て」の一句に集中、其の留保若しくは宣言の方法形式に対し、議論沸騰、激論痛議、殆ど拾収すべからざる観を呈す。真に枢密院稀有の奇観也。

伊東委員長百方に小異を捨て、大同に就くを解説。予亦政府既に其の既往の失体を自認するを以て、追咎の必要無きを説き、切に宣言書を可決して憲法を擁護するの当然を論ず。論旨漸く統一に帰し、遂に全会一致を以て、御批准案及び宣言書案を可とし、其の報告書起草方を委員長に委托して散ず。時に午後四時。

帰途、伊東伯を永田町邸に訪ひ、内田康哉伯辞職断念勧告の事を談ず。

途次、西村寓へ入り、季子及び武田芳子、慎二を伴ひて帰邸す。

新聞記者二自働車に搭り追尾して来邸、而して一自働車先に来り予の帰りを俟つ。木下、田村、塚本、松山四人、昨日来邸の者、而して新来者内田栄（読売）、大平進一（中外商業）二人也。暫話して去る。

蓋し本問題の起こるや、「人民の名に因るの一句」の為め天下物議、囂然と起こる。以て我が国体を辱むるものと為し、我等委員に対し、反対意見を寄する者、数十通に上り、殆ど迫近すべからざるの勢ひ有り。世間、概ね現内閣の危機と為し、政変の近きに在るを予測する也。而して其れを聞くに宣言書を以て、此の一句を留保除外する事也。物論漸く静平に帰し、概ね此措置に満足するものの如し。此我が国体の尊厳と我国民忠誠の致す所、洵に欽ぶべき也。

誠、本日を以て母を高野山参詣に導き一泊する旨を報じ来る。

昨十七日暁、渡島国駒嶽大噴火、附近村落の罹災惨烈と云ふ。

六月十九日　前晴薄暑　七十三度　後雷雨

此の日定会。聖上親臨、本会議を開き左記数件を議決。予静養の故を以て、辞して参列せず。

一　外務省官制中改正の件。

一　外交官及び領事官官制中改正の件。

一　農林省官制中改正の件。

一　奏任文官特別任用令中改正の件。

一　工場法施行令中改正の件。

此の日、数人の嘱の為め幅十二葉、額十二葉に揮毫す。

午前、田村治子来訪。今秋婿養子として近藤浩之介を迎ふるの件に関し、父母睽離を熟和するの忠告調停の事を懇請したれば、承諾の旨を答へ、且つ父市郎上京の際来訪の事を伝嘱せしむ。

此の夕、金谷ツタ来り施術、留宿。

安達常助（東海通信社員）、将に台湾へ赴かんとし来訪、請に応じ之れを常吉氏に紹介。

〔駒ヶ岳噴火　新聞切抜　四枚添付　省略〕

六月二十日　半晴　後細雨一過

午前、井上雅二来り、来る七月一日南洋協会総会開催及び評議員、幹事（主事改称）、理事満期改選等の件を協議す。

頃日、予、腰腸部に疼痛を感じ、終日就蓐、静養す。金谷ツタ女に摩擦治術を施さしむ。夜に入り帰去。

六月二十一日　晴

新元鹿之助、南薩鉄道敷設計画調査の為め、将に鹿児島へ赴かんとし、告別に来り、寛話して去る。

渋沢栄一子、前年の米寿寿賀に酬ゆる為め、自書の大学及び前赤壁賦摺本各一冊を贈り来る。九十翁の健筆感ずべき也。

松本卓、亡父遺物の桐大火鉢一個を贈り来る。共に書を贈り之れを謝す。

夕、金谷ツタ来り施術。

六月二十二日　快晴薄暑　七十四度

此の日、天皇葉山御用邸に行幸、廿四日還幸の予定也。

依然腰痛を感じ、摩擦術を継続せしむ。

鮮人朴詠坤来邸、則ち揮毫幅額十葉を授与す。

午後、田村寿（日々）時事所見を来問、暫話して去る。

此の夜、芳子、季子と積年来郵の絵葉書数百葉を分別、之れを区分して、絵葉書帖二冊に挿入す。

枢密院、来る二十六日会議議案三件の書類を送り来る。戦争抛棄条約に関する御批准案、亦其の中に在り。

六月二十三日　陰湿欲雨　夜雨　　日曜日

朝、竹屋春光子（拓務省嘱托）、新任拓務次官小村欣一侯に代り、礼訪に来り、新任の挨拶を述ぶ。

台中州知事生駒高常、会議の為め上京、存問に来り暫話して去る。

台湾専売局今川淵、故松本剛吉次男源吉（同府専売局嘱托）を伴ひ存問に来り、台湾事情を寛話して去る。

南洋協会飯泉良三来候、実業練習を引率しスラバヤ等出張、就業配置の結果を報告。

同時、新嘉坡商品陳列所主事多賀正作、及び新傭同館補助柴田権次郎を誘ひ来謁。

最上政三、時事を来問。

安場保健、輝子が保雅を携へ来遊、夕刻滞遊中の二女児を伴ひて帰去。

六月二十四日　細雨断続

昨年八月、我が政府の戦争抛棄条約案に同意するや、顧問官内田康哉伯、全権委員の任を承り、巴里へ赴き之れに調印。今回御諮詢案中「人民の名に因り」の一句、除外例を設け之れを我が国に適用せざるに及び、伯大に不満の意を抱き、頻りに反対の意見を吐く。伊東委員長深く之れを憂ひ、予に以て慰諭の事を懇嘱す。

此の日、予、内田伯を大久保邸に訪ひ、此の事政府の責任に属するを以て、代理者に於て固執の要無きを懇談す。伯尚固執して聴かざれば、則ち袂を分かつ。帰途伊東委員長を訪ひ、其の顚末を報告して去る。

途次、安場邸へ入り、輝子と暫話して帰る。

安、田村良を伴ひ、午後八時二十分東京駅着の列車に搭り帰京、芳子、季子等往きて之れを迎ふ。高野山故正、勤、勲三児の建塔の事を完了して帰る也。

六月二十五日　晴薄暑

午前、千鶴堂桑島留吉来り、嚮に装潢を嘱せし所の百穂画幅其の他書画幅九幅、額四面を納入したれば、則ち其の工料を交付す。

犬養毅外二人書を致し、且つ人をして野田大塊伝記購買予約を来請せしむれば、則ち之れを諾し其の前払金若干を交付す。

石井三郎書を致し、宿痾快癒帰京の旨を報じ来る。則ち返書して祝意を述ぶ。

此の夕、芳子、季子、大久保家晩宴に招かれ、夜中帰来。

六月二十六日　天候如昨

午前十時参内、枢密院会議に列す。議長以下出席二十四人、閣僚十一人、重大案件に係るを以て、重病者三人の外、皆参会也。

聖上親臨、先ず左件を議す。

一　戦争抛棄条約御批准に関する件。

伊東委員長、先ず審査の結果を詳報。一二質問の後、内田伯予言の如く、先ず本条約憲法に抵触の点無きを述べ、

「人民の名に因り」の一句我が邦に不適用の宣言書の不当を論ず。伊東伯之れに駁撃。八代男質問応答の後、又此の宣言書を以て、中外に於て信を失ふものと為し反対説を述ぶ。桜井顧問官、亦内田伯反対説に賛成。田中兼任外相、之れに対し弁解する所有り。正午休憩して午餐す。午後一時半、再び会議を開き、石井、石黒、久保田、江木各顧問官及び田中首相、前田法制長官等、各弁論弁解する所有り、採決に及ぶ。

宣言書否決説　則ち内田説　　　　起立三人

原案を可とする者　則ち委員報告案　起立三十一人

内十一人内閣員也

則ち大多数を以て、原案則ち委員報告案を可決、次で左記二件を議す。

山川委員長、審査結果を報告、全会一致を以て之れを可決。

一　文部省官制中改正の件。

一　社会教育官特別任用に関する件。

聖上入御、午後二時三十六分を以て散会し帰邸す。

新聞記者武内文彬（朝日）、井口一郎（国民）、内田栄（読売）、塚本寿一（時事）来邸、時事を問ふ。

彼等、又内田顧問官辞表捧呈の事を報ず。是れ過日訪問の際、既に其の決心の機微現る。同伯の心事、頗る憐諒すべき也。唯委托者として田中外相、靦然として其の職に留まりたれば、必ず世の指弾を受く。然れども「人民の名に因り」の一句、世の国体を重んずる者、囂然として不当を鳴らすも、今除外例を措き、世論初めて平静に帰す。故を以て此等の輩、伯を以て売国奴と為す者頗る多く、却て以て快事と為すや必なり。伯の為めには、亦憐むべき哉。

加藤勇、予の紹介に依り、本日農林省官房事務嘱託の命を受け、夕刻謝恩に来る。則ち官吏の心得方を訓諭して別る。又書を山本農相に贈り謝意を述ぶ（其の月俸七拾五円也）。

〔新聞切抜貼付・省略〕

六月二十七日　陰曇　夕雨

朝、竹内陸軍次官来訪、内閣改造の切迫を再論、床次竹次郎入閣勧誘の配意を請ふ。時事を寛話して去る。

賀来佐賀太郎、宿痾平癒の事を来報、且つ病中慰問の恵を述ぶ。

千鶴堂桑島留吉、揮毫を来請するも、逢はずして去る。

大洋堂使人来り、則ち嚮に請ひし所の予の書幅箱書を交付す。

六月二十八日　晴　薄暑　七十六度

吉田外務次官、書を致し、戦争抛棄条約可決尽力を謝し来る。又内田顧問官辞表に対し、遺憾の意を述べ来たれば、則ち答翰を発し、且つ内田伯訪問の顚末を報ず。

此の日来翰六通に対し、答翰を発す。

六月二十九日　天候如昨

午前九時、床次竹次郎、昨日の電約に依り来訪、云く、昨来の情報に依れば、田中内閣、不戦条約及び満洲重大事件（張作霖虐殺の件）の失挙に因り、総辞職の決心を為すものゝ如し、若し後継内閣、民政党に帰せんか、議会解散民心益す動揺の虞れ有り、幸ひ西園寺公及び牧野内大臣に対し、君より一言推挙を煩し、幸ひに組閣の大命を奉ずるを得ば、幸慶之れに過ぎず云々と。

是れ大正十二年加藤友三郎内閣の例を追はんと欲する也。然るに時勢の変遷、寧ろ至難に属す。予則ち、自己の現職政治運動を試むるべからざる理由を答へ、之れを謝絶す。唯間接に疎通の手段を試むべしと答へ、尚ほ時事を寛談して別る。

竹内陸軍次官、亦昨約に依り、床次氏会見の結果を来問すれば、則ち前項床次氏と会晤の顚末を告げ、此の顚末を牧野内府に転報せんが為め、井戸川氏来訪の事を嘱す。

午後、小谷哲来り、氷上郷友会資金銀行預替の事を談じ、前主任誠の証印を求む。諾して調印を与ふ。

安場家の請に応じ、三男保定、村田男爵家相続に関し、宮内大臣宛の願書に其の二女児村田家入籍願に調印。

六月三十日　天候依然　日曜日

今朝、後継内閣組織者指定の事、新紙の報に依て、西園寺公、牧野内府間に於て略ぼ民政党総裁浜口雄幸推挙に内定〔ママ〕。則ち今日午後の牧野伯訪問の事を中止す。

篤、襄治以下三児を伴ひ来遊。雅子、二幼児一婢を携へ亦来遊、夕刻相次で帰去。

飯泉良三来り、明一日夕刻、日本工業倶楽部に於ける南洋協会評議員会、及び総会議案及び議事順序并に夜宴等の事を稟ず。

午後十一時頃、秦豊助（政友会総務）来訪、後継内閣民

政党に帰するを避けんが為め、平沼騏一郎若しくは床次竹次郎を推挙の希望を述べ、其の意思を西園寺公及び牧野内府に通ずるの手段を叩く。予之れに答へて云く、予をして若し貴族院議員の職に在らしむれば、此の二人に之れを勧告するは敢へて辞せざる所なるも、予の現職、政治運動を為すを許さず、故に之れを試み難し、君の諒を乞ふと。尚ほ応急手段を寛話す。午前〇時半に及びて去る。

七　月

七月一日　晴涼

此の日午後、南洋協会評議員会及び総会を日本工業倶楽部に開く。左件を議決。

一　昭和三年度事業報告。

一　同年度会計報告。

　議件

一　本会本部役員満期改選の事。

一　本会規約中、主事を改め幹事と称する事。

予、静養中の故を以て参会する能はず、副会長をして議事を主導せしむ。総会後、松村松年博士講演及び晩餐会有り。

此の日、家に在りて、日清日露両戦役関係文書を整理す。

七月二日　晴後陰

昭和二年四月、田中内閣成立以来既に二年余を過ぎ、近来失政続出、頗る民望を失ふ。二月下旬、貴族院は弾劾的決議案を可決するも、内閣顧みざる也。其の後不戦条約調印の失体、満州重大事件（張作霖虐殺の隠謀）の発露等相次で起り、国論喧嗷、其の責を問はんと欲す。内閣、遂に昨一日を以て南満駐在軍司令官村岡中将以下、当局軍人数人に対し懲戒処分を行ひ、又本日を以て総辞職の表を奉呈するに決す。蓋し田中男の粗漫軽率、しかのみならず閣中一人の老練政治家無く、遂に破綻百出収拾すべからざるに到るは恠しむに足らざる也。而して政権一朝、反対党に帰せんか、政友会、特に新党倶楽部（床次党）の打撃の甚深なること予知すべき也。

後継内閣組織者の推挙、元老西園寺公に之れを諮詢せらるるや必なり。西園寺公、之れを牧野内府に諮り、所謂憲政の常道に従ひ、在野党主領浜口民政党総蔡を推挙するや、疑ひを容るゝべからず。彼、既に準備して大命の降るを俟つ。蓋し新内閣の成立、一両日を出でざるや疑ひ無き也。

乃木庵主佐藤健治来訪、則ち嚮に嘱せし所の揮毫幅額各五葉を交付し、逢はずして去る。柳淵杓亦来り、書、主に成り則ち去る。

西佐之助なる者存問に来たる。静養中を以て逢はずして去る。

喜多樺太長官、電を致して云く、民政内閣成立の時、直ちに辞表を提出せんと欲す、予め諒承を乞ふ云々と。直ちに返電し諒承の意を答ふ。是止むを得ざるの進退也。然れども大体より之れを論ずれば、内閣更迭が植民地に波及するの弊は前年加藤高明内閣の開始する所、国家の為め憂ふるべき也。

七月三日　細雨断続　後晴暑

午前九時、安、季子と同乗し入京、二人途中別れ去る。午前十時、予参内す。顧問官来集者、平沼副議長以下十三人、其の間新任閣僚来り、挨拶する者左の如し。

浜口首相　幣原外相　宇垣陸相　財部海相　小橋文相
町田農相　俵　商相　小泉逓相　江木鉄相

来らざる者、安達内相、井上蔵相、渡辺法相、松田拓相の四人のみ。蓋し昨夜九時、新閣員親任式を挙げられ、同時に旧田中内閣員に対し、依願免官の辞令を下付せらるゝ也。

〔新聞切抜貼付・省略〕

新閣僚中、幣原、井上、渡辺、江木の四人は貴族院議員に属し、浜口、安達、小橋、町田、俵、小泉、松田の七人は衆議院議員に属する也。

午前十一時、御学所に入り、聖上陛下に拝謁して退出。帰途安を誘ひ同乗して帰邸す。

喜多長官、本日辞表捧呈の旨を電報、次で亦伏見宮行啓御礼の為、来る六日発上京の旨を電報。

七月四日　風雨終日不歇

風雨外出に適さず、終日室に在りて読書、又信書を作す。

七月五日　陰　夕雨

逓信次官桑山鉄男、今回内閣更迭の際に当り、貴族院議員に勅任せられ、且つ辞表を呈す。今日午前礼訪に来り、且つ其事情を陳述、寛話して別る。

比律賓陀波於太田興業会社員正木吉右ヱ門、井上雅二の紹介を以て来訪、同地居留民の為め扁額に揮毫を乞ふ。数人の為め幅額十一葉に揮毫す。

七月六日　半晴　夜雨

香西与一郎、午前来訪。白木屋復興計画出資の件を談じ、大橋新太郎に対し紹介の事を請ふも、現職商事に関係すべからざるを述べ、之れを謝絶す。

又前年同氏より買収する所の宗達菊画一隻、其の対隻の所在捜索の事を嘱し、寛話して去る。

昨日書せし所の幅額等を捺印整理す。

今回民政党内閣成立に依り、最も打撃を受くる者は実に床次党新党倶楽部也。此の日、遂に無条件を以て政友会に合同すと云ふ。若し之れを二月前に決行せば、或は内閣更迭の変無かるべし。而して今や衆議院の多数は在野党政友会に帰し、次期の議会は解散を免れざるの運命なるや、予知すべき也。

七月七日　陰　細雨一過　　日曜日
午前、鮮人柳淵杓来訪、則ち嚮に嘱せし所の揮毫幅五葉を交付し、暫話して去る。
貴族院議員法学博士従三位勲一等添田寿一病歿の訃を聞き、書を発して之れを弔す。

七月八日　晴暑　七十八度　　節入小暑
此の日、出入園丁等男女八人に対し、中元祝儀若干を与ふ。相率ひ謝恩に来る。
今夕、喜多樺太長官、電話にて本日着京の旨を報ず。

七月九日　天候如昨
朝、飯谷留治（郷里上小倉出身）、千種宇佐美の紹介書を携へ来訪、駒沢町画家松林桂月の門に入り、南画を学ぶと云ふ。暫話して辞去。

竹内友次郎、午後来訪、昨日陸軍次官依願免官の事を報ず。政界現状を寛話して去る。

昨来新紙の報に拠れば、樺太長官以下府県知事、及び各部長等更迭者数十人に上る。政党内閣の余弊、遂に事務官に普及、民心をして安定を欠かしめ地方政務の動揺を招く、国家の為め慨くべき哉。

山田ヒロ、中元礼の為め来候。

此の日、安、渡辺千冬氏を其の邸に訪ひ、其の栄任を賀す。

七月十日　晴陰相交
前九時、安、季子と同乗入京し、二人途次別れ去る。午前十時参内す。渡辺法相、松田拓相来り、新任の挨拶を述ぶ。

此の時、倉富議長、各員に対し左の意見を述べて曰く、昭和二年四月、若槻内閣が本院に台湾銀行救済案を否決せられし為め、総辞職を決行の後、民政党は枢密院弾劾案を衆議院に提出せり。若し前閣僚安達、浜口、町田三氏其の提出者として、本院議事の実況を衆議院に論議せば、是本院議事規則に反するの行動也。此の三人は今亦新閣員に列し、将に靦然本院会議に列せんとす。之れに対する処置如何。各員の考慮を煩はす、云々と。

同僚熟慮を約して別る。十一時、聖上に拝謁して退出す。途次、安を誘ひ正午帰邸す。

午後、数年来の日記の校閲を行ふ。

七月十一日　陰湿　後細雨断続　溽暑八十一度

此の日、篤の求に依り、渋谷邸庭樹に供さんが為め、檜其の他庭樹十余株を渋谷邸に輸送せしむ。

日魯漁業会社川越美春来り、近時露国政府、国営漁業を東露沿海に於て行ふに関し、我が既得漁業権を侵害するの実情書を提出。対応の処置を講ぜんことを愁訴し来るも、逢はずして去る。

夕刻、加藤勇来訪。之れに続き鶴子と関未亡人が育嬢秀子及び宗正児を伴ひ来訪。加藤勇、予の紹介に依り農林省嘱託採用の恩を深謝、尚ほ後来の庇護を乞ひ、暫話して辞去。

七月十二日　晴暑　八十三度

朝、安、多磨墓地へ赴き、盂蘭会展墓を行ふ。

広瀬昌三、野口栄世相次で来り中元礼訪を行ふ。

此の日、聖上が皇后及び照宮御訪問の為め、葉山御用邸に行幸、予静養中を以て、奉送する能はず。

昨年、九州へ赴く新谷盛融、本日帰来と云ふ。宮崎県下に於て新に一寺を創立、之れに住む。今回、郷国北海道へ帰省するも、更に該寺に永住の心算也。夕刻辞去。

七月十三日　窄晴烈暑　八十五度

昨来、暑気益す烈しく散策に適せず、室内に在り、読書静養す。

七月十四日　晴暑如昨　　日曜日

午前、笠原立定師来り、仏壇に対し于蘭盆の法会を行ひ、新谷盛融之れに列す。式後、午餐を饗して別る（此の時、求に依り、予嚮に贈りし所の支那繍錦所造の袈裟に副書す）。

鶴見左吉雄、前に南洋協会理事に挙げられ、此の日挨拶に来る。

渡辺千冬子、法相親任の礼辞を来述、暫話して去る。

七月十五日　晴暑依然

台南実業協会長高島鈴三郎入京、正午来訪。河〔川〕村台湾総督留任の斡旋を請ふも、政治運動に属するの理由を以て、之れを謝絶す。台湾事情を寛話して去る。

伊東巳代治伯、昨来の電請に応じ、午後二時半其の邸を訪ふ。伯、去る十日倉富議長の陳述に係る昭和二年中、安達、浜口、其の他民政党幹部員、衆議院に提出せし所の枢密院弾劾決議案に関し、院本会席上に於て謝辞を述べしむるの必要を切論す。

予と意見交換の結果、来る十七日参集の席上に於て協議を悉し、其の交渉方を議長に托すべき事を協議して辞去。転じて西園寺公を駿河台邸に訪ひ、松本剛吉遺族救済問題に対する配意を謝し、支那近時の政状に関し、互に意見を交換す。公、不日御殿場に転居の予定を聞く。暫話して辞去す。

帰途、西村邸に抵り、季子、喜久子を伴ひて帰る。

此の夕、月下美人草、一花を開く。重野其の他皆集り来りて之れを観る。

七月十六日　天候不変

朝、宇佐美千尋存問に来るも、静養中を以て面会を謝絶す。

此の日、暑気益す烈しく、午後新館に避暑す。涼風習々、寧ろ涼冷を感じ、家人と寛濶夕刻に及ぶ。清風軒の名、空しからざる也。

重野蓉子、存問に来る。

重野彦熊より、英子安着の報に接す。

七月十七日　天候依然

午前九時、安、季子を伴ひ入京し、二人途中別れ去る。前十時参内す。聖上拝謁の儀無し。議長以下参集者十九人。昨日、議長より参集を求むる通知有り、故に来会者多数に上る也。

倉富議長、先ず去る十日協議の新内閣員中、昭和二年中、衆議院に於ける本院会議の秘密漏洩の問題に関し、浜口首相陳謝の事を告げ、曰く、

昨十六日、浜口首相、予を私邸に訪ひ、一昨年下院に於ける本院議事漏洩の軽挙を陳謝、且つ将来大に注意を加へ、再び斯の如き軽挙に陥る勿きの旨を確約す、諸君之れを諒せんことを乞ふ。

之れに対し二三顧問官、其の意見を陳述、伊東顧問官、既に浜口首相陳謝を為せし以上、此の上追撃の必要無き意を述ぶ。予等数人之れに同じ、一切の処理を議長に一任と決して散会。

帰途、田中前首相を原宿邸に訪ひ、退官并に在職中の積労を慰問し、尚ほ松本遺族救済の配意を懇談す。男、不日長州帰省の事を談じ、暫話して去る。

更に渡辺法相を私邸に答訪するも不在也。則ち栄任の祝意及び来訪の謝意を述べて去る。

途次、安及び季子を誘ひ、同車して帰邸す。

午後七時五十分、強震。

七月十八日　晴暑益窂

午前、昌、梅代、小谷富貴存問に来る。昌、多紀郡県会議員選挙競争の情況を寛話して辞去。

午後、小谷哲来訪、清風軒に引きて寛話、氷上郷友会資金運用法其の他一二件を協議して去る。

季子、午後学友楠田嬢外二人を招き茶会を催し、共に夕飯して去る。

七月十九日　天候依然

昼間、清風軒に於て読書、又金谷女按摩術を受く。

長田博光其の郷里より書を致し、書生として我が邸に寄寓を請ふ。返書し之れを謝絶す。

此の日、久邇宮朝融王、人をして故邦彦王御遺物桂月画きし所の竹雀大幅壱函を来贈せしむ。

七月二十日　天気如昨　夜細雨大到　節入土用

吉田平吾、頃日大阪より入京、午前来訪、寛話して去る。

朝顔四鉢、今朝初めて開花。

夕刻、加藤勇、其の父剣三郎及び関宗正児を伴ひ来訪。勇の農林省統計課就職斡旋の恩を深謝する為め也。則ち関家補翼の事を懇諭す。暫話して去る。

枢密院、来る廿四日本会議を開き、日本西班牙国間通商暫定公文交換の件外三件を審議することを通知し来る。

七月二十一日　半晴烈暑　日曜日

近藤孝、存問に来る。安出でて之れに接す。

荻野貞次郎病歿の訃に接し、書を其の男彪に贈り之れを弔賻す。

此の日、衡器に抛り体量を計るに十三貫目を示す。之れを壮年時に比するに、実に三貫目を減ずる也。

七月二十二日　晴暑

昨来、陸軍大学贈りし所の課外講演集第一輯中、昨春予の二回行ひし所の講演筆記の校閲を行ふ。

此の夕、満月清輝、南椽涼風の下之れを賞す。時移るを覚へざる也。

七月二十三日　晴烈暑

午前、町田経宇大将存問に来り、政界事情を寛話して去る。

午後、清風軒に於て避暑す。寛濶納涼。

吉田平吾家族、平吾業務上の便に依り、将に明日を以て大阪在兵庫県下芦屋へ移住せんとし、貞子娘を伴ひ、告別に来る。清風軒に於て一家と会見し、暫話して別る。

七月二十四日　天候依然

午前九時発車、安を伴ひ入京し、途中別れ去る。十時前参内、枢密院会議に列す。天皇臨御無く、左記二件を審議。顧問官十八名、外相、内相之れに列し、二上翰長の説明を聴き、全会一致之れを可決。

一　日本国西班牙国間通商暫定取極め公文交換に関する件。

一　日本国土耳格国間同一事件に関する件。

一　奏任文官特別任用令改正の件。

一　判任文官特別任用令改正の件。

帰途、皇太后青山御所及び閑院宮邸に参候し、暑中御機嫌を奉伺す。又久邇宮邸に抵り、御機嫌を奉伺し、且つ故邦彦王御遺物恩賜の御礼を言上す。分部家職と暫話して退出す。西村寓に抵り、安と同車して帰る。

又宮中に於て、暑中天機及び皇后宮御機嫌を奉伺す。

台湾記者団有志、長文の電報を致し、近時政党出身総督の弊害を痛論、政党外総督任命の斡旋を哀訴し来る。

白川陸相、大正三年大礼観兵式祝賀会記念銅製花瓶一個を贈り来る。書を贈りて之れを謝す。

金谷ツタ来り施術。

此の夕、篤が健一、襄二、敬三三児及び一老書生を伴ひ来遊。将に近日小田原に避暑せんとすと云ひ、寛話して去る。

七月二十五日　晴暑依然

枢密院、当分定例参集休止の旨を通知し来る。

金谷ツタ、安場諸児を伴ひ鎌倉へ赴く。武田精一、甲信国境八ッ嶽探嶮旅行に赴く。其の校の誘導に依る也。

頃日、予の往日の論文等草稿の整理に従事し、其の一部も原生をして複写を行はせしむ。其の数数十篇に亘り、頗る校閲の力を費やす。

七月二十六日　天候如昨

午前、椎床を招致し、理髪を行ふ。

高野山宝城院主山東宥海師に対し、正、勤、勲三亡児供養塔敷地料并に日牌料金壱千円の残額、金六百五拾円の郵便為替券三葉を郵送す。

七月二十七日　晴益窄暑益烈　八十四度　強震

朝、竹内友次郎来訪、政界の趨勢は冬期議会解散の免るべからざるの情状を談じ、床次竹次郎に対する声援の助言を請ふ。諾して面晤の時を期し、仲介の労を取るべしと答ふ。

小谷哲本邸及び渋谷邸火災保険の継続を来請。諾して新契約締結、料金仕払の手続を行ふ。

勅選議員笠井信一病歿の訃報に接し、其の男律威外三人に対し弔状を贈る。

午前七時五十分強震、家屋動揺の激しさは数年来、其の比無し。夕刊新聞紙の報に拠れば、震源地、丹沢山北方に属し、略ぼ十三年一月十五日激震の震源地と同じく、相模地方に於て多少家屋道路等の被害有りと云ふ。

誠、公務を以て上京、午後六時、本邸に入る。

七月二十八日　天候依然　　日曜日

台北市三好徳三郎、恒例に依り、烏龍茶二缶を贈り来る。返書を発し之れを謝す。誠、早稲田鉄道局野球競技へ赴く。

広島市松浦泰次郎老母病歿の訃に接し、書を贈り之れを弔問す。

七月二十九日　天候不変
誠公務の為め、鉄道省へ赴く。

老女山本広、暑中存問の為め来候。

此の日、大正四年中日記を点検。

天皇陛下、本日午後五時三十五分、葉山より還幸、将に三十一日を以て再び葉山に行幸せんとす。

金谷ツタ、夕刻来り施術。

七月三十日　晴暑益窄
安場輝子、二女児を伴ひ来遊、留守。
今井田清徳、頃者逓信次官に任ぜられ、書を致し、披露挨拶を述ぶ。此の日返書して祝意を述ぶ。
本日、新聞紙、川村台湾総督依願免官、及び石塚英蔵氏後任の事を報ず。政党内閣の余勢、植民地長官の更迭に及ぶ、憂歎すべき也。

七月三十一日　晴暑益烈　八十七度
月初来、各地知人、暑中慰問状を寄する者、数百通に上る。例に依り、返書を発せず。
午後、広瀬小照存問に来り、且つ安に対し夫昌三就職の斡旋を懇請すと云ふ。氏、予の斡旋に依り就職数回、今亦斯の如し。蓋し其の性狷介、交際の拙の致す所か。而して今や既に齢華甲を過ぎ、其の難や知るべき也。

八　月

八月一日　窂晴烈暑　八十七度

午前、永橋至剛、存問に来り、暫話して辞去（後藤新平集一冊を贈る）。

高野山宝城院主山東宥海、返書を致し、送金領収、厨子位牌を造り永代供養を建立の事を報じ来る。

電気協会書記長肥田玄次郎来訪。千八百七十九年米国エヂソン氏電灯発明満五十年期に当り、電灯五十年記念会を組織、本年秋季に於て記念事業を挙ぐる旨趣を述べ、其の顧問たらんことを請ふ。則ち承諾の旨を答へ、暫く語りて去る。

此の日、故井上馨侯伝記編纂員来り、本年五月九日貸付けし所の故侯に関する文書五種六冊を返戻す。

八月二日　天候如昨

正木吉右ヱ門来訪、則ち嚮に嘱せし所の揮毫幅額各一葉を交付す。逢はずして去る。

金谷ツタ昨来施術、本日去る。

誠、夕八時半の列車に搭り、帰任の途に就く。而して将に近日賜暇を以て、家眷を伴ひ来遊せんとする也。季子等之れを東京駅に送る。

八月三日　晴暑益烈

頃者暑気強烈、外出するべからず。北窓納涼にて、旧来堆積の文書を点検するのみ。

嚮に品川税務署より、武田精一に対し、其の相続税に関し、召喚状を送り来る。則ち原生をして往かしめて之れを説明、本日、更に駒沢登記所より借入金の為め担保邸宅担保登記の謄本を受け、之れを同署に郵送す。之れを要するに、其の相続財産、之れを負債と葬儀費に比較すれば、猶不足を告ぐるや明か。其の不足額、概ね我が家の補給する所也。

八月四日　天候依然　有風感稍涼　　日曜日

頃日、蕣花盛んに開き、毎朝十鉢内外を算ふ。

数日来、園下多摩川傍遊泳池（プール）大賑はひ、酷暑を避けんが為め、東京より来遊する者、日に多きを加ふる也。

八月五日　晴暑強烈　八十五度
午前、賀来佐賀太郎、同夫人、存問に来り、寛話して去る。
山本綾子存問に来り、田村市郎夫妻睽離の事情を寛話す。先ず治子迎夫の時、田村良と夫市郎調和を復するの斡旋を予に請ひて去る。

八月六日　烈暑　八十六度
六月十九日より田村治子が両親睽離融和方斡旋の意味を来嘱、此の日一書を其の父田村市郎に贈り、其の妻良と表面融和し面会の件を懇嘱す。其の効果、果して如何を知らず。
台湾台北高等商業学校長、創立十周年記念品を贈り来る。書を発して之れを謝す。

八月七日　暑甚　八十七度
誠が栄子及び三児一婢を携へ、午前九時廿分東京駅着の列車に搭り来遊。
此の夕、夕涼の為め、我一家十人、武田五人、重野五人を伴ひ、多摩川磧に到り、水光亭に一涼船を艤せしめ、皆之れに搭る。一行之れに搭り水流を上下、納涼す。近時納涼設備頗る盛んにして堤上電灯数町に亘り、遊客亦尠なからず、亦一夜の佳遊也。遨遊約三時間、九時帰家す。
客月十二日以来、晴暑酷烈、近年稀に遭ふ所にして、最近数日、東京市人は之れに堪へず、争ひて相房等海浜避暑に赴く者、日に数万人を算ふと云ふ。幸ひ我が邸、高敞開潤、涼風徐ろに来たれば、山海に避暑の要を感ぜず。是我が邸の特権也哉。

八月八日　暑益烈　八十九度
波蘭国公使ズジスラフ・オーケンツキト、波蘭事情一巻を贈り来る。名刺を贈り、謝意を表す。

水光亭主人、昨夕の舟遊を来謝。其の郷桑名の事情を寛話して去る。

誠と栄子、砧村本尾老母家に抵り、存問して帰る。

此の夕、安は誠、栄子、芳子、季子等を誘ひ、歌舞妓座観劇へ赴く。誠、直ちに大阪へ帰り、安等深更帰来。

新元鹿之助、鹿児島より帰り、細君を伴ひ来訪。南薩地方鉄道新設計画進行の状況を談ず。
此の夜ラヂオ報じて曰く、気象台の観測に拠れば、本日東京温度九十七度四分に昇り、四十三年前、則ち明治十八年以来無かりし所の高温也と云ふ。我が玉川邸、八十九度に昇り、亦未だ曽て有らざる所の高温也。
誠三児、武田三児等が金谷ツタ及び婢の導に依り、児童園へ赴き活動写真を観る。

八月九日　天候依然　夕遠雷電光
朝、藤田政輔、塗料経営の件に関し、内田嘉吉に紹介を来請。諾して紹介状を与へる。暫話して辞去。
昨来、金谷ツタ施術を受く。
飯谷留治存問に来り、其の画きし所の花卉十箋を贈る。氏、舟陽と号し、今松林桂月の門に在りて南画を学ぶ也。

八月十日　天候不変
午前、蓮見義隆存問に来り、暫話して去る。
台湾専売局長常吉徳寿、書を致し、川村前総督辞表提出に殉ずる事を報ず。
新補世田谷警察署長警部小坂覚四郎、礼訪に来り、暫話して辞去。
前日来閑なる時、大正年間日記の校閲を継続す。

八月十一日　天候依然　　日曜日
午前、新任法制局長官川崎卓吉、礼訪に来り、且つ内閣と枢密院関係円満を欠くの原因を問へば、則ち若槻内閣、台湾銀行救済案が枢密院に於て否決せらるゝに因り、内閣総辞職せし以来の経路を述べ、説示せる所有り。暫話して辞去。
午後生駒高常来訪、氏嚮に台湾台中州知事より、拓務省管理局長に転任、頃者着任の礼訪也。則ち問に応じ、最も注意すべき要点を説示す。暫話して去る。此の時、台湾在勤故松本剛吉次男源吉を擁護する事を嘱す。
昨、安場二女児、鎌倉より来遊、留宿。

八月十二日　天候如前日　夕大雷雨
正午、南洋協会会頭の名に依り、午餐会を星岡茶寮に開き、新任台湾総督石塚英蔵、同総務長官人見次郎二氏を招き、祝賀兼送別の意を表す。内田副会頭、理事数人来会、主客十五名款飲、午後二時過ぎに及びて散ず。

午後、芦田哲造来候。

客月中旬以来、烈暑久旱、人苦熱に悩み、草木渇を訴ふ。本夕、雷雨大に到り、皆蘇息の想を生ず。

八月十三日　天候依然　夕刻大雷雨一過
安は季子、栄子等群児を携へ、国技館等へ赴き遊覧、夜に入りて帰る。
渡辺千冬子夫人芳子、存問に来り、暫話して去る。
鈴木侍従長、天皇皇后両陛下の命を奉じ、恩賜の鮎参拾尾を贈り来る。蓋し長良川産也。

八月十四日　天候不変　夜驟雨一過
午前、丘下の日比野寿来訪、丘下路傍に目黒蒲田電鉄会社停留場特設の希望を述べ、其の請求書に連署を乞ふ。予の境遇斯の如き行動に参加すべからざる理由を答へ、之れを謝絶し、該会社に其の懇談を遂ぐる為め、該社専務五島慶太に対する紹介名刺を与ふ。氏感謝して去る。

此の日、栄子及び三児、安場三児、武田精一、慎二は金谷ツタ外二婢を随へ、遊浴の為め鎌倉へ赴く。町田襄治一家、既に鎌倉に移居する也。

午後、広瀬昌三来訪、寛話し且つ住友家就職の希望を談ず。共に夕食し、九時過ぎに及びて辞去。

台湾今川淵、電を致し、常吉一家十三日発帰京の事、及び松本源吉六級書記に任命の事を報ず。則ち返電し之れを謝す。而して常吉氏、川村総督に殉じ、辞職して帰京する也。政党政治の弊、斯の如し。慨くべき也。

本日新聞紙、立川飛行場に於て陸軍飛行機墜落、少将小川恒三郎以下乗組士官七名惨死、一名重傷の事を報ず。惨状極まり無し。従来陸海軍飛行機、惨禍を招くもの頗る多し。而して一時に有力者を喪ふ。斯の如きもの、未曽有の珍事也。国防の為め深く痛歎すべき也。一傷者亦夜に入りて歿すと云ふ。

八月十五日　天候険悪　風雨屡到
独逸人エッケナー博士、嚮に巨大飛航機を製造、之れをツエペリン伯号と号し、将に世界周遊の壮挙を試みんとす。本日午後〇時三十四分、同国フリードリヒハーヘンを発ち、我が邦へ向けて航路に就き、幸ひ故障無くば、来る十九日東京着の予定也。切に一路平安、其の目的を達せんことを祈る。其の乗客約二十名中、我が日本人、三名を算ふと云ふ（航程約百二十時間を要すと云ふ）。

八月十六日　昨来暴風雨　到暁而霽　風尚烈

午前、篤避暑の為め、家族一同を率ひ小田原に在り。広田生をして本月分補助金前渡を来請せしむ。則ち之れを交付す。

呉軍港軍艦伊勢副長吉見勇助に対し、嚮に請ひし所の予の揮毫幅額各一葉を郵便に附して、之れを送る。

午後、昌、塩原避暑地より帰京、来訪して云く、織田信大子の請に依り、家兄将に近日来京相謀らんとす云々と。

夕刻、栄子及び三児、武田二児は金谷ツタ及び二婢と鎌倉より帰る。安場三児、直ちに其の家へ帰る也。

〔新聞切抜二部添付・省略〕

八月十七日　半晴　烈風

金谷ツタに摩擦術を行はしむ。

午後、武田精一をして予の代理を兼ね、一昨日遭難の小川陸軍中将（即日昇任也）外七名の葬を青山斎場に送らしむ。

八月十八日　晴暑　日曜日

枢密院、来る二十日、天皇陛下葉山より栃木県下那須へ行幸の旨を通知し来る。

昨年、即位大礼に当り、昌と共に京都市曾野作太郎家を以て東道に充てしも、報酬を受くるを肯ぜず。頃者平福百穂画伯に嘱し、竹鳩図装一幅を画き、予の写真一葉を副へ記念として、誠をして同氏に之れを転贈せしむ。

正午、誠、其の家眷を迎ふる為め、公暇を以て上京帰来。

此の夕、西村淳一郎、同歌子を伴ひ存問に来る。

新聞号外、故寺内正毅伯次男陸軍大尉寺内毅雄胆嚢炎切開の結果、赤十字病院に於て死亡、其の夫人綾子（中川健蔵娘）短銃を以て殉死の悲聞を報ず。其の衷情哀れむべき哉。

八月十九日　天候依然

今朝来ラヂオ通信により、時々刻々、ツェッペリン号飛行船来朝の進程を報ず。韃靼海峡より北海道を経、津軽海峡依り大湊軍港上を避くる為め太平洋に出で、金華山、仙台等を経、午後一時磐城国小名浜へ来る。高萩、助川及び霞浦繋留地を過ぎ、直ちに東京を経て横浜へ赴き、午後五時過ぎ、帰航路に就く。五時十分、川崎駅上空を過ぐ。我が一家皆園丘上に出で之れを望観。雄姿悠々東進、池上を経、品川上空へ入りて影を没す。其の間約二十分に過ぎず、速力の大なる知るべき也。

本船十五日午後〇時三十四分、瑞西、独逸の堺へリトリヒフワヘンを発ち、独逸、露西亜を経、北緯七十度地点を過ぎ、航程約壱万千余吉羅里、時を費すこと約百時間にて此の大航程を完了。実に開闢以来の一大壮挙也。独人科学の進歩、勇奮躍進の壮烈を与へ、世界に共に争ひ衡ぶ者無し。嗚呼盛んなる哉。

ラヂオ及び電話に依れば、該船午後六時十分、返りて霞浦繋留場へ抵り留る。参観の群集、歓迎の盛んなる、盛大を極むと云ふ。

此の夕、誠、家族一同を携へ帰任の途に就く。安、季子、之れを東京駅に送る。

八月二十日　天候不変　温度八十度
午前、近江谷栄次（代議士）、昨日の約に依り来訪。南洋漁業会社（南洋サイパン島根拠地）創立の計画、及び沖貞男男并に篤を挙げ、重役と為すの希望を述べ、承認を乞へば、則ち本人に就き直接交渉せられ、然る後答を決すべき旨を答ふ。暫話して去る。

小谷哲来訪、嚮に承諾せし所の本邸及び渋谷邸火災保険契約書を提出。亦暫話して去る。

女子英学塾長津田梅子病歿の訃音に接し、細川生をして往かしめ其の告別式に臨ましむ。

海外電報通信社員鄭大英（台湾人）、同斎藤獅浪来訪、朝鮮台湾通信事業経営の希望を述べ、指導を乞ふ。予現在の境遇を答へ、之れを謝絶す。唯問に応じ、所見を答へて別る。

林熊徴、其の通訳某を伴ひ存問に来り、石塚新総督を迎ふる為め上京すと云ふ。台湾近況を暫話して去る。

此の日、天皇陛下、葉山より那須御用邸へ行幸。

八月二十一日　晴暑益窄　八十三度
午前、青木俊三郎、名古屋市に於て綜合大学創立の希望を来述、其の中枢に当るを請ふも、其の縁故無きを答へ、之れを謝絶す。
午後四時過ぎ、篤が三男児、三女児及び一婢を伴ひ来遊。共に夕食して後、共に我が自働車に乗りて帰去。山崎広来訪。
此の日、細川生をして故寺内毅雄大尉の葬を青山斎場に送らしむ。

八月二十二日　晴暑依然　八十六度
午後、鮮人李英子来訪、頃日京城女学数名を率ひ、観光の為め上京すと云ふ。揮毫を請ふも、暑中執筆し難きを以て之れを謝絶す。請に応じ、予曾て書せし所の額五葉を贈れば、感喜して去る。
午後、小谷富貴存問に来る。
此の日、石塚台湾新総督が赴任の途に就く。飯泉氏をして予に代はり之れを東京駅に送らしむ。

八月二十三日　陰湿冷涼　七十二度
両三日以来、宮下琢磨氏贈りし所の其の著「邦人活躍の南洋」を閲読す。蘭領東印度を実践して記す所の見聞録也。古来邦人活躍の状を歴々睹る如く、一種の好著也。
午後、家族と邸北の目黒電鉄線路開鑿工事を観る。鑿深さ三十余尺を鑿堀す。頗る大土功也。
本夕新聞紙、ツエッペリン飛行艇が本日午後三時十三分霞浦発北米航行の途に上るを報ず。無事世界一周の壮挙を完了するを切に祈る。
〔新聞切抜貼付・省略〕

八月二十四日　天候如昨
金谷ツタ、米人ガントレット夫人恒子の嘱に応じ、将に随行して朝鮮へ赴かんとし、今朝辞して之れに赴く。
午後、金谷貞男（陸軍工科学校生）、存問に来り留宿。

八月二十五日　天候依然　日曜日
藤邨武一外数人の為め、帖及び小品数葉に揮毫す。
興津人朝比奈亮なる者、予及び季子に対し、屡存問状を贈るも、元来未知の人也。本日来訪すれば、則ち引見し厳諭を加ふ。彼恐縮して去る。
金谷貞男、辞して帰校。

八月二十六日　天候不変
安場末喜男が台東製糖会社長辞任、石川昌次其の後任と為るの通知に接す。
鮮人劉応泰、箕浦勝人の紹介に因り来り、幅額十葉に揮毫を乞ふ。又乞ひに応じ、石井菊次郎子に紹介す。

午後、台南新報社員松野勝義、時事所見を来問。

朝比奈亮、昨日の欠礼を来謝。逢はずして去る。

村内老按摩婦を招き、予と安が施術を受く。

本日の夕刊新紙、本日午後五時頃ツヱッペリン号飛行艇、米国ロサンゼルス市安着の事を報ず。其の速力驚くべく、其の成功喜ぶべき也。

世田谷署警部補（高等係）松坂安蔵、警視庁官房高等課員長妻孜一郎を誘ひ来候、暫話して去る。

八月二十七日　晴暑益窄　八十五度

来る廿八日午前、皇后陛下葉山より還啓の枢密院通知書に接す。

共楽美術倶楽部主辻衛、去る廿四日霞町路上に於て電車と自働車衝突の為め負傷、翌廿五日落命の訃報に接し、書を其の男汪に贈り之れを弔す。

八月二十八日　天候依然

長野市人北原太郎の嘱に依り、短冊詩歌等十五葉に揮毫す。

家人と、邸の北、電鉄開鑿工事を観る。功程頗る進む。

安場三児来遊、留宿。

夕七時ラヂオを通じ、浜口首相の経済難局の打開、則ち財政大節約に関する講演を聴く。頗る要領を得、国民に対し好個の訓戒也。

八月二十九日　天候依然

安場輝子、幼児及び一婢を携へ来遊。

劉応泰再来し揮毫を請ふ。則ち之れが為め色紙十五葉を書す。又請に応じ、阪谷芳郎男及び中橋徳五郎氏に紹介す。

頃日電鉄線路土功従事中の朝鮮人が我が園内へ入り、庭樹二幹を伐採す。此の日、鹿島組千陽清三来謝。

八月三十日　晴暑依然

朝、劉応泰来訪、則ち昨日書せし所の色紙を交付す。

午前十時、竹内友次郎存問に来り、政界の内情を寛話、共に午餐し、午後二時半に及びて辞去。

今朝新紙、ツヱッペリン飛航艇世界周航の大航路を完了、米国紐育附近発航地に安着の事を報ず。世界開闢以来の壮挙、全く成るを告ぐ。偉とすべき也。

夕刻、輝子が四児一婢を伴ひ、我が自働車に搭りて帰京。

八月三十一日　天候如昨

此の日、故山崎四男六一週忌命日に当たれば、其の法養を千駄谷仙寿院に営み、我が一家を招く。予辞して赴かず、安、芳子之れに赴く。午後法事了りて帰る。

〔新聞切抜貼付・省略〕

九　月

九月一日　晴暑　八十一度　　日曜日

此の日、二百十日の風災日に当るも、晴穏好天候也。喜ぶべし。

此の日、去る大正十二年大震災第六年期に当たれば、東京市被服廠災害地法要其の他種々の催し有り。

予等一家、一室に集り、午前十一時五十八分黙禱し追悼の意を表す。適ま町田雅子が清子児及び一婢を携へ存問に来たれば、則ち黙禱に参加。震災当時、共に避難の故を以て也。

午前、清水半次郎来訪、当邸売却の意、有るや否を問へば、則ち時宜に依り希望に応ずるの旨を答ふ。

頃者、枢密顧問官斎藤実子、朝鮮総督に任ぜられ、将に明日を以て赴任せんとす。一昨日一書を贈り、祝意及び告別の意を述ぶ。本日午後、秘書官近藤常尚をして代はりに別意を来述せしむ。暫時して去る。

町田襄治来遊。

清水喜重少将東京に着任、本日人をして備前焼置物を来贈せしむ。

此の夜晩餐後、町田一家、我が自働車に搭りて帰去。

九月二日　晴　七十七度

朝、椎床を招致し理髪を行ふ。

毎年の例（昨年は静養のため訪問せず）に照し、午前十時発し、山本権兵衛伯を高輪台町邸に訪ふ。偶ま有吉横浜市長、先に在りしも次で辞去、寛話約一時間して辞去す。

途次、久原房之助邸を訪ふに、嚮に郷里長州に帰省、未だ帰らず。家人云く、本夕帰来すべしと。則ち名刺を留め、正午帰邸す。

午後二時細川八太郎をして予に代り、故箕浦勝人告別式を其の牛込区東五軒町邸に列せしむ。氏民政党長老に属すと雖も、晩年松島事件疑獄に関し、一時縲絏の辱を受け、爾来零丁不振、享年七十六歳にて歿す。憐れむべき也。而して近時、朝鮮学生を予に紹介、揮毫を嘱すること多くは氏の斡旋に出づ。蓋し学生を愛するの厚き也。

夕刻、安場二女児来遊留宿。

九月三日　天候如昨

朝、安は芳子、季子等を伴ひ入京、午後帰邸。

日本紡織通信社員越川三郎、鶴見左右雄の紹介状を携へ、来りて色紙一葉に揮毫を請ふ。則ち数字を書して之れを返す。

九月四日　天候依然　有遠雷遂不来　夜半驟雨

朝、千鶴堂桑島留吉来候、寛話して去る。

此の夕、近隣老按摩婦を招致し施術。

新聞の報に拠れば、独逸ツエッペリン伯号飛行船、本日午後四時五十一分（日本時間）を以て、フリードリッヒハーヘンに帰着と云ふ。是十二日半の航程を以て世界一周を遂行する也。科学進歩大に地を縮むの術を行ふと謂ふべき也。

九月五日　夜来大雨　後細雨冷涼　六十九度

朝、井上雅二来訪、南洋協会事務を談じ、後時事を寛話して辞去。此の夕、女按摩来り施術。

九月六日　陰冷

頃日陰湿、殆ど梅候の如く、出遊に不便にして、室内に在りて読書す。

九月七日　細雨断続冷涼如梅天

此の日、大垣市金森吉次郎来翰し、小島省斎先生に関する小伝及び遺文に対し、予の同先生を寿ぐ七秩長篇を贈与、并に我が文二篇の写を贈る。

枢密院、聖上来る十日午後三時半を以て、栃木県那須宮邸より還幸の事を通知し来る。

昨今夜中、女按摩の施術を受く。

九月八日　秋雨寂瀝終日不歇　日曜日

安場保健、東北旅行より帰り午前来訪、寛話、共に午餐して去る。我が自働車にて送らしむ。

枢密院、来る十一日水曜日より定例参集開始の旨を通知し来る。

九月九日　秋雨終日滂沱　入夜大雨

此の日、中嶋生をして玉川郵便局に抵りて勲章年金前一年分を受領せしむ。

安は西村歌子を伴ひ、赤坂檜町楠田邸を観る。
此の夕、月下美人草二鉢、十一花を開く。潔麗賛賞すべし。尚ほ数蕚を余す。蓋し明夕の開花か。

九月十日　秋霖益烈　後暴風雨　気温六十九度
朝、安等入京、篤の請に応じ、九月分補助資金を齎し送らせしむ。
午後三時半、聖上那須より還幸。予、暴風雨の為め、原宿駅に奉迎する能はず。
午後暴風雨、近時稀に遭ふ所也。明十一日は世俗の所謂二百二十日風災日に当たれば、素より当然也。
此の夜暴風雨に因る電線破損の為め、電灯照らず、其の不便の甚しき、意想の外に在り。

九月十一日　細雨終日断続　冷涼六十六度　入夜大雨
此の日、枢密院定例参集日に当るも、微恙の為め、辞して参内せず。
数日来、休養の傍ら、明治大正両時代の予の起草せし所の和文説論記文篇数十篇を点検校正し、略ぼ完了を告ぐ。漢文稿は客月中、既に検閲を完了、全部で約四十篇たり。
此の夕、女按摩の施術を受く。

九月十二日　暁霽
午後邸内を巡視す。一昨日来の暴風雨に依り、邸内樹木植木鉢等、折傷若しくは転覆するもの少なからず。頗る狼藉に渉る。園丁に清掃を行はしむ。

九月十三日　晴
午前、高木友枝、夫人を伴ひ存問に来る。過日台湾電力会社長を辞し頃日帰京、今大森ホテルに仮寓すと云ふ。暫話して去る。
数日前、北海道鉄道局長大屋某、過失に依り殞命。此の日、誠其の葬を送る為め入京、午後四時過ぎ来りて留宿。
此の日、誠勲六等に叙せられ、瑞宝章を賜るの栄を報ず。

九月十四日　晴
午前八時発、誠大阪帰任の途に就く。
山本久米之亮来訪、請に依り、之れを町田農相〔ママ〕大臣に紹介す。
金谷ツタ朝鮮より帰り来訪、此の夕其摩擦治術を受く。

清水喜重少将、嚮に陸軍士官学校幹事兼教授部長に転じ、本日其副官歩兵中佐手塚省三を伴ひ来礼、寛話して辞去。

内田隆、台湾より退官帰京し来訪。

久米竹次郎来候。

此の夏中、揮毫せざること約三月。頃者、涼気人によきに依り、本日執筆す。絖紙等約九葉を書す。偶ま訪客相継ぐに依り、僅に九葉を書して罷む。

九月十五日　晴　日曜日

朝、河野公明、日田僧五雲画けし所の梅図を来贈、且つ賛助を請ふ。

松島惇母、存問に来り、午餐後帰去。

常吉徳寿、退官して台湾より帰京して存問す。台湾事情を寛話、共に午餐して去る。

吉池勇、台湾人蕭永東（東港人）を誘ひ来訪、寛話して去る。

九月十六日　晴

常吉曾登、幼児を携へ存問に来る。台湾より帰京也。

雅子が清子及び一婢を携へ来遊、夜に入りて帰去。

諸人の為め揮毫七葉して罷む。書債尚ほ山積、百葉を超ゆ。

鉄道省員電話報じて云く、誠、本日本省運輸局国際課長を命ぜられ、両三日中、帰京すべしと。喜ぶべき也。

昨今、金谷ツタ摩擦術を受く。心経腰痛止まざる為め也。

九月十七日　天候依然

午前、昌、梅代、園田桂、大木修存問に来る。昌、将に明日を以て発し、郷里へ赴かんとす。暫話して辞去。

笠原立定師来り勤経、盂蘭盆会を修むる也。

陸軍大学校兵学教官歩兵少佐河村秀男、清水少将の紹介に依り、同校課外講演集中、予の講演中印刷誤謬の点の垂示を来請したれば、則ち予、朱批せし所の講演集を交付す。氏、其の代本を交付、暫話して去る。

喜多孝治氏来訪、頃日新聞上に喧伝する所の樺太官林払下の件に関し、其の真相を詳話、又松本家遺族善後処分の事を談じ、寛話して別る。

後藤六弥、永橋至剛に対する紹介を来請、事は商事に関するを以て之れを謝絶す。後、請に応じ、其の書画帖に揮毫、寛話して別る。

少閑あるを以て、前日書せし所の幅額等十五葉を整理捺印す。

九月十八日　半晴

定例参集日、腰痛の故を以て辞して参内せず。

金谷氏の施術を受く。

本尾家使ひ久保木誠一郎、誠借寓の事を来談、安が出でて接す。

今午前一時頃、忽ち大震動の響きを聞く。予尚ほ書室に在りて読書。雷鳴に非ず、地震にも非ざれば、則ち燭を採り家中を巡視するも異状無く、則ち就寝す。今朝新紙の報に依り、初めて浅間山爆発の震動に係るを知る。相距る数十里、其の猛威驚くべき也。

九月十九日　晴暑　七十八度

朝、朝鮮人李英子、紙本色紙等を書するを来請。逢はずして去る。

我が園に置く所の真柏大盆栽、嚮に暴風雨に因り転覆破損、頃者園丁に修理せしむ。昨来工成り略ぼ旧観に復す。

我が家畜犬白が分娩、二狗を産す。

本日、誠、鉄道省に来任、午後四時帰来して云く、将に本月下旬を以て家族を東京に移寓せしめんため、借宅を捜索中と。

此の夕、中秋の満月也。家眷と共に月を賞でる。清涼人によし。

九月二十日　前陰後細雨断続　入夜益繁

笠縫邑顕彰会主事池田喜市郎、平沼男の紹介を以て、同会趣旨への賛成を来請。諾して記名を与ふ。又請に応じ大島健一氏に紹介す。

菅原恒覧氏、其の著書菅公御伝記を贈り来る。書を贈りて之れを謝す。

鮮人李英子の為め、色紙二十葉に揮毫す。

枢密院左件審査委員九名の指定并に明廿一日午前十時委員会催問の事を通知し来り、予、其の委員の一人と為る。

一　輸入及び輸出禁止及び制限撤廃の為め、国際条約并に同条約補足協定に対する御批准の件。

九月二十一日　秋霖霜霾終日不歇

午前、安、誠、季子と同車発邸、行くこと数町ならずして電鉄開鑿土功を避くる為め、新傍道へ入れば、忽ち車輪深く泥土中に陥没。進退維谷まり、則ち隣接田中喜代治宅に入りて小憩、俄かに近傍人夫数名を傭ひ、努力一時間余にして漸く挽き出すを得たり。之れに対し相当の謝儀を与へ、更に別路を採りて入京、安等皆途中別れ去る。予、枢密院事務所に入る。定刻を過ぐること已に一時間余也。

直ちに審査委員会に就く。委員長富井男以下九名及び幣原、渡辺、町田、俵四相及び各主務官参列。昨日御諮詢の国際協定の事に対し、質問答弁を行ひ、正午過ぎ中止、来る二十四日午前十時再会を約して散ず。

昨日新聞紙、顧問官平山成信男胃病に依り重体の趣を報ず。小石川区原町邸に抵り、之れを慰問す。家人云く、近時飲食不通、頗る衰弱を招き、専心療養中也と云ふ。去りて赤坂台町楠田邸へ入る。西村淳一郎の新寓、頗る好住宅也。

安、芳子、輝子、季子及び誠等前後して来会、共に午餐を取り、午後五時過ぎ、安、誠等と同車して帰邸。

午後七時二十分発にて誠帰任の途に就く。将に九時十五分発の列車に搭らんとする也。

九月二十二日　半晴　涼冷　日曜日

家に在りて静養す。金谷ツタ施術を受く。腰痛の為め也。

武田亮太、武田寓に来宿、此の夜存問に来る。

九月二十三日　晴涼　秋季皇霊祭

本日皇霊祭、微恙の故を以て、拝辞して賢所の祭に参列する能はず。

明治三十三四両年の日記を校閲す。

晩、金谷の施術を受く。

九月二十四日　晴暄

午前九時、安、芳子、季子を伴ひ入京す。安等途中別れ去る。

予、午前十時枢密院事務所へ入り、輸出入禁止又は制限国際協定に関する御批准案の審査を継続。正午休憩、午餐す。

此の日、山県有道公が亡父伊三郎公三周忌法会を行ふ。休憩時間を利用し、其の麴町区富士見町邸へ赴き、其の霊牌に対し、礼拝焼香して帰る。此の日、同公伝記編纂会、築地本願寺に於て又法会を挙ぐるも、審査時刻と相触るゝを以て、参拝する能はず。

午後一時半、又審査会を開く。予及び江木氏其の他、主に質問を行ひ、幣原外相及び主任官答弁を為し、遂に全会一致を以て原案を可決。報告書作成を委員長に委托し、午後三時半退散。

頃者新聞紙に、顧問官井上勝之助侯重病の趣を伝ふ。帰途、其の麻布区宮村町邸へ赴き之れを慰問す。家人云く、病、荏苒久しきに渉り、且つ液体の外、粒食通らず、頗る衰弱を招く、専心療養中也と。平山男の病状と相似て憂ふべき也。

転じて赤坂台町西村新寓へ抵り、安、季子と同乗して帰る。

今朝、鮮人金学元、肥田景之の紹介を以て来訪。時が促すを以て面会を謝絶す。不在中、鮮人李英子来訪。家人嚮に嘱せし所の予の揮毫色紙二十葉を交付す。幅額の揮毫は謝絶す。

九月二十五日　天候如昨

午前十時参内す。倉富議長、各同僚に対し、来る十月初旬は伊勢大廟正遷宮の神儀に当たれば、平沼副議長が顧問官を代表し参列の事を告ぐ。後、聖上に拝謁して退散す。

帰途、赤坂台町西村新寓に抵り、季子を伴ひて帰邸す。

午後、長田博光、幅額揮毫を来請、寛話して去る。

鮮人金学元再び来訪。平壌知事園田寛に対し、任用斡旋の紹介を請ふも、内外就職難にて成功の見込無きを答へ、之れを謝絶す。

此の夕、枢密院、昨日審査結了の輸出入制限又は禁止国際協定案に関し、来る二十八日午前十時に本会議開会の事を通知し来る。

此の夜、枢密院電話にて、枢密顧問官平山成信男終に薨去の事を報ず。男、往年共に貴族院に在り、十金会員の一人として共に大に国事に尽瘁する所有り。今溘亡を聞くに齢七十六、痛悼に堪へざる也。

九月二十六日　夜来細雨終日不歇　入夜大雨

広島市杉原義威なる者、今春絹本幅額十五葉の揮毫を嘱し来れり。其の中九葉既に成り、残る六葉未だ書せざるところ、昨日一書を送りて之れを促すも、語頗る無礼に渉れば、則ち全部を返送し、且つ風流韻事を解せざるの失体を責め、之れに答ふ。

枢密院電話にて、故平山顧問官霊前供物の事を協議、則ち然るべき取計ひ方一任の旨を答ふ。

頃者、新聞紙上、頻りに前内閣鉄道大臣（代議士）小川平吉、私設鉄道免許に関する瀆職の嫌疑を伝へ、本日遂に検事局に拘致せらる。果して罪跡有るか。前内閣及び政友会の国民に信を失ふや、大なり。

数日前、勲章弄売の獄に依り、前賞勲局総裁天岡直嘉、検事局に拘置せらる。朝鮮総督府内、又一大疑獄を起こし、嘱托尾間立顕、前月中既に勾置せられたる如し。而して此の獄は最高大官に因縁せるの説頗る高く、果然、其関する所頗る大なり。近時、政党内閣の影響により綱紀の廃頽、漸く著し。国家の為め深憂に堪へざる也。宜く大斧を揮ひ大刷新を行ふべき也。

九月二十七日　晴暄

午後、鈴木左右吉来訪、其の男某東京郊外に於て香水香油等製造業開始の旨を述べ、賛助を請ふも、実業に関渉すべからざるの事由を答へ、之れを謝絶す。鉱山事業等の既往を寛話して、夕刻に及びて去る。

九月二十八日　陰湿　夜小雨

午前九時、家眷を伴ひ入京す。途中皆別れ去る。

午前十時参内し、枢密院会議に列す。議長以下顧問官十九人、浜口首相以下閣僚五人参列、聖上の臨御を仰ぎ、去る廿四日審査を経る左件を審議。
一　輸入及び輸出の禁止及び制限撤廃に関する国際条約并に補足協定御批准の件。
富井委員長、審査の結果を報告、全会一致を以て之れを可決。

此の時、予及び安に対する大礼記念章の証状各一通を授受して退く。

途次、床次竹次〔二〕郎氏を其の邸に答訪し、且つ竹内友次〔治〕郎眷顧の事を嘱し、暫話して去る。

更に安場保健邸へ入る。安等先に在り、保健、輝子等の導に依り、共に其の隣保雄の旧寓を観る。当分誠の仮寓に充当せんが為め也。今正に修理清掃の中に在り。

午後日本赤十字社、社葬の礼を以て平山社長の葬儀を行ふ。

　枢密顧問官正二位勲一等男爵平山成信

午後二時過ぎ、往きて之れを送る。稀有の盛葬也。再び返り赤坂台町西村寓へ入り小休す。安、芳子、雅子、季子及び安場美智子等を伴ひて帰邸す。此の夕、雅子は金谷ツタを伴ひ帰京。

九月二十九日　細雨蕭条　日曜日

午後小谷哲来訪、要務数件を寛話して去る。午後急報有りて云く、前首相政友会総裁田中義一男、今朝突如、狭心症を発し、六時青山私邸に於て薨去すと。驚歎哀悼の至り也。男、資性恬淡真に率、深謀遠慮の資無きと雖も、能く人の言を容れ、好個の軍人的紳士也。長閥の積勢を以て嚮に内閣首班に膺るも、近時不幸にして朝鮮、鉄道省、賞勲局等疑獄頻発、其の責任は殊に深きを感ず。急病の突発、蓋し憂鬱に基づくか。享年六十七、惜しむべく又悼むべき也。

近時、旧友の凋落頗る多く、新年以来、珍田捨巳伯、松本剛吉氏、後藤新平伯、平山成信男等凶聞相続き来る。しかのみならず田中男の急死を以てす。洵に寂寞の歎に堪へざる也。感愴殊に切なり。古語に謂ふ所の四季の序、功を成す者は去るも亦止むを得ざる也。

九月三十日　昨来秋霖滂沱　及夕霽

枢密院、電話報じて曰く、皇后陛下今朝御分娩、皇女降誕、母子共御健全と。慶ぶべし祝すべし。同院、又来る十月二日参集日は伊勢大廟の正に遷宮期日に当るを以て、参集休止の旨を電話し来る。

又竹内氏に嘱し、故田中男霊前に対し、一大花環を供す。昨日、田中義一男危篤に当り、朝廷特に左記恩命を賜る。

叙正二位　授旭章桐花大綬章

又仏式に依り、大覚院殿石心素水大居士を諡る。

鹿島秀麿、月初旧徳島藩十志士の歌長篇を詠じ送り、予の批評を乞ひ来れり。此の日、二三の批評を加へ、之れを返付す。

誠が家眷一同を携へ、今朝赴任着京、直ちに麻布安場邸内僑寓へ入る。安、昨来之れに赴き、家什を安頓し、夕刻帰邸。

〔新聞切抜添付・省略〕

十月

十月一日　半晴

昨日、皇后陛下が本日午前六時十五分宮城に於て御分娩、内親王御誕生の旨を宮内大臣より告示す。喜ぶべし祝すべし。

今日午後〇時発車、参内して両陛下に対し祝意を表し奉る。更に青山御所へ参入し、皇太后陛下に対し奉祝す。又久邇宮邸へ抵り、祝意を表して退く。

転じて原宿町田中邸へ抵り、義一男薨去に対し弔問を為し、霊柩を拝して焼香を行ひ、衆客と互に不幸を弔して去る。

更に一本松安場邸裏の誠新居へ抵るに、栄子及び三児皆在り、家什配置略ぼ整ふ。転じて安場邸を訪ふ。末喜男及び夫人迎接、暫話して誠邸へ返る。

午後三時過ぎ、青山会館に抵り、故大浦兼武氏十年祭に列す。参列者約百人、祭儀了り、再び誠邸へ返りて小休す。

五時過ぎ、誠帰来。五時半、日本工業倶楽部へ赴き、渡辺法相催す所の、昨年の今日聖上親臨、陪審制度実施及び本日の改正民事訴訟法施行記念祝賀会に列す。新旧司法関係者約四百名之れに列す。主人が式辞を述べ、来賓江木鉄相、富井顧問官、原前法相、富谷鉎太郎氏等謝辞又祝辞を述ぶ。又予求めに応じ、明治十年中、陪審制度に関する研究の事歴を述べ、午後八時過ぎ先に辞去す。

此の日、上野公園に美術展覧会、海防義会、活動写真会及び朝日新聞発声映画会、皆我を招くも、其の時無きを以て之れに赴かず。

十月一日渡辺法相祝宴中主席の図

中西大審院部長

須賀大審院部長
柳川大審院部長
田川　大吉郎殿
三木　検事長
山内　確三郎殿
清水　一郎　殿
志方　鍛　殿

嘉山大審院部長
岩田　宙造　殿
関　直彦　殿
和仁　控訴院長
矢野　茂　殿
牧野　大審院長
花井　卓蔵　殿

馬場　愿治　殿
○原　　嘉道　殿
○江木　　翼　殿
・松室　　致　殿
・横田　秀雄　殿
加藤　正治　殿
川淵　龍起　殿
高橋　文之助殿
・石渡　敏一　殿
仁井田益太郎殿
豊島大審院部長
島田大審院部長

○富谷　鉎太郎殿
○富井　政章　殿
○　主　　人
○田　　健治郎殿
・田部　　芳　殿
水上　長次郎殿
小山　検事総長
磯谷　幸次郎殿
小山　　温　殿
・小原　司法次官
花岡　敏夫　殿
池田大審院部長

矢追大審院検事

十月二日　陰晴相半

本日、伊勢皇大神宮式年正遷宮挙行の式日に膺りたれば、官は全国是日を以て休暇日と為し、且つ各国旗を建てて敬意を表し、又遥拝を行はしむ。

午後香西与一郎来訪、則ち水梨岩太郎債務履行督責の事を嘱し、尚ほ寛話して去る。

昌来訪、帰郷の事を談じ、又他よりの嘱に依り揮毫を乞ふ。

小谷哲来訪、嚮に嘱せし所の後藤毛織会社債券処理の事を談ず。

重野蓉子存問に来る。

誠、二児を伴ひ来遊、夕刻帰去。

平賀源内先生顕彰会長松本頼寿伯、書を致し其の顧問を嘱し来る。

我が邸内の三社森神社、中央に皇太神宮及び豊受大神を奉伺し、一方に幡宮及び稲荷神を祭り、他方に明治神宮を祭る。本日正遷宮に当るを以て、中央に対し神酒及び米饌を供し奉りて之を祭る。

此の夕、金谷の施術を受く。

〔新聞切抜三枚貼付・省略〕

十月三日　細雨後霽　入夜又雨

広島市杉原義威より前翰の欠礼を謝する書翰到来。

椎床を招き理髪す。

午後、政友会、党葬の儀を以て青山斎場に於て、故正二位勲一等立憲政友会総裁田中義一男之葬儀を行ふ。二時、往きて之れを送り、焼香して退く。会葬者数千人、自働車輻輳、頗る盛儀也。去りて安場邸に赴く。栄子及び小児来会、小憩後輝子、栄子と同車して渋谷町篤邸へ赴き、暫話後、予独り去る。

途次、青山南町六丁目誠邸敷地を観、三時過ぎ帰邸す。

一木宮相、来る六日内親王命名式行せらるゝに依り、宮城及び青山東御所参賀の事を通知し来る。

此の日、篤邸に於て、同邸執事広田弁太郎生母、過日死亡の訃を聞き、香賻若干を贈る。

十月四日　夜来秋霖滂沱

頃日来、腰痛息まず、此の日金谷氏に幼時の猪眼灸を点灸せしむ。

朝比奈亮来訪するも、面会を謝絶すれば、則ち去る。

家兄の伝嘱に応じ、色紙短冊及び扇面十余件に揮毫す。

十月五日　半晴

両三日来、園丁に南庭及び東広場芝地張換土功に着手せしむ。萱茅雑生を除く為め也。

午後、数人の嘱の為め、幅額等約二十点に揮毫す。書債尚ほ山積、力を費すこと尠少に匪ざる也。

此の夕と夜、豊受大神遷宮式を挙行、八時遥拝を行ふ。

誠方三児及び安場男児、来遊留宿。

此の日、岩倉鉄道学校卒業式、大日本国輝会創立式及び持田慶助と富永清子結婚披露宴の招を受るも、皆辞して赴かず。

十月六日　快晴　日曜日

此の日、過日降誕の内親王命名式を行はる。

御名　和子（カズコ）　称　孝宮（タカノミヤ）

一木宮相の通知に依り、十一時三十分参内し祝賀の意を表す。鳳鳴殿に於て親任官酒饌を賜りて退く。午後一時、青山東御所に参入し、皇太后陛下に対し祝意を表し奉る。了りて帰邸す。

誠来遊、夕刻諸児を伴ひて帰去。雅子が清児を伴ひ来遊、亦帰去。襄治夕刻来訪、相伴ひて帰去。

中村文夫存問に来り、住友家板玻璃製造事業成功の事情を寛話して辞去。

在神戸市仲町法華経神軍事務所なる者、数日前「妙相」

と題する一小冊子を送り来る。本日之れを名とし入会を要求し来る。其の狡猾憎むべき也。直ちに之れを拒絶し、併せて其の一小冊子を返付す。

十月七日　天候如昨

此の日、華族会館が明治天皇臨幸記念式典を挙ぐるも、予之れに赴かず。

午前、宇佐美千七郎なる者、台湾総督府就職の斡旋を来請、面識無きを以て之れを拒絶す。逢はずして去る。

西沢之助逝去の訃に接し、書を其の孫女美佐登に送り、之れを弔す。

小村欣一侯長女淑子病歿、来る九日青山斎場に於て告別式挙行の訃音を聞き、篤に命じて往かしめ之れを送る。

午後、品川税務署員、我が邸宅敷地区域を問ふ。則ち図面及び実地に就き、地目及び実際の区分を説示す。

白川玖城、公務に依り台湾より上京。妻則子、二女児を伴ひ来訪、台湾事情を暫話して去る。

吉田妙存問に来り、重野隠宅に於て寛話、留宿。

一昨日書せし所の幅額等を捺印整理す。

十月八日　秋雨淅瀝終日不歇

朝、鮮人劉応泰来訪。則ち嚮に嘱せし所の揮毫幅額等、心経痛の為め揮毫不可能の事を告げ、之れを返付す。逢はずして去る。

午後、兼ねての約に依り、土田文次、田村啓三来訪、田村治子と近藤浩之介が兼ねての約に依り、婿養子として入家の為め、来る十二月一日を以て東京会館に於て結婚式挙行の旨を述べ、予夫妻に媒酌の職を執らんことを請ふ。安と協議し承諾の旨を答へ、尚ほ市郎と良子融和の必要を寛話して去る。

昨日整理せし所の書幅額等、分送の手続を行ふ。

頃日、予心経痛に悩むの一事が頗る世間に伝播し、慰問状を寄する者尠なからず。市外戸塚町ペップ商会、牧野国芳を介し、米国ペップケミカル会社製する所のペップ液一瓶を寄贈、其の奇効を称揚、試用を勧告し来る。一昨日来、腰湯を試むる三四回、然るに硫黄精の刺激に依るか、頸部胸部に小疹を発し、瘙痛堪ふるべからず、対症療法を行ふと雖も、未だ其の効を見ざる也。

此の夜、重野老母、吉田妙来り、家人と骨牌戯を弄し、予亦之れに加はる。

十月九日　細雨断続　如梅天

枢密院例会日也。癢痛の為め、辞して参内せず。嚮に田中政友会総裁の俄然長逝するや、其の後任選挙に関し、会内床次竹次郎を推す者と、鈴木喜三郎を推す者、党を分ちて相軋り、殆ど将に分列を招くの勢有らんとす。幹部員等大に之れを憂ひ、急に犬養毅を推すの議を立つれば、両派亦之れに抗する能はず。昨日犬養氏の承諾を得、僅かに破綻を免るゝを得たり。然るに犬養氏の老羸、所謂暫定総裁に陥るの実を有する所を免れず。矧んや衆議院の解散、近き将来に迫るや、世論の一致する所。政友会の危機、頗る切迫と謂ふべきか。記して之れを将来にトす。

午後、飯谷留治来候、寛話数刻して去る。

此の夜、重野、吉田二老婆再来、骨牌を弄すること、昨夕の如し。

十月十日　秋霖不歇

此の日、故桂太郎公十七年命日に当たれば、桂公爵家嚮に志物を贈り来り、且つ祭儀時刻を報じ来る。予、又供物を贈り、且つ本日午後参列焼香の予定なりき。然るに癢痛尚ほ歇まざれば、則ち不参の旨を電話、後日墓参を期す。

午前、山本久米之亮来訪、寛話して去る。

午後、芦田哲造来訪、自己処世の方向に関し、寛話数刻して去る。

此の日、隣地稲荷社祭礼なるも、来客の為め参拝する能はず。

此の夕、例に依り骨牌戯を弄す。

十月十一日　陰湿欲雨

此の日、英米諸国、電灯発明満五十年祝典を挙げ、電気協会関東支部亦之れに倣ふ。我れ招状を受くるも、辞して之れに赴かず。

昨来松茸（兵庫県）、葡萄（甲州）、龍眼菓（基隆）、文旦（高雄）等贈り来る者相次ぐ。遷宮記念葉書を発して、之れを謝す。

此の夕、例に依り骨牌戯を弄す。

枢密院、左記議案審査委員七人を通知し来り、予其の一人と為る。

一　酒類輸送取締に関し北米合衆国と条約御批准の件。

十月十二日　陰湿　細雨時降

此の日、大阪朝日新聞社及び鮮人李英介、金谷ツタの為め、色紙五十及び短冊五葉に揮毫す。小品と雖も、多数に登るを以て力を費すこと頗る多し。

此の日、細川生に八千代生命保険会社へ到らしめ、生命保険契約（大正二年契約）解除の手続を行ふ。同社の信用甚だ薄弱の為め也。

故横浜紳商来栖壮兵衛遺族の同武夫、妻貞子、貧困を以て救助を愁訴し来る。此の日、金若干を寄贈し之れを郵送す。

此の夕、今朝書せし所の色紙短冊に鈐印整理す。

此の日、安入京、誠方三児を伴ひて帰来。

十月十三日　陰湿　細雨断続　　日曜日

朝、佐野実親来訪、安出でて之れに接す。斎藤実（芝区琴平町一番地）写真営業不振の事情を語り、篤が借店保証し迷惑波及の虞れ有りと云ふ。

山本綾子来訪、又同事件の実情を語り、借店退去の期既に迫る云々と。斎藤の起業資金は予の貸付せし所、彼の愚劣、二重の迷惑を及ぼすものと謂ふべき也。慨くべき也。

又同人の請に依り、日疋信亮を高木友枝に紹介する名刺を与ふ。山本邸宅を高木氏に売渡さんと欲するの意也。

午後、誠、栄子来邸、則ち青山南町邸敷地買収の権利証憑類を交附す。夜に入り三児と同乗して帰去。

小谷哲来訪、後藤毛織会社社債券処分の事に関し談ず。

十月十四日　晴暄

午前、篤が広田弁太郎生を随へ来訪、左記の承認を請ふ。

一　自働車会〔社〕持株払込に関する件。
　本件、来る十八日を以て来り、其の金額を受領する旨を命ず。

一　重役推挙の条件に於て、新元鹿之助と共に播美鉄道株式各四百株余を買収の事。
　本件、新元氏と協議を遂ぐべき旨を命ず。

一　佐野友吉に対し病気入院治療費救助の件。
　本件、篤名を以て相当の見舞金を贈るべく、其の金員予より支給すべき旨を命ず。

広田生、亦嚮に謄写を命ぜし予の日露戦役中、満韓旅行記二巻の写本を提出したれば、則ち報酬金若干を与ふ。頃日台湾辜顕栄、永山台南州知事、平田末治より、各文旦顆一函、石坂荘作より龍眼肉一袋を贈り来り、書を発して之れを謝す。辜氏贈る所の大函、七十余顆を算ふ。午後、小閑に乗じ、邸北の電気鉄道工事を観る。我が邸北の側壁工事、正に半途に在り、大体の工程頗る進む。

十月十五日　天候如昨

朝、王子青年団長堀江景之なる者、嚮に南洋協会長に書を送り、南洋渡航援助を乞へり。今朝来訪、南洋協会に就き協議すべき旨を答へ、面会を謝絶す。則ち去る。此の日、奥田永吉、桑原賢鏡長女房子と結婚の式を挙げ、夕、披露宴を東京会館に開く。我等を招くも、予静養中の故を以て辞して赴かず、安、独り之れに赴く。十時前帰邸。

十月十六日　半晴

午前広瀬昌三来訪。節男の墨其古旅行、三郎の千葉県下へ転勤等の事情を寛話。又我が漢文稿集浄写の事を嘱し、其の稿本を携へて去る。此の日、枢密院定会日なるも、静養の為め辞して参内せず。

安、季子等、田村治子婿取の佳縁を祝せんが為め、同良子家を訪ひ、且つ祝品を贈る。帰途、安場輝子及び二児を伴ひて帰る。

ラヂオ技工を採り、器械の修理を行はしむ。

桑名商業学校及び佐治小学校の嘱の為め、幅額十余紙に揮毫す。

又枢密院に嘱し、明日の神嘗祭、所労の為め欠席する届出の手続を行ふ。

十月十七日　朝細雨一過　後半晴

神嘗祭、所労の為め拝辞して参拝せず。

栄子、幼児を伴ひ来遊、誠、亦次で来る。

水梨岩太郎、井川得良を代はりに来らしめ其の年賦延滞金の約束手形を納付。彼、義務を怠ること既に三月、緩慢驚くべき也。

夕刻、誠は家眷及び輝子諸児并に家婢合わせて九人と我が自働車に同乗して帰京。

此の夕満月。

十月十八日　半晴

一昨日書せし所の幅額に鈐印整理し、分送の手続を行ふ。此の日、明治大正年間、予が起草せし所の文稿類を整理区分す。

十月十九日　冷雨終日滂沱　六十度

午前、篤、広田生をして日本自働車会社払込金支出を来請せしむれば、則ち之れを交付し、佐野友吉に対する見舞金額は篤自ら来り稟議すべきを命ず。

明治大正年間の予の文稿整理、略ぼ緒に就く。

去る十五日、浜口首相が声明書を発し、年俸千弐百円以上の官吏の俸給、最低一割、最高三割余減額の事を宣言。井上蔵相の緊縮策に出づる也。官吏社会、嗷然其の非を鳴らし、就中検事数千人、団結して撤回を迫る。一般公衆、就中各新聞紙は概ね其の暴挙を鳴らし、大に内閣の軽挙を責む。当局者、殆ど其の対策に苦しむもの丶如し。嗚呼浜口内閣中、一人の政治家無きか。徒に狼狽、為す所を知らざるが如きは慨くべき哉。

十月二十日　陰湿　日曜日

此の日、家兄の問に応じ、朱肉製造の事を答へ、且つ呉昌碩推選の上海製特品一函を贈る。頗る雅品也。

又篤に対し、佐野友吉見舞金百五拾円を送り、之れを伝達せしむ。

明日、米国エヂソン翁電灯発明五十年期に当たれば、電気倶楽部、祝賀晩餐会を開き我を招くも、夜宴に係るを以て辞して赴かず。

午後、西村淳一郎同歌子、二児を伴ひ存問に来る。

松本恭子、小田原より上京、存問に来る。

午後八時二十八分弱震。

此の日、金谷ツタの転嘱に依り、色紙短冊八葉に揮毫す。

十月二十一日　晴暄

今朝の新聞上、浜口首相、輿論の大反対を顧慮して井上蔵相と協議、高等官減俸問題撤回決定の事を報ず。過ぎて改むるを憚らず、其の苦衷善とすべきと雖も、主務大臣井上氏、尚ほ靦然留任して其の責に任じ、進退を決する能はず、彼亦商估的恥不漢ならざるや。鄙しむべき也。

後藤一蔵、同夫人春子相伴ひて来り、其の三女貞子病歿に対する弔賻の恩を謝す。安、出でて接す。直ちに辞去。

石川県七尾町館与吉死去の訃に接し、書を発して之れを弔す。

此の日、安積艮斎、藤田東湖、渡辺弗措先生、先考、其の他書幅容函の題識を書す。計九函也。

陸軍飛行機二台、頃者内地台湾間飛行を企て、是日午前太刀洗を発し、午後二時過ぎ台湾屏東に安着、此の距離千八百吉羅、八時間余の時を要す。其の進歩喜ぶべき也。予、台湾在職中の大正十年五月、我が海軍同件を企て三艇翼を連ね、佐世保を発、一艇風の為め沖縄に留り、二艇は石垣島を経て基隆港に入る。五日の時を費す。予、士官四人を官邸に引見、記念銀杯を贈り、且つ祝盃を挙ぐ。今や八年の星霜を経、其の進歩の状頗る著し。国家の為め祝すべき也。

〔高等官減俸撤回関連の記事の上部欄外に書込　井の上の蛙はさかさ底に落ち〕

十月二十二日　半晴

枢密顧問官山川健次郎男、内務省社会局嘱托佐々井一晃をして、来る十一月五日、愛宕山ラヂオ館に於て中央教化団体聯合会の為め、国体擁護、思想善導講演放送の事を来請せしむるも、静養中の故を以て之れを謝絶す。

午後、広瀬昌三、嚮に嘱せし所の予の漢文稿浄写本を携へ来訪、寛話夕刻に及びて辞去。

十月二十三日　陰湿　細雨一過

午前九時、季子を伴ひ上京す。季子途中別れ、楠田家へ赴く。予独り参内し、聖上陛下に拝謁して退き帰る。

頃日郷里地方より、郷里御所柿の実及び大小栗の実を贈り来る者、数人に上る。書を発して之れを謝す。

十月二十四日　陰曇

此の日、南洋協会々頭の名を以て、新拓殖大臣松田源治氏及び小村次官、小阪〔坂〕政務次官、生駒管理局長外数官を星岡茶寮に招き午餐を饗するため、午前十一時半之れに赴く。内田、藤山両副会長、旅行中の故を以て参会せず、両井上氏以下会幹部員来列者数名。卓上予、挨拶の辞を述べ、松田拓相謝詞を述ぶ。寛飲二時間余にて散ず。

午後二時過ぎ、伊東伯を永田町邸に訪ひ、契濶を叙し、近時疑獄事件続出及び官吏減俸声明撤回等、現内閣失体頻出の事情を寛話、約四十分余にて帰る。

今朝鮮人李英介来訪、則ち嚮に予に嘱せし所の書色紙短冊等三十葉を交付す。逢はずして去る。

去る廿一日、台湾屏東へ飛航の陸軍飛航機二台、昨日屏東を発、太刀洗へ帰来す。十五時間余の時を要せし也と云ふ。其の成功喜ぶべき也。

〔欄外書込み〕　数官は武富参与官、山岸秘書官、植田殖産局長、郡山拓務局長
〔新聞切抜貼付・省略〕

十月二十五日　秋雨寂瀝　終日不歇
品川税務署長、地積管理届出の事を通知せり。宅地租を調定する為め也。此の日、我が邸の現状を審査、其の底本を作成す。古より税務官吏、ややもすれば苛斂誅求の弊に陥り、以て上官の歓心を迎へんと欲す。国家の為め慨くべき也。
金谷ツタ、信州松本より帰り夕刻来邸。摩擦治術を施す。
頃日、家兄其の他郷友数人より、特産の御所柿及び丹波栗を贈り来ること頗る多し。郷味珍重すべき也。

十月二十六日　大雨終日滂沱
午後、篤来邸。請に応じ十一月分補助金を前渡し、且つ若干金を貸与す。又合同百貨店解散分担金を付与す。

医学博士稲垣長次郎母たね、郷里参河国碧海郡桜井村に於て病歿の訃を聞き、篤をして其の東京邸へ赴かしめ、之れを弔賻す。

又医学博士真鍋嘉一郎妻教子、病歿の訃を聞き、篤をして明二十七日其の葬を青山南町梅窓院に送らしむ。

丹波加舎稔より、其の長男亨、高等学校教官（畿内方面に於て）就職斡旋の事を懇嘱し来るも、其の手段無きを答へ、之れを謝絶す。

十月二十七日　快晴　日曜日
昨朝来、気象台がラヂオ通話に依り再三警報を発し、暴風襲来の事を告知す。夜半頗る警戒を為すも、幸ひ暴風到らずして天候回復。今朝の新紙の報に依れば、暴風中心は静岡県下を過ぎて北上、広く関東地方に及ばず、箱根、横浜地方にて家屋倒潰有りて死傷数人の外は、東京地方は大損害無しと云ふ。

高野山宝城院、三僧をして三児霊牌に対し供養を行はしむ。勤経礼拝して去る。同院支院野田詮海、本院釈全師及び従僧也。

栄子三幼児を迎へんが為め（昨、安と共に帰邸）来邸、夕刻、適ま来訪の斎藤酉男治を伴ひて帰去。

此の日、雑誌キングの請に依り、元気振作論一篇を草し、之れを郵送す。

金谷氏来り施術。

十月二十八日　陰湿

午前、鈴木右吉来訪、自己及び大阪田村新次郎の為め、幅額に揮毫を請ふ。

長田博光来訪、又揮毫を請ふ。

日清日露両戦役に関する文書類を整理す。

誠来邸。則ち本邸宅地区分調査の事を指示す。夕刻帰去。

十月二十九日　滔雨　終日滂沱

午前、朝鮮人李英介来訪、則ち嚮に請ひし所の揮毫書画帖一冊を交付す。又幅額揮毫を請ひて去る。

広瀬節男、墨其斯古巡検旅行より北米市加古市に帰り、墨其斯古事情を詳報し来る。

此の日、予定に依り、万国工業会議を日比谷公会堂に開く。来会者日英米仏独伊六大国、及び支那其の他二十七国代表者約六百人、我が会員を併せ計二千余名。総裁秩父宮、令旨を宣示、浜口首相及び古市会長、式辞を述べ、以て式終ると云ふ。我が邦に於て国際会議の開設、実に創始に属す。而して同時に又世界動力会議を開く。然るに其の会員は概ね工業会議員を兼ぬる所と云ふ。国運の進歩、欣慶すべき也。

十月三十日　細雨後曇

武田芳子が喜久子及び慎二の通学に便利の為め、本日家を挙げ原宿借宅に移居。我が邸、建家四百拾余坪の大宅に住居の者、僅に我等夫妻と季子の三人のみ。節約緊縮の途を講ぜざるべからざる也。

阿部滂、信州より上京、存問に来り、暫話して去る。

此の日、例会日也。予、宿痾静養の為め、辞して参内せず。

家に在りて、明治年間、高知県に在りし時に起草の文稿類を校閲す。

十月三十一日　晴

午前、小松直之進、樺太より上京、来訪。自己詠ずる所の詩集出版の希望を述べ賛助を請ふも、販売の成算無きを以て之れを謝絶す。

午後、広瀬昌三存問に来り寛話、共に夕餐して去る。

大久保利武侯、故「大久保利通文書」第十巻を贈り来り、是を以て完結を告ぐと云ふ。浩瀚の大著、其の労費察すべし。而して故侯、明治維新の大業に尽瘁の績、因りて以て測り知るべき也。当時の大政治家の熱誠、欽仰に堪へざる也。

十一月

十一月一日　半晴　夜小雨

午後、大江乙亥門（実業之日本社員）来訪、雑誌記載の為め艱難に処する途を問ふ。曾て草せし所の自省法印本を示し、之れに答ふ。則ち請に依り、其の掲ぐる所の雑誌一冊を貸付す。

目黒蒲田電鉄社員白井嘉市、生方喜八が同鉄道支線開通式施行の為め来村、起工以来の厚意を来謝。又請に応じ、予の書する所の小額各一葉を贈与す。

昌、頃日、地方遊説より帰京、梅代、富貴を伴ひ来訪、寛話。則ち加舎稔長男亨就職の事を伝嘱、亦請に応じ、朱肉、印材及び唐墨等を贈る。

此の日、目黒蒲田電鉄会社開通式を我が邸附近に行ふ。数日前、村人の請に依り、其の費用若干金を寄贈す。今朝来、電車運転開始。村人烟火を揚げ歌舞を行ひ、祝意を表す。夕刻、昌等帰京を送り、往きて之れを観る。昌等、新線電車に搭りて去る。約四十分間にて渋谷目黒若しくは大井諸駅に達するを得べく、交通の便、玉川電車に比し、時を要すること半ばにして賃金又低く、全村の為め喜ぶべき也。

田中重忠、今朝来邸。所得税及び付加税等の事を談ず。此の時亦来会。先導して附近の線路を視察し、玉川村耕地整理并に道路開通の地点に及ぶ。蓋し今回電鉄の開通は、全村開道計画を促進するや鮮少ならざるべき也。此の村変りて邸宅地と為るや遠からざるべき也。

十一月二日　陰湿有雨意

午前、森繁夫及び増田穣三（高松市前代議士）の嘱の為め、小絹短冊等に揮毫し、之れを発送す。

午後三時、桜圃会、故寺内正毅伯十一周忌法会を芝増上寺に挙ぐるも、予は静養中を以て辞して赴かず。

又明三日、明治節陪宴御断書を作し、之れを式部職に提出す。

午後、河野公明来訪。請に応じ其の書画帖に揮毫、幅額等の揮毫を謝絶す。心経痛予防の為め也。

十一月三日　晴暄　明治節　日曜日

此の日、宮中祝宴を拝辞し、家に在りて静養す。

午前、運動の為め電鉄新線路を巡視、電車発着頗る頻繁也。蓋し近村民等、多く試乗の為め也。上野毛停車場に到りて返る。

午後、原敬全集刊行会代表田中朝吉、瀬山粮をして同全集二冊を来贈せしむ。膨然の大巻也。請に依り、之れを郷男及び永橋至剛氏に紹介す。

石井三郎、其の病中慰問を来謝、寛話して去る。

誠、栄子、芳子来邸。誠、前日委托せし所の当邸宅地田畑等区別調査の件に関し、品川税務署と交渉の顚末を報告、夕刻帰去。

喜多孝治、存問に来り、近時樺太庁下山林払下の疑獄顚末、及び自己将来代議士候補希望の関係事情を談ず。

此の朝、枢密院、電話報じて云く、枢密顧問官侯爵井上勝之助、病に因り薨去すと。侯は故馨侯継嗣にして性質温良、夙に外交官及び宮内官を歴任、貴族的好紳士也。享年六十九、悼むべき哉。直ちに篤をして予に代はり往きて之れを弔せしむ。又枢密院事務所に対し、供物贈呈の事を托す。歳首以来、薨去若しくは転任に依り欠員四人を算ふるに至り、而して老羸者は概ね事に当らず。補欠選任の要、益す迫ると謂ふべき也。

十一月四日　晴冷

午後、山口宗義夫人が園田桂を伴ひ存問に来り、寛話して去る。

厚東禎造、台湾より帰り、来訪して云く、嚮に閣下台湾在職中、嘱托を受けし台湾大無線電信機建造事業、満六年の功程を費し、頃日枋橋に於て完成を告ぐ、世界何方面に対しても能く通信を行ふを得、任了りて解職帰京したり云々と。局所の写真を贈り、多年の恩顧を謝して去る。其の成功喜ぶべき也。

十一月五日　快晴

朝、鮮人李英介、幅額揮毫を来請。静養中の故を以て、之れを謝絶す。

深見栄子、其の岳父の過日揮毫に対する謝状及び乾鮎等を齎し来贈、且つ色紙短冊等の揮毫を請ふ。

田中重忠、我が邸内地目変換の事、及び目黒蒲田電鉄社株式購入の事を来談。

午後一時半、枢密院事務所へ赴き、左記御諮詢案審査会に列す。会する者、富井委員以下委員六人(石井子不参)、幣原外相、小泉逓相其の他主務官吏数人参列。説明及び質問応答を行ひ、全会一致、原案を可決。

一　酒類輸送取締に関する米国との条約御批准の件。

報告書起草を委員長に委托、午後四時散じ帰る。

安、季子上京。誠、栄子、芳子、輝子等を伴ひ歌舞座観劇に赴き、夜半前に及びて帰邸。

十一月六日　半晴　濃霧時来　夜雨

此の日、例会日なるも、静養中に依り辞して参内せず。

南洋協会、正午理事会を開くも、亦参会する能はず。

午後二時、麻布区宮村町井上邸に抵り、

　枢密顧問官正二位勲一等侯爵井上勝之助告別式に列し、霊柩を拝し焼香して退く。時に数百輛の自働車、狭路に輻輳し混沓頗る甚し。名家の葬儀、素より其の所也。三時帰邸す。

十一月七日　前細雨　後霽　夜雨

午後、広瀬小照が夫昌三の就職の件、及び節男米国在勤修養の件等を来談、寛話して去る。

野呂寧、電話にて譲山会第二回会合日時等の件を叩く。則ち、来る二十日午後を以て中央亭に開会の事を協定す。

是夜、旧記に因り、明治天皇聖蹟に関し調査し、明治天皇聖徳談一篇を作成す。

十一月八日　細雨断続　冷湿如梅候

午前、玉川測量所大野吉太を招致し、我が邸地目変更調査及び宅地実測の事を示命す。品川税務署通知の地籍整理及び異同届出の求めに応ぜんが為也。是現内閣新地租法提出の準備に属する也。

去る大正三年六月、臨時帝室編修局総裁金子子爵の嘱に応じ、其の主任官二人に対し、明治天皇聖徳に関する談話を試みたること有り。後一昨昭和二年九月、講談社の求めに応じて同件を談じ、之れを「明治大帝」編に掲載。然れども未だ悉さざる点有りしため、今明治節以来、旧文書若しくは記憶に拠り更に補正を加へ、本日を以て完成を告げ、之れを「明治天皇聖徳談」と名づけ、聊か敬仰の微意を寓す。

十一月九日　前晴後曇

来る十二日、新宿御苑に於て観菊会の御催有り。予及び安、季子、御招状を拝受するも、静養中に依り皆之れを拝辞のため、此の日、届書を式部職に呈す。

来る十二月七日、華族会館に於て男爵議員一名補欠選挙を行ふ。協同会推選に因り平野長祥男を挙げ、其の投票を同会に郵送す。

玉川電鉄社電灯課長中山弥七郎、我が邸丘下の田畑地分譲の諾否を来問。時宜に依り応ずべき意を答へて別る。

諸人の嘱の為め、幅額等二十一点に揮毫す。夕に及びて罷む。

十一月十日　陰雨終日滂沱　　日曜日

午前、南洋協会幹事飯泉良三、同会南洋各支部商品陳列所経営に関し、外務、拓殖二省と交渉の経過及び其の顚末を来談。

朝日新聞社員木下猛来訪。大正六年寺内内閣衆議院解散及び総選挙の顚末、并に黒田逓相時代全国鉄道敷設決定の事情を問ふ。則ち記憶する所を挙げ、之れに詳答す。

十一月十一日　淫霖日夕不歇

秋季以来晴日少く、陰湿雨多し、之れが為め農作頗る害を受くるもの〻如く、近来収穫の損減を憂ふる者頗る多し。懸念に堪へざる也。

町田雅子が清児、一婢を伴ひ来邸、夜に入りて帰去。

此の日、一昨日書せし所の幅額等に捺印し、整理区分を行ふ。

十一月十二日　暁雨歇　陰冷

予、少青年時の詠詩を校閲す。

午、観菊会、幸ひ雨歇む。予静養中を以て拝辞すと雖も、新紙の報に依れば、国際工学及び動力会議、并に太平洋会議に来朝の外国人参集者は数百人を算へ、両陛下を奉迎、頗る盛況を呈すと云ふ。喜ぶべき也。由来外人、観桜、観菊二会を以て無比の盛挙と為し、平年と雖も特に来朝、参加を請ふ者尠なからず。本年三個の世界的大会、参観者の多数に登るは怪むに足らざる也。彼等亦我帝室の尊栄を諒解すべきか。

十一月十三日　陰湿

此の日、枢密院、本会議を開き左件を議すも、予静養中の故を以て辞して参列せず。天皇親臨、可決を見ると云ふ。

一 酒類輸送取締に関する条約（米国と）御批准の件。

午後一時竹内友次郎存問に来り、寛話古今に亘る。談論娓々尽きず、三時半に及びて辞去。

十一月十四日 天候如昨 夜雨淅瀝

天皇、大演習御統監の為め、午前十一時五十分上野駅より発、茨城県下へ行幸せらる。予微恙の為め、奉送する能はず。

十一月十五日 暁雨霽 半晴

午後、田村良来訪。娘治子と婿養子近藤浩之介、来月一日東京会館に於て結婚式を挙げ、我等両人媒酌の職を執るに関し方法順序を協議す。

赤石定蔵、夫人を伴ひ存問に来る。頃日、台湾より帰京、同地の近況を寛話して辞去。

大浦兼人、其の父佐介（故兼武子実弟）病歿の訃を報ず。書を発して之れを弔問す。

小西千代子、其の夫貞助病歿の訃（未知の人）を報ず。書を発して之れを弔す。

十一月十六日 陰湿且冷

朝、鮮人李英子、又来り書を請ふも、静養中を以て面会を謝絶す。則ち色紙短冊二十余葉を嘱して去る。

横山正脩、仏領印度支那海防より上京し午後来訪、仏国政府の排日的政策の不当を鳴らす。則ち請に応じ、之れを拓殖局長生駒高常及び南洋協会飯泉良三に紹介す。

長野市北原太郎の嘱に依り、色紙二十五葉に揮毫す。予、近来心経の為め大字を書するに便ならず、幅額等大作を謝絶するや、色紙短冊及び小品の揮毫を請ふ者、相継で到る。驚くべき也。

安、季子今朝入京。夕刻、誠、栄子、三児及び安場保雅、武田慎二等と同車して帰る。

十一月十七日 陰冷 日曜日

午前、深見尚行（栄子夫）来訪、則ち嚮に嘱せし所の色紙短冊各二葉を交付す。

安場保健、輝子、武田精一、池上慶造等相次で来訪。前日来遊の者と共に昼食を喫し、夕刻に及び相次で帰去。

玉川測量所大野吉太、過日の嘱に依り来り、我が邸地実測方法を協議。則ち相伴ひ実地に就き、地目変換地点の区別を指示す。其の分界を識別し、測量を行ひ且つ地図を作り届書を草せしむ。

此の日、少閑を以て家兄其の他嘱する所の色紙短冊等二十余葉に揮毫す。

岡田治衛武病歿の訃に接し、誠をして代りに其の葬を本願寺に送らしむ。

十一月十八日　細雨時降

午後、町田夫人が雅子と存問に来り、寛話後、共に園丘の紅葉を賞でて去る。我が自働車に之れを其の邸に送らしむ。

此の日、前日に続き、予従来の詩集を整理す。

十一月十九日　晴暄

午前、鈴木右吉、長男武範をして来邸せしむ。則ち嚮に嘱せし所の書幅額二葉を交付す。

当上野毛区長田中重忠、当邸内土地実測調三葉を通移し来れば、則ち現実測中の太野〔ママ〕吉太を招致し、此の実測と齟齬無きよう注意を指示す。

十一月二十日　陰湿

午前一時半、弱震、家屋震動。予、尚ほ文書整理中に在り、忽ちにして罷む。後報に拠れば、震源地は江戸川流域に在りと云ふ。

此の夕、譲山会第二会を中央亭に開き、我を招ければ、午後五時半之れに赴く。会員百六十五名中来会者、副会長内田嘉吉以下五十七名、卓上内田氏歓迎の辞を述べ、予、謝辞を述ぶ。宴後、予、求めに依り明治七年以来、我が邦の台湾に対する変遷の要領を演述す。新元、野口外三氏予の経歴等を述べ、午後八時半歓を尽くして散ず。旧友、相逢はざること幾年に渉る者、相逢ふの機会を得れば、此の会や頗る有意義の会合たり。悦ぶべき也。途次、安場邸に抵り、安、季子二人を伴ひて帰る。又新元氏を其の邸に送りて別る。

此の日、台湾倶楽部に対し、修理費百円寄贈の申込を為し、継で之れを送る。

此の日、予約に依り、午後三時小林霊学老医、予を来診。腸部に少炎の外、別に疾患を見ずと云ふ。対症薬法を約して去る。

此の日、枢密院、聖上茨城県下行幸に依り、定例参集を休止。

昭和四年十一月二十日第二回譲山会出席者芳名

主賓　男爵　田健治郎閣下

石井　三郎殿　本庄　忠治殿　田辺　輝行殿
成富公三郎殿　井上　雅二殿　富岡　周蔵殿
○田中　次郎殿　棟居喜九馬殿　飯坂　忠正殿
亀谷　新一殿　鶴見左吉雄殿　○内田　嘉吉殿
池田十三郎殿　金太　仁作殿　常吉　徳寿殿
宇高　戡殿　池上　慶造殿　川崎　軍治殿
中西　四郎殿　上山　良吉殿　飯泉　良三殿
片山秀太郎殿　中山　龍次殿　○野口　栄世殿
畠山　敏行殿　米田奈良吉殿　中川　健蔵殿
野村龍太郎殿　橋本増治郎殿　吉岡　荒造殿
長井益太郎殿　野呂　寧殿　花野　彦三殿
髙田元治郎殿　永橋　至剛殿　山本平次郎殿
新元鹿之助殿　竹内友治郎殿　長田　博光殿
山下亀三郎殿
山本　忠興殿　田　昌殿
山之内一次殿　芦田　哲造殿
安場　保健殿　赤司初太郎殿
矢野　亮一殿　赤石　定蔵殿
松江　春次殿　安沢　要殿
松本　蒸治殿　安藤広太郎殿
牧山熊二郎殿　有田喜一郎殿
松井　栄堯殿　斎藤　参吉殿
男爵福原　俊丸殿　柵瀬軍之佐殿
小谷　哲殿　喜多　孝治殿
小林　音八殿　湯川　寛吉殿
近藤　十郎殿　石井光治郎殿
江崎　真澄殿　○橋本　五雄殿
益子　逞輔殿

十一月二十一日　天候依然陰湿

此の日、天皇茨城県下大演習親閲を了りて還幸、午後三時二十分上野駅に之れを奉迎す。皇族、閣臣、顧問官等奉迎者数十人、途次軍隊市民等堵列して奉迎する者堵の如し。帰途、群集の為め時を費やすこと頗る多し。往復の途次、小林霊学医宅に抵り薬を受け、又安場邸に抵り、事を弁じ夕刻に及びて帰邸す。不在中、世田谷署神山喜一、新任高等主任警部補面高英を誘ひ来候、新任の礼意を述べて去る。

〔新聞切抜貼付・省略〕

十一月二十二日　天候如昨

此の日、旧蓄積の各種写真を点検す。所労の為め、明日の新嘗祭参集する能はざるに依り、此の日、不参届を式部職に提出す。此の日、故下岡忠治五周年忌に当るも、又参会する能はず。

十一月二十三日　晴寒（四十六度）　新嘗祭

本夕、新嘗祭。所労に因り拝辞して参列せず。午後、三好徳松存問に来り、寛話して去る。八原博通（宇三郎長男陸軍中尉）と清水麻佐子（喜重長女）結婚披露宴に臨まんが為め、安と同車し、途次車を原宿武田寓に寄せ、芳子、喜久子を誘ひ、午後五時共に九段偕行社に抵る。来賓百余名、先ず若燕の講談を聴き六時開宴、中島正武中将先ず媒酌式辞を述べ、予次で祝辞及び謝辞を述ぶ。宴中、白川大将、新夫婦に対し訓諭の辞を述べ、下田歌子女史、新婦に対し訓諭を述べ、八時宴了る。途次芳子等を其の寓に送り、亦安場邸に抵り、季子を伴ひ九時過ぎ帰邸す。昨夜来、寒気大に加はり、新紙の報に依れば、信越地方高山、降雪大に到り温度急降、殆ど厳冬の時候の如しと云ふ。

十一月二十四日　陰寒　日曜日

朝、新元氏、薩摩鉄道会社創立を論じ、将に鹿児島へ赴かんとし、告別に来る。小谷哲来り、明日氷上郷友会開催の順序を協議す。適ま誠が栄子及び三児を伴ひ来遊、則ち小谷と共に郷友会の事を協定す。芳子及び四児、安場次女等来遊、児孫団欒、幼稚園の如し。

曾根隆母類子（故盛鎮未亡人）病歿の訃に接し、書を送りて之れを弔す。

西村淳一郎、来る二十六日中央邸に於ける竹内良三、山崎俊子結婚披露茶会祝辞演述の事を来請。

吉田妙来訪、留宿。

十一月二十五日　陰寒　細雨断続　昼夜不歇

午前、山本綾子来訪、来月一日田村治子婿養子近藤浩之介を迎へ、結婚式挙行の方法順序等を協議す。

本日午後、故山県含雪公銅像原型実検の招に招かるゝも、其の場所甚だ遠く、氷上郷友会と時間相触るに依り、書を送りて之れを辞退す。

此の日、氷上郡郷友会を神田一橋外の帝国教育会館に開催、午後四時之れに赴く。来会者約六十名、予先ず郷里柏原町の歴史的伝説に関し演述、其の他一二演説有り。六時食堂を開き、予、会長を以て式辞を述べ、昌、哲其の他数人、亦所感を述ぶ。近藤林蔵（写真製版業者）予が昨年書き与ふる所の誠字額面を写真版数十葉と為し、之れを会員に分配、八時半過ぎ散会。

誠と同乗、誠寓に抵り、更に季子を伴ひ午後十時前帰邸す。

此の日、椎床を招致し理髪を行ふ。

十一月二十六日　快晴　烈風

朝、李英子来訪、則ち嘱に嘱せし所の揮毫色紙短冊等を交付す。

竹内強一郎（故綱氏孫）弟良三と、山崎広妹俊子の結婚披露茶会に臨まんが為め、午後二時発車す。途中、武田芳子及び安、季子を誘ひ、三時中央亭へ赴く。会する者双方親族数十名、席上西村淳一郎、媒酌山本忠興に代り紹介の辞を述べ、予、来賓を代表して祝辞及び謝辞を述べ、吉田茂、親族に代り謝辞を述べ、五時過ぎ散会。芳子を其の寓に送り、六時過ぎ帰邸す。

不在中、吉田妙、辞して鎌倉に帰る。

午後十時九分、軽震。

十一月二十七日　晴暄

前九時、季子を伴ひ入京す。季子楠田家へ入り、誠寓に留宿。

予、午前十時参内す。数日前、上院議員岡田良平、会計

検査院長水町袈裟六、枢密顧問官に任じ本日参入、就任挨拶を為す。

聖上、此の日海軍大学臨幸の為め謁見の儀無く、十一時前退出す。途次榛原店に入りて筆紙を購求し、正午前帰邸す。

竹内良三、同俊子礼訪に来り、婚儀祝辞の挨拶を述べ、且つ将に来る三十日に相伴ひ朝鮮総督府に赴任せんとすと云ひ、暫話して去る。

此の日、所蔵の幅巻物等、蟲干しの整理に着手す。

午後、武田精一来訪、芳子家計上の必要に依り、歳暮心附の意味を以て若干金を贈与す。

長田博光来訪、来年一月将に台湾に漫遊せんとする希望を語る。則ち問に応じ同島事情を語り、且つ台湾案内記一冊を贈与す。

十一月二十八日　天候如昨

此の日、蔵幅等の蟲乾の整理を継続す。

午後、陸軍歩兵中尉八原博通、新婦マサ子を伴ひ礼訪に来る。将に明後三十日を以て発し、島根県下松江に赴任せんとすと云ひ、直ちに辞去。

白川玖城、其の妻及び二女児を伴ひ存問に来る。将に妻児を伴ひ、来る三十日を以て発し台湾へ帰任せんとすと云ひ、寛話して去る。

白川氏来訪時、安、季子等入京して不在中也。此の夜送別の為め、両人新町新元邸へ赴く。

十一月二十九日　天候依然

朝、広瀬昌三、新潟県中野興業会社員宮川波衛を伴ひ、我が邸地を来観、邸内を一巡して去る。

午後、森田親一（東京日々記者）来訪、政局に関する意見を問ふ。特に政談を避け、主に清国より台湾割譲に関する意見を語り、寛話して去る。

松野勝義（台湾新報記者）、新年号談話及び色紙数葉に揮毫せんことを来請。

午後三時、兼ねての約に依り田村啓三が治子婿養子約諾の近藤浩之介、及び其の父敬次郎を誘ひ礼訪に来り、寛話夕刻に及びて辞去。

今日の夕刊新聞、文相小橋一太辞免、田中隆三襲任の件を報ず。是に先んじ九月下旬、天岡賞勲局総裁の売勲の疑獄起るや、政治界、実業界買勲の被疑者陸続生起。次で越後鉄道買収瀆職事件に依り、前鉄相小川平吉収監せらる。又東大阪鉄道買収瀆職事件に依り、前鉄道次官佐竹三吉勾置せらる。爾来被疑者の喚問若しくは収監せらるゝ者陸続絶えず、今尚ほ予審中に属し、其の範囲の限界は未だ確知すべからず。概ね政党軍資金調達の姦手段に係り、政友、民政の有力者に其の関係者有るが如しと云ふ。小橋文相の辞職、其の原因は実に茲に存す。然るに現内閣大官中、尚ほ多少の嫌疑を被る者有るが如く、其の結審は尚ほ半年以上を要すと云ふ。嗟乎、政党政治の流弊、茲に至り極まれり。而して二大政党互ひに相訐発、而して自家亦其の窩中に陥る。現浜口内閣、既に窮地に陥ると雖も、在野政友会亦醜態百出、取りて之れに代るの由無きが故を以て、現内閣は僅かに其の余命を続くるを得る也。国家の為め、長大息の至に堪へざる也。其の他、前朝鮮総督山梨半造、過日瀆職の嫌疑に依り、裁判所の審問を受け、収監せられざると雖も、今尚ほ予審中に在り。官界一部腐敗の罪跡、累々民衆の眼前に暴露され、政府の威信将に地を掃きて失墜せんとす。慨くべき哉。

此の日、安、田村家を高田寓に訪ひ、来る一日東京会館に於ける治子と浩之介結婚の順序を協議す。

十一月三十日　細雨断続

北越新報、台南新報外数人の為め、色紙等小品数葉を揮ふ。

昨日の新聞上、駐在支那公使佐分利貞男、箱根宮下ホテルに於て短銃自殺を遂ぐるの凶変を報ず。而して其の原因未だ確知すべからざる也。或は事英仏在勤中外国婦人と情交の原因に係ると伝ふ。其の果たして然るや否を知るべからずと雖も、同氏先年北京に於て其の夫人を喪ひて以来、妻無く、子無く孤身子然として、全く家庭団欒の楽を絶つ。是其の一原因か。

後藤一蔵、人をして其の先考新平伯遺物の支那製銅花瓶一台を来贈せしむ。答書を発して之れを謝す。

午後、田村市郎来訪、其の娘治子と婿養子浩之介結婚媒酌の恩を謝し、暫話して辞去。

金谷貞男、陸軍工科学校の業を卒へ、将に千葉県気球隊営に赴任せんとして告別に来る。其の姉ツタに逢ふ為め、我が邸に留宿。

此の日、軍備縮少会議全権委員若槻礼次郎、財部海相及

び随員川崎卓吉等、英都倫敦に向け出発す。誠をして予に代り之れを東京駅に送らしむ。此の会、もとは米国政府の発議に出で、英国政府之れに応じ、更に両国の名を以て我が国政府に対し同意を促し来る。我が政府之れに応じ同意の旨、且つ我が海軍勢力英国勢力に対し、十分の七を以て制限を為すの旨を答ふ。此の結果、果して如何。刮目して其決果を俟つ。

此の日、安をして近藤敬三郎一家を内幸町柊屋旅館に答訪せしむ。

又細川生をして故陸軍中将武内徹三の葬を青山斎場に送らしむ。

〔新聞切抜貼付・省略〕

皇族御住所

伏見宮	麹町区紀尾井町四番地
山階宮	同区　富士見町五丁目一番地
賀陽宮	同区　一番町二番地
久邇宮	渋谷町宮代一番地
梨本宮	同町　美竹四十一番地
朝香宮	芝区高輪南町十七番地
東久邇宮	麻布区市兵衛町一丁目十三番地
北白川宮	芝区高輪南町十七番地
竹田宮	同上
澄宮	
秩父宮	赤坂区一番の一　表町御殿
高松宮	芝区高輪西台町一番
閑院宮	麹町区永田町二丁目二十番地
東伏見宮	渋谷町常盤松百一番地

十二月

十二月一日　朝細雨後晴暖　　日曜日
午後、田村家婿養子近藤浩之介を迎へ次女治子と結婚式を挙げんが為め、安と同車、東京会館へ赴き、我等二人媒酌の職を行ふ。式は長島式に拠り、神前に於て儀礼を挙ぐ。双方父母親戚等列席者各十余人、午後二時半式了り、別室に休憩す。
午後五時半、来賓漸次、来会者約百八十人に登る。篤、誠、季子其の他我が一族親戚等二十余人を算ふ。六時長歌余興を聴き、七時少し前開宴。予、媒酌を以て披露式辞を述ぶ。木村楠弥太、来賓を代表して祝辞及び謝辞を述ぶ。八時半、款を尽くして散ず。安、季子を伴ひ十時少し前帰邸す。至幸の天候晴暄也。

十二月二日　晴暄
午前、近藤敬三郎、同妻貞、同長男三之介、同妻千鶴来訪。媒酌の恩を謝し暫話して去る。別るゝ時、田捨女集を贈る。
午後、東京朝日、山陽新報、福井日報其の他三人の為め、幅額九葉に揮毫す。近来心経痛の為め、大筆を執ること甚だ稀にして、安、亦宿痾再発を懼れ来りて諫止すれば即ち筆を捨て、季子に之れに鈐印せしむ。夜に入り、分送の手続を行ふ。
中嶋生に蔵幅の乾曝を行はしむ。

十二月三日　半晴　夜雨
此の日、安、季子は田村新夫婦を訪ふ為め、其の高田寓へ赴き、尚ほ他諸用を弁じ、夜に入り帰来。
講談社キング編輯員星野知常、写真部員三浦光治を伴ひ来訪、予の写真撮影の事を請ふ。則ち園内各所に於て、数種の影を撮り、又揮毫を請ひて去る。
広内繁吉外数名の為め、幅額等十四点に揮毫す。概ね大作也。而して書債尚ほ山の如く、未だ本年中完済し能ふるか否を知らざる也。

十二月四日　陰湿　微雨時降
午前九時、安、季子と同乗入京、二人途中別れ去る。十時参内、聖上に拝謁して退散す。

途次、銀座鳩居堂に抵り筆紙を購ひ、更に四谷へ赴き、安を伴ひて帰る。

不在中、田村市郎来謝。今夕帰神の事を告げて去る。

午後、清水半次郎、我が邸丘下の畑地譲渡の意向を来問。

山崎広祖母が婦春子、孫晴彦を伴ひ存問に来り、且つ俊子結婚式の参列を謝し、暫話して去る。

十二月五日　快晴　寒冷

午前、尾崎勇次郎存問に来り、暫話して去る。

午後、山田貞助外数人の為め、幅額十四点に揮毫す。概ね大作也。

又安を伴ひ、電鉄経界地点植樹の現状、及び丘下の割譲地の区域を検視す。

十二月六日　天候如昨

午前、季子をして昨日書せし所の幅額等に鈐印せしむ。

午後、田村市郎を白金久原邸へ答訪す。家人云く、今朝既に帰神の途に就けりと。則ち久原氏夫妻に面会、暫話して去る。

転じて町田経宇邸を答訪。氏が迎接す。夫人偶ま外出して不在なれば、則ち同氏と時事を寛話して辞し帰る。

十二月七日　天候依然

数人の為め数葉に揮毫す。概ね小品也。

宗秩寮、予に対し宗秩寮審議官の資格にて、左記奉祝品献上の事を協議し来る。賛成の旨を即答す。

一　電気置燭台（スタンド）　弐個
一　釣灯篭　壱個
一　飾棚　壱個
一　隅棚　壱個

右皇太后陛下御殿竣成を奉祝せんが為めの献上品。

右高松宮殿下成婚慶事を奉祝せんが為めの献上品。

啓明会、左記珍書二冊を贈り来る。書を発して之れを謝す。

一　毛斯（モース）氏著「日本の其日々々」維新実見記也。

井上三郎、亡父故枢密顧問官井上勝之助侯盡七日法会を、其の宮村町邸に於て挙行。午後三時過ぎ、往きて之れを拝し、焼香して去る。

途次、後藤伯邸に抵り、故新平伯遺物の寄贈を謝す。

更に誠寓に抵り、安と同車、午後五時帰邸す。
不在中、宇野松千代、其の息末次郎を伴ひ礼訪に来る。

十二月八日　天候不変　　日曜日

朝、金谷静謙、同貞男存問に来り、暫話して去る。加藤勇、関宗正児を伴ひ礼訪に来り、且つ農林省慰問金下賜を謝す。

午後、篤、美枝が襄二以下四児一婢を伴ひ、誠、栄子は三児、安場三児を伴ひ、雅子は清児及び一婢を伴ひ、昌は梅代を伴ひ、小谷哲及び富貴、土田元、新元夫人、存問に来る。誠、雅子及び襄二以下共に午餐す。

土田元に対し、広内繁吉嘱せし所の予の書額幅等十四点を交付す。小谷哲に対し予の歌色紙二葉を贈る。哲、富貴共に晩餐して去る。

中柳勝次（台湾日々記者）、新年号話題を来請、則ち明治七年征台役の詠詩の事を談じ、後日速記者同伴来訪の事を約して去る。

此の日、来訪者二十九人を算へ、匆忙極まり無し。

楢橋篤義病歿の訃に接し、書を男重威に贈り、之れを弔す。

十二月九日　晴寒

午後、小谷哲、嚮に托せし所の東京電灯株弐百株売却代金を住友銀行青山支店に振込む事を来報、暫話して去る。

玉川測量所大野吉太来り、嚮に嘱せし所の我が邸内実測製図、及び地目変換分筆届出書等を提出すれば、則ち其の工費を払渡し、且つ之れを品川税務署及び玉川村役場に届出の事を委任す。

此の日、郷里大原神社々額其他来嘱の幅額等の揮毫に着手、執筆未だ央ばにして来客相次ぐ。則ち幅額五点を書して筆を捨つ。

男爵田中龍夫、亡父義一の跡を相続襲爵拝受の披露に接し、答書を贈りて之れを賀す。

十二月十日　晴暄　後陰　夜雨

午前、中柳勝次（台湾日々記者）兼ねての約に依り、速記者を伴ひ来訪。則ち明治七年征台役以来の台湾事務局、総督官制等の経過を談じ、速記閲覧の事を約して去る。

在台湾専売局事務官今川淵、諭旨退官に依り帰京の事を来報。政党内閣の余弊、事務官の更迭の頻繁を招く、慨くべき也。

台南新報記者松野勝義来訪。則ち嘱せし所の色紙書二葉を交付す。

午後、喜多孝治来訪、近時政界破瀾、疑獄続発等の事情を寛話、共に晩餐す。七時半に及びて辞去。

此の日、宮内省、聖上皇后両陛下恩賜の鴨五羽を来送せしむ。

其の他知人等歳暮品を来贈する者頗る多し。

十二月十一日　半晴
午前九時、季子を伴ひ入京。季子は途中別れ去り、楠田家へ赴く。
十時参内す。両陛下に対し、下賜の鴨の御礼言上の記帳を行ふ。
次で本会議に列す。顧問官十八人、一木宮相及び浜口首相以下閣僚八人参列、天皇親臨を仰ぎ、左記諮詢案を議す。
一　勲一等茂麿王殿下、家名葛城を賜り、華族に列するの件。
二上翰長、審査意見を報告、全会一致にて之れを可決し退散。

又枢密院に、来る十六日夕の賢所御神楽は所労の為め不参の届を托す。

午後、篤が東興実業会社長野中清、同社天津競馬場担当人内山某（支那名李内山と称す）を誘ひ来訪。内山某、頻りに天津競馬場前途有望の事情と、資金供給の急要を述べ、一時融通の事を各重役に請へば、則ち篤（重役也）の為め、貸付金参千百円（来年六月返済の約）を出資す。

此の日、又家兄外一人の嘱せし所の幅額十葉に揮毫せんとするも、来客の為め中止す。

此の夕、金谷ツタの摩擦治を受く。

十二月十二日　晴暄　後陰　夜雨
此の日、電気倶楽部、電灯発明五十年記念式を挙げ、午餐会を開く。我を招くも、辞して赴かず。
午前、上院議員福原俊丸男、予約に依り来訪。近時政党腐敗して疑獄頻発、国民が政府を信ぜざる事情を痛歎、頻りに予の奮起を促せしも、則ち予の境遇の政治に関するべからざる理由を述べ、之れに答ふ。尚ほ上院議員が此の時勢に対し採るべき手段等を寛話して別る。別るゝ時に田捨女集一巻を贈る。

講談社員星野知常、去る三日撮りし所の写真数種を来贈。即ち嚮に嘱せし所の書幅額を交付す。来客対談中に属するを以て直ちに辞去。

台南新報松野勝義来訪。又予の紙色紙を交付す。逢はずして去る。

午後、少閑を得、幅額十余紙に揮毫す。

此の夜、季子と共に、頃日書せし所の幅額等二十余点を鈐印整理す。

又一昨日恩賜の鴨を家兄、篤、誠等の家に分贈す。光栄を頒つ也。

十二月十三日　陰後晴

此の日、歳暮贈品謝状其他信書を作成すること十余通に及び、頗る繁忙を感ず。又予の書幅額等を家兄其の他に郵送す。

河野公明、色紙三葉に揮毫を来請。逢はずして去る。

十二月十四日　半晴

午前十時、氷上郡幸世村長中沢正が同村波多野卿式殿造営委員中川敏（助役）、同臼井兼蔵、田中数三郎及び堀川万次を伴ひ来訪。予嚮に嘱に応じ記せる所の宗高卿贈位記光版及び関係書類を呈出。祠堂并に附属遊園建設の計画を述べ、賛助を乞ふ。則ち求めに応じ、之れを篠山出身本郷大将に紹介す。寛話して辞去。

井上三郎侯、人をして亡父勝之助侯法会参列焼香の労を来謝、又恒徳院志袱紗を来贈せしむ。

中柳勝次、去る十日予の台湾に関する旧話筆記の検閲を来請、逢はずして去る。此の夕其補正に従事すること深更に及ぶも、未だ全了せず。

午後、田中重忠（当村区長）、測量手等三人を伴ひ来邸。我が邸南側府道拡大の地点を協議、我邸地を割くこと頗る広く、尚ほ協議の余地を留めて別る。又丘下北側の我が耕地通過予定の路線を測定。

夕刻、安が雅子、清児及び一婢を伴ひて帰邸、留宿。

枢密院、人をして左記御諮詢案を齎しめ、且つ十八日会議開催の事を来報。
一　日本国伯露国間、修好通商条約御批准の件。
一　日本国玖馬国間、通商暫定取極め締結公文交換に関する件。

鈴木侍従長、賜物拝受の為め十七日参内すべき旨通知し来る。

代議士高木益太郎病歿の訃を聞き、人をして其の葬を浅草伝法院に送らしむ。

十二月十五日　陰湿　　日曜日

朝、長田博光来訪。則ち嚮に嘱せし所の書幅額六葉を交付す。

午後、安、季子が雅子一行三人及び精一、喜久子等を伴ひ上京。今夕歌舞妓劇へ赴きて観劇せんが為め也。安、季子、深更に及びて帰る。

十二月十六日　陰湿依然

午前、田村良が新夫婦浩之介、治子を誘ひ礼訪に来り、且つ媒酌の恩を謝し、寛話して去る。

明日、故勤児、摂心院第四周年忌日に当たれば、午後、安、季子多磨墓地へ赴きて其の墓を掃き、且つ之れを展る。

午後小閑を以て松本蔚、河野公明等の為め、小品十余点に揮毫す。

大阪人木村静幽病歿の訃を聞き、嗣子平八に書を贈り、之れを弔す。翁、予、関西鉄道に在りし時、支ふる所ありし。享年九十歳、其の長寿稀に見る所也。

十二月十七日　天候依然　夜小雨

朝、明石人山田貞之来訪、其の弟台湾総督府鉄道部運輸課長参事小川嘉一、将に欧米視察の途に上らんとし、往年眷顧の恩を来謝、暫話して去る。

中柳勝次（台湾日々記者）来訪。則ち前日托せし所の予の台湾に関する談話筆記校正の原稿を交付す。

此の日、摂心院第四周年忌日に当たれば、笠原立定師及び一雛僧、并に松濤孝源師来り回向を行ふ。則ち各布施を贈り、午餐を喫して去る。

午後一時過ぎ、鈴木侍従長の通牒に依り参内す。御召思に依り、歳末恩賜金を賜り、謝恩して退く。

帰途、住友銀行青山支店へ入り、支店長鈴木与一郎と預金の件につき面談す。一般経済界不振の実情に及び、午後三時帰邸す。

今朝、当野毛住人五名、府道拡大の為め我が邸地南部地域割譲の事を来談。午後四時、右五人と田中重忠来邸、地域の測定を行ひ、則ち共に現地に就き略ぼ協定を為す。

邸内南端沿道の地一間乃至三間余を道敷と為し、之れが為め普賢老桜樹等亦犠牲と為る。交通改善の必要上、止むを得ざる也。

十二月十八日　晴暖　六十七度　夜雨

午前、上野毛耕地組合会議を覚願寺に開き、耕地整理、道路拡張の事を協議す。委任状を田中重忠に送り、我が家を代理せしむ。

午前九時発車、季子を伴ひ入京す。季子途次別れ去る。十時発院、顧問官二十人、幣原外相等参列。天皇親臨、左件を議す。

一　十四日記せし所の伯露国、及び玖馬国通商の件、

　二案。

二上翰長、審査意見を報告、全会一致を以て二案を可決して退散。帰途、赤坂仲町楠田家に抵り、季子を伴ひ正午少し前、帰邸す。

此の日、園丁長粕谷末吉以下園丁、及び傭女等数人に対し、歳暮慰労金を与へ、皆謝恩に来る。

頃日温暖、陽春の候の如し。北陸地方、最も甚だしと云ふ。起居頗る安穏と雖も、農事に適否如何未だ詳かならず、得失、未だ確知すべからざる也。

我が家畜牝犬、機警能く夜を守ると雖も、奈何無く、当夏村人を咬傷、世田谷警察署より繋留命令を受く。其の後、近隣畜鶏、白兎等を咬殺すること頗る多く、近来は遠く瀬田に及ぶ。野良田云く、元来該犬は西洋猟犬種に属し、之を狩猟に応用すれば、其の技倆抜群なるべし、と。此の日瀬田家畜病院に移托し、狩猟家に譲渡の事を嘱す。

午後、世田谷警察署高等係神山喜一外一人が新任高等主任警部補面高英を伴ひ礼訪に来り、暫話して去る。去るに臨み神山氏、幅額三点に揮毫を請ひて別る。

又小林喜与昌（長野県人）の為め、歌短冊七葉を書す。

本年九月末、前首相田中義一男の急死したるや、実に朝鮮、賞勲局及び鉄道省等疑獄頻発に原因し、男深く之れを憂ふ。其の病狭心症と名づくと雖も、其の実煩悶の結果、之れを招くや疑無し。而して浜口内閣は善く其の後を継ぎ、一時頗る得意の状を呈するものゝ如けれども、豈図らんや、鉄道疑獄はその累、前若槻内閣鉄道次官佐竹三吉（上院議員、民政党員）に及びて先に勾禁せられ、次で文相小橋一太に波及し、自ら引責して其の職を辞す。

次で民政党総務代議士降旗某に及び、本夕新紙報ずる所に依れば、商工大臣俵孫一、又越後鉄道収賄の嫌疑に依り、将に法衙の喚問を受けんとす。果たして然るか。浜口内閣は、尚ほ靦然として齢を附すを為すを得るか。輿論恐く之れを容認せざるべし。要するに政党政治の流弊は此の極みに陥る、慨くべき也。

しかのみならず、朝鮮疑獄の検問漸く進み、前総督陸軍大将正三位勲一等功三級山梨半造、収賄の罪跡漸く明らかとなる。浜口首相、宇垣陸相は顕官特に前陸相が縲絏の辱を受け、広く民間に悪影響を及ぼすことを深く憂ひ、官位勲功等を辞退し、謹慎の意を表することを切に勧告し、将に以て不起訴の処置を採らんとするや、而して山梨氏は頑乎之れに応ぜず、遂に勅裁を仰ぎ起訴の処置を取るに決すと云ふ。嗚呼、何と破廉恥の甚だしきや。

近時顕官高位の官人、累々疑獄の穽に陥り、政府の威信、高官の信用は殆ど将に全滅に陥らんとす。国家の為め深憂に堪へざる也。

十二月十九日　陰濃霧　細雨時来

歳将に暮れんとし、諸方、贈答の往復、頗る多忙を感ず。

午後、園田桂、大木修及び久野玉子存問に来り、寛話して去る。

此の時、桂、予の先年書して贈る所の寛の詩幅二点を提出、表装方注文の事を請ふ。

午後六時、浜口首相、其の就職披露宴を永田町首相官舎に開き、枢密院職員を招く。来会者、正副議長、顧問官拾四人、閣僚十一人、二上翰長、書記官等亦之れに加はる。午後七時開宴、八時過ぎ閉宴。更に喫烟室に於て閑談して散ず。十時十分前帰邸す。

十二月二十日　陰雨終日淅瀝

田辺輝雄、頃日上海より入京、午後夫人を伴ひ存問に来る。偶ま安出京して家に在らざれば、則ち予独り迎接、寛話して辞去。

大阪市電気新報新年号の為め、小箋に詩を書して之れを贈る。

松浦泰次郎老母病歿の訃に接し、書を贈りて之れを弔す。

　其詩　頌電気発明

捕得雷霆制大空　感応万里比隣同

致知格物依人力　数十年間切磋功

十二月二十一日　昨来細雨　後歇　冷湿

大連市兼井林蔵の嘱の為め、予の自誓詞（明治十一年記せし所）説明及び詩歌三箋を筆し、之れを郵送す。

武田芳子は四幼児を擁し、家計裕ならず、頗る憐諒すべし。過日歳暮金百円を贈り、此の日又恩賜金の内弐百円を分与のため、安に之れを齎せて往訪せしむ。

宗秩寮、来る廿三日午前、藤麿王臣籍降下賢所謁告の儀に大礼服（夫人同伴）にて参列の事を通知し来る。予の審議官の資格に対する也。

十二月二十二日　晴寒　日南至　日曜日

式部職に対し、明廿三日藤麿王賢所謁告の儀、予等両人、所労の為め欠席の届書を呈出す。

町田襄治、雅子及び誠、栄子及び三児、安場二女児、武田精一等が二学友を伴ひ来遊。芦田哲造来候。

城戸四郎（松竹社員）、町田の紹介に依り我が邸園庭を来観。

宮相より、命を奉じ、来年新年宴会御招状を拝受す。

此の夕、田辺輝雄、契濶を叙せんが為め、宴を虎門外晩翠軒（支那料理）に開き我等を招く。午後六時、安を伴ひ之れに赴く。来会者、親族故旧約四十人、寛談款飲、九時過ぎに及びて散ず。

帰途安場邸に抵り、季子を伴ひ十時帰邸す。

十二月二十三日　晴後陰寒

朝、河野公明来訪。則ち嚮に嘱せし書色紙を交付す。逢はずして去る。

清水半次郎来邸、又請に応じ歌書色紙一葉を与ふ。

午後、杉本蔚外数人の嘱の為め、幅額等拾余絹紙に揮毫す。

蔵幅数十軸の乾曝を了り、之れを倉庫中に収蔵せしむ。

歳暮品、贈酬頗る頻繁、之れが為筆労尠からざる也。

十二月二十四日　晴寒

今川淵、官を罷め台湾より帰京して午前来訪。台湾官界異動の事情、及び松本源吉（剛吉次男）勤続の事を寛話して去る。

午後、竹内友次郎来訪。政界近況及び当期衆議院解散不可避の形勢等を寛話して去る。

此の日、昨日書せし所の北陸タイムス社、津山高等女学校其の他嘱せし所の書幅額等を整理し、之れを分送す。津屋幸右衛門父母昨年夏秋病歿の訃を聞き、書を贈り之れを弔す。

此の夕、宮内省、人をして左記諸件を来送せしむ。

一　御包物　壱個　金〔抹消〕円小切手在中。

一　羽二重　壱匹

右、予が宗秩寮審議官職に対し。一木宮相、通知書添え。

一　廿六日、議会開会、大礼服参列の件。

右、顧問官に対し。式部長官林男通牒。

十二月二十五日　晴暄

此の日、賢所皇霊殿に於て、大正天皇三周年式年祭を挙げらる。午前九時半大礼服にて参入、皇族及び親任、勅任、華族等参列者百余人。此の日、天皇親しく浅川陵に参拝する故を以て、秩父宮雍仁親王の代拝を見る。十一時前、式了りて帰邸。

椎床を招致し理髪す。

午後、松本卓細君、増島六一郎夫人葦沙子、小島徹三来り歳暮の礼を叙す。

喜多孝治が其夫人及び娘を伴ひ礼訪に来り、政界内情、及び伊東伯、清浦伯、福原男、田中舎身諸氏の近時政治関係運動の内情を寛話して去る。

十二月二十六日　晴寒　朝厳霜　大地氷結

此の日、天皇親臨し帝国議会開院式を挙げらる。午前十時廿五分大礼服にて登院、十一時国務大臣、枢密顧問官（参列者議長以下七人のみ）拝謁了りて壇場に整列、両院議員、議場に整列。天皇高御座に御す。勅語を朗誦、徳川議長、拝受して退き、式了りて退散。

転じて安場邸に入り、平服に換へて小憩。

午後〇時半、華族会館午餐会に赴く。来会者清浦奎吾伯以下十八名のみ。寛談午後二時半に及びて帰邸。

不在中、粟津義隆、目黒電鉄の我が邸経過工事完成し引揚る旨を来述、謝意を致して去ると云ふ。

広瀬小照礼訪に来るも、適ま安等皆入京して不在、暫話して去る。

台湾総督府嘱托中島徳四郎、諭旨退職の事を報知し来る。

在奉天陸軍大佐村田凱一及び逓信省官房勤務平井宣英、

母堂病歿の訃を聞き、書を贈りて弔意を表す。

午後十一時二十分地震。

十二月二十七日　天候依然　後細雨時降
枢密院、一月八日水曜日は陸軍始に当るを以て、十五日に参集開始の旨通知し来る。
此の日、我が居室の清掃を行ふ。
夕、女按摩を招致し、按摩術を受く。
此の日、広瀬小照来訪、安と会し其の家計運用難を語りて去ると云ふ。

十二月二十八日　陰　後冷雨蕭条
午後零時三十分、招に応じ参内す。正午豊明殿に於て賜食の栄を辱ふす。参列者、秩父宮雍仁親王、各国務大臣、枢密院正副議長、顧問官、元帥、内大臣、前官礼遇者及び宮相以下宮内親任官等数十人。
午餐了り、更に千草の間に移り、烟茶の饗を拝受。午後二時十五分頃入御したれば、則ち随意退出。
帰途、安場邸に入り、安、季子及び誠家族等皆集まる。輝子、末喜男尚ほ蓐に在りと云ふ。則ち刺を通じ、慰問の辞を述べ、予独り傭ひの自働車に乗りて帰る。安等尚ほ留りて事を弁じ、夜に入りて帰る。

十二月二十九日　陰冷　細雨断続　日曜日
午前十一時参内、歳末祝詞を言上す。皇后陛下尚ほ御服喪中に属するを以て言上せずして退く。

青山東御所に参入し、皇太后陛下に対し祝詞を言上、更に秩父宮邸及び閑院宮邸に抵り、祝意を表す。

帰途、安場邸に入り、誠、栄子と同乗して帰邸す。

広瀬昌三を招き、歳暮贈物の謝状其の他新年状浄写を嘱す。

西村歌子、北海大蟹五匹を来贈、珍物也。

安、新年拝賀不参届を作成、将に明日を以て之れを式部職及び皇太后宮職に提出せんとす。

松木幹一郎、台湾電力株式会社長就職の報に接し、書を贈りて之れを賀し且つ激励す。金谷ツタ、此の夜来り、摩擦治を行ふ。

十二月三十日　天候如昨
午前、田村浩之助が田村市郎、近藤敬次郎の我等両人の媒酌に対する謝儀として袴地外二品を齎し来謝。書を贈りて好意を謝す。

池上慶造礼訪に来る。大森房吉亦礼訪に来る。

上越の間に清水越への大嶺横焉す。大正十二年五月より隧道貫通工事着手以来、時を費すこと七年、工費千弐百万円、昨廿九日を以て南北貫通す。隧道延長六哩、実に東洋第一の長隧道たり。之れを従来の信越線に比するに、延長約六十哩、進程三時間乃至六時間を短縮、関東と北陸の交通大に近便を致す。国家の為め慶ぶべき也。

十二月三十一日　前雨後晴

歳、爰に暮る。旧を送り新を迎ふるの準備、頗る繁忙に渉る。歳末物を来贈する者約八十件にて、特に台湾より特産物を来贈する者二十三件に及ぶ。該島人の旧を諼れざる、多とすべき也。

昭和五年

一　月

一月一日　快晴　風寒

早く起きて潔斎し、前八時、衣紋を整へ、家眷及び重野老母、金谷婦と椒酒を酌み、新禧の祝意を致す。

午前八時半頃、大礼服を整へ、原生をして陪乗せしめ、九時半前参内す。大勲位以下親任官等順次、鳳凰殿へ入りて天皇陛下に謁し、新年の賀礼を表す。皇后陛下、久邇宮服忌中の故を以て臨御無し。

退出後、青山東御所に参入し、皇太后陛下に対し拝賀を行ひ、且つ酒肴及び御餅の恩賜を拝受す。更に順次左記皇族邸に伺候し、拝年の祝意を表す。又山本権兵衛邸に抵り、賀意を致す。

　秩父宮、高松宮、澄宮、閑院宮、東伏見宮、伏見宮、山階宮、賀陽宮、梨本宮、朝香宮、東久邇宮、北白川宮、竹田宮

独り久邇宮、服忌中の故を以て参賀せず、正午過ぎ帰邸す。

不在中、宮地茂秋、田中重忠、面高英、米川三治、神山喜一が、および関秀子一族代理関宗正は加藤勇に誘はれ来賀す。神山喜一に対し、昨冬嘱せし所の書幅額等を交付すと云々。

午後、誠一家五人、町田襄治、雅子、新元鹿之助一家、田村一家相次で来賀、誠一家は留宿。尾間信来謝。

一月二日　晴暄

此の日、昌、梅代、園田桂、生駒和子、園田里美、小谷哲、同正雄、竹内友次〔治〕郎、野口栄世、近藤孝、重野紹一郎、同厚次、池上慶造、篤方諸児、武田芳子及び三児等相次で礼訪。金谷貞男亦来る。

日比野正之、歌詩揮毫を来請、機関雑誌掲載の為め也。

広瀬昌三に嘱し、新年賀状を作成す。

此の夕、晩餐を共にする者二十五人、其の過半は児孫也。款遊湧くが如く夜に及び、誠一家及び慎二等の外、漸次帰去。

一月三日　晴後陰寒　　元始祭

午前、元始祭を賢所に於て挙行せらるゝも、予、所労を以て辞して参列せず。

午後、毎年の吉例により、親族互礼会を内幸町山田グラングリルに開き、二時安、季子を伴ひ之れに赴く。来会者約六十人、其の面名左の如し。

我が家三人　篤方三人　誠方三人　昌方四人
小谷哲三人　園田桂三人　武田三人　安場四人
町田六人　石本一人　新元三人　山崎二人
原一人　本尾三人　同玄蔵三人　西村一人
安部二人　重野一人　生駒二人　大木三人

予、先ず杯を挙げて帝室に対し祝意を表し、次で親族一同の為め互に祝杯を挙げる。各款を尽くし午後六時散じ帰る。

昨日、重野紹一郎、吾が邸に於て寛話中に腸痛を感じ、重野老母寓へ移り静養中、腸出血症を起こし、本日尚息まず。蓉子を喚び寄せ、看護を受くと云ふ。帰邸後之れを聞き、直ちに鹿野医を招致し診治を受く。同氏切に静養を勧むれば、則ち更に看護婦を招致して手当を行はしむ。蓉子三男病気の故を以て、辞して家に帰る。不在中小林霊学老医礼訪に来る。

不在中、広瀬昌三、賀状数百通を作成し了り、明後日再来を約して辞し帰ると云ふ。

一月四日　陰寒　政始式

是の日宮中に於て、政始式を挙行せらる。

原生を招き、新年賀状に対し答賀状を作成せしむ。篠山新聞社の嘱に応じ、多紀氷上人名鑑登録の予の経歴等調書を作成、原生に之れを浄写せしむ。

午後重野紹一郎病状を同老母寓に訪ふ。出血止むと雖も、尚ほ絶体安静を要すと云ふ。慰問して帰る。

安、季子、誠寓新年賀会へ赴くも、予、夜行を好まざるを以て之れに赴かず。二人深更に及びて帰る。

謹詠本春　勅題海辺巌

千代八千代苔のむしつゝ海の辺に
　聳ゆる巌御代のしるしに

又

昭らけくやわらく御代のしるしには
　海辺の巌苔のむすまで

一月五日　晴寒　新年宴会

午前、大礼服を装し、十一時半参内す。正午、天皇各皇族を随へ豊明殿に臨御。外国使臣、閣僚以下勅任官以上参列、御宴を賜る。天皇勅語を賜ひ、浜口首相及び首席大使、奉答謝辞を述べ、午後一時半宴了りて退散。

帰路、新元氏を駒沢に答訪するも皆不在なれば、則ち賀詞を述べて帰る。

土田昇、朝鮮より上京、長男元、長女徳子を伴ひ礼訪に来る。

南郷次郎、予の不在中礼訪に来る。中島生をして答訪せしむ。

松木幹一郎、新たに台湾電力会社長職に就き、礼訪に来れば、則ち問に応じ、同社創立以来事業中止等の事情を語り、最も注意すべき要点を挙げ其の努力を促す。暫話して辞去。

頃日、寒気頗る烈しく、室内温度、時に四十度を下る。

一月六日　半晴　烈寒　入小寒節

午前、季子、楠田家へ赴く。同嬢と相伴ひ、同家鎌倉別荘に遊ぶの約有る也。両三日の滞遊を要すと云ふ。

此の日、数人の嘱の為め、幅額十四葉に揮毫す。

飯谷留治来賀し、且つ美術会出品画揮毫の為め、約十日間我が邸内に於て寄寓せんことを請ふも、家人の煩労を省かんが為め之れを謝絶す。

一月七日　陰寒

枢密院より、来る九日午前、両陛下が成子、和子両内親王を伴ひ葉山御用邸に行幸啓する旨を通知し来る。

篤、芦田哲造、礼訪に来る。

広瀬小照、長女松子を伴ひ礼訪に来る。松子、将に本月末を以て松井多作に嫁し、結婚式を挙げんとす。数日前、嫁装補充の為め、帯其の他衣服数点を贈り、是の日、更に祝品料一百円を贈る。

広瀬昌三、破約して来らず、小照に対し、大に其の不信を訓戒す。小照涕泣して之れを謝すれば、則ち言責の重んずべきことを訓戒す。

山本清（浦和町住）病歿の訃に接し、書を長男厚に贈り之れを弔賻す。

誠次男英夫、本年学齢に達す。是の日予、入学願に調印し、之れを学習院幼稚舎に提出せしむ。

一月八日　晴寒

此の日、聖上、代々木練兵場に親臨、陸軍始式を行はせらるゝも、予陪覧する能はず。

財団法人啓明会、嚮に故米人モース翁著せし所の「日本の其日々々」訳本弐冊を贈り来る。之れを通読するに、明治十年以後の我が邦風俗習慣等を模写すること、親しく接して目睹する如く、痛快真に迫る。此の日、書を主幹鶴見左吉雄に贈り、其の厚意を謝す。

篤の請に応じ、本月分の補助金を其の使の婢に交付す。重野老母、紹一郎漸次軽快の旨を来報す。喜ぶべき也。

広瀬昌三、礼訪に来り寛話、共に夕食し、夜に入りて去る。

篠山新聞社の需に応じ、多紀氷上人名録資料に供する為め、予の経歴等摘要を作し、之れを郵送す。此の夜金谷ツタの摩擦治を受く。

一月九日　晴　烈寒

天皇皇后両陛下、午前十時廿五分御出門、両内親王御同伴、葉山御用邸に行幸啓。予、奉送する能はず。

山崎広老祖母、同春子が幼児春彦を伴ひ礼訪に来る。

此の日季子等、抹茶師岡本女、三弦師吉住女、及び楠田二嬢の栄子、雅子等を招き茶会を催し、夜に入り長歌会を催す。午後十時過ぎに及び、我が車にて之れを送り帰らしむ。

本年新年賀状、発着概数、左の如し。

当初発送数	三十三通
之れに対する来翰	二十八通
来翰に対し之れに答ふるもの	五百九十五通
来りて答へざるもの	四百二十六通
事故に依り欠礼を謝するもの	十八通
通計　当方より発送総数	六百二十八通
他方より来翰総数	一千〇六十七通

一月十日　天候如昨

同気倶楽部来る十五日に、南洋栽培協会来る十六日に於て、新年宴会を共に催すの通知状到来するも、返書を発して出席を謝絶す。

午後、石井三郎来賀、当期議会解散の形勢を寛話し声援を請ふ。又文雅の事を談じ、夕刻に及びて辞去。金谷女の施術を受く。

安、日々、重野紹一郎を同家寓に慰問す。大に軽快に赴くと云ふ。

此の日、園丁数人に年玉金を頒与す。皆来りて其の恩を謝す。

一月十一日　天候依然

朝、玉川測量所大野吉太来訪。過般税務署届出の玉川邸地目変換届書中、訂正を要する字句の証印を請ふ。諾して之れを与ふ。

隣人日比野正の請を請け、予の詠ずる所の歌俳、色紙等数葉を贈る。

午後、山田広婆礼訪に来る。

紹一郎氏を重野寓に慰問す。大に軽快、明日帰家すべしと云ふ。

長野県人小林龍男の為め、短冊十葉に揮毫し之れを郵送す。

去る大正六年中、寺内内閣の時に当り、欧米各交戦国、皆正金の輸出を禁止したれば、我が邦又之れに対応する為め、同年九月大蔵省令を以て、金貨及び金地金の輸出を禁止す。後大正十二年平和克復の時に及び欧米各国相次で禁令を解く。而して我国当局者独り之れを決行する能はず、荏苒今日に及ぶ。浜口内閣の成立するや、昨年十一月大蔵省令を以て、五年一月十一日を限り、禁令廃止の旨を公布するは、是洵に不可避の措置也。此の日、実に解禁第一日に当たり、其の影響の大小深浅未だ俄に確知するべからず。官民一般深く其の対策に注意し、悪結果を招かざらんことを切望す。記して将来の実情を観る。

〔新聞切抜添付・省略〕

一月十二日　夜来降雪大地一白　後細雨　日曜日

午前、安、季子が茶師匠岡本家の招に応じ、其の新年会へ赴く。

西村淳一郎礼訪に来り、安等と同車して去る。

重野紹一郎来謝、亦同車して帰京。

鉄道省熊川知義、同僚大倉周八郎を伴ひ来訪して云く、今回、樺太庁転任の命を承り将に赴任せんとす、従来の恩顧を謝すと。且つ大倉をして後来斡旋の務に当らしむるの旨を述べ、眷顧を乞ひて辞去。

同時に二人共予の揮毫幅額各数葉を乞ふ。

一月十三日　晴寒　四十二度

此の日、故勲児命日に当り、笠原立定師来り、勤経供養。

大阪岡町人松田承久、頃日英国ロザーミヤ卿著せし所の「最近の独逸」訳文一部を贈り来る。能く最近独国復興の趨勢を尽す。書を発して之れを謝す。

本多熊太郎、倫敦海軍会議に関する意見書を贈り来る。又能く近時英米海軍消長の趨勢を述ぶ。蓋し英国近時、世界に対する覇権を喪失、米国将に之れに取りて代はらんとす。我が邦、最も其の大影響を受くる也。又書を発して之れに謝す。

広瀬小照、娘嫁装贈与の恵を来謝。

誠、夕刻来り事を弁ず。金谷ツタ来り施術。

一月十四日　陰寒

安、季子が插華師匠を伴ひ上京。

午後、喜多孝治来訪。郷里河内国に於て、代議士立候補の希望を談じ、且つ其の準備の為め明朝発帰郷の事を告ぐ。

談話中、兼ねての約に依り、松本卓来訪。鼎坐し松本家族救済の事を談ず。其の希望に応じ、床次竹次〔二〕郎、久原房之助二氏に対し、卓及び林明の紹介且つ援助の依頼状を付与す。

田中重忠、昨昭和四年本邸納税及び雑費精算書を送付し来る。其の合計金、五千三百四拾七円余を算ふ。同居家族僅かに二人、而して此の多費を要す。刷新する所無かるべからざる也。而して之れを三年度出金合計四千参百七拾余円に比較するに増加約壱千円、其の理由は専ら人夫賃金の増加に在り。真に贅費也。

一月十五日　晴寒

前十時参内し、枢密院会議に列す。正副議長以下顧問官十五人、幣原外相、外二相及び政府委員参列、左記数件を議す。

一　国際獣医局を巴里に創設の為め、国際協定帝国加入方に関し通告の件。
一　台湾総督府官制中改正の件。
一　台湾総督府、地方官制中改正の件（嘉義、新竹市制施行の為め也）。
一　関東庁官制中改正の件。
一　樺太庁官制中改正の件。
一　南洋庁官制中改正の件。
一　奏任文官特別任用令中改正の件。

一　関東庁視学官特別任用令。
一　樺太庁視学官特別任用令。
一　明治四十年勅令第五十一号関東州学校職員任用に関する件中改正の件。

二上翰長、審査結果を報告、全会一致を以て、之れを可決して散ず。

此の時、宮中に於て両陛下に対し寒中の天機及び御機嫌を奉伺す。

午前十一時、安場邸を経、誠寓に入り小憩す。輝子及び栄子と寛談、且つ安場家に対し、宮内大臣に対する三男保雄分家届、予及び後藤一蔵親戚連署の届書を交付す。

午後二時過ぎ、東京会館に抵り、阪谷芳郎男先考阪谷朗廬翁五十回忌記念会に列す。翁は備中国の鴻儒也。会場に翁の肖像及び揮毫数幅を備ふ。肖像に礼拝し、茶菓の饗を受けて去る。

此の時、久邇宮御用掛陸軍大将本郷房太郎が賀来佐賀太郎に関し、久邇宮家々務斡旋に関する予の注意を求むれば、則ち賀来氏に対し相当の注意を与ふべきを答へて別る。

帰途、楠田邸に抵り、季子と同車して帰る。

不在中、中西四郎礼訪に来る。

午後、小谷哲、広瀬昌三来訪、寛話して去る。

金谷ツタ、夕刻施術に来る。

此の日、枢密院、顧問官年齢調を交付す。最長者石黒子八十六歳、最少者鈴木顧問官六十四歳、平均年齢七十二歳、予に長ずる者九人、予より少なき者十四人、日月流るゝが如く、忽ち長老の部に入る也。

一月十六日　半晴　寒

此の日午後三時、珍田秀穂伯、先考捨巳伯一週年忌法会を営み、予を招く。然るに昨夕来、稍腸痛を感ずれば、止むを得ず、更に書を贈りて之れを辞退す。

目蒲電鉄社員白井嘉市来訪、予ての約に依り、予の書幅一葉を贈り、逢はずして去る。

此の日、品川税務署より、新収得株式又土地に関し、代理人の玉川村役場に出頭するを促し来る。原生をして之れに赴かせ、主任属の来邸を返報せしむ。午後、税務署属飯野巌来訪すれば、則ち誠の青山邸地購入、及び誠、季子株式増減の理由を説示。彼、各了解の旨而〔ママ〕して去る。

此の日、明治三十七八年役中満州戦地視察旅行日記の再閲校正を行ふ。

枢密院、電話にて高松宮徳川嬢に対する納采祝賀の事を通知し来る。

一月十七日　陰寒　有雪意

朝、台湾総督府技師伊藤鉄児来訪、老父侍養の為め、宮城県若くは仙台林務署転任斡旋の事を請ふも、其の手段無きを以て之れを謝絶す。

今川淵来訪す。次期総選挙に於て喜多孝治候補声援の希望を述べ、台湾有力者に紹介を請ふ。予、是等の事に関与すべからざるを答へ、唯相馬半治に対し、紹介の名刺を与ふ。

午後一時、安を伴ひ入京、安、途次別れ去る。

予参内、両陛下に対し、高松宮納采の盛儀を奉祝す。順次青山東御所及び高輪御殿に伺候し、祝意を言上して退く。

帰途、安場邸に抵り、安を伴ひて帰る。

途次、榛原店に入り、色紙封筒等を購入。

一月十八日　晴暄

午前、枢密院昨年中御諮詢書を整頓、之れを格納す。

津中翠嵐（山口県由宇町）の請に応じ、厳島神社奉納の為め、詩歌を色紙三葉に揮毫し、之れを郵送す。

本多為三郎、礼訪に来る。

枢密院、電話にて来る二十日午前両陛葉山より還行幸啓の事を通報す。

一月十九日　天候如昨　　日曜日

午前、香西与一郎、加州製品供給会社創立、少し許りの株式引受の事を来請。再三の懇請にて誼辞するべからざれば、則ち五株を限り其の引受を承諾す。寛話して辞去。

斎藤酉男治礼訪に来る。

常吉徳寿来訪、次期総選挙の際、郷里佐賀県下に於て代議士立候補の希望を述ぶ。選挙区形勢困難の状を語るにより、則ち軽挙の不利益を答へ、慎重に事に処するの必要を促す。

桑山鉄男礼訪に来り、政界情勢を寛話して去る。

小谷哲、富貴を伴ひ来訪、適ま町田雅子が二女児一婢を伴ひ、安場保健、輝子が二児を伴ひ来訪。団欒寛話、共に夕食し、夜に入りて去る。

金谷ツタ来り施術。

法学博士小林丑三郎病歿の訃に接し、桑山氏に托し、予に代り谷中斎場に之れを送らしむ。又林徳太郎告別式焼香の謝状に接す。

昨四年九月二十六日、前鉄相小川平吉、瀆職の嫌疑に因り投獄せらる。新聞の報に依れば、昨十八日保証金を納付、保釈せらると云ふ。其の有罪視せらるゝや、論を俟たず。新聞紙尚現閣僚中被疑者有りと伝ふ。是概ね政党費用若しくは党員分給の資餌に属し、其の苦境寧ろ憐れむべき也。数年前、米国輿論沸騰、大統領選用費募集の公開を迫れば、朝野両党之れを拒む能はず、協議の結果、遂に其の金額と寄贈者姓名を公表す。是れ畢竟政党政治の遁るべからざる醜体也。而して近時我が邦亦此の弊窩に陥る。世の政党政治を主張する者、須らく猛省一番、其の刷新を図るべき也。

一月二十日　晴寒依然

本日午前、天皇皇后両陛下、和子内親王を伴ひ葉山より還幸、予、東京に於て奉迎せんことを期すも感冒の兆有るに因り、奉迎する能はず。

本日正午、南洋協会理事会臨席の約有るも、右理由に因り之れを謝絶す。

大倉喜七郎、書を致し、明廿一日支那俳優梅蘭芳の東京会館歓迎会臨席を求め来るも、亦之れを謝絶す。

午後鈴木右吉来訪。本邸譲渡の意有るや否を問ひ、尚ほ近き将来に於ける代議士総選挙の形勢を寛話して去る。

一月二十一日　天候不変

午後安場保健来訪、父末喜男長く臥病にて家計不如意の苦境を寛談すれば、則ち請に応じ、田村啓三及び台湾銀行久宗取締役、并に久原家重役肥後八次に対する紹介状を付与す。夕刻に及びて去る。

昨年七月、田中内閣総辞職、浜口内閣の組織成るや、政友会、衆議院議員二百四十名の過半数を擁して在野党と為り、民政党、僅か百七十余名の少数を以て、内閣擁護の衝に当る。衆議院解散の機運此の時に於て定まると謂ふべきなり。故を以て旧臘以来、朝野代議士、只管解散防止の策に汲々とするも、素より輿論を動かすに足らざるなり。本日議会休会期日終了し両院議事を再開、下院に於て首相、外相、蔵相演説及び一二質問演説終りて後、午後四時四十分を以て、解散の詔勅降下すと云ふ。是より両党選挙の競争運動、益す激烈を加ふるや言を俟たず。而して政府党優勝の地歩を占むるは疑ひを容れず。近時犬養毅推され政友会総裁と為るも、其の苦境察すべき也。刮目して其の結果如何を観ん。

〔新聞切抜添付・省略〕

夕刻、竹内友次郎来訪。衆議院解散の情況を報告、又請に応じ、之れを塩原又策に紹介。

此の夜、放送局が倫敦列国海軍会議開会式、各全権祝辞演説放送の事を予報す。午後九時頃、正に倫敦午前に当たれば、則ち鈴を開き之れを聴く。種々雑音の為め頗る明瞭を欠くと雖も、英国皇帝、伊国全権、特に我が若槻全権演説、語調明暢、能く之れを聴くを得る。倫敦と東京、地球反蹂地点に在るも、而るに其の間人語を聴く、比隣の如し。科学進歩の偉蹟、洵に驚歎すべき也。

我が邦議会解散、偶然列国海軍減縮会議と同日を以て決行せらる。前途の多事、想見すべき也。

季子今朝、楠田嬢及び岡本挿花師匠と相伴ひ、逗子へ赴き、夜に及びて帰来。

〔新聞切抜添付・省略〕

一月二十二日　晴寒依然

此の日、定例参集日也。昨来稍や風邪を感じ、辞して参内せず。

今朝の新聞紙、来る二月二十日を以て、代議士総選挙挙行決定の旨を報ず。今や総選挙は純然二大政党政権争奪の手段に帰し、競争の激烈、想見すべきなり。然るに大体に因り之れを観察するに、民政党、政局に当り、其の利野党に倍蓰すれば、其の結果党勢或は解散前の反比例に帰着するも亦知るべからず。刮目して之れを観ん。

夕刻、南洋協会飯泉幹事、スラバヤ商品陳列所長事務取扱小原友吉を誘ひ来候。飯泉氏、先ず一昨二十日理事会の結果、及び外務省より新に南洋貿易見習生十名を派し、前例に拠り、監督方を我が会に嘱託するの件を報告。次で小原氏、職務心得に就き、予の意見を叩くにより、即ち我が工業者則ち出品人と意思疎通するの件等を訓示して別る。

此の時、小原氏、南洋土人製作せし所の古木製面二個を贈る。略ぼ我が邦中世能楽面に似て頗る奇物也。

枢密院、人をして来らしめ、宣仁親王と徳川喜久子姫、成婚盛儀献品の事に対し協議せしむ。直ちに同意の旨を答ふ。
久邇宮附山田事務官、来る二十七日故邦彦王殿下一周年祭挙行の次第を報知し来る。
金谷ツタ来り施術。
枢密院、又高等師範学校専攻科卒業者（文学士と称す）称号御諮詢の件に関し、審査委員九名指定の事を通知し来り、予亦其の一人に指定せらる。

一月二十三日　天候依然
此の日夕刻、南洋協会、小原友吉及び岡野繁蔵の為め講話会、及び歓迎会を内幸町大阪ビルディング内に開くも、予、静養の為め之れに赴かず。
椎床を招致し、理髪を行ふ。
予の起草せし旧文書写本を点検校正し、略ぼ完了を告ぐ。

一月二十四日　天気不変
広瀬昌三来訪、過日貸付せし所の我が邸地図を返付、寛話して去る。
阿部滂、信州より入京存問に来り、総選挙の情勢及び台湾近状等を寛話して辞去。
此の夕、明治二十《〔ママ〕》七年日記中に就き、日露戦役に関する記事の抜粋を行ふ。僅か年初二個月ながら、而して十二行界紙十五葉に及び、其の多事、寧ろ驚くべき也。

一月二十五日　晴寒依然
中島徳四郎、嚮に台湾総督府に奉職、頃日、辞して横浜へ帰り、本日存問に来り、暫話して去る。
日露戦争記事の抜粋を継続す。
枢密院、来る二十九日、左記御諮詢案会議開会の事を通知し来る。
一　開港港則中改正の件。
此の日台湾嘉義、新竹二街、初めて市制を実施。嘉義祝賀会委員長真木勝太、電を飛し従来の恩顧を謝し来れば、則ち返電し祝意を表す。

一月二十六日　天気依然　日曜日
朝、常吉徳寿一家来訪、直ちに重野家へ赴き、逢はずして去る。

午前、池田寅二郎来訪。其の親戚内田隆、新聞社就職斡旋の事を懇請すれば、則ち内田氏来訪熟議の旨を約して去る。

昌来訪、明後日発帰郷、専ら選挙運動に従事の旨を語る。蓋し衣川退蔵、政友会の推す所と為り、由断を許さざる也。

午後、安の催しに依り、我が家に於て長歌会を開く。来会者師匠小芳、誠一家四人、町田襄二一家五人（婢共）、田村良子、楠田二嬢等也。安場保雅、誠と共に来遊、夜に入り順次帰去。

田村浩之介、同治子が良子と共に礼訪に来り、良子に先んじて辞去。

又、誠をして総選挙補助金壱千円を齎し、之れを昌方に伝贈せしむ。

一月二十七日　半晴　寒

此の日、久邇宮家に於て故邦彦王殿下一祭年を行はせられ、午前十時同邸に伺候し、権舎祭に列す。参列者数十人、順次玉串を捧げて退き、十一時半帰邸す。腸痛の故に因り、午後二時の墓前祭に参列する能はず。

午後、朝日新聞記者上月進来訪、問に応じ、大正五年春大隈内閣に対する減債基金問題弾劾及び山県有朋公調停妥協の顚末を談話す。

此の夕、昌より電話、昨夕の贈物（本日誠より領収の旨）の厚意を謝し、且つ明朝出発帰郷の旨を報ず。則ち激励の語を述べて通話を了る。

一月二十八日　陰寒　夜雨

枢密院、来る三十一日午後一時半、高等師範学校専攻科卒業生称号の件につき委員会開催の事を通知し来る。

午前、常吉徳寿来訪、再び代議士立候補の利害を述べ、予の意見を叩く。政友会の河村竹治〔三〕の勧誘に原づく也。選挙費調達の成算無きを聞き、寧ろ辞退するの得策たるを答へて別る。

内田隆来訪。一昨日池田寅次郎来談の意を承け、新聞記者就職を希む意を述ぶ。則ち請に依り、朝日新聞下村宏に紹介す。

南新吾病歿の訃に接し、常吉氏に托し、其の葬を青山斎場に送らしむ。南氏昔年台湾銀行重役の列に在りし也。

一月二十九日　半晴　烈寒　夜雨

午前、枢密院本会議有るも、頃日腸痛の悩有るを以て辞して参内せず。同院同僚申合せに依り、高松宮に銀製花瓶一対を献納、御成婚の祝意を表する也。

津田孝吉（津田左次馬氏孫也）、織田信太子の紹介書を携へ来訪、織田子爵家、負債の為め家計窮迫の事情を述べ、救済策を講ぜんことを請ふ。是一昨年子爵の自ら訴へし所なるも、予の現状は奔走し斡旋する能はず、松本剛吉、田辺勉吉、上山良吉等に斡旋委嘱の事を勧告せり。然るに今日に於て松本、田辺二氏既に永眠。現時に在りて其の任に当るべき者僅かに上山良吉、本庄忠治二人有るのみ。而して此の二人の者、能く其の任に堪ふるや否、予知するべからざる也。則ち此の意を縷述し、熟議を尽くさしめ、寛話して去る。

昨夕来、明治三十七年来の日記に就き、日露戦争記事の抜粋に着手、僅かに同年上半期を抜粋したるに、罫紙（十三行罫）四十葉に及ぶ。其の浩瀚驚くべし。然るに二十五六年前、国家興敗の一大事を追懐するに於て、趣味殊に深厚なるを覚へ、痛快の感に堪へざる也。

兵庫県、明石、加古、美嚢三郡村長十八名、連署して淡河、山田河水利組合負担の二川水路築造費の内約八拾万円を国庫が支弁するの請願書を送り来る。是、顧問官職務の性質の致す所を弁へず。何等力を致す方便無きや、論を俟たず。

本日上旬、侍従土屋正直子嫡男秀直、故窪田勘六子他吉外二人の学生が冒険旅行を試み、大雪を侵し白山に登り、遂に雪頽の為め圧死せし所、爾来百方捜索、漸く死屍を発見す。此の日青山斎場に於て葬儀を行ひ、人をして代はりに送らしむ。青年の冒険旅行、咎むべきに非ずと雖も、時に意外の災厄を招く、悲しむべき也。

一月三十日　好晴穏暄　此日当陰暦正月元旦

宗秩寮より予の審議官資格に対し、来月四日賢所大前に於て我等二人参列すべき旨を通知し来る。

石井三郎外三人の為め、幅額及び短冊等二十葉に揮毫す。

一昨日来、季子、学友の招を受け誠方に滞留、本日帰来。女按摩を招致し術を受く。

一月三十一日　晴寒

午後零時半、安、季子と同車入京す。二人皆別れ去る。

一時二十分、枢密院事務所に赴き、左記御諮詢案委員会に列す。正副議長、富井委員長以下八名（黒田侯不参）及び田中文相、中川次官以下参列。

一　高等師範学校専攻科卒業生が文学士を称するを得るの件。

質問応答の後、全会一致を以て可決して散ず。

午後二時半、安場保健邸に入る。輝子及び二児、感冒に罹り就蓐、之れを慰問。

誠寓に転入して休憩。小林霊学老医、輝子等を来診のため予約に依り誠方に来る。予、頃者、腸患に悩めば、則ち診察を受け、薬治を約して去る。

安子が季子と田村新夫婦を高田寓に訪問し来会。誠亦昨日大阪旅行より帰来、則ち安を伴ひ、夕刻帰邸す。

季子、今夕、栄子及び楠田二嬢と妍声会音楽会へ赴き、誠邸に留宿。

此の夜、亦女按摩の按摩を受く。

二月

二月一日　晴寒　夕小雨

明治二〔三〕十七年日記の日露戦争に関する記事抜粋を継続、七月より十月に到るの記事、界紙二十六葉を算ふ。

喜多孝治が大阪より電報を以て、竹内友次〔治〕郎は東京より電話に因り、各帰郷、総選挙運動着手の旨を報じ来る。

来る十一日、紀元節宴会御招状到来、又枢密院より当日賢所祭参列、及び天皇皇后両陛下来る五日午前十一時五十分葉山より還幸啓の通知書到来。

此の夕、金谷ツタ来り摩擦治を施す。

二月二日　夜来雪　地上積二三寸　終日断続　日曜日

日露戦役に関する日記抜粋を継続す。二十七年分を完了、紙数七十九葉を算ふ。浩瀚驚くべき也。

南満鉄道社員兼井林蔵、兼ねての約により来訪、自ら自己の経歴と前途の志望を話す。則ち適当の注意を与へ、又仙石同社長紹介の名刺を与ふ。尚ほ請に応じ、予の旧稿労働問題意見書外一編を貸付す。

昨夕より小林老医の煎薬を服用す。

二月三日　快晴　寒冷

明四日賢所に於て高松宮と徳川嬢結婚式御挙行の際、我等夫妻参列せよとの去月三十日の宗秩寮の通知に対し、両人共所労の為め参列する能はざる旨、届出を為す。

又同寮に対し、皇太后陛下新殿竣功御悦び、及び高松宮成婚御悦の為め、献納品費額負担金を送付す。

枢密院より電話、高松宮御成婚に対し、参内及び青山御所、高松宮殿参入奉祝の事を報ず。

安、季等入京、夜に入りて帰る。

昌の立候補と政友派候補衣川退蔵と競争の件に関する家兄の来書に対し、答書を送る。又太田太右ヱ門及び西村淳蔵に向ひ、昌援助の事を求む。

安場保健来訪。父末喜氏台東製糖会社の台湾銀行に対する負債保証の顛末を述べ、其の処置に関し考慮を請ふ。則ち家督相続の場に於て、適当の処置を採るの妥当なるべき意を答ふ。

内務政務次官斎藤隆夫、昌選挙競争に関し応援的帰郷の来報に対し、答書を発し一層の尽力を求む。

金谷ツタ来り施術。

二月四日 晴寒　立春節

此の日、高松宮宣仁親王殿下、賢所大前に於て徳川喜久子姫と結婚式を挙げらる。予等所労を以て之れに参列する能はず。喜久子姫、故徳川慶久公長女で慶喜公長の孫也。皇室の繁栄、祝賀の至り也。

播州多可郡杉谷出身故小林節の弟小林勉、家兄の紹介状を携へ来訪。其の編纂せる日本人名列伝草案を提出、題字を乞ふ。書画趣味を寛話し再来を約して辞去。

郷里の田俊之助、我が先妣の書翰を装して一巻と為し、郵送して題字を請ふ。則ち「和気有余蘊」の五字を題し、之れを返送す。

枢密院、明五日休会の旨を通知し来る。蓋し、天皇皇后両陛下、明五日葉山行幸啓の挙有れば也。

黒龍会が、内田良平稿の全満蒙鉄道統一意見の本一冊を贈り来る。一大著也。

在台北市三好徳三郎、電を飛し、其の妻志奈今日午前七時四十分死去の旨を報じ来る。直ちに返電して弔意を述べ、尚郵書に因り弔慰の手続きを採る。

二月五日 陰寒　四十九度

午前、田辺輝五郎来訪。今般大東京鉄道会社員と為り、神奈川県鶴見駅より玉川村を経て東京市外、金町の市外に到る鉄道線建設計画に従事の旨を述ぶ。敷地収用の為め、玉川村長豊田正治に紹介す。豊田氏に面識無しと雖も、誼により謝絶するべからず、則ち紹介的依頼状を之れに付与す。

宮川波衛外一人来り、我が邸を視るも、逢はずして去る。

午後、井上雅二来訪。南洋協会会務の経過、及び伯剌西爾拓殖移民の事情を談じ、政界近状を寛話して去る。

大阪羽室庸之助の来翰に依り、郵便に依り其の鋳鋼所旧株式百株を返送し、適宜之れを処理せしむ。同氏の企業の拙劣、多大の損害を諸友に致す、慨くべき也。

台北市三好徳三郎に対し、弔状及び香資二十円を郵送す。

大分県人三浦覚一病歿の訃に接し、書を嗣子通資に贈り、弔意を表す。

此の夜、金谷ツタ来り施術。

二月六日 夜来降雪　地上積四五寸　後陰寒　四十一度

昨日来、宣仁親王殿下御慶事を参内奉祝せんことを期するも、微恙尚未だ全癒せず、止むを得ず賀表を作し、郵便に依り左記三職に之れを進達し、執奏を求む。

　式部職、皇太后宮職、高松宮家職。

台湾新竹人周維全、嚮に書を致し、其の著台湾通誌略出版補助金下付方を現総督府当局者に勧告の件を依嘱し来るも、予、是の如き件に干渉するを好まざるに因り、是日答翰を贈り之れを謝絶す。亦其の贈り来りし所の画幅、支那人呉琨画きし所の山水図を返戻する也。

夕刻、今井兼次来り、喜多孝治来電を提示、予より在大阪稲畑勝太郎に対し喜多氏援助の依頼状を発するを請ふ。諾して別れ、此の夜依嘱状を作し、之れを稲畑氏に送る。

二月七日　晴寒

是日、感冒の故を以て、来る十一日紀元節賢所参列及び宮中賜宴に拝辞の届書を作し、之れを式部職に呈出す。

又枢密院秘書課に対し、高松宮御結婚奉祝献上品代金拾六円五十銭を送付す。

此の日、明治三十六年七月から十二月に到る間の日露戦役に関する記事抜粋を継続し、結了を告ぐ。紙数二十九葉を算ふ。

此の夕、関秀子が母鶴子に誘はれ来訪、安と竹腰〔越〕与三郎五男龍五郎求婚の事を会談。

二月八日　陰寒

日露戦役日記抜粋を継続す。明治三十八年分也。

昨日書せし所の石井三郎外数人の嘱する幅額十余点を整理鈐印す。概ね大作也。

枢密院、天皇陛下葉山より還幸及び再行幸の事を通知し来る。

　十　日　午前十一時五十五分　東京駅御著車。

　十二日　午前十時三十五分　東京駅御発車。

是れ紀元節式典御臨御の為め也。

高松宮別当、来る十九日夕を以て、赤坂離宮に於て御婚儀祝宴晩餐御開、我等両人御招の招状到来。

二月九日　陰寒　冷雨　夜暴風雨　日曜日

午前、下啓助存問に来る。寛話中、佐伯仲蔵亦来訪、維新前勤王士梅田雲浜伝記編纂の苦心を語り、其の著せしところの同氏遺稿丼に伝一冊を贈る。之れを閲するに、一大巻、蒐集の努力推察すべき也。二氏と共に午餐を饗して別る。

氷上郡黒井町野村利吉（現大膳寮主膳）来訪。近日同省改革の伝説を述べ、関屋次官に対し、自己留任の勧説を乞ふも、面会の機無きを以て之れを謝絶す。

午後十一時四十五分（英国時間午後二時四十分）、ラヂオ器に依り、我が全権若槻氏の我が同胞に対し後援を請ふの通話を聴く。多少雑音の妨げを受くると雖も、氏の語調明瞭、聴取すべき也。科学の進歩、万里比隣の如し。驚歎すべき也。

二月十日　朝雨後晴

此の夜、暴風の為め電灯照らざること数回に及び、僅かに蝋燭を用ひて事を弁ず。

日露戦日記抜粋を継続す。

午後、細川生をして子爵青山幸宜氏の葬を青山斎場に送らしむ。

二月十一日　陰寒　　紀元節

静養中の故を以て、紀元節の諸儀に列せず。

枢密院、来る十二日定例参集休止の旨を通知し来る。

小谷哲来訪、将に兄昌応援の為め、梅代を伴ひ帰郷せんとすと云ふ。則ち注意すべき助言を与へ、且予に代り本郷大将を訪ひ、間接の声援を求めしむ。

山崎広、妻児を伴ひ存問に来る。適ま安、季子不在にて、暫話して去る。

二月十二日　晴　強寒

午前、広島県森本是一郎来訪。其の発明に係る専売米俵普及の希望を述べ、当局者に紹介を請ふ。則ち町田農相及び石黒農務局長に対する紹介名刺を与ふ。

午後、金谷ツタの施術を受く。

大阪羽室鋳鋼所羽室庸之助より、其の新株式参拾四株を送付し来る。過日送付の旧株百株の代償也。

二月十三日　夜来暴風　烈寒

数日前、宣仁親王同妃殿下御成婚祝宴の為め、来る十九日赤坂離宮に於ける晩餐の御招状を拝受するも、静養中の故を以て、本日拝辞届書を石川同宮別当に提出す。

日露戦役日記抜粋を継続す。

日士協会、来る十九日宴を中央亭に開き芦田均（参事官）の土耳格より帰朝せるを歓迎する通知状到来するも、静養中を以て之れを謝絶す。

二月十四日　快晴烈寒
午前、香西与一郎来訪。其の請に応じ、嚮に引受けし所の内外特産物株式会社株式五株の第一回払込金を交付す。

小林勉、去る四日来嘱せし所の日本人名列伝編纂の件を来談。則ち請に依り、渡辺弗措先生伝記及び予の履歴書二編を貸付、寛話して去る。又請に応じ、題字揮毫の事を約す。

又香西氏の請に応じ、野村龍太郎氏に対する紹介の名刺を与ふ。

此の日、村役場の通知に依り、我が家畜犬三頭の届出を為す。

重野紹一郎氏、病気全快退院の事を来報、書を贈りて之れを賀す。

愛知県前代議士三輪市太郎病歿の訃を聞き、書を其の男誠に贈りて之れを弔す。

大阪市稲畑勝太郎氏より、喜多氏声援を諾するの返書到来。

二月十五日　天候如昨
伊藤鉄児来訪、其の老父病歿、其の郷仙台へ帰り葬祭完了の事を告げ、将に台湾へ帰任せんとし、告別に来りて去る。
各地総選挙戦正に酣也。此の日激励の為め、勝栗実各一包を昌并に竹内友次郎、喜多孝治に贈り、其の必勝を期す。
日露戦役日記の抜粋を継続す。

二月十六日　天候依然　日曜日
日露戦役日記抜粋を継続す。
午後、誠、栄子が三児を携へ、重野蓉子が三児を携へ来遊。共に夕食して漸次夜に入りて帰去。
昨夕及び今日昼、金谷ツタの施術を受く。

二月十七日　晴寒依然
朝、鮮人劉応泰来訪するも、静養中の故を以て面会を謝絶す。

椎床を招致し、理髪を行ふ。

講談社キング編輯員渡辺茂雄来訪。前年語りし所の独逸郵政長官ステフワン氏と面談の事情を、該紙上に掲載の承認を求む。即ち異議無き旨を答ふ。尚ほ日露戦争記事の件を寛話して去る。

芦田哲造存問に来り、時事を寛話、数刻して辞去。

松本卓来訪。家政整理困難の事情に関し詳述、諒解を求む。則ち総選結〔ママ〕了後尚ほ尽力すべき旨を告げ、寛話して去る。

竹内友次郎、喜多孝治、謝状又謝電を致し、篤く吉瑞の贈物を述べ来る。

二月十八日　天候不変

枢密院、明十九日定例参集休止の旨を通知し来る。聖上陛下葉山御駐輦中の為め也。

二月十九日　天気依然

代議士総選挙期日、明日に迫り、各政党及び立候補者、運動に益す猛烈に赴くや、論を俟たざる也。

此の夕、高松宮御新婚披露宴を赤坂離宮に挙げられ、我等夫妻御招状を辱ふするも、静養の為め拝辞して参列する能はず。家に在り旧文書類を整ふ。

二月二十日　天気継続

北白川永久王殿下、昨日を以て成年に達せられ、賢所に於て其の式を挙げらるゝも、予等所労に依り参賀する能はず、賀表を捧呈す。

頃日、天候穏和。午時、歩を我が邸内及び丘下に運ぶ。

本日総選挙、実行を見る。天気良好の故を以て、棄権者多からざるものゝ如し。其の開函多くは明日に在り。朝野両党勝敗の分かるゝ所は僅少の間に在るべし。大体上に於て、政府党が有利の地歩を占むるは先例の示す所也。刮目して其の結果を観ん。

本日新聞紙、昨日葉山に於ける参謀総長親補の事を報ず。左の如し。

補参謀総長　陸軍大将　金谷範三

後備被仰付　同　鈴木荘六

右鈴木大将、後備に入るは其の齢停年期に達するの故也。

〔新聞切抜添付・省略〕

二月二十一日　晴寒依然

午後、篤来邸、家庭の情況を寛話し、且つ売薬店開業の希図を述ぶ。其の適業なるを信ずべからず。先づ塩原又策氏と熟議を遂ぐべく、しかる後其の可否を指示すと答ふ。

山県有朋公伝記編纂所徳富猪一郎より、其の会の特別協賛員たらん事を求む。承諾の旨を答ふ。

今回総選挙に於て、昌は民政党公認候補と為り郷里に帰る。政友会は衣川退蔵を推し、之れを争ふ。元来多紀、氷上両郡は政友会の勢力圏に属し、一時全国稀有の競争地の観を呈す。之れが為め浜口首相、江木鉄相等昌を助くる為め遊説に赴き、三土前蔵相、衣川を助くる為め亦之れに赴く。而して郷里の新聞は皆衣川の籠絡する所と為り、一時頗る危険の状勢を呈す。

本日、投票開函の情報、陸続到る。其の報に依れば、昌得票は衣川を抜きて四千票以上に昇り、優に月桂冠を獲ると云ふ。喜ぶべき也。則ち電信若しくは郵書を関係者に発し、祝意を表す。

〔切抜貼付・省略〕

二月二十二日　半晴

〔欄外〕　後の確報に依り訂正

今朝の公報に依れば、兵庫県第五区総選挙の結果左の如し。

斎藤隆夫　貮万四百六十七票
田　　昌　壱万七千三百九十六票
若宮貞夫　壱万六千五百三十三票
以上当選
衣川退蔵　九千四百八十二票

則ち衣川氏七千五百票以上の差を以て落選に帰せし也。

此の日当選者中旧友の秦豊助、斎藤隆夫、若宮貞夫、多木久米次郎四氏に対し、祝賀状を贈る。

華族会館、本夕晩餐会を通知し来るも、都合に依り之れに赴かず。

在八王子町神谷規輔なる者書を致し、書生として我が家に来寓せんことを請ふも、不知の人なるを以て之れを謝絶す。

下啓介四男双二の幼児病歿の訃を聞き、往弔者重野伯母に托し、香賻を贈り弔意を表す。又弔状を贈る。

田中区長名を以て、当邸丘下西北隅畑地新道開鑿の為め、現在の立樹檜木其の他四十余株を移植するの件を通知し来る。是十余年前に承認せし所、村内交通上必要の設計也。是日、園丁長末吉を率ひ、実地に就き移植の地点を指示。

枢密院、左記議案会議を廿六日に開く旨を通知し来る。

一　高等師範学校専攻科卒業者の称号に関する件。則ち文学士の称号を許すの件也。

日土協会、来る二十七日を以て東京会館に於て総会并に晩餐会、高松宮同妃両殿下奉祝并に洋行御送別宴を開く旨を通知し来るも、予静養中に係るを以て、之れを辞退す。

朝鮮総督府尚州郡属李英実、色紙十八葉に揮毫を来請、面会を謝絶すれば。則ち色紙を置きて去る。

夕刻、田村浩之介、昌の当選を来賀、直ちに辞去。

〔欄外　新聞切抜添付・省略〕

二月二十三日　天候依然　日曜日

朝、誠一家五人及び武田精一、慎二来遊、夕食の後、夜に入りて帰去。

木村久太郎、紐君かをるを伴ひ来訪。来月十五日長女町子が加藤貞次郎二男次郎を迎へ婿養子と為し、立花家を継承する顚末を述ぶ。東京会館に於ける其の披露宴に臨むを請ふも、予静養中に依り之れを辞す。尚ほ安の臨席を請ひて去る。

森本是一郎、前日町田農相以下紹介の恵を来謝、且つ揮毫を請ひ、寛話して去る。

今朝の新聞報に依れば、総選挙の結果、民政党二百七十名を得、政友会百七十名を得、其の差一百名を算ふ。勝敗の差、予差の上を遥に出で現政府の得意、想ふべき也。

二月二十四日　快晴有風　気温昇六十七度

午前、子爵議員櫛笥隆督子、瀬山狼氏を誘ひ、同氏計画する所の美術出版会賛助を来請。近来此等の事業に関係せざる旨を答へ、之れを謝絶す。

朝鮮人李英実来嘱の為め、詩歌佳句等を色紙十八葉に揮毫す。

二月二十五日　晴

長田博光、額面十余紙に揮毫を来請、寛話して去る。

此の日、安に竹内友次郎を訪はしめ代議士当撰を祝す。此の日、本郷大将の昌当選を祝する来翰に対し、謝状を発し、併せて賀来佐賀太郎身分に関する事情を答ふ。戊辰倶楽部青木信光子、市来乙彦氏の来る廿八日晩餐招状に対し、静養中の故を以て、辞退の返書を贈る。

二月二十六日　前陰後雨　入夜而繁

午前九時、季子と同乗入京、季子途次楠田家に入る。十時参内、左記諮詢案会場に列す。正副議長、顧問官十九名、田中文相、小泉逓相参列。

一　高等師範学校専攻科卒業者の称号に関する件。

富井委員長、審査結果を報告、全会一致可決して散ず。直ちに一本松町の誠寓に入る。安、雅子、同二女児、輝子等来会。

午後、小谷哲来訪。昨日郷里より帰京すと云ひ、昌選挙競争時の状況を報告。保健亦来会。

小林霊学老医、安場小児を来診、予亦診察を受く。安と雅子等を伴ひ誠寓を出で、雅子二児一婢を其の寓附近に送り帰邸す。

平野嘉智子が夫義太郎助教授と独逸留学を終へ、米国を経て頃日帰京、不在中来訪、我等の帰りを俟ち暫話して辞去。

不在中、喜多夫人愛枝来訪、夫孝治当撰の栄及び我が配意を深謝して去る。

二月二十七日　夜来降雪　地上積二三寸　後陰寒

家に在りて、日露戦役の日記抜粋を継続す（明治四十年分に係る）。

二月二十八日　細雨淅瀝　後為雪

書を浜口首相に贈り、昌の為めに援助、特に柏原、篠山に遊説の厚意に対し謝意を述ぶ。

午後、竹内友次郎来訪。総選挙の状勢を談じ、寛話数刻して去る。此の時、又、安の往祝の好意を謝す。

天皇皇后両陛下が成子、和子両内親王を伴ひ、葉山より午後二時四十五分還幸。静養中の故を以て奉迎する能はず。

三　月

三月一日　半晴

此の日、勅令を以て本年四月二十一日を以て帝国議会を東京に召し、二十一日を以て会期と為すの旨、仰せ出だされる。

郷里の藤井節太郎、書を致し、昌当選の概況を報ず。同氏尽力の効が居多なれば、則ち返書を致し、感荷の意を述ぶ。

鮮人李英実、今朝来訪。則ち嚮に来嘱せし所の色紙揮毫十余葉を交付す。逢はずして去る。

三月二日　前陰後晴

此の日、誠、栄子が三児一婢を伴ひ、武田芳子が四児一婢を伴ひ、町田襄治、雅子が女児一婢を伴ひ、昌、梅代、小谷富貴、園田桂等来遊款楽。児童と婢女は先に辞去すると雖も、大人等は或は長歌を謡ひ、或は花髀を弄し、歓笑湧くが如く、深更に及びて散ず。

此の時、昌総選挙中の状況を報ず。

喜多孝治、総選挙激戦勝利の情況を来報。

大使館参事官芦田均、土耳格より帰朝、此の日名刺を町田襄治に托し、敬意を表し来る。

金谷ツタの施術を受く。

三月三日　細雨蕭条　入夜大雨　　日曜日

伊集院兼知子（上院子爵議員）兼ての約に依り来訪。其の実子本庄兼則子が鹿児島県人安田某嬢と結婚の際、新元鹿之助夫婦を以て仮親と為すの件転嘱の事を嘱す。該娘は新元細君の姪女たる故也。新元帰来後、転嘱すべき事を諾す。

宗秩寮に対し、昨六日は皇后宮御誕辰に当たるも、我等両人所労の為め参賀する能はざる旨の届書を作し、之れを呈出す。

丹波福住の樋口市左衛門病歿の訃に接し、相続人樋口忠太郎に書を致し、之れを弔す。

来る十日、戸山学校に於て陸軍祝捷会の招状来るも、所労に依り之れを辞退す。

三月四日　細雨淅瀝終日不歇

午前広瀬昌三が新夫松井多作、新婦松子を誘ひ礼訪に来る。予と安、季子迎接して寛談、其の言ふ所に拠れば、松井氏上海綿花会社員を以て青島支社に在勤、不日将に新婦を伴ひ青島に帰任せんとすと。寛談後、安、季子と我が自働車に同乗せしめて去る。

此の日、明治四十年乃至四十一年日誌抜粋を継続す。

又電話を以て、来る六日皇后陛下御誕辰なるも、所労を以て参賀する能はざる旨を報ず。

此の夜、書を家兄に贈り、郷里に在る所得の調査の件を嘱す。

三月五日　細雨如昨

午前、波部悦三来訪。昨年来嘱の國柱会改称の事を寛話、又請に依り、之れを松永安左衛門〔三〕に紹介す。

此の日、枢密院定例集会日、所労の為め辞して参内せず。

故松本剛吉氏一週忌、遠地の故を以て参会せず。

三月六日　細雨時降　後陰寒

此の日、皇后陛下御誕辰なるも、所労の為め参賀する能はず。

来る十一日浜離宮に於ける鴨狩の御招状を拝受す。

曾野作太郎、京都より上京来訪、昨年贈りし所の百穂画幅の好意を謝し、寛話して辞去。

昨日、柏原町安井喜兵衛、兵庫県第五区各候補者得し所の投票調を贈り来る。各町村別勢力優劣の状況、極めて明瞭也。書を発し、其の好意を謝す。

此の日来る十五日東京会館に於ける木村久太郎長女町子が、婿養子加藤貞次郎次男次郎を迎ふる結婚披露宴招待に対し、我等両人、所労に依り辞退の答書を発し、唯祝品を贈る。

又桐島像一長男友一と富永総一妹れい子との東京会館に於ける結婚披露の招状に対し、予は静養の為め辞退、安独り之れに赴くの旨を答へ、且つ品物を贈る。富永家の富永れい子は安場男の女孫也。

三月七日　陰湿有雨意　夜雨

日土協会、客月二十七日を以て総会を開き、予を評議員に再選の事を通知し来る。

林浜子来訪、其の亡父松本剛吉遺族善後処分の経過を述べ、田村市郎に対し、同郷人藤本照玄紹介の事を請ふ。

家政整理の援助を得んが為め也。則ち一書を与へ、寛話して去る。

来る十一日浜御苑に於て鴨猟仰せ付けらるの御招状を拝受するも、静養中に属するを以て御辞退の届書を呈出す。

錦鶏間祗候貴族院議員大谷靖翁病歿の訃に接す。齢八十七歳、書を其の男信夫、正男二氏に贈り、之れを弔す。

三月八日　夜来陰霖　頃日天候如梅天

台湾総督府内の財団明石の長たる人見次郎、前明石総督十年祭記念肖像入文鎮一個を贈り来る。書を発して之れを謝す。

東京ぬかご社安藤俊雄、俳諧雑〔誌〕「ぬかご」一部を贈り来り、且つ其の題字を請ふ。承諾の意を答ふ。

吉田正秀（明治二十三年前電務局長）病歿の訃に接し、書を男守一に贈り、之れを弔す。

三月九日　陰湿

午前、常吉徳寿来訪、台湾新竹鄭肇基が母の古稀寿祝福揮毫及び秩父人某喜寿揮毫を伝嘱、則ち額幅数葉を分贈し、尚ほ紙本数葉の揮毫を托し、共に午餐して去る。

鮮人李英子揮毫を来請、則ち幅額を謝絶し、色紙短冊各十葉を托し、逢はずして去る。

越後与板町渋木太吉、紙本二葉の揮毫を郵嘱し来る。

金谷ツタが弟貞男を誘ひ来り、紙本に揮毫を乞ひ、尚ほ別に紙本二葉の揮毫、青崖画きし所の山水幅題賛を乞ふ。

今日午前四時三十九分地震、午後七時五十六分再震。

頃日伊豆伊東及び相州小田原地方に地震頻発。幸ひ損害を生ぜずと雖も、蓋し影響か。

横浜高等工業学校長鈴木達治より、来る十五日生徒卒業授与式の招状を受く。返書を致して之れを謝絶す。

三月十日　陰寒　細雨時来

此の日、安は木村久太郎を伊皿子邸に往訪。其の長女の結婚を祝す。

下婢鈴木よね（溝口村人）、暇を乞ひて辞去。

此の日、所得申告書を調査す。

此の日、陸軍偕行社長鈴木荘六、大元帥臨御を仰ぎ、明治三十七八年戦役第二十五回記念祝賀会を開き、我を招くも、所労に依り辞して赴かず。頗る盛会也と云ふ。

三月十一日　快晴

午後一時、安藤俊雄、約に依り来訪。俳句雑誌「ぬかご」題字を請ひ、色紙一葉を留めて去る。

此の日、医学博士太田正隆を迎へ診察を受け、腸痛及び排尿頻促の既往症を詳告す。氏云く、之れを年齢に比較するに極めて健全也、憂ふるに足らずと。処法箋を書きて去る。

此の日、浜御苑鴨猟の召状を拝受するも、辞して参列せず。

三月十二日　晴寒

枢密院定例参集日、静養の為め辞して参内せず。

頃日、東京にて感冒大流行。新紙、患者六十万人を算ふと報ず。町田襄治長女清子、亦之れに罹りて病院へ入り、家中無人の故を以て、今朝一婢をして次女龍子を護り我が家に来寓せしむ。

此の日、鮮人李英子の嘱の為め、詩歌格言等を色紙十五葉、短冊十葉に揮毫す。

椎床主を招致し、理髪を行ふ。

三月十三日　陰雨滂沱　入夜益繁

此の日、清浄院（勲児）七年忌に当たれば、笠原立定師を迎へ法養を営む。師、一雛僧を随へ回向に来る。妙定院松濤孝源師、亦来り勤経。篤、誠及び栄子は英夫を伴ひ来り参列、式了り順次帰去。

此の日、郷里所得納税地届を調製し、之れを家兄に送付す。柏原税務署届出の事を托し、亦之れを品川税務署に呈出す。且つ篤、誠の所得額を調査し、之れを両人に授け、各届出を為さしむ。

三月十四日　陰寒　細雨時来

大正年間日記校閲、抜粋を継続す。

三月十五日　陰寒

此頃、多摩川沿岸、上は砧村より、下は羽田に至るまで両岸の約十里の間、各種桜樹を栽植、他日名区たらんと欲するの計画成る。此の日、東郷元帥を多摩川園に迎へ植始式を挙ぐ。予を招くも、静養中の故を以て参列せず。

安藤俊雄及び塩沢渓夫の為め、詩歌を色紙短冊十八葉に揮毫、塩沢嘱分に対し、之れを郵送す。

南洋協会会員中、東郷実、竹内友次郎、中橋徳五郎、中村啓次郎、長尾半平、久原房之助、喜多孝治、樋口典常、鈴木梅四郎九名の代議士当撰を祝ふ為め、来る十八日夕を期し東京会館に開宴、予の参会を促し来る。是皆旧友也。然れども医戒にて夜行禁ずるを以て、之れを謝絶す。

町田純子児今朝来り、涕泣止まず、其の体温を検ぶるに、三十八度二分を示す。時に安、季子皆入京不在なれば、則ち電話協議の結果、自働車を傭ひ之れを町田寓に送り返さしむ。

三月十六日　晴暄　日曜日

誠、栄子が三児を携へ来遊。武田精一亦来遊。

安、晋京。午後五時、東京会館へ赴き、桐島友一と富永れい子結婚披露宴に列し、夜に入りて帰る。

徳永庸、請負人酒井憲吉を伴ひ青山南町誠邸宅建築受負の件を来談、誠と同席之れを聴き、略ぼ請負を命ずるに決す。其の工費一万八千余円也。

金谷ツタ、郷里前橋に於ける祖母の葬儀へ赴き、式了りて帰来。

此の日、近村の按摩師を傭ひ、其の施術を受く。

三月十七日　天候如昨

郷里一宮神社外数人の嘱の為め、額幅紙二十点に揮毫す。

安達内相及び東京市長より、来る廿六日に天皇陛下行幸を仰ぎ、東京復興完成祝賀式典を行ふの招状到来するも、静養に属するの故を以て其の参列を謝絶す。

我が邸園丁七八人、概ね頽齢にして用を為さず。而して昨年目黒電鉄用地割譲の為め、園積頗る縮少に致れば、此の日、丁長末吉に対し、彼の外一人の外、本月限り解傭の件を指示す。

三月十八日　天候依然

昨日、枢密院、来る十九日本会議を開き左の諮詢案審議の事を通知し来る。
一　日本国埃及国間、通商暫定取極公文交換に関する件。
一　第十回国際労働会議条約案に対する処理案の件。
一　第十一回国際労働総会条約案に対する処理案の件。
一　文官任用令中改正案。
一　奏任文官特別任用令中改正の件。

閑時、昨日書せし所の幅額等二十点に捺印整理す。

篤方の喜多子以下諸児来遊、夕刻帰去。

安場美代子、美智子を伴ひ来遊留宿。

キング編輯局員渡辺茂雄来り、曾て予の論談せし所の自省法の筆記を提出し校閲を乞ふ。一二校正を加へて之れを返す。

午後、太田正隆博士来り、予を再診して、腸胃疾患憂ふるに足らずと云ひ、更に処方箋を書きて去る。

三月十九日　晴冷
午前十時枢密院本会議、予、所労の為め、辞して参列せず。

来る廿一日春季皇霊祭。所労の為め参列する能はざるを以て、是日不参届を作し、式部職に提出す。

愛知県元熱田警察署長松本米蔵、頃日休職を命ぜられ、書を致し、復職の配慮を請ふも、其の成算無きを以て謝絶の意を答ふ。

家兄の転嘱に応じ、郷郡大路村一宮神社鳥居額面一葉に揮毫、之れを家兄に郵送す。

前婢鈴木よね来候、則ち其の嘱せし書幅額各二葉を交付す。

三月二十日　細雨蕭条　終日不歇
此の日終日、積日輻輳の新聞雑誌類を整理し、之れを一掃す。
美智子、美代子、保雅等、尚滞遊。
安場末喜男、宿痾の為め久しく就蓐し、頃者病漸く重く、此の夜電話にて報じて云く、午後九時半、遂に遠逝すと。男の資性、恬淡開闊、久しく男爵議員中枢要の一人たりし。性酒を嗜み、遂に酒の為め病に致り薨る。享年七十三、痛悼に堪へざる也。

三月二十一日　晴冷　　春季皇霊祭
春季皇霊祭。静養の為め辞して参拝せず。

電気協会、電気週間開始を祝福の為め、来る廿五日電気倶楽部に開宴、我を招くも、静養の故を以て之れを辞す。

復興局長官中川望、来る廿四日を以て天皇陛下臨幸を仰ぎ、府立工芸学校に於て参列の招状来るも、所労を以て之れを辞す。

安に予に代り安場邸へ赴かしめ、弔問且つ香賻（金五十円）を贈る。夕刻帰り報じて云く、来る廿三日午後一時を以て青山斎場に於て葬儀を行ふと。

此の日、山田貞助の嘱に応じ、翠雲描けし所の布袋及び大黒幅題賛を揮毫。又後藤武夫の為め小品を書し、之れを郵送。

三月二十二日　陰晴相交　寒
此の日、日本郵船会社、横浜港に於て新造桑港航路使用の巨船秩父丸（壱万七千屯）観覧の招状来るも、辞して之れに赴かず。

本村里道改善予定計画に依り、本日我が邸前門北の里道を一間半幅を改め三間と為すの工事の開始するを見る。予、安を伴ひ之れを観る。我が邸北部交通の便大に加はり喜ぶべき也。

午後五時五十分激震、十一時廿五分再震。

此の日、大正六年中日記校正に従事す。

家兄より、昨年度郷里地方計算書移報し来る。

此の夜、国民新聞社員三浦悦郎、大正十二年大震災に対する応急措置、及び復興計画の顚末を来問。当時の日記に拠り其の概要を説示す。

三月二十三日　快晴暄　日曜日
台湾新竹街鄭肇基より、其の嫡鴻源楊氏と秀霞の結婚に対する招状来る。賀状を作し之れを送る。

横山家教、書を致し、就職斡旋を乞ふも、答書を発し之れを謝絶す。

日本汎太平洋協会に対し、退会通知書を発す。何等実効を挙げざるが為め也。

安場家、午後一時青山斎場に於て、故末喜男葬儀を行ひ、予は安、季子を伴ひ会葬す。篤、誠、武田、町田等親戚皆来会。午後一時式了り、予静養中の故に依り、独り先に帰邸す。

安、季子、夕刻帰邸。安場男遺骨を本郷吉祥寺に葬ると云ふ。

三月二十四日　天候如昨
此の日、東京府及び市、帝都復興祝賀会を挙げ、各大街満街飾を施す。天皇陛下親臨を仰ぎしため、聖駕各主要大街を巡幸、市内官民の奉賀を受けられ、到る処盛況を極むと云ふ。予、招（内務大臣及び東京府知事并に市長より）を受くるも、静養中の故を以て辞して参列せず。安、季子等は誠一家等と共に、祝賀会場等を巡覧、夕刻帰家。

日露戦役及び其の善後処分に関し、明治三十六年下半年より、四十二年上半期に到る我が日記抜粋、完了を告ぐ。紙数約弐百九十余葉を算ふ。浩瀚の一大巻也。而して戦役中、満韓記行及び戦後台湾記行の三冊、右紙数の外に属する也。

三月二十五日　半晴

枢密院、明二十六日賜暇の旨を通知し来る。帝都復興祭挙行の為め也。

常吉徳寿来訪、其の伝嘱に応じ、新竹街鄭肇基母の為め、古稀寿祝辞を色紙数葉に書し、尚ほ寛話して去る。

家兄の嘱の為め、鐘阪遊園新築公休所の為め、作楽亭大額を揮毫、近時大字を書せざるや久し。労力多くして成功少なし。

午後、飯谷留治来訪、多客の故を以て面会を謝絶すれば、則ち去る。

此の日、誠、栄子が三児を伴ひ、芳子が幼児を伴ひ、喜多子が佐喜子を伴ひ、皆婢を随へ来遊。芳子以下夕刻帰去、誠一家留宿遊戯。

三月二十六日　快晴穏和　　帝都復興祝日

此の日、東京府市、共に復興祝賀式を皇城前に挙ぐ。天皇親臨、優詔を賜ふ。官民休暇し到る所祝典を挙げ、市中殷賑を極むと云ふ。予、辞して参列せず。

此の日、春暄に乗じ、家族一同、庭園周囲、及び丘下の我が畑地内の新里道開通地内を巡覧。檜、杉樹は移植するも、独り一大槻樹は之れを村内上野毛区に寄贈、永く保存すべきを約す。

此の夜、家族相集り遊戯、深更に及びて休む。

三月二十七日　天候如昨

郷里鐘坂遊園地休息所竣成。将に四月十六日桜花満開の好時節をトし、兵庫県知事を迎へ、開宴并に開亭式を行はんとす。亭名作楽（サクラ）亭、家兄其の他郷友より、其の大額揮毫を嘱し来たれば、昨日執筆、大小二葉を書し、本日家兄に郵送す。同時に其の招待を辞す。鐘坂の桜樹、明治十七年隧道開通式の時に当たり、家兄郡長の職を以て植栽せし所也。爾来四十余年を経、長かつ大、郡の名区と為り、丹波芳野の称有りと云ふ。前年保勝会を設け、家兄其の長に当る。家兄、予、昌及び土田文次、小谷保太郎氏等、各金五百円を寄贈。今其の開園式を挙ぐる也。家兄の偉業、永く後代に伝ふ、欣悦すべき也。芦田哲造来訪、就職の途を希むこと頗る急。然るに近時、一般に失業者就業難に苦しむこと頗る甚だしく、好方便を発見せず、寛話して去る。

三月二十八日　夜来微雨　後半晴

小林賢治外数人の為め、小品数葉に揮毫す。午後、郷郡吉見村坂東正雄、西山哲治の紹介に因り、中等教員就職を求むるも、其の方便無きを以て之れを謝絶す。遂に其の請に因り、之れを昌に紹ぎ、暫話して去る。安、季子入京、誠及び群児等皆相伴ひて帰京。本日吉辰なるを以て誠邸新築起工式を挙ぐ。

三月二十九日　朝細雨　後晴

宮内省より、叙位の為め来る四月一日参内の招状到来。

三月三十日　半晴　日曜日

誠、栄子が三児を伴ひ来遊。広瀬昌三亦来訪。広瀬氏に対し、予過日来抜粋の日露戦争記事約三百頁浄写の件を嘱す。夜九時頃、誠、栄子及び広瀬氏辞去、諸児尚ほ留宿。

三月三十一日　陰湿　後細雨　入夜益繁

頃日西園寺公爵、興津に於て臥病荏苒の新を聞き、書を其の家職に贈り、慰問の意を述ぶ。篤の求めに依り、特に三月四月分補助資を給与す。且つ健一の請に応じ、望遠鏡壱個を貸与す。定傭園丁末吉外二人の外の数人に対し、各数十円の慰労金を与へ、解傭の手続きを行ふ。長田博光が尾田徳次を誘ひ、昨年揮毫の恩を来謝。逢はずして去る。頃者、平壌の園田寛が台湾巡察の途に就き、鵞鑾鼻及び日月潭より之れを報ず。此の日返書を発し之れを賀す。蓋し既に帰任也。頃日、大正三年以来の日記に就き、日独戦争記事の抜粋を開始す。

四月

四月一日　陰湿
午前、予所労に依り誠を予に代り参内せしめ、左記昇叙の恩命を拝受す。
　叙従二位　　正三位勲一等男爵　田　健治郎
我が園内、桜花将に七分、絢爛言状すべからず。午時、一巡して之れを賞でる。
大成火災保険会社は、予台湾に在職の時、農商務省の異議を排し許可せし所也。此の日十周年記念宴を台北本店に開き、社長益子逞輔の名を以て謝電を贈り来る。

四月二日　陰雲荒涼　入夜益荒
枢密院例会日也。所労に依り、辞して参内せず。

又同院に嘱し、明三日の神武天皇祭賢所参拝に参列する能はざるの届出を為す。

此の日、解傭せし園丁福太郎、恒五郎、鉄次郎、小松屋某が告別に来る。則ち各一個月分給料の慰労金を与ふ。彼等感謝して去る。

西園寺公より感謝の返電到来。

四月三日　前陰　後好晴　　神武天皇祭
神武天皇祭、所労に因り辞して参拝せず。
此の日、我が園の桜花満開、好景涯まり無し。午前家人と園上下を散歩、春光を弄す。
午後、来会者。我が家三人、重野老母の外、誠、栄子三児、保健、輝子三児、武田芳子二児、町田襄治、雅子二児及び楠田老夫人二嬢、岡本茶師匠の外、従婢等約二十六人来遊。遊遨夜に入りて、種々遊戯を為し、午後九時頃に及び漸次辞去、誠一家留宿、真に家族的好休日也。

四月四日　晴暄
此の日、南洋協会、理事会を開き、南洋各支部予算査定の件を議す。予静養中を以て参会せず。

阿部滂、上京来訪、暫話して辞去。

青山士が夫人睦子を伴ひ上京来訪。偶ま安等上京不在なれば、予と新潟県下治水事業近況を寛話して去る。

玉川青年団、明五日を以て尚歯会を同小学校に開き予を招くも、静養中に因り謝絶の旨を申し送る。

若宮貞夫、将に明五日を以て故正音翁七週忌法会を営まんとし、志品を贈り且つ予を招く。唯供物を贈りて参列を辞す。

鐘阪保勝会、将に来る八日花時に於て開園式を挙げ作楽亭を開かんとし、我を招くも、遠地の故を以て参列を謝絶。

馨香会、将に明五日を以て故都筑馨六氏記念会を開かんとし、我を招くも、又其の参列を謝絶す。

岩倉鉄道学校、将に明五日を以て卒業式を挙げんとするも、亦其の参列を辞す。

四月五日　天候如昨

一昨日、興津町西園寺公邸内中川小十郎に対し、書を贈り、慰問し且つ近状を問ふ。此の日、答電到る。左の如し。

御手紙を謝す。数日来、軽快に向かひ、御安心を乞ふ。

好消息、快欣に堪へず、切に神明の擁護を祈る、千禱万祈。

在台北市白川球〔玖〕城、書を致し、医学博士学位受領の旨を報じ来る。書を贈りて之れを賀す。

宗秩寮より、高松宮同妃両殿下、来る廿一日発途御洋行に対し、祝鯛献上の事を来報。

最上政三、過般総選挙に於て群馬県代議士に当選、本日礼訪に来り、政界近況を寛話して去る。

井上雅二来り、昨日南洋協会理事会の結果を報告。南洋各支部五年度収支予算等に関する其の決議の決裁を請ひ、且つ南米移民事業の近況等を談じて去る。

此の夜、金谷ツタ女の摩擦治術を受く。

四月六日　天候依然　日曜日

此の日、我が園に於て家族の観花会を開く。来会者、篤児女、男三人女児二人、誠、栄子及び小児三人、雅子女児一人、武田精一、本尾老夫人、重野老母等十余人也。時に桜花微風の下、飛散雪の如し。園下の桃花も殆ど満開、三春風光の勝、名状すべからず。共に行厨を傾く。夕景に及び室に入りて諸種戯を試み、午後八時頃漸次辞去。

此の日、予、駒沢西洋按摩師を招き施術を受く。

襄二、本期受けし所の華族会館賞品牌を呈示、諸科、皆甲種六十八人中の第二人に中る也と云ふ。喜ぶべき也。

原国蔵、我が邸裏門脇長屋に僑居すること既に十余年、今回広瀬昌三の希望に依り、現細川運転手の寓に僑居を許し、而して細川生を現原生寓に移寓せんと欲す。本日、原生永年の恩遇を来謝（屋賃無き寓居也）、明日を以て駒沢町に移寓を告げ、叙別して別る。

四月七日　晴暖

予、二月以来、肩腰其の他凝固に悩むや既に久し。昨日金谷女に患部に摩擦術を行はしめ、稍や軽快を感ず。此の日、安は田辺米子、林多摩子、増島夫人及び其の女児等を新坐敷に招き、観花会を開く。我が園の桜花半ば散ると雖も、園下の桃林は今正に満開、好景言状すべからず。午後、予往きて之れを訪ひ、接待を安に任せて帰る。

林多摩子、特に我が室に来り、久原家援助の途絶を訴ふ。原国蔵妻、永年庇護の恩を来謝、告別して去る。

四月八日　陰湿欲雨

広瀬昌三来訪、寛座して去る。而して其の請に依り、本月末より我が邸裏門脇の元細川寓に僑居を諾す。

太田博士来診、検案の結果（血圧百六十粍也）、薬療の必要無しと断言。

安、故後藤新平伯夫人七週年忌に赴く。

氷上郷友会関西支部、来る十七日を以て其の総会を文楽座に開き、予の出席を請ひ来るも、遠隔の故を以て之れを謝絶す。

大倉喜七郎男、本日を以て東京会館に於て、金子堅太郎子に対し、故伊藤春畝公詩幅贈呈式を挙げ、我を招くも、又辞して赴かず。

此の日、鐘坂保勝会長の家兄に対し、開園式の祝電を贈る。

目黒町児玉四郎なる者、其の著「明治天皇の御杖」一部を贈り来る。其の記事、予の談中誤謬有るを以て、其の訂正を申し送る。

枢密院、左記御諮詢案二件を送付し来り、共に予を審査委員に指名す。

一　商工省官制中改正の件。

一　日本国支那国間、関税協定締結の件。

近時同僚中、老病者頗る多く、しかのみならず欠員四名有り。之れが為め委員指名の範囲、頗る狭少。我等数名殆ど常任の観を顕す也。

安藤俊雄来訪、則ち嚮に嘱せし所の「俳誌ぬかご」題字一葉を交付す。逢はずして去る。

四月九日　晴暖

枢密院、参集定日也。静養の為め、辞して参内せず。大木戸仁輔夫人、土田昇嬢に存問に来らしむ。適ま安は上京不在、予出でて之れに接す。去るに臨み、予、金谷女を伴ひ、運動の為め、初めて上野毛駅より目蒲電車に搭り二子駅に到る。大木戸一行、玉川電車に搭り帰京。予、二子橋上を散策し、再び電車に搭りて帰る。途中我が園下の桃林正に満開、紅雲地に溢れ、好景無限。

香西与一郎存問に来り、寛話して去る。

新元鹿之助、鹿児島県下鉄道計画の為め、久しく該県下に在るも、頃日微恙帰宅。本日人をして同地菓物を来贈せしむ。

喜多子来遊、家内不在の為め、暫話して去る。

四月十日　陰湿　小雨一過　入夜益繁

枢密院、来る十二日午後審査会開催の事を通知し来る。

午後、小林霊学老医を招致し、診察を受く。懸念の症候無しと云ふ。季子、亦診察を受け、共に調剤を約して去る。

吉田妙存問に来る。今夜重野老母来遊、骨牌を弄す。

四月十一日　晴暖

故山県有朋公伝記編纂会、同公書画絵葉書及び其の目録を贈り来る。返書を発して之れを謝す。

今夜も昨夜の牌戯を継続す。

此の日、安が新元氏を訪ふも、偶ま不在にて帰る。

四月十二日　細雨断続

此の日午後、枢密院、左件の審査会を開くも、予、所労に依り参列する能はず。

一　日本国支那国間、関税協定締結に関する件。

殉国会長増井潤一郎来訪、暫話。絹本二幅に揮毫を請ひて去る。

高松宮同妃両殿下、来る廿一日午後を以て、欧米旅程に向け御発途の事を枢密院通知し来る。

此の日、本村上野毛区、耕地整理起工式を挙ぐるも、参列を辞す。

夕刻、新元鹿之助来訪。鹿児島県下鉄道計画行悩の事情を詳語。且つ其の社員社金数万円を私消、自己引受名義株式約六千株、仮冒の株主名義株式約八千株代弁払込に及び、損害巨額に上るの事実を述べ、并に其の苦悩の為め、近時不眠症の難関に陥り、殆ど絶望の境地に瀕するもの〻如し。予百方より慰籍し、初時の推挙者樺山資英、市来乙彦二氏と充分善後の方途を講ずべきを忠告、午後十時に及び、車を傭ひ之れを其の駒沢邸に送らしむ。之れを要するに新元氏、鉄道建築に関し老練の技術家なるも、会計経理の事務の如きは全然門外漢たり。然るに該社の社長と為るや併せて経理上一切の事務を担当、遂に此失体を招くに到る。然れども今や策の施すべき無く、則ち市来氏其の他関係者と熟議を遂ぐるべきを勧告して別る。又伊集院子に、過般来嘱の安田嬢結婚仮親の件を転嘱す。

四月十三日　晴暄　日曜日

此の日、篤、美枝が三男児二幼女児及び一婢を伴ひ、誠、栄子が三児を伴ひ、重野厚次及び二弟妹、武田精一、広瀬昌三、芦田哲造等相次で来訪。

篤、合同デパート中止損害分担金負担止むを得ざるの事情を述べ、出金を請ふ。事情を悉さゞる点有るを以て、尚ほ調査を行ふべき旨を指命す。

右来遊者、夕刻前、漸次辞去す。広瀬氏独り留り、夜に入り遊戯、遂に留宿す。

此の夕、後藤一蔵伯、亡父新平伯（天真院）の為め、一周忌法筵を帝国ホテルに開き、予を招くも、静養中の故を以て唯供物を贈り、辞して参列せず。

四月十四日　陰湿欲雨

今朝広瀬氏辞去。

篤来邸、更に前年斎藤実（斎藤芳子の長男）写真店開業時に当り、家主に対し保証を為し、然るに近時失敗し閉店、屋賃停滞、其が為め弁済金五百円の仕払止むを得ざるの事情を述ぶれば、則ち其の金額を交付す。斯のごとき失敗陸続発生、慨くべき也。深く其の反省を訓諭して別る。

此の日、篤をして伊藤文吉男夫人の葬を青山斎場に送らしむ。男は故博文公末子、而して夫人は故桂太郎公末女也。

篤、又昨日来談せし所の合同デパート善後分担金四千百拾円分担免るべからざるの情由を語れば、則ち東電株式百五拾四株を交付し、之れを売却し償却に充当せしむ。

四月十五日　夜来陰霖　終日不歇

午前、篤、昨日托せし所の東電株式売払、其の代金住友銀行当座口振込の事を来報。則ち合同デパート善後分担金四千九十円の銀行小切手を交付す。

四月十六日　晴　有風

午後、河野公明、敬神会創立賛助を来請。諾して記名を与へ、逢はずして去る。

陸軍中将上村良助（但馬粟鹿人）来訪。其の息某大学卒業文官高等試験及第の事を語り、就職の斡旋を請ふも、目下就職難の実況を告げ、之れを謝絶す。

此の日、枢密院、商工省官制中改正案の委員会を開くも、予、所労に因り、辞して参列せず。

講談社員中里辰男、鈴木金吾来り、昨年宮中が挙行せし所の天覧剣道柔術試合録編纂の事を述べ、予の所感を叩く。当時所労の為め、陪覧を拝辞せし故、之れを謝絶す。

彼等尚日本精神発動に関し、予の感想を叩く。依て日露戦役満州記行の緒言を示し、之れを説明す。彼等其の筆記を呈出し、校正を乞ふを約して去る。

四月十七日　晴寒　夜烈風

枢密院、去る十二日日本支那間の税に関する協定締結の件に関する審査委員会を続行、所労に因り辞して参列せず。

宮内省、来る廿六日観桜会御招状を贈り来る。

大正八年十二月、予、台湾総督在任中、決定開始せし所の嘉南大圳工事、十年の功を積み、頃者竣成を告ぐ。工費数千万円を要すと雖も、灌漑工域十五万町歩に亘り、能く米産数百万石を増殖、其の効益頗る偉大也。管理者枝徳二、書を致して来る二十五日竣功式挙行の旨を報じ、参列を請ひ来るも、遠路の故を以て之れを辞し、且つ祝辞を送る。

金谷ツタ、伯母の喪に丁り送葬の為め、前橋市実家に帰る。

中島徳四郎、今朝来訪。静養中にて面会を謝絶すれば、則ち去る。

昨日、安場保健が襲爵仰付けられるも、服喪中の故を以て、誠代りて参内、爵記を拝受すと云ふ。

四月十八日　晴穏

此の日、故田中義一男伝編纂会の嘱に因り、大正初年以来の日記に就き、其の関係記事を抜粋す。

又春晴に乗じ、季子を伴ひ、園丘上下を散策、藤及び躑躅未だ開花せずと雖も、春光明媚、好景無限。

氷上郷友会関西支部、総会決議に因り横尾孝之亮の名を以て、予に対し昇位の祝電を贈り来る。返電して之れを謝す。

宮川波衛、井上清蔵なる者、我が邸地一覧を来請、之れを諾し逢はずして去る。

我が邸裏門側の元原生寓居の修繕完成、細川運転手に之れに移寓せしむ。広瀬昌三一家、其の跡に移寓の為め也。

四月十九日　天候如昨

朝、宮川波衛が増形監物（下野中央銀行重役）を誘ひ我が邸を来観、安、之れに出接。

全権大使安達峰一郎、過般帰朝。白耳義製玻瓈菓子器を贈り来る。此の日返礼の為め、鶏卵一篭を贈る。氏、往年予が洋行の際、伊国大使館に在り、予の為め案内の労を執る人也。

午後、岩倉道倶男の紹介に因り、露領水産組合員田中丸祐厚、須田孝太郎及び植木憲吉（故致一息、日本工船漁業会社専務重役、此の会社田村市郎の営む所也）来り、該組合長樺山資英が外務農林両大臣に呈出せし所の請願書写しを提出。東部露領に於て我が漁業に対し、同国政府圧迫競争の惨状を詳述、救済の途を講ぜんことを請ふ。予の境遇、此等問題に干与するを得ざるを答へ、唯二省諒解の手段を尽くすべきを垂諭、且つ其の方法順序を答へて別る。

四月二十日　陰冷　夜小雨　　日曜日

陸軍大将福田雅太郎、一昨日枢密顧問官に任ぜられ、書を致し礼意を表す。返書して之れを賀す。

中島徳四郎、更に書を致し、湘南鉄道重役望月軍四郎に紹介就職の事を請ふも、この人を知らざるを以て之れを謝絶す。

画家池田寒山来訪、静養中にて面会を謝絶し去る。

美術新潮社専務高橋虎、植木某来訪、揮毫を請ふ。則ち既に書きし額面壱葉を贈り、暫話して去る。

誠、栄子三児、安場保健、輝子三児、武田芳子、精一二女児、町田雅子清児、及び小谷哲、富貴来遊。

西村歌子来訪、新元氏に代り、過般伊集院兼知子が本庄兼〔則〕知子の安田嬢に対する求婚の件につき、応諾の意を有する旨を談ずれば、則ち八津雄其の他血族と協議を尽せしむ。

四月二十一日　晴暄

午前、福田顧問官礼訪に来り、暫話して去る。

在台湾大成火災保険会社常務重役益子逞輔来候。開業以来満十年の好成蹟を述べ、近日祝宴を開き予を迎ふるの希望を語り、臨席を請ふ。予、静養中謝絶の旨を答へ、暫話して去る。

高松宮宣仁親王、同妃両殿下、英国皇室に対する答訪、及び西班牙皇帝に対する贈勲の大命を帯び、午後一時十分発の列車に搭り、渡欧米の途に登るを見る。予、静養の為め奉送する能はず。

午後、散策の為め安等を伴ひ、北隣の目黒電鉄に譲りし旧耕地山林開拓土功を観る。蓋し住宅地に充てんが為め也。

金谷氏の摩擦術を受く。

椎床主を招き、理髪を行ふ。

四月二十二日　天候如昨

家兄、昨日恒例に依り、朝顔種二十種を見る。園丁末吉に命じ、播種の事を行はしむ。

広瀬昌三、嚮に嘱せし所の明治三十七年以来の日露戦争に関する記事を写し、三百余葉を齎し来る。則ち同年頃の満州記行、朝鮮記行及び四十一年台湾記行の浄写を嘱す。

枢密院電話、明日の例会休止の事を通知し来たれば、則ち明日帝国議会開院式不参の届出を嘱す。

大礼使残務取扱関屋宮内次官、「大礼写真帖」一冊を贈り来る。極彩色の美冊也。

四月二十三日　天候依然

天皇親臨、帝国議会開院式を挙げらるゝも、予所労の為め辞して参列せず。

午後二時、枢密院、商工省官制中改正の件に関する審査委員会を再開するも、予亦所労の為め参会を辞す。

帝国弁護士会、来る廿七日晩餐会を開き予を招くも、亦之れを辞退す。

朝鮮総督秘書官兼事務官山県三郎（故伊三郎公第三子）上京、人をして苹菓一大函を贈り来らしむ。

長田博光来訪、逢はずして去る。

斯文会、来る廿七日仮聖堂に於て孔子祭を行ふの、また伊藤博文公伝記編纂会、来る廿八日華族会館に於て披露会を行ふの招状到る。皆之れを謝絶す。

来る廿六日の観桜会不参届を作し、明日式部職に提出せしむ。

来る廿九日天長節賜宴の召状を拝受す。

此の日、安場家、吉祥寺に於て故末喜男、則ち

　永徳院殿喜法明道大居士

五七日法要を挙行、予、静養の為め、安をして代参せしむ。

四月二十四日　陰湿　夜小雨

台湾嘉南大圳竣工式、明日に在り。管理者枝徳二の電請に応じ、本日更に祝電を発送すること左の如し。

　嘉南大圳大工事、十年の功を積み、竣功を観る、国家の為め、民生の為め、欣喜する所也。遥に祝意を表す。

此の日、誠、請負人を来らしめ、我が邸貯蔵の用材若干本を青山南町新邸地に運送せしむ。荷馬車三台に搭載して返る。

家兄より、在大阪野々村政也氏臥蓐、其の病胃癌の旨を内報し来る。書を贈りて之れを慰問す。

夜に入り、野々村家より病歿の訃電到来。氏、鳥取県米子の人、明治十年時代、長く我が郷の崇広学校に来る。資性篤実且つ才幹有り、家兄は兄弟の義を結ぶ。後上京、日本銀行へ入り数年にして鴻池家に迎へられ、其の理事長と為り到る処信用を博す。蓋し君子人也。齢予と相均しきに今溘焉を聴く。哀悼殊に深し。直ちに弔電を発す。

四月二十五日　晴陰相半　烈風

昨夕来、金谷氏の摩擦治術を受く。

小谷哲存問に来り、寛話して別る。

故野々村政也相続人息鎮雄に対し、弔辞并に香賻を贈る。

品川税務署の来状に対し、篤、誠の所得税納入地は其の寄留地に属するの件を答ふ。

頃日、余閑を以て日露戦時満州記行の校閲を行ふ。

四月二十六日　細雨蕭条

枢密院、来る三十日左記御諮詢案の会議開催の事を通知し来る。

一　日本国支那国間、関税協定締結に関する件。

一　商工省官制中改正の件。

一　朝鮮総督府官制中改正の件。

午後、昌来訪、家兄が予に贈りし所の鐘坂開園記念菓子器を齎し、臨時議会開設其の他政局近状を寛話して去る。

四月二十七日　晴暄　日曜日

此の日、湯島仮聖堂に於て孔子祭を行ふ。予静養の為め、参列せず。

我が邸、杜鵑花盛んに開き、藤花亦半開なれば、則ち小観花会を催し、近親を招く。来会者

篤、誠一家、昌家族、小谷一家、園田家族、其の他二十余人。篤家族は梅代病気入院に依り、来会する能はず。

則ち園庭に於て小宴を開く。春光明媚、皆款を尽くして散ず。

此の夜、台湾嘉南大圳枝徳二より謝電到来。

四月二十八日　天候如昨

此の日、日露戦役記事校閲に従事。

小谷哲存問に来り、寛話して去る。

宮内省関屋次官、明廿九日主馬寮馬場に於て、大相撲陪覧特許の事を通知し来るも、静養中に因り拝辞して参列せず。

四月二十九日　終日細雨淅瀝　天長節

此の日、天長聖辰に当る。予参賀する能はず拝辞す。偶ま雨天、殊に大相撲の御催を大に妨ぐるべし。

近衛文麿公外四名、来月十七日夜を以て鶴見祐輔氏渡米送別会を催すべく、予に発起人たらんことを求む。承諾の旨を答へ、又静養の為め参列を辞す。

昨来、金谷ツタ女来り施術。

四月三十日　天候如昨

此の日、誠新邸建築請負人酒井憲吉、人をして既納材料工費の内渡を来請せしむ。則ち金六千余円を交付す。

枢密院、左記御諮詢案本会議を開くも、予静養の為め、参列する能はず。聖上親臨、之れを可決すと云ふ。

一　日本国支那国間、関税協定締結に関する件。

一　商工省官制中改正（貿易局新設）の件。

一　朝鮮総督府官制中改正（編修官一人増員）の件。

此の日、野々村鎮雄、亡父政也氏の葬儀を鶴見総持寺に行ふ。誠及び小谷哲をして予に代り之れを送らしめ、且つ氷上郷友会長名の吊辞を贈ること、左の如し。

氷上郷友会、会員野々村政也君の長逝を悼み、謹みて吊辞を呈す。

氷上郷友会長　男爵　田　健治郎

昨日来大正三年以来の日記を点検、日独及び世界戦争抜粋の準備を行ふ。

五月

五月一日　陰湿

午前十時地震、午後一時二十分再微震。

大成火災海上保険会社長益子逞輔、来る五日開業十周年記念宴を東京会館に開き予を招くも、静養中の為め之れを謝絶す。

横須賀鎮守府司令長官大角岑生より来る十二日巡洋艦高雄進水式の招状到来するも、静養中に因り欠席の旨を答ふ。

五月二日　細雨続降如秋霖

昨来我が日記に就き、大正三年以来日独戦争記事の抜粋を行ふ。是亦数年に渉るを以て一大事業也。

五月三日　晴暄

午前、賀来佐賀太郎存問に来り、安が予に代り之れに接し暫話して去る。

頃日、我が客室前の紫藤花満開、丘腹の杜鵑花と相映じ、好景名状すべからず。唯、予は静養中に在り、充分賞観する能はざるを恨む。独り南庭の白藤花が半開し、妍美さが白杜鵑花と相映ずるを、我が居室に於て能く之れを観覧するを得。之れを要するに我が園一歳中の最好期也。

五月四日　天候如昨　　日曜日

熊川知義、樺太より上京来訪、安、出でて之れに接す。

織田正誠来訪、逢はずして去る。

常吉徳寿、家族を伴ひ来訪、転じて重野隠宅へ赴く。

中末郁二、山梨県技師に任じ、将に赴任せんとして礼訪に来る。

町田雅子が清児、一婢を伴ひ来遊。

明五日を以て、将に上野毛行政区々長及び其の代理者公選を行はんとす。田中重忠来状に同意し、田中彦八を区長に、木村信次を代理者に推挙の投票を作し、田中氏に之れを送付、投票を行はしむ。

五月五日　前陰後細雨

午後三時半、兼ねての約に依り、太田正隆医が阿久津三郎医を誘ひ予を来診、診決して云く、腸胃不調、運動不足に因り尿水頻促は飲量過度に原づく、須く運動に勉め飲料を節すべし、たへて膀胱摂護線肥大の兆候無く、故に特に薬療を為す必要無し云々。摂護線肥大は老体の最も懼るゝ所、今其の虞無きを診決せらるは、是尤も安意する所也。

其の時、阿久津氏、在鎌倉の仁尾維茂が摂護線肥大症に罹り療養中なるも、尚ほ疾く貴族院に参列せんと勉むる事を語り、暫話して去る。

田中重忠、書を致し、区長及び代理者、昨日投票当選の如き事を謝し来る。

五月六日　細雨時来

木村信次、桜井裁縫女学校長桜井文江を誘ひ来り、来る八日同校女学生が我が園来観の事を請ふ。之れを許諾す。

日々余閑を以て、日独戦争記事抜粋点検に従事す。

五月七日　晴暄

午前、鮮人池金龍来訪、書未だ成らざれば、後日を約して去る。

午後、安及び金谷氏を伴ひ、我が邸前附近の新道路を巡検、築造未だ全からずと雖も、三間幅新道が縦横開通。蓋し他日住宅地に擬するなるも、未だ何時能く其の目的を達成するを知らざる也。

此の日、細川生をして故衆議院議長粕谷義三の葬を青山斎場に送らしむ。

五月八日　晴暄如昨

皇太后陛下新殿の大宮御所建築、完成を告げ、一昨六日御移転を見る。予静養の為め、参賀する能はず。

野口寧、譲山会を代表し予の病を来問、新元鹿之助氏の病状等を暫話して去る。

篤、百貨店創立に関し、馬越恭平に紹介を来請すれば、則ち諾して名刺の紹介を与ふ。

桜井女学校生徒数十人、我が園を来観、感謝して去る。

東北電気協会支部長金田一国士、来る二十日支部総会を山形市に開くを以て、予の臨席を請ひ来るも、遠路の故を以て之れを謝絶す。

富山協会長本山彦市、来る十九日晩餐を東京会館に開くを以て予を招くも、夜宴に係るを以て之れを謝絶す。

台湾嘉南大圳組合管理者林徳二、大圳完成を記念し其の事業概要一巻外二品を贈り来る。書を贈りて之れを謝す。

此の日、計量器に因り予の体重を計るに、十三貫目を算ふ。之れを十余年前に比較するに、減量約三貫目也。恠むに足らざる也。

塩原又策、古陶器等を陳列したれば、来観を求め来るも、以上の来客の為め之れを謝絶す。

五月九日　天候依然　夜大雨
頃日、予腹部違和、四肢倦怠を感ずること頗る激甚、此の日、金谷ツタ女の摩擦治を受く。午前後に亘り、稍や軽快を感ず。
頃者、静養中無聊を慰めんが為め、毎夕家人及び重野老母と骨牌戯を試む。亦消閑の便法也。

五月十日　晴暖　気温七十三度
来月六日男爵議員補欠選挙を行ふ。此の日、協同会推挙に応じ、園田武彦男推薦の投票を同会幹事に送付す。

品川税務署、郷里耕宅地所得内分を来問、直ちに之れに答ふ。

伊藤博文公記念事業発起人児玉秀雄、室田義文より、来る十二日東京会館会合の事を通知し来る。欠席の旨を答へ、同時に発起人と為ることの承諾の意を答ふ。

鶴見祐輔渡米送別会発起人（予亦其の一人也）来る十五日東京会館に於て催開の事を通知し来るも、静養の為め、其の参列を謝絶す。

雄弁会講談社、幕末三舟伝及び昭和剣道天覧試合記事大巻を贈り来る。

長野市北原太郎、朝鮮人池金龍外二人の為め、色紙廿葉に揮毫す。

安場家、故末喜男遺物として、支那製堆朱花瓶一具外一品を贈り来る。書を発して之れを謝す。

此の日武田家、故額三三周忌法会を営み、安、往きて之れに列す。

五月十一日　天候如昨　日曜日
朝来、誠、栄子三児一婢、芳子三児一婢、雅子二児一婢が来遊閑談、午後相伴ひ、主従二十人、多摩川畔を徜徉、遂に下野毛新道を経て帰る。
時に新元夫人、其の姉安田夫人娘を誘ひ来訪、去る三月三日伊集院兼知子来談する所の、本庄兼則子と結婚談成立せし旨を告げ、従来の配慮を謝し、且つ其の娘は養女として新元氏の籍へ入ると云ふ。

誠、芳子一行夜に入りて帰去。

本月十五日上野公園に於ける海及び空博覧会褒賞授与式、同日学士院授賞式、及び十八日修養団大会の招状相次で到る。皆之れを謝絶す。

斎藤酉男治、毎年の例に依り来り、我所蔵刀剣払拭の手入れを行ふ。忠実嘉すべき也。

五月十二日　細雨

此の日、横須賀鎮守府が皇后陛下の台臨を仰ぎ、高雄艦進水式を挙行、予静養の為め、辞して参列せず。

日本電気新聞社及び電政報知社に対し、其の新聞寄贈を謝絶す。

枢密院電話にて、書記官武藤盛雄子息病歿の訃を報ず。則ち香典の贈与を托す。

五月十三日　半晴

朝鮮人池金龍来訪。則ち既嘱の揮毫色紙を交付す。逢はずして去る。

深見栄子、其の夫尚行の名を以て、其の共著に係る「世界地理風俗大系」一大冊を贈り来る。頗る美本也。返書を発して之れを謝す。

安場男爵家、故永徳院末喜男爵遺物として、堆朱の大花瓶一台を贈り来る。書を発し之れを謝す。

午後三時、太田正隆博士来邸、予先ず診察を受け、全身検診の結果、血圧其の他、何等憂ふる病患無く、唯腸部に些少の不調を感ずれば、則ち処方箋を書くのみ。又安を診て云く、血圧予に比し稍や高きも、是十年来の兆候なれば薬用の必要無しと。後、文雅の事を暫話して辞去。

此の日、釜山局長松島惇、死去の訃電到来、其の詳報は郵書に譲るの旨を副言しおり、死因未だ確知するべからず。彼幼時（十一、二歳の時）横浜に於て叔父田中英一の嘱に依り、予が収養せし所と為り、長じて予、池田朝鮮交通部長に之れを紹介し、其の属僚に任用、後釜山局長に転任し茲に有年、古陶磁器の蒐集を以て頗る名を得。今溘焉を聞くも死因未だ詳ならず、洵に悼むべき也。

五月十四日　天候如昨

帝国飛行協会、来る二十日評議員会開催の事を通知し来る。欠席の旨を答ふ。

此の日、枢密院例会日也。静養に因り参内する能はず。保養の為め、午後四時、安、季及び金谷氏と同乗、先ず下野毛及び奥沢辺へ到りて車を返し、更に二子橋を越へ、溝口村西端へ到り、午後六時半帰邸す。好個の廻乗《ドライブ》也。

五月十五日　天候不変

終日家に在りて、静養又文書を理す。

土田元、朝鮮より帰校来訪、安、出でて之れに接す。

五月十六日　晴暄

吉池勇長男重為、明治大学の業を畢り、其の父の依頼書を携へ就職斡旋を来請。就職及び失業難の実況を語り、之れを謝絶す、尚ほ生駒高常と懇談すべき旨を告ぐ。

陸軍騎兵少佐子爵大島久忠外数人、我が園に於て観測を行ふの許諾を来請、則ち承諾を与ふ。

此の日、日独戦争記事の抜粋を継続す。

枢密院、天皇皇后両陛下が成子内親王御同伴、来る十七日葉山行幸啓、十九日還御の旨を通知し来る。

南洋協会より、東京日々新聞社後援を以て、来る廿日より廿三日に到る四日間、東京商工奨励館に於て南洋事情に関する講習会開催の通知状来るも、予静養中に因り、之れに参列せず。

新元鹿之助氏、客月十二日鹿児島県鉄道建設に関する大失体のため、愁苦の極、遂に心疾に陥り、客月末日、佐野病院へ入り治療を受く。頃日稍や寛和し昨日退院、帰家すと云ふ。之れを要するに全資産提供の外、施すべき策無し。氏正に還暦の老境へ入り、此の難局に瀕する、痛歎の至りに堪へざる也。安、往きて之れを慰問。

夕、安場保健、輝子と共に来訪、忌明後始めて来る也。寛話共に夕食して去る。

五月十七日　半晴

氷上郷友会幹事、京都市村上喜十郎が細君を伴ひ来訪、寛話す。共に我が園庭を周覧、求めに因り予の揮毫せしところの幅額各一葉を贈る。感謝して辞去。

香西与一郎、人をして嚮に貸せし所の蔵書目録二綴を返付せしめ来る。

五月十八日　天候晴朗　　日曜日

午前、竹内友次郎氏存問に来り、政界近況を寛話して去る。

午後、誠一家五人、芳子一家五人来遊、相伴ひ園庭を徜徉、夜に入りて去る。

重野蓉子、二児を伴ひ重野老母を存問、夕刻辞去。

我が家畜犬、蕎麦店の男を咬傷すと云ふ。中島を往かしめて之れを慰問せしむ。

五月十九日　前陰　後小雨

午後、喜多孝治氏存問に来り、近時政界の趨勢、及び台湾の状況、松本遺族救済問題等を寛話、共に夕食して去る。

五月二十日　晴温

宗秩寮より、来る二十三日正午に皇太后思召に依り赤坂離宮に於て午餐、且つ大宮御所新殿拝観の恩命を通知し来る。静養中に属するを以て、拝辞の届書を呈す。

帝国興信所長後藤武夫、来る二十八日創業三十年祝賀会を両国国技館に開くを以て、予を招くも亦之れを謝絶す。

釜山松島倅に対し、書を贈り、其の父惇の不幸に対し、之れを弔賻す。

寺田弘氏病歿の訃に接し、細川生をして其の葬を麻布正光院に送らしむ。

北鮮日々新聞社長の請に応じ、創刊十週年号祝詞を書し、之れを贈る。

五月二十一日　陰湿

枢密院例会日也。静養の為め、辞して参内せず。

津田孝吉来訪、織田信大子負債償還に関し、家政整理の事を懇談。予、今日の境遇、直接斡旋する能はずと雖も、若し之れを遷延せんか、益す難局に陥るべければ、則ち急速処分を勧告す。寛談二時間して去る。

本渓湖煤鉄有限公司（大倉喜七郎男経営する所）、其の砿部写真帖を贈り来る。頗る美本也。

五月二十二日　天候如昨

特命全権公使藤田栄介、将に羅馬爾國に赴任せんとし書を致し告別、予静養の為め之れを送る能はず。

田中義一男伝編纂委員熊川千代喜、前約に依り、同男性行閲歴を来問。識る所を挙げて之れを詳述し、寛談二時間余して去る。
金谷ツタ女、自己繁忙の故を以て、一昨日以来其の弟子桶田操代をして来らしめ摩擦治術を行はしむ。

五月二十三日　晴暄
是に先んじ、日英米仏伊の五大海軍国、軍備縮少会議を英国倫敦府に開くや、我が邦若槻礼次郎氏、財部海相及び松平駐英大使を以て全権委員に任じ、之れを派遣、英米全権と百方交渉の結果、我が邦巡洋艦英米各十位に対し本邦六位に制限の事を協定し、之れを我が政府に報告、浜口内閣は同意の旨を指揮す。是前年華盛頓会議の決定せし所の我邦英米十位に対する七位に比較すれば、尚ほ一割の減縮を甘受するもの也。海軍軍令部長、先ず反対の声を挙ぐ。珍田〔財部〕海相、頃日帰朝せしに、反対の趨勢強烈の為め、病と称し出勤せずと云ふ。今後の趨勢、果して静穏に帰すか、未だ推知すべからざる也。
午後、喜多孝治来訪。前項の情況を語ること頗る詳か。
此の日、安、季子及び来遊の喜多子茶師匠、岡本氏、楠田二嬢并に重野老母と同乗、九品仏に遊ぶ。喜多子外二人直ちに帰京。

五月二十四日　半陰　冷
午前一時四十三分激震、家人概ね驚き起きる。
午後、中西四郎存問に来り、暫話して去る。
高島鈴三郎、台湾より上京、津川福一を伴ひ来訪、寛話。請に応じ其の書画帖に揮毫す。
夕刻、上月進（朝日記者）、大平進一（中外商業記者）時局趨勢を来問。則ち政談を避け、暫話して辞去。

五月二十五日　晴暄　日曜日
午後、昌、梅代が進、清、望三児、坂田秀雄を伴ひ来訪、暫話して去る。
誠、栄子及び三児、武田芳子及び三幼児、相伴ひ来遊、夕飯を共にせし後、八時半に及びて帰去。

五月二十六日　天候不変
午後、石井三郎存問に来る。氏、昨年重患に罹り、逢はざるや久し。今健康を復して来る、喜ぶべき也。寛話後、昨年嘱せし所の揮毫幅額十葉及び色紙等を交付し、更に色紙三葉に揮毫を嘱して去る。

芦田哲造存問に来り、暫話して去る。

広瀬昌三、嚮に嘱せし所の日露戦争記事明治三十九年分を浄写して齎らし来り納付する。則ち若干金の報酬を贈り、更に他記事の浄写を嘱す。将に六月一日を以て我が邸裏門側家屋に移寓せんとする也。

吉田妙存問に来り、安及び重野老母と暫話して去る。此の時吉田、旧英語教師木村某を伴ひ来ると云ふ。

五月二十七日　陰後雨

午後二時、井上雅二、兼ねての約に依り来訪。南洋協会事務進行の状況を詳述、新嘉坡及びスラバヤ支部長補任外数件を稟議す。則ち決済を与へ、後、南米及び南洋移民開拓事業の情勢を寛話す。

同時、其の著「移住ト開拓」一巻を贈るを見る。

長田博光来訪、書面を以て負債整理資金数千円を恩借せんことを請ふも、之れを謝絶す。逢はずして去る。

樋畑雪湖（旧逓信省博物館主任）、其の著「日本郵便切手史論」一巻を贈り来る。是同氏多年担任研究する所也。返書して之れを謝す。

五月二十八日　陰湿

天皇陛下、午前十時十五分御発車、静岡県下巡幸の途に登らせらるゝも、予静養の為め奉送する能はず。枢密院、亦例会休止の事を通知し来る。椎床を招き理髪す。

午後二時、田中義一男伝編纂委員熊川千代喜、兼ての約に依り来訪。則ち嚮に郵送の草案中に予の校正を加へたる底稿を交付す。尚ほ一応の説明を加へて別る。

代議士内田信也存問に来り、倫敦会議に於ける日英米海軍縮小問題に関し、頻りに批難的論評を試む。氏田中内閣海軍政務次官なれば、故に其の所論、頗る要領を得。寛談約二時して辞去。

五月二十九日　晴暖

広瀬小照、来月一日より我が邸内に寓宅恩借の恵を来謝。

飛行クラブ理事長長岡外史に対し、退会届を郵送。

田中光顕伯銅像建設会より、発起人たることを請ふも、考ふる所有りて之れを辞退、郵書を贈りて之れに答ふ。

復興局長官中川望、復興記念帖を贈り来れば、書を致して之れを謝す。
三島通陽子、亡父弥太郎子伝を贈り来り、亦返書し之れを謝す。
〔新聞切抜貼付・省略〕

五月三十日　晴暖益窄
安場輝子来遊。
安、頃日、左眼角膜炎を病み、午後小林霊学老医を迎へ療察を受く。予、亦腸患の診察を受く。共に軽症憂ふるに足らずと云ひ、薬療を約して去る。
此の日、尚日露戦争秘録の校正を継続す。

五月三十一日　天候依然
青山南町誠邸新築請負人酒井健吉、前約により来訪。則ち第二回工費を交付す。且つ求めに依り、新邸用材に供せんが為め、我が邸特産の鼈甲竹六幹を伐截、携行せしむ。
午後、竹内友次郎来訪。政局近況を談じ、之れに対応の為め、頻りに予の保養恢復を促し、寛話して去る。
本庄兼則子、新婦と同乗して礼訪に来り、直ちに辞去。

六　月

六月一日　晴暖　七十五度　有風　　日曜日
午前二時五十五分激震、家人概ね驚き起きる。
午後、誠一家、町田襄二一家、武田一家、十余人来遊。
款楽、共に晩餐、夜に入りて帰去。

六月二日　天候陰湿
午前、伊集院兼知子来訪。予、静養中に因り、安出でて之れに接す。子、其の実子本庄兼則子が新元鹿之助養女芳子（実は新元華子兄安田某の娘子）と結婚成立の斡旋の恩を謝して去る。

時事記者塚本寿一、朝日記者河野健治、同河野一郎来訪。日米間海軍縮小問題に関する意見を問ふも、事政治に関するを以て之れを謝絶す。時局趨勢を暫話して去る。

広瀬昌三一家、昨日我が裏門内元運転手寓へ移住し来り、中島生に往きて之れを助けしむ。本日昌三、小照連なり謝恩に来る。

三浦碌郎、関東庁内務局長に任ぜられ、将に赴任せんとして書を致して、契濶を謝す。

岩倉鉄道学校、来る十日評議員会開催の事を通知し来る。返書して欠席の旨を答ふ。

大審院長牧野菊之助外六名より、昭和三年十月一日天皇陛下裁判所臨幸を紀念する為め記念碑を建設、将に来る六日除幕式を行はんとするを以て招請状来るも、是亦静養の為め辞退の旨を答ふ。

六月三日　晴暄
午後、天皇陛下静岡県より還幸。予、奉迎する能はず。安を伴ひ広瀬の寓を観る。混沓頗る甚だし。
午後、安場保健存問に来り、夕飯後、予の為め摩擦治を行ひ、頗る快を覚ゆ。夜に入りて辞去。
電気協会北海道支部、来る十日総会を開くを以て予を招くも、之れを謝絶す。

六月四日　陰湿　夜雨
枢密院例会日、予静養の為め参内する能はず。
午後、山下久米之亮、神戸より上京、存問に来り、寛話して去る。

太田正隆、予及び安を来診、我が家の電気治療機、修繕成るを告ぐれば、則ちその使用法の説明を受けて去る。

枢密院翰長二上兵治、予の病を来問。出でて之れに接す。氏、伊東顧問官の意を伝へ、倫敦に於ける海軍縮小協約反対の意を暗示、予と会見を求め、且つ八代氏其の他反対論勃発の内情を語る。則ち病少怠すれば訪問すべき意を答へ、寛話して去る。

郷里藤井節太郎、其の妻みね病歿の訃を報ず。則ち弔賻を贈る。

六月五日　夜来大雨　後霽

呉鎮守府司令長官谷口尚真氏、来る十六日軍艦愛宕命名式の招状を到し来るも、遠地なるを以て之れを謝絶す。

六月六日　半晴

午後、橋本五雄、池田某を誘ひ存問に来り、且つ予の宿痾に対し、百瀬玄渓の血清療法を受くる事を勧告。後、両人我が邸園を縦覧して去る。

海軍中佐山口多聞（山口宗義氏男）、敦倫海軍縮少会議より帰朝、来訪。該会議経過及び日英米艦隊比率の事を詳報、其の関係文書（条約正文其の他）を贈りて去る。

園田桂、生駒和子、大木修子、町田雅子及び其の二女児等相次で存問に来る。雅子一行夕食の後帰去。

帝国大学、図書館復興帖贈り来る。予前年三千余巻の寄贈を行ひし為め也。

六月七日　半晴

朝、中島徳四郎来訪するも、静養中の為め面会を謝絶、去る。

午後、竹内友次郎来訪、時局の趨勢を寛話、倫敦に於ける軍縮会議の影響に及び、談論数刻して去る。

常陸丸殉難記念会、来る十四日を以て、靖国神社境内に於て祭典を行ふと予を招くも、静養の為め其の参列を謝絶す。

過日投票を行ひたる男爵議員補欠選挙、昨日開票。予選の如く男爵園田武彦当選、其の通知及び謝状到来。

六月八日　天候依然　日曜日

午前午後に渉り、篤五児を伴ひ、芳子四児を伴ひ、誠、栄子三児を伴ひ相次で来遊、賑々しきこと幼稚園の如し。

篤一行、先に帰去。

誠に対し、近日、伊香保温泉遊浴中の旅館指定の事を指命す。

大木彝雄存問に来れば、則ち郷人野村利吉（大膳職勤務）引立の事を嘱す。

電務局長畠山敏行、日支間電線契約本年を以て満期の旨を来談。淡水福州線、長崎上海線、佐世保青島線、芝罘旅順線及び南満州海城其の他電信局廃存問題に関し、予の意見を問ふ。是日支間重大問題に属すれば、則ち頭初、予、逓信省に於て利権設定に当りし沿革を答へ、なるべく利権確保の希望を論じ、尚ほ今後交渉中にも来りて指示を仰ぐを約して去る。

小林老医、予及び安を来診、則ち伊香保旅行の旨を告げ、薬剤転送の事を嘱し、尚ほ誠に対し転送の事を指示す。

秦豊助存問に来り、軟倫軍備問題を論断して去る。

昌、存問に来り、山下亀三郎の好意を伝へ、我等熱海地方転療の場合に於て、同氏別荘を我が旅寓に提供する旨を転告。

誠、及び芳子一行、夕餐後、夜に入りて帰去。

昨日電話に因り、二上翰長に対し、転地療養認許の事を嘱す。此の夕、同氏電話にて、近地旅行を以て議長限に於て聴置の旨を報ず。

六月九日　天候如昨

田中義一男伝記資料中訂正すべき点を発見す。更に調書を作し、之れを編纂委員熊川千代喜氏に通知す。

午後、工業大学（大岡山所在）より電話にて、同校三年生土田元、電車の為め重傷を負ひ某病院入療の件を通知けるも、其の詳報未だ知るべからず。此の夜誠来邸、則ち土田元負傷応急処置の事を協議し、急ぎ広瀬昌三を招致し、同大学及び病院を歴訪、其の治療及び善後処分の事を協議せしむ。広瀬氏急ぎ之れに赴く、既に午後九時前也。

又誠と、来る十一日朝発、誠の導に依り、予、安、季子及び金谷相伴ひ伊香保へ赴き、旅館木暮武太郎〔夫〕方へ入り、本月末日に至る間、浴療の事を協定して帰去。

椿山会幹事藤田平太郎外二人、来る十四日東京会館に於て同会開催の事を通告し来るも、転療中の故を以て其の参会を謝絶す。

深更広瀬氏帰来、土田元入院の事を報ず。明日往訪慰問且つ負傷の軽重程度取糺しの事を嘱す。

六月十日　晴暄

朝、篤が婢をして本月分補助金交付を来請せしむ。則ち許諾して之れを与ふ。

野口栄世存問に来り、暫話して去る。

永橋至剛夫人存問に来り、安出でて之れに接す。暫話して去る。

池田寒山、書を致し林安繁、池尾芳蔵二氏に紹介を請ふも、考ふる所有り之れを謝絶す。飯沼留治来訪、暫話して去る。

尾崎勇次郎来訪、静養中の為め、面会を謝絶、則ち去る。

午後、広瀬昌三、土田元負傷の詳報を来報、曰く、去る八日夜半、電車より墜落、後頭部に切傷を受け、直ちに白金三光町三十九番地同愛会白金診療所へ入り、治療を受け三針の縫合を行ふ、幸ひ余症を発せざらんか、一週間にて癒着すべく、三周間にて全治すべき見込と云ふ。唯前年肺炎を病む事有るに因り、余症の発せざるを保し難し、云々。則ち親元及び大山土田家へ速報せずと決す。驚動を惹起する虞れ有る為め也。

雅子、清児を携へ来訪、請に因り諸外国古郵券を付与し、共に晩餐、夜に入りて帰去。

安場家僕石塚卯一郎、月初以来、来りて我が家に仕へる。

六月十一日　晴後陰

午前、家に在りて旅装を整ふ。

午後一時、安と同乗して入京、先ず太田正隆博士新病院へ赴き、安は井上誠夫（眼科病院長、永田町二丁目）の検診を受くる為め、紹介状を申し受く。伊東伯と兼ての約に依り、予は伊東伯邸へ入り、安は診察時間を俟たんが為め誠寓へ入る。

予、伊東伯と倫敦会議海軍縮小問題に関し談論、伯の意見頗る寛和。之れを去る四日二上翰長の来談に比するに、政府との間、意思疎通せるものゝ如し。蓋し政府筋の勧説を受けしものか。則ち予の転療旅行の事を告げて去る。転じて一本松の安場邸へ抵れば、老母及び輝子迎接、兼ての約に依り、順次同家所蔵の刀剣数腰及び大久保利通侯其の他維新前後勤王志士の来翰等を検覧、蓋し先々代保和翁は維新の時に当り、熊本藩有力者たりし也。又大石良雄介錯刀其の他赤穂義人の遺物を賞観し、寛話数刻す。

此の間、安、井上眼科病院へ赴き、診察を受けて帰る。

午後五時過ぎ安及び栄子と同乗、青山南町六丁目誠新邸へ到る。誠先に来りて我等を俟ち、共に新築工事を巡検。工事大に進む。地位の勝、建築の潔麗、好個の小邸宅也。

午後七時帰邸す。

此の時、誠に托し、経費三百円を武田芳子に貸附せしむ。

一木宮相、御沙汰を奉じ、来る十六日、予の審議官たるに対し、午餐下賜の御招状を到し来る。旅行中に属するを以て、明日附を以て之れを拝辞す。

南郷次郎氏、予の転療を聞き慰問に来り、安出でて之れに接す。

六月十二日　晴暄

伊香保温泉転療の為め、午前十時過ぎ、安、季子及び金谷ツタを伴ひ上野駅へ赴く。誠同車して我等を送る為め来会、芳子、栄子、雅子、小谷哲、保健、輝子、広瀬昌三等来送、駅吏数人来り一行の為め手荷物積込を行ひ、十一時三十分発の列車に搭りて発す。

上野運転事務営業主任副参事井出継男同乗して送り、渋川駅へ到る。沿道主要駅吏来りて伺候。蓋し誠同乗に因る也。

午後三時半、渋川駅（高崎駅に於て別車に転乗）に着、直ちに自働車に転乗、而して荷物を別車にて輸送せしむ。疾駆一時間余、四時過ぎ伊香保に着す。木暮武太夫第一別館へ入りて宿す。

本日沿道の前橋以往は明治十七年中に通過以来、既に四十余年を過ぎ、而して渋川以往は全く生路に属す。天候晴朗、気候温和、山川風色壮麗ならざる莫く、真に好適の快旅行也。

六月十三日　天候如昨

午後、好晴に乗じ、一行五人相伴ひ近傍を散歩し、杉深林を過ぎ、榛名登山線条鉄道発着駅へ到る。暫時して乗客数人搭りて発、踵を反し急阪を登る。多数の旅館急峻の山腹に屏列す。蓋し伊香保の地は嶮山の中腹を占め、地狭にして屋は大、三四階層の楼、層々相重なりて聳立する也。途中竹杖等を購ひて帰る。

六月十四日　霧雨時来　雷鳴　入夜大雨

暦報に拠れば、一昨日十二日より節は梅雨候に入る。

本日濃霧断続、梅天の如し。然るに雷鳴一過亦変兆也。故を以て終日出遊せず。

六月十五日　陰霖終日不歇　　日曜日

誠、午後三時過ぎ出発帰京。

常吉徳寿、高崎辺の養魚及び養蚕視察の為め、細君を伴ひ来県、安中町へ来る。高崎地方専売局長二井藤三郎（相賀照卿氏娘婿と云ふ）の導に因り慰問に来り、且つ我が邸の伝嘱に因り、枢密院の左記御諮詢案を転致す。

一　万国郵便条約及び条約の最終議定書、并に航空路の通常郵便物の逓送議定の最終議定書御批准に関する件。

一　価格標表記の書状及び箱物約定、并に約定の最終議定書御批准に関する件。

一　小包郵便物約定及び約定の最終議定書に関し、并に航空路に依る小包郵便物の逓送に関する規定御批准に関する件。

一　郵便為替約定御批准に関する件。

一　郵便振替約定御批准に関する件。

右御諮詢案審議の為め、来る十八日午前十時、会議開催の趣、通知し来る。

又同時に、右記御諮詢案審査委員長富井顧問官、委員古市顧問官外五名指定の趣通知し来る。

六月十六日　濃霧終日不霽　夜雨

同地留浴中、群馬県知事堀田鼎夫人富貴（平野義太郎氏妹）存問に来る。

旅館主木暮武太夫来候、暫話す。

六月十七日　半晴

午前、前橋市住金谷静謙（ツタ老父）、新井マサ（同人姉）存問に来り寛話、午餐を饗して後、我が一行と共に町内及び公園等を散歩、送りて電車乗場へ到りて別る。

二上枢密院翰長に対し、過日の来訪を謝し、且つ明十八日本会議欠席、及び本月中当地滞療の為め其の間欠勤を申報す。并に倫敦に於ける軍縮協定審査委員入撰免除の件を嘱す。

六月十八日　天候如昨

午後、一行を伴ひ近傍を散策、境沢稲荷社辺に詣で又赤城山辺を眺望して帰る。

在京の至親等に対し、当地絵葉書数葉を郵送、安全を報ず。

六月十九日　天候依然

此の日、安場保健、輝子が其の老母を誘ひ来遊。午後、相伴ひて近傍を散策、例に依り各竹杖を購ひて帰る。

六月二十日　天候不変

昨日神戸市金沢吉松(兵庫区川口町三丁目弐九の十四番)より、同市市区改正に当り故渡辺弗措先生墓地改葬の場合、故岡田元太郎（渡辺先生僑居の家主也）養子重吉の義侠に因り、新墓地選定費用支出等執行の報知書到来。此の日右両人に対し感謝状を送り、且つ予亦応分の負担を為すべきを述べ、并に相続人渡辺望の現状を報じ、便宜の協定を行はしむ。

正午、安場保健、帰京の途に就く。

六月二十一日　陰冷　微雨時降

午前、一行は安場老母及び輝子を伴ひ、近傍を散歩して帰る。

誠、前約に依り、栄子、美智子、敏夫、英夫及び安場保雅を伴ひ、午後六時頃来着。一家団欒の観有り。

此の夕、一族を伴ひ千人風呂館辺を散歩す。

誠、松下孝一遺子同清を携へ、来贈する所の故池運永、横浜に於て予に贈りし所の五律二首の書幅、及び蓮見義隆来贈する所の木瓜一篭を来贈し来る。

六月二十二日　前霧後雨　　日曜日

午前、誠、栄子及び三児は安場輝子、保雅及び金谷ツタ女を伴ひ、索条鉄道に依り榛名山へ登り、正午帰来して云く、山上雲霧に遮られ眺望無きに因り、同名神社に詣でて帰ると。

誠、栄子及び三児并に保雅を誘ひ、午後三時過ぎ発、帰京の途に就く。

六月二十三日　濃霧終日不霽　後雨

霧雨、出遊に便ならず、冷湿頗る不快を感ず。深山の梅候、止むを得ざる也。

金谷ツタ女、前橋市父家へ往省、夕刻帰来。

六月二十四日　濃霧依然　後細雨

午前、木暮旅館主武太夫（代議士也）来候、寛談数刻す。午後、群馬県知事堀田鼎、同夫人ふみ、存問に来り、当地方の状況等を寛話して去る。

金谷女を伴ひ近傍を散歩、竹杖等を購ひて帰る。

午後三時過ぎ、輝子は老母を誘ひて帰京の途に就く。

六月二十五日　濃霧不霽

此の日、季子校友楠田洲子来遊の約有り。二井専売局長、予め之れを知り、自働車を駆し来迎、午後二時五十分、安、季子、金谷女と之れに同乗し、疾駆して渋川駅に抵る。

三時十八分列車到着、楠田嬢、香西執事（名文次）を随へ来着、二井局長と別れ、一行は其の提供せる自働車に同乗、返りて旅館へ入る。香西執事、金谷ツタ、荷物を別車に搭せて之れを護り、旅館へ入りて隣室に投宿。妹嬢は数日後来会を期すと云ふ。

此の日、木暮旅館主及び金谷ツタ姉荒井氏の為め、色紙十五葉及び書画帖等に揮毫す。

此の日、二井局長錦蘿一鉢を齎し来贈、奇卉也。在台湾伊藤鉄治、遥にハインアップル二顆を贈り、其の他菓子、青菓等を贈り来る者相次ぎ、僻地にても菓果の欠乏を感ぜざる也。

金谷耕作（同ツタ弟）来候。

六月二十六日　濃霧　後半晴

午前、鉄道局副参事井出継男、公務に依り来山、存問に来る。

午後、近傍を散策して帰る。

前橋市共愛女学校長周再賜、存問に来る。台湾嘉義住人にして現職に就きて以来已に五年也と云ふ。寛話して去る。

此の日、二井局長と共に榛名山頂に登臨の約有るも、天候、健康共に長途の自働車旅行に適せず、今早朝電話を以て中止の旨を通知す。

六月二十七日　濃霧　後雨

此の日、館主木暮武太夫及び男女傭員数名の為め、幅額等十三葉に揮毫す。其の中、昨日詠ぜし所の七絶数種有り、左に其の一二を録す。

榛名嶽上宿雲開　三国嶺頭残雪堆
須識本洲中脊地　一洲気象若是恢

又

纔入香山景物新　層巒碧樹絶紅塵
霊泉混々巌間湧　注到家々活万人

以上

終日霧又雨、出遊に適せず、唯楼中に在りて読書のみ。

六月二十八日　濃霧後晴　午後霽

午後、一行五人相伴ひて伊香保温泉湯本を観る。幽渓深林中、処々湧出する処有り。概ね懸樋を通じ浴楼に導入。景物幽邃、深緑滴らんと欲す。途次、楽焼店へ入り磁器製作を命ず。又売店に於て多少の木材細工物を購ふ。忽ち驟雨大に到り、館員傘を携へ来迎すれば即ち帰る。

二井藤三郎、再び自働車を飛し来訪。共に近傍を廻遊せんことを求むるも、偶ま大雨にて出遊に便ならず、即ち他日を約して去る。

田昌、東京より存問に来り、我が寓に留宿、而して寛遊。

此の日、余閑を以て金谷女及び旅余男女の為め、幅額帖等十余件に揮毫す。

六月二十九日　濃霧後晴　日曜日

内田嘉吉氏、将に本日発南洋視察の途に登らんとし、一昨日一書を贈り送別の意を寄せり。今朝電を致して叙別し来る。

季子同宿楠田洲子、父方祖父山内豊政男病篤の故に因り、一嫗来迎、午後発車、帰京の途に就く。

一行五人相伴ひ、市街地及び伊香保神社境内を散歩す。

夜に入り岡本茶師匠、吉住小種（長唄師匠）来遊、同館に投宿。

枢密院来る七月二日を以て、左記御諮詢案本会議開催する旨の通知書到来。

一　輸入及び輸出の禁止及び制限撤廃の為め、千九百二十七年十一月八日国際条約、并に同条約千九百二十八年七月十一日補足協定実施議定書承認方に関する件。

夕刻、楠田相子が姉洲子と交代、一嫗を随へ来着同宿。

六月三十日　半晴温暖

榛名山探勝の為め、予、安、季子、昌、金谷ツタ及び岡本、吉住二師匠、楠田愛子の一行八名、午前九時発宿す。直ちに索条鉄道《ケーブルカー》乗車駅へ赴き、搭乗して発す。直ちに隧道を過ぎ、二分一の急勾配に依りて昇る。此の間高低の差、約五百尺、昇りて最高駅に達す。

二井専売局長、既に来りて二自働車を準備、我が一行を俟つ。即ち搭乗して降り、高原を疾駆すること半時間、榛名湖辺へ達す。此の湖、面積蓋し函根湖の半に過ぎず、海抜約三千五百八十尺、伊香保に高きこと約一千尺。而して其の南辺は一円錐形の山が聳へ、故に榛名富士山の名有り。往古火山の噴火口たるや、箱根、日光の湖水と相同じ。蓋関東熱海箱根以往、日光、塩原、奈須の高山に到るは、皆火山湧出の種類に属して、其の噴火口、亦湖水を形成するや、明らかなり。

進みて急阪を降りて榛名町へ入り、左折して榛名神社に詣づ。祠官迎へて導を為し、且つ神社の歴史を説明、而して神霊を巨巌の洞穴に奉祠すと云ふ。其の他矢立巌、鉾岩、鞍懸巌なる奇岩、佐巌相次で聳立、老杉巨樹、概ね千古の歴史を現示す。賞観すべき也。

安及び二師匠等、湖畔休所より車を返して帰途に就き、予は二井氏の導に依り、昌、季子、楠田嬢、金谷女等と同車、湖畔より別路を取り榛名町、室田町等を経、高崎市へ入る。

高崎市は陸軍旅団所在地にて、頗る繁華の市街也。公園に入車して小休す。園は烏川を望み、頗る好景の地也。

二井氏別れ去り、予等は車を駆し金古町、渋川町等を経、午後三時帰宿す。此の日疾駆の行程、約二十里余也と云ふ。

昌、午後三時過ぎ渋川発の列車に搭り、帰京の途に就く。此の時同人に嘱し、来る二日、本会議欠席の件を枢密院翰長に通知せしむ。

金谷静謙来訪、其の請に応じ、之れを堀田群馬県知事に紹介す。新田神社及び高山神社の件に関する件也。

此の日、帰途平野を過ぐる所、正に挿秧の期に当り、到る所の農家、専心従事、殆ど十中八九の挿秧を了る。蓋し此の地方久しく旱にして、灌漑水の欠乏に苦しめば、二十七八両日の大雨、全く天恵に属する也。

　榛名神社に詣でて一詩を詠ず

神威赫々燿関東　幽邃山川気象雄
奇石佐巌相競聳　千年旧跡老杉中

七　月

七月一日　晴暖　七十九度

渋川駅新駅長木村長十郎、同駅助役関義知来候。且つ幅額に揮毫を乞ふ。

夕刻、安及び金谷女を伴ひ、近傍を散歩す。

此の日季子、楽焼書画揮毫に専心従事、予、亦求めに応じ一二執筆する所有り、亦浴療中の一楽事也。

七月二日　天候如昨

午前、二井専売局長、自働車を駆し、前橋市及び赤城山遊覧を勧めに来るも、予、腰痛を感ずるに因り之れを辞す。

適ま竹内友次郎、東京より慰問に来れば、則ち之れを勧め、季子、楠田相子及び岡本、吉住二嫗と相伴ひ、同乗して赴かしむ。午後三時に及びて帰る。

予、金谷女を随へ市内を散策し、細工物数件を購ひて返る。

二井氏が岡本師匠を伴ひ、夕刻帰途に就き、竹内氏は留宿。

昨日、東京新聞紙上、八代顧問官薨去の訃を報じ、誠に移文して、明日其の葬を青山斎場に送らしむ。男、曾て海相と為り、予亦国防問題に関し屡折衝せし所有り。今忽ちにして溘亡を聞く、悼むべき哉。

七月三日　天候依然

午前十時、見晴台登臨の為め、安、季子、楠田相子、竹内氏、金谷ツタ、吉住師匠及び館僕一名を伴ひ、伊香保神社境内を経、逶々山往を昇り、遂に見晴台に達し、一小茶店へ入りて休む。

右に赤城山を望み、左に三国嶺及び清水越を眺め、遥に日光男体山を望む。其の東南方、関東諸州及び筑波山等、雲霧遮るを見、望見する能はず。帰途別路を採り、物聞山頂に小休し、更に深林地帯へ入りて降る。元来此の辺の諸山嶽は往古火山の作用に因り噴起せし所にて、石塊靄々、行歩甚だ艱。午後二時帰宿す。

午後四時、竹内氏、楠田相子及び吉住師匠相伴ひて帰京の途に就く。

此の日、験温計、唯七十九度を示すと雖も、其の感覚、殆ど盛暑の候の如く、東京の苦熱、推して知るべき也。

七月四日　天候不変

午前、渋川駅長及び助役并に当館傭人等の為め、幅額数葉に揮毫す。

昨日誠の書到来、公務を以て本日発、北海道及び樺太旅行の途に登り、来る十八日頃帰京の予定の旨を報ず。

七月五日　天候依然

午前、兼ての約に依り、二井高崎専売局長が同局庶務課長副参事吉田勘三（播州赤穂人）を伴ひ来迎、則ち金谷ツタを随へ、其の自働車に同乗す。安、季子は留宿。

午後零時五十分発車、直ちに渋川駅へ赴き、木村駅長に対し、嚮に嘱せし所の揮毫幅額等を交付し、一時二十分発の列車に搭り、湯檜曾へ向けて発す。二井、吉田二氏陪乗、沼田駅へ到る。旧沼田城、高丘の上に在り。同署巡査田中周平来り護り、更に進みて後閑、上枚二駅を歴、水上駅に達す。現鉄道新線、湯檜曾駅に達すると雖も、尚ほ清水越大隧道は工事中に属し、未だ開業に到らざれば、則ち降車し、自働車を傭ひて進む。

二井、吉田二氏の外、田中巡査及び水上村村長木村喜作、同乗して導を為し、更に約一里半を進み、湯檜曾駅に達す。此の線極端の駅也。本家旅館に入りて小休す。

湯檜曾駅、明治十七年十月一日、予、東北諸県警部長会議の為め、新潟県へ赴く途中、此の宿に一宿。夜半、群馬県警部某、沖神奈川県令の急電を齎し急行にて来訪。披きて之れを閲するに、横浜居留地に於て仏蘭西人が馬爾剌人と一大闘争を起し、傭巡査独逸人ブレメルエン鎮圧中、刺殺せらるの変事を報じ、且つ即時帰県し善後策を講ずるを求むるの急電也。直ちに車を返して帰途に就き、山間十六里、夜半後の急行、三車相聯ね来路を返し、辛苦百方、前橋駅に達す。来時、鉄道、高崎駅に於て止まるも、此の日前橋線初開業にて、午前六時、将に発車の際に我が車駅に入る。予ら一行急行の状を察し、暫く発車を延ばし、漸く搭乗して帰県するを得る。追懐頗る切也。

湯檜曾村、近年大火災に罹り全村改築。本家旅館が当年の旅宿に係るや否や、確認すべからずと雖も、導者の言に依れば、他に一旅館有りと雖も、下等旅宿に属し、貴宿に適せずと云々。館主の求めに応じ、四十七年前一宿の事を録し、車を返し帰途に就く。

清水越鉄道隧道工事、実に我が国隧道中最大の工事に属す。環状隧道工事、既に略ぼ完成して望見可、現在の工事は延長五哩の導工が既に貫通、目下廓大工事中に属す。一年の後、開業と為るべしと云ふ。此の線路貫通せんか、北越関東の間、距離減縮すること六十哩と云ひ、其の利便数を挙ぐべからざる也。

本線渋川以往、専ら利根川源流に沿ひて進み、其の間、奇巌恠石が急湍激流と相闘ひ、其の奇状名状すべからず。予擬するに小赤壁の名を以てするもの、数所に及ぶ。蓋し木曽峡谷中、寝醒床以外、擬すべきもの甚だ稀なり。而して清水越環状鉄道、亦鹿児島山線天立隧道と東西相対すべきか。

午後五時半頃帰宿、二井、吉田二氏直ちに辞して去る。

　途中一詩有り

五十年前此地来　再来今日興情催
山容水態依然美　鉄路開通亦快哉

七月六日　朝微雨一過　後半晴　日曜日
帰京の期、明日に迫り、朝来、帰装準備に忙し。
堀田群馬県知事夫妻の来訪、二井専売局長の斡旋及び昨日湯檜曾行きの導者等数人に対し、感謝の絵葉書を発送す。

　聚遠楼即吟

香山霊液独称雄　希拂病魔来客衆
聚遠楼頭無限景　赤城三国一眸中

七月七日　晴暖　夜驟雨
帰京の予定日也。昨日以来出発準備を為す。早朝、二井専売局長が妻君及び幼女児を伴ひ来送、金谷女に荷物を携へ先発せしむ。

午前九時五十分、二車を聯ねて伊香保を発す。午前十時三十一分発の列車に転乗して渋川駅を発、高崎駅を過ぐ。二井氏一家、辞して別る。群馬県代議士最上政三、亦渋川駅に来迎、高崎駅に於て特製弁当を贈りて別れ去る。

午後二時二十分、上野駅に着、篤、芳子、輝子、小谷哲、重野蓉子、栄子、広瀬昌三、広田某及び大倉鉄道属等来迎。直ちに自働車に搭りて帰邸す（大倉名は周八郎也）。

安場保健、輝子存問に来り、夜に入りて辞去。

広瀬氏の報に依れば、土田元負傷は全癒し退院と云ふ。

喜ぶべき也。

去る五月八日、予、体量を計るに十三貫を算へ、本日再び量れば、十三貫五百目を算ふ。則ち五百目を増す也。

不在中、園田栄五郎（簡易保険局長）、住友銀行青山支店長鈴木与三郎来候。

七月八日　半晴　溽暑七十八度　夜雨
朝、熊谷五右衛門、吉住小種存問に来る。

枢密院、天皇皇后両陛下が成子内親王を伴ひ、来る十一日御出門、葉山御幸啓の事を通告し来る。

陸軍中将阿部信行より、陸軍次官を免ぜられ宇垣陸相病気中、代理仰せ付けらる旨の披露状到来。

全権大使安達峯一郎より帰任暇乞状到来。

昨日来、不在中の来翰及び印刷物の整理に着手す。今朝来終日、之れを継続す。書翰の数、百余通を算へ、印刷物嵩むこと一尺数寸に昇り、其の煩縟、驚くべき也。特に近時、小印刷物の配賦が大流行、紙楮に禍なるや頗る甚大。無価の寄贈、人を累はさずと謂ふ勿れ。思ひ其の整理に及べば、人を煩はすや大と謂ふべき也。

山崎広来訪、新元氏宿痾発作、再入院を免れざるべき事情を報ず。

七月九日　天候如昨　夜雨
午前、赤石定蔵存問に来り、頃者、台湾へ赴き、都合により同府評議会員を辞退すと云ふ。尚ほ台湾事情を寛話して去る。

保利茂（東京日々、大阪毎日社員）来訪、則ち時事談を避け、問に応じ我が園の起因を説示す。万象閣記文印刷物を貸与して別る。

午後、栄子が三児を伴ひ、芳子は喜久子以下三児を伴ひ来遊、歓晤、共に夕食をして、夜八時過ぎに及びて相伴ひ帰京。芳子嚮に貸付せし金を返付。

昨来、広瀬氏に来翰返書を作さしめ、予亦数通を作し、之れを発送す。

大阪桑畑製作所主桑畑芳蔵病歿の訃に接し、嗣子弥十郎に対し、弔辞を贈る。

此の夕、昌、梅代来謝。

七月十日　細雨断続
枢密院、定例参集当分休止の旨を通知し来る。

又、三陸下行幸啓の際、国務大臣、枢密顧問官の奉送の範囲に関し、宮内大臣と協定の内規を通知し来る。

午後、西村歌子、山崎和子、各其の二三児を伴ひ来訪。適ま安、季子上京不在にて暫時休憩して辞去。且つ新元氏入院の事を語る。

昨来、腰痛を感ずること頗る激しく、終日臥蓐、桶田女の摩擦治を受く。

午後九時頃、関秀子が老母幼児及び加藤勇を伴ひ来訪。予、就蓐後に属するを以て、安代りて之れに接するに、其の意加藤勇地方在勤発令の予防策を講ずるを請ふに在りと云ひ、喃々息まず。安、之れを昌に嘱すに依るべきを勧告、深更に及びて辞去。非常識、寧ろ憐れむべき也。

七月十一日　半陰　感溽暑

午前、斯波淳六郎、阪谷芳郎男添簡を携へ来訪。自己は勤王文庫（古今勤王に関する文書集也）に従事、全国小学校、配賦の事の事歴を説明、賛成を請ふ。則ち之れを諾し、一二助言を与へて別る。

午後、井上雅二来訪、一昨九日夕南洋協会総会開催、藤山副会長、予に代り会長席を占め議事結了、且つ松田拓相、蘭国公使等、招に応じ来会、晩餐を饗せし顚末を詳報。議事の事後承認を求むれば、則ち之れを認可して別る。

家兄来書中、郷里地摒人清水忠吉養母（齢七十七歳）去る八日柏原町に於て、自働車に挟撃せられ負傷即死の訃を報じ、且つ相当の弔賻を行ひし事を報ず。老人の変死、悼むべき也。

午後、陸軍士官数名、我が邸園に於て砲兵観測を行ふ事を来請、之れを諾す。

品川税務署、昭和五年分我が所得額を通知し来る。

夕刻、喜多夫人愛枝存問に来り、安出でて之れに接す。

七月十二日　天候如昨

午後、園田桂、大木修存問に来る。偶ま安等東京へ赴き不在にして、予出でて之れに接し、寛話して去る。山田広婆来候。

芦田哲造来候、実業界不振の状勢を寛話。

青山誠邸建築請負人酒井健吉、第三回工費の交付を来請するも、安、書類を携へ上京せしため計算不明也。則ち後日調査を約して去らしむ。

此の夕、重野老母、同厚次、広瀬昌三来り牌戯を弄す。

頃日、天候陰鬱、湿潤、全然梅天再来の如し。

子爵税所篤秀（故篤一嗣子）病歿の訃を聞き、篤をして其の葬を青山斎場に送らしむ。

七月十三日　晴暑　八十三度　日曜日

安、車を駆せて多磨墓地を展き、盂蘭盆法会を行ふ。

斯波淳六郎より、大日本明道会の名を以て、一昨日来談せし所の「勤王文庫」一箱六巻を贈り来る。書を発してこれを謝す。

吉田妙女来候。中元挨拶の為め也。夕発して鎌倉に帰る。

栄子が三児、武田精一を伴ひ来遊、夜に入り皆帰去。

偕行社編纂部、著者入江貫一の嘱に依り、山県公のおもかげ壱冊を贈る。書を発して之れを謝す。

喜多孝治、礼訪に来り、政海近況を暫話して去る。

小谷哲、富貴子を伴ひ礼訪に来れば、則ち哲に対し、東京電灯株式参百株売却の件及び本期配当金領収の件を嘱す。

生駒高常、礼訪に来り、台湾其の他新領土の近況を寛話して去る。

伊藤痴遊、西郷南洲伝三巻を贈り来る。書を発して之れを謝す。

重野蓉子礼訪に来る。

此の夜、竹内友次郎存問に来り、近時政況、特に新領土に対する施設の得失を寛談、二時間余にして去る。

七月十四日　晴暑依然　八十四度　夜雨

笠原立定師来り、盂蘭盆法養を修め、了りて午餐を饗し、喜捨金を贈りて去る。

土田元来訪。過日負傷の際見舞の恩を謝し、不日休暇中、朝鮮清道の親家に帰ると云ふ。

本日、苦熱蒸鬱、堪ふるべからず。桶田女の摩擦治を多く受く。

本日、細川生を東京へ赴かしめ小谷委託の配当及び売却代金を受領、更に青山新邸工費第三回内渡金を栄子に交付せしむ。

此の日、陸軍士官数人、前日の許諾に因り、兵卒数十人を率ひ来園、観測を行ふ。

此の日、篤が健一、襄二、啓三の三児と来遊。且つ照宮成子内親王より喜代子に下賜の優美なる雛人形一箱を呈示、其の箱書を乞ふ。則ち其の事由を題書し、之れを返す。九時過ぎに及びて帰去。

七月十五日　陰湿溽暑

此の日、安、新坐敷に於て長唄会を催し、芳子、輝子、栄子、小谷富貴及び吉住師匠を招き歓遊。諸児随ひ来遊、夕食を了りて帰去。

季子、楠田家の招に因り、午後同家観劇の招へ赴き、十一時帰来。

旧老婢ミイ、娘を伴ひ礼訪に来る。

小谷哲来訪。一昨日托せし所の配当金領収の計算を了り、尚ほ売却株式委任状の署名捺印を求め、富貴等を伴ひて去る。

今朝、安、新元家を訪ひ、鹿之助の病を慰問。家人云く、氏強度の心経衰弱症に罹り、止むを得ず、世田谷辺の精神病院に入りて治療を受けりと云ふ。果然、真に憂ふるべき也。切に其の恢復を祈る也。

七月十六日　溽暑如昨　八十六度

午後、浦与美子来訪、上院議院富谷鉎太郎長男泰一、季子に対し求婚の事を懇談。

京都府南桑田郡旭村光徳寺住職大器俊保、遠逝の訃に接するも、未知の人也。蓋し広内默咲師の後住か。名刺を贈りて之れを弔す。

七月十七日　晴暑

過日、入江貫一氏贈りし所の其の著山県公おもかけを閲読、予、大正五年以来の日記に就き、同公に関する記事を摘出し、頗る追懐の念を惹起す。

七月十八日　天候依然

久我懋正、台湾より上京来訪。静養中に因り、辞して面会せず。

陸軍士官兵卒数十人来園。観測を継続、夕刻去る。

安、上京して帰来し、誠が北海道樺太の旅行を了り今朝帰京の事を報ず。

生駒和子礼訪に来り、寛話して去る。

七月十九日　細雨終日断続

午前、町田敬宇大将礼訪に来り、予、最病なるも出でて之れに接す。

寛話中、柴五郎大将夫人花子、昨日病歿の訃報到る。町田氏之れを聞き、車を枉げて往き之れを吊す。

予、亦柴家を訪ひ、大将及び嗣子平四郎氏に面じ、弔唁の意を述べて帰る。

午後、侍従長鈴木貫太郎、天皇皇后両陛下の思召を奉じ、恩賜鮎魚三拾尾を贈り来る。蓋し長柄川御猟地にて漁猟せし所也。新鮮偉太、感佩に堪へざる也。

安、季子、用務を弁ずる為め上京、夕刻、安場二女児を伴ひて帰る。

七月二十日　天候如昨　不異梅霖　日曜日

午前、誠、美智子を伴ひ来遊。

白川則子、西村歌子、礼訪に来り、予の問に応じ、新元氏の精神的症状及び白川玖城病状を語る。共に憂ふるべき症状也。

重野紹一郎礼訪に来る。

此の夕、田村良が養子浩之介、其の妻治子を伴ひ礼訪に来り寛話、午後九時半に及び、誠、重野氏等と相伴ひて辞去。

七月二十一日　半晴　後濃霧

安、柴大将邸を往訪。夫人の喪を弔し、且つ香賻を贈る。

田畑政治（東京朝日記者）、偉人の人物評を来問、則ち問に応じ、故星亭の性格行動等を説示す。

新元夫人華子が鉄雄を伴ひ来謝、問に応じ、鹿之助氏の精神病の症状を語る。頗る平靖と雖も、未だ回癒に到らずと云ふ。憂ふべき也。

一昨日の鮎魚恩賜に対し、予、所労参内に堪へざるを以て、誠をして予に代り参内、聖恩に奉謝せしむ。

七月二十二日　濃霧　時交細雨　陰鬱

町田雅子、清子児を伴ひ来遊。頃日鎌倉より帰来と云ひ、留宿。

安及び季子等、絃友を招き長唄会を開く。栄子、芳子亦来り之れに加はる。

此の日、砲兵士官数名、我が園に於て観測を行ふを来請。之れを許諾す。

午後、賀来佐賀太郎存問に来り、台湾及び南洋事情を暫話して辞去。蓋し将に近日発、南洋に赴かんとする也。夕刻、小林霊学老医、兼ての約に依り来車、予及び安、其の診察を受け、薬剤調合を約して去る。

篤、婢をして七月及び八月分の補助金前渡を来請せしむ。則ち之れを交附し、且つ所得税等小切手を送る。

夕、小谷哲来訪、過日托せし所の東京電灯株式売却代価の決算を行ふ。又本邸及び渋谷篤邸、本月後満一ヶ年間の火災保険の契約を締結す。

安場保健、伊香保より帰京、此の夜来訪。同地借宅の事を報告。又親戚の元大学助教授平野義太郎、遂に無産党秘密結社の罪名を以て起訴収監せらるゝ事を語る。

七月二十三日　半晴　溽暑

町田襄治来訪、留宿。彼一家、挙げて我が邸に集る也。

池上慶三来訪。頃者沖商会の改革に依り失職の苦痛を語り、無集配の等局《(ママ)》候補斡旋の為め喜多孝治に紹介せんことを乞ふ。諾して之れを与ふ。

夜に入り、襄治が一家相伴ひ鎌倉仮寓へ向け帰去。

七月二十四日　晴暑

栄子三児を伴ひ来遊。武田喜久子、慎二亦次で来遊。

夕、誠来遊、青山新邸工費内渡の事を談ずれば、則ち徳永庸監督報酬の半額を交付す。尚ほ近日伊香保再遊の不在中の家務の事を談ず。

午後八時過ぎに及び、誠等一行、帰京の途に就く。喜久子及び安場二女児尚ほ留宿。

七月二十五日　天候如昨

季子が喜久子及び安場二女児を伴ひ東京へ赴き、午後九時半に及びて帰来。

園丁末吉、草刈中、誤り鎌を以て左腕を傷め、其の創傷軽からずと云ふ。家僕に、明朝往きて之れを慰問、且つ見舞を贈るを命ず。

誠、明後日を以て諸児を伴ひ片瀬渡辺子別荘へ赴かんとす。細川生に明日往きて其の荷造を援助せしむ。

午後、細川生をして予に代り勅選議員室田義文長男小一郎の葬を谷中斎場に送らしむ。

七月二十六日　晴暑益窄

朝、広瀬氏に住友銀行へ赴き、事を弁じ復命せしむ。後、明日後予等不在中、家務処理の事を嘱托し、併せて経費金を委託す。

安上京し、午後七時、原田静子三児を携へ上海より帰寧するを東京駅に迎ふ。静子一行、西村家へ入り、安十時半帰家。

七月二十七日　前晴後陰　夕雷雨　　日曜日

伊香保再遊浴の為め、午前七時半、安、季子及び金谷ツタを伴ひ二車に分乗して我が邸を発す。上野駅午前九時発直行列車に搭りて発す。安場保健、我等を導き、且つ先遊の家族を看る為め同乗して発す。誠は鎌倉より、広瀬は玉川より来送。渋川駅に於て下車す。直ちに車を駆して安場と共同にて貸受くる所の木暮第八号別荘へ入る。輝子及び幼児喜び迎ふ。時は殆ど正午也。

夕刻雷雨大に到る。是当地夏時の常候也と云ふ。

七月二十八日　晴暑　夕刻驟雨一過

午前、安場保健、独り帰京の途に就く。之れに托し、青山新邸瓦斯装置工費を誠方へ送る。

牧野伸顕伯夫人、数日前より来り隣家に僑居、午前存問に来る。

午後、安は季子を伴ひ、往きて答訪す。且つ長唄会を聴きて帰る。

此の日暑気頗る強く、東京の苦熱を推測すべき也。

七月二十九日　晴後陰　溽暑

渋川駅長木村長十郎、人をして西瓜及び南瓜を来贈せしむ。

安場保健が、誠と会見して工費を交付、且つ共に青山新邸工程を実検せし事を報ず。

誠又家族を伴ひ避暑の為め、相州片瀬二、八〇六宅に僑居、自己は本省へ通勤する事を報ず。

午後、安、季子を伴ひ、牧野伯夫人を隣家に答訪し、寛話して帰る。更に一行を伴ひ市内を徜徉、烟草盆を購ひて帰る。

不在中、隣家に在る黒田長成侯の娘良子が季子を来訪、季子更に往きて之れを答訪。

七月三十日　前陰後雨　夕為豪雨烈風

午後、牧野夫人の招に応じ、安及び輝子、季子を伴ひ同氏寓へ赴き骨牌を弄し、夕刻に及びて帰る。雨脚益繁く、遂に暴風雨と為る。之れが為め電灯消滅再三、俄かに蝋燭を照し明かりを採る。遂に安眠する能はず。

七月三十一日　霧雨四塞如垂幕　陰鬱殊甚

昌が来信にて、九州出張の事を報じ、且つ中西四郎来談の事を告ぐ。則ち梅代に書を贈り、中西氏と協議する事を嘱す。

八　月

八月一日　夜来豪雨　終日不歇
武田精一、午時同寓に来着、我が留守宅に托せし所の書翰及び書類、衣類を齎し来り送る。
夜来の豪雨、終日滂沱、出遊するに由無く、寓に在りて骨牌を弄し又双六の作法を教ふ。
一昨夕以来暴風雨、群馬県下の農作及び橋梁に与ふる損害頗る多大、新紙の報に依れば、弐百万円以上を算ふと云ふ。然るに夜来之豪雨一層激甚なれば、蓋し其の損害多大に上るべき也。恨むべし。
後報に拠れば、客月廿八日より三十日夜に至る県下の雨量、一坪毎に四石八斗を算へ、明治四十三年以来の大雨量也と云ふ。而して一日以来の雨量、或は之れを超過す。水害の激甚、恠むに足らざる也。

八月二日　豪雨断続　終日滂沱
朝、牧野伯夫人存問に来り、直ちに辞去す。

八月三日　細雨時降　　日曜日
午前、安、季子、輝子、精一及び幼児、婢等を伴ひ市内を散策、遂に橋本ホテルに到り小休す。途中過日の風雨に因り老松倒れて道に横たはりしも、既に伐截して通行するを得たり。午時帰寓す。
午時、誠来訪、求めに依り、青山新邸第四回工費内渡金を交付す。午後四時過ぎ発の車に搭りて帰京。

八月四日　晴暑
午後、牧野夫人来訪、寛話して去る。
此の夜、一家は安場一家を伴ひ、合わせて七名、八千代園辺を散歩、途中少し許り器皿等を購ひて帰る。
諸方の来翰に対し、当地の名所絵葉、約八葉を発す。

八月五日　天候如昨
午前、牧野夫人来訪、寛話。
此の夕、一家三人、金谷女、武田精一、安場輝子、保雅、相伴ひて散策。偶ま牧野伯外孫吉田桜子（吉田外務次官長女）来会。則ち相伴ひて湯本へ到りて源泉を飲み、橋本ホテルへ入りて小休す。

喫茶休憩後、更に市内を散歩し、九時頃帰寓す。

八月六日　天候依然

数日来、季子時々楽磁下絵を画き、釜本に於て之れを焼かしむ。佳致観るに足るもの有り、亦遊浴中の一楽事也。

此の夕、家人（安の外）及び安場一族、精一等七人を伴ひ市中を散歩、湯本近傍へ到りて帰る。途次、黒田侯を南隣に存問す。適ま不在、則ち返る。

八月七日　天候不変　午後迅雷一号

朝、黒田長成侯、答訪に来るも、逢はずして去る。

午後、季子、輝子、精一、保雅、金谷女が吉田桜子の誘引に依り、水沢観音に遊ぶ。是坂東札所の一也。

此の日、誠、乾魚一篭を贈り来る。則ち其の幾分を牧野夫人の寓に分贈す。

八月八日　晴暑益窂

玉川留守邸の広瀬昌三より、郵便に依り、左記枢密院御諮問案并に外来の郵翰数通を転送し来る。

一　常設国際司法裁判所規程改正議定書御批准に関する件。

一　亜米利加合衆国常設国際司法裁判所規程署名議定書加入関係の議定書御批准に関する件。

右二件の会議、明九日午前十時を以て開会せらるれば、則ち電報を以て静養中欠席の旨を同院事務所に報告す。

郷郡幸世村深井三二、更に「波多野宗高卿」贈位の事歴書一小巻を編纂、一本を贈り来る。先賢偉功を顕昭の為め、宜しきを得ると謂ふべき也。一書を贈りて謝意を述ぶ。

森本是一郎、広島県より上京来訪、嚮に発明創造せし所の一種の藁製米俵見本を呈示、其の販路拡張尽力中の旨を述べて去る。

此の夕、家人及び安場一家を伴ひ、市中を散歩す。

南洋協会理事井上雅二より、松田拓相委嘱の馬来半島及び暹羅国南西部邦人移住若しくは農業経営の適地調査の指令書を郵送し来る。

八月九日　天候依然　濃霧時来

午後、武田精一帰京の途に就ければ、之れに托し、昨日井上氏より送付せし所の拓務省委嘱馬来及び暹羅国移民適地調査嘱託書を井上氏に発送し、其の実行に着手せしむ。其の他郵書数通を発送す。

又枢密院より左記御諮詢案審査委員富井顧問官以下指定の事を通告し来る。

一　石炭夫又火夫として之れに使用し得る年少者の最低年齢を定むる条約御批准の件。

八月十日　晴後曇　濃霧如昨　　日曜日

安場保健、同寓に来る。

昨来、牧野伯夫人送示せし所の西川義方博士著「関温泉所観」三巻を閲読す。主に欧州各地温泉の効能及び浴療方法を論じ、我が邦主要温泉に論及せる好著也。読了して之れを返付。

此の夕、家眷及び安場一行を伴ひ、近傍を散歩。

新聞上、高崎専売局長二井藤三郎、徳島局長に転補の事を報ず。書を贈り、告別の意を叙す。

八月十一日　晴暑　八十度　遠雷

夕刻、安場三人を誘ひ、安、季子と近傍の料亭へ抵る。

東京より出張の天麩羅料理を饗す。近傍を散じて帰る。

此の時、枢密院二上翰長より、左記の電報到来。

一　貴官本日、倫敦条約審査委員に指定せられ、書類を貴宅に配布、委員会期日は追ひて之れを通知すべし。

是予め推想せし所也。近日中帰京を要すべき也。

八月十二日　晴暑如昨　夕驟雨

今朝新紙、倫敦条約委員の名面を報ず。其の氏名左の如し。

委員長　枢密顧問官伊東巳代治伯

委員　金子堅太郎子、久保田譲男、

山川健次郎男、黒田長成侯、

田　健治郎男、荒井賢太郎氏、

河合　操氏、　水野錬太郎氏

以上九名也。次で二上翰長の電報到来、左の如し。

委員長、面談を希むを以て、成るべく早急に帰京を乞ふ、御都合如何。

則ち明朝発帰途に就くを決し、左記回電を発す。

明日午後帰着。

午前、黒田侯を隣荘に訪ひ、明日発帰京の意を告ぐ。侯、帰期未定の旨を答ふ。

途次、牧野伯夫人を北隣荘に答訪す。適ま其の親族鍋島直明男先に在り。暫話中、季子前記二上翰長の電報を携へ来迎すれば、則ち帰寓し答電を発す。且つ一時帰京の為め、行李を理ふ。

安場一行、榛名山へ登り、夕刻帰来。

報知新聞記者荻野喜輝（前橋駐在）来訪、暫話して去る。

黒田侯、牧野夫人、前後答訪に来る。

今朝、若宮貞夫老母来訪、寛話して去る。

八月十三日　半晴　暑

午前十時四十分、安場保健及び美代子、金谷ツタ女と自働車に同乗、伊香保を発し帰途に就く。輝子及び木暮番頭等送りて渋川駅に到る。木村駅長迎接、且つ予が過日書き贈りし所の書幅を呈示し閲覧を請ふ。装潢頗る体を得る。

十一時二十一分発直行列車に搭りて発す。途中誠及び昌、浦和駅に来迎、午後二時二十分上野駅に着す。芳子、小谷哲、広瀬昌三、竹内友次郎、芦田哲の外数名来迎。則ち一行と別れ、予独り自働車を飛ばし、兼ての約に依り、伊東顧問官を其の邸に訪ふ。伯、倫敦条約審査委員会の発言質問及び審査結了の順序に関し、予及び金子子爵に対し希望する所有り。蓋し本条約、今や世論注目の焦点と為ればなり。故に伯が委員長と為り、予め予及び金子子等の諒解を求め、以て審査の秩序的結了を完ふせんと欲する也。則ち来る十八日午後一時を以て、先ず委員協議会を開く事を決定して辞去す。

午後五時、我が邸へ帰着、竹内友次郎追って来り、政界近況を談ず。芳子幼児を伴ひ来り留宿。

夜に入り、報知新聞内田国造、小原俊一、新聞聯合社員塚村敏夫時事を来問。予、当面の問題を避くる故、往時の日米関係及び日露関係等の事情を寛話す。

不在中、来翰及び文書類山積堆を成すも、未だ処理の暇なく、唯広瀬氏より留守中の事状を聞く。

此の夕、月下美人草、数花を開く。艶麗極まり無し。

八月十四日　晴暑　八十一度

午前、井上雅二来訪、南洋移民及び開発に関し、拓殖務省委嘱の件取調方法、及び南洋協会事務処弁の事を談ず。又伯剌西爾移民組合担当者として、梅谷光貞若しくは青柳郁太郎に関し適否人選の件を談ず。

午後小谷哲来訪、則ち東京電灯株式売却の件を委嘱する事を談ず。

昌又次で来訪、倫敦条約の件を寛話して相伴ひて去る。

朝日記者大塚喜平来訪、則ち問に応じ、日露日米関係の想出を談じ、寛話して去る。

夜、安場保健来訪、求めに応じ予の揮毫せし幅額小品三点を贈与す。

午後九時過ぎ予約に依り、新聞聯合社員鈴村茂が写真師を伴ひ来訪、「月下美人草」を撮影、時に該草八花を開き艶麗無比。予、其の傍に立ち、共に画中に入る。

八月十五日　晴暑　八十三度

今朝、東京日々新聞、昨夜撮影せし所の予が傍立せる月下美人花写真を掲載。清艶観賞すべき也。

午前、宗秩寮総裁仙石政敬子、昨日の約に依り来訪。大河内正敏子嗣子同信威、共産党に対し資金を供給、之れが為め収監せられ、正敏子は其の責を負ひ上院議員辞職等の顚末を詳語。当然自ら廃嫡処分を行ふを以て審議会の懲罰処分を要さざる形勢を述べ、予め予の諒解を求む。近時上流家庭青年中、往々共産主義者の誘惑を受くる者有り、是も其の一也。慨くべき哉。

陸軍士官、兵士数十名を率ひ来園、射砲観測を行ふ。

夕刻、時事記者北川長次郎、日々記者新井達夫来訪、則ち政治談を避け、華盛頓会議其の他日米関係に関する想出を寛話して去る。

〔新聞切抜写真貼付・省略〕

八月十六日　晴暑益烈

枢密院、来る十八日午後一時倫敦条約審査委員会開会の事を通知し来る。是伊東委員長の意見に因り、政府委員を参加せしめず、委員の予備的協議会を開く也。

午後、日本電報通信社員河崎義男、倫敦条約に関する意見を来問、之れを謝絶し唯旧話を談じて別る。

芳子、二児を伴ひ上京、児輩先に帰来。

柏原の旧交山脇伝太郎病歿の訃に接し、書を嗣子俊男に贈り之れを弔賻す。

昨来、倫敦条約御諮問書及び其の関係文書を査閲す。

八月十七日　天候依然　　日曜日

午前、前約に依り、平沼枢密院副議長来訪、左記要件を談ず。

一　倫敦条約審査の方針に関する件。

一　右件に就き、海軍軍令部長及び軍参議会奉答文提示に関する件。

一　統帥権の消長に関する件。

右問題に関し、意見交換の後、更に今昔の政治問題に就き寛談、二時間余にして辞去。

台湾新興製糖会社長陳仲和病歿の訃音に接し、書を同社及び嗣子陳啓貞に贈り、之れを弔す。

台湾新竹街鄭神宝、台湾書画大観帖一冊を贈り来る。書を贈りて好意を謝す。

家兄より来翰、大山の土田叔母君、脳溢血症に罹り就蓐の旨を報ぜらる。即ち慰問状を発し、且つ見舞品料を贈る。

小谷哲、東京株式売却の為め分割の事を来報、又求めに依り故重野翁渡辺先生蔵書目録を貸付す。

午後、椎床を招致し、理髪を行ふ。

午後六時半頃激震、近来稀有の強さ、且つ長震也。

此の夕、大日本国輝会本部事務長籠加寿恵と称する者、来りて倫敦条約否決を請ふ決議書を呈出。逢はずして去る。

八月十八日　天候不変

午後一時、枢密院事務所へ赴き、倫敦条約審査委員協議会に列す。正副議長、委員長、委員参列、委員長の注意に依り、二上翰長起草せし所の各委員分担案に就き熟議を遂げ、之れを是認。来る二十三日午後一時を以て委員会を開き、閣僚の出席を求め審査を行ふに決す。午後二時過ぎ散会。

途次、青山南町誠新築邸へ入り、工事実況を観る。工程大に進み、殆ど将に全成せんとす。潔麗喜ぶべし。三時過ぎ帰邸す。

塚本寿一（時事）、田村寿（日々）、上月進（朝日）、小原俊一（報知）、林泉（読売）、橋本芳蔵（都）、角猪之助（同上）、大平進一（中外商業）、河崎義男（日本電報通信）、高橋邦太（新聞聯合社）、予を追ひて来訪。予、当面問題を避け、唯問に応じ、旧時の日露日米問題を説き、暫話して去る。

過日、新元八津雄、父の病看護の為め台湾より帰省、本日来訪、明日発帰台の事を告ぐ。且つ問に応じ、父病状稍や寛和の旨、及び薩摩鉄道債務漸く整理に就くの事情を語りて辞去。

夕刻、芳子存問に来り、夕食後辞去。

八月十九日　晴暑依然

新補世田谷警察署長本間靖也、高等係の導に依り礼訪に来り寛話。邸内三社森に参拝して辞去。

新井達夫（日々）、松田義致（時事）時事意見を来問。故に政治談を避け、昔時談を寛話して去る。

新聞聯合社鈴村茂、兼ての約に依り、過日撮影せし所の月下美人花写真大小三葉を贈り来る。

午後、誠来邸、寛話し共に夕飯。夜に入り相州片瀬の仮寓に向け帰去。

枢密院、倫敦条約御諮問案に関する参考文書を送り来る。

大阪商船会社長堀啓次郎、毎年の例に依り、米国産甜瓜《メロン》一箱を贈り来る。書を発して之れを謝す。

八月二十日　晴暑　苦熱益加　八十三度

此の日、昨日堀氏贈りし所の甜瓜《メロン》を伊香保家眷及び誠方に分送す。

誠より、日本案内記東北篇一冊を贈り来る。

武田、安場三女児上京、武田寓に留宿。

八月二十一日　天候依然

午前、砲兵少佐中村美明、士卒十余人を率ひ、邸内に於て照準を行ふを来請、諾して之れを許す。

郷隣の田川藤吉より、西瓜六顆を贈り来る。書を発して之れを謝す。

午後、芦田哲造来訪。就職難の事情を寛話して去る。

八月二十二日　晴暑益烈

吉池重為、在台湾東港の父勇の書翰及び贈物（乾海老一函を携へ来訪、就職の希望を談ず。則ち其の困難なる事情を寛話して去る。

山本久米之亮、神戸より上京、存問に来り、寛話して去る。

吉池氏の請に応じ、予の書せし所の額面三葉を贈る。

野中清、李内山を伴ひ来訪。東興実業会社天津競馬事業の前途経営の方針を寛話、予の貸渡金返済方の半年間の延期を求む。則ち承諾の旨を答ふ。昨年十一月以降より本年七月末日に到る間の利子を納付、又借用証書更新に関し篤と交渉すべき旨を答ふ。

〔新聞切抜貼付・省略〕

此の夜、学生鈴木款、小森忠夫、渋川善助来訪。倫敦条約に関する反対の意見を痛論、予聴き置くに止め、暫話して去る。

武田喜久子、安場徳子、同美代子帰来、留宿。

在伊香保の季子より、昨廿一日朝発の返翰到来。其の中、二十日朝、浅間山噴火の為め、極少同地に降灰せる事を報ず。

八月二十三日　天候如昨

午前、松下清来訪、予将に出京せんとする時也。則ち他日を約し、逢はずして去る。

正午発、枢密院事務所に赴く。両議長及び精査委員九名悉く集る。閣臣は三名のみ来会。前会決議に拠り主任大臣のみの来会也。

浜口首相、先ず英国倫敦会議要領を説明、次で幣原外相、華盛頓会議以来の海軍縮少に関する各国交渉の結果を詳しく演述すること約一時間。要は、英米十五に対し日本九の比率の協定成立の点に在り。蓋し華盛頓条約は英米十に対し、日本六の比率也、今回の敦倫条約は英米十に対し、日本六割九分二厘也と云ふ。

次で財部海相、海軍勢力比率を報告。潜水艇に対する欠陥を述べ、飛行機を以て勢力を補ふの希望を述ぶ。

則ち国務大臣の退席を求め、伊東委員長、次回委員会質問の順序を協定、来る二十六日午後を以て質問会を開くに決し、三時過ぎ散会。

帰途、安場及び誠新築邸を経、誠と同乗して帰る。

新聞記者上月進（朝日）、三浦悦郎（国民）、三沢克己（報知）、塚本寿一（時事）、田村寿（日々）、角猪之助（都）追尾して来り、寛話して去る。

帰途、駒沢村に於て我が自働車、傷所を生じて進まず。則ち勧めに依り、追尾の通信記者自働車に借乗して帰る。

誠、夕食を共にし、八時過ぎ発、片瀬寓へ帰る。

此の日、先妣慈光院第二十年祥月命日に当る。菓物等を供へ焼香して霊牌を拝す。

世田谷警察書、警官に我が邸を護りに来らしむるも、謝して之れを返す。

八月二十四日　天候依然　　日曜日

午前、在伊香保の季子二回の来信に対し、返書を送り近況を報ず。

柴平四郎、亡母の中陰が満ち志物を贈り来る。書を発して之れを謝す。

終日在邸し、倫敦条約関係文書を査閲す。

細沼秀（サンデイ毎日記者）、予の平日の生活状体を来問。

飯野吉三郎、人をして男山八幡宮白羽征矢三幹及び生鮎一函を来贈せしむ。

八月二十五日　天候不変　八十三度

此の日、伊東委員長訪問の約有るも、夜、心経痛と為り、腰部に疼痛を感ずれば、電話に因り之れを謝絶す。

三越営業部係長梅原静雄、頃日催す所の同店内台湾物産陳列会来観を来請するも、亦静養中の事由に因り之れを謝絶す。

終日家に在り大正初年の日記を査閲す。

八月二十六日　天候依然

午後一時前、枢密院事務所へ赴き、倫敦条約第三回精査委員会に列す。両議長、委員九名及び首相、海相、外相之れに列す。

金子委員、主に質問の職に当る。其の質問主に華盛頓会議以来倫敦会議開催に到る外交的経過に在り。幣原外相、答弁を行ふこと約二時間余に及び、其の間、浜口首相、財部海相亦答弁を為す。午後三時半に及び、委員長、休会を宣告し政府方退席。委員間に於て、来る二十八日午後一時に第四回委員会を開く事を協定して散ず。

返りて御所前に到るに、我が自働車、再び損所を生じて動かず。止むを得ず、追尾の新聞記者の勧告に依り、其の提供の自働車に転乗して帰る。

新聞記者田村寿（日々）、三浦悦郎（国民）、細越政夫（時事）、三沢克己（報知）、安藤覚（読売）、石井文治（都）、角猪之助（都）、河崎義男（電報通信）外五名、前後追尾して来訪、暫話して去る。委員会の形勢内容等、一切口を開かず。然れども彼等記者、遠来して予を訪ふ、徒労と謂ふべき也。

夕刻、芳子、慎二を伴ひ来訪、則ち毎月約定の補助金を付与す。

今日午前、広瀬昌三、三男三郎を伴ひ存問に来り、頃者、機動演習の為め、富士麓野出張中也と云ふ。

又茨城県人土田右馬太郎、三女児を携へ重野家へ来訪、同伯母とともに存問に来り、暫話して去る。

八月二十七日　天候陰鬱

頃者、再び腰痛を感ず。蓋し心経痛也。金谷女の摩擦術を受く。

逓信局員、我が邸南端の道傍に電柱支線設置の認諾を来請、園丁末吉に眼同して其の位置を定めしむ。

枢密院、再び倫敦条約参考書を送り来る。

台湾高雄市陳啓貞、陳啓峰一家より、其の父中和病歿の訃音に接し、書を贈りて之れを弔す。

山崎広、来る三十日午後千駄谷仙寿院に於て亡父三周忌、亡母十三周忌法要挙行の事を通知し来る。予は静養中、安、季子は旅行中の故に因り、之れに参列する能はざれば、則ち書を誠方に送り、代参及び供物贈進の事を嘱す。

午後誠来邸、来る二十九日一家片瀬より帰京、我が邸に一泊、翌三十日新邸に移住の旨を談じ、夜に入りて片瀬へ赴く。

又元興業銀行総裁志村源太郎病歿の訃を聞き、誠に明日其の葬を青山斎場に送らしむ。

安場保健、伊香保より帰り来訪、同地に於ける我が一家及び同人一家の近況を報ず。

八月二十八日　晴暑

午後一時前、枢密院事務所へ赴き、第四回精査委員会に列す。来会者、一昨日と同じ。金子子主に質問を為し、之れに次で黒田侯及び予質問を行ひ、三相各答弁を為す。午後三時、委員長休会を宣し、来る九月一日午後一時に第五回委員会を開くに決し、午後三時過ぎ散会。

途次、隼町小林霊学邸へ入り、診断を受け薬法を約して帰る。

例に依り新聞記者、池松文雄（日々）、田村寿（日々）、上月進（朝日）、細越政夫（時事）、三沢克己（報知）、三浦悦郎（国民）、安藤覚（読売）、石井文治（都）、角猪之助（都）、仙波健（中外商業）、河崎義男（日本電報通信）、大平安孝（新聞聯合社）、大塚喜平（朝日）、池田有二（日本電報通信社）、永長与藤治（読売）等前着

若しくは追尾して来る。素より徒労に属すと雖も、彼等に在りては、蓋し職責上、止むを得ざる也。暫時雑話して去る。

八月二十九日　天候依然

朝、久我懋正、台湾より上京来訪、静養中を以て面会を謝絶す。

午後一時、伊東委員長の兼ての約に応じ、同邸を訪ひ、倫敦条約審査の順序及び分担方法を協議、談中荒井委員亦来会、共に協議を尽くして帰る。

往路の途次、車を原宿武田芳子寓に寄せ、寄托物を交付。

深野半蔵、摂州に病歿の訃に接し、其の嗣子憲一に書を贈り之れを弔す。同氏昔年逓信省に勤仕、予の部下に属せし人也。

季子、所用有り、単身輝子及び幼児を伴ひ帰京に就く。我が車に上野駅へ往き之れを迎へしむ。午後十時過ぎ帰着。伊香保の近況を語る。

今朝、武田、安場三女児帰去。

八月三十日　天気不変

今朝、家兄并に土田卯之助より、相次で我が母方叔母土田孝病歿の訃を報ず。同叔母、重症にして、性命危殆に瀕せる事は本月中旬家兄予め之れを報ぜり。故に葬祭弔賻の事、一切家兄に依嘱す。則ち電を発して之れを弔し、又家兄に対し弔賻の事を嘱す。

土田叔母、体質強健にして、尊属中の最長寿者也。享年八十九歳、今我等兄弟唯一の尊属親を喪ふ、悼むべき也。

深野半蔵、本日午後二本榎高野山別院に於て葬儀執行の報に接す。時既に接迫し、会葬する能はず。

午後四時半、山崎広、千駄ヶ谷仙寿院に於て亡父三年忌、亡母十三年忌法会を行ふも、予静養の為め参列する能はず。誠及び季子をして之れに列せしむ。

二上枢密院翰長に対し、叔母忌服届出の件を嘱す。

夕刻、誠、山崎の法会を了り、栄子及び三児を伴ひ、我が迎への自働車に搭りて来邸、留宿。季子は武田芳子寓に留宿。

八月三十一日　晴暑益烈　　日曜日

朝、季子帰来。

報知記者山崎幸四郎、兼ての約に依り来訪、則ち当面の政治問題を避け、昔時の政談を寛話して去る。

常吉徳寿、家族を伴ひ重野家に来遊。同氏独り来訪、則ち同氏近時専心従事する所の財政経済調査問題を寛話して去る。

此の日職工を招き、邸内電灯の損所を修理せしむ。

家兄より来状、今日一日を以て土田叔母葬儀執行の旨を報ず。

九月

九月一日 晴暑依然

此の日、七年前、大正十二年大地震の記念日に当り、東京市に於ては種々追弔設備を為す。殊に震災記念堂を数万焼死人跡の旧被服廠趾に新築、明二日を以て追祭を行はんとし、予を招くも、予は余暇無きに依り、参拝する能はざる也。

午後一時枢密院事務所に於て、第五回精査委員会を開く。金子子の一質問の後、河合、荒井二顧問官相次で質問を行ひ、浜口首相、財部海相、幣原外相、答弁明を行ふ。其の質問要旨は、概ね当時の内閣の全権委員に対する方針指示の点に在り。午後四時二十分に及びて了り、来る三日午後再開を約して散ず。

此の日、誠、栄子及び二児、東京へ赴き、夕刻に及びて帰る。

此の日、新聞記者十一人、先着若しくは追尾して来邸。概ね廿八日の来訪者と同じ也。余事を暫話して去る。

此の日、除服出仕の内閣辞令書を受く。

九月二日 天候不変

此の日、七年前震災内閣組織の日に当る。前例に依り、午後一時半、山本権兵衛伯を高輪台邸に存問す。伯喜び迎へ、震災時応急処置の旧話を対話、一時間余して去る。

途次、大久保利和氏を二本榎町邸に訪ひ、予、明治七年作せし所の台湾征伐、及び大久保利通侯支那交渉成功を頌する詩文を掲載の台湾日々新聞を贈る。利和氏深く之れを謝し、閑話一時間して去る。

九月三日 天気依然

夜来、左手足心経痛（リョウマチス症）に悩み、一睡もする能はず、之れが為め枢密院第六回精査委員会参列を謝絶し、家に在りて静養す。

誠、本日吉辰をトし、一家相伴ひ青山南町新築邸に移寓、別に荷自働車をして保管せし所の家什一切を同邸に送らしむ。

季子、重野伯母を誘ひ、再び伊香保に向け出発。

雅子、鎌倉より帰京、清児及び一婢を伴ひ来遊、夕刻帰去。

大阪の住友吉左衛門男及び湯川寛吉其の他二人より、湯川氏総理事辞任、小倉正恒が其の後任、川田順が常務理事と為る旨を報じ来る。答書を湯川氏に送り、之れを慰問す。

横山大観画伯、羅馬に於ける日本美術展覧会報告書を贈り来る。答書を発して好意を謝す。

旧交外島直治郎病歿の訃に接し、書を発して之れを弔賻す。

武田精一亦来遊。小谷哲来訪。

九月四日　晴暑依然　夜雨

午前、広瀬氏に返翰数通を代書せしめ、之れを発送す。

朝、橋本増次郎来候。静養中の故を以て、逢はずして去る。

頃日、晴暑頗る烈なるも、本日甘雨、時に降る。農家の為め喜ぶべき也。

夜、広瀬氏来り寛話す。

九月五日　天候如昨　唯朝夕大感涼冷

枢密院第七回精査委員会を開くも、静養の為め辞して参列せず。

午前、篤、広田生を随へ来訪、寛話。午餐後、希望に依り健一の願を容れ、我が所蔵の英刊エンサイクロペヂア大巻三十五冊及び其の容器を頒与す。午後五時、我が自働車に之れを搭載、二人亦搭乗して辞去。

二上枢密翰長、明日来訪の事を電話にて通知し来る。

警官一名来視、逢はずして去る。

田村寿（日々）、角猪之助（都）二記者来訪。面会を謝絶、則ち去る。

小谷哲より電話、東電株百株売却の事を報ず。頃日諸株頗る低落、代価二十五円換也。驚くべし。

九月六日　天候依然

午前、大成火災保険会社重役益子逞輔、台湾より上京、存問に来り、暫話して去る。

午後四時頃、二上翰長、昨日の約に依り来訪。第六回及び第七回倫敦会議条約精査委員会の経過を詳報、明後日第八回委員会を開く旨を告げ、且つ予の病状を問ふ。

予、病状の経過を詳しく答へ、両議長及び伊東委員長に対し伝謝を嘱し、且つ明日参列する能はずと雖も、委員会結審及び本会開会の場合に於ては、病を勉め参列すべき旨を答へて別る。

池上慶造来り、予の病を慰問。

夕刻、誠が青山新邸移居完結の旨を来報。偶ま来る広瀬氏と寛話、午後九時に及びて帰去。

九月七日　晴　日曜日

午前、斎藤酉男治、女児を伴ひ来候、午餐後辞去。

中西四郎病を来問、暫話して去る。

渋谷健一、啓三、襄二、及び武田精一及び二児、安場輝子は二女児を伴ひ相次で来遊。午餐後、漸次帰去。

昌来訪、政界近状を寛話して去る。

佐治章一郎（篠山出身）病歿の訃に接し、書を発して之れを弔す。

電気協会書記長肥田玄次郎、中元の為め礼訪、逢はずして去る。

九月八日　天候不変　涼冷

此の日電話に依り、二上翰長に対し、第八回精査委員会静養の為め欠席の旨を通知し、之れを両議長及び委員長に伝へしむ。

終日臥蓐に在り。旧時日記を翻問するが、唯一の遣悶法也。

午後、金谷女を伴ひ、丘下の園庭を一巡す。運動の為め也。

広瀬氏来り閑話。

九月九日　天候依然

朝、吉田耕次郎（警視総監官房高等係）、石井三郎の紹介書を携へ来訪、予、尚ほ臥蓐に在るを以て、面会を謝絶して去る。

尾崎勇次郎、野口栄世二氏相次で来り病を問ふ。則ち引見、暫話して去る。

篤、婢をして来らしめ本月分補助金の前渡を乞ふ。則ち小切手一葉を交付す。

夕刻、森田親一（日々記者）、倫敦条約委員会の趨勢に関し来問、予、其の談論を拒絶し、一般社会問題を閑話して別る。

此の夕、誠来邸。青山邸工事費中幾部の交付を請へば、則ち監督費及び附属費等を払ひ渡し、後我が家経済逼塞の実情を談じ、緊要の必要を指示す。十時半に及びて去る。

九月十日　天気如昨　溽暑益烈

誠、電話に依り、安、季子、重野老母及び桶田女一行、明夕伊香保より帰邸の旨を報じ来る。

枢密院、第九回精査委員会を開くも、予、所労の為め参列する能はず。

頃日、朝夕金谷ツタ女の摩擦治術を受け、以て局部痛所の苦痛を解く。

暑期以来、遠近の知人、暑中見舞状を寄する者、百数十通に上るも、総て返翰を発せず。煩縟を省く也。

午後、自称日本国民党執行委員小島好祐、鈴木善一来訪。病に依り面会を謝絶す。則ち倫敦条約反対趣意書を提出して去る。

柏原人松井拳堂、田捨女の徳を賛する俚謡数首の刊本を贈り来る。

頃日、新紙上の報道に依れば、予が所労の事頗る伝播し、郵便、電信にて慰問の意を寄する者頗る多し。此の中の過半は未知の人に係る。蓋し倫敦条約審査中に係る故也。

安等一行の帰邸を迎ふる為め、広瀬氏及び自働車を上野駅に赴かしめ、午後七時過ぎ、安、季子、重野老母及び桶田氏安着。

九月十一日　半晴

陸軍少将清水喜重、人をして菓物一篭を贈らしむ。

此の日、中島生に玉川郵便局に抵り勲章年金前一年分を受領せしむ。

九月十二日　半陰　夜大雷雨

枢密院、第十回精査委員会を開く。午後一時前、往きて参列す。金子、山川、河合三氏、交も質問を行ひ、浜口、財部、幣原三相交も之れに答ふ。午後四時、来る十五日続会を約して散ず。

途次、青山邸へ入るに、誠以下一家、皆吾邸へ赴けり。入りて各室庭園外を検ぶるに一切完成、潔麗喜ぶべし。一巡して帰る。

新聞記者十一人、例に依りて追尾して来る。暫く余事を話して去る。

此の夜大雷雨、之れが為め電灯消滅、燭に依り事を弁ず。急ぎ職工を招喚し修理を行はしむ。暫時にして復光。

晩、誠一家共に夕食、我が自働車に搭りて去る。

〔切抜貼付・省略〕

九月十三日 晴涼
午前、誠新邸宅に備ふるべき扁額類数種を区別し、季子に我が自働車に搭せて携へ同邸へ赴かしむ。

柏原町山脇俊男、故父喪の志物を贈り来り、書を贈りて之れを謝す。

台湾辜顕栄、鳳梨罐詰一大函を贈り来る。書を贈りて之れを謝す。

午後、梅代、小谷富貴、生駒和子、大木修来訪、予の病を慰問。予及び安、出でて之れに接し、寛話して辞去。

土田元来訪。

九月十四日 半晴 夜雨 日曜日
朝、二上枢密院翰長、両議長及び伊東委員長の内意を受け、予の病を慰問、且つ明日委員会并に其の次期委員会結審の見込みを伝へ、勉めて之れに参列せんことを請ふ。

渡辺法相、砧別荘より電話、形勢を問ふ。予測の難しき旨を答ふ。

カンドレット夫人恒子来訪。倫敦条約賛成の旨を述べ、其の賛成理由を発表せんと欲すと語り、予の意見を問ふも、予測の難しき旨を答へて別る。

下啓介、常吉徳寿、昌、相次で慰問に来る。

篤四児を伴ひ、誠、栄子は三児を伴ひ、町田襄治、雅子は二児を伴ひ、武田芳子、精一は三児を伴ひ来遊。共に午餐、夕刻に及び漸次帰り去る。

昨夜、心経痛に悩み一睡もする能はず。本日も来客頻りに来り、疲れ甚し。

此の日、篤の請に依り、大日本百科事典及び大日本地名辞書を付与す。各一大巻也。

九月十五日 陰湿如梅候
枢密院事務所に対し、本日午後第十一回倫敦条約精査委員会、静養の為め参列する能はざる旨を通告す。
此の日、頃者堆積の来翰を整へ、広瀬に返翰数通を作さしめ、之れを発送す。又松下清に対し、過日齎し来れる池運永予に贈りし詩幅草稿一幅を返送す。本書其の当時より我が家に現存、全く重複に属する也。

大連市兼井林蔵より、当春貸付せし所の前年予が山県有朋公に呈せし労働問題意見書写し一編を返送し来る。

今朝、喜多孝治慰問に来り、近時政況を暫話して去る。

朝鮮人朴某、肥田景之の紹介書を携へ来訪、就職斡旋を請ふも、静養中且つ成効の見込無きを以て、面会を謝絶して去る。

広瀬氏、嚮に浄写を嘱せし日独戦争に関する秘記（則ち予の日記抜粋）及び其の参照筆記等を納付し来り、寛話して去る。

安、誠新邸安頓の状を視る為め、同邸へ赴くも、予所労の為め往く能はず。夜に入りて帰る。

九月十六日　天候如昨

奈良市平賀敏より、名産梨実一函を贈り来り、書を発して之れを謝す。

午後、竹内友次郎存問に来り、予、病を勉め之れを接見す。民間経済急迫の事情を寛話して去る。

夕刻、枢密院書記官、昨十五日の第十一回審査委員会席上の伊東委員長演説筆記一括を送付し来る。

又同院より、十七日より定例参集開始の旨を通知し来る。

九月十七日　陰湿　微雨時降

午前九時過ぎ季子と同乗入京、季子途中別れ去る。

十時、枢密院事務所へ入り、第十三回精査委員会の協議会に列す。正副議長、伊東委員長及び委員皆会同、審査結了の方法を協議、委員長国防欠陥充実に関する希望条件を述べ、之れを審査報告の結論中に明記し、以て本案の意見を可決。

次で予、賛成の意見及び其の理由を述べ、金子、久保田、黒田、水町、山川、荒井、河合各顧問官述ぶる所有り。皆委員長の発議に賛同、賛成意見也。則ち左記希望条件を報告書結論中に明記す。

　国防欠陥に対し、政府相当充実の方法を立つるべし。

審査報告の立案を委員長に委托、其の草案を各委員に配布して後、更に委員会を開く事に決定。午後四時前、散会。

途次、車を青山誠邸に寄す。新聞記者二人追ひ来り、則ち引見誓話の後、季子と同乗して帰る。途次北村薬店に於て薬を購ふ。

例に依り新聞記者十一人、前着若しくは追尾して来訪、例に依り、唯余事を誓話して別る。

此の日の往路、本田正隆医院へ入り、火傷の検診及び其の薬法を受く。

此の日、枢密院書記官に托し、来る二十四日秋季皇霊祭所労不参の届出を為す。

此の夜、瀬田男按摩を招致し、予と安、摩擦治を受く。

九月十八日　細雨断続

此の日、青山邸坐敷の飾品に充てんが為め、季子をして往年日米船鉄更換組合贈りし所の純銀製日本船模型、及び久邇宮より賜りし所の純銀製御紋章附花瓶一対を携へ、往きて之れを誠に贈らしむ。

此の日、来る廿四日秋季皇霊祭不参届を作し、宗秩寮に対し之れを通知発送す。

九月十九日　天候依然　如梅霖

頃者、有志者が日本蘭領印度協会を組織、会長近衛文麿公の名を以て予を顧問に推挙し来る。南洋協会関係上、止むを得ず之れを黙諾す。

白川玖城、病の為め台湾医官を辞し、市外の代々木初台に帰休の旨通報し来る。書を贈りて之れを慰問す。

季子、東京へ赴き、今夕、誠邸に留宿。

金谷ツタ、我が邸に寄留するに年有り。昨年来、月額三十円を支給し、予及び安に摩擦術を施せしも、頃者、桶田女を圧迫、帰郷せしむる行為に関し、不穏当の動作を為す。蓋し娼嫉の致せし所、大に我等の信用感を害すれば、解傭の申渡しを為す。本多来り愁訴百端、然れども覆水盆に還らずの譬、許容し難き也。

九月二十日　晴

昨日、大日本国輝会の名を以て、倫敦条約可決に関し、頗る誣妄の書翰を郵送し来る。今朝、警視総監官房高等課吉田耕次郎来訪、一覧を請へば、即ち之れを提示す。彼之れを謄写、逢はずして去る。

椎床を招致し理髪す。

此の夕、小谷哲存問に来り、広瀬氏と共に寛話して去る。

石黒顧問官、書を致し、兵庫県人の我が心経痛治療に関する注意を転送し来る。頃者、未知の人より治療に関し懇書を寄する者頗る多く、感荷すべき也。

九月二十一日　晴涼　節入彼岸　日曜日

午前、蓮見義隆存問に来り、暫話して去る。

誠、栄が三児を伴ひ、芳子二男児を伴ひ、輝子は保雅を伴ひ、雅子二女児を伴ひ、及び篤二女児を伴ひ来遊。

午後、小林霊学老医を招き、診察及び薬法を受け、同時に安及び季子も診察を受く。輝子一行、其の自働車に同乗して去る。

誠、芳子其の他一行、夕刻に及びて去る。

久米氏存問に来り、則ち摩擦治術を受く。金谷女に代る為め也。

町田襄治存問に来り、誠一行と共に晩餐の後、午後七時過ぎ相伴ひて帰京。

大日本雄弁会講談社、教育講談全集十二巻の発刊を企て、予に其の賛助員たらんことを請ふ。承諾の旨を答ふ。

牧野菊之助（大審院長）外六名の名を以て、来る十月一日司法記念日（行幸記念）夜宴招状を贈り来るも、静養中に依り辞退の旨を答ふ。

財部海相より来る十月廿六日神戸港に於ける大観艦式の招状来るも、静養中に依り辞退の旨を答ふ。

午後、広瀬氏をして予に代り栗野慎一郎子夫人英子の葬を芝青松寺に送らしむ。

九月二十二日　冷雨淅瀝

午前代議士末松偕一郎来訪、契濶を謝し、且つ倫敦条約可決に対し感謝の意を述べ、寛晤して去る。

午後、吉田妙存問に来り、安及び重野老母と閑話して去る。

大正年中の日記の校閲を継続す。

昌来訪、則ち求めに応じ、国輝会寄せし所の威嚇書を貸付す。

九月二十三日　晴暄

午前、井上雅二、兼ての約により来訪、新に組織する所の日本蘭領印度協会、予を推して顧問に為すの旨を談じ、承諾を請ふ。則ち同意の旨を答へ、時事を寛談して去る。

正午、笠原立定師来訪。仏壇に対し彼岸法会を行ひ、午餐を饗す。

午後、安、将に青山邸へ赴かんとし、笠原師も我が自働車に同乗して去る。将に三軒家に於て電車に転乗、多磨墓地に抵り、我が家墳墓に対し、盂蘭盆祭を行はんとする也と云ふ。安、夕刻帰邸。

東京府、来る十月一日午前零時を以て国勢調査を行ふ旨を通知、現住人員及び其の状体の申告を求め来る。

夕、河崎義男（日本電報通信社）、枢密院の形勢を来問するも、之れを拒絶し、余事を暫話して去る。此の夕、瀬田男按摩を招き、予と安が其の施術を受く。

此の日、枢密院、人をして倫敦海軍条約に対し伊東委員長起草せし所の審査報告案を送り来らしむ。用紙三十葉に亘る一大論文也。併せて来る二十六日午後委員会開会の事を報じ来る。

九月二十四日　陰湿冷涼　秋季皇霊祭（不参列）

午前、梅谷光貞来訪、今初夏伯剌西爾より帰朝の事を語り、且つ同国の我が移民事業の状況及び将来有望の意見を述べ、寛話して去る。

午後、吉池重為慰問に来り、暫話して去る。

阿部和子、山崎春子来訪、安と、新元鹿之助病状及び家庭事情を寛話して去る。

増上寺主道重信教僧正、山口県宇部阿弥陀寺に於て、病に罹り滞療の事を聞き、書を贈りて之れを慰問す。

此の日、大正年間日記の校正を継続し、二年分を終了す。

九月二十五日　半晴　夜雨

朝、田村寛一（東京毎夕記者）来訪、静養の為め面会を謝絶す。

午後、運動の為め庭園を散歩す。

平山洋三郎男、亡父故顧問官成信男一年祭に当り、記念の為め、故人の写真を贈り来る。書を贈りて之れを謝す。

九月二十六日　夜来　秋雨滂沱

朝、電信協会長若宮貞夫、小谷雄一郎をして予の病を来問せしむ。且つ見舞の菓子一大函を贈り来る。

午後一時、枢密院事務所へ入り、第十三回精査委員会に列す。議長以下副議長、伊東委員長、各委員皆集り、委員長起草せし所の審査報告書に就き精査を遂げ、二三字句に就き修正する所有るも、全会一致を以て之れを可決。

来る十月一日を以て本会議を開くに決し、午後三時過ぎ散会。近時の大問題、爰に終結を告ぐ。当局者の欣悦、推察すべき也。

帰途、青山邸へ入る。新聞記者六名、追尾して来る。延きて接見し、暫話して帰去。則ち栄子と各室を巡検、室内装飾等略ぼ備はり、小と雖も潔麗悦ぶべき也。

午後四時、玉川邸に帰入、新聞記者六名先に来り予を俟つ。則ち面談暫話して帰去す。

小泉逓相、本年国勢調査記念郵券二種二組を贈り来る。

九月二十七日　半晴

東京府、来る十月一日国勢調査申告書用紙を配賦し来る。

田中龍夫男、来る二十九日亡父義一男（大覚院殿）一週忌、築地本願寺に於て法要の事を通告、併せて記念服紗〔袱〕を贈り来る。

土田卯之助、亡母の中陰が満ち志物生絹一反を贈り来る。其の諡号左の如し。

　　智香院操誉貞幸大姉
返書し之れを謝す。

此の日、広瀬氏に金谷ツタ寄留立退届を作せしめ、之れを戸籍役場に提出。

午後、庭園散歩中、内田某なる者幼児を伴ひ、山川顧問官の名刺を携へ救助を来請、広瀬氏代りて之れを謝絶すと云ふ。

此の日、誠、至親を招き邸宅開き祝会を行ふ。予、静養の為め之れに赴く能はず、安、季子之れに赴く。二人夜に入りて帰る。

夕、小谷哲来訪、寛話して去る。

九月二十八日　天候如昨　日曜日

午前、常吉徳寿来訪。電信略符号組合組織の件を談じ、予の意見を叩く。西洋行ふ所の隠語集の組織を述べ、之れに答ふ。

昌、午後来訪、島根県下遊説の事を談じ、暫話して去る。

誠一家、武田一家、町田雅子一家来遊。共に夕飯、夜に入りて去る。

田中龍夫男、明二十九日本願寺に於て亡父義一男の一週忌法要挙行の事を通知し来るも、予静養中に因り参列する能はず。其の旨を答へ、且つ葡萄一篭を贈り、霊前に供ふ。

金竹会、来月一日故大浦兼武氏十二周忌法会開催の件を通知。日本美術協会よりも同日の招待状到来、静養の為め之れを謝絶す。

南洋協会、来月三日晩餐会を通知し来るも、又参列する能はず。

安が浦女史を訪ひ、当春来談の富谷泰一の縁談を謝絶す。

台湾倶楽部、来る一日晩餐会を通知し来るも、亦参会する能はず。

九月二十九日　天候依然

香西与一郎、書を致し、水梨岩太郎の債務解決配意の件を通知し来る。返書を発し、其の遂行を懇嘱す。

九月三十日　晴暄

政府、来る十月一日を期し国勢調査を行ふ。満五年前大正十四年十月一日第一回の調査を続行する也。本日、其の底本を作製、家族三人、僕婢三人を併せ現住者六人也。之れを前回現住者十七人に比較するに十壱人を減ず。子女別居若しくは縁付く為め也。而して住宅、現に二十七室を算へ、其の宏大寧ろ驚くべき也。将に明一日を以て之れを東京府に提出せんとす。

午前、法相渡辺千冬子来訪、先ず一昨日誠（誠と渡辺子、義兄弟の誼有り）を経、台湾特産「月下美人草」を贈りし好情を謝す。次で倫敦条約枢密院委員会の可決に対し、感荷の意を述べ、暫話して去る。

世田谷警察署長本間靖也、警視総監の意を伝へ、明日枢密院へ赴く途中、警察官護衛の事を述ぶ。予、之れを謝絶し、尚ほ懇談の結果、警察官我が自働車に私服にて陪乗するを聴す。彼喜びて去る。

神戸政郎（報知新聞記者）来り、先妣袖琴女史の性行を問ひ、女傑伝編輯の資料に充てんことを欲す。則ち其の概要を告げ、且つ求めに応じ先妣来状一編を貸付く。尚ほ原稿の一閲を約して去る。

午後、久米竹次郎、按摩に来り、且針及び温灸を施して去る。

此の夕、世田ヶ谷警察署高等主任警部補牧野豊次郎、我が邸を護りに来るも、之れを辞して聴さず。則ち書生部屋に休息せしむ。蓋し倫敦条約反対者の威嚇に備ふる為め也と云ふ。

本月、台南新報第一万号発刊の期に当り、社長富地近思の請に応じ、此の日、祝詞一箋を贈る。

此の日、台湾地方制度実施満十年記念祝日に当り、遥に台中高雄地方より敬謝の意を寄する者有り。嘉ぶべき也。

岡本茶師匠、存問に来る。

〔新聞切抜貼付・省略〕

十　月

十月一日　前晴後曇

午前九時、昨日の允諾に因り、警部補牧野豊次郎が我が自働車に陪乗して発ち、十時前十五分参内す。

午前十時半、本会議を宮中に開き、天皇臨御、議長以下顧問官二十四人参会。閣僚全部及び次官以下政府委員十余人之れに列す。伊東委員長、審議の結果可決せし旨を詳細報告、浜口首相又報告演説を為す。石井顧問官、再三審査遅引及び外交に関し質問を行ひ、倉富議長及び浜口首相、財部海相之れに答ふ。

次で石黒顧問官、質問を為し、浜口首相之れに答ふ。次で議長が採決、全会一致にて原案を可決。聖上入御、時に午後零時三十分也。南溜に於て特に午餐を賜り、二時半退散。

本件、近時の最大重要問題なるを以て、世論囂々、反論の気勢頗る強烈、在野党政友会の如きは、内閣危機既に迫るものと速了し、揚々乎として、取りて之れに代はらんとする画策を行ふ。全く他人の犢鼻褌に因り角抵を行ふ者也。寧ろ笑ふべき也。

帰途、青山邸に寄車し築庭工事を観、小園を渉乎す。工程概ね成る。

新聞記者六名、例に依り追尾して来れば、則ち引見晢話し、以て玉川邸追尾の煩を省く。午後四時前帰邸す。

此の日宮中に於て、渡辺法相に対し昨日の来訪を謝す。国勢調査主任吏来訪、則ち昨日作せし所の調書を交付す。

十月二日　驟雨時来

此の日、神戸政郎起草せし所の、先妣袖琴女史性行に関する文稿の校正を行ふ。頗る筆力を労す。然して先妣の性行、頗る領得すべく喜ぶべき也。

法制局長官川崎卓吉夫人やす子病歿の訃を聞き、書を贈りて之れを吊す。

十月三日　陰湿　小雨断続

朝、乃木庵主佐藤直道が額幅二十余紙に揮毫せんことを来請す。逢はずして去る。

頃日、郵送に依り揮毫を請ふ者相次で来る。煩累厭ふべき也。

神戸政郎（報知新聞）、人をして先妣教訓校正済原稿の交附を来請、則ち之れを交附す。

此の日、家兄、大典記念鐘坂造園期成会長の名を以て寄付金五百円に対する謝状を送り来る。

午後、喜多孝治存問に来り、時事其の他の事を寛話して去る。

金谷ツタ来り、自己の荷物を運び出し、又予の書箱書及び紙本十五葉の揮毫を請ひ、傭賃残部半月分を受領して去る。

此の日、安の希望に依り、左記幅類を誠に分与す。新邸の設備の為め也。

一　山県含雪公、明治陵参拝の和歌　一幅（一函）
一　乃木希典伯夫妻書（伯書と故正児の扇面書也）
　　双幅（一函）
一　山本梅逸、四季花卉図　美本双幅（一函）
一　先考法斎君書　一幅（一函）
一　中林竹洞、夏山烟雨画　一幅（一函）
一　守住貫魚、歳始歳末図　二幅（一函）
一　佐久間鉄園、花下脱兎図　一幅（一函）
　　以上計七点

以上分与に依り、青山新邸設備略ぼ完成を告ぐ。

此の夕、瀬田男、按摩施術に来る。

月下美人草大小三鉢、三十余蕚を開花、艶美極り無し。

此の日、財部海相依願免官、大将安保清種男後任と為る。蓋し倫敦条約締結に関し、海軍部内は沸騰を来たし、軍令部長の更迭を促すに到る。是に依り、財部氏其の責を引く也か。氏独り此の問題の犠牲と為る。寧ろ憐れむべき也。

十月四日　半晴

此の日、誠、新邸開きの為め茶話会を催し至親を招く。予と安、季子会同す。来会者、昌夫妻、園田桂、大木修子、生駒和子等也。共に各室を巡覧、二階に於て菓茶の饗を受け、食後寛談、午後四時に及びて散ず。

安、季子と同乗し、帰途渋谷駅に於て、高雄市平田末治贈りし所の文旦（三十顆入り）壱箱を受領して帰る。

此の夕、家族と共に月下美人花（一名、夜会草と云ふ）を賞でる。本年八月中旬、八蕚余を開花、今亦三十余蕚を開く。例年無き所也。

十月五日　好晴穏暄　　日曜日

午前、法貴顕貞来訪、映画事業沿革史の題字を請ふ。根岸伝、大久保沢子を伴ひ来訪。頃者久濶上京と云ひ、疎音を謝し寛話して去る。

誠及び二男児、栄子同女児、襄二、啓三及び一学友、佐喜子、武田喜久子及び弘子、田辺米子娘二人孫一人来遊、夕刻に及びて去る。

此の日、誠に対し、昔年重野安居翁同人誕生を祝ひ贈りし所の祐光長刀（白鞘）壱腰を交付し、又我家伝則ち光短刀（拵付）一腰を贈与す。

斎藤酉男治来候、則ち請に応じ、一時左記の二刀を貸渡す。

義助作短刀（白鞘）（伊東伯前年贈りし所也）

輝広短刀　（拵附）（我家旧蔵也）

右、一時刀剣会出品の為め也と云ふ。

又斎藤生、左記新家婢を誘ひ来る。

茨城県下結城町白銀町海老原角佐ヱ門娘　同たみ

十月六日　半晴

安、青山邸へ赴き夕刻帰る。此の日、誠が栄子兄弟姉等を招き、茶会を開くと云ふ。

十月七日　陰　後細雨一過

誠、将に明日を以て発し公務上満州に赴き、大連に於ける日露聯絡輸送協議に列せんとす。会後、更に北京、青島に赴き、上海を経て帰朝、其の行程約四十日を要すと云ふ。

安をして青山邸に電灯器具装備費約四百円を齎しめ、之れを誠に交付、是に於て青山新邸設備全く結了。

渡辺秀子、嚮に誠を歴て贈りし所の月下美人花写真を贈り来る。

井上一郎なる者、物質的援助を来請、其の縁由無きを以て之れを謝絶す。

十月八日　晴暄

誠、今朝、満州に向け出発すと云ふ。

午後、石井三郎来訪、契濶を謝し、寛話数刻して去る。

此の日、枢密院定例参集日なるも、微恙の為め辞して参内せず。

十月九日　陰湿　有雨意　夜雨
此の日、安、青山邸へ赴き、家務を理へ夕刻帰邸。
中央書画研究会理事小林勉再び来り、其の編輯せし所の古今書画帖題字を請ひ、其の計画の顚末を寛話。則ち我が家所蔵物の徂来、新井白石其の他大儒書幅等の撮影を承諾す。夕刻辞去。

十月十日　晴
一昨日、石井三郎来訪、其の創立せし皇道会の総裁に、予の後任として山内豊景侯を推挙するの議を諮る。予、同意し、侯の意を探らしむ。本日書を致し、侯受くる意を有すと報ず。則ち請に応じ、一書を侯に贈り、其の受諾を勧告す。
神戸政郎、嚮に貸せし所の先妣来状一封を送付し来る。
午後、竹内友三郎来訪、時事を寛話して去る。
午後四時過ぎ、太田正隆医を招致し健康診断を受く。予異状無く、安、血圧稍や高きに過ぐ。依りて薬法を受く。
両人の血圧左の如し。
　予　百七十八
安　百九十　（蓋し安、数年前より、予に比し頗る高き也）
尚、予に対し、電気療法を施す事を勧めて去る。

十月十一日　天候如昨
斎藤酉男治来り、過日貸付けし所の義助、輝広二短刀を返納し来る。

此の日、朝鮮に於ける故伊藤博文公記念会の児玉秀雄伯、室田義文氏に対し、若干金を寄贈す。

季子、午後青山邸より帰来。

又水戸に於ける田中光顕伯銅像建設会に対し、金若干円を寄贈す。

枢密院来る十五日本会議開催、左記会議の事を通知し来る。
一　日本国羅馬尼国間通商暫定取極の件。
一　朝鮮、台湾、関東庁、樺太庁、南洋庁官制改正及び官吏特別任用令等の件、合せて十件。
又、左記二件を通じ来る。
一　十七日午前、賢所神嘗祭参列の件。
一　天皇陛下、大演習後、観艦式御親閲の為め、十八日午前東京駅御発車、廿七日午後還幸奉送迎の事。

十月十二日　天候依然　　日曜日

佐野実親存問に来り、安が引見、予に逢はずして去る。青山書院望月新助、後藤環爾の推奨状を携へ、親鸞、蓮如二上人聖蹟宝典購買を来請。之れを謝絶す。午後、篤、警視庁江口襄外四名を誘ひ、我が庭園に来観。後、予、出でて之れに接し、往時の奇談を暫話して去る。

十月十三日　晴暄

田中光顕伯銅像建設会（建つる所、水戸市外大洗東光台）に対し、振替貯金を以て若干金を贈る。

新元田鶴子、将に台湾南投街八津雄寓へ帰らんとし、午後幼女児を伴ひ告別に来り、暫話して辞去。

晩間、小閑に乗じ、大阪朝日新聞社外数人の嘱せし所の色紙短冊小品等約二十葉に揮毫す。

十月十四日　半晴

山内豊景侯、人をして皇道会総裁推挙の高誼を来謝せしむ。

廃兵瀬谷和一の代人、救済を来請。金若干円を贈り、其の勧募牒を返付す。

此の日、大阪朝日新聞社嘱せし所の、昨日書せし所の色紙及び外数人の嘱の短冊を整理し、之れを郵送に附す。

午後、白川則子、西村歌子来訪。安出でて之れに接し、原田静子嚮に贈りし所の支那鉢二個を伝達、寛話して去る。

十月十五日　晴冷

午前九時、安と同車入京、途中、安は青山邸へ入る。午前十時参内、天皇親臨、左記諮詢案会議を開く。議長以下顧問官二十余名及び幣原外相、松田拓相及び政府委員参列。

一　日本国、羅馬尼国間通商暫定取極の件。

一　朝鮮台湾両総督府、同府地方官官制、及び関東庁、樺太庁、南洋庁官制中改正、并に同庁及び教官等官制中改正の件十件。

二上書記官長、審査結果を報告、二三質問応答有り、全会一致を以て全案を可決して散ず。

途次榛原店へ入りて筆を購ひ、青山邸に入り午餐。輝子、季子来会。

午後三時、小林霊学老医を招致し、予及び安、診察を受く。

駐露大使田中都吉、頃日帰朝するを聞き、往きて之れを問ひ、暫く露国近状を聴き、再び青山邸に入る。

新元家慰問の為め、帰途其の新町邸へ抵る。田鶴子及び幼児尚ほ滞留。夫人共皆出でて接す。鹿之助氏及び白川玖城の病気近状を聴き、慰問且つ田鶴子に告別、夕刻帰邸す。

此の日、枢密院書記官に対し、来る十七日神嘗祭欠席届の事を嘱す。

朝鮮帝国大学より、哲学論集外一巻を寄贈し来る。

十月十六日　半陰　夕微雨一過
此の日、新元田鶴子、台湾に向け帰途に就く。季子、之れを東京駅に送る。
朝夕、女按摩を招致し施術を受く。

十月十七日　晴暄　　神嘗祭
神嘗祭、所労に因り参拝を拝辞す。

栄子二幼児を伴ひ、芳子又二幼児を伴ひ来遊、夕刻皆去る。

法貴顕貞過日の来嘱の為め、映画々報の題字を書し、之れを郵送。

八島寛なる者、旧関西鉄道社員と称し来訪、我が婢女に対し就職斡旋を求む。逢はずして去る。未知の人也。

津屋幸右衛門妻一枝病歿の訃に接し、書を発して之れを弔す。

帝国美術院、帝室博物館表慶館展覧会の招状到来、所労の為め往観する能はず。

数日前より、広瀬昌三発熱就蓐、安往きて之れを慰問。

此の日、同氏我が自働車に搭り、往きて小林老医の診察を受く。

十月十八日　半晴
天皇陛下、海軍特別大演習御統裁、并に観艦式御親閲の為め、午前九時十分宮城御発輦、其の日程概要左の如し。

本日午前九時二十分、東京駅御発車。

同十時三十五分、横須賀駅御著車　軍艦霧島乗御。

正午、軍港御出発、南海に於て、海軍演習御親閲。

十月二十六日、神戸港に於て、観艦式御親閲。

同二十七日、午後一時半、横須賀軍港御着艦。

同日午後三時四十五分、東京駅御着車。

予、静養中の為め奉送する能はず。

午後、運動の為め、安を伴ひ、隣地則ち前年目黒電鉄会社に対し予より分譲せし新邸宅地を巡視す。土地既に成り、二十余区の新邸地に分つと雖も、買受人無きものゝ如し。蓋し経済界不況の致す所なるか。

十月十九日　晴暄　日曜日

朝、陸軍少将清水喜重存問に来り、暫話して去る。

午後一時参内、天皇皇后両陛下に対し、皇后陛下御懐妊を奉祝す。更に青山大宮御所に参入し、皇太后陛下に対し同事を奉祝す。

途次、澄宮青山新邸に参入し、新殿御移居を奉祝す。新殿は旧皇太后青山御所を以て之れに充つる也。

帰途、青山邸に入り、季子を伴ひ帰邸す。

途、渋谷駅に於て、田俊之助が贈りし所の御所柿七十個入り一函を受領せしむ。郷味珍賞すべし。書を贈り之れを謝す。

輝子、雅子、各女児を伴ひ来遊、夕刻帰去。

常吉徳寿来訪、暫話して重野寓に入る。

十月二十日　陰雨　終日滂沱　夕雷鳴

台湾高雄市故陳中和伝記編纂会の嘱に因り、題字二葉を書し之れを贈る。

本所緑町川角和男なる者、予の写真及び教訓辞を請ひ来る。写真贈与を謝絶し、唯教訓句一葉を書し、之れを郵送す。

河野公明来訪、静養の為め面会を謝絶して去る。

午後、芦田哲造、野口栄世を伴ひ来訪。工芸品陳列場設置の計画を述べ、賛同且つ篤の参加を請ふも、経済界急迫、企業の時機に非ざるを述べて之れを謝絶し、寛話して去る。

土田文次が細君信子及び荻野俊隆と同車来訪。郷里及び民間急迫の事情を寛話、夕刻辞去す。

此の日、来る十一月三日明治節賜宴の招状を拝受す。

十月二十一日　前小雨　後陰湿

一昨日宗秩寮より、本日午後三時、吹上御苑内花蔭亭の拝観差し許さるゝの旨を通知し来る。然るに此の日、午前雨、午後陰、天候予測するべからず、遂に参観する能はず。亭は即位大礼奉祝の為め、宮内官吏醵金して建造奉献の榭亭也。

此の日、初夏以来滞積の他方寄贈の意見書等を整理し、之れを書庫に格納す。堆然すること尺半余の高さに及ぶ。驚くべき也。

午後、池上慶造来訪、玉川郵便局長候補保証人に関し、余の意見を叩く。即ち昌と協議すべきと答へ、寛話して去る。

田健治郎書簡

一、割注は（　）内に収めた。
一、封筒と内容が異なるものについては、適宜整理して示した。
一、消印については、年月日推定などに参考になるものを示した。

田艇吉宛書簡

1　明治(25)年5月30日

謹啓　昨夜は失敬仕候。陳は本日中橋徳五郎より依頼に曰く、昨日之三崎亀之助より承り候に、民法、商法延期法按に田君を賛成者中に記名有之処、田君は賛成記名之承諾を為したることなきに記名あるは如何、との尋問を受け即答出来兼候に付、取調之上追而御返答可申と相約し置取調候処、田君の説の如く書類中承諾の書面等一切之なく、記名の理由詳かならす、本来今回之賛成記名には中途取消等之不都合なき為め、充分念を入れ夫々確然承諾を得候上記名取計たるに、田君に限り何故斯る不都合を生したるや甚た以て不相済次第なり、とて大いに心痛致居候趣に有之。

依て小生愚考するに、過日小生藤田、中橋其他当省中之延期論者談話中、中橋より令兄は何れの説を維持せらるゝや、可相成は延期の方に賛成相成る様御依頼致呉間敷哉と小生へ申聞け候に付、小生曰く、兄は元来延期説を持する故必す延期の方に左祖するならんと申答へたることと有之、想ふに此談話を以て直ちに延期賛成者と速了し、無断にて記名する様のことに立到りたるならん歟、甚た以て不都合の次第に之あり候得共、右記名の原因は要するに右等の行違に起因せしならんと被察候間、不悪御諒察被下度候。就而は尚ほ御懇願致呉候様被相頼候廉は、何卒右賛成御記名之儀御承諾被下度との事に有之、右は記名を取消候事は独り賛成者を失ふのみならす、大いに気勢を挫折し軍気を沮喪せしむるの大影響も有之義に付、何卒記名之儀御承諾被下度、小生よりも訳而御願申上候。委曲譲拝芝之時候。匆々不宣

五月卅日

健治郎再拝

田家大兄様侍史

2　明治(25)年(7)月29日

拝啓　昨来異常之温熱人々喘牛之観を呈し候。益御清穆之段恭喜之至候。過日は鉄道意見書御恵投被下一読、至極御同感に存上候。昨日御電問之鉄道庁技師宿所、本日問合せ別紙呈進仕候。三線同志代議士中より議員採用之件は、過日尚ほ大臣へ相話し置申候。将又第一期期成各線不残本年の議会に於て議定候事の必要は、同く充分論

弁致候処、大臣に於ても兼て其意見にて無論同時に議定に附し候積りとの答に有之候。

議員任免は未た決定不致模様に御座候。

数日来内閣の大波瀾、近来稀なる激烈なることに御座候。昨日は閣論決定、彼の干渉派たる陸海両〇〇は遂に退職と相決し、是にて一と先落着候由、今後善後の策中々に骨折れ可申候。地方官中のヤツキ組も多分近日中に処分可相成候。

昨日河野内相方へ爆弾を封送（状箱に封し親展として）せしものありし由、河野氏親から開きたるも、幸いにして破裂に到らす。干渉派の究策なるか、可憎可笑事に御座候。

近来頗る多忙御無沙汰仕候。万縷拝眉之時に譲り候。

廿九日　　譲山劣弟拝

家大兄様膝下

〔別紙〕メモ

鉄道庁技師

本郷区駒込千駄木町五十七番地　松田周次

京橋区山城町山城軒　小川資源

〔註〕「封筒表」本郷湯島順天堂病院にて、田競吉殿親展。

「封筒裏」飯倉狸穴町、田健治郎。消印25・7・29。

差出年月は消印による。

3　明治(27)年8月1日

再度之御懇書欣然拝見仕候。時下大暑鑠金之候、当地は数十日間只二回之小雨ありし耳にて于今旱天打続き、天然水之地は遂に植附けも出来さる儘にて未曾有之大旱魃に有之、貴地は好都合に時々大雷雨有之由、此気候にて水さへあれは大豊穣は疑ひなき事と奉存候。

御一統様御清適に被為渉候趣慶賀之至、僘屋大小瓦全幸に御省意被成下度候。泰、菊殿も父兄に伴はれ一昨日無事帰着之由、本人は無病之積り故医師に診察を乞ふことを拒み候趣、誠に御気之毒之次第困り入りたることに御座候。左れど四五日来は精神余程修り譫言らしきことは不申由、何卒急速快癒候様と祈念致候。お慎も昨日出院、四五日山田氏にて世話に相成り、其上波多野常太郎氏同道帰京可致旨申参り申候。山田氏へは意外之厄介相掛け気之毒之至、何れ同人帰着之上相当挨拶可致と存候。不取敢礼状のみ相発置申候。

朝鮮事変も遂に大破裂、我海軍の手始めに大勝利を得候次第、国家之為め万歳を唱へ申候。大体新聞上にて御承知と存候間相省き、未た新聞に掲載なき廉々大略左に申上候。

我艦隊の内、浪速、秋津洲、高千穂（吉野なりとも云ふ）之三艦は佐世保を発し、平均十二海里の大速力を以て仁川へ急行し、同処二十海里程手前豊島近傍にて支那艦に行逢ふ。我艦は先つ国旗を上下し之に海軍の礼を行ふたるに彼れ答礼せす、由て敵意あるものと認め戦闘準備を為すに、忽ち彼の旗艦靖遠（済遠なりとも云ふ、判然せす）は、日章旗と共に降参の標なる白旗を掲く。我艦之を見て躊躇敢て撃たす、時に忽然彼より我艦を砲撃す。白旗を掲けしは全く彼れの詐術にして、我れに油断を為さしめんか為めなりしなり。我艦応戦、彼れの四艦と互いに砲撃すること一時二十分間なりしと云ふを見れは、其激戦なること想像するに余あり。仁川へは二十海里を隔つるも、砲声絶へす相聞へし由。激戦の結果は我大勝利に帰し、千五百名（千百名とも云ふ）の盛京軍（李鴻章の親兵三千の内にて同国最精兵なり）を搭載したる英国汽船「コヲシング」を撃沈めたり。此船は初めは英旗を掲け居たるも、戦ひ始まるや清旗に代へたりと云ふ。旗艦靖遠も叶はすとや思ひけん、是又降旗を掲けたる儘最大速力を以て芝罘差して遁去りたり。此艦も余程の手傷を受け死傷も少からさる由なり。第二の軍艦広丙（初めに広乙なりとの報ありしも実は広丙なり）も諸所撃破せられ、兎ても遠航に堪へさる有様となり、南東の方を向け遁去れり。其後釜山よりの報に依れは、此船は沈没を免るゝ為め故さと釜山近海の浅瀬に乗上け、自から火を放ちて焼却し、乗組員は陸路朝鮮内地へ入りたる由、多分遁れて牙山兵に合するならん。

第三軍艦操江は、他の同艦隊の船は追々遁け去り、自れ独り残され日本艦の為め撃沈めらるへきや目前に迫りたるを以て、遂に又降旗を掲けたり。我軍艦之に接近し乗移りたるに、外国機関手は皆な降参説を執りしも、支那人中には多少愛国心を存するか、之に反対するものありて我水兵に抗抵したるも、悉く之を打据へ囚虜として佐世保へ連来り、目下同所の獄に繋き置けり。

右の通、支那艦四隻の内、靖遠一隻の外は悉く破壊又は捕獲若くは沈没の運命に陥り、我艦は浪速の艦長室を打抜かれ、吉野なりしや少く傷損ありしも、何れも格別の大破損なく全勝を得たる由。清廷の震動駭愕一方ならす、俄かに日本の暗号電信を停止する等、専はら日本へ軍機を知らさしめさる工夫に従事し、一面は在日清公使に訓令し、愈来る三日を以て本邦を引払ふへき旨公然通知致来り候。依て我邦に於ても北京代理公使へ国旗を捲き帰朝すへき旨訓令相成申候。

又陸地の方は、兼てより牙山に二千五百内外の清軍あり、過日打沈められたる清兵と同時に天津を発したる兵は大凡四千五百計りに付、内千五百打沈められたるも、残り三千は多分我艦隊到着前に牙山に到着したるならん。或る説には、凡四千五百の兵は二分して、一は牙山へ、一は平壌へ送りたるに付、牙山へ上陸したるは残兵千余人に過きさるならんとの説あり、未た確たる報告なし。然るに朝鮮国王は牙山の支那兵に対し退去を要求し、聞入れさる為め日本に応援を乞ひ、先つ少許の朝鮮兵を以て之を伐たしめ（無論名義上は朝鮮王の決心を表する為め出兵せしめしのみ。我公使の策ならん）、続て日本兵龍山より牙山に向け進発したる由なれは、廿八九日より一大戦相始まりしならんとの説なれ共、目下通信の途杜絶したるを以て、未た何等の報告に接せす。

右、大要のみ御内報申上候。敬具

八月一日　　健再拝

御母上様

御兄上様膝下

〔註〕「封筒表」兵庫県丹波柏原町、田艇吉殿平信親展。「封筒裏」八月一日、東京麻布飯倉狸穴町、田健治郎。消印27・8・1。差出年は消印による。

〔別紙1〕 明治(27)年8月1日　田健治郎書簡（田艇吉宛）

別啓　議員候補其他御方向上に付縷々御垂示之趣敬承、御高慮御尤之次第と奉存候。鉄道事業も目下日清交戦之件落着致候迄は如何共方向決せさるへく、随て之を目的として今より進止を決する訳にも至る間敷候間、先以前々より之行掛に任せ無競争にて当撰相成候様なれは、候補御承諾被成候外有之間敷と奉存候。

過日之御垂示之趣に依り、西淳氏へ向け静懐妊之儀兄より公然御両家に向け御通知可及、又分娩迄は実家へ摂養之為め預り置き度旨併て申込度、右は今日迄之行掛上当然斯く取計ふへき筋と相信し候得共、為念内意御問合せ及ふ旨申送り候処、本日別紙之通り略答致来り候間、兼て御申示之通御取計ひ被下候様致度候。拝具

八月一日

〔註〕「巻封」松鶴家大兄様必親展、健拝

〔別紙2〕 明治(27)年7月30日　西村淳蔵葉書（田健治郎宛）

謹呈　御問合の件差支御座なく候間、至急御運被成下度御依頼申上候。中暑臥床中略儀御免被下度候。草々頓首

〔註〕「葉書表」東京麻布狸穴、田健治郎様宅へ、但馬八鹿村、西村淳蔵、七月三十日。消印27・7・30。

4　明治(27)年8月20日

旬六日之芳信薫誦仕候。

高堂皆様御揃益御安靖之趣恭喜之至に御座候。鉄道起業も目前之形勢にては兎ても着手は六ツ敷、先々其儘にて戦争之結果、経済社会之成行を観察し、然る上進止を決する方当然の事に之あり。左れ共一年半の裕余も之ある儀に付、今日に於て延期を願出る之大早計たることは御高見之通りに御座候。未設は暫く除き、既設会社之株式等今日非常之大下落、資力ある人にして此機に投せは随分異常之勝利を博すへくと存候得共、経済社会は随分塞迫と相見へ、大手腕を振ふ人も無之ものと相見候。撰挙期日も愈切迫、平常なれは地方によりては非常之喧擾を可来の時なれ共、戦争にて寂々聞く所なし、候補者の為めには幸福なるへしと愚考仕候。

土田文治氏流行病の由、気之毒之至、一家之心痛推察せられ申候。何卒迅く全快相成度、昨年新土田、今年は土田、誠に可恐の至り、御用心肝要に御座候。

当地も両三日前より微雨時々至り大いに清涼を覚へ蘇息致候。本年之烈暑は各地共稀有之酷烈なりし由、乍去旱害を免れたる場所は大豊年たること疑ひなし。目今外国交戦米価沸騰の際、万一凶作の兆ありては実に不容易事と気遣ひ居候処、右之豊況何より以て欽喜すへき所に御座候。

交戦の報知も近頃暫く打絶へ、人々をして悶々に堪へさるの想あらしめ候。中には政府の因循遅緩を彼是論評するものも有之候得共、是畢竟軍隊の運動、軍需の用意其他軍機に関することは大秘密を要するを以て一切新聞上

に掲載せしめさるより、暫時交戦なき時は忽ち何事も為さすして閑過するものゝ如く想像するより起る妄想と被存候。其実政府は実に昼夜怠たらす戦備に従事致居様子に有之候。韓地の近況左の如し。

野津第五師団長は一旅団の幾部（京城の旅団を併せて一師団となる）を帥し、本月上旬釜山に上陸し、内二大隊を元山津に廻したり。此二大隊は十五日を以て京城に入りたり。野津中将は騎兵一小隊を随へ陸路京城に赴き、昨十九日を以て龍山に到着せり。余の兵隊は陸路北上中なれ共、百十里内外の行程に加ふるに、道路の不便、営舎軍需等の絶無を以てすれは、京城到着には尚ほ二三日の日子を要すへし。右旅団の残部は、十七日以来十三隻の運送船を以て一旦釜山に着したれ共、昨十九日午後一時より更に出帆したり。行方は大秘密に附しあるを以て判然せされ共、多分仁川へ向けしならん。

右にて広島師団兵は漸く送り出せしならん。此次は名古屋師団兵、来る廿五、廿六日の両日を以て広島へ向け大輸送を初[ママ]むるならん。一師団の兵は、如何に多数の運送船を用ふるも数回に分けさるを得さるを以て、名古屋師団兵も多分三度位に分割して輸送するならん。

去る十六日より名古屋、仙台の兵各二大隊計り横須賀へ輸送せり。此れ全く東京湾は輦轂の下なるを以て、特に観音崎辺の警備を厳にせしなり。

朝鮮行は独り兵隊のみならさるを以て、人足軍需物等の輸送に就いて非常多数の運送船を要するは実に意想の外に在り。現に上文十三隻の内には、人夫四千人、大工三百人乗込居たりと云ふ。

昨日仁川よりの電報に曰く、十五日朝鮮政府新内閣の任命ありたり、又二十日より新貨幣拾万円を発行す」[ママ]。

只今馬関よりの情報に曰く、五千の支那兵大同江の北岸に陣せり、我兵は臨津、長瑞、松都（開城のことなり）の三所を扼せり（支那兵の陣する大同江は京城より四十七八里）（我兵の扼する地は京城より十三里計なるを以て、其間相距る三十余里、想ふに其相接するは尚ほ十余日の後なるへし。

又去る十三日我浪速艦平安道宣川沖にて支那艦二隻と出逢ひ打合しも、海上暗黒敵艦暗に乗して逃去れりとの報あれ共、私報なるを以て信偽は保し難し。

昨日上海よりの来電に曰く、英国の海事裁判所は昨十七日高陞事件を審問せり、其結果は日本の為め利益なりし。英国水師提督は日本軍艦の該船の撃沈めは正当の行為なりと思量する旨報告し、且日本政府に対し何等の要求をも為さゝる様本国政府へ勧告したり。右之電報は確実なる筋より当局へ申来りたるものに付間違なかるへし。高陞号の打沈めは勿論正当なりと信し居たるも、外国人中には種々の非難を加ふるものもこれありしに、英国の海事裁判所に於て斯く公平なる判決を為し我邦の一累を解除したるは、実に此際に於て為邦家可祝の事に御座候。

要之支那兵の朝鮮に入るもの既に二万余なる由、尚ほ盛京辺より続々送り来る趣なれは、支那は全力を尽し朝鮮を衝き我兵の本部に来るを遮攔せんとの計画に可有之、我兵の朝鮮に入るもの目下輸送中のものを併せて一万五千位ならん歟、不遠一大快戦を試みるならん。支那の海軍は豊島の戦に懲り、深く匿れて容易に来進し得へき模様之なき由に候。

右大略為御参考申進候。敬具

八月二十日夜　　健治郎再拝

家大兄様玉榻下

尚々、西園寺、末松の二人は、多分本日朝鮮へ向け出発せしならん。西園寺は戦功取調の為めなるへく、末松は朝鮮内政改革視察の為ならん。

別封御内示の件は、篤と本人にも申聞け相当之処置可仕候。

〔註〕「封筒表」兵庫県丹波柏原町、田艇吉殿平信必親展。
「封筒裏」東京飯倉狸穴町、田健治郎、八月二十日夜。
消印27・8・21。差出年は消印による。

5　明治(28)年5月1日

益御清祥奉賀候。陳は土田綾子縁談之件に付、土田家来状相添へ御申示之趣拝承、結納之事も植村氏未た帰京不相成に付、未た何等之打合せに接し不申候。

差向き所要之衣服調度等相調へ候件御依托に付、此頃安より野口氏及ひ綾子と打合せ中に有之、本日も急要のもの買調への為め、安、綾子同道呉服屋へ参り候。野口氏の意向にては、此際凡そ五百円位の買物必要ならんとの事に御座候。此書状土田家へ御回し被下、御異存なくば至急御送金相成候様仕度候。

田村良殿より、山本氏洋行出発の際は、土田家より何にか送別品を贈るの必要ありや否問合せ有之候。是は結納済の上、野口氏と協議之上御報知可申候。

片山貫三郎氏より別紙の通り返書到来、要するに睦子を貰受くるは幸福なるへきも、時機早に過くとの旨趣に有之候。此上は篤と実家方面之御内議之上、議熟すれは、約束の上結婚は両三年の後に譲るも差問なかるへし。本人の意思は判明致居候に付、母兄等の意思を確むるの外無之と奉存候。可然土田家、田村家へ御伝へ被下度候。

拝復

五月一日　　　　　　　　　　　　健拝

御母上様

御兄上様

尚々、炭礦之件は追而可申上候。

〔別紙〕田長喜書簡（小谷哲宛）

季子病気の事は何分御承知之通生れ付病身者に御座候ゆへ、何方へも申遣し居不申候間、貞子様にも心配致候もよろしからす候ゆへ、御内分に被成置被下度候。つい外方へ聞へ候ははは見舞抔受而は大層に相成候ゆへ、どなたへも先々御内分に被成置可被下候。

小谷哲殿　　　　　　　　　　　　祖母より

〔註〕「封筒表」大阪南区三休橋南詰米田方、田艇吉殿親展。「封筒裏」京都麩屋町柊屋にて、田健治郎。消印28・5・10。差出年は消印による。

6　明治(28)年8月7日

芳墨欣誦。爰両三日は晴天とは不参候得共幸に降雨無之、何卒迅かに快晴に相成候様にと祈念罷在申候。

友吉氏無罪放免相成候由御同悦之至り、勿論之事とは相信し居候得共、決着迄は安心不出来、先以て安心仕候。不慮之災難気之毒之至に御座候。瀧氏依頼須磨御料地払下之件色々相考へ候得共、何分御料局には是と申す知己もなく、又白面之人へ斯様之事突然尋問する訳にも参兼ね、如何共探問之手段無之候間、悪からす御謝絶被下度。最も小生一己之愚見に依れは、縁由ある町村等へ或る少部分之御料林を払下くる等の事は、或は実際あり得へき事柄と存候得共、数万坪之大官林を縁故も確かならさるものへ払下け等の事は、勿論行はるへき筋に非すと存候に付、駐在巡査之風説位にては容易に確信を措き難き儀と相考申候。

衣川氏へ小生より之贈物と称し新約全書を送りし者有之由驚入申候。御推察之如く何者か猾奴之所為と存候間、御序之節は尚ほ可然御弁解置き被下度奉願候。

過日は姉上様、広内伯母様同道御上坂被遊候由、御悦申上候。乍憚御両所へ宜く御伝声被下度候。草々拝復

八月七日　　健再拝

松鶴家大兄様侍史

尚々、別紙御返璧申上候。将又加藤氏挨拶之要否御問合せ之趣承知仕候。右は小生も当時は必要ならんと考居候処、其後同家執事四宮（該時専はら世話し居たる人）なる者、田辺氏之知人（吉松の讒にて）なる由にて、同氏より依頼有之、本省属（三十円）に採用致候より加藤も大いに悦ひ態々礼に来り、又過日は加藤之招にて小宴を生の為め相開き候様之次第に付、他日小生より贈物又は小宴を酬ふる等の事は格別、別に過般世話を受けし謝礼等には及ひ不申と相考申候。

〔別紙1〕 明治(28)年7月25日　瀧又右衛門書簡（田艇吉宛）

前略御高免。暑中とは申なから兎角不順之候、誠に昨夜は当地疎成大風雨にて各家多少破損等有之、御地は如何哉、先以益御安静之段奉大賀候。陳は荘老人先般より眼病に罹り、此間神戸病院え出懸け候処、別紙田中真太郎は播州の人にて、当時西須磨警察署在勤巡査奉職罷在、右仁妻は庄氏の孫にて其内に世話に相成神戸え通ひ居候。甚突然の事に候得共、貴君は当時商法御専務の事故、住友家又は他にても望手有之間敷哉も難計、尤金は先方に出金者有之由、全運動の道に困却の由に付、何に角御勘考は有之間敷や。余り夢の様なる事に候得共、倅れ之手紙送るに御差添御笑の程如何と存候得共、兎に角入貴覧候。若し夫れに付御用も候はゝ、拙者出坂次ての問合は可仕、右様の事は大坂は最もすばやき事故、御聞込も可有之奉存候。少之甘きしるに而も御座候へは重畳。御一笑迄に書面弐通御廻し申上候。御覧後御返却願上候。

草々頓首

七月廿五日　　瀧又右衛門拝

田様

須磨山林即一之谷惣坪数弐百五十町歩、其内平坦の分壱万五千坪、実価弐万五千円位に而払下可相成との模様、実際は壱坪拾円位に而買手有之候。

〔別紙2〕明治(28)年7月29日　田中新太郎書簡（瀧又右衛門宛）

謹啓　如貴命兎角不順之候に候処、弥御清適奉慶賀候。却説荘御老人眼病之状況は、過般鳥渡御令息迄申上候通り、県立病院の診断信する処有之候故、二三周間相試み効験なきときは、白内障症の治療を受くるも毫も遅きにあらざるを以て、先当地に於て暫く毛莨〔ママ〕炎の治療相受け候事に決定為致申居候。然るに近時は聊か視力を増したる心持に御座候趣きに付、一同相悦ひ申居候。于時本日御料地一件に付、御書面之趣き委細承知仕候。実は突然御厄介を申出候処、早速御令息より御回報被下直に小生より御答可致筈の処、多事に取紛れ延行ながら本日一翰拝呈致置候得共、本日之紙面により更に状況御報仕候。抑も今回御料地払下を企図せしは、当地の人物にして、本県属と結托し客年彼の御料地を無期限無代価にて拝借を出願せり。而して出願の表面は遊園地とし、壱万円の金を投ち公衆の為めに尽力するとの理由なりし故、他人の為めに大金を費やし益する処なく、如斯願書は理由立ざるを以て却下せられたり。此時多少運動費を費やしたるが故、手蔓を探り内幕を窺ひしに、理由の立たさる拝借より寧ろ該村の為め払下を出願せは許可せらるゝとの内情を知り、或大臣の親戚の人か本件を引受けるや病死し、県属は他へ出向し、本村に人物なく弥手蔓を失ひたるが為め、他日好機会を得る迄事秘密に為し居りしものにして、曩きの模様によれは手蔓次第にて容易に払下の出来得るなりとの事なり。如何にも近時世の景勢は運動其宜しきを得ざれは到底目的を達する不克、況んや本件の如きは大事業なれ共、幸に未た余り他人の注目為し居らざるを以て大仕掛の運動に出てず、手蔓其宜敷を得ば随分出来難きものにもあらさる様相考候。而して当地の人物にして先きに関係せしものが、近時手蔓を求めんと計画中に付、事遷延せは今後当地へは続々貴族方も来遊せし故、何れの手にてか払下の出来得るものとは確信候に付、実は取急き御相談申上たる次第に御座候。右之状況故、払下の可否決定候迄は運動費の出途無之も、運動費円を用せは成立候事確定せば毫も費途に心配無之、五六万円の資金は当地に在て出来得る事確然致居候得共、何分前陳之如き困難の事情有之候故、御推察の上今一応在東京の某氏へ御問合、如何なる理由あれは御料地払下許可相成ものに候や、其辺承知せは弥運動の方針相定め

られ候間、何卒今暫く御尽力之程伏而奉希望候。先は本件御回報旁御依頼迄、如斯に御座候。早々拝具

七月廿九日　田中新太郎拝

滝御大人閣下

〔別紙3〕 明治(28)年7月31日　瀧又右衛門書簡（田艇吉宛）

謹啓　先以益御賢勝之段奉慶賀候。扨此間は御用繁中御面倒之儀奉願候処、早速御返翰被成下難有仕合奉存候。如仰余程慥成処不突留して運動候も無効は当然、且御払下之事情等詳細申越候様申遣候処、別紙の如く申来り候付入御覧候。尤先方えは貴君え御問合願候事は不申遣候儀に付、此段御安心奉願上候。何卒好手蔓を求められ候御工風は有之間敷哉。彼れも又前以入費は困難之様子、余りぬれ手で粟のたとへに而余り気随成事に候へ共、左も可有之、併し少し而も手蔓を得は同志に計り運動金の策もなし、且自分も職を去て運動に取掛り度趣きは先刻倅書面に有之、何卒彼れに運動の道を得させ得は又々充分心配は可為致に付、何卒御内々にて東京え其道を御探り被下間敷哉。尤職務上に相障候様なる御迷惑は決し〔ママ〕不致様注意仕候様一入御尽力を煩し度、此段御繁務を不顧又々奉願候間、何分にも宜奉願上候。委細は別紙書面にて御承知被成下度、彼地に而余程秘し居候様子御座候。先は右再願迄。草々頓首

七月三十一日　瀧又右衛門

田様御願書

〔註〕「封筒表」大坂南区北桃谷町二百九十六番地、田艇吉殿親展。「封筒裏」逓信省、田健治郎。消印28・8・7。差出年は消印による。

7　明治(28)年9月4日

数日已来残暑頓に加り候得共、気候上申分なく土用中不順之損害を恢復するや疑ひなかるし〔ママ〕と御同慶に奉存候。益御安靖被為渉候御事と奉恭賀候。敝屋瓦全幸に御安意被下度候。

台湾も漸く半部平定に相成候趣、高島中将并各後発隊も追々進発相成候に付ては、鎮定之功も是より着々歩を進め、十月中には多分掃蕩之功を奏するに到るへしとの趣、何卒為邦迅速奏効之事所祷に御座候。疟疫も殊之外猖獗、乍去貴地は稍減少之傾を生したる由、折角御防護御専一に奉祷候。草々不備

九月四日　　　　　　　　　　　　　　　　　　健再拝

松鶴家大兄様玉机下

〔註〕「封筒表」大坂市南区北桃谷町二百九十六番邸、田艇吉殿平信親展。「封筒裏」東京狸穴、田健治郎。消印28・9・4。差出年は消印による。

8　明治(28)年9月16日

華翰拝見。益御安靖之段奉欣賀候。降て敝屋平安幸に御安心被成下度候。却説重野安居氏悪疫に罹り候次第、御伝聞に依り縷々御慰問を辱ふし感謝之至に御座候。右は去る八日（日曜日）電話にて為知有之に付、打驚き安同道相見舞候処、殊之外軽症と見受け候に付、一応は安心仕候得共、小松宮御邸に相隣り候故を以て警察官は自宅療養を許さす、不得止入院と決し候得共、入院後は吐瀉もなく、其翌日は食慾も相生し候様之次第にて、虎列刺とは名のみにて頓と心配する程之容体に之なく、去る十三日には全快出院を許され、僅々五日間之滞院にて帰宅、其後も平常と殊なるなく、只用心の為め未た出勤せさる位之事に御座候間、切に御安心被下度奉願上候。先は拝答旁如斯御座候。草々不悉

九月十六日　　　　　　　　　　　　　　　　　　健再拝

松鶴家大兄様玉机下

副啓　住友家之事業も駸々発達諸事隆盛之趣欽羨之至、銀行事業御担当にも相成候はゝ御骨折は格別に御座あるへく候得共、斯る盛運に際し御尽力被遊候事一層御愉快之事に可有之と御同悦に奉存候。

来月初旬には一応御帰郷、萱堂様を初一家御引纏之由、誠に好都合に御座候。土田繁吉氏留守預りし職は一挙両便、殊に本人は手堅く相守り候はゝ前途之見込も相立ち可申、極めて好都合と奉存候。

夫に就き小生所有地収入純益二十分一、賞与として分配之事は勿論之事に御座候間、右様御取計被成下度候。安より篤く御礼申上呉候様申出候。此段申上候。

〔註〕「封筒表」大坂南区北桃谷町二百九十六番邸、田艇吉殿親展。「封筒裏」東京飯倉狸穴町、田健治郎。消印28・9・18。差出年は消印による。

9　明治(28)年10月3日

拝啓　益御安泰奉恭賀候。昌脚気も格別気遣は敷容体に無之、最初は模様に依り転地療養為致可申かと存居候得

共、医師之意見も先以て其必要なかるへしとの事に付、目下二階住居と定め保養罷在候間、御懸念被下間敷候。坂鶴鉄道本免状之件御垂問之趣拝承、右は従来極めて軽微なる鉄道に就ては、鉄道会議之諮詢を経す直ちに下付し、会議には事後之報告に止めたる先例も有之候得共、現に過日会議之切には、京鶴鉄道本免状下付之諮詢有之、其後南海（紀泉）鉄道も本免状願出候由なれ共、想ふに会議之諮詢を要するならん。坂鶴之如きも比較的大鉄道なれは、無論諮詢之上ならては下付相成間敷と想像仕候。着々本日之新聞に愈明日発起人総会開設之由相見へ候。着々事業相運ひ候事切望之次第に御座候。

目下多少之歩合を以て株権譲渡相整ひ候由、愚按に依れは現今民間起業之熱情漸く勃興し来り候得共、茲四五ヶ月已内には一層振興し来るへく、殊に来月第一回償金一億両の払込を受くれは非常之影響を来し、株権之歩合は一層騰貴すへくと存候間、可相成は其際に譲渡相成候様仕度、茲三四ヶ月形勢御熟覧之上市況御一報を煩はし度奉願候。草々不備

十月三日　　　　　　　　　　健再拝

松鶴家大兄様玉机下

〔註〕「内封筒表」大阪市、田艇吉殿親展。「封筒表」大坂南区北桃谷町、田艇吉殿親展。「封筒裏」逓信省にて、田健治郎。消印28・10・4。差出年は消印による。

10　明治(28)年10月28日

拝啓　時下秋涼之候に相成候処、御母上様初皆々様益御多祥に被為渉候段欣悦之至に奉存候。次に小子共一同瓦全幸に御休念被遊度奉願候。却説過日来は大坂御移転御準備之為め兄上御帰郷相成り、遠祖母様、祖母様并父上様法会御供養被遊、引続き太田家より父子同道婿入せられ、西村氏も来会、御親族一同参会相成候趣、其上送別留別等百事一時に相成り候趣、御混雑御配意之程深く奉推察候。乍去斯く御手順を尽され置候はゝ後来万事御好都合に可有之、殊に太田老人も殊之外満悦之体にて小生へも早速来翰有之、御同悦之至に御座候。将又西村氏も愈好団円を見るに到り双方共に満足致候事、無此上慶事御喜悦之程奉欣賀候。昨年以来之御心配も其頃切希せし如く、今は全く一場之夢物語に過きさる事と相成り実に愉快之至に御座候。

愈近日御引越之趣、随而百事御繁忙之御事と深く御察申

上候。近くにも有之候得は余り御大層に不被成様希望罷在候。

過日来可呈一書存念之処、一等局長会議を初旬より相開居候際、俄然朝鮮事変差起り、之か為め昼夜繁忙を極め、却て御手紙を戴き恐縮之至に御座候。此頃漸く少く閑に相成申候。草々不備

十月廿八日　　健再拝

御母上様膝下

尚々、繁吉氏留守管理之由御苦労之事に御座候。乍憚伯母様初皆様へ宜く御伝へ被下度奉願候。

〔註〕「封筒表」兵庫県丹波柏原町下小倉、田艇吉殿、同長喜殿御内平信親展。「封筒裏」東京麻布区飯倉狸穴町五十九番地、田健治郎。消印28・10・31。差出年は消印による。

11　明治(28)年10月28日

芳墨拝見。益御多祥之趣奉恭賀候。北海道函館小樽間鉄道起業之見込に付御内問之趣敬承仕候。右鉄道に付今日迄に伝聞する所に依れは、嚮に発起人より資本金八百万円に対し五ヶ年間五朱之補給、則ち合計弐百万円を国庫より補助せられ度旨出願に及ひ、目下逓信、内務両省間交渉中之趣に有之。抑も北海道拓殖鉄道敷設の議は、夙とに北海道庁長官の熱心計画する所にして、第一は上川より十勝原野を横断し訓〔釧〕路に達する線路、第二上川より分岐して網走に達するもの、第三雨龍より分岐して天塩奥に達するもの等多々肝要の線路有之、本年の議会には多分第一なる十勝線を提出するに到らん。果して然らは政府に於ては無論函館小樽線の必要を認むるとするも、他の二三線之より先にすへきものあるを以て、実際官設と為さんとせは其着手は十余年の後に到らさるを得さるを以て、寧ろ相当の保護を与ふるも私設として迅速の敷設を為さしむるに若かすとの論者も之ある由、然るに官設論者に在ては私設として無保護にて成立するなれば論なしと雖とも、若し五朱の補給を与ふるとせは、何か故に官自から公債を募り之を建設せさるや、若し此鉄道にして補給を与ふるとせは、他日殆んと同一様の鉄道あれは同く補給を与へさるを得さるに到らん、鹿児島鉄道は政府自から之を敷設し、函館鉄道は補給を与へ私設せしむるは何等の理由ありて殊なる乎、私設の保護は断して不可なりと論する者も之あり。目下の処にては逓信にて

も内務にても、未た省議として確定したるもの之なき様子なれは、尚ほ此上充分の調査と協議を尽したる上に非されは決定致す間敷、勿論該鉄道の必要は何人も認むる所なれは、官私設何れに決するも早晩欠く可からさる線路なれは、他の漠然たる山師的の起業に非さることを御確認之上は、仮令発起人に御加入相成候共不面白と申すことは有之間敷哉。何となれは官設にする為め私設の起業を却下せらるゝは、毫も恥とするに足らされはなり。

唯小生の卑見にても官私何れに決するも、補給問題に関する儀なれは中々急には相決し申す間敷と想像罷在候。右の出願か果して坂本の奔走するものと同一のものなるや否やは存せす候得共、該鉄道の計画は随分久き前よりありしものと被存候。

園部姫路縦貫線は頗る必要の線路たることとは、国防上に於て明白なることに候得共、私業としては兎ても利益を充分に獲ること難かるへしと被存候。草々拝復

十月廿八日　　健再拝

松鶴家大兄様玉机下

尚々、昌子へ御伝言承知仕候。御引越何角御繁忙御察申上候。

〔註〕「封筒表」大坂市南区北桃谷町弐百九十六番邸、田艇吉殿親展。「封筒裏」逓信省、田健治郎。消印28・10・29。差出年は消印による。

12　明治(28)年10月31日

拝啓　益御清適之趣奉恭賀候。陳は本日宮中に於て征清役に功勲ありし文官の賞典挙行せられ、小生は左の恩命を拝し申候。

明治二十七八年事件の功に依り勲三等旭日中綬章及金参千円を授け賜ふ。

天恩優渥感戴之至に御座候。就中旭日章は現時にては、特殊之功勲に非されは下賜せられさる次第に付、別して光栄之次第に御座候。鈴木次官は男爵に叙せられ、外に六名許り授爵者御座候。賜金は大鳥圭介五千円、園田総監及小生三千円、以下数人有之候。

右御吹聴申上度。草々拝具

十月三十一日　　健再拝

御母上様膝下

〔註〕「内封筒表」大坂南区北桃谷町二百九十六番邸、田艇吉殿親展。「内封筒裏」東京、田健治郎。消印28・11

・1。「封筒表」兵庫県丹波柏原町下小倉、田艇吉殿御内。表書記載の御方は全家移転に相成に候間、左記へ配達相成度候。大坂南区北桃谷町弐百九十六番地え、留守居広内繁吉。「封筒裏」東京、田健治郎。消印28・11・2。差出年は消印による。

13　明治(28)年10月31日

粛啓　益御安靖奉恭賀候。陳は本日午前十一時宮中に於て、廿七八年之事件に関し勲功ある文官へ夫々賞典御挙行有之、授爵者も七名許り有之候。小生は左之如く御賞典を拝し候。

明治二十七八年事件の功に依り勲三等旭日中綬章及金参千円を授け賜ふ。

天恩優渥感戴之至に御座候。

右御吹聴迄に。草々拝具

十月三十一日　　健再拝

松鶴家大兄様

〔註〕「封筒表」木挽町二丁目十三番地、遠藤久方、田艇吉殿必親展。「封筒裏」逓信省にて、田健治郎。

14　明治(28)年11月20日

粛啓　益御安泰被為渉候趣奉恭賀候。御兄上様にも過日より九州御出張之処、頃日は最早御無事御帰坂之御事と奉存候。過日川島正久相伺候由にて両三日前帰京、其節は御珍ら敷品々小児共へ御恵投被成下、感謝之至、皆々満悦頂戴仕候。

谷田仙次郎宅地畑地売戻之儀に付御手数を煩はし恐謝、則ち別紙売渡証書并委任状差上候間、必要之文字御記入之上可然御取計之程奉願上候。

此頃松元剛吉来り申出候には、坂鶴鉄道も愈敷設相成るへきに付ては、横浜英一番館ジャージンマゼソン商会に於て鉄軌其他鉄車用品一切注文相受け度、既に土居、石田両氏へは依頼致置候趣なれ共、田君へも御依頼致度に付、松元自から大坂に到り依頼致呉候様被相嘱候処、万一已に他へ御注文済の様にては無益之労に付、如何之御都合なるや一応小生より御内問致呉候様申出候。

右は素より一商会限り之見積を以て直ちに御注文と申す訳には難相成儀と存候得共、英一の如きは横浜にても最も信用すへき大商会に付、一応為見積他之見積と御比較之上、良好にして且経済的なるものへ御注文相成可然と

奉存候間、未た御決定不相成哉、一応急に御垂示被下度奉願候。

昨日元宮崎県参事官たりし某より、共栄社之社運に付問合せ方依頼有之に付、御迷惑とは存候得共、田辺君之来意も有之由に付添書相渡置申候。可然御垂示被下度候。

渡辺朔太郎氏病況、過日同氏より来状中に相見へ候得共、格別之事とも存せす居候処、御垂示之趣に依れは中々以て重症之由驚入申候。随分不養生家に付、早速充分之摂生治療に専心従事せらるへき旨申遣し置候得共、前途甚た懸念、御老母之御心情察するに余あり。兎に角目下経済的之転地養生之外ある間敷、御序之節宜く御伝へ被下度候。

敝宅も此頃病人多にて閉口罷在候際、十七日日曜之夕より誠児少く発熱、十八日之夕には熱度四十一度に相登り候に付、打驚き医師を迎へ診察を受け候処、ヂフテリヤ之初期に付、即刻北里氏之伝染病研究所へ入院為致可然との事に付、同夜十時頃俄かに入院、安及今井老人看護として附添ひ、且同所は敝宅より近距離に付交る〳〵往問致居候。入院之夕直ちに胸部二ヶ所へ例の血精注射を行ひ申候。格別苦痛を感する程の事之なく、気分は極めて爽快食事も常の如く唱歌など歌ひ居候位の容体に付、万懸念之なき事と奉存候。然るに昨日に到り篤并重野シン之両人又々発熱、篤の方は今朝に到り熱度も降り咽喉も稍佳良の方なれ共、シン子之方は昨夜来熱度三十九度位に在りて咽喉之腫起一層強く、今朝医師再診遂にジフテリヤと決し、午前十時頃是又入院致候。同人は専はら誠の看護に服事致居候に付、伝染致したる事と被存候。篤は午後医師之第三診を受け候後ならては決し難きも、今之様子にては多分普通の風邪に止まる事と存居申候。芳、輝両児は過日来風邪にて発熱又は眼病に悩み居候得共、今日にては全快致し、安、小照も眼病に悩み居たる処、小照は迅くに全快、安は今に少く不快中、右之次第にて困却仕候。昨今両日消毒打続き困雑を極め申候。重野老母、松元老母等之手伝にて先々差支なく手当致居申候。

右北里氏のヂフテリヤ血清療法は近来其効験益確実と相成り、百中九十余は皆々全快致、余程手後れに相成りたるものに非されは決して性命を失ふもの之なき由、其施術を実見するに軽症は僅かに右様二ヶ所の注射位に止まり、重症にても四ヶ所の注射位にて平癒候趣、果して右

に止まれは療法の簡単なる従来之療法に比して霄壌啻ならす、種痘と軒輊なき大発明に御座候。万御心配無之様奉願候。草々謹言

十一月廿日　　　　健再拝

御母上様

御兄上様膝下

尚々、姉上様へ宜く御伝声被成下度候。

〔註〕「封筒表」大坂市南区北桃谷町二百九十六番邸、田艇吉殿。「封筒裏」東京飯倉狸穴町、田健治郎。消印28・11・21。差出年は消印による。

15　明治(28)年11月27日

昨日之御懇書只今拝見仕候。

益御揃御安靖に被為在候段大慶之至に奉存候。小児とも発病に付殊に御配意被下、毎々御懇篤之御見舞を辱ふし奉感謝候。御蔭にて皆々順当に快方に向ひ、誠は昨日全快、安共々出院機嫌能遊居申候。篤は最初より極軽症に付、入院致居候ても床に就き候事は稀にして、極めて元気に戯れ居候間、是亦不日出院可仕、新子も昨日頃より発疹（是は薬効現はれ平癒に赴きたる時、薬の反応にて身体へハシカの如く発疹し頗る痒気を覚ふ。誠の如き最も甚しかりし）致候由に付、是亦四五日内には出院之事に可相成候。然るに誠出院之際、重野の末女秀子又候同症にて入院同室致候。同人は誠児発病已来敝宅へも病院へも来らさるに、如何して伝染せしや、重野老人二人及お菊伯母等時々見舞に来り候に付（後には一切見舞の来人を謝絶せり）、或は病毒を持帰りしか、又は他にて伝染せしや不相分候。尤も同人も極軽症に付毫も心配には及ひ不申候。安の帰宅に代り重野老母看護致居候。最も三人共に枕に就く様の病人は一人も無之に付、今井老人も相断はり、只今は一人にて三人の介抱致居候得共、看護婦も有之に付、白人《ママ》の多きは却て伝染の恐れある故、斯く致したる儀に御座候。輝も昨日より帰宅、芳は尚ほ駿河台に預け置き申候。

右之次第に付決して御心配下され間敷奉願候。草々拝復

十一月廿七日夜　　　　健再拝

御母上様膝下

尚々、安眼病并私風邪に付御尋被下多謝仕候。両人共に全く快癒仕候間御安神被下度、安より宜く申上候様申出候。

土田昇も愈来る六日発にて英国へ赴くへき筈に御座候。

〔註〕「封筒表」大坂南区北桃谷町二九六番邸、田艇吉殿平信御内。「封筒裏」東京狸穴、田健治郎。消印28・11・29。差出年は消印による。

16　明治(29)年1月6日

粛啓　益御揃御安靖に被為渉候段大慶之至に奉存候。却説過日は歳末年始之御取込中へ罷越し、久振にて団欒、奉侍之歓を竭す事を得、終始御懇待相蒙り、幸福喜悦不過之千万奉謝罷在候。其上小児輩へ銘々結構なる御恵品を辱ふし皆々雀躍歓喜仕候。

奉別後汽車無恙山河を経過し、昨夜六時半頃両人共無事帰京仕候間、幸に御休意被成下度奉希上候。敝方留守中も皆々健在、是亦御同悦奉希上候。先は不取敢御礼旁如斯御座候。草々不宣

一月六日　健再拝

御母上様
御兄上様膝下
御姉上様

乍憚お慎殿其他小児衆方へ宜く御申伝へ被成下度奉願候。安并篤より宜く御礼申上候様申出候。拝副

〔註〕「封筒表」大坂市南区北桃谷町二九六番、田艇吉殿平信。「封筒裏」東京麻布狸穴町、田健治郎。消印29・1・8。差出年は消印による。

17　明治(29)年1月9日

益御安康奉大賀候。陳は小子一昨日を以て左の辞令に接し候間御吹聴申上候。

御用有之欧米各国へ被差遣

一月七日　内閣

来る明治廿九年六月匈牙利首府ブダペストに於て万国電信会議開設に付、為委員差遣被仰付。

一月七日　内閣

右之通被命候に付ては、来る三月下旬か四月上旬には発程之心算に御座候。同行者は松永秘書官、随行者一人は未た発表不致候。草々拝具

一月九日　健再拝

御母上様
御兄上様膝下

〔註〕「封筒表」大坂市北桃谷町二九六番地、田艇吉殿親展。

「封筒裏」逓信省、田健治郎。消印29・1・10。差出年は消印による。

18　明治(29)年2月13日

拝啓　時下寒威稜峭之候に候処、御一統様御揃益御安泰之段奉恭賀候。偖安臨月之儀兼て三月頃なる様申上置たる処、先月中穏婆の申出に依れは最早充分発育致居候に付、臨月は二月中旬なるへき旨に有之。依て夫々仕度罷在候処、本日午前六時無恙安産男児出生、母子共に殊之外健全に有之候間御安心被成下度、不取敢御報知申上候。拝具

二月十三日　　健再拝

御母上様

御兄上様膝下

尚々、母上様は或は当時御帰郷中なるへきやと存候に付、郷里へ向けも〔ママ〕一報致置申候。お慎殿尚ほ滞在中なれは宜く御伝へ被下度候。姉上様へも宜く御致意被下度候。

〔別紙〕明治29日1月1日　太田休蔵書簡（田伯父宛）

奉謹啓候。新年之御吉慶目出度奉存候。御祖母様、御伯父様、御伯母様を初め御満堂宜敷御超歳被為在候段、大慶恭喜之至に奉存候。当地も一夜明け候而は春めき申候。先は年頭為拝賀如斯御座候。恐惶謹言

明治廿九年正月朔旦賀　太田太右ヱ門倅休蔵拝

田御伯父上様玉榻下

〔註〕「封筒表」大坂市南区北桃谷町、田艇吉殿平信。「封筒裏」東京麻布狸穴町、田健治郎。消印29・2・13。

19　明治(29)年2月16日

芳墨拝見。数日来寒気殊之外烈敷候処、益御安泰御起居被遊候段奉大慶候。母様にも過日来郷里へ御帰向之由、田舎にては旧暦歳晩年始に際し、別して御繁忙之御事と奉存候。

朝鮮又候一大事変差起り、之か為め議会にても在野党躍起運動を企て、遂に停会を命せらるゝに立到り歎息之次第に御座候。今回之朝鮮事変は、全く国王之王妃惨殺之恨を霽さん為め、露国に倚り昨年十月八日騒乱の復仇を為したるに出たること疑を容れす、随て表面開化を装ふ日本化党と違ひ、総理大臣其他の大臣を執へ何の訊問もなさす、翌朝直ちに市街に引出し之を斬殺し其屍を曝ら

したる後、之を焼捨るなと、随分残虐之処置之あり。右惨害せられたる二大臣の外は、多分日本へ遁け来ること〻被考候。此際一日本人は曝し場見物中、朝鮮人の為め虐殺せられ、思ひも寄らぬ災難に罹り候。京城内は其後至極平穏なるも、一歩を出れは開城地方、春川地方其他東西南北共暴徒横行、甚たしきに到りては京城仁川間すら去る十三日には日本の郵便物を掠奪せられ、今は夜中逓送を廃し且兵士をして護送せしめ居る様の有様、全く無政府の有様に拝見へ候。国王か今尚ほ露国公使館に留まり万機同処より発する由、亡国の惨状酸鼻の至。然れ共今回の事変を以て東洋の大事変とする程の価値は有之間敷、今後とても一起一倒、或は露に倚り又日に頼り、年々歳々常例の如くに斯かる活劇を演し其度毎に外国の侵入を受け、十年を出てすして遂にポーランドの二の舞を演するに立到るならんと被存候に付、今回一度の騒擾を以て直ちに露の保護国となり了りたるもの〻如く見做は稍速了の見と被存候。

阪鶴鉄道社長の件に付御内示之趣御尤に御座候。去れ共仙石は其抱負頗る大なるを以て、兎ても該社位の小会社の招聘に応するの意なきは断して保証せらる〻ならんと存候に付、別段内意を探る迄も無御座と存候。目下官民共に鉄道勃興之際、技師にして社長を兼ね得る様の人物は兎ても得らる間敷に付、矢張社長は相当の紳士を御撰択相成り、技師は第二流以下の人を招聘せらる〻外有之間敷と奉存候。最も高等技師に監督を嘱托する等は必要なるへしと被存候。

阪鶴免状の件は未た何共決定不致様子に候得共、遠からす鉄道会議を開かるへき筈なるも、何分議会の為め次官局長以下の機関挙て其方に鞅掌し、議按調整上の評議さへなす間なき有様なるより、自然遷延相成候事と奉存候。

草々拝復

二月十六日夕　　　　　　　　健再拝

松鶴家大兄様玉机下

〔別紙〕田健治郎書簡

小谷広吉氏、取引処併設之件は頗る熱心なるも、是は御意見の如く大体上に於て不都合の理由なるを以て、到底目的を達せさるへしと奉存候。天龍川銅鉱の事は尚ほ小谷実見上に譲り可申候。

〔註〕「封筒表」大阪市南区北桃谷町、田艇吉殿必親展。「封筒裏」東京麻布狸穴町、田健治郎。消印29・2・18。

差出年は消印による。

20　明治(29)年3月6日

粛啓　嚮に芳信を辱ふし早速可仕拝酬之処、内外多事自然帰遷延多謝仕候。

御母上様初御一同様益御多祥被遊御渉候段恭賀之至に御座候。敝宅皆々無事、幸に御省念被下度候。安事発熱の為め大いに御配慮相蒙候□〔破レ〕、追々軽快に赴き最早昨今無熱平生之有様に復し、本日より臥床を撤去致候間、御安意被成下度、本人よりも別して宜く御礼申上呉様呉々も申出候。生児も何□〔破レ〕故障なく発育仕候間御垂悦被下度候。過日は西村君御上阪之由、最早御帰国被成候哉。お慎殿も未た滞在中に候はゝ宜く御伝声被成下度候。

小生出発期に付過日新聞上誤謬を伝へられ、電信又は電話、郵便等にて陸続相尋られ迷惑仕候。実際は四月五日午前十一時横浜発仏国郵船に搭て出発之心算に御座候。其途次

　四月　五日発　横浜
　　　七日発　神戸
　　十一日発　上海
　　十五日発　香港
　　十八日発　西貢
　　廿一日発　新加坡
　　廿六日発　コロンボ
　五月　八日発　スヱース
　　　九日発　ポートサイド
　　十四日着　馬耳塞

右の通、航海凡四十日にして仏国マルセール〔ママ〕港に上陸し、夫より（重野紹一郎に面会之上）ゼノワを経て伊太利に入り、相□□〔破レ〕へくは羅馬一見之上澳斯亜に赴き、ヴインナにて諸般の打合を為し、六月十日迄に匈牙利国ブタペストに赴くへき心算に御座候。最早余日も御座なく候間、幸に母上様御光来相叶候はゝ、可相成は十日前後には御来臨被成下度、最も好侶伴無之儀に付、如何可有之哉と懸念罷在申候。御都合御垂示被成下候はゝ幸甚に御座候。

数日前、田辺君御用にて夫妻相連れ上京相成申候。今回勉吉氏と川瀬秀治氏之令嬢と結婚之約整ひ、内祝言被挙行趣に御座候。

議会も彼是多少之波瀾も有之候得共、先は相纏り予算は悉皆議了致し大いに安心仕候。予算都合宜く決了候上は

洋行致し候ても内顧之憂なく、小生に於ては別して幸福に相感し申候。草々不一

三月六日　　　　健再拝

御母上様

御兄上様膝下

乍憚姉上様初皆様に宜く御伝へ被成下度候。

〔註〕「封筒表」田鋌吉様拝復。「封筒裏」田健治郎。

21　明治(29)年3月14日

拝啓　益御清穆奉恭賀候。昨一書を呈し置候間、定而御瀏覧を煩はせし事と奉存候。本日午前十一時三十分発之汽車にて田辺君夫人同道出発、小田原にて二三日滞在、十七日頃には家族引纏め京都に赴き、同処にて一泊又は二泊の上帰任せらるゝ由、御地経過之時日は未た相分らす候得共、確定次第小田原又は京都より直ちに御報可致旨被申居候。草々不備

三月十四日　　　　健再拝

松鶴家大兄様硯北

追て昌一昨日より共立中学校へ入学、日々通学致居候間御安心被下度候。右中学は七月迄入学不許由に候処、臨時試験にて許すとの事に相成り好都合に御座候。

〔註〕「封筒表」大坂市南区北桃谷町二九六、田鋌吉殿親展。「封筒裏」東京、田健治郎。消印29・3・16。差出年は消印による。

22　明治(30)年4月17日

粛啓　陳は昨日寛児より御萱堂へ之通信伝承候処、大兄様過日不虞之御蹉跌に依り面部御負傷被遊候由驚愕之至に候。其後引続き御出勤被遊候趣なれは、格別之事は有之間敷と稍安意仕候得共、他之場所と殊なり大切之部分に付、別して御養護之程奉切望候。先は御見舞之為如斯御座候。草々敬具

四月十七日　　　　健再拝

松鶴家大兄様玉机下

尚々、御愛児総て全快に被赴候哉、折角御愛護奉祷候。太田休蔵氏も昨年之如く脚気之気味有之候に付、明十八日出発転地之為帰国との事に御座候。敝宅麻疹も、照児のみは平癒仕候得共、安、誠之二人は今正に頂上にて熱度四十度に登り（安は一旦平癒、十余日を経て再発、医師も未経験の事なりと云ふ）、正児は平熱に下り候得共

肺炎未た全く退かす、伝染を避くる為重野へ預けたる芳も両三日前より発疹之由、大閉口罷在中候。

〔註〕「封筒表」大阪市南区北桃谷町、田禎吉殿親展。「封筒裏」東京、田健治郎。消印30・4・18。差出年は消印による。

23 明治(30)年5月9日

粛啓　新緑如洗之候に候処、益御安泰被為在候段奉恭賀候。殊に昨日は御萱堂様長途御恙なく御安着被遊候趣、御電音に接し一同大悦安意仕候。御出京中は多少之御遊観に御随伴を得ならんと御留め申上候処、最初は雨天勝、後には家内多病等之為め何の御慰もなく、却而昼夜御介抱のみ相煩はし何共恐縮之至、誠に御気之毒之次第に奉存候。御途中幸いに大荒れも来らす御同悦に奉存候。阪鶴鉄道敷地代金壱百七拾壱円六拾弐銭四厘、第百銀行為替券にて御回送被下、御手数之段奉深謝候。時計盗難之件御尋問被下慚謝之至、翌日直ちに発見、委細は母上様より御伝承之事と省略仕候。

母上様御出発後、安も愈全快、皆々無事に候間、御安意被成下度候。

先は御安着御悦旁如斯御座候。匆々不悉

五月九日　健治郎再拝

御母上様

御兄上様膝下

尚々、姉上様へ宜く御伝被下度、安よりも宜く申上候様申出候。

〔註〕「封筒表」大阪南区北桃谷町、田艇吉殿、田長喜殿平信。「封筒裏」東京狸穴町、田健治郎。消印30・5・10。差出年は消印による。

24 明治(30)年6月26日

粛啓　時下梅霖鬱陶之候に候得共、益御安泰に被為渉候趣奉欣賀候。次に敝屋一同瓦全幸に御放念被成下度候。過日御約束仕候金千参百円、別紙第百銀行為替券京都曽野作太郎渡を以て及御回付候間、御撿収之上は御即報被成下度奉願候。先は要用耳申上度如斯御座候。草々不備

六月廿六日　健治郎再拝

松鶴家大兄様

乍憚母上様姉上様へ宜く御伝声被下度候。

〔註〕「封筒表」大阪南区北桃谷町、田艇吉殿必親展、書留、

拙書差出。「封筒裏」東京麻布狸穴町、田健治郎拝。消印30・6・27。差出年は消印による。

25　明治(31)年2月2日

迭々御手書を辱ふし欣躍薫読仕候。時下寒威酷烈之候に御座候得共、益御安泰御起居被遊候御事、大慶恭喜之至に奉存候。敝寓一同瓦全幸に御安意被成下度奉存候。生就任已来事務蝟集日夜寸閑を得す、夫れか為め自然御疎闊打過申候。当分は到底文書堆嚢に奔波することを免れさる事に覚悟罷在申候。

嚮に御尊兄様より御申示之南阪鶴社長出京云々は、多分鉄道会議閉会之為め中止せられし事と相察申候。神戸水道鉄管置場之件は、松本氏へ篤と申談置申候。及ふ丈けの便宜は相与へ可申心算に御座候。草々拝復

二月二日夜　　健治郎再拝

御尊母様

御尊兄様膝下

尚々、寛殿より御懇書被下感謝感服、厚く御申伝被下度候。

〔別紙〕田健治郎書付

別啓　頃日小石川、音羽辺にて三千余坪之邸地壱万余円にて購入致度と談判中に、古庄氏邸は遠僻には候得共比較的安価に付、可成は買入度と存居申候。就ては代金少々不足に付、御都合上差支なくは嚮に御回金せし千三百円に加ふるに、田賦金の二百円を以てし、千五百円計り御回金被下候事相叶間敷や、御都合相伺申候。何れとも御一報之程奉願候。

〔註〕「封筒表」大阪南区北桃谷町、田艇吉殿親展。「封筒裏」東京麻布狸穴町、田健治郎。消印31・2・4。差出年は消印による。

26　明治(31)年2月20日

粛啓　益御清穆奉恭賀候。陳は兼て御談申上置候鵬程日誌印刷出来候に付、本日小包郵便を以て十冊進呈仕候。右は小包貫目之制限に依り斯く致候。若し御不足に候はゝ、余部御入用之分至急御申越被下度候。曽て代価云々御申越に候得共、御配慮には及ひ不申候。

音羽邸地は勿論建坪も百坪余有之、住居に致すへき見込に御座候。唯余り遠隔不便地故大に躊躇致し、一万五千円と申すを壱万円に価附け致したる儀に候得共、先方も

斯る大減価は致兼候様子に付、多分調談に相成間敷候。

御送金之儀は模様に依り追て可申上候。

姫路師団の儀は三十二年度に到り全く完成の由、三十一年度にては三分の二迄編成相成候由に伝承仕候。草々頓首

二月廿日　　健再拝

松鶴家大兄様玉机下

27　明治(31)年4月25日

雲箋拝見、天候兎角不順に候得共益御多祥奉大賀候。次に敝寓大小健在乍憚御慰意被下度候。芳子挫傷に付御懸念被下、過日母上様より縷々御見舞被下、尚又懇切御教示之趣奉感謝候。過日癒着繃帯撤去之上一見候処、左の足首外面に偏し且歩行も甚た不調子に付、心配之上、加藤病院長に撿按為致候処、接続方正しからさる様被見受候に付、若し果して然らは今一度器械を以て打折り更に続き換へ候外手段之なく、之を行ふには入院を要し候得共、必すしも急くことには無之に付、尚ほ容子熟撿せられ可然との事に一驚を喫し、色々相談之上、果して施術の為め入院を要する様なれは寧ろ佐藤病院の方適当なるへしと存し、数日之後同博士の診察を乞ひ候処、唯脛骨にひび割れ入りし迄なれは其侭捨置差支なし、歩行の不調子は少かりし、慣れゝは元に復すへしとの事に付、再ひ能々足並を揃へさせ熟見候処、嚮に熟見したる時とは最早全く殊にして、膝と足先との釣合ひ毫も偏する所なく大に安心仕候。想ふに加藤に見せたる時と佐藤に見せたる時と数日の間隔ありし間に、次第に繃帯中の足くせ相直り候事と被存候。上述之次第に付、毫も御懸念無之様奉願候。

貴方にても御家族中インフルーエンザ伝播候由、御困却御察申上候。最早御平癒之由重畳之次第に御座候。

御母上様最早但馬へ御越之事と奉察上候。御序之節前意御伝へ被下度候。処得届の事は一寸広内へ申送り置申候。若し御手許経由之事に相成候はゝ、早速御回し被下度候。草々不悉

四月廿五日　　健再拝

松鶴家大兄様玉机下

尚々、自由党提携の破綻之事一驚之次第に御座候。前途之成算確立する者ありて斯く相成候とは相見へ不申、又候政海一波瀾を生すへきかと歎息罷在候。流伝百出、未

た帰着する所を知るに由なく、唯々傍観罷在申候。

28　明治(31)年6月19日

再度之芳墨拝見仕候。時下梅霖鬱陶敷気候に候得共、益御清福之趣奉大賀候。昌学資金拾円為替券正に領収仕候。同人も昨日試験結了、両三日内には帰省可仕由申居候。哲之夏休は来月中旬より之趣に御座候。沖氏赴任随分の重任と存候。何卒程能く任務を尽され候様希望罷在申候。

議会も遂に解散に帰着し歎息之至、民党之大合同、政府党之組織等諸説紛々に候得共、帰する所は政府と自由党との失敗、進歩党独り漁夫の利を占めし事と相成可申候。廟堂の諸君に今半ヶ月前に目の醒めさりしは如何にも遺憾之至に御座候。自由党を駆て進歩党に入らしめし者は政府なり。誠に苦々敷事と存候。

母上様又候丹波へ御苦労之由御老体奔波不啻候。御労劬御察申上候。其内阪鶴鉄道にても落成候はゝ少しは便宜能く相成り可申候。

新元鹿之助両三日前家内小児引連れ台湾へ帰任、秀子は本月初旬山崎へ縁付き、俄かに寂寥に相成申候。草々拝復

六月十九日　　健再拝

松鶴家大兄様研北

〔註〕「封筒表」大阪市南区北桃谷町、田艇吉殿必親展。「封筒裏」東京、田健治郎。消印□・6・19。「昌は明朝一番汽車にて出発之筈、遠州へ立寄候由」との田健治郎の書込みあり。

29　明治(31)年7月17日

十四日発之芳信拝見仕候。益御清適之趣恭賀之至に奉存候。豚児御紹介に相成り奉深謝候。関西鉄道之件、一昨十五日、渡辺洪基、今村清之助、白石直治之三氏より左之通申込有之候。

一、本日より総支配人の名義を以て直ちに入社相成度事

一、来る廿五日、四日市本社に於て開かるゝ臨時株主総会にて取締役に推選し副社長となす事（但取締役は二ヶ月已上百株を有する株主たらさるへからす、此点は今村氏に於て即時既往に遡り資格を作るの手続を為すとの事、又臨時会に取締役一人増加の事は

（定員内なれ共）、開会の通知には未た記載なければ或は多少故障あるへきか。何んとか相成るへしとの事）

一、来る九月大阪迄開通の式を挙け、工事上一大段落を告くるを期とし、白石社長は退職し小生を社長に挙ける事

一、俸給は右職務の変更あるに拘はらす、追て相当之利益ある迄之間、本日より当分四千円となす事

右之通内談有之。其内情に於ては、今村氏に於ても熱心に小生の入社を希望するのみならす、急に白石氏を招き内談あるや、同氏は適当之後任者さへあれは、大阪開通後は技術上の仕事は甚た少くして、労務上に一大手腕を要する事と相成れは、之に退譲致度とは年来之期望に有之、今果して田君の入社を諾せらるゝあらは、大満足を以て之を迎ふへき積りに付、断然開通の時を期し社長の位置を譲る方会社の幸福なるへしと切り出したる趣にて、三氏之間直ちに一致し、右内談に及はれたる次第に有之候。

斯く小生に対し深く信頼せらるゝ以上は、一時手続上名義の変更あるにもせよ、九月迄には二ヶ月に足らぬ日子、決して遅疑すへきに非すと考へ全部承諾之旨即答し、即日入社の事を諾し申候。同会社には十名之取締役、三名之監査役ありと雖とも、渡辺、今村、白石之三氏殆んと全権を有し居候儀に付、最早変動之なきは疑ひなき所、就ては明十八日当地に於て重役会を開き之を確定し、廿五日之総会には小生も出席し就任之披露を為し、両三日滞在之上一旦帰京し、八月上旬赴任之心算に御座候。

四日市へ赴任之上は、当分単身にて居るか、若くは全家同時に引越すか等之都合は、家屋等之都合もあれは未た決定不仕、大阪迄開通後は自己線路に依り往復し得る便宜もあれは、仮令本社を急に移す事不相叶とも、毎度拝会を得るの便も有之、此上は別して愉快に奉存候。

廿五日前に於ては少し事実秘密になし置かれ度候。何となれは、大阪には株主も多々之あり、総会前に他より洩れては甚た面白からすと存候間、特に御留意之程奉願上候。敬具

七月十七日　　健拝

松鶴家大兄様侍史

尚々、安より宜く申上呉候様申出候。此段申添候也。

30　明治(31)年7月28日

拝啓　時下烈暑如焼之時季に御座候処、益御多祥之段恭賀之至に奉存候。小生去る廿三日夕発にて四日市へ罷越し、予定之如く総会にて取締役に推選せられ、帰途小田原に立寄り田辺君に面晤、昨夜深更帰京仕候。来月七八日頃より不取敢単身にて赴任、家族は追て秋涼之候に相成候上引纏め可申心算、両三日前より安、勤二人之外子供等挙て鎌倉に赴き、未曾有之静閑を覚へ申候。

小谷晴弥本日発にて京都へ入院との事広内より報知有之、洵に痛心之至に御座候。何卒其効能相見へ候様切に祈念罷在申候。篤永滞遊拝謝之至に御座候。丹波行は当年は相見合せ候方可然との事、御同感之次第に御座候。然るに昨日帰宅御萱堂之御書面及只今広内之書面に依れは、晴入院之上は篤帰郷候ても差支無之に付、不日召寄せ可申との事に有之。一応は御尤之如くに相見へ候得共、伝承する所に依れは（土田昇之来状）、園田伯父君頃日御宿痾再発之兆ありとの事、仮令晴は不在となる共小谷家は不幸之際、殊に肝心之伯母は入院中、母上様も晴同道御上京相成候との事、左すれは目的地たる丹波の郷里は何れも留守中同然之際なり、斯る時に帰省不致共、当冬にても来夏にても何時なり共帰省は出来可申に付、今度は断して御差留め被下候方事情適当と奉存候。過日御来書之際、可成は本月中御帰し被下候様可申上心算之処、四日市へ出発之際にて不果其意、只今広内之書面に接し取敢へす郷里え帰省之事は御差留被下、尚ほ本月中には御返し被下候事切望仕候。最早大阪東京間直行之汽車なれは、途中之心得方さへ御教示置被下候はゝ、単身にて帰京候事差支之なきは万保証候儀に付、其辺毛頭御懸念なく、一応御祖母様に拝眉を得は尚ほ幸なり。可成速に御帰し被下候様仕度、独行にて毫も御懸念被下間敷、其内小生四日市へ罷越候はゝ、帰省なとは尚更仕易く相成候に付、今度は至急帰京候様厳に本人へ御申伝へ被下候様仕度奉願上候。先は専用之得貴意度、乱筆御推判被下度候。草々敬具

七月廿八日　　　　　健再拝

松鶴家大兄様

尚々、母上様、姉上様へ宜く御致意被下度、自然小谷君へ御面会之期も被為在候はゝ、是亦宜く御伝被下度候。

〔註〕「封筒表」大阪市南区北桃谷町、田艇吉殿御親展。「封筒裏」東京狸穴、田健治郎。消印31・7・□。差出

年は消印による。

31　明治(31)年11月12日

去る八日附之芳信拝見仕候。益御隆盛之趣奉大賀候。小生儀迅くに帰寓可仕心算之処、東京にて要務陸続生起荏苒遅延、漸く昨夜帰社仕候。夫か為め拝答遅引御海涵被下度候。

平川より書状差越、種々御高配相蒙り候に付、篤く御礼申述呉候様懇々申来候。

本社重役総辞職之善後策目下議論紛々、大体上にては買収派を除けは他は留任相成度との希望は一様なれ共、其手続一致せす、何れ明日之総会後に形勢一決可仕、小生は寧ろ再撰を望ますと申居候得共、強て辞退候場合にも無之に付、多数は留任か又は再任を希望する様子に御座候。株式差金手数料の外は小生全部負担可仕候間、御懸念被下間敷奉願候。依て別紙参百八拾円の為替小切手差進候間、御査収之上は即時御一報被下度、右は銀行渡に致置候間、其御手続御履行被下度候。

但馬売品之件拝承、過日在京中両度迄川口宮内次官を訪問候得共、御発輦前の為めか何時も不在にて遂に面晤を得す候。兎も角も貴方迄差回され候はゝ、大阪又は東京にても機を見て周旋可仕心算に御座候。

小生大演習之際は、全通前なれは下阪不仕都合に候処、頃日之様子にては鹿背山隧道も来る十六日には開通の筈、左すれは軍隊輸送にも使用可相成と存候に付、来る十六七日頃には下阪仕候も計り難く、其節は御厄介相願候。政海の風雪中々に奇観、山県侯の超然主義にては到底永続思束なき事に御座候。余は譲拝芝之時候。拝復

十一月十二日夜　　健再拝

松鶴家大兄様侍史

追て書留更附時間相切れ候に付、之に代ふる為め故さと不足税にて差出候間、不悪御承知被下度候。

〔註〕「巻封」必親展。

32　明治(31)年12月10日

拝啓　益御多祥奉敬賀候。陳は兼て予定之通、本日関西鉄道臨時株主総会相開き、重役選挙仕候処、

出席権利　十弐万五十票之内

小生得票　十一万九千五百八十七票（則ち反対票四百六十三のみ）

之大多数を以て再選致し、其他之重役も総て予期の如くに当選、反対運動者は極めて僅々たる得票に止まり好結果を得申候。就ては明十一日より上京、来る十三日東京に於て社長互選其他の為め重役会相開き可申筈。此度は白石氏は辞退に付、小生社長に被選候筈に御座候。先は右御内報申上候。匆々拝具

十二月十日　　健再拝

御母上様膝下

〔註〕「封筒表」京都市上京区河原町通り荒神口上る東桜町十二番戸小谷方、田長喜様親展。「封筒裏」伊勢四日市、田健治郎。消印□・12・11。

33　明治(31)年(　)月2日

益御清穆奉恭賀候。過日は所得納入届按御回し被下、御煩労奉深謝候。本日逓信技師岡本桂次郎氏其他の出張に付、鵬程日誌三冊相托し進呈仕候。草々拝具

二日　　健再拝

松鶴家大兄様侍史

〔註〕「封筒表」大阪南区北桃谷町、田艇吉殿親展、書籍在中封物一個添。「封筒裏」岡本君に托す、東京、田健治郎。

34　明治(32)年1月24日

□《破レ》度之芳信拝見仕候。益御多祥大慶之至に奉存候。過日来津、名古屋等両三泊位つゝにて出張罷在り彼是御無沙汰□《破レ》候。忠隈石炭之儀御申越之旨も有之に付、不取敢為試験大阪へ五十万斤、四日市へ三拾万斤注文候事に致し申候。各種石炭□《破レ》此際公定試験実行可致心算に付、左すれは其結果之良否自然相分り可申と相考申候。銀行取引之事は尚ほ取調可申、頃日名古屋地方□《破レ》ても資金停滞、利子□《破レ》落、本社なとには極めて好都合に御座候。阪鶴債券書換委任状調印之上御回し申上候。草々拝復

一月廿四日　　健再拝

松鶴家大兄様

尚々、来月初旬には下阪可仕と奉存候。平野老母不幸に付香料御送り被下候段御手数奉謝候。何れ吊状差出可申候。

〔註〕「封筒表」大阪市南区北桃谷町、田艇吉様必親展。「封筒裏」伊勢四日市、田健治郎。消印32・1・25。差出年は消印による。

35　明治(32)年6月1日

一昨日之芳墨拝見仕候。益御清穆恭賀之至。門石松次郎信書一見仕候。依例因循閉口之至に候得共、最早日下、石原に於て斯く決心之上は、当方独り異議を固執致候訳にも参り兼候事と相考候間、行掛に任せ候外致方有之間敷、先方より公然申込候得は、可然御返答被下度奉願候。

島町宅地之件は可然御取計被下度候。

大久保来京之事は、十八日之積りか廿四日に延ひ、更に亦差問相生し本月上旬と申す事に尚子より申来り候得共、素より閑遊之事故、当には相成らさる事と存候。

松元剛吉氏只今来訪、多分両三日中には下阪可被致と奉存候。

生も事宜に依りては、本月四五日頃安同道下阪仕候事に可致歟と相考居申候。匆々拝復

六月一日　　健拝

松鶴家大兄様侍史

尚々、母上様、姉上様へ宜く御伝声被下度候。安よりも宜く申上呉候様申出候。

門石来状御返上申上候。

〔別紙1〕明治(32)年5月24日　門石松次郎書簡（田艇吉夫人宛）

前略御免被下度候。承り候へは御不快之趣にて御下阪御療養相成居候御様子、神速御伺候可申上筈之処、家事に取紛れ延引仕候段、何卒御高恕被下度候。目下御経過如何に御坐候哉。緩々御保養之程願上候。

先は乍略義御見舞申上度、如此に御坐候。拝具

五月廿四日　　門石松次郎

東京、田御令閨様

〔別紙2〕明治(32)年5月24日　門石松次郎書簡（田艇吉宛）

拝啓仕候。時下暖気倍相募り候処、御高堂益々御清穆に被為渉奉敬賀候。先般参館之節は種々御配慮を煩し、誠に結構なる御酒肴頂戴仕難有奉千礼万謝候。却説帰村後直に石原、日下の御両家へ御相談申上候処、右御両家共客来にて御混雑を極め居られ候折柄に付、意外にも遷延仕、漸く数日前御協議相願候結果御老人へ申上処、御厚志之段は難有も秘蔵品は手放不相成旨申出され候に付ては、又々御協議相願候処、斯く迄申上候ても御聞入無之上は最早致方無之に付、無尽講相企、将又農工銀行より

借入れ一時弥縫するの外術無之、就ては家政は可成的節約し、入口には小形の板囲を為し節倹の二字を記したる小札を掲くる等、極めて質素を守り候事に決定相成候。右之始末に付、本月三十日無尽講相企て、日下、石原、下太田の三氏共御臨席相願、安積群鶴亭にて愈々講会相開く事に相成申候に付、予め御承知置之程奉願上候。残品も近々一人付添参堂為致可申候間、幾重にも宜敷御依頼申上候。拝具

再伸　東都田御氏より御申越相成候応挙の軸物、老人へ具に申上候処、至て御困却之御様子にて、暫時御考候旨御申出相成、一統困却を極め居申候。

乍末筆御母堂へ宜敷御鳳声被下度願上候。

御令閨及東京御令閨御病勢は如何に御坐候哉、御伺申上候。

五月廿四日　　門石松次郎

田御氏様卓下

〔註〕「封筒表」大阪南区北桃谷町二九六、田艇吉様親展。「封筒裏」伊勢四日市、田健治郎。消印32・6・1。差出年は消印による。

36　明治(32)年7月23日

雲箋拝見。暑気日々に相加候処、益御健勝被為渉候段大慶之至奉存候。小生去る二十日篤、誠召連れ帰社仕候。来る廿五日には御地天神祭に付可来遊旨懇々御招被下御芳情奉謝候。然るに明廿四日は重役会、廿五日には株主総会、又廿六日には多分安儀子供連中残らす召連れ来寓之事と奉存候間、残念至極に御座候得共、此度は参上仕兼候。篤、誠等毎日海辺遊歩、貝拾、雑魚採等にて大得意に御座候。御一笑被下度候。匆々拝復

七月廿三日　　健再拝

御母上様

御兄上様膝下

尚々、大久保夫婦も漸く廿日に静岡より同車来京、何れ堺へ仮寓之由に御座候。

〔註〕「封筒表」大阪南区北桃谷町二九六、田艇吉様平信。「封筒裏」四日市、田健治郎。消印32・7・24。差出年は消印による。

37　明治(33)年5月25日

拝啓　連日好天気打続、皇太子、同后両殿下御機嫌麗は

敷御安着、本日両宮御参拝も無滞相済申候。明朝は御出発、午後二時半には京都御着之筈。此天候なれは雨天御日延等は万無之筈に付、小生は京都迄御供之上、一応二条離宮へ御機嫌伺に参上致し、直ちに帰阪可致心算に候間、丹波行は廿七日早朝と相定め候。此段御諒承被下度候。敬具

五月廿五日　　山田にて　田健治郎

松鶴家大兄様

38　明治(33)年11月10日

華翰拝見。拙寓所芝公園内との予定に候処、一見不適当に付、比較的適当なる当地に僑寓相定申候得共、少く狭小にして家族引纏には狭隘を感し候得共、当分は辛抱致し追て適当之邸宅捜索買入候外無之と覚悟罷在申候。

堺邸送別会之各位へは過日既に送別御礼を表する名刺封入、各自へ発送仕置候。篠田氏、芳江結婚之事は、小生に於ては異存之なく、安へ御相談之上本人及又兄之取捨に一任被下度候。藤江氏よりも過日其旨被申越候間、御序之節卑意御伝へ置被下度奉願候。着任之日より日々出省、省務鞅掌之外、来人に接する日々数十人、来電来信数百通、加之寓居移転、召使皆無等にて労碌相極居申候。御憐察被下度候。匆々拝復

十一月十日　　健

松鶴家大兄様

〔註〕「封筒表」大阪南区北桃谷町、田艇吉様親展。「封筒裏」東京麻布西町二二、田健治郎。消印33・11・12。差出年は消印による。

39　明治(33)年12月11日

益御多祥奉賀候。頃日御出京之御事と心待に存居候処、未た御来着なきに依れは、多分重役会之為め御差閊之事と存候。

今般官舎へ僑居之事に相成候に付、小生は来る十六日に引移り、家族は十六日夕汽車発十七日午前着にて引越させ可申事に申遣し置候。種々御厄介相成候事と存候得共、何卒可然御督励被下無滞移転候様仕度、後事は蘆田へ申付置候得共、尚ほ可然御高配之程奉願上候。

邸宅望人あれは必すしも一万円已上と限らす、兎に角附け値相附け候様御含願上候。匆々不悉

十二月十一日　　健拝

松鶴家大兄様

40　明治(34)年2月22日

再三御芳書を辱ふし迅くに可呈卑答之処、塵務如山御不沙汰仕候。益御安靖大慶之至に御座候。小屋一同瓦全乍憚御安意被下度候。藤江氏上京之節は御名産之蒲鉾沢山御恵送被下御厚情奉深謝候。

氷上郷友会醵金之件、御賛成之趣を以て金参百六拾円十年賦御寄贈之趣拝承、右は適当之御出金と存候に付、昌其外周旋人へ通知致置申候。

小谷哲修業方針之件、嚮に御申越之旨に依り昌、哲其外相招き色々推敲之上、本年夏期第一高等学校の入学志願を為し及第すれは幸なり、若し落第すれは、何時迄も学士目的之為め躊躇罷在候事一家之事情許さゝる処なれは、断然方針を変し早稲田専門学校に入り可申事に決心致し、其旨御報知可申上筈に相約し居候処、今回小谷氏と御相談之結果、京都にて受験之事に御取極め相成候由、御尤に御座候。早速其旨同人へ相伝へ可申候。

寛前途学業方針之件は、是亦同時に研究致候。小生は工学なり法学なり学問に善悪なしとの論者なれは、尤も本人に適し且尤も熱望する学科を修むるを得策とする趣旨を申聞置候。尚ほ時日も相隔り候儀に付、篤と熟考致度旨本人申答候に依り其意に任せ置申候。

弗措先生十七回法事之儀に付園田氏書面相添へ御垂示之趣拝承、素より異議あるへき筈なき事に付、小生は発起人ともなり又寄附金は拾円差出可申候間、幸に大兄御拝墓被下候はゝ幸甚に御座候。寄賜金は一時御立替置被下度奉願候。別紙書面御返上申上候。

曽て住友堺行入費并緒方眼科医挨拶御立替分御報知可申上様御垂諭に候処、眼科医診察料は到底区別し能はすとの返答に有之、又堺行費用は些少之儀に付、当方之御馳走と致置申すへく御懸念被下間敷候。

過日広内より別紙壱号書面差越候に付、小生よりは元来傭入契約は一時相依相助等親族的関係に依り、恩恵的又は義務的に結約せられへき筋に非すして、双方共に永久の利害に関係するものなれは、田家に於ても相当以外恩恵的に多くを支給すへき筋に之なく、又広内に於ても義務的に不満足なる少給を以て抑制服従すへき筋に非さるを以て、今増給を求めんとせは、田家に於ても或は僅少の田産を保護するに、現給已上の支出を為すの必要なしとして、寧ろ他人を傭入るゝを得策となすにも限らさるへし。然るときは広内は傭を解かるゝを甘し、寧ろ之を好機会として他により善き業務に従事するの目的確かなるや。果して然らは予は田家に移牒して増給するや、将た傭替を為すやの決答を求むへし。若し解傭せらるゝを迷惑なりとせは、断して増給を要求するの理由なし。先つ其決心を問ふとの意味を以て返答を発せし処、次て第二号之通り申越候に付、其儘不問に附し置候心算に御座候。此事大兄へ御知らせ可申筈には無之候得共、御参考迄に御一覧に入れ置候。広内へ対しては御承知なき事に願置度候。

藤江氏上京来訪、繁忙中寛待を得す候得共、両三度対戦仕候。唯転任後未た一人之戦友も無之、夫故甚た寂寥に御座候。転任已来、重野、秦其他之親族へも未た一回之訪問を為すの暇さへなきに、両三度会戦を為し得るとは、此事計りは不思議に時間之繰合せを為し得るものに御座候。敬具

二月廿二日夕　　　　健再拝

家大兄様

尚々、過日来芳児を除くの外、一家残らす順番にインフリューエンザに罹り候得共、極て軽症にて皆々両三日内に全快し、小生も二日間計り引篭り候耳にて全治仕候間御安心被下度候。近来之東京之流行は実に珍ら敷事に有之候。

〔別紙1〕 明治(34)年2月19日　園田亮八書簡（田艇吉宛）

御閨館愈御清寧御座可被為在奉抃賀候。却説甚突然之儀に候得共、故渡辺弗措先生久しく当地に居住相成候に付、先生に親炙せし人不寡候得共、其後重立たる親族各所に離散し門人故旧も集散常なく、曽て追祭も不致空敷相過候処、来る三月七日は恰も其拾七回忌に相当するを以て、来る六日香花院たる法蓮寺に於て親戚故旧相集り法養相営み、以て先師の亡霊を吊祭し、傍ら先師之遺墨を展観し、生前之逸事を談話し、永く其徳を忘れざる様致度との事を以て、岡田元太郎氏外有志諸氏より小生に相談有之、実に小生之面目に御座候間、小生及ひ中村兼弥氏も喜て発起人たる事を承諾仕候儀に御座候。就而は御繁務中甚申出兼候得共、貴下并健治郎君にも右発起人に御加はり被下候事相叶間敷哉相伺候。目下発起人の確定せるもの左の諸氏に御座候。

岡田元太郎　　内田伴三郎
梁田邦彦　　塚脇門蔵
井上甃吉　　中村兼弥
園田亮八

若し貴下并健治郎君発起人を御承諾被成下候はゝ無此上仕合に御座候得共、何分遠隔之地なるを以て御承諾難相成との事に御座候はゝ無是非次第に候得共、責めて当日貴下は是非共御参拝被下候様仕度奉冀候。将又右費用として発起人は応分の寄附金可致筈に候間、貴下并に健治郎君は発起人の御諾否如何に拘はらず、五円以上拾円迄にて各御思召之金円御寄附相願度、右は岡田氏及ひ他之発起人より連名の書面を以て御依頼可仕筈に候得共、右に対する御意見をも未だ不相伺候に付、御意見御伺旁小生より不取敢御依頼可致との事に御座候間、幸に右御同意被成下候上、重々恐縮之至りに候得共、健治郎君へは貴下より至急書面を以て御依頼被下候様仕度、呉々も奉願上候。而して右御承諾被成下候はゝ、大山宗家に有之候沢山なる先師之遺墨は、真逆先般の改革に御売払相成候様之事有之間敷愚考仕候に付、現存之遺墨悉皆当日御差出被下候様特に御配意相煩し度候。将又渡辺家に蔵せし先師遺愛の文墨も、悉皆大山宗家に相預け有之由に候得は、貴下より一応渡辺章江に御引合被成下、当日借観致候様仕度奉願上候。尚発起人確定仕候はゝ、当日の設備方法を印刷し、渡辺未亡人は勿論児孫其外関係諸氏え御案内可仕見込に付、最早時日切迫し準備之余日無之大に相急ぎ居候訳に御座候間、此辺御推察何分至急御運ひ被下度候。

右之次第に付、小生一応参館御相談相願度候得共、即今腸胃加答児にて非常に相悩み、辛して会社の方のみ勤務罷在候儀に付、不得止書中を以て御依頼仕候条、事情不悪御憐察被下度候。

乍末筆御姉上様、お千勢様并に御一同様え宜布御致声被下度奉冀候。先は右之段差掛り要件得貴意度。拝具

二月十九日　　園田亮八

田艇吉殿帍皮下

尚々、当地は先師の墳墓所在地に付、是非這回は盛大なる祭典相営み度有志諸氏の希望に有之、従て寄附金之多少は右準備に影響候に付、可成至急御出金之高丈け御報道に預り度との事に御座候条、御承知被下度、此段添て申上候也。

〔別紙2〕断簡

拝啓　爾来は御疎闊荏苒罷過多罪々々奉深謝候。時下春寒料峭実に難凌候得共〔切れ〕

〔註〕「封筒表」大阪南区北桃谷町、田艇吉様必親展。「封筒裏」東京木挽町、田健治郎。消印34・2・24。差出年は消印による。

41　明治35年7月11日

粛啓　益御隆昌奉欣賀候。陳は小生儀今般政友会兵庫支部に於て、衆議院議員候補者に選定せられ候に付、特に御賛助相蒙り候様仕度、此段切に希望仕候。敬具

明治三十五年七月十一日　田健治郎

42　明治35年8月22日

残暑俄然相加り候処、御一統様益御健勝被為渉候段大慶之至に奉存候。却説今回之総選挙に就ては終始容易ならさる御高配相煩し、御混雑中百事参画御指導を辱ふし、其上数十日間之滞留種々御款待相蒙り、日夜御厄介相煩はし、御高情筆紙之能く尽す所に之なく、御蔭を以て無滞当選之栄を荷ふに到り候事、畢竟御賛助之力与かりて力ありと深く感戴銘謝仕候。誠児も永く御厄介相成り感荷之至に御座候。留守宅一同皆無事、幸に御安意被成下度奉願候。

各郡賛同者へ礼状之儀は、昨日松元氏一両名之書記を引連れ来宅、一と先一般に対し印刷し礼状残らす発送致置候。自筆之礼状は引続き重立たる人々へ発送可仕筈に御座候。

久世、中井之両氏は梅田より同車、御殿場駅に下車一泊せられ候に付、本日は鉱山実見を了へ、多分明廿三日中には来京可相成事と被存候。敬具

三十五年八月廿二日　健再拝

御母上様

御兄上様膝下

尚々、御姉上様、昌殿、寛殿其他へ篤く御礼御伝へ被下度奉願候。母上様より御尋之田村良殿取替金取調候処、差引買物代弐百壱円三十銭之内弐百円送金に付、差引

壱円三十銭　不足分取替之処

内　九十一銭　は其前九円九銭の取替之処へ拾円受取り、差引頭出之過金預りと相成り有之に付

残　三拾九銭　全く之取替分

相成有之、小包料は些少に付、当時抜書不致、要するに僅々たる金額に付、別に此際決算を為すの必要無之、追而序之節勘定致し可然と存候。

明石町高島氏等之処分未た結了不致哉。帰京途中車内にて新聞一読候処、明石警察署長鍋島警部懲戒免官となりたり。右は選挙法違反事件に関聯せるものなりと記載有之、如何なる事情なるか更に相分らす。自然御伝承被遊候はゝ御一報被下度奉願候。

43　明治（36）年（12）月（　）日

去る七八日頃藤江氏之尋問に対し、日露間多分平和之局を結ふへき旨相答へ置候。右は其当時に在ては桂首相なとも明かに之を明言し、多分両三日内に平和に決定するならんと親く小生に答へられたるに依り斯く答へ置候処、去る十一日に到り露国の返答は、意外にも別紙申述ふる如き強剛なる返答となり、夫より政府も元老会議を起し大決心を以て臨む事に相成りたる様子に御座候。御序之節藤江氏へ右之趣御内話置被下度奉願候。

44　明治（36）年12月22日

拝啓　数日来寒気殊の外酷烈に相成候処、益御清安奉敬賀候。却説芦田身上之儀に就ては、種々御高配之結果に依り住友家に採用せらるゝ事に相成候由、同人之幸福と御同悦に奉存候。

八木氏は気之毒なれ共、未た一向に方向無之由、御困り之事と奉推察候。

過日芦田帰阪之節一寸願置候篤徴兵猶予願は、明年一月早々提出を要する由に付、別紙開成中学校在学証明書差上候間、郷里に於て出願方御取計被成下度奉願上候。

議会之果敢なき自滅実に歎息之外之なく、況んや河野其他関係者全くアメリカトラスト之烟害に迷眩したる事実際なる由に到ては、言語道断なる売国沙汰驚歎之外無之候。

日露関係も、過日露国より、満州に関しては露清に於て協定すへく、貴国の干与すへき筋に非す、朝鮮に就ては日露略同一なる利害の関係を有すれは、共々に利権を分割すへしと云はぬ計りの返答来り、さすが優長なる当局者も俄かに決心の臍を固め、愈強剛之体度を持することゝなりたる様子にて、陸海軍大運動之準備に忙殺せられ居る様子に御座候。多分近日之内に活動相始まり可申、之れか為め数日来株券之下落、市場之動揺甚たしき様子、是れ素より必至の情勢、此問題は我邦に於て大決心を為すに非されは、決して解決仕る間敷事は頭初より小生等の確信する所に御座候。

来る廿七日呉鉄道開通式挙行に付、大臣か小生かの内臨場すへき予定に候処、前述之事情にて二人共此場合旅行なとは思ひも寄らぬ形勢と相成候に付、他の者を代理として派遣する事に相成申候。

来る総選挙に付、多分郷里より松元打ち出て可申事に相成候。尤も先つ以て郷里有志者より推薦する形式に不相成ては、労費を要すること少からさるに付、目下内々打合せ中之趣に有之候。氷上郡は多分相纏り可申、過日植木は略同意帰郡致候。其都合にて自然相談申出候者あれは、可然御示し置き被下度候。敬具

十二月廿二日夜　健再拝

御母上様

御兄上様

尚々、過日御芳書拝展、早速拝答可仕候処、去る十八日朝咳嗽の際、如何なるはずみ歟腰部之筋を違かはせ、夫より起居自由ならす、医師の診察にても他に故障なしと申し西洋按摩《マッサージ》を施し両日欠勤保養、昨日は鉄道会議其他要用あり勉めて出勤候処、尚ほ少し難渋なる点有之に付、本日も欠勤休養、最早略全快に付、明日より出勤之積りに御座候。

国事多端の時節休養罷在候共、朝より深更迄来客間断なく、今時欠勤罷在候事仮令一日たりとも忍ひさる所、幸に迅く快癒仕候間御安心被下度候。夫是にて御不沙汰勝に相成申候。健亦拝

45　明治(36)年(12)月(　)日

別啓　去る廿四日之御書状拝見仕候。此と行違ひ時局之模様及ひ松元候補等之件相認め一書差上置候間、既に御一覧被成下候事と推察仕候。若し未着に候はゝ御一報被下度候。

太田休蔵氏之件大石へ依頼云々、尚ほ一考之上御答可申上候。近来時局切迫の為め、殊に京釜鉄道速成及ひ同会社組織変更近日発表の筈等之事、殆んと小生一人之計画に依り日夜大繁忙を極め居申候。

前便御報せし腰痛も其後大に緩和、三日前より出勤、最

早平日に復し申候。御安心被下度候。

前便申上候通り呉行も時局切迫の為め見合せ申候。尤も和戦の決か近日に切迫したりと申す次第には無之、目下専はら準備中なれ共、切迫期は一二ヶ月後なるへしと奉存候。健又拝

46　明治(37)年1月20日

粛啓　益御清穆之趣奉欣賀候。陳は南清氏永眠之由、為鉄道業可惜事に候。夫に就き後任者は大兄御当り被成候事当然と存候処、小生より東阪有力者へ依頼候ては肉身之間少し嫌も有之候に付、松元より平川潤亮氏へ申送り、平川より中橋へ申談し、中橋より田中市兵衛、藤田伝三郎氏へ内嘱候様申遣し候間、此段御含置被下度候。唯今此事大浦逓相へ相話候処、極めて妙案に付、拙者よりは松本重太郎へ是非田氏を後任に推挙する様可申遣との事に付、大臣より之依頼なれは一層有力と存候に付、其旨相頼み置申候。多分今日中に手紙差出さるへくと存候間、大兄は知らぬ顔にて、松本なり田中なり又は平川なりから内談あれは、其節宜く頼むと御答へある様致度候。該会社なれは創立以前より御尽力之事故、利益上の如何は存し不申候得共、体面上なり事実上に於ては極て相当之事に付、是非御受け相成度候。

又唯今大浦大臣よりの話に、横田퐈彦来り此度之総撰挙に付、住友一派之投票を田艇吉氏に御頼み被下、自分へ投票相成候様御紹介被下度旨申込たるに付、何れ健治郎氏と相談し置くへしと答へ置たり、可相成は令兄へ御申遣し相成度との事に有之、前述阪鶴社長推挙を自分より申出られたる好意も有之に付、直ちに可申遣旨申答置候。自他を論せす可成丈横田へ投票する人を御斡旋相成候様御尽力相願候。南氏は昇位と昇勲と併せて内閣へ申込候処、勲等之方は到底六ヶ敷との事に付、位丈に致し多分本日中に特旨を以て一級を進められ、従五位に叙せらるへき事と存候。御来電之趣も有之に付申添候。匆々不悉

一月廿日　　健

松鶴家大兄様

尚々、阪鶴後任の事は関氏よりも中橋氏へ尽力方依頼し遣はすへき筈に御座候。御含置被下度候。

尚々、本文阪鶴の事は藤江氏へは内証に被成候方可然、同氏は口軽に付、御漏相成候ては妨害と可相成恐れ有之候。

47　明治(37)年2月2日

昨卅一日御状拝見、阪鶴社長後任之件委曲拝承。昨日伊東男北堂葬送之際早川氏に面会候に付、小生よりも可然配慮相成度旨依頼致置候得共、人込中故不得寛話、依而昨夕関氏と申談し、前便御申越之岡崎不信用之点等早川氏へ申通する為め、今朝関氏再ひ早川氏を訪ひ岡崎之信用するに足らさる事実相話候処、早川氏も之を了承し到底一改革を要する旨申答たりとの事に候。

然るに社長の件は、早川氏の談に依れは、過日松本上京の節面晤を遂け、飯田は三井の職務上到底社長の任を受くるを得す（名義丈けにても堅く謝絶する事に一決せりと）、就ては貴下（松本氏を指す）是非共に受任ありたしと（是は関より松本に色気ある事を知り再ひ勧めしなり）強而勧告候処、松本は老境其他の理由にて一応断はりたれ共、三井にて斯く御依頼申す上は御安心受任ありて可然との意味を以て相勧め候処、遂に篤と熟考の上返答すへしとて帰阪候由。

就ては松本は多分受諾するならんと推測せられ候に付ては、専務設定之件其他岡崎の進退等、一切再ひ藤田氏等より松本氏へ御交渉相成候事肝要と相成り申候。

松本受任の事は飯田氏よりも勧告致し置たる由に候。大浦氏より益田へ書面の返答唯今一見候処、頗る不得要領の挨拶にて、阪鶴の事は飯田へ一任し之あるに付、書面は飯田へ回し置きたりと云ふの意味に止まり申候。

要するに昨書御示之専務取締其他進退之順序方法は、前前述之如く社長を松本に委する上は百事同氏へ交渉する外之あり間敷、三井は藤山後任談失敗の上は（早川等は熱心主張せしには非さるへし）他に希望は無之、松本に当らしめ、専務又は常務等の事は松本をして処置せしむる考に可有之、左すれは此上当方にて運動するの必要は有之間敷と奉存候。匆々拝復

二月二日　　　　　　　　譲山生拝

松鶴大兄様

48　明治(37)年2月18日

粛啓　清韓方面捷報頻りに臻り、予而苦慮せし経済界之影響も案外激甚ならす、為国家大慶之至に御座候。再三之御懇書逐々拝承、国事鞅掌日々労碌之為め一々即答を呈する能はす深謝仕候。御垂諭之件々は追書を以て御答

申上候。

昨年三月小谷保太郎氏より借用致候金壱千円、最早一週年に相近き候に付返済可致筈、并に一昨年七月総選挙に当り貴家より御恩借仕候壱千円も余り永引き候に付、是亦御返上申上度、右合計二千円之元金に対し利子若干を要すへきに付、爰に別紙十五銀行為替券を以て金弐千弐百五拾円封上差上候間、御撿収之上御一報被成下度。利子之儀は、大兄より御恩借分に対しては御恩義上の関係に付、月六朱と相願ひ二十ヶ月分百弐拾円御引去り被下、小谷氏之分は満一年以内に候得共、普通貸借に付、利子分右御問合せ之上残り百五拾円を以て御支払被下、過不足あれは御預り金勘定へ算入方可然御取計被下候様仕度奉願候。長時日御恩借仕一時之難関を凌き候事、深謝之至に奉存候。匆々敬具

二月十八日　　健再拝

松鶴家大兄様

49　明治(37)年(　)月(　)日

副啓　お慎来状相副御垂示之趣拝承。右は御承知之通、時局に応する必要上鉄道建設費に大繰延を行ひ、陰陽連絡線の如きは全然工事中止の事に決定、唯此頃予算残額中之小金額を利用し、和田山停車場たるへき大蔵村（元土田村）より高田村迄六七哩間の土地収用のみ実行せしむる事に内決し、兵庫県庁に向て交渉中に候得共、決して工事施行の準備に非す、工事は戦争終局後に非されは、起工思束なき事と思考致候。随て今日にては建築事務所を設くるの必要之なく、今其筋へ相話候共全く無益の徒労たるや論を俟たす。就ては他日起工の為め事務所借上を要する時機に到れは可成心配可仕候得共、是は時局終結後と了知せらるゝ様お慎へ御返示置被下度奉願候。拝副

50　明治(38)年8月17日

母上様本月四日発之芳信欣然慶展、早速拝答可仕之処、公私取紛れ御疎音相成り希御海容候。

本年は盛夏中殊の外気候不順にて陰鬱なる天候多く、両三日之外は殆んと暑中たるを感せさる程に御座候得共、御一統様益御安靖に御起居被遊候趣大慶恭喜之至に奉存候。敝寓皆々瓦全幸に御安心被下度候。玉川別荘買求之事御聞及相成り、懇々之御高諭拝謝仕候。風景佳勝庭園

も随分手広く面白く構成相成候得共、何分両三年間手入行届かさりし為め、満園之草蕪殆んと足を容るゝに地なき有様、殊に行通不便之地にて、目下は余りに誇るに足らさる所に候得共、本年中位には電車も出来申すへく、多少掃除手入も仕り候はゝ閑静にして眺望に富み候丈けは、都会地黄塵白丈の地に在るものをして胸襟快然の想を為さしむるに足り可申、来春花時には是非御来遊之程切に奉待上候。此頃は小児等残らす土田叔母堂等概ね出遊中々賑は敷候。小生も休日には草取りに出掛け申候。田慎治氏も砲兵工廠に採用相成候由、御同慶に御座候。お慎殿も滞在之由、最早迅くに帰郷相成候事と存候。御序に宜く御伝へ被下度候。匆々拝復

八月十七日　　　　健再拝

御母上様

尚々、広内も愈暇相願ひ近日渡韓候趣、百難耐忍成功候事切望仕候。

井上雅二氏今回愈韓国政府財務官（月棒二百円宅料三十円）に傭はれ、目賀田顧問の下に勤仕する事と相成り、一応帰朝之上両三日前赴任仕候。是は兄上様へ申上候。

51　明治(39)年1月6日

粛啓　昨夜御分袂後冱寒殊に厳敷候間、途中定而御困難と存候へ共、今朝は御安着之御事と奉存候。

御分袂前一寸申上置候小生進退之儀、一昨日来大浦逓相と種々内議之結果、今朝桂首相に面晤候処、首相曰く、君の進退に就ては是非留任、鉄道の大問題をも決行相成度切望罷在候処、新内閣に於ては弥山県伊三郎を新逓相に採用する事と相成、君を其侭其次官に据置候事如何にも心外に付、更に貴族院議員に奏薦致置候に付、本官辞退之上立法府に於て彼の大問題の成立に力を致され候様希望す、との事に付、早速同意を表し、即時、

今回貴族院議員に任せられ候に付、専はら立法事務に従事する為め本官辞退仕度

との辞表を認め呈出致置候。多分右任命と共に退官と相成るへく候。要するに山県の大臣の下に次官として留任するよりも、貴族院に入り候方面目上好都合と存候間、此段御含置被下度候。

将又御出発後岡部氏来り、結納拝受無滞相運ひ候旨復命に付、御安心被下度候。

同時に岡部氏より安への内話には、松尾寛三氏の希望に

拠れは、斯く御約束相整候上は、可成速に婚儀相整候方関係者一同大に安堵致すへく、本人に於ても一家の基礎確立候に付、無御差障は二月に於て婚儀執行致度との話ありし旨に付御勘考ありたしとの事に有之、小生に於ても唯日の善きを選むたけの条件に止まるとしては、余り永引候より寧ろ早める方宜しからんと存候に付、二月に於て更に吉日を選み度と存候処、彼の阪田嬢の例に依れは、万一日を定めたる上、貞子身体上に障りありては面白からすと存し、安に命し内密に貞子の都合相探らせ候処、月末より月初に掛けては差障ありとの事に有之、左すれは兼ての御話の二月五日は多少の懸念なき能はす、就ては当方にては日の吉凶相分らさるに付、二月七日より十六七日迄の間に於て比較的良日を択み、貴方に於て略御取極の上大至急御報知被下度、左すれは当方より先方へ交渉可仕候。余りに吉日を選むよりは凶日を避くることに致しては如何と存候。匆々敬具

一月六日夜　　健拝

御母上様
御兄上様

52　明治(39)年4月1日

粛啓　益御清福奉欣賀候。小生儀去る三十日、
　明治三十七八年事件の功に依り勲二等旭日重光章及
　　年金六百円を授け賜ふ
之辞令書を三十九年四月一日附を以て拝受仕候間、此段御吹聴申上候。文官にて年金を賜はるは殊勲、勲功、勲労、功労の四階級の内、殊勲に該当するに限る次第に候。兼市長候補之件に付御垂示之趣敬承、本日町田氏へ向け依頼状差出置申候。
本日東京水力株主へ向け別紙之通り報告書差出申候。右は小生の手稿に係り、全然毫も修飾なき赤裸々の実況に付、為念一部封入致候。匆々拝復

四月一日　　健拝

御母上様
御兄上様

姉上様にも御帰宅被遊候由、宜く御伝へ被下度願上候。

53　明治(40)年9月16日

拝復　頃日俄然涼気相催候処、益御清祥之趣奉欣賀候。母上様にも追日御軽快之段、何より以て幸福之至り御同

悦之至に御座候。懇篤なる御書状拝見仕一同感喜仕候。申上候迄も無御座候得共、今後再ひヶ様之御怪我有之様の事ありては、御本人様之御困苦は勿論、子孫親戚之憂悩悔ても返らぬ事に御座候得は、平生之御気象百事御自身にて御立働被成候御慣習に候得共、今後は充分御自重、電話之取次、又は重き物々持運ひ、若くは二階へ物之上け下け、殊に夜中之奔走等は一切子孫又は召遣に御任せ相成り、万々一の御蹉跌無之様切に奉願上候。

迅くに可呈一書候処、過日来土田之結婚やら重野の帰朝やら数日間は中夜多忙を極め、御疎音相成り申候。綾子之結婚式も本月十一日目出度相整ひ候間、御安心被成下度候。文次氏上京好都合に候得共、式後翌々日俄かに高度之発熱ありて用心の為め急に須磨へ帰られ、誠に気之毒之至に候。何卒早々全快相成候様祈念罷在候。忠興氏は極めて忠実素朴之風ありて、殊に学術技芸は特に優秀なる由にて、頃日帝国大学の懇願に依り、芝浦製作所の承認を得、大学講師相兼ぬる事と相成り、詢に後来多望なる良好配偶と被存候。

重野翁父子も至極之元気にて無恙帰朝相成り、出発前橋本博士等之異論もありて、小生と大久保とは実に容易ならさる苦心配意を累ね候処、今は全く一時の過慮と相成り皆々大安心大悦仕候。途次大阪にて御懇待を承け候旨にて、宜く御礼申上候様被申述候。帰朝匆々来訪者之繁累を避くる為め転地静養相勧め候処、至極同感之旨にて、不日有馬温泉へ出遊せられ候筈に決定相成申候間、御安心被下度願上候。匆々拝復

九月十六日　　健拝見言

御母上様

御兄上様膝下

別啓　過日寛上京の節、崎戸炭礦組合出資領収証相添御委托之件拝承。何れ特別株八百株に対する領収証と引換の上御回付可申上候。

此払込株に対し金融之件は、二三銀行に就き内々示談候得共、何分事業を開始せさる四分一払込株に対し貸附を為すこと、銀行の体面上信用上憚る所ありて困り入る旨を以て承諾不致、結局は対人信用にて多少の融通は相附き可申候得共、今日にては一寸見込相立ち不申、追ては何等かの方法相立ち可申と存し目下各医員苦心惨憺中に御座候間、見込相立候はゝ御内報可申上候。

重野彦熊氏申越之件は至極御同感に候。友吉氏より慎治

氏に対し方針返示可有之筈に付、之を聞取りたる上米国へ申送り可申積りに候得共、未た慎治氏より何等之申出之なきに付心俟に罷在候。彦熊氏よりは当月以後小生へ向け送金すへき旨申参り候。唯シヤトル辺排日運動大に起り候趣新聞紙上にて承知致し、今後の安否如何と懸念候得共、同氏は鉄道に従事罷在る事故、主として工業労働者の騒には直接の関係は多分有之間敷やに存候。九炭重役組織の件に付、久世氏の注意相伝へ被下感佩仕候。是に就ては従来の委員か中堅となる事は殆んと動すへからさる成行に候得共、株金払込の結果に依り他に大なる株式引受人相生し候様の事あれは、随て形勢の大変化を来すことなきを保すへからす。要するに是等之事は払込の結果を見たる上ならでは、確たる見込は難相定事と推想罷在候。拝復

54　明治(40)年11月22日

粛啓　御出京は御互に多忙に取紛れ、一向に御寛待申上候事も難出来遺憾に奉存候。

九州炭礦引受切替の件は、漸く今朝日置雅章氏に申付け置候間、本日中には発送致たる事と奉存候。第三銀行支店に通知之筈に話置候間、同店へ御払込被下度候。唯今右之件返電差上置候得共、為念申上置候。渡辺先生遺書は神戸より壱箱、大山より七箱（外一箱は土田叔母殿の私有物を含む）昨日到着、正に領収仕候間、此段御諒承、代金支払等可然御取計被成下度候。当分は開箱も難出来候間、其侭致置くへき積り、追て実検の上渡辺へ返すへきものにてもあれは取計ひ可申候。

九州炭礦は、百尺の所にて一時堅岩に逢ひ行悩の所、両三日来相応に進行し（百尺以往は昼間のみの動作に付、今日迄の如くには捗取らず）百十一尺に及ひ、第一の方は九十二尺に進み申候。此迄の地層は前年試錐の際の実検と符合候に付、不日好報を得るならんと渇望罷在候。

昨暁より久しく遭遇せさりし激烈なる大腹痛（俗に云ふ疝癪なり）に悩み、漸くモルヒネの皮下注射にて苦悶を免れ申候。生来未曽有の激痛にて一時驚入候得共、今日は殆んと平日に復し、唯下剤を掛け候と食物を液体に限り居る為め就蓐中には候得共、明日よりは出勤すへき積りに付御懸念被下間敷候。多忙時節の発病閉口仕候。

唯今小林来り相談之上、愈来る廿五日午後一時より発起総会を開き可申筈に一定仕候。当地にても可否褒貶交も

起り候得共、此は既設会社等の中傷的流言もあり、斯る大事業に在ては当然の次第に候。匆々敬具

十一月廿二日　　健拝

家大兄様侍右

先刻上田氏より有馬電車の件許可相成候由電話にて報知有之、御同慶之至に候。

55　明治(41)年1月5日

慎治氏に御托之芳信拝見仕候。堀均一なる人より其倅九炭へ採用云々希望之趣は、目下絶対的に不必要に付、御謝絶被下度候。

来る十日之例会は格別議題も無之候得共、今延期変更之考も無之候。若し左様の事あれは急電にて前以て御知せ可申候。

旧臘郷里より御恵送被成下候切芋壱箱、両三日前正に到達仕候。珍ら敷特産物御厚意感荷賞味可仕候。

土田文次より誤達之贈物一箱、慎治氏より正に領収仕候。

匆々拝復

一月五日　　健

松鶴家大兄様

別紙返上仕候。

〔別紙〕明治(40)年(　)月21日　堀均一書簡(田艇吉宛)

〔田健治郎書き込み〕東京市麻布区竹谷町弐番地、堀均一氏来状

拝啓　爾来久闊之所、御芳名は屡々新紙上にて散見し、益御隆昌之段謹賀之至に御座候。小生も碌々表書之地に老居致候間、乍憚御休神可被下候。叉手突然之至に御座候へとも茲に御願申上度義有之、左に開陳仕候。

小生長男儀、本年廿三才に相成もの機械製図に志し有之修業致居候所、元来近視眼之上細微之練習に従事候為め益々其度を高め、徴兵さへ免除に相成候始末故、一旦親類のもの商船之機関長に有之候為め船員に加へ海上之職務に就き候所、是迚も近視眼之為め充分之働きに堪兼、終に病気に罹り候故、上陸療養之末、目下は健全に復し候へとも、未た是と申職業も無之、無拠製図之下受け致し居候なれとも、前記之次第故、本人之希望には何方歟之会社向に従事仕度義に有之候。然るに今般新設之九州炭礦汽船会社には、尊兄御関係も深き御事と存候間、何卒御配慮之上同社々員之末に御傭入被下候様願はれましくや。素より学歴等半端ものには有之候へとも、只々品

行上には未た不都合も生せす篤実に奉公仕候丈けの人物にて、保証には相当のもの相立可申候間、事情御洞察何卒御高配被下候様呉々も願上候。先は懇願まて。草々頓首

廿一日　　　　均一

艇吉賢台貴下

追て、職務何なりとも差支無之、陸上の事務職員にてさへ有之候はゝよろしき義に御座候。

〔註〕「封筒表」大阪南区北桃谷町、田艇吉様拝復親展。「封筒裏」一月五日深更認、東京麻布本村町、田健治郎。消印41・□・□。差出年は消印による。

56　明治(41)年2月25日

再度之芳翰拝見仕候。太田き久女縁談之件に関し母上様御来信之趣は、何れ拝芝之上親く御相談可申上心得に候。夫に就き嫁装準備の為め小生預り品売却又は引受之件御示し之趣拝承、帰京以来四五之人に相示し候得共、売価見込定まらさる故、未た何人も価を附け候人無之候処、前信嫁資の為め売却云々之御書面に接し候故、即日お慎へ向け売価見込至急申越候様申遣し置候間、一両日内には何とか返辞有之と相考申候。其上にて取極め可申候。尤も急に代金入用とあれは、御申示位の価なれは小生に於て引受候ても宜しかるへしと覚悟致居申候。何れお慎の返信を得候はゝ御評決相願ひ可申と奉存候。拝復

二月廿五日　　　　健

松鶴家大兄様

〔註〕「封筒表」芝区高輪東禅寺前三十番地、田昌方、田艇吉様親展。「封筒裏」麻布本村町五十番、田健治郎。消印41・2・25。差出年は消印による。

57　明治(41)年3月18日

貴翰拝見仕候。両三日来春意漸く相催候処、益御清祥之趣大慶之至りに奉存候。次に私方皆々無事幸に御安意被成下度候。

過日は太田菊子結婚談相整ひ、十四日之吉辰を以て無滞相運候由、御同慶に奉存候。俄か之事と云ひ、殊に百事貴家に於て御世話被遊候事に付、容易ならさる御煩累御苦労之至に奉存候。粗末之祝品に対し縷々之御挨拶恐縮之至に御座候。

兄上様にも毎々之御上京御苦労之次第に御座候。頃日は

小生も上院之方可なりに煩忙、夫故御不沙汰勝に御座候。昌殿も十日計り前より黄疸之徴候にて療養中との事に付、一昨日一寸お見舞候処、極めて軽症にて室内にては何等之苦痛もなく起き居られ、追々平快との事にて大に安心仕候次第故、御懸念には及ひ不申候。月末には梅代殿紀州へ罷越候趣に付、其帰路御同伴御上京被遊候様奉待上候。敬具

三月十八日　　　　　　健拝手

御母上様

姉上様にも宜く御伝へ被下度候。安よりも宜く申上候様申出候。

〔註〕「封筒表」大阪南区北桃谷町、田艇吉殿内、田長喜殿平信。「封筒裏」東京麻布本村町五〇、田健治郎。消印41・3・18。差出年は消印による。

58　明治(41)年6月28日

拝啓　益御清祥之段奉欣賀候。過日は遠路御足労相掛け申候。其節決定之旨趣に依り、先つ以て竹内綱氏及白石博士等に実地検査を受くる事とし、多分来る二日発にて九州へ小生同伴出張の事に可相成候。就ては母上様にも好侶伴に付同行帰阪被成度との御事に付、大阪迄御供可仕候。着阪時刻は追て御報可申上候間、其節は停車場迄御出迎ひ被下度、小生は同行者もある事故直行にて神戸に赴き申度と奉存候。一昨日より一泊掛にて母上に御供仕り、日光中禅寺等見物、昨夜帰宅仕候。梅雨中に拘はらす天候極めて好都合にて大に悦ひ申候。匆々敬具

六月廿八日　　　　　　健

松鶴家大兄様研北

〔註〕「封筒表」大阪南区北桃谷町、田艇吉様親展。「封筒裏」東京麻布本村町五〇、田健治郎。消印41・6・28。差出年は消印による。

59　明治(41)年7月19日

粛啓　時下雨勝にて兎角不順之天候に候処、益御清安被為渉候趣、大慶之至に奉存候。却説母上様春来態々遠路御東遊被成下、子孫一同膝下に団欒することを得、人生之幸福無此上事と皆々満心喜悦仕候得共、御心安に任せ一向に御構も不申上、今少し諸方見物之御案内も致度と心には期待罷在乍ら、日常之塵務に逐はれ何之御慰も無御座、甚た以て御残り多き事に候得共、何卒又々来年春

期にも相成候はゝ御来遊被成下度奉待上候。

九州出張之往返には種々御款待相煩はし、殊に兄上様には御繁忙中和歌山又は神戸等へ御附合ひ被成下、久振にて故旧を訪ひ名区を探り大に鬱散仕候。帰京の節は夫々へ珍品御恵投被成下、御厚情之程深く奉感謝候。

去る十三日予定の如く帰着、直ちに会社に出て午後帰宅、早速御礼状可差上心算之処、来人陸続不得其時、然るに其夜半より食滞か寝冷か原因は不分候得共、突然腸カタルを起し翌朝より医療を受け、流動物の外一切粒食を禁せられ、昨十八日迄臥蓐罷在候様之始末にて無申訳御不沙汰仕、却て母上様より縷々之御懇状を拝するに到り恐悚之至りに奉存候。乍去腸痛は全く半夜丈けにて相止み、翌日よりは下剤を用ひ候為め平臥罷在候次第にて何等之苦痛も無之、昨日は全く平快に付、桂、大浦二氏を訪問候迄に恢復仕候に付、毫も御懸念被下間敷候。雅児も同時に平癒仕候に付、是亦御安心被下度奉願上候。

新元も急に帰台を要する由にて、家族は十月頃迄滞京せしめ置き、独身にて一昨日帰途に上り、差急候故御不沙汰致候旨申居候。

気候兎角不順、明日は土用に入る由なるも陰雨冷涼如秋、為農作可憂事に候。折角御自愛所祈に候。乍末筆姉上様皆々様へ宜く御礼御伝へ被下度候。匆々不宣

七月十九日　健拝手

御母上様
御兄上様膝下

〔註〕「封筒表」大阪南区北桃谷町、田艇吉殿内、田長喜殿平信。「封筒裏」東京麻布本村町、田健治郎。消印41・7・19。差出年は消印による。

60　明治(41)年7月22日

芳墨拝見、土用之入より季候も漸く本順に復し、本日三郎の如きは晴暑大に加はり、為農作御同悦之次第に候。

益御健勝之趣大慶之至に奉存候。敝方小生雅児皆本復御安心被下度候。北海道地図御尋之処、右は貴家に於ても拝見不仕、亦行李中に紛入したるを発見せす、御書面に依り尚ほ携行之書類等逐一に点検仕候得共、全く現存不仕候。多分貴家にて何れかへ紛入候事と推察仕候間、尚ほ御捜索被下度候。母上様御来状太田家蒲団之事、一応安共相談仕候得共、当時東京にて客布団となすには大模様の織出、又は染出ならては岸□にては不向に有之、且

客布団一と組は敷二枚、夜着一枚、大布団一枚取揃へを要する次第に付、大布団六枚にては如何共用方無之、折角之御懇示には候得共、当方にては望み無之候間、可然御断はり被下度候。

乍去太田家に於て是非若干金を要する事情に候得は、当方にても金融逼塞困難罷在候得共、予て預り有之候張瑞図之双幅を、曾てお慎申越候代価参百円に引受け、二月中御送金せし弐百円を引去り残金百円送金の事に致候ても宜布、又残之預り品

堆朱角盆

太閤短冊附富士石

此二点四五之人に見せ候得共、一向に望人無之、若し此上少金にても入用なりとの事なれは此二点を五拾円に引受け、瑞図残金と併せて百五拾円送金候ても宜く、当方にては一向に希望する次第には無之候得共、太田にて希望とあれは引受可申との旨趣に候間、右瑞図計なり又は三点悉皆なり、随意決定せられ候様御伝へ之上、何れとも御返示被成下度奉願候。匆々拝復

七月廿二日　　健拝手

母上様

兄上様膝下

尚々、広内長病多費、殊に異境に在ては万事不如意、誠以気之毒の至に候。本日見舞品代として弐拾円封入贈り置候得共、此上永く在院を要する様にては難支事と相察申候。

〔註〕「封筒表」大阪南区北桃谷町、田艇吉様、長喜様急拝復。「封筒裏」東京麻布本村町五〇、田健治郎。消印41・7・22。差出年は消印による。

61　明治(41)年11月25日

貴書拝見、益御多祥奉欣賀候。陳は本日総会御出席無之趣拝承。桑原政氏来会、在京重役総て出席、総会議案全部一議なく一致可決し、而して監査役の選挙は全員重任と決定仕候間、此段御諒承御受任被成下度候。田辺貞吉氏は数日前、元来一期丈け受任之口約を以て受けたる儀に付、可成は重任指名を見合はされたき旨被申越候に付、総会にて選挙之上は是非就任ありたき旨電報にて照会候処、万止を得されは受任すとの事に付、即今会社事業半途之際、重役中に更迭を生するは甚た好ましかさるに付、総而重任と一致決定候次第に候間、同氏も就任可相成、

此段御含み置被下度候。

百三十銀行金融之件、差繰延之件、藤江氏より報告有之、不得止事には候得共、甚た失望仕候。同氏の早飲込には乍例大閉口、他の重役に対しても不面目之事に候。拝復

十一月廿五日夕　健

松鶴家大兄様

尚々、払込金融通之件、御問合之趣拝承。小生も其用意出来兼候に付、農工貯蓄銀行へ談合之上、一時融通為致度と相考居候得共、未た確と相極め候場合に不立到候間、三四日内には相談可致心算に候。其節大兄之分も合併して相談相試み可申、要するに一時承諾致呉候共、相当の担保(九炭株)差入れ、約束手形二ヶ月期限位ならでは六ヶ敷事と想像罷在候。成否共相分り次第御内報可申上候。

貴兄払込分は、

千株　大兄名義

弐百三十株　姉上の名義

右、千二百三十株

此払込、弐千四百六十円　一株弐円つゝ

内、四百六十一円廿五銭　一株三十七銭五分つゝ配当差次き引

残、千九百九拾八円七拾五銭

則ち約弐千円と相成り可申事と思考仕候。

右払込銀行は大阪と御指定相成りあらさるか、過日配当払渡し銀行指定の件申上候事と存候。大阪銀行御指定相成りあれは、払込も同地に非されは都合悪く候得共、是は当方金融の成否相分り候上更に可申上候。

62　明治(41)年11月27日

拝啓　前刻途中より一電差上置候処、間もなく答電及ひ昨日之芳書拝受仕候。九炭払込金融之件、本日農工貯蓄銀行に罷越し四千株を担保とし、金壱万円丈け一月末迄約束手形にて借用之事に口約仕候。其内弐千円は大兄千二百三十株の払込に充つへき心算に御座候。利足は未た決定不仕候。手形借入れは総て前払の筈に候間、三十日に取引相済候はゝ其額御報知可申上候。御来書に依れは旧正月に入らは御返金云々御示し有之、右は新の何月日に当り候や。可成は一月丗一日限り返金出来候様御送金被下候はゝ好都合に御座候。御都合予め御示し置被下度候。匆々不悉

十一月廿七日夜　健

松鶴家大兄様

〔註〕「封筒表」大阪南区北桃谷町、田艇吉様親展。「封筒裏」

東京麻布。消印41・11・27。差出年は消印による。

63　明治(41)年11月30日

再度之貴翰拝見仕候。益清安奉欣賀仕候。

九炭株式

壱千株　大兄名義分

弐百三十株　姉上名義分

百五十株　柴原仁造分

弐拾五株　田友吉分

弐拾五株　池上平三郎分

以上本日会社に於て到着之事承り候。其内大兄壱株券百株を五十株券に書換方は直ちに申込置き申候。

大兄姉上御名義分千弐百三十株に対する委任状承諾書共領収仕候。是は株券と共に御預り置き可申候。

其他柴原、田友、池上三人の分は、第弐回払込記入済の上は、直接本人へ郵便にて送るへきや、又は大兄御手許へ送るへきかは御一報被下度候。

田友吉分払込金は、田辺勉吉宛にて到着の旨承り申候。

柴原仁造（百五十株）、池上平三郎分（廿五株）に対する払込金弐百八拾四円三拾七銭五厘之送金小切手、正に領収、直ちに払込結了、別紙領収仮証弐葉御送付申上候。

大兄及姉上御名義分払込に就ては、本日農工貯蓄銀行に於て小生分と併せ金壱万円借用之上払込結了仕候。其計算左之如し。

御持株合計千弐百三拾株

此、払込金弐千四百六十円

内、四百六十壱円廿五銭、配当引

残、千九百九拾八円七十五銭

一、金三拾四円　日歩弐銭七厘、一月卅一日迄六十三日分

壱万円に付百七十円十銭、相払ひ候按分

一、金拾銭　約束手形印紙代

一、金四拾銭　壱株券百株を五十株弐枚に名義書換料

計、弐千三拾三円廿五銭

右之計算に相成申候。尤も最近御来書弐千五百円乃至三千円借款之件御内示に候得共、両三日前既に壱万円と確

約候に付、半途変更之都合宜しからす、依て御払込分のみ借用申候。就ては万一弐千五百円ならでは御都合悪く候はゝ、一月三十日限り併て御返済相叶候儀なれは、夫迄の処小生に於て一時御差繰申上候ても宜く、左すれは元金弐千五百円より右払込其他を差引き、残額四百六拾六円七拾五銭御送付申上候ても宜敷候。左すれは元金弐千円は銀行借利子払済、残り五百円は小生より一時御立替申上候姿に相成り可申候。御都合御一報被下度候。匆々敬具

十一月三十日夕　　健

松鶴家大兄様

尚々、藤江氏には未た面晤不仕候。崎戸施行案は過日山内帰途訂正済に候得共、実地図面訂正分は再実測を要する故取調中、未た認可に不相成候。

立坑位地売価決定せさる為め取敢す借入使用之承諾を得、愈明一日起工式実行之事に相決したる旨来電有之候。製鉄所ダイヤモンドボーリングは借用済、目下運送中に候。

〔註〕「封筒表」大阪南区北桃谷町、田艇吉殿親展。「封筒裏」東京麻布本村町。消印41・11・30。差出年は消印による。

64　明治(42)年4月21日

益御清安奉欣賀候。兼而御依頼申上置候郷里土地所得調、御送付被成下、不一方御手数相煩はし奉深謝候。亦薤種御割愛方御願申上候処、早速四十三種御恵投被成下高情感謝仕候。

九炭起債の件は種々苦心罷在候処、頃日二十五万円借入之件七八分方調談に可相成模様に相運ひ、目下内密交渉中に有之、略相纏まり候はゝ来月五六日頃には重役会可相開心算、此起債出来候はゝ払込は一ヶ年以上猶予したることに相成候。代りに定款に定めある利息配当之件は、開業利益相生し候迄は廃止致度考案に御座候。ダイヤモンド試錐に依り取揚けたる石炭取寄せ申候。中部は頗る良質にて安心仕候。来る五月二日神戸発汽船にて、

発起人大株主　浅田正文
取締役大株主　村上太三郎
新大株主　古川孝七
有力なる株式仲買人　徳田孝平
安田家顧問鉱山技師　石阪欽一郎

但一個人として実見の由
右之通り崎戸炭礦実験《〔ママ〕》の為め出張の筈に候。尤も此等は前記起債の件とは何等の関係なきも、何れも株式所有之希望者に有之候。

過日御上京の頃は九炭株式不人気之極点に有之候処、其後前記以外の人にも多少希望者相生し、今日にては安物之浮動株は一向に之なき様子、村上の見込に依れは今後は漸次上騰すへしと申居候。

今日も在京重役相集り、右石炭実物相示し、且起債の件払込延期の件等(債権者より林補欠取締役、監査役各一人採用補充の件)内談候処、何れも大賛成安心の体に御座候。

右村上一行と同時に崎戸実見の事、本日田辺貞吉、桑原政二氏に申勧め遣し置申候。敬具

四月廿一日　健拝

松鶴家大兄様

〔註〕「封筒表」大阪市南区北桃谷町、田艇吉様親展。「封筒裏」東京麻布本村町、田健治郎。消印41・4・28。差出年は消印による。

65　明治(42)年(4)月(　)日

粛啓　薄暑之候と相成候処、益御清穆奉欣賀候。昌も今回愈清韓両国派遣被仰付、不日出発之事に相成り、漢口辺迄も巡視之為め彼是四ヶ月近くの大旅行と相成候由、洵に好き経験と相喜申候。随而萱堂様には御苦労之至に候得共、留守中御滞京相願候外無之事と奉存候。
転宅後修繕工事尚ほ未た完成不仕、仮居同然大混雑之体、本月中は依然陣屋的住居之覚悟に候。〔後欠〕

66　明治(42)年6月10日

拝啓　時梅雨之候に入り候処、益御清安奉欣賀候。過日御上京之節は大々的御取急にて御款話申上候暇も無之、残懐に奉存候。御高諭大沢金山松之持分質入之件は未た小生へ話無之、自然申入あれは相当取計ひ可申候。又興業銀行起債之件は、銀行之方甚た六ケ敷、殊に確実なる保証人を要する規定故、万一小生へ個人的保証を求めらるゝ事ありては大に迷惑を感し候事故、話は其儘に中止に相成申候。小生は可児の熱望に依り、同氏を伴ひ来る十三日乃至十五日発にて、大阪より桑原政氏を伴ひ崎戸出張之筈に候。期日は目下桑原氏へ照会中に候。廿八日

には臨時総会開会之筈に付、其前に帰京を要し頗る急忙之旅行に候。

夫故帰路小閑を得は一寸貴邸へ可相伺心算に候得共、十日計り之旅程故、緩々御尋申上候暇は有之間敷と相考居申候。匆々不悉

六月十日　　　　健拝

松鶴家大兄様

〔註〕「封筒表」大阪南区北桃谷町、田艇吉様親展。「封筒裏」東京麻布本村町、田健治郎。消印42・6・10。差出年は消印による。

67　明治(42)年9月3日

芳墨拝披、如諭当夏之炎熱は数年来未曾有之酷烈に候得共、御一統様益御健勝之趣、大慶之至に候。却説鬼怒川水力、東京鉄道と契約之件御尋之趣拝承。右は六月以来吾妻川（浅野関係）、桂川（雨宮関係）、大井川（日英関係）及東京電灯会社等内部に於て強烈なる競争起り、各有力なる援助者ありて東鉄重役も大閉口の体、殊に重役中にも川田専務之日英に於ける、根津嘉一郎之東電に於ける、小野金六之桂川に於ける等は年来深厚之関係ある事故、議の容易に纏らさるも怪むに足らす。之か為め、東鉄は右等水源地に対し慎重の調査（大井川は再度調査を為せり）を為し、漸く客月中には纏りたるに依り、本月一日重役会を開きたるに、根津は渡米不在なり、小野は決議延期の請求書を提し欠席せり、他の重役は残らす出席、技師之調査報告、則ち鬼怒川を以て最良水源と認むるものを是認したれ共、唯当日雨宮より有力なる抗議書を提出し、桂川は保証金百万円を会社に提出すへきに依り、何れの河川とも予約することを為さす、最も速く最も廉に（桂川は一基路を一銭五厘（鬼怒川、大井川は一銭七厘なり）低減すへしとは兼て申込み居るなり）供給し得るものを購買するを要求すとの意を強く主張したると、根津か出発に際し、不在中他の事は如何様にも取計はれ異存なきも、電力供給契約のみは帰朝迄是非延期せれ《ママ》たしと再三社長へ申込たると、大井川組より目下外国技師実地再調中に付、結了迄是非延期ありたしと、有力者より要求ありしとの事情に依り、重役中即決に躊躇せしもの少なからさる様子なりしも、一日を延はせは一日の面倒を重くする恐れありとて、遂に全会一致を以て鬼怒川組合と契約することに決定致候。

又或る委員は此日委員会を開き東鉄及ひジヤクソン氏との契約書案を審議し、東鉄との契約は成るへく急を要する故、三日（則ち本日なり）を以て千家と小生との間に締約することに交渉する事に取極め、今朝より頻りに電話にて促し居候得共、東鉄の方の都合未た運はさるにや、今に結約の時刻を定めす、唯今催促中に候。無論一両日中に締結することゝ存候。

ジヤクソンとの契約は、一昨日已来小生に於て篤と審査を遂け、数ヶ所修正意見を加へ小林へ申付置候間、何れ同氏より交渉の上可相運、夫故是は四五日後に可相成と存候。

昨日久世氏より電問に付、

アスケイヤクノハズ

と答置候。本日結了せは直ちに電報にて御知らせ可申上積りに候処、右の次第に付、一応事情申上置候。結約済次第電報可申上候。匆々拝復

九月三日後三時半　　健

松鶴家大兄様

尚々、権利株は久く壱円拾五銭位の景気に候処、昨日来弐円乃至弐円五拾銭位の様子に伝聞仕候。本文久世氏へ御転報被成下度願上候。

〔註〕「封筒表」大阪南区北桃谷町、田艇吉様急親展。「封筒裏」東京麻布本村町、田健治郎。消印42・9・3。差出年は消印による。

68　明治(42)年9月4日

拝啓　昨午後鬼怒川水力、東鉄会社と電力供結契約之件に関し一書奉呈致置候間、御一覧被下候事と奉存候。結約決行遷延之事情本日承り候処、小野氏此決議に不服を唱へ辞表提出致し、雨宮は公然反対之大運動を起し候為め、東鉄会社に於ても毫も顧慮する所なく決行候事も難出来、旁以て目下慰撫緩和に尽力中之由に候。左れ共既に全会一致にて可決せしものを今更変更候様の事は万之なき筈なれは、遅くとも四五日内には結約候事に可相計との事に有之候。

右事情一応久世氏へ御伝へ置被下度、尚ほ決行次第御報可申上候。敬具

九月四日午前九時　　譲山生拝

松鶴家大兄様

〔註〕「封筒表」大阪南区北桃谷町、田艇吉様親展。「封筒裏」

東京麻布本村町、田健治郎。消印42・9・4。差出年は消印による。

69　明治(42)年10月2日

芳翰拝見、如諭秋涼相加候処、益御清祥奉欣賀候。陳は護国塔本部より回金方御照会に付、御問合之趣拝承。最初建築工費支出之予定は、本部現金払底之為め、殆んと九千円の全部に近き金額を大阪支部預金より御送金相願候心算にて、過日藤江氏面晤之節も其旨相話置候て、同氏も入用次第送金可致旨被相答候処、其後数日ならすして神谷氏に於て九炭株壱千株を壱万四千五百円の払込額にて引受けへき旨大奮発之申出有之、依て此金は不取敢神谷氏方へ預金と致し有之候。其後事務員より目下請負工事中なる両成壇工費約九千円余は、予定の通り大阪支部へ送金を求むへきや、将た本部神谷氏預金より支出すへきや指図を請ひ来り候に付、小生は既に本部に多額の現金有之上は大阪支部預金の全部を請求するに及はす、然れ共今神谷氏の義侠的出金のみを引出すも同氏に対し穏当を欠くの嫌有之故、九千円を折半し四千五百円（本部立替金千三百円を併せて）を大阪より、四千五百円を神谷氏預金より支出を求むること最も穏当の方法なるへしと指示し、其結果御照会申上たる次第に候。尤も右九千円は十一月に可支払筈に付、十月中に御送金被下候て宜敷事に候。

右御含之上可然御相談被成下度願上候。

東鉄、鬼怒川契約は今に調印の期日決定不仕候。大体に動揺は無之筈と存候得共、急には運ひ申す間敷候。内情は難尽筆紙程に錯綜致居様子に候。

十日之重役会は何等議件無之故如何致すへきや。何れ三四日内に開否決定可申上候。匆々拝復

十月二日　　　　健拝

家大兄様玉案下

尚々、御尋土田叔母君立替金、小生取扱之分左之通に御座候。

四十年五月三十日元

一、金百八拾円　　大阪大兄と九拾円つゝ立替へ

内　五円　　六月廿八日入

五円　　七月廿七日入

八月分五円　　九月廿七日入

拾円　　九月十月両月分、十月廿

九日入

十一、十二月分　四十一年三月廿六日入、郵便紛失に付遅延せり

拾円

計、三拾五円

残百四拾五円　是より後は大阪へ返金の筈となれり

則ち小生出金の九拾円に対しては金五拾五円の未収入あり。

以上

又左る七月上旬御上京の際の乗車賃御立替申上候。受取書見当り候に付封入差上候。右は御預け金計算に御加へ置被下候共、又は御序に御送金被下候共、御便宜に願上候。

〔註〕「封筒表」大阪南区北桃谷町、田艇吉様必親展。「封筒裏」東京麻布本村町、田健治郎。消印42・10・3。差出年は消印による。

70　明治(42)年10月10日

芳翰欣展。涼気日加候処、御一統様御揃益御清福奉敬賀候。偖九炭重役会要件無之、且貴地御要務之為め御出席無之趣拝承仕候。起業進行之模様は近頃殊に宜く、日に三尺乃至六尺を進むことも有之、而して出水は二杭を併せて二十立方尺に止まり、予想の五分一にも上らす、此点全く幸運と喜悦罷在候。

護国塔之件、大々的御奮励被成下候趣感謝之至、既に神谷の奮発に依り基礎確立候儀に付、此上阪神地方に於て一万五千円も出来候はゝ最も完全に成功候次第故、深く御依頼申上候。

土田叔母君計算之件拝承、人力車賃は過日昌氏より慥に受領仕候。

小生も中頃過には多分九州出張の事に可相成、左すれは往復の内拝叩可仕と相楽み居申候。

鬼怒川の件も何等異変は無之候得共、東鉄内部之都合に依り未た日限決定不仕候。此度の市有説は深き根底あり、多分実行を見るに到るへしと思考仕候。匆々拝復

十月十日　健拝

家大兄様玉案下

〔註〕「封筒表」大阪南区北桃谷町、田艇吉様親展。「封筒裏」東京麻布本村町、田健治郎。消印42・10・10。差出年は消印による。

71　**明治(42)年10月16日**

芳翰拝見、益御清安奉欣賀候。小生郷里田徳米御預け之内、

金五百円
土田叔母君貸付残り　金五拾五円

計五百五拾五円、小切手を以て御送付被成下、正に確収仕候。叔母君より別に証文不取置候間、早速控帳へ皆済之事記入帳消仕置候。

小生は多分十八日夜行か十九日昼かに出発可仕と存候。往き掛けは直行可仕と存居候処、母上様姉上様郷里へ御展墓に被赴候由、尚更以て帰途に相伺ひ可申と奉存候。米価大下落之結果は、郷里等にては収益全然半額と相成り（一昨冬、拾五円相場と拾円相場之比較）地主之困難不一方事と推察仕候。地租減税之嗷々たるも無理からさる事に候。

松茸沢山御恵贈被下一同賞味仕候。御高情深謝仕候。匆々拝復

十月十六日夕　　　健拝

家大兄様

〔註〕「封筒表」大阪南区北桃谷町、田艇吉様親展。「封筒裏」東京麻布、田健治郎。消印42・10・17。差出年は消印による。

72　**明治(42)年10月31日**

粛啓　偖今般九州行之往復には、久振にて慈顔を拝し、殊に帰途には寛々積る御談を交はすを得、且種々御款待相蒙り、満腹之慰案歓喜深く御礼申上候。

今朝荒木氏同道鎌倉に立寄り重野翁相見舞候処、殊の外元気にて打続き快方に赴きつゝ有之候様子、一同安心仕候。乍憚御同悦被成下度候。

夫より帰京之上、伊藤邸末松に弔詞を述へ帰宅候処、家内一同無事に候間、御安心被下度候。唯篤のみ廿一日頃よりジフテリヤに罹り臥辱致候由之処、最早快復期に到り何等悩む所なく、殆んと平常に復し居り申候。是亦御安心被下度候。

帰りに際し小児共へ沢山之菓子御贈り被下相渡候処、皆々大悦感喜罷在候。亦過日御贈り被下候御所柿一箱、本日正に到着皆々賞味仕候。重々之御高情感謝之至に候。不取敢御礼耳如斯御座候。敬具

十月三十一日　　　健拝手

御母上様
御兄上様膝下

尚々、出発之際、態々御送り被下万謝仕候。乍憚姉上様、お慎殿其他へ宜く御伝へ被下度候。小谷、上村両氏毎々送迎を煩はし感荷仕候。御序に厚く御伝謝被成下度願上候。

〔註〕「封筒表」大阪南区北桃谷町、田艇吉様親展。「封筒裏」東京麻布本村町、田健治郎。消印42・10・31。差出年は消印による。

73　明治(42)年11月13日

再度之芳信拝展仕候。数日来寒気殊之外相加候得共、益御清安之趣奉欣賀候。

過日は兄上様遠路御足労相煩、御苦労に奉存候。当方にては例も何之御構も不申上慚愧之次第に候。毎々御土産頂戴感謝之至に候。

篤へ御見舞相蒙り恐縮、迅く全快仕候間、御安神被成下度奉願候。

寛殿、優等にて文官高等試験及第相成り、本人之光栄は申すに及はす、一家之面目御同慶之至に御座候。祝ひ之印迄に粗末なる賜物致候処、縷々御挨拶を辱ふし恐悚之次第に御座候。

来る廿日鹿児島線開通に付、多分十六日午三時四十分新橋発にて出遊候事に可相成候。兄上様にも御案内御受に付、御同伴申上度と御勧申上置候。左すれは十七日午前六時三十分梅田にて御同乗被下度。何れ其際電報にて御報可申上候得共、何卒御繰合せ御同行相成候様仕度候。

匆々拝復

十一月十三日夜　　　健拝首

御母上様膝下

尚々、姉上様にも宜く御致音相願候。過日兄上様に托し粗末の産衣地上村、大石両氏へ御伝達之儀願上置候。御序に御届け置被下度。安より宜布申上呉候様申出候。拝別

〔註〕「封筒表」大阪市南区北桃谷町、田艇吉殿御内、田長喜様親展。「封筒裏」東京麻布本村町五〇、田健治郎。消印42・11・14。差出年は消印による。

74　明治(42)年11月28日

土居通夫、浜崎永三郎及日下安左衛門氏、鬼怒川水力電気会社発起加入に付、御電報之趣拝承。多分相行はるへしと存候得共、過日小生引受けせし追加発起数に超過せしに付、一存にて決定し後に異論ありては面白からす、此方は発起〆切迄に多少の時日之あるに付、一応協議の上御確報可申上候。

大兄御引受株七百を千株に増加之件も同一の事情に付、追て成否共御報可申上候。来る一日には九州炭礦発起人総会可相開筈、多分御通知せしならん。今日にては希望者多数にて応し切れさる実況に付、或は公衆募集を止め総て発起人賛成人にて引受くる事に相成るも難計と存候。匆々不悉

十一月廿八日　　　　健

家大兄様

75　明治(42)年(12)月12日

粛啓　小生儀予而申上置候通、明十三日午後三時四十分発之列車に搭し、新元氏同車にて西下、新元氏は北陸線視察之為め前原に下車相別れ、小生は十四日午前六時二十分梅田着、直ちに拝叩可仕。尤も今度は成るへくは即夜帰途に就き度、着のみ着の儘にて罷在候間、出迎等之儀は断して御断はり申上候（殊に早朝故）。

唯願上度は、叶ふ事なら前以て田辺、藤江、桑原諸氏へ御打合せ被下、十一時頃を期しホテルなり其他なりへ御会合被下候事相叶候はゝ、午餐中に御話して尽し可申之便之あり、極めて好都合に御座候間、此段御配慮被成下度奉願上候。匆々拝具

十二日夜十一時　　　　健

家大兄様

新元氏は北陸線を視、反て京都線に入り阪鶴線にて着阪之筈、十七日には神戸出帆の船に乗るとの事故、御尋問被致候ても寛々は出来間敷候。何れ着阪の時日は御確め置可申候。

〔註〕「封筒表」大阪南区北桃谷町、田艇吉様急用。「封筒裏」東京麻布本村町、田健治郎。消印42・12・12。差出年月は消印による。

76　明治(42)年12月19日

芳翰薫展。寒威日に相加候処、益御清祥之段奉欣賀候。却説過日は不意に推参仕、依例種々御款待相蒙り感戴之

至奉深謝候。粗末之御土産却而御謝詞を賜り恐縮之至に候。帰之節も小児等へ夫々珍奇之品頂戴仕皆々大悦之体、是亦奉万謝候。

新元氏も緩々御尋之上、久保氏其他鼓之先生など御招にて、生来初めて鼓に上り一段之光彩を放ちたりとて、大得意之来状申来り申候。

篤儀今般関宗喜氏之配慮にて、北海道拓殖銀行へ見習として採用相成候事に略ほ調談相成候。就ては差向不慣之土地と云ひ、殊に品行監督をも相願度に付、甚た以て気之毒之至には候得共、当分吉田平吾氏方へ同居被差許候様致度、食費負担は申すに及はす、其他可成迷惑不相掛様申付け置き可申候得共、何分世間知らすの気随もの故、厄介極まる御頼とは存候得共、関氏も品行取締り上是非左様相成度との申入有之、何れ直接吉田氏へ依頼申送る心算に候得共、尚ほ貴方よりも可然御転嘱被成下度奉願上候。敬具

十二月十九日夕　　健拝手

御母上様

御兄上様膝下

尚々、姉上様其他皆様へ宜布御伝声奉願候。

兄上様へ申上候。帰京之上、田辺氏へ委細懇談候処、快く承認せられ、且貴兄より之御手紙も有之、千株は引受け可申返答之積なる由被申居候。

当方も無論割前通り引受け之筈、山内は一千株を引受け、更に之を長谷川芳之助（鉱山学者）氏に譲渡し申候。貴方之分は株券取纏め御送付可申哉。藤江氏より之申入もこれある故、一百株毎に名儀書替委状相添へ置き可申候。若し予め書換の上御送付の方便なれは、急に御一報被下度候。

〔註〕「封筒表」大阪南区北桃谷町、田艇吉様、長喜様平安。「封筒裏」麻布区本村町五〇、田健治郎。消印42・12・19。差出年は消印による。

77　明治(42)年12月25日

再三之御書状拝見仕候。歳梢御繁忙之時季に相成候処、益御揃御清安被為渉候趣大慶之至に奉存候。昨日之書留貴信正に到着、在中之金壱千四百円小切手正に領収仕候。仰に従ひ残る三百株分代価千五拾円相添へ、明後日払込み置き可申候。右小生御引受之三百株、若し貴方にて引受希望者御座候はゝ直ちに御報知相願候。尤も当方にて

も希望あれは相譲り可申積りに御座候。

当方本日迄に払込済の分は、小生、神谷、村上、山内の全部及桂、可児の半部にて、守屋、林と桂、可児の半部は奔走中との事に付、不日結了可致と存候。

柏原名産切芋沢山御恵贈被成下、正に到達、御厚情感謝深く御礼申上候。

本日朝鮮より鶴壱羽贈り来候に付、年頭之御祝品と存し、少し乍ら取分け明朝小包便にて御送り申上候。到着候はゝ御笑納被下度候。

吉田氏へ早速御転嘱被成下候由感荷仕候。小生よりも依頼申遣し置き申候。

過日阪鶴鉄道解散之紀念として貴重なる御品御恵贈を辱ふし、意外の賜深く感銘仕候。早速事務所へ礼状差出置候得共、特に深謝申上候。

桑原氏へ電話相掛け候得共、本日は他行中にて話出来不申、何れ再尋相話し可申と奉存候。匆々拝復

十二月廿五日夕　　　　健

家大兄様

尚々、母上様、姉上様へ篤く御礼御伝へ被下度願上候。

〔註〕「封筒表」大阪南区北桃谷町、田艇吉様親展。「封筒裏」麻布本村町、田健治郎。消印42・12・25。差出年は消印による。

78　明治(43)年3月15日

再三之芳信拝見、益御清穆奉欣賀候。

却説篤病気に付、懇々御見舞被成下高情感謝仕候。幸に両三日前より大に下熱仕、元来熱以外には何等窒扶斯的症状無之位に付、熱去り候以上は駸々快復に可相向と思考仕候間、御安心被成下度願上候。

過日来之御書状に対し一々拝復可仕之処、本日初より前には宅地価修正法の衝に当り（委員には非され共）、遂に約七十万円の減額を遂くるには殆んと昼夜兼行之有様にて、上院及ひ政府を一致同意せしめ、近頃は又候関税率改正法案の事に従事し、数日前より是亦寸時の暇なく、加之近頃は議案輻湊、幸倶楽部之意見を取纏むる為め殆んと昼夜兼行之有様にて、為めに御疏音打過申候。御来示護国塔募集延期之件、御尤之至、前月より準備被致候処、出願連名十余名中、或は旅行、或は別荘へ赴く等にて調印に意外之日子を費やし、漸く本日静岡県の添書を請ふ為め部員出張、明夕は帰京之筈に付、可成は十七日

中に内務省之即決を請ふへき見込に候。左すれは即時電報御報知可仕候間、此段御諒承被下度候。貴市中止之悪影響は尤も恐るへき事たる事は誠に御同感に奉存候。
内国性〔ママ〕命保証会社の件は山本氏に相尋ね申度なれ共、四五日中は兎ても其閑を得す、幸ひ昨夕竹内綱氏（曽て該会社の事話ありし事あり）に面会候に付相尋候処、

従来は

社長　下村房次郎　此人は多年逓信官吏にて、小生古き知人にて正直の人なり

常務　野村勝馬　土佐人

取締役　山本忠秀　簿資産

山本幸彦　此人は政友会の故参、多分御承知ならん。資産はなし

外一人

五十万円資本の内、十二万五千円払込済

積立金約百六十万円の内

〔欄外〕疑はし

二十一万円　宮城屋銀行へ預金之処、同行閉店に付、半額は四ヶ年賦、半額は該銀行之後継者たる栄銀行に於て引受け無期限となる。此栄銀行は竹内綱氏頭取なれ共、元来破産銀行之後継なれは、回収の見込は思束なしと見るの外なし。

壱株の時価十六七円位ならんと云ふ（紅葉屋日報には十二円半（配当一割五分）、代金十五円とあり）。

竹内綱氏は右位の事を知るの外深くは知らす、長男明太郎に於て専はら整理の指示を為し居るなりと云へり。

元来右会社は、下村は社長なるも耳遠くして好人物故、専はら野村常務に於て担当し来りたる処、何にか同人に不都合の事ありて竹内、山本一派より詰責せられ、退役の止むなきに到り、随て下村も勢ひ辞せさるを得さるに到りし処、跡の社長、常務に当惑し、綱氏に社長たらんことを求めたるも、綱氏之に応せさる故、或は日下義雄の株主たるを幸ひ之に社長たらんことを求めしことありしやも知れす。而して山本の実際の持株は二三百株に止まり、余の弐千弐百株は実は会社自身の持株らしゝ。明太郎氏は大に之を咎め、是非之を相当の人に持たせ、而して会社の基礎を固め、且社長なり常務なり相当の人を

選ましむる考ならんと推察すれは、或は大阪の或る方面へ山本より協商するやも計り難しとは竹内氏の言分を酌取りたる大要なれ共、同氏は深く知らさる故、至急に明太郎なり山本なりに就き篤と取糺し委細御内報すへしとの事に付、此返答あり次第、御報知可申上候。要するに少しの欠点あるにもせよ、大なる欠陥等は之なき様子に相見へ申候。委細後報可申上候。

野村勝馬の不都合は家屋を売払ひ弁債しありとの事なれは、大額には非さるへし。唯宮城屋銀行之廿一万円は、徐々に少つゝの外は、事実回収の見込甚た薄しと見るを至当と存す。一株時価十六七円と申す事、実際に近かるへし。三十円は大螺と見るの外なし。考課状等は綱氏より申受くる筈、其報知の様子に依りては忠秀氏に面会相尋ね可申。夫れにしても来る廿三日以後に非されは既に昼夜共相塞り居候故、少く遅延候やも難計と奉存候。匆々不悉

三月十五日夕　　健

松鶴家大兄様

尚々、母上様より御見舞状戴き難有拝見仕候。宜く御申伝被下度候。

四月中に所得届促し来り候間、乍御煩累依例御取調之程奉願候。

〔註〕「封筒表」大阪南区北桃谷町、田艇吉様親展。「封筒裏」東京麻布本村町、田健治郎。消印43・3・17。差出年は消印による。

79　明治(43)年3月21日

粛啓　益清祥奉賀候。陳は篤結婚之件未た期日決定不仕候得共、多分五月頃と可相成と奉存候。就ては予め宮内大臣の允許を要する必要有之候間、別紙婚姻願へ御調印被成下度奉願候。

又太田輝次氏、松尾寛三氏長女玉子（曽て吉田より寛へ話ありし人）結婚談大に進捗し、双方とも希望に付、本日和田山へ向け同意を求め置申候。同時に一寸日下、石原二氏へも申遣し置候。何れ相談之あるへくと存候間、同氏の為め御賛成被下度候。家系血統等郷里に就き取調候処、何等差問之廉無之候。

内国生命保険之件、過日申進置候後、竹内綱氏より御電話掛りしも、小生は頃日昼夜大多忙にて寸暇を得す、為めに面会相断候処、別紙之通り書面にて申来り候。大体

前報と異なりたる事なしと存候得共、売却中止云々は多少之事情ある事と存候。敬具

三月廿一日　　健拝手

家大兄様

尚々、新元氏本日上京、敝宅に投留〔ママ〕相成居候。


〔註〕「封筒表」大阪南区北桃谷町、田艇吉様急親展。「封筒裏」東京麻布本村町、田健治郎。消印43・3・21。

差出年は消印による。

80　明治(43)年4月14日

粛啓　時下春光駘蕩之好時節と相成候処、益御安泰御起居被遊候段大慶之至に奉存候。
頃日兄上様御上京之際は、御急きと小生多忙とに依り、御款待申上候機会も無之恐謝之次第に候。其節は銘々へ御土産戴き深謝仕候。御途中御不例にて懸念仕候得共、幸に御滞京中別に御障りも無之安心仕候。御帰途并其後御障り無御座候哉。折角御自愛御摂養之程切望之至に候。林、田辺帰京、崎戸事業着々進行之様子承り申候。大阪にて田辺、藤江、桑原諸氏に面会相話置候由、殊に藤江氏には昨冬之話続なる百三十銀行高橋長秋氏金融談進捗方依頼致置候由、此儀切に成功之事熱望仕候。十四日頃には藤江氏上京との事に付、委細可申談心算に候。小生月末頃九州出張之見込、其節は田辺、桑原氏可成一度実地視察相成度、何れ略日時相定り候はゝ書面にて勧告致へく存候得共、自然御面会之御序も被為有候はゝ御勧め置き被下度候。近来面目一新之旨、林、田辺頻りに申聞け候。匆々敬具

四月十四日夜　　健再拝

御母上様
御兄上様

尚々、昨日兄上様御出発之際は小生初め皆々他用にて外出罷在り、遂に御見送り仕り兼ね候段御海恕被下度願上候。

母上様へ申上候。

新元子供一行渡台之際は、早朝之通過なるに、態々停車場へ御見送り被下候趣感謝罷在候。六日七日には大暴風なりしに拘はらす、台湾辺にては六日之強風に船揺れ候得共、重野老母初め少しの障りなく、七日朝に安着之旨本日詳報致来り候間、御安意被成下度候。

昨年之今頃は御来遊被下、皆々大喜ひ仕候。本年は去る

十一日之日曜日玉川楼花満開に付、知人数十人来り花見仕候得共、兄上様には生憎御不例、御用心の為め御来遊無之残念に存候。

今月末には九州出張の心算に付、往復の内一度は拝叩拝顔仕度と相楽み居申候。拝副

81 明治(43)年7月23日

廿日附貴翰只今拝見仕候。却説小谷晴女葬式に就ては、大暑中皆々様遠路御送葬、御苦労之至り深く奉推察候。正児廿二日午前西村淳一同道着阪之旨、廿三日朝は皆々様と御同伴にて郷里へ御召連れ被下候趣拝承。種々御厄介相掛け可申候得共、可然御指導奉願候。来る廿五日先考拾七回忌御繰上け、尚ほ本覚院弐百回忌、清閑大姉百回忌同時に西楽寺に於て御挙行之趣拝承。右は小生に於ても当然参拝可仕本意之処、遠路本意に任せす、依て正をして代参為仕候間、不悪御諒察被成下度願上候。先考并御先祖方之御霊前へ相当の御供へ物奉献仕度と存候得共、遠路且短日時にて現品贈進方間に合ひ兼候と存候に付、乍軽微別封御供へ物料封入仕候。御供へ被下候はゝ幸甚に奉存候。尚ほ西楽寺へ布施之必要可有之と存候間、適宜御見繕ひ御立替にて御贈り被下度候。謹言

七月廿三日　　健拝手

松鶴家大兄様侍史

過日沖男之萱堂逝去。是は九十三歳之天寿を全ふせられ、近時皇后陛下より特に恩賜を蒙り候様之次第故、残る所は無之候得共、藤田四郎氏の夫人（井上侯の娘）昨日病死、廿五日葬式の報あり。是は尚ほ壮年なりしに可痛。葬式の続々たるには閉口之極に御座候。

〔別紙〕田健治郎書簡

別啓　両三日前、久下村玉巻四十四番屋敷、平民中島長蔵長男幸市（十七歳）なる者来り、都会にて学業勉強の積りにて数日前出京したるも、知人はなし、奉公せんにも保証人もなく進退谷まる窮地に在れは、学僕なり何なり世話相仰き度旨申来候に付、一旦謝絶せしも又候長々しき情願書と父長蔵の依頼書とを持来り相縋候に付、不得止一時家僕同様にて寓居為致申候。右は詐りには無之（戸籍謄本所持）と存候得共、万一不都合の者にては差支候間、自然御聞合せ之上、若し何等差支の廉ある者なれは、一寸御一報被下度願上候。急くことには無之故、跡より池上よりにても御知らせあらは幸甚。拝副

〔註〕「封筒表」兵庫県丹波柏原町下小倉、田艇吉様急必親展。「封筒裏」東京麻布本村町五〇、田健治郎。消印43・7・23。差出年は消印による。

82　明治(43)年8月19日

須磨より之御書状拝見仕候。稔氏臨終之有様悲惨之至り同情に堪へす、左れ共末期に際し誠意を以て従来保護之厚きに満足し、感謝を以て瞑目せられ候こと誠に立派なる事にて、自他之安神上感称すへき次第に候。明二十日葬儀御執行之由、百事御高配之段深く奉推察候。姉上様へも宜く弔意御申伝へ被下度奉願上候。敬具

八月十九日午時　　健拝

家大兄様

別啓　崎戸第二抗汽機関之故障にて開鑿中止中の処、三四日前より修理進行相始め候。

桂氏出張の予定洪水の為め延引中の処、彼の定期取引に相掛け候件漸く進行、来月期より開始の見込、然る所十一月に株金払込の予想に付、三ヶ月前に法定通告せさるへからす。然る上は此際決定の要あり、依て来る廿七日重役会を開き、此等の件決定の積りに付、其際は御上京被成度、予め申上置候。桂氏は其上にて出張の筈。九炭株目下の相場は八円六七十銭なれ共、去る有力者にして二三千株希望者あり、若し大阪にて拾円位にて売る人あらは、五百でも千でも御急報被下度候。副啓　健

〔註〕「封筒表」兵庫県多紀郡大山村の内宮村園田家にて、田艇吉様急親展。「封筒裏」東京麻布本村町五〇、田健治郎。消印43・8・19。差出年は消印による。

83　明治(43)年8月22日

昨廿一日之貴翰拝展、益御清安奉大賀候。却説園田家不幸萱堂様其後引続き御健全に候哉伺上候。右に付ては百事御裁酌を煩はし、東西御奔走御苦労之至り、葬儀等無滞相済候由、御心労御察申上候。匆々拝復

八月廿二日　　健

家大兄様侍右

追て、鬼怒川株三百処分の件拝承。今日の形勢払込前に七円已上に相成るへき様子無之に付、借入方一応交渉相試み可申候。

崎戸着炭近に在り、本日各株主へ通知の通りに候。市場

に於て頗る優勢、本日十一円位に相上り申候。不日定期に附すへき筈、左すれは一層気勢相付き可申、廿七日の重役会は十一月の払込を決定する積りに候。

〔註〕「封筒表」大阪市南区北桃谷町、田艇吉様親展。「封筒裏」廿二日夜認、東京麻布本村町、田健治郎。消印43・8・22。差出年は消印による。

84　明治(43)年8月29日

粛啓　残暑酷烈に候処、御一統様御揃益御安靖可被為渉奉欣賀候。一昨日は遠方御光来御苦労之段奉謝候。昨夜は当地暴風雨に有之、途中無滞御安着之事とは推察罷在候得共、水害跡故多少懸念罷在申候。

鬼怒川株払込立替之件は、昨夕小林帰宅に付依頼候処、可成心配相試み可申との答に御座候。

重野翁昨来益佳良との電話に付御安意被下度候。本年所得金決定額に関し別紙之事状《ママ》至急御調査之上、御処理方御回示被成下度奉願候。

朝鮮統一之件愈発表、為我皇為我民御同慶之次第に候。

敬具

八月廿九日　　健拝

松鶴家兄様侍史

〔註〕「封筒表」大阪南区北桃谷町、田艇吉様平信急親展。「封筒裏」東京麻布本村町、田健治郎。消印43・8・29。差出年は消印による。

85　明治(43)年11月24日

拝啓　益御清穆奉賀候。過日有価証券退会届并村井銀行領収証御送付相成り正に拝受仕候。夫と行違ひ金百四拾円為替券封入御送付申上置候間、御確収之上は御一報被下度候。

東京水力割戻請求書御送付に付、早速小生保証状を相添へ請求及置候処、今朝太田信光態々来訪、株主台帳取調候処、

参百五拾株　田艇吉
参百株　田千せ
壱百株　田　寛
弐百株　足立勝治

とありて合計九百五拾株に止まり、五拾株符合不致に付、不取敢之に対する

割戻金弐百参拾七円五拾銭

御渡し可申、五拾株の相違は尚ほ篤と御取調之上御申出相成度との事に付、小生代理にて右金受取置き申候。就ては五拾株の行衛御調査之上、判明候はゝ別に請求書御差回し被下度候。名義確定前に他へ御譲渡し相成るか（譲受人の名義にて確定名簿を作りし例は多々有之候）、又は他の家族雇人の名義に被成候内に非さるか御審査相成度候。右金は右五十株始末相分り次第御送り可申候。匆々敬具

十一月廿四日夜　　健拝

家大兄様

尚々、武田大尉求婚之件、過日写真送付方中山へ申込候処、学生時代のものより之なきに付、本人帰京の上取寄せ可申との事に候。然るに一昨日中山に面会之節、漸く本人帰京に付、右縁談の件初めて本人へ申聞け候処、何分一生の大事之事故一週間計り熟考之余地へ〔ママ〕与へ呉れとの事に有之、其返答之模様に依り写真は請求の事に致度との談に候。

又九州重役組織之件は、過日篤と田辺氏へ懇談、再三辞退の末、監査役留任迄は承諾相成り候得共、株主の要求は取締役に在るを以て尚ほ押て相求め置候。未た確諾は得さるも、多分承知相成るへくと相考申候。

今日迄有志株主、現重役等主たる人々之意向に拠り、新組織を擬すれは左之面々に有之。

取締役七名

持株六千五百余株　田健治郎

〃　四千百余株　桂二郎

〃　四千四百余株　神谷伝兵衛

〃　五百株　田辺貞吉

〃　千九百五十株　浅田正文

唯今は百株のみ記載あるも、実際弐千余株所有、尚ほ買求むる由なり　賀田金三郎

何れも五千株已上　小池国三、村上太三郎の内　一人

監査役三人

大阪より一人

持株　弐百株　竹内綱

〃　二千二百株　日置藤夫

右未た確定とは難申も、多分之に決定可致と存候。藤江氏よりも趨勢問合せに付、右之趣相答へ置申候。大阪選出人田辺、藤江、久世諸氏と御熟談願上候。拝副

〔註〕「封筒表」大阪南区北桃谷町、田艇吉様親展。「封筒裏」東京麻布本村町、田健治郎。消印43・11・25。差出年は消印による。

86　大正(4)年11月12日

粛啓　陳は御一代之大典無滞御挙行相成り為国家同慶に奉存候。過日は御款待相蒙り感荷之至り、頃日再叩可申上旨申上置候処、御式典以外不可辞種々之催有之、当分御再訪も無思束、丹波行も難実行と奉存候間、御待受け被下候儀無之様奉願候。追て寸暇を得は可成一応御再叩申度と存居候。匆々敬具

十一月十二日　　健拝

松鶴大兄様侍史

尚々、姉上様へ宜く御礼願上候。

〔註〕「封筒表」大阪市南区北桃谷町、田艇吉様。「封筒裏」京都祇園神幸道万楽楼、田健治郎。消印4・11・12。差出年は消印による。

87　(　)年1月24日

貴翰拝展、益御清穆奉欣賀候。本年は寒中も殊之外気候平穏にて凌克相覚へ申候得共、寒時は矢張り寒強き方人体にも相適候故か、近来当地インフリューヱンザ之流行甚たしく、毎戸殆んと犯されさるなき有様にて、敝宅も此頃迄維持罷在候処、前週より下女一人軽症に係《ママ》り、続て篤帰臥し、両三日前より正、勤も打臥し、昨日よりは安も遂に発熱三十八度半に上り、大いに閉口罷在申候。何れも軽症に付、四五日内には平癒可仕とは存候得共、他へ伝播せさる様にと祈念罷在申候。農作にも同様之事と苦慮仕候。

晴女近来殊の外軽快之佳兆を呈し候由、御報知被下何より嬉しき事に存候。何卒今回は全快候様切に祈念仕候。母上様御写真御恵送被下候趣に付、相楽み居候処、于今到達仕らす、郵便の間違か将た未た御投函なきか、御調へ被下度候。

佐野友吉本日来訪、阪地売油之経営御影に依り追々好都合に相運ひ、売込約束方は未た僅少には候得共、将来之得意たるへき会社等追々御殖へ候旨を以て篤く御礼申上呉候様申居候間、深く注意、我々兄弟并藤江氏等紹介者之信用に関する様の手抜けなき様注意すへき旨相戒め居申候。兎角世の所謂銚子《ママ》もの故懸念仕候。阪地に出店候

事は今日の数量にては入費倒れ故、右一ヶ月凡百石以上の取引出来候迄は相見合せ、目下書面にて注文相受け、時々下阪事務相弁し候事に致居候旨申居候。来月には下阪之旨申居候。自然拝候候節は慎重之注意を以て、得意先の信用を失はさる様御訓戒被成下度候。匆々拝復

一月廿四日　　健再拝

御母上様

御兄上様膝下

尚々、姉上様へ宜く御伝へ被下度候。

〔別紙〕田健治郎書簡

別啓　波多野喜八郎氏不幸之由、秦氏及波多野庸氏へ悔并見舞等の件夫々取計可申候。

田川藤四郎も死去之由、乍御手数金壱円位香典御遺し置被下度候。

両人共年には不足なき人に候得共、気之毒之事に御座候。

〔註〕「封筒表」大阪市南区北桃谷町、田艇吉様親展。「封筒裏」東京木挽町八ノ一、田健治郎。消印□・1・26。

88　（　）年2月17日

別啓　浪華銀行起債交渉方種々御奔走相煩候処、遂に不調に帰し候趣電信郵書御即報被成下、御高配奉深謝候。何方も成熟に到らす遺憾に候得共無余儀次第故、昨日を以て株主払込方普く通知仕候。藤江氏滞京に候得共、双方共に大繁忙、未た面晤不仕候。匆々不悉

二月十七日　　健拝

家大兄様

89　（　）年2月22日

嚮に芳信を辱ふし拝復遅延仕御海涵を祈候。頃益御安靖奉大賀候。敝舎皆々無事御安心被成下度候。頃日藤江氏上京、近況拝承仕候。哲之件に付ては何れ本人へ篤と申聞候上大兄へ可申上候。拝復

二月廿二日　　健再拝

田御母上様

90　（　）年3月16日

華翰拝見、益御安靖之趣奉大賀候。母上様にも愈本夕之汽車にて御来遊被成下候趣、抃欣罷在候。余寒尚ほ烈き時節、別して御苦労様に奉存候。

田辺君も此頃出発、小田原にて一週日計り滞留し帰県之

筈に有之候処、両三日前より胃病にて被相悩候に付、暫時発程延引の事と奉存候。草々拝復

三月十六日　　健

松鶴大兄様玉机下

此頃は汽車も延着する事極稀に相成候趣に付、明午後五時には御安着可相成候。

91　（　）年4月27日

瑶翰拝読、園伯之返書委さに領承仕候。其内出京相成候事と奉存候。

昨夜涼子より又候左の電報有之、

ヲサカニヲク、ヨカラン

右は小生の信書を見、明日にも帰国せしむるとあるに依り、当分大阪に滞遊せしめたしとの意なるへしと雖とも、何分一旦御帰郷不相成ては何事も不相運次第に付、涼子の注文通りには難致と存候間、差向き打捨て置き、追て何等か挨拶致候外なしと奉存候。

廿七日　　健拝

〔註〕「巻封表」家兄親展。「巻封裏」四月廿七日。

92　（　）年5月17日

芳墨拝見、益御多祥奉敬賀候。却説過日来は多人数罷出永々滞遊、種々御厚遇相蒙り感謝之至、姉上様へも宜しく御伝謝被成度奉願候。安よりも訳而宜しく御礼申上呉候様申出候。又候月末位には御厄介可相成と相楽居申候。大阪株御売却被下候趣、多謝々々。過日小谷、三崎等三人へ宛て舞鶴地所至急所分方請求致置申候。未た何等返答不申来候。草々拝復

五月十七日　　健拝

松鶴家大兄様侍右

尚々、安襦伴〔ママ〕壱枚奥の部屋に忘れ置候旨申出候。御見当り被下候はゝ、乍御面倒包装之上網島停車場迄為御持被下度、別紙添書御添へ被下候はゝ直ちに御送り呉れ可申候。

〔註〕「封筒表」大阪南区北桃谷町二九六、田艇吉様親展。「封筒裏」四日市、田健治郎。

93　（　）年6月21日

拝啓　前刻は御足労を煩はし恐縮仕候。貴命に依り御預り金返上仕候間御検収被下度候。其計算左の如し。

金、百五拾円　　預り高
内、拾五円　　買物代、お慎渡
残、百三拾五円　別包返〔破レ〕
又、拾五円の勘定は別紙計算書の通り、買物代差引、
残金、壱円五十二銭也
是亦御査収奉願上候。
又琉球塗茶台十個并に園田より預り銭□〔破レ〕壱括差上候間御
落掌被成下度候。
雲用壱缶送呈仕候。俄かの事殊□〔破レ〕御煩累を厭ひ此度は何
も不差上候間、不悪御諒承被成下度奉願候。敬具

六月廿一日　　健拝

家大兄様

退省夕刻に及ひ大いに遅緩仕候段御断り申上候、

94　（　）年7月20日

昨夜来失敬仕候。鉄道書式写取置候間、若し御閑暇なれ
は午後五時頃より御来遊被遊ては如何、御都合相伺申候。

七月廿日　　健

兄上様

95　（　）年8月7日

粛啓　昨日書拝呈仕置候間御垂読被下候事と奉存候。
却説柏原町故下田庄太氏孫下田豊三より別紙身分上之事
依頼越候得共、此□□〔破レ〕も承知せさる位故、母上様へ御尋
申上候処、同人は曽而御尊兄様之斡旋にて住友精鋼所へ
傭はれ居たる由、夫等之事書中に見へさるは稍不穏当
□□〔破レ〕庄太氏の縁故より申せは可成世話致し可然事なれ
共、本人の為人宜しからさる様なれは、寧ろ頭初より謝
絶する方可ならんと存候。一応御高見伺上候。無御腹蔵
御垂示□□〔破レ〕奉願候。拝具

八月七日　　健拝

松鶴家大兄様

尚々、返事之都合之あり候間、□□〔破レ〕御返戻被成下度候。

96　（　）年9月3日

拝啓　陳は過日御依頼申上置候松阪小津清左衛門氏下阪
相成候に付、御支障無之限り家憲其他銀行組織方法等御
説示相煩し申度、委曲拝話済に付御紹介耳、如斯御座候。
敬具

九月三日　　健再拝

松鶴家大兄様侍史

〔註〕「封筒表」大阪市北区中之島五丁目住友銀行、田艇吉殿親展。「封筒裏」小津清左衛門君御持参、伊勢四日市、田健治郎。

97 （　）年10月10日

七日附貴書拝展、貸借契約書交換、貸借及定款改正認可及運転時刻、賃銭制定認可等之手続に付、縷々御垂示之趣拝承。右は緊急を要する次第に付、成し得る限り便宜之処置を採る様為致可申と存候。

就ては契約交換も御上京之上にて、十五日附にて取計ひ被為候ても差支なかるへし。官庁との契約に付公証の必要なかるへきも、若し其要あれは当地の公証人にても差支なかるへし（小生は必要なしと認め申候）。

先刻、平井氏も先以て交換方請求あり、何の必要なるや分らすと云へり。小生は多分公証にても要する意思ならんかと申たる事に候。借入認可、定款認可及ひ時刻、賃金認可等は同時に御提出相成り差支なしと相考へ申候。

要するに社印押捺之用紙数通御携帯、又願書等訂正変更の要ありし節、夫等之事相運ふへき社員御召連れ、十六日発にて御上京被成候はゝ大体都合相附き可申歟と相考申候。鳥居駒次郎之件御申示之処、目下大臣も秘書官も不在故、住居不分明にて取調之途之なく候。尤も大臣より特に被相頼候儀に付、可成御採用相成候様致度。履歴書に依れは警察部内に在職中の者と相覚へ候間、一応警察部内御問合せ下され度、此上にて相分らさるか又は他へ転職にても致候はゝ致方之なく候。可成大臣へ談の出来る様致置たきものに候。匆々拝復

十月十日　　　　　　　　譲山生拝

松鶴大兄玉机下

98 （　）年（10）月（17）日

敬承　明石之趨勢拝承、種々御高配深謝。演説会之儀拝承、当郡は今明日北河内古市の外未た決定せさるも、多分福住、日置、城北の三ヶ所必要と可相成。左すれは廿日か廿一日ならでは上阪思束なく候。其上にて繰合せ申度、社其他も追々出張の事と相成り可申候。此旨一寸明石へ御申送り置被下度候。拝復

健拝

家大兄様

尚々、中林之件拝承、同人より直接申来候に付直ちに答置申候。

〔註〕「封筒表」大阪南区北桃谷町、田艇吉様急親展。「封筒裏」丹波篠山町、田健治郎。消印□・10・17。差出月日は消印による。

99 （ ）年10月19日

昨夕は依例長座失敬仕候。佐野氏唯今来訪中に付、小生今日京都行、万一帰り遅く相成候ては不都合に付、明日午後五時前に両人共相伺候事に申合候。左様御承知被下度奉願候。土田子紋形拝受、如貴諭取計ひ可申候。匆々拝復

十月十九日　　健拝

家大兄様

100 （ ）年10月21日

拝啓　秋気涼冷に候処、益御清祥奉欣賀候。陳は郷里名産之御所柿沢山遥々御恵贈被成下、昨日到着仕候。毎々之御厚情深謝之至り、一同賞味喜悦罷在候。

先は御礼迄に如斯御座候。拝復

十月廿一日　　健拝

御母上様

御兄上様

別紙、広内黙咲老師大患之趣、気之毒之至り驚入申候。早速見舞申送り候。如何之容体に候や。老体とは申せ未た大老とは難申、何卒平快あられ度と祈念罷在候。

土田叔母様も在京都家族生活上の都合にて、愈お雪どの召連れ来る十一月二日発にて京都へ転住之筈に候。中村（園田）小定も久く滞京之由に候処、中村も美嚢郡長へ転任せしに付、叔母殿同道帰県と決心せし由、是は好都合に候。

101 （ ）年11月22日

益御清穆奉欣賀候。陳は去る二十四日午前三時小田原松元剛吉氏より急電之あり。

妻前置胎盤ニテ出血ス、産科医一名頼ミ急ニ御越サレタシ

との文意に有之、同氏令閨は懐妊七八ヶ月目なりしなり。依て電話を以て浦島産科医院長の往診を求めしも旅行中なり。不得止副院長原口氏の出張を求め、同日午前五時

二十分発にて津田守一を同行せしめたるに、同夜帰宅、先々出血は止りたれ共、今後の模様に依りては施術を要すとの事に有之。然るに本日午前に到り松元氏より、

愈施術ヲ要ス、原口ヘモ申送レリ、浦島氏出張頼ムとの事に付、早速同氏及原口二氏の往診を求め承諾を得、尚ほ念の為め二氏に面会意見相糺候処、前置胎盤の施術は胎盤を破り胎児を引出し、而る後胎盤を引出すへきものに付、分娩時機来らさる内には子宮口緊縮の為め施術困難なる上、出血多きときは之か為め性命《ママ》を失ふの恐ありて極めて危険なりとの事に付大に懸念罷在候処、其後数回の来電にて施術も相済、先々安心なりとの報を得、又只今両氏帰京之上御報告に依れは、本日午前九時頃より又候大出血、到着の時は余程危険の兆候を呈するに付、直ちに施術に取懸り無滞死児分娩、一時衰脱に陥るの恐ありしも、食塩其他の皮下注射にて取留め、最早危険の虞なきを見て帰京せり、今一時間も遅るれは恐は挽回し難からんに、誠に運の強き人なりとの事にて大に安意仕候。為念御報申上候。匆々不悉

十一月廿二日夜半

健

母上様

兄上様膝下

取込□□《破レ》御廻し被下度奉願上候

102　（　）年12月6日

今朝田中英一来訪、当地親族田中宗一の計画に係る神戸製氷事業に賛成を乞ひ度旨申来り、尚ほ唯今当事務所に於て右両人に面会候処、別紙起業収支予算書之通り、頗る有望之事業之様被見受候。参考書なる大阪之既設会社於ても開業初年に於て二割強之配当を為し、当年は増資及工場増設之為め無配当に相成候得共、将来は三割位之配当は確なりとの事に有之。本人よりは可相成は大兄にも御賛成を乞ひ、且当地工場をも御一覧相成度旨申居候。小生は事宜に依り百株位之加入は可致かと相考居申候。大兄には御加入之御旨意無御座や。宗一なる人は是迄余り聞及ひし事なき人に候得共、面会したる処にては高尚な人物にて、土地家屋等も多分所有し確なる人之様に承り候。右は全く田中英一か此事業成立せは此業に従事する筈にて、小生をも賛成者に為し度との旨趣に出てたる次第にて、決して山的《ママ》起業に非さるは明白に候得共、尚ほ一応御聞合せ之上、御賛成之有無至急御回示被下度奉

希望候。匆々不悉

十二月六日　　健拝

松鶴家大兄様侍史

総株三千之内、二千株は已に確定之由に御座候、内には西洋人支那人も有之候。

〔註〕「封筒表」□〔破レ〕聚星舘、田艇吉殿急親展。「封筒裏」飯倉狸穴町、田健治郎。

103　（　）年12月10日

粛啓　日々御繁忙御察し申上候。陳は明後十二日朝礼服入用に候間、乍御面倒兼而御用立有之候礼服、帽共此使へ御渡し被下度奉願上候。敬具

十二月十日　　健治郎拝

御尊兄様侍史

松本剛吉宛書簡

1　明治(33)年10月20日

再度之貴電并昨日御認之芳簡何れも拝展致候。早速上京致度本意之処、来る廿五日は定式株主総会召集致し有之、其前に出京候事何分にも差障候に付、不得止来る廿五日夜行にて廿六日着京之積りに致し申候。今回内閣之顔触れ多少予想に違ひたる廉も有之候得共、大体上は此位之事と存居候。

唯驚くへきは彼の無辺子の卑汚極まる挙動に有之、不容易汚点を留め申候。昨日も京都に参り北垣氏に面会、談彼事に及ひ候処、北垣氏曰く、過日某名僧に面会候処、其僧は心機一転をアー云ふ所に遣はれては困るとて大いにこぼし居れりと一笑致したる次第に候。

然るに同子は活然蔵相の椅子を占め候事に相成、井伯已に逃け出したる上は、財政上の技倆ありとして世上に持て囃される点より採れは、同子の外蔵相に適すへき人物思当らす候得共、将来党紀振粛上に於ては必す多少の面倒を来すへきやと懸念罷在候。匆々不悉

十月廿日　　　　　　　　　　　　　　　健

松元老契研北

〔註〕「内封筒表」東京芝区田村町二、松元剛吉様必親展。「内封筒裏」大阪東区岡山町、田健治郎。消印33・10・20。差出年は消印による。「封筒表」明治卅年十月、田男、星逓相の次官となりたる時の書翰、渡辺無辺子心機一転ノ件（十四）、神奈川県小田原十字三丁目、黄樹菴、電話四〇番。

2　大正(10)年5月29日

〔他筆〕原卿の活躍振りを賞賛せられたる田男の書翰

陸続御送り之密報及情報逐一披見致候。就中山県公封事及辞表捧呈に関する政界之暗雲は、優渥なる聖旨に依り全然一掃し再ひ青天白日を仰くの想を感するは、為国家御同慶之事に候。乍去老公御示之歌

ひるかへすこゝろのおくの苦しさは

誰にかたらむ言の葉もなし

御苦衷之程深く感激する所に候。

政界情報一括面白く披見致候。近来原首相之諸般難問題解決に対する活躍振り、遠方より冷静に傍観すれは頗る機宜に適するものゝ如く、反対党も内心には屏息し居るならんと推測罷在候。

追啓

一、貴兄来台之事は、当方にては特に差支を生する事情も之なく、山県公其他之御便利もあり、又我も七月に入れは上京致度と予想罷在候に付、最早僅少之日時なれは御来台に及はすと存候。

一、山県公御上京之由、御序之節宜く御致意希上候。

来る一日を以て評議員会を組織し十日頃より開会之筈、福田司令官は三日着任之筈に候。

十六日より八日間の予定にて官田渓、日月潭、霧社蕃地等巡視之処、偶々大雨出水打続き、之れ為め三日間延長し徹頭徹尾雨中之旅行と相成候。廿六日夕無事帰北致候。匆々不尽

五月廿九日　　　　　　　　　　　　　　　健

松本老契

〔註〕「封筒表」東京芝区宇田川町十一、松本剛吉殿書留親展。「封筒裏」五月三十日、台北、田健治郎。消印10・5・30。差出年は消印による。

3　大正(10)年8月27日

廿四日より赤倉温泉に赴き二泊之上昨夜当地へ帰来、去る廿四日之芳書拝見致候。勲病気御見舞感謝仕候。去る廿二日夕突然発熱三十九度にも相昇候に付、翌日之赤倉行を延期し英医之診治を受け候処、全く一時之感冒且腸カタルに止まること略ほ相分候に付、佐野に看護為致、我等は勤を伴ひ赤倉行を遂け候。昨夜帰来候処、全く平常に復し候に付御安神被下度候。

明夕上野八時十分着之列車にて帰京之事に取極め候。万事は拝晤之上に譲り可申候。

東京之残暑甚た酷烈なりし由、当地及赤倉はさすがに高地故朝夕なとは重ね着ならずは難凌、極めて冷涼に有之候。匆々拝復

八月廿七日　　　健

松本老契研北

〔註〕「封筒表」相州小田原十字町、松本剛吉殿親展。「封筒裏」信州軽井沢　田健治郎。消印10・8・27。差出年は消印による。

4　大正(11)年5月6日・5月7日

〔電報1〕田健治郎発暗号電報解読文（松本剛吉宛）

五月六日台北発仝夜東京着、台北、田

吾が諾否の決答を保留せし真意は、汽車中にて御話せし如く単に吾の進退に余地を存したるに止まらず、万一改造行悩みの場合、西公又は高橋子をして吾に対する言責に拘束せらるゝ事なく、自由の裁量を採られ得る余地を存せんが為めなりしは、君の知る処なり。此意を含みて適当の解決方に注意せられたし。

〔註〕「電報送達紙」ウタカワ一一、マツモトヒショカン。消印11・5・6。

〔電報2〕松本剛吉発電報（田健治郎宛）

五月七日午前七時答電、東京、松本

御命電報二通拝誦、御意感激に堪へず。此の意味は既に西公閣下、高橋子閣下は御諒知あらせらる。閣下の高き御人格を非改造派がいやがらせの為め、憶測を巧みにし、卑劣極まることを新聞紙等に掲載する為め、西公、高橋子は大に御気の毒に思はれ居り、既に其言葉を頂戴せり。御諒知置相成たし。吾れ今朝平田子を訪ひ、明八日西公に伺ひ、即日帰京の予定なり。

〔註〕「電報送達紙」ウタカワ一一、マツモトヒショカ

ン。消印11・5・7。

「封筒表」田男と電報往復、五月七日。「封筒裏」東京市芝区宇田川町十一番地、松本剛吉。暗号電報および解読文あり。差出年は消印による。

5　大正11年5月8日

引続き数回之貴電に依り、内閣改造行悩み之結果一昨六日之閣議に於て高橋首相より改造は時機に非さるを以て一と先打切るへき旨声明せられし顛末概要承知致候。元来今回の改造問題に関し未た各閣僚間と何等の諒解を得さるに先ち、政友会幹部に於て之を決定し、而かも之を世間に発表したる為め、党内に非常なる紛糾を来し遂に之を中止するの止を得さるに立到りたるは、大に内閣の体面を傷け、詢に遺憾之極に存候。改造の中止は永久の中止か将た一時の中止か、其辺内部の真相は臆測致兼候得共、既に一旦打切りと決定したる以上、時体は全く白紙に帰し、過日小生に対する入閣の御申込も、之に対する小生諾否確答保留の関係も挙て自然消滅に帰したる事と思考致候。

右は高橋首相に於ても斯く諒解し居らるゝならんとは存候得共、万一此間に錯覚ありて後来行違を生すること有之候ては不相済次第に付為念特に申進候。此段可然高橋首相へ御申伝置可被下候。匆々不悉

大正十一年五月八日於台北　田健治郎

松本剛吉殿

[別紙] 田健治郎書簡

副啓

別紙小生進退に関する行掛り、今回の改造打切りに依り当然白紙に帰すへしとの見解は、今日之事体に於て自他双方の為め至当の解決方と存候。

此事に就ては、当初より平田子爵に非常の配慮を煩はしたる次第に付、六日朝発の拙電と共に先つ第一に同子爵の一覧に供せられ、其理解を得たる上にて高橋子爵へ御伝へ被下度候。

高橋子諒解之上は、御序を以て西園寺公、三浦子、横田氏へも可然諒解を得る様御伝へ置き被下度候。

五月八日　健

松本老兄

6　大正(11)年(5)月11日

〔電報〕田健治郎発暗号電報解読文（松本剛吉宛）

十一日午後六時四十分着　　総督

九日発手紙にて申送りたる件わ、平田子に異存なくば高橋子へ御伝へありたし。西公へは余りくどくなる故御伝へに及ばず。

〔註〕「電報送達紙」ウタカワテウ一一、マツモトヒショカン。消印11・5・11。暗号電報および解読文あり。差出年月は消印による。

7　大正（11）年（5）月26日

〔電報〕田健治郎発暗号電報解読文（松本剛吉宛）

廿六日よる十二時　　　廿七日前八時五十五分着

訳

一昨日の二通の文今見た。首尾克改造が出来れば結構なれども、多分六ツケしと思ふ。予は辞退す。○若し総辞職となれば跡の事は中々困難なり。容易に決行し難し。二九ヒの船便にて文送る。

〔註〕「電報送達紙」オキツミナクチヤ、マツモトヒショカン。消印11・5・27。差出年月は消印による。

8　大正11年5月28日

厳秘

御内示内閣改造之成功は大いなる疑問なる事同感に候。幸にして高橋子、岡崎、横田二氏之努力并西園寺公之配慮等に依り奏功候はゝ、高橋氏の面目も相立候次第に付、所祈には候得共、前途之見込は甚た暗黒なるを免れす。斯る渦中に我輩飛出し候とも、唯一時高橋子へ義理立するに過きす、国家の大局に対し何等御報公と可相成見込無之に付、自然今後に於て右関係諸賢より勧説有之候とも、可然御謝絶相成候様致度候。

却説改造は不成立に帰し其結果総辞職を見るに立到り候場合之予測として、西園寺公を初め三浦、岡崎、横田諸子暗に後継者を小生に被擬候傾向ありとの御内報之趣、我輩に於ては斯る有力者之信認を博すること、其実現之有無に拘はらす詢に以て感銘之極に有之候。去れとも之を御受けすへきや否やに到りては、一身之栄辱は暫く別問題とし、国家之重大問題なるか故に充分熟慮研究を悉したる上に非されは決定すへき筋に非すと思考致候。此点に就ては先以て別紙を以て同封したる善後策に関する意見書御熟読之上、平田子爵、横田氏等之真意充分御推究、甲乙案何れを採るへきや、是は我輩之出処如何に関せす充分御研究相成度候。

さて其上にて何か名案ありて確乎たる新内閣成立するに到り、而して其内閣が国家民衆の為め福利を増進すへき内閣ならしめは、仮令へ予輩は之に参加することなしとするも、大に之を歓迎するに吝ならさるものに候。

万一此等之枢機に参画する諸賢にして此場合我輩を推すを以て国家の為め得策なりと思量せられ、其内交渉を受けたりと仮定しても、予輩は新内閣の成立に関し成算を得たる以上に非されは軽々しく御受け之答を為すへきに非すと存候。前年清浦子の失敗は、全く其成算なくして公然組織に着手せられたる軽挙に坐したる次第に有之候。

成算とは何ぞ。第一に決すへきは別紙甲乙案何れに依るかに在り。両案共に長短あるは分説せし所の如し。仮りに甲案を採るとせは、此際は極めて穏当にして且此際予輩の入党を要せす。一議会位の試錬を経、政友会との関係上相互相信認するの事実を確めたる上入党する余地あるか故に、万一の齟齬を来さゝる利便はあれ共、其間政友会と鞏固なる聯絡を保ち得るや否やの点に関しては、予め充分の諒解を遂け置くの必要ありと存候。

又仮りに乙案を取るとせは、政友会との関係は論なしとするも、上院特に研究会あたりの関係（仮りに上院より二、三人の入閣者ありと仮定して）は如何にして協調を保ち得るや。遠き未来は暫く論せす、差当り上院多数との意思の疏通は矢張り内閣成立上必要条件の一として打算し置くの要ありと存候。

右は極めて大筋丈けなれ共、大体此等の道行にして略ほ成算を得たる上に非されは、諾否の決答を為すへきに非す。遠隔の地に在りて細目に渉るを得さるの不便あれ共、前述之内、上院に関しては平田子爵、政友会に関しては横田氏とに対し暗々裏に研究を遂けらるゝの途も可有之と存候。

要之予輩は倖進などの望は毛頭無之候得共、毎回之御細書に対し腹蔵なく赤裸々の考を申述候。匆々

大正十一年五月廿八日　　　　　健

松本老契研北

［別紙］ 田健治郎覚書

㊙

下馬評の寄せ

御内示新内閣下馬評に対し当方下馬評の一端
内務　横田結構なり。

但元来なれは大蔵か適役なれ共、内務に適役なきを如何せん。野田の総裁は山本に勝るへし。首相の兼摂は司法等の外激務の所は無理なり。

大蔵　山悌を一応の試錬を経すして直ちに大蔵の重任に充つるは疑問なり。適当の内相あれは横田尤も妙なれ共致方なし。首相兼摂は無理なり。

研究会の荒井賢太郎は如何。勝田前相よりは精神的の男なり。中々に底男〔ママ〕のある男と思ふ。或は適任ならんと思はる。只衒はぬ男故割合に人に知られぬなり。

陸海軍、司法、文部、鉄道は下馬評にて差支なし。

逓信　青木妙なり。受くるや否多少の疑問。

農商務の床次は政友会、研究会の関係上或は宜からん。

問題は内蔵二省に存す。

御一覧後火中のこと。


〔註〕「封筒表」東京市芝区宇田川町十一、松本剛吉殿必親展、書留。「封筒裏」台北官邸、田健治郎。消印11・5・28。

9　大正11年5月28日

本月十五日、十七日之貴信に引続き十九日弐通之書留昨廿六日接到、逐日御奔走容易ならさる御苦心之程深く諒察致候。

却説内閣改造問題は僅か之行違ひより意外なる破綻となり、其中心たる高橋首相は勿論、輔佐役たる諸子に於ても非常なる苦衷を抱かれ候事と推察、随而西園寺公も又御心痛之事と遥察致候。

貴報に依れは、高橋子は頭初より之計画を遂行せんと焦慮せられ、随而輔佐役并同情者に於ても出来る事なら其志を遂けしめんと苦心せられ居る由。誠に無理なら〔ママ〕ぬ事と存候得共、岡目より冷静に之を観れは奏効之程思束なき様存候。

何となれは、内には会内二分大波乱を起したる行掛あり、外には上院其他一般に容易ならさる悪印象を与へたる不利益あり。此等輙く洗除し得へくもあらす。左れは無理やりに遂行するとも、結局元来の企図たる人心一新之望は水泡に帰せさるか、甚た懸念する所に候。

僕の進退は御承知の如く毫も自ら求むるの意なく、唯国家之為め尽さゝるを得さる場合に際会せは御奉公申上るの外なしとの精神故、過日高橋子より懇談を受けたる節も、諾否之確答を断はり、双方共に熟考之余地を存したる次第なり。然るに斯く紛糾に陥りては御奉公の程も思束なしと存し、去る六日及九日の郵電を以て打切之旨を申進めたる次第に候。

高橋子も、若し改造之議行はれずとせは総辞職の外なしとの決意あり。随て同情ある賛助者も此場合に於ては改て善後策を講するの外なしと観察せられある趣了承、若し果して斯る場合に立到らは如何に解決せらるへきや。此は国家の為め冷静公平なる位置に立ち深く考慮を悉すへき大問題に候。

此問題は今に始まりたる難問に非す。一昨年頃より反対者側に於て政局転開之問題を提起し来たる毎に、過半数政党以外に政権を渡すの道何くに在りやと一喝の下に撃退し来りたる此論理を打破すへき理拠、特に実勢力の発見せられさる限り、所論の範囲は頗る狭小にして、人心を聳動せしむへき名案ありとも思はれすと存候。

往事には一種のクーデター論者あり、今尚ほ之に似寄りたる論者なきに非す。其意は、止を得すして少数党が政局に当りたる場合は、多数党を打破する迄解散に解散を重ね以て新局面を開拓すへしと云ふに在り。此論は二、三十年前に於て政局紛糾に瀕する度毎に常に唱導せられたる議論なれ共、伊藤公も山県公も桂公も遂に之を採納せられさりしは、空論たるの実証に有之候（品川子の選挙干渉は稍此意を含めり）。

政党の基礎極めて薄弱なる二、三十年に於てすら実行し得さる前記の政策を、デモクラシー思想の旺盛なる今日に適用せんとするか如きは、所謂時代錯誤の見たるを免れすと存候。

果して然らは、今日の如く多数党内閣の危機に迫りたる場合、之に代位すへき実力を有する在野党の存在せさる時は、如何して政局の展開を策すへきや、是れ目下の活問題に有之候。

愚見に依れは今日の政況に照し之に処するの道、左の二策に外ならすと思考す。

甲、下院多数党（則ち政友会）と上院多数の勢力と結合したる聯合内閣。

乙、現在の閣僚を概ね更新し、新人に依て新に組織したる多数党（政友会）内閣。

此二者は今日に於て比較的実現の可能性を有するものな

るか、共に多少の長短得失あるを免れす。而して其性質に於ては重大なる差違ある如くなるも、其実質則ち政友会出身者と其他の出身者との割合に於ては著大なる差違なきものと推測す。

今両者の長短得失の概要を指摘すれは左の如し。

甲案の長所
一、世人多く謂ふ、民心は既に現内閣を去れりと。此点に対しては確かに人心を一新するの効あり。
一、徳義的の外、現内閣の政治上の責任を負担するの責務なし。随て新政策を樹立するに行掛り上の係累少し。
一、上院各団体中反対派と見倣す〔ママ〕へきものは論外とし、是々非々主義を標榜する団体とは協調を保ち易し。
甲案の短所
一、名義上政友会内閣たらさるか故に、政友会との協調を保つに困難を感することあるへし。
一、現内閣の責任及政策を継承せさるか故に、政友会の体面若くは感情上に不満を感せしむることあるへし。
乙案の長短得失は恰も甲案と相反し、甲案の長所は乙案の短所となり、甲案の短所が乙案の長所となる次第なれは、特に之を反覆するの必要なし。
尚ほ一事の附記すへきは、仮りに乙案の内閣か成立したりとせは、他日政治上の事由に依り更迭を要する場合に於ては、政権は当然他の政派に移るへき筋となり、再ひ純政友会内閣に持続するは理論上行はれ難きも、甲案の内閣なれは再ひ政友会内閣に移すことは理論上不当に非すとの推定なり。
僕は今甲乙二案に就き其何れを採るへきかを断定するの早計なるに顧み、敢て断案を試みす、只熱心なる貴兄の研究に資し依て以て此問題の枢機に参画せらるゝ諸賢の深く講究せられんことを希望するに外ならす候。以上
大正十一年五月廿八日　健
松本老契研北
〔註〕「内封筒表」必親展。追伸、自然之状に於ても右関係諸賢より疑説有之候とも可然御謝絶成候様致度、要之予輩は倖進などの望毛頭無之候得共、毎回の御細書に対し、腹蔵なく赤裸々の考を申述候。「内封筒裏」厳封。前書簡に同封。

10　大正(11)年(5)月(31)日

秘啓

一昨廿九日船便に托し政局に関し縷々二通之書面を以て内啓致置候に付、既に御覧被下候事と存候。一昨日福田大将来訪、種々政界内情質問、且上原元帥之秘状被示、真相を問はれ候に付、右貴報に答へたる二通内示候処、誠に能く了解せり。上原氏も大に心痛之様子に付、此写し内示したしとの事故、則ち写を渡し申候。就ては上原子の許に此書状と同時に到着候筈に付、若し御面会自然枢機に渉り御話有之ときは、其御含を以て齟齬せさる様御注意被下度候。

改造困難なるは略ほ推測に難からす、而して政友会内現状維持之希望頗る猛烈なる様子に付、或は居据りに帰着するに非さるかとも推察せられさるに非す。是亦異方面より之観察として冷静に傍観すへきものに非さるか。御注意被成度候。匆々

〔註〕「内封筒」親展。「封筒表」東京市芝区宇田川町十一、松本剛吉殿必親展、書留。「封筒裏」台北官邸、田健治郎。消印□・5・31。差出月日は消印による。

11　大正(11)年6月5日

秘

卅一日付之書留貴信并三日以来四通之電報披見致候。貴報に依れは、高橋子も愈総辞職と決心せられ、本日頃閣議に発表之心算なる由。事志と違ひ遂に高踏せらるゝ之心事同情之至に候。夫に就き今後如何なる運ひに可相成哉。多分元老を召され夫々御諮詢之上後継者を擬せられ候順序と相考へ候。其場合に到らは、定て種々表裏之厄鬼《ママ》運動各方面に続出し、一時波瀾洶湧を極め候事と想像せられ候。

僕の進止に就ては、去る廿八日附之書面にて詳細申述へ候次第に付、此旨趣平田子等へ御申伝へ被下、或る程度迄は同子之考慮に依り去就候事は或は此際に処する穏当之手段かと存候。要するに何れに帰着するも、一時政海は大混雑に陥るへく、殊に結束整然たる政友会すら何れに決するとも、或は一波瀾は免るへからさる運命を有するに非さるか。既に党中に於て二、三相の如く露骨に自我的主張を固守する人相生し、一時二分して相鬩くに至りたれは、此余波は将来何かに付て噴起すへく、結局は来るへき議会に於て或は解散等之一大清潔法を経るに非

されは根本的刷新思束かなきに非さるなきか。此等之事も相当高慮之中に置かるへき筋ならんかとも被相考候。却説貴兄近来政治運動に御関係に付、自然世間より官紀上面白からすとの疑惑を受け、職責上馬耳東風にも附し難く、去りとて今更諸先輩之配慮を見捨て台湾へ帰任候事も情誼上決行し難く、不得止辞表御差出候趣、苦衷之程深く諒察致候。御気附之廉は誠に御尤之次第、僕に於ても只情に流れ強而抑止候事も難致、殊に西公、平子等も既に同意せられ居るとの事なれは、今更中止も難致次第に付、御来意に任せ、夫々手続を尽すへき様松田氏へ内示致置候。夫々式に適ひ候様御執計ひ之上、内閣へ進達相成度候。後任者之件も相当なりと存候。唯経歴上松田氏と同等とするは如何と存候。其待遇方等は別に秘書官より御協議可申と存候。

本日より南支領事会議相開き、十日には田昌来嶋、十六日には二荒伯来嶋、同日より一週間評議会開会、十七日には始政記念会等陸続重要事件相続き、頗る多忙に罷在候。此際万一上京を要する様の事とならは、一時長官は閉口致すへく候。匆々不悉

六月五日　健

松本老契研北

尚々、万一上京を要することゝなれは、当然其筋より上京すへき旨之通達あるへき筋と存候。今日之事情前述の如く、予定の重要事項を差置きて自分より私事旅行を申出候事は万行はれ難き事と存候。為念申添候。

〔註〕「内封筒」必親展。「封筒表」東京市芝区宇田川町十一、松本剛吉殿必親展、書留。「封筒裏」六月六日発、台北、田健治郎。消印11・6・6。差出年は消印による。

12　大正(11)年6月8日

両三日来引続き貴電接到、時局趨移之大勢了承致候。日夜不一方御心労之様子、為国家御苦労之至に存候。折悪く西園寺公御発病之趣、山県公御逝去後殆んと唯一之御輔導之重任に御当候次第、兼而御自覚被成候趣、然るに此際召命に依り上京献替之事も思束なく、為国家可憂は申すに及はす、御本人に於かせられても定而不容易御苦心之事と推察罷在候。何卒一日も早く御軽快、速に御輔導之重責を被尽候様熱望罷在候。

先頃より御内示之後継者之選択は予想以上に面倒と相成り候様推察致候。加ふるに西公之発病あり、清浦子の活

動あり、着々先手を打たれ候気味合に付、多分意外之処へ落着すへくと推察予想罷在候。

僕の進止に就ては略ほ御推察もありしならん。山県公逝去後之大局に顧み、内閣更迭之際に於てはそう易々と進行候事六ケ敷からんと予想し、過日来種々先輩者之意向御内示に拘はらす、只管自重、決心のある所を御返答せさりし次第に候処、今日之趨勢にては、第一に西園寺公の病に依り発言の機会は恐く他人に移るならん。

第二に、平田子は元老の位地に非す、且つ謙譲之人格者なれは、さしでケ間敷主張せらるへきに非す。

第三に、清浦、牧野二子之助言は、此際松方侯の耳に入り易し。

第四に、小生適々遠地に在りて長歎馬腹に及はす、西公、平子も主張せらるゝに不便なり。

第五に、横田氏要地を去り、党之纏め方に不便あるへし。

此際に至りては、三浦子も嘴を容るゝに由なし。

右等之事情相重なり、結局問題とならすして薩派に縁故深き方面に決着するに非さるかと予測罷在候。

乍去、僕としては前便申進候如く、何之〔ママ〕等之求むる所もなく、唯国家本位を主張するものに付、此点に関し如何に落着するも毫も懐に残す所無之候間、貴兄に於ても其御含にて、少しも未練なく、平々坦々唯政局の一日も速かに安定に帰するを以て御奉公の道なりと御覚悟、尚ほ御尽瘁相成度存候。定而御苦心の事と推察候儘、以急書卑見申進置候。匆々不悉

六月八日　　健

松本老契研北

13 大正(11)年6月8日

別紙本日午後五時前に相認め候後、夕刻に到り電報通信社より後継者として加藤男へ大命下れりとの知らせ有之候得共、本日清浦子興津行との貴電に付、或は大命下りしに非すして、松侯の筋より内談ありしを速了したるものかと推察致候。

何れにしても、別紙に申述へ候通り、此書状御覧前に一切決定に帰し候事と存候。副啓

六月八日夜十時　　健

松本老契

〔註〕「内封筒表」親展。「封筒表」東京市芝区宇田川町十一、松本剛吉殿親展、書留。「封筒裏」台北、田健治郎。

消印11・6・□。差出年は消印による。

14　大正11年6月21日

十三日、十二日両日之貴翰昨日接到、逐一了承致候。今回之政変に就ては、至誠国に尽する精神を以て御尽瘁相成候事御苦労之至に存候。然るに其真相を知らさるもの往々普通策士之奔走と御同一視するものあり、遺憾之程御察申候。

其結果に於て多少意想外に出て候事も有之候得共、曠日弥久紛糾に陥ることなく、迅雷一発忽ち青天を観るか如く感あらしめたるは、拙速は巧遅に勝るものにして、其道程上幾多の疑問ありとするも、先以て可悦事と存候。西園寺公生憎之御発病とは乍申、今回之政変に際し、西公、平子殆んと事後承認之如き現象と相成候は驚歎之至に候。乍去西公御病気漸次御恢復之趣、為国家大慶不過之候。

僕上京之事は、兼而東京出発之際より申居候通り七月中旬迄には上京之予想に有之候。領事会議は既に結了、評議会も明後廿二日を以て完結之見込、其上予算之方針を決定し、七月上旬発にて上京致すへく、其用向は民法、商法を台湾に施行すへく大体の意見を政府へ協議し、法制局等への説明交渉方は佐野院長、下村参事官等を上京せしむへき見込に候。

右に付、上京の御允可申請は来月匆々当方より内閣へ申出つへく、僕の健康は御懸念被下間敷候。尾間氏入院との事、本月中に赴任出来ればよし。其儀叶はされは其儘滞京の方便利ならんか。何れとも同氏健康の都合に任せ可申候。

四月下旬より内閣成立迄の間に於ける日記、面白く披見致候。政界趨移之真相観るか如く、而して別紙之情報と併せ見れば、笑ふへくして慨すへく憐むへき情偽波瀾百出之状玩読致候。依て日記は御返璧致候。

田辺氏も追々軽快、近日転院可相成由、安心致候。充分摂養全快の速かならんこと切望致候。

今回の政変に就ては、仮令当初の計画たる大改造は挫折するにもせよ、更に新局面を開拓するに到る迄之間、横田氏之苦心と努力之容易ならさるものありしは深く推察致候。御序之節宜く御伝へ被下度候。

昌頃日来嶋、視察を遂け、更に満、朝巡察之予定の処、主計局長之栄転に接し、省命に依り他の巡回を中止し、廿三日之船便にて帰京之事に致候。此手紙と同く廿七日には着京可致、同人の進止に就ても兼て御高配被下候処、今回之栄転を見るに到り一同歓喜罷在候。是又横田氏へ可然御伝謝置被下度候。

当地兎角雨天勝、随而温度割合に高からす、青天の時は八十四、五度に有之、未た苦熱を感する程には無之候。匆々不一

大正十一年六月廿一日　　健

松本老契研北

〔註〕「封筒表」東京芝区宇田川町十一、松本剛吉殿必親展、書留。「封筒裏」台北官邸、田健治郎。消印11・6・22。

15　大正(11)年7月5日

貴翰拝見。

別紙勲記拝受証記名之上御返付致候。実印は大番町邸に保管致し有之候間、家内へ押印方御申入可被下候。匆々

七月五日　　健

松本老契研北

尚々、尾間秘書官今朝無事到着致候。我上京之件御裁可を得候はゝ、来る九日船便にて出発致度と存候。西園寺公御存問致度と存候処、其頃興津なるか将た御殿場なるか、又は東京に行かるゝやも計り難しとの事。何れ其際電報にて御打合せ可申候。

〔註〕「封筒表」東京芝区宇田川町十一、松本剛吉殿親展。「封筒裏」台北、田健治郎。消印11・7・5。差出年は消印による。

16　大正(13)年6月7日

西園寺公書翰拝見、藤子推挙之理由説明用意周到、感服之次第に候。一覧済近衛公来翰と同封御返璧申上候。匆々不悉

六月七日　　健

松本老兄

17　昭和(2)年5月3日

貴翰拝披。陳は三輪田御老母様御重症に付御案し申上居候処、奇蹟的に蘇息被成候事御同慶之次第、何卒漸次御回復相成候様為女史教育界神掛けて祈念罷在候。

老兄今般内閣嘱托として御勤務之由御同慶に存候。其内

勅選に任用之運ひに相成り候はゝ、独り老兄之光栄に止まらす、郷里二郡勅選種切れ之今日、大に人意を強するものありと只管熱望罷在候。

老我来る六日発にて約一週間計り福岡市に於ける電気協会総会に臨席之筈に候。御含迄に申添候。拝復

五月三日　　健

松本老契研北

〔註〕「封筒表」芝区愛宕下町四ノ一、松本剛吉殿必親展。「封筒裏」市外玉川、田健治郎。消印2・5・3。差出年は消印による。

18　昭和(2)年7月22日

粛啓　益御清康大慶之至に候。昨日之御通知に依れは代々幡町へ御転居之由、一時御取込之事と推察申上候。

陳は唯今神田銀行整理問題に関し神田鐳蔵氏来訪、被相話候には、今般鈴木善三郎なる弁護士整理委員之指名を受け従事罷在候得共、政府筋等より充分之諒解を受け候に付、是非老台之御配意を請ひ度旨を以て縷々懇談有之、御多端中とは存候得共、充分御聴取之上一臂之力を添へられ、幸に適当之整理被立候様為成候はゝ経済界之為にも幸福と存候。此段小生よりも特に御依嘱申上候。委細は面晤之機に譲候。匆々不悉

七月廿二日　　田健治郎

松本剛吉様玉机下

〔註〕「封筒表」松本剛吉様乞親展。「封筒裏」神田鐳蔵氏に托す、田健治郎。

19　昭和(2)年9月8日

芳墨薫披。陳は予て御高配相煩はし候「田捨女」集題号西園寺公へ相戻候件、今般揮毫被成下、直ちに艇吉方へ御郵送被成下候趣、御報知相蒙り感荷之至に候。独り同女之光栄なるのみならす、其子孫たる我々に於ても無上之幸福として欣悦仕候。二十日前には同公御上京之趣、其節は是非拝趨御礼をも可申上と思考罷在候。匆々拝復

九月八日　　健

松本老契研北

〔註〕「封筒表」赤坂区青山南町六丁目一の一、松本剛吉殿親展。「封筒裏」市外玉川、田健治郎。消印2・9・8。差出年は消印による。

20 昭和2年9月(　)日

粛啓　陳は多年国事に御尽萃之功果として今般貴族院議員に勅任せられ候段、貴兄之光栄は申すに及はす、郷党之誉として欣慶之至に奉存候。右祝ひ之印として、

勝雄武士　一箱

頼山陽詩書　一幅

進呈致候間、御祝納被成度、此段申進候。敬具

昭和二年九月吉日　田健治郎

松本剛吉殿

〔註〕「封筒表」松本剛吉様、二品相添。「封筒裏」田健治郎。

21 昭和(2)年11月29日

粛啓　昨夕帰京之際は御繁忙中御出迎被下好情深謝仕候。却説去る十八日出発之際、十七日付貴翰拝披、篤私生児病死に付其費用金参百五拾円御立替被下候段拝承、種々御面倒相煩し恐縮之次第に候。旅行中如何共致方無之より甚た乍延引別紙住友銀行小切手金参百五拾円封入御返上申上候間御検収被下度、自然和子等之費用も可有之候間、御取調之上御一報被下候はゝ御返上可申上と存候。先は専用耳。匆々敬具

十一月廿九日　健

松本老契研北

〔註〕「内封筒表」親展。「封筒表」赤坂区青山南町六丁目一の一、松本剛吉様必親展。「封筒裏」特使、玉川、田健治郎。

22 昭和3年9月24日

芳翰拝披。陳は今般良縁有之、令息源吉君、山下静江嬢と御結婚相成候旨披露之趣拝承、御家門長久之御基と千鶴万亀奉祝賀候。拝訪之上親く御祝可申上之処、尚ほ静養中に付、乍略儀以書中呈祝辞候。敬具

昭和参年九月廿四日　田健治郎

同　やす

松本剛吉様

同　令夫人玉案下

〔註〕「封筒表」市外代々幡町代々木上原千三百三十八番地、松本剛吉様、同令夫人。「封筒裏」市外玉川村、田健治郎、同妻。消印3・9・24。

23 昭和(4)年1月15日

貴翰拝披。新年早々旅行先にて御風邪之由、折角御自愛摂養是祈候。政海多事之由御垂示、就中対支問題こそ現内閣之宿痾と被存候。明日枢密院会議にて田中外相より報告ありとの事に付、実情相分り可申歟と存候。匆々拝復

一月十五日　　　　　　健

松本老兄研北

〔註〕「封筒表」市外代々幡町代々木上原一三三八、松本剛吉殿親展。「封筒裏」市外玉川、田健治郎。消印４・１・15。差出年は消印による。

田健治郎宛書簡

伊藤博文書簡

1　明治26年2月12日

拝啓　旧臘負傷之際は早速御見舞被下御懇情奉謝候。目下追々快方に相趣《ママ》出勤候様相成候間、御安神被下度、乍略儀以書中右御礼迄如此御坐候。敬具

明治二十六年二月十二日　　伯爵伊藤博文

田健治郎殿

〔註〕「封筒表」麻布飯倉狸穴町五十九番地、田健治郎殿。
「封筒裏」伯爵伊藤博文。

2　明治(27)年8月19日

上海之密電御示鳴謝不啻、沈没船之事も我責任を免候吉報、為国家大賀之至に候。尚今後も時々緊要之報道有之候節は御示被下度及御依頼置候。早々拝復

八月十九日　　博文

田大兄梧右

〔別紙1〕明治(27)年(8)月(18)日　Henningsen 電報
(Stone 宛)

Code Telegram from Shanghai -

Stone,Tokio

Naval court inquiry Kowshing "affair", yesterday, favourable to the Japanese.

British Admiral reported consider sinking of the ship justified and advises government to make no claim.

Henningsen

rec. 1.30 AM

〔別紙2〕明治27年8月18日ヘニングセン電報訳（ストン宛）

上海ヘニングセンよりストン宛暗号電報訳

千八百九十四年（明治二十七年）八月十八日上海発

海軍裁判所は昨日高陞号事件を審問せしか、日本の為め利益なりし。

英国海軍提督は、該船の撃沈は正当なりと思量する旨報告し、且何等の要求をも為さゝる様政府へ勧告せり。

〔註〕「封筒表」田健治郎殿、博文、密啓親展。

3　明治(28)年6月1日

今般林特命全権公使清国へ赴任に付送別之宴相設度、来四日午後六時三十分永田町本大臣官舎へ御賁臨被下度、

此段御案内迄如此に御坐候。敬具

六月一日　内閣総理大臣伯爵伊藤博文

田通信局長殿

追て、御出席有無御一報相願度候。

〔註〕「封筒表」田通信局長殿。「封筒裏」内閣総理大臣伯爵伊藤博文。

4　明治29年4月1日

父正四位十蔵卒去之節御弔問を辱し、且葬送の際は遠路御会葬被成下鳴謝仕候。本日除服出仕被仰付候に付、乍略儀以書中右御礼申述度如此御座候。敬具

明治廿九年四月一日　侯爵伊藤博文

田健治郎殿

〔註〕「封筒表」麻布区飯倉狸穴五十九番地、田健治郎殿。「封筒裏」侯爵伊藤博文。消印29・4・2。

5　明治33年8月25日

拝啓　益々御清康奉慶賀候。陳は今回同志と共に立憲政友会を組織し、洽く天下同感の士の賛助を得て本会の意志貫徹致度候。就ては別紙趣旨綱領御熟覧の上、御同感に候得は御加入被成下度、為国家不堪希望之至候。右得貴意度。草々敬具

明治三十三年八月廿五日　侯爵　伊藤　博文

林　有造

長谷場純孝

星　亨

男爵　本多　政以

大岡　育造

子爵　渡辺　国武

渡辺　洪基

男爵　金子堅太郎

都筑　馨六

松田　正久

侯爵　西園寺公望

男爵　末松　謙澄

田健治郎殿

〔別紙1〕立憲政友会入会申込書　省略

〔別紙2〕侯爵伊藤博文「立憲政友会趣旨書」　省略

〔別紙3〕伊藤博文漢詩　印刷物　省略

〔註〕「封筒表」伊勢四日市市浜田町、関西鉄道株式会社に

て、田健治郎殿。「封筒裏」侯爵伊藤博文、東京市麹町区内山下町、帝国ホテル内立憲政友会創立事務所。封筒裏に「政友会組織の宣言書」と書き込みあり。消印33・9・4。

6　明治（　）年7月24日

小田原三等郵便局担任小西正寛と申者、小包郵便之事に付老台え乞謁之上及陳述度儀有之趣に而小生え添書願出候に付御引見被下度、為其。早々頓首

七月念四　博文

田健二〔ママ〕郎殿

〔註〕「封筒表」田健二〔ママ〕郎殿、博文、附小西正寛。

伊東巳代治書簡

1　明治(26)年5月2日

拝啓　御内示之趣謹承仕候。早速取調訂正可仕置候。匆々拝復

五月二日　巳代治

田賢台

尚々、襟存如何など御来話奉待上候。

〔註〕「封筒表」田郵務局長殿拝復内展。「封筒裏」内閣書記官長伊東巳代治。巻紙の端に「明治二十六年五月」と書き込みあり。

2　明治(27)年7月18日

拝啓　別紙差上候間、御査手之上例之如く御発送可被下候。右得貴意候。頓首

七月十八日　巳代治

田通信局長殿

〔註〕「封筒表」田通信局長殿至急親展、伊東巳代治。

3　明治(27)年8月3日

拝読　ミツキーとの往復電報は、御垂示之時々首相之検閲に供し居候処、到底戦時中一個人之暗号電信は御廃止相成りては如何。勿論公使館より発送するものは致方無之候へとも、内外之一個人より発するものは当然廃止すへきものと被存候間、此際御決行相成候様致度候。首相并外相へも相談仕候処、此際廃止之方可然ならんとの説に御座候。早速逓相閣下へ御内議之上廃止之手続御決行

所希に御座候。不取肯右御含迄奉申上候。匆々不悉

八月三日　巳代治

田賢台

〔註〕巻紙の端に「明治廿七年八月三日付」と書き込みあり。

4　明治(27)年8月21日

昨今両日御垂示之趣、早速首相閣下へ其儘供内覧置候。尚於外務省も参考之資料とも可相成と心付候に付、今朝外相へも相送置候。中外之電報中新規之事は細大御垂教に預り度奉願上候。不取肯拝答迄。匆々不悉

八月念一日　巳代治

田賢台

〔註〕「封筒表」田通信局長殿大至急密復。「封筒裏」内閣書記官長伊東巳代治。巻紙の端に「明治二十七年八月二十日」と書き込みあり。

5　明治(27)年9月12日

拝啓　今日は又もや蒸熱甚しく候処御清適不堪拝賀候。扨小生儀も、御承知之通り愈々明日聖駕に陪従し西下の途に就き候に付、不在中は諸事可然奉願上候。予而相伺居候電信之一条は、何卒外務省へ御話被下候様仕度候。将又釜山松村よりの来電にて時々首相閣下の内覧にも供し度候に付、広島市大手町四丁目三好屋定四郎方小生宛にて、其都度御転報の程偏に奉願上候。一寸拝趨仕度と存候へとも、出立前彼是取紛れ居候に付、不取敢用向而已得貴意候。草々頓首

九月十二日　巳代治

田通信局長殿

〔註〕「封筒表」田通信局長殿至急必親展、伊東巳代治。巻紙の端に「廿七年」と書き込みあり。

6　明治(27)年9月19日

拝別後愈御清適奉敬賀候。扨御承知之通り総理大臣御発病之為め三日之延着と相成候へとも、予想よりも意外に速に快気に被相赴、乃ち昨日一同当地安着仕候。併し総理は非常之御発熱之後に候へは、未全く御平快と申訳には難至候へとも、今日之場合に付、押して前程を被急候事故、目下疲労相見申候。尤今後幸に何事も無之候へは別に憂虞を要せすと医官も申居候事に御坐候。将又今回平壌之大捷、御同慶何もの可過之、六龍西巡の

初、此大喜報に接し候事、手舞足踏の所を知らす、当地も沸返り候盛況に御坐候。御想察を乞ふ。右に付朝比奈儀非常之御厚配を蒙り候由、其顚末詳細に申来候。今回之殊功は全く尊台之御高庇の致す所と深く感激罷在、小生よりも厚く御礼申上、且は将来之為め更に御含願置れ度様申来候に付、御厚礼旁今後之場合に於ても今回同様之御配神之程偏に奉希上候。先は御近状相伺旁御礼迄如此御坐候。草々頓首

九月十九日　　巳代治

田尊台侍曹

〔註〕「封筒表」東京逓信省、田通信局長殿至急必親展。広島大手町四三好方、伊東巳代治書留。消印27・9・21。巻紙の端に「明治廿七年九月十九日」と書き込みあり。

7　明治(27)年10月12日

拝啓　在京城之コツクリル宛英文電報は、首相并外相之内嘱に応し、小生之名前を以て至急当人へ相達候様、賢台之手を経由して発送可致様被申聞、尊邸へ相送候処、御不在中に而御出先不相分、其儘御留主宅へ差置候由に付、唯今再ひ御使差送、尊邸より直に御出先へ相届候様申含置候間、多分今頃御手許に相達候事と存候。右電報は極密を要し、公使館等不相洩様特に御注意を加へられ度、又電線不通之箇所は、特に専使を以て転送方厳重御下命相願度候。

右電報之外、更に引続別紙電報同人へ相送度、是又前文之通、特に御垂命、一時も早く当人手許へ相届候様御配慮相願度候。

同人電報差止之事は、愚考之通果して外交上重大之影響を生し、先刻大臣会議之節、速に解停之運に相成、多少挽回之策も相行れ候事と是而已相祈居候。拝青之刻万々可申上候へとも御含迄内々御報申上候。

ハウスより米国へ発信之都度、以急使御通報相願上候。

先刻御差送之分は聊も相違無之、先安心致居候へとも、向後之処充分注意仕置度、特更御配慮奉願上候。

右両通之電報、果して当人之手許に相違なく相達候哉否も御突留之上、御報被下度奉願上候。右拝願迄。匆々不悉

十月十二　　巳代治

田賢台

尚々、電報料は追而内閣より返弁可為致候。

〔註〕巻紙の端に「明治二十七年十月十二日」と書き込みあり。

8　明治(27)年10月12日

拝啓　別紙電報は至急コツクリルに相発し度、韓地電信局到着之上は公使館等へ泄洩不致様、直に本人之手許に相届可申旨、賢台より特に命を発せられ候都合御相談可申旨、首相よりも被申聞候。尚引続発電可致候へとも、不取肯別紙丈至急前文之通御取計有之度候。右拝願迄。匆々不悉

十月十二　巳代治

田賢台

〔註〕巻紙の端に「二十七年十月十三《〔ママ〕》日」と書き込みあり。

9　明治(27)年10月15日

別紙横文秘密電報、例之通至急発送方御取計被下度候。且是迄之電信料は追而内閣より一切返弁可為致、是又御含迄奉申上候。匆々不悉

十月十五　巳代治

田賢台

〔註〕「封筒表」田通信局長殿至急機密内展、伊東巳代治。巻紙の端に「明治二十七年十月十五日」と書き込みあり。

10　明治(27)年10月20日

別紙例之通御発送被下度奉願上候。匆々不悉

十月廿日　巳代治

田賢台

〔註〕「封筒表」田通信局長殿至急密啓、伊東巳代治。巻紙の端に「明治二十七年十月」と書き込みあり。

11　明治(27)年11月17日

其後愈御清安御起居奉敬賀候。次に弟儀無異消光御放慮可被下候。扨過日来小生へ宛御電報之上海来電は、其時々翻訳の上、西郷大臣、川上中将へ転致候事に相成居、右両将より大本営へ被差出、大本営より更に掲示せられ候より、小生宛名の儘各新聞紙に相上り候もの一二件有之候へとも、素より小生手元より相渡し候もの一も無之、今後とても同様之儀に付、左様御含被置度、為念奉申上

置候。

近日国会、朝日を閲読仕候に、逸早く上海来電を載せ、而かも某省外国人へ達したる報などゝ附記しあるものも有之に付、多少世人之疑をも可相招き之虞あらん歟と竊に憂慮罷在候。殊に右二新聞の今日政府における関係は、最前の如くならざる事情は、尊台之疾く御承知被為在候処と奉存候に付、旁以て御注意を深くせらるゝ方御長計歟と愚考仕候。御高慮の一端として微衷達御聞置候。

毎度御厚配被下置候一儀、実以不堪拝謝候。時々先方よりも申来居候儀に御坐候。孰れ拝青之刻敬謝可仕候へとも、乍此上御惹目を被垂諸事可然御引廻相願度との事に御坐候。先は右不取肯急要の件而已。草々頓首

十一月十七日　巳代治

田尊台侍史

〔註〕「封筒表」田通信局長殿急密啓、伊東巳代治。巻紙の端に「明治廿七年十一月十七日広島より」と書き込みあり。

12　明治(27)年12月21日

拝啓　頃日御不例之由御容体如何御案申居候。一別後得拝晤度義も不尠、御見舞旁早速拝趨仕度存居候処、永々不在之為、公私之事務湊合一々指顧之暇なく、乍不本意御不沙汰仕居候。不悪御諒恕被下度候。扨別紙電報は、昨夜相願置候ものと同一種類に有之、発電方御下命被下度候。一両日中拝趨万々事情可申述候。匆々不悉

十二月念一日　巳代治

田賢台

〔註〕「封筒表」田通信局長殿至急親展、伊東巳代治。

13　明治(27)年12月23日

今以取紛れ御無沙汰仕居候。別紙は例之通御取計可被下候。為其。匆々不悉

十二月念三　巳代治

田賢台

〔註〕「封筒表」田通信局長殿至急機密乞袖展、伊東巳代治。「封筒裏」内閣書記官長伊東巳代治。巻紙の端に「明治二十七年十二月二十三日」と書き込みあり。

14　明治28年1月14日

謹賀廿八年新正。

扨小生儀愈々明日発京、再広島へ相赴候に付、御厚礼旁趨庭仕度と存居候処、公私之用事一身を圍繞し、于今其時機を不得、或は此度は趨伺欠礼之まゝ発途仕候哉も難計、孰れ来月は一度帰京之積りに付、其節寛々御詫可申上候へとも、不在中は別して御心添御厚配奉願上候。時々越山拝趨可仕筈に付、諸事御差図奉願上候。先は不取肯陳謝旁一書拝呈如茲に御坐候。草々頓首

一月十四日　　巳代治再行

田尊台侍史

〔註〕「封筒表」田通信局長殿至急親展、伊東巳代治。巻紙の端に「二十八年」と書き込みあり。

15　明治(28)年10月11日

拝啓　露国海兵韓地上陸并其後之景況御手許に詳報有之候由、乍御面倒写本一通、当使へ厳封之上御下付被下度奉願上候。右不取肯拝顧迄。匆々不悉

十月十一日　　巳代治

田賢台

〔註〕「封筒表」田通信局長殿急内啓、伊東巳代治。

16　明治(28)年10月20日

三浦公使自殺せりとの噂、刻下世上に相伝り、既に読売新聞社前には公然張出し候由に有之候処、政府へは未た何等確報無之、右自殺之報は既に朝鮮より私報相達し候義歟、至急御取調御報相成度旨、首相より被申聞候。何等私報も無之義に候へは、為念京城電信局へ御問合相成(内々)度候。尤京城より返信有之候迄にも、右自殺之事は私報も不参居事判然致し候へは、直に御通報被下度候。右御願まで。匆々不悉

十月念　　巳代治

田賢台

〔註〕「封筒表」田通信局長殿至急内啓、伊東巳代治。

17　明治(29)年3月20日

拝啓　御発途前御多忙奉恐察候へとも、拝別之為来廿二日浜の屋に於て小宴相催度、御同僚其他二三友人も相招置候間、何卒万障御繰合午後四時より同処へ御来駕被下候へは無此上仕合に御座候。右御案内迄如此に御座候。匆々不悉

三月念日　　巳代治

田賢台

〔註〕「封筒表」田通信局長殿急内啓、伊東巳代治。巻紙の端に「明治二十九年三月二十日洋行前」と書き込みあり。

18　明治(37)年5月14日

拝啓　九連城戦況黒田甲子郎目撃之詳報今朝到達、今夜地方郵送之紙上に登載致候由に而為持来候間、不取肯茲に拝呈仕候。軍事的智識と経験とを併有する黒田之筆に成るもの、多少御参考之資料と可相成と存候。尚後刻電話之上高見可相伺と存上候。為其。匆々不悉

五月十四日　　晨亭

田賢台

〔註〕「封筒表」田健次郎殿至急内啓、伊東巳代治。巻紙の端に「明治卅七年五月」と書き込みあり。

19　明治(　)年3月1日

拝啓　唯今以電話御内願申上候一条、大臣と御相談之上、何卒此際御幇助に預り度候。充分之慎戒を加へ御迷惑相掛候様之義は、小生担任保証可仕候間、御安心可被下候。唯今御申含之来電、地名聞取兼候処有之候間、一寸御書取厳封之上当使へ御下付奉願上候。取急右拝願迄如此に御座候。匆々不悉

三月初一日　　巳代治

田賢台

〔註〕「封筒表」田健次《ママ》郎殿急内啓、伊東巳代治。

大石熊吉書簡

1　明治（31）年7月2日

拝啓　大隈総理大臣御面談致度由に付、明後四日午前十時頃総理大臣官邸へ御枉駕成被下度候。右得貴意度如此御座候。頓首

七月二日　　大石熊吉

田健治郎殿

〔註〕「封筒表」麻布飯倉狸穴町五十九番地、田健治郎殿親展。「封筒裏」大石内閣総理大臣秘書官。消印31・7・2。差出年は消印による。

大隈重信書簡

1　大正3年10月7日

拝啓　時下益御清適奉賀候。陳者御高話拝聴旁粗餐差上致候間、来十五日（木曜）午後五時、永田町官邸へ御来臨被下度、此段御案内申上候。敬具

大正三年十月七日　　伯爵大隈重信

男爵田健治郎殿乞貴答

〔註〕「封筒表」麻布区本村町五〇、男爵田健治郎殿。「封筒裏」伯爵大隈重信。封筒裏に「十五日午後五時、首相官邸」と書き込みあり。消印3・10・7。

2　大正（5）年3月（　）日

拝啓

今般議会に関し御願致度事有之、大石義夫罷出候得は、何卒御引見之上、特に御聴取被成下度、此段御依頼申上候。敬具

三月　　伯爵大隈重信

男爵田健治郎殿

〔註〕「封筒表」男爵田健治郎殿。「封筒裏」伯爵大隈重信。

3　大正5年4月19日

謹啓　愈々御清穆奉賀候。陳は今般別紙の要綱に従ひ経済調査会を設立し欧州戦乱に伴ひて施設すへき経済上必要なる各般の事項を調査審議致度に就ては、貴下を同会委員に推薦し何分の御尽力を相煩度、御用繁中恐縮の至りに御座候得共、右御承諾相願度、此段得貴意候。敬具

大正五年四月十九日　内閣総理大臣伯爵大隈重信

男爵田健治郎殿乞貴答

〔別紙〕経済調査会要綱・同会設立の趣旨

経済調査会要綱

一、経済調査会ハ欧州戦争ニ伴ヒ施設スヘキ経済上必要ナル事項ヲ調査審議スルモノナルコト

二、経済調査会ハ関係各大臣ノ諮詢ニ応シ意見ヲ開申シ又関係各大臣ニ建議スルコトヲ得ルコト

三、経済調査会ハ内閣総理大臣ノ監督ニ属シ左ノ者ヲ以テ組織スルコト

会長　一人　　内閣総理大臣ヲ以テ之ニ充ツ

副会長　二人　　大蔵大臣及農商務大臣ヲ以テ之ニ充ツ

委員　六十五人以内　内閣及各省高等官並学識経験アル者ノ中ヨリ之ヲ命ス

尚特別ノ事項ヲ調査審議スル為必要アルトキハ臨時委員ヲ置クコトヲ得ルコト

四、経済調査会ハ左ノ五部ニ分チ委員ヲ分属セシムルコト

貿易部
租税部
交通部
金融部
産業部

五、各部ハ部会ヲ開キ必要アルトキハ各部聯合会ヲ開クコト

六、経済調査会ハ内閣総理大臣ヲ経テ当該官吏学者又ハ当業者ヨリ意見書ヲ徴シ又ハ其ノ出席ヲ求メテ意見ヲ聴クコトヲ得ルコト

経済調査会設立ノ趣旨

欧州ノ戦乱ハ、勃発以来既ニ帝国ノ財政経済ニ至大ノ影響ヲ及ホセルノミナラス、其ノ影響ハ今後尚増大セントスルノ傾向アリ。而シテ又其ノ平和克復シテ、欧州各国孰レモ全力ヲ傾倒シテ各自其ノ受ケタル創痍ヲ恢復セントスルノ時ニ至ラハ、之カ為帝国ノ財政経済上蒙ルヘキ影響益々甚シカルヘク、予メ之ニ対スル措置ヲ講スルト共ニ、此ノ時機ヲ以テ経済界ノ振興ヲ図リ、海外ニ対シテ其ノ発展ヲ策スルハ、帝国ノ財政経済上最モ緊切ニシテ一日モ之ヲ忽諸ニ附スルヲ許サス。是ヲ以テ欧州戦乱ノ影響ニ関スル各種ノ材料ヲ蒐集シ、平和克復ニ伴フテ起ルヘキ諸般ノ事項ヲ調査シ、帝国ノ受ケタル打撃ヲ救済シ、其ノ有利ナル影響ヲ助長スルト共ニ、朝野ノ間ニ懸案トナレル各種ノ問題ヲ解決シテ財政経済ノ調和ヲ図リ、進テ戦乱終熄後ニ於テ内外ニ対シ帝国ノ採ルヘキ経済上ノ政策ヲ確立シ、帝国ノ進運ヲ画策スルニ必要ナル資料ヲ得ルノ趣旨ヲ以テ、茲ニ経済調査会ヲ設立セントス。

〔註〕「封筒表」至急親展書留、麻布区本村町五〇、男爵田健治郎殿。「封筒裏」内閣総理大臣伯爵大隈重信。消印5・4・19。

桂　太郎書簡

1　明治(38)年12月26日

前略高許。誠に唐突之至に候得共、郵便局技師尾寺百輔なる者、昨年満州軍に従ひ従軍いたし居候処、平和克復之今日場合追々引揚と相成候に付ては、或は過員と相成、不日不幸之位地とも可相成哉之掛念有之候間、此際帰朝被仰付、適当之場所へ御繰替相叶候はゝ誠に好都合仕合に御坐候。御多忙中御迷惑に候へ共、通信局長へ御下命之上、可然御指図被成下度奉頼候。先は願用旁。匆々頓首

十二月廿六日　　太郎

田賢兄侍史

〔註〕「封筒表」田逓信次官殿親展私用。「封筒裏」桂太郎。

2　明治(39)年1月14日

御清栄奉賀候。さて今般貴族院議員御拝命被成候に付ては、茶話会に御入会被成候得は友人も多数有之、将来之為め彼是弁理も不少、就ては同会へ御入会被成度希望仕候。尚巨細之義は、平田男、小松原氏等御相談被成下度、是又希望いたし候。為其。匆々頓首

一月十四日　　太郎

田健二《ママ》郎殿

〔註〕「封筒表」芝区金杉新浜町壱番地、田健次《ママ》郎殿親展。「封筒裏」相州葉山、桂太郎。消印39・1・5。差出年は消印による。

3　明治(45)年6月29日

前略高許。此書持参男爵福原俊丸伺候被致候間、御面会被成下度候。同男、如御承知目下大蔵省技師に而、築港其他建築に従事致居候。又同男、毛利公爵家之一門之者に而、彼の福原越後なる者之孫に相当り、先年各藩之壱万石以上之家臣授爵之際に授爵相成候者に而候。工科大学器械科を卒業し、旧毛利家々臣中、大家之内に於而も各藩中に於而も屈指之者なるは勿論、兎角自活之出来候者に候へは、貴族院議員としては其資格に於ても技能に於ても相当なると志操は小生保証致申候に付、或補欠撰挙之際に於ては御推挙を願度候。本人よりも委敷可申出候へ共、本人資格略歴等概して入御聞置候。有地男は能々承知致居申候。沖男爵抔えは老台より御話合被成下度

侯。右御依頼旁。早々拝具

六月廿九日　太郎

田男爵閣下

〔註〕「封筒表」田男爵殿親展。「封筒裏」桂公爵、福原男爵持参。

4　明治（　）年11月2日

拝啓　然は過日拝光之砌御話致候作業局工場云々之事、其後御取調相成居候事と奉存候。就ては其節も御内話仕候通、井上伯と一応御面会之上、同伯希望之点も御聞取被成下度、同伯えは老生より既に話置候間、電話を以て御乞合之上是非御面会希望仕候。右は今朝拝光之節御話可仕相考居、他用に取紛失念いたし候間、以書中右迄。匆々頓首

十一月二　太郎

田逓信次官殿

〔註〕「封筒表」田逓信次官殿必親展急。「封筒裏」桂太郎。

5　大正（2）年1月9日

拝啓　陳は伯国サンパウロ州イグワツペ殖民地計画の件に関し、親しく御協議申上度存候に付、御繁忙中恐縮に候得共、来る十三日午前十時半、外務大臣官舎に御光来相煩度、此段得貴意候。敬具

一月九日　外務大臣公爵桂太郎

男爵田健治郎殿

追而、簡単なる昼食の用可致置候間御含相願度、尚御来否乍御手数十二日迄に御一報相煩度候。

〔註〕「封筒表」麻布区本村町五〇、男爵田健治郎殿。「封筒裏」外務大臣公爵桂太郎。封筒裏に「十三日前十時半、外務官舎」と書き込みあり。

加藤高明書簡

1　明治（28）年8月21日

拝啓　陳は今朝着在英青木公使よりの電信に、タイムス新聞在横浜通信者キングドンは、其発したる電報の停留せられたる旨の苦情を謂ふ云々と有之、多分新聞上に右様の記事相見えたることゝ被察候。前文電報発送を止むる様之義は、無論事実無根の事と相信候得共、右に付何か御心当之事は無之哉、青木公使へ

回答之都合有之候間、至急御一報相成度、此段御問合旁申進候也。

八月廿一日　加藤高明

田老台侍史

〔註〕「封筒表」田通信局長殿急親展。「封筒裏」加藤高明。

加藤友三郎書簡

1　大正(6)年11月13日

拝啓　先刻御話相成候筑前丸に飛行機搭載之件、慎議之結果、御話に応ずる事に致すべく候条御承知相成度、飛行機は二台搭載之予定に有之候。敬具

十一月十三日　加藤友三郎

田逓相殿

〔註〕「封筒表」逓信大臣官舎、田健次郎殿親展、特使。「封筒裏」海軍省、加藤友三郎。

2　大正12年5月19日

拝啓　御佳祥之御義奉賀候。偖而皇太子殿下御渡台紀念として青陶花瓶壱箇御恵贈被成下、難有拝受仕候。不取敢御挨拶申上度、如此御坐候。頓首

大正十二年五月十九日　加藤友三郎

田台湾総督閣下

〔註〕「封筒表」台湾総督府出張所、男爵田健治郎閣下。「封筒裏」加藤友三郎。

清浦奎吾書簡

1　明治（19）年5月8日

拝啓　過日嘱置候富岡海浴場の時況、早速御通報を辱し万々敬謝候。此日曜迄は罷出兼候間、何れ来る十四五日頃貴配を煩はす儀も可有之、其節は一両日前に御報知可仕、先は陳謝旁如此候。早々頓首

五月初八　奎吾

田賢台梧下

〔註〕「封筒表」神奈川県横浜野毛、田健二〔ママ〕郎様親展。「封筒裏」内務省官舎、清浦奎吾。消印19・5・9。差出年は消印による。

2　明治（44）年12月24日

拝啓　益御清福慶賀之至候。
来る廿六日午後五時香雪軒に御招待を辱し感謝候。欣然参上可仕候。拝諾迄。早々敬具

十二月廿四日　　奎吾

田賢兄

〔註〕「封筒表」麻布区富士見町、男爵田健二〔ママ〕郎殿。「封筒裏」大森八景坂上、清浦奎吾。消印44・12・24。差出年は消印による。

3　明治（44）年12月27日

謹啓　歳末無余日公私御多忙拝察候。陳は昨日は香雪軒に雅招を忝し欣然参上可仕旨申上置候処、歯牙之手術を受けたる結果工合あしく、一時疼痛を起し、為其宴席に列するの気分に乏しく、已むを得す臨時御断申候段失礼無申訳、幸に御海容是祈。其中拝顔陳謝可致候へ共、先寸楮を以て一応御挨拶に及候。敬具

十二月廿七日　　奎吾

田賢兄硯北

〔註〕「封筒表」麻布区富士見町、男爵田健治郎殿。「封筒裏」大森八景坂上、清浦奎吾。消印44・12・27。差出年は消印による。

4　大正（3）年8月17日

拝啓　一昨日は特に御来臨を忝したる処、生憎外出中不能迎接遺憾之至候。
陳は安場男爵令息と貴家令嬢と御結婚之成約ありしことは慶賀至極に候。先日安場男より媒人の名義を帯ひ候様相談有之、光栄之至には候へ共、不行届にて甚無覚束存候へ共、御両家とも親交を忝する間柄、欣然受諾申上候。実は先日来訪問可致存しなから、兎角酷暑に辟易し荏苒経過中御訪問に接し恐縮候。何れ近日参堂書外在拝話。早々敬具

八月十七日　　奎吾

田賢台

令夫人に宜敷御致声相願候。

〔註〕「封筒表」麻布区本村町五〇、男爵田健治郎殿。「封筒裏」大森、清浦奎吾。消印3・8・17。差出年は消印による。

5　大正（3）年11月4日

謹啓　時気秋冷愈御清福慶賀之至候。陳は昨日は令夫人、安場男爵夫人と共に貴臨を忝し、殊に鄭重なる品々御贈に預り、御厚意を感謝すると同時に恐縮痛入候。双鳩歓楽図之置物は関睢之意味あり、幾久芽出度愛留可仕、先は御挨拶迄。敬具

十一月四日　　奎吾

田賢台

〔註〕「封筒表」麻布区、男爵田健次郎〔ママ〕殿。「封筒裏」大森、清浦奎吾。消印3・11・4。差出年は消印による。

6　大正（4）年3月5日

謹啓　議会中彼是御多忙拝察候。

陳は大問題を提け御斡旋の最中、朝鮮増税之件に付貴聴を煩はすは如何と存候へ共、杉橋時太郎儀、今一回老台に面謁陳述致度との情願にて小生に添書を請求候。甚御面働とは拝察候へ共、暫時にても御延接被成下度、為其。如此早々不宣

三月初五　　奎〔花押〕

田賢台

〔註〕「封筒表」男爵田健次郎〔ママ〕殿御直披。「封筒裏」杉橋氏紹介、清浦奎〔花押〕。

7　大正（4）年8月1日

謹啓　時下益御清福慶賀之至候。内閣之運命急転直下、大浦子之境遇は誠に気之毒に候。却説逓信省に於て御大典記念絵はかき（木版色摺）発行に付、其製造者選択上彼是取調中之由、審美書院専務理事窪田勘六は懇意の者に候処、右製造同書院に於て請負度、就ては逓信省当該官（池田十三郎氏とか承候）に田男爵より御一声相願候へは誠に仕合せに付、小生より依頼を請ふ旨申出候。御都合如何哉難測候へ共、幸に御懇親の間柄にて御差支無之候はゝ、御迷惑なから一挙手一投足之労相願候。参堂頼談可致の処、此説柄之往来は世の指目も有之候に付、態と差控寸楮を以て得貴意候。筆不能悉意諒読を仰く。為其。早々不備

八月一日　　奎〔花押〕

田賢兄

逓信当該官には、審美書院の事、他の手より既に申込有之哉に承候。

〔註〕「封筒表」麻布区本村町五〇、男爵田健次郎〔ママ〕殿親展。「封

筒裏」大森八景坂、清浦奎〔花押〕。消印4・8・1。
差出年は消印による。

8　大正（4）年8月31日

謹啓　秋冷相催候処、益御清祥慶賀之至候。先日依嘱致候件、早速田中局長に御談向相成、其結果として審美書院に被命候由、窪田も非常に感喜、小生に於ても厚く御礼申上候。御序田中局長にも宜敷御致声相願候。旅行の為め御挨拶延引請恕。早々不備

八月三十一日　奎吾

田賢兄

〔註〕「封筒表」荏原郡玉川、男爵田健治郎殿親展。「封筒裏」荏原郡大森、清浦奎吾。消印4・8・31。差出年は消印による。

9　大正（5）年11月29日

謹啓　益御清祥慶賀之至候。陳は老閣の御内意を含み、某氏より青森県下滝沢礦山之件に付橋本信次郎に相談有之候趣、右に関して橋本は親しく老閣に面謁し御談を拝聴し、又自分の見る所をも申上度に付、小生より紹介を請ふ旨申出候。橋本は先代忠二郎之相続人にて慥かなる人物に候。又右之談の進行次第には、橋本の相談人桜内と申す者同伴する場合も可有之、此段御含を請ふ。右得貴意度。早々敬具

十一月廿九日　奎〔花押〕

田男爵殿

〔註〕「封筒表」京橋区木挽町逓信大臣官舎、男爵田健次《ママ》郎殿親展。「封筒裏」大森、清浦奎吾。消印5・11・30。差出年は消印による。

10　大正（8）年11月11日

謹啓　台湾総督府官制改正後第一文官総督として統治の任に当られ候儀、慶賀之至候。施設上に於ては研究の必要も可有之、又既に胸中成算も可被為在、偏に御成効を祈候。人種的差別待遇は今日に於て最考慮を要し候に付、公私厳に御警誡《ママ》を希望す。御赴任前多忙の中、大森村荘に顧叩を忝し深厚之芳意感謝何限、関西旅行中不能延接遺憾千万、風土気候之変切に御自愛是祈。先は御祝詞旁。
敬具

十一月十一日　清浦〔花押〕

田賢兄硯北

〔註〕「封筒表」台湾総督府、総督田健次《〔ママ〕》郎殿親展。「封筒裏」東京市外大森、清浦奎吾。消印8・11・11。差出年は消印による。

11　大正（9）年4月3日

拝啓　時下益御清祥慶賀之至候。陳は小生郷友小原達明主となり製紙専門家と共に調査の結果、台湾蕃界に叢生する鬼萱を以て製紙原料となすの有利なるを認め、該事業計画に関し小原より相願候由に付、御出発前御多忙とは存し候へ共延見被下度、台湾に於ける事業発達の為め可然便宜を与へられ候様希望候。実は四五日前、右事件に付御面談の為め台湾総督府出張所に罷出候へとも不能拝顔、電話間違ひにて下村民政長官待居られ候に付、概略申述置候。

委細は小原達明より可申上御聴取を請ふ。敬具

四月初三　奎〔花押〕

田老閣

〔註〕「封筒表」田台湾総督殿。「封筒裏」小原達明氏持参、清浦奎吾。

12　大正（9）年7月30日

謹啓　先時賢所参集所に於て貴聴に達し候永田亭蔵書翰、文言甚露骨の点不少、此儘高読に供するは如何歟顧慮致候へ共、其真卒を観るに足る部分も有之候に付、乃ち差出候。一読後焚却相成度、還暦年配の人物強て依頼申上兼候。御詮衡の上相当用るに足ると認められ候はゝ、可然御適用被下度、其採否に付特に御答報を煩はさす。早々敬具

七月三十日　奎〔花押〕

田老閣

〔註〕「封筒表」東京麻布区広尾町六十一、田台湾総督殿親展。「封筒裏」大森、清浦奎吾。消印9・7・30。差出年は消印による。

13　大正（11）年7月7日

拝啓　故元帥山県公爵記念の為銅像建設併伝記編纂乃発起に関し、兼て御内意相伺置候次第も有之候処、今般右に付一応御集会相願ひ具体的計画に関し御相談申上度、御繁用中御迷惑とは存候得共、来る十二日午後二時華族

会館へ御光臨被成下候はゝ仕合に存候。先は右得貴意度、
如此御座候。草々敬具

七月七日

子爵渋沢栄一
山梨半造
子爵清浦奎吾

男爵田健次〔ママ〕郎殿

〔註〕「封筒表」四谷区大番町八五、男爵田健治郎殿。「封筒裏」子爵清浦奎吾。

14 大正（12）年1月24日

厳寒之候愈御健昌慶賀之至候。議会の為め又復御出京御苦労拝察。先頃は台産蜜柑を御恵贈、今又珍産二品を忝し深厚の芳意欣佩感謝何限。台地の近況、上原元帥より詳細領承、施治の効大に見るへきものあるは国家の為め可喜可賀候。此度は当分御滞京と存し候に付、其中可得拝話、右迄。早々敬具

一月二十四日

奎〔花押〕

田老閣硯北

〔註〕「封筒表」東京四谷区大番町、男爵田健次〔ママ〕郎殿。「封筒裏」大森、清浦奎吾。消印12・1・24。差出年は消印による。

15 大正（13）年1月16日

拝啓　時下愈御清穆慶賀之至候。陳は台湾総督之事に付翰教之旨敬承、新聞紙は何を以て更迭などと流伝致候哉、無根の事に候。尤種々の方面より運動は有之候へ共、唯今の処何等更迭を要する事由を認めす。貴説の通り屡総督を更迭するは、台治の為め不得策也。殊に内田氏は治台の適材と存し候。

貴書に接し疾速拝復可致之処、就任後夙夜無寸暇為めに延引之段請諒恕。早々不宣

一月十六日

奎〔花押〕

田老閣

〔註〕「封筒表」東京市外玉川、男爵田健次〔ママ〕郎殿、親展復啓。
「封筒裏」永田町官邸、清浦奎吾。

16 昭和（3）年4月23日

敬啓　時下益御清適慶賀之至候。老生去る十五日より京都華頂台なる喜寿庵に休養、五月四五日頃迄は滞在の積。去る二十日、大阪電博を訪ひ候。諸事整頓頗る盛況、御

同慶之儀に候。褒賞授与式は五月十日挙行の由、若し副総裁も式場に列するの必要あらは、四五日頃一応帰東、又復西下するも臆劫〔ママ〕に付、寧ろ都合を図り夫迄滞洛可致、格別列式の必要なけれは、滞在余り永延に付、四五日頃帰東可致、其左右御返示を乞ふ。喜寿庵は都ホテルの上華頂台に在り。庵は膝を容るに足る環堵なれとも、風景は隹絶誇るに足るものあり。先日閑院宮三殿下も御臨庵、久邇宮両殿下も御休憩相成りしは、風景か玉趾を誘促したるものと存し候。其中何かの機会あらは光臨を希望す。早々頓首

奎堂四月二十三日状

譲山老閣

〔註〕「封筒表」東京市外玉川台上野毛二三四、男爵田健次〔ママ〕郎殿親展急啓。「封筒裏」京都市都ホテル上華頂台喜寿庵、清浦奎吾。

黒田清隆書簡

1　明治21年5月23日

来る廿六日芝公園内弥生社に於て小集相催角觝可供貴覧候間、午十二時三十分より御来駕被下度希望致候。敬具

明治二十一年五月廿三日　伯爵黒田清隆

神奈川県警部長田健次〔ママ〕郎殿

〔別紙〕田健治郎返信下書

拝啓　明二十六日芝公園弥生社に於て小集之御催有之、蒙御招待候処、当時管内巡閲出張中に付、折角之御厚意拝趨致兼候間、不悪御容赦被下度奉希候。頓首

廿五日　田健治郎

黒田伯爵殿

〔註〕「封筒表」神奈川県警部長田健次〔ママ〕郎殿。「封筒裏」伯爵黒田清隆。消印21・5・23。

2　明治25年10月6日

内務本省追加予算は、法律之結果と確認するは薄弱と論説有之、尤も大蔵大臣は主謂之一人にして本省之事業は即ち逓信追行する故云々、国会に於て六ヶ敷有之間しく、其辺猶篤と講究充分慥め置度、其筋へ取別通知注意一層御加へ可被下候。此旨。草々穴賢

廿五年十月六日前八字　清隆

田文書課長殿

〔註〕「封筒表」田文書課長殿至急必す親展、別紙入。「封筒裏」十月六日前八字、清隆。

3　明治26年1月28日

拝啓　昨夕承上候原按提出可否相談会に付する云々、河津次官殿へ猶又御依頼可被下候。只今川上中将殿御入来に付、前件分けて談合致し置候。同君気付に、其比較線之可否投票は無記名之方都合合歟と、余程云々事情も有之候ん。依て如此異見を抱かれ候と認め極内密御通牒に及び候。此旨。草々敬具

廿六年一月廿八日前十字過　　清隆

田健次《ママ》郎殿

二伸　乍末行迂生不差懸公務上に付出会不致、諸君方へ宜敷御断り置可被下候也。

〔註〕「封筒表」田健次《ママ》郎殿至急親展。「封筒裏」一月廿八日前十時過、清隆。

4　明治26年2月17日

拝啓　御垂示之趣承知致候也。

廿六年二月十七日夜即刻

〔註〕「封筒表」田書記官殿平収親展。「封筒裏」廿六年二月十七日夜即刻、清隆。封筒表に「芝区南佐久間町二丁目十三番地寺内」、封筒裏に「下芝蔵寺町小川健三」と書き込みあり。

5　明治26年3月16日

拝啓　扨明十七日開会後、川上議長閣下議員諸君方御帰途、官舎に於て粗茶差上度候間、御立寄被下候得者幸甚之至に不堪。乍憚貴兄より御諾否御問合被下度儀御依頼及候。此旨。草々穴賢

廿六年三月十六日午下四字過　　清隆

田健次《ママ》郎盟兄左右

二伸　乍御手数御承知之諸君方御垂示可被下候也。

〔註〕「封筒表」田幹事殿至急要詞。「封筒裏」三月十六日午下四字過、清隆。

6　明治（26）年3月21日

拝啓　御清福御出勤奉賀候。然は予定之通本日開会相成候哉、閉開に拘はらす議事相済次第、官舎え諸君御同御誘引御立寄被下度儀相叶間敷哉、不日御県嘱之諸君も御

座候ん。旁御緩話伺度、却て御迷惑とは乍存、粗茶並に薩摩真正の田舎料理、御口啖之如何に関せす差上候間、幸に御風味被下候得者実に光栄之至に不堪、偏に御枉駕待上候。乍御手数御諾否御垂示可被下候。此旨。草々不宣

　廿六年三月廿一日前　　清隆

田健次〔ママ〕郎様

7　明治26年3月21日

拝啓　啻今より榎本子爵令夫人御病気見舞に出掛申候間、万事御依頼致候。佐藤秘書官出勤なき由に付、坪野秘書官へ云々御通知置可被下候。御来客時刻には疾く々帰舎致候。此旨。早々不宣

　廿六年三月廿一日正午過　　清隆

田健次〔ママ〕郎殿

〔註〕「封筒表」田健次〔ママ〕郎殿至急親展。「封筒裏」三月廿一日正午過、清隆。

8　明治26年5月25日

粛啓　御清穆御出勤奉賀候。然は昨夕御光臨之折、逓信大臣官舎一条云々申上候哉に付、別紙理由書弐通為持上候間、猶御熟慮被下、第一伊藤首相へ今更鉄道庁々舎旧霊南坂上取戻し本大臣官舎に取帰すること所詮出来不申、甚た困却実に進退切迫如何共為し得さる次第、首相、外相、陸海両相、警視惣監官舎筋は必す其儘現在せざるへからざる処可有御座候。各省大臣官舎存廃に不拘、最早致方無之形行、委曲理由書に起因し御聴取之上御陳弁被下度ぎ悃禱之至に不堪、大至急之場合に際し乍略儀寸楮を以て要用如此に御座候。此旨。草々穴賢

　廿六年五月廿五日前八字過　　清隆

田健次〔ママ〕郎様

二伸　乍末行本文之儀に付、委員諸君之内能く協議、同意之出来得らるゝ御方には篤と御申込被下度儀願上候。正に頗ぶる困難罷在候也。

〔註〕「封筒表」田郵務局長殿至急親展別紙弐通入。「封筒裏」廿六年五月廿五日前八字過認む、黒田清隆。

9　明治27年7月27日

拝啓　只今海軍大臣より別紙相達、大至急之要件に付、即ち御廻し申上候。早速御調査被下度。次官は暫時不在

之由に付、跡廻しにて可然、緊急之要件故直ちに清隆名前を以て返事可被下置候。此之際時機を失せざる尤も肝要之事、何分宜敷願上候也。

廿七年七月廿七日午下三時過　　　清隆

田通信局長殿

〔註〕明治31年2月24日付黒田清隆書翰の封筒に混入。

10　明治27年8月27日

拝啓　貴翰接手、御垂示之趣敬承。成丈上海〇〇とストーム電信之儀之機密致置度、過日「コーシン号一条、正に上海某より「ストーム」秘電之事件、直ちに事実等敷二三之新聞紙上に掲載有之、「ストーム」にも余程迷惑之様子に承及候。乍余事内報申上候。此旨。草々貴答不宜

廿七年八月廿七日夜　　清隆

田局長殿

〔註〕「封筒表」田通信局長殿貴答必す親展。「封筒裏」八月廿七日夜、清隆。

11　明治27年9月1日

粛啓　残炎難去時下益す〳〵御清穆被為入奉賀候。然は近頃自由之至に候得共、重野博大先生へ別紙奔鉞御依頼被成下度ぎ相叶間敷哉、此段奉悃禱候。草々敬具

廿七年九月一日九時過　　清隆拝

田盟兄榻下

〔註〕「封筒表」田健次《〔ママ〕》郎様至急親展別紙入。「封筒裏」九月一日九時過、黒田清隆拝。

12　明治28年2月26日

粛啓　只今陸奥外務大臣殿御入来、別紙之通掲載有之、或は郵便電信局から鳥渡相洩れ候ん。外交上大関係之事件、慎重機密墨守する云々申上迄万々無御座候へ共、当局主任へ爾後之注意方宜敷依頼候旨承知、決して局より漏泄せし事無之と確信罷在候得共、念之為め御通牒被下度、要詞如此に御座候。此段。草々敬具

廿八年二月廿六日午下二時前　　清隆

田局長殿

〔註〕「封筒表」田通信局長殿至急親展、別紙切抜入。「封筒裏」二月廿六日午下二時認、清隆。

13　明治28年4月16日

拝啓　四月十三日花翰今朝接手、辱く御察示敬承仕候。時下益す〳〵御清穆被為入奉賀候。清隆義無事消光罷在候。乍憚御放念可被下候。将又聖上皇后宮両陛下、至極御機嫌能被為遊、従つて内閣各位其他異情無之、是又御休意被下度。特に大捷大終局将に結了せんとする際、啻々国家之ため可結全調、天神地祇に伏願悃禱する外なし。正に今朝の内大安危大別する秋ならんと無限之心配に御坐候。至尊御威、陸海軍将校下士等之忠男義烈之然しむるの結果とは乍申、皇祖神の御加護と上下一致と世運隆興之外と愚考するの外なし、不日上々大吉之祥報を奉期候。右貴答如斯に御座候。此段。草草敬具

廿八年四月十六日前十時　　清隆拝

田健次〔ママ〕郎盟兄榻下

二伸　乍末行時分柄御自重専一に祈上候。奥様へ宜敷様御致意願上候也。

尚々、乱筆御高免可被下候。以上。

〔註〕「封筒表」東京逓信省内通信局届き、田通信局長殿至急親展。「封筒裏」四月十六日前十時、黒田清隆、広島大手町四丁目三妨方。

14　明治30年2月22日

拝啓　海陸無恙御帰朝、御帰宅掛拝眉を辱ふし鳴謝啻ならす、益す〳〵御清穆被為入奉寿賀候。然は鳳眉之折一寸御咄申上候、弁松粗品進呈候間、御膳隅に御投し被下候へは望外之仕合に御座候。此旨。草々敬具

卅年二月廿二日前十時過　　清隆拝

田盟兄坐下

二伸　乍末行荊妻より奥様へ宜敷申出候也。

〔註〕「封筒表」田健次〔ママ〕郎様至急親拆専内添。「封筒裏」三十年二月廿二日前、黒田清隆。

15　明治30年7月1日

拝啓　梅雨鬱陶敷刻下、弥御清穆被為入奉賀候。然は近頃唐突之願上逼突敷候へ共、日外重野博士先生に一書奔鉞消懇致し置候間、御序御座候はゝ何分宜敷御鳳声被下度希望之至に不堪。書余拝青に譲候。先は乍大略寸楮を以奉悃禱候。此段。草々敬具

卅年七月一日前九時　　清隆拝

田雅兄榻下

〔註〕「封筒表」田健次〔ママ〕郎様至急親拆。「封筒裏」卅年七月一

日前九時、黒田清隆。

16　明治31年1月15日

拝啓　久々不得御意候得共、弥御壮健被為入奉敬賀候。然は極内啓之事なから、正に今回御栄任之日には、本大臣秘書官には松永氏吉処を同大臣に御勧め御試み被成下ぎ相叶間敷哉。既に御究に被居候へは、其儘に御取消し被下度。拙老が初め之程無茶苦茶に叱り勝にて段々いたし来居候が、事務にも熟練し、尤も薩摩輩には誠に珍敷き学識才幹有之、貴兄必す親敷疾に御見聞之事と贅せす、唯々随分有為之仁と信認候に付、御不遠慮に全く気付之次第取敢す頼来り、深思熟慮之末に前文吐露致し候。将又能き御序御都合之折は、拙老が頻りに云々勧告之事等は末松大臣に打明け被下候ても少も不苦候。乍然篤と御熟考之上、何卒可然様くれ〴〵も奉悃禱候。此段。草々謹言

三一年一月十五日前七時過　清隆拝

田健次郎〔ママ〕君坐下

〔註〕「封筒表」田健次郎〔ママ〕殿至急必す親展。「封筒裏」三十一年一月十五日前七時過、黒田清隆。

17　明治31年1月18日

拝啓　御壮健奉賀候。然は昨日御栄任之由と昨夕御光来を辱ふし、甚た御失礼申上、平に御容被下度、先つ取敢す御恐悦申上候。内実は拙老転地療養として昨朝所定めすして出立之御届けをいたし居候仕合にて、無拠御失礼に及び、其辺は御容赦之程偏に希望罷在候。先は御祝儀御詫旁如此に御座候。此段。草々謹言

三十一年一月十八日前九時　清隆

田逓信次官殿

二伸　乍末行御用之節は、内々御電話御回答被下度、前以て願上置候也。

〔註〕「封筒表」田逓信次官殿至急必す親展。「封筒裏」一月十八日前九時、羽皐拜。

18　明治31年2月21日

拝啓　昨今稍春色催し来候へ共、未た余寒去り兼ね、刻下益す〳〵御壮健被為渉奉賀候。然は日外拙老好物又豚児等別して好物多く御恵贈被成下万謝申上候。荊妻より取別け御厚礼申出候。扨て又本朝内田士明後日出途する

とて暇乞に参りくれられ、就てはかねて御配慮願上候松永士之如何とか御都合出来間敷哉、何卒大臣閣下へ可然様御願被下度ぎ相叶間敷哉、余まり催促ヶ間敷事なれとも不悪御諒察希望罷在申候。此段。怱々謹言

三十一年二月廿一日前　清隆拝

田逓信次官殿

〔註〕「封筒表」田逓信次官殿至急必す親拆。「封筒裏」三十一年二月廿一日前九時、黒田清隆。

19　明治31年2月24日

拝啓　兼て御配慮に預りし松永之一件、過日御垂示被下候方異情は有御座間敷信し罷在候処、大学校卒業文学士某子之事、昨日閣議持廻にて拙老も捺印いたし、先きへ持廻し置き次第に御座候。唯々取敢す乍婆心御清聴を煩し上候。何分宜敷希望之至に候。謹言

三十一年二月廿四日前九時過き　清隆拝

田次官殿

二伸　本日予定之通内田氏も無滞出途之事と相賀候也。

〔註〕「封筒表」田逓信次官殿至急必す親展。「封筒裏」三十一年二月廿四日前十時前、黒田清隆。

20　明治31年7月3日

拝啓　昨今南風烈敷兎角鬱陶敷刻下、益す〳〵御清穆被為入奉欣喜候。然は先日御厚意に被為掛旧里之名産よね桃豚児共へ御恵与難有拝受、荊妻併て万謝申上候。朶雲御垂示之件、実に板垣伯之尤も非常之苦心は、拙老も貴諭之如く御同感之次第、板隈両伯子分等之将来之所、協和中々六ヶ敷、円滑に進行すること困難ならん哉と乍陰唯々邦家之ため痛嘆罷在候。公平無私従容自若、御互に時運之到る秋を待のみと明め申候。先は貴酬御礼申上度、如此御座候。此段。早々敬具

三十一年七月二〔ママ〕日即刻　清隆拝

田盟兄帍皮下

二伸　乍末行本文之外拝青に相譲候也。

〔註〕「封筒表」田健次郎〔ママ〕殿貴酬至急必親展。「封筒裏」七月三日午下即刻、黒田拝、書中日時書損所上候。以上。

21　明治32年1月27日

拝啓　只今芳墨接手、錦地産之白魚遥々被懇御厚意御恵送難有拝受、早速拝味仕候。

将又去る廿一日には奥様御光臨を辱ふし、豚娘へ誠に結構之御品々御祝ひ被成下、荊妻豚娘から取別け万々御厚礼申上候。先万謝且つ御厚礼迄。草々謹言

三十二年一月廿七日夕六時過き　黒田拝

田健次〔ママ〕郎様左右

二伸　乍末行勝翁も永眠相成り誠に〱千載之遺憾悲傷無限之至に不堪。恰も去る廿五日会葬当日、未明から雪降頻り候。しかし民福ならん哉と御同慶に御座候也。

尚々、時分柄御自重専一に是れ祈上候。以上。

〔註〕「封筒表」伊勢四日市、田健治郎様貴酬親拆。「封筒裏」卅二年一月二十七日夕六時過き、黒田清隆、東京市。

22　明治（　）年11月26日

拝啓　向寒日々募候へ共、刻下弥御清穆被為入奉欣賀候。然は先日御光臨を辱ふし、天憎不在残心不少、遥々御厚意之佳品御土産御恵与万謝申上候。扨て又近頃如何敷存しつゝ誠に粗葉些少今早天日本橋川岸にて本場之品とて取寄申候間、両種共に貴覧に供候。御叱留御風味被成下候得は大幸之至に不堪。此段、早々得御意候。敬具

十一月二十六日前　黒田拝

田盟兄　坐下

二伸　乍末行荊妻より別けてよろしく申出候也。

〔註〕「封筒表」田健次〔ママ〕郎君榻下至急粗品添。「封筒裏」十一月二十六日前、黒田拝。

23　明治（　）年（　）月（　）日

男子何為歎別離　計謀一定莫愆機
出奇処変回天日　共掲錦旗護帝基

書添御免

扨て先夜田君御入来之折、山県伯閣下、特に「機」は奇之誤と記憶罷在、別紙之通認め差上候。乍御手数田君へ御報知願上候。以上。

〔別紙〕 黒田清隆・山県有朋漢詩写

慶応丙寅秋伏見駅送山県君帰于長門　黒田清隆

両心相結不相離　事業由来貴見《建》機
一語贈君々善記　回天志在樹皇基

和黒田君韻　山県有朋

男子《奇》何為歎別離　計謀一定莫愆機
出樹処変回天日　共掲錦旗護帝基

〔註〕「封筒表」府下玉川村上野毛、田健次〔ママ〕郎様。「封筒裏」

山県公之詩写、黒田伯来翰。

西園寺公望書簡

1　明治（　）年7月2日

拝啓　時下益御清祥慶賀之至に奉存候。陳は予而御承知之如く、九段坂上に設立有之候暁星中学校之義は、目下東京に於て仏国語を必修課目とする唯一の中学教育所に有之、明治廿一年創立以来、其教育上之成果頗る顕美にして近来入学生徒追々増加し校舎狭隘を告け、之を拡張すること目下之急務と相成候。依て今回有志相謀り広く寄附金を募集し、以て校舎の新築及学校敷地之買収等に充て度計画に有之候間、近頃御迷惑とは存候得共、右発起人たることを御承諾被下度。幸に御高諾を得候に於ては、多大之便宜を得候事と存候。此段御依頼申上度、如此に御座候。草々敬具

七月二日　　　侯爵西園寺公望

田健治郎殿

〔註〕「封筒表」田健治郎殿。「封筒裏」侯爵西園寺公望。

高橋是清書簡

1　大正（12）年10月（3）日

拝啓　震災の際は公務御繁忙中態々御見舞被下、御厚情恭く奉拝謝候。拝眉之上親しく御礼可申上筈之処、不取敢以書中御挨拶申上度、如此御座候。敬具

十月　日　　　高橋是清

田健治郎殿

〔註〕「封筒表」府下荏原郡瀬田町、田健治郎殿。「封筒裏」赤坂区表町、高橋是清。消印12・10・3。差出年日は消印による。

2　昭和（2）年4月20日

貴書拝見仕候。未た拝命致さゝる場合、且即時御返事難致と存申候。何れ拝芝之機を得て万可申上と存候。草々不一

四月二十日　　　高橋是清

田健治郎殿閣下

〔註〕「封筒表」田健治郎閣下、拝攬。「封筒裏」高橋是清。封筒裏に「昭和二年田中内閣成立時ノ書翰」と書き込

みあり。

田中義一書簡

1　大正（5）年4月28日

拝啓　高堂愈々御清適奉大賀候。陳は小生儀予て壮丁読本著述罷在候処、今般上梓仕候に付、壱部御左右に呈上致候。著述之趣旨は該書序文にも申述候通、主として入営前に於ける壮丁の予習教育に資する目的を以て述作致候ものに御座候処、尚現役兵の精神教育資料にも供し、併て一般地方青年団の補習読本とも致度微意に御座候。御繁用中幸に御一読之栄を賜はり候はゝ、小生の本懐之に不過候。方今之世局に鑑み、一般国民之間にも国民皆兵の精神を普及貫徹せしめ、国民思想之転換向上を図り候事は、帝国之最大急務と存し、小生に於ても此際乍不及国家に貢献仕度誠意を以て敢て自ら不揣、公務の余暇該書著述仕候次第に御座候。御覧之通尚甚た不満足なるものに候へ共、御批評御教示を賜はらは、漸次改訂を加へ完全を期し度存念に御座候。是亦重て御願申上候。先は右得貴意度、如斯御座候。敬具

四月二十八日　　田中義一

男爵田健治郎閣下

〔註〕「封筒表」府下荏原郡玉川村上野毛、男爵田健治郎閣下侍史。「封筒裏」田中義一。消印5・5・1。差出年は消印による。

寺内正毅書簡

1　明治（　）年（　）月14日

拝啓　御書面之次第拝承仕候。土屋大佐共、篤と御起案拝読之上、重而御面談之必要も御座候得は、追而何分可申進候。不取敢拝復迄。頓首

十四日　　正毅

田局長殿　侍史

〔註〕「封筒表」田通信局長殿拝復。「封筒裏」寺内正毅。

2　大正（4）年7月17日

拝啓　炎熱酷敷御座候処、益御清祥之段欣賀之至に奉存候。陳平素は誠に御疎遠に打過申候処、乍突爾御依頼申度事は、兼々御承知も被為在候陸海軍男爵之中、同志会

なるものを組織致、先年来協同会と連絡、議会に相立居候処、今回同志会を解き協同会に入会の事に決議決行之由に承知仕候。右同志会之事は、小生陸軍在職中多少応援致候結果、今日之状態に有之候次第にて、有志者より今後之成行に付、閣下へ御一臂の労を御与被下候様御依頼旁一書を送り呉候様兼て依嘱申来候様之仕合に付、何卒将来彼等之為め相応御援助被下度御依頼仕候。頃日藤井男之来書に依れは、合同之事も無故障相運候状況に御座候由に付、元より御尽力之結果に可有之、改めて小生か彼是申上候は蛇足とは被存候得共、為念右申入候間、将来何分宜御示指被下候はゝ一同満足可仕候。右御依頼旁寸楮呈上仕候。草々拝具

七月十七日　　正毅

田男爵閣下執事

〔註〕「封筒表」東京麻布区本村町五〇、男爵田健次《ママ》郎閣下親展。「封筒裏」朝鮮京城、寺内正毅。消印4・7・20。差出年は消印による。

3　大正（6）年4月15日

拝啓　先日御依頼之本郷中将へ申談候義、別紙之通返事申遣候間、御承知迄に申入置候。草々拝具

四月十五日　　正毅

田逓相閣下

〔別紙〕 大正（6）年4月15日本郷房太郎書簡（寺内正毅宛）

粛啓　一昨日御申付之件、同夜郷里より上京せし者之談に依るに、松本誠之は、昨年来準備せし下岡と同地盤なると、熱誠余りあるも個人関係上他之候補者よりも一般より軽視せらる傾きあるより、投票数も少なからむとの事にて、選挙期日切迫之今日、成否は兎も角、早速石橋、安間両氏をはじめ郡内之有力者十二名へ（下岡、小寺の参謀と認むるものは除く）松本を援助候様申遣置候間、御承知被下度候。唯今より幹部演習之為め佐野地方へ出張候付、右為念可得貴意、如此御座候。草々頓首

四月十五日午前十一時

〔註〕「封筒表」田逓相閣下必親展急用差更。「封筒裏」寺内正毅。

4　大正（6）年9月26日

拝啓　先刻御来車拝謝仕候。別紙一読仕候。至極明了に

出来致候。即返収申候間、御査収被下度候。草々敬具

九月廿六日　　　　　　　　正毅

田逓相閣下

〔註〕「封筒表」田逓信大臣閣下親展。「封筒裏」寺内正毅。

〔別紙1〕 大正（6）年9月5日伊東巳代治書簡（寺内正毅宛）

拝啓　昨夜鼎座御凝議之結果に依り朝来潜思熟考、上諭案は別紙之通改案仕候。先以外交調査会之議に上るとすれは、外交に渉る事を先に認め候方穏当に有之、又内政に渉り民生之字は余り広漠に失し政略に伴はさるの嫌も有之、殊更農工物産と致置候方可然と存候。其他造船運輸等細目に渉るの文字を避け汎く船政と致置候へは、一切之事項を包括可致と存候。「造船運輸其ノ他」之数字を削除仕候。調査会開議之時までには余日有之候事故、尚篤と熟考可仕置候得共、不取肯両閣下之御参考迄奉供尊覧候。艸々敬具

九月初五日　　　　　　巳代治拝

本野

田　両貴爵老閣

〔註〕「封筒表」戦時船舶管令上諭文に関し伊東子来状。

〔別紙2〕 上論文案

朕戦局ノ倍々拡大スルニ伴フテ内ハ民生産業〔「農工物産」の文字に横に記されている〕ノ利通ヲ図リ外ハ共同策応ノ便宜ヲ進ムルカ為造船運輸其他船政ヲ統制スルノ極メテ緊切ナルヲ認メ枢密顧問ノ諮詢ヲ経テ帝国憲法第八条ニ依リ戦時船舶管理令ヲ裁可シ茲ニ之ヲ公布セシム

〔註〕余白に「厚生」「必要アル時ハ、武装之件」と書き込みあり

〔別紙3〕 戦時船舶管理令ヲ緊急勅令ヲ以テ制定之件

本令ハ現時大戦乱ノ影響トシテ世界海運界ハ未曽有ノ波瀾ヲ生シ随テ運輸ノ艱渋運賃ノ暴騰等国際間ノ交通及ヒ社会ノ生存上ニ容易ナラサル動揺ヲ与フルニ際シ外聯合与国ト共同策応ノ便宜ヲ進メ内国民経済ノ激動ヲ防カン為メ船政統制ノ極メテ緊切ナルニ顧ミ特ニ応急ノ政策トシテ緊急勅令ヲ以テ制定セラレタルモノナリ其実施ノ方法ニ就テハ国際関係ノ趨勢及国民経済ノ状況ニ適応シ寛厳其宜ヲ得ルヲ期スルハ言ヲ俟タスト雖モ二者共ニ戦局ノ推移ニ伴ヒ転変常ナラサルカ故ニ其施行ノ範囲程度等予メ局限スヘカラサルモノアリ今其各条ニ就キ其概要ヲ説示セントス

第一条乃至第三条ハ絶対禁止令ニシテ其内第一条第二条ハ売買貸借注文其他如何ナル形式ヲ用フルヲ論セス船舶ノ外国輸出ハ一切之ヲ禁止シタルモノニシテ現ニ世界列国概ネ之ヲ実行セシニ当リ我邦モ亦自衛上之ヲ決行スルハ時局対応上止ヲ得サルノ処置ナリ随テ本令施行前ニ売渡ノ契約ヲ為シタルモノト雖モ之ヲ外国人ニ引渡スコトヲ禁止スルハ当然ノ帰結ナリ

逓信大臣ノ許可ヲ得タルトキヲ除外シタルハ実際聯合与国ノ軍事用若クハ軍事ニ貢献スヘキ場合ニ於テ逓信大臣ハ共同互助ノ精神ヲ以テ事実審明ノ上船舶ノ海外輸出ヲ特許スルノ途ヲ開キタルモノナリ而シテ他ノ中立国ヘ輸出スルカ如キハ許可ヲ与フヘキノ限ニ非サルモノナリトス

第三条ハ日本船舶ハ仮令外国人ニ引渡サスト雖モ単ニ外国港間ニノミ航行シ日本貨客ノ運送ヲ為サヽルトキハ事実外国人ニ貸渡シタルト同ク何等我邦ニ貢献スル所ナキモノナレハ戦時中立ヲ禁止スルハ輸出禁止ノ精神ニ照応シタル当然ノ規定ナリ

然レトモ聯合与国軍事上援助ノ意味ニ於テ聯合国諸港ノ間ノミヲ航行シ軍用貨客ノ運送ニ従事スル場合ノ如キ両国政府間ノ諒解ニ依リ特許ヲ与フルハ当然除外例ニ属スヘキナリ其他日清汽船会社ノ揚子江航路船ノ如キハ現ニ外国港間ノミニ航行スト雖モ元是レ政府ノ命令ニ依リタル航路ナレハ之ヲ除外スヘキハ言ヲ俟タス

第四条以下第九条ニ到ル各条ハ総テ主務大臣ニ対スル委任規定ナリ聯合諸国特ニ英国等ニ在テハ此等ノ条項ハ多ク決定的強制法ヲ実行シ委任規定ニ残存スルモノ甚タ少シト雖モ我邦ニ於テハ同ク交戦国ニ列スト雖モ其地位状勢大ニ殊ナルモノアルヲ以テ暫ク之ヲ委任規定ニ止メ実際ノ必要ニ応シテ其施行ノ範囲寛厳ノ程度ヲ行政処分ニ委任スルハ蓋シ時局対応ノ政策上適当ノ裁量タルヲ失ハサルヘシ

第四条ハ日本船舶ニシテ日本港ト外国諸港間ニ発着スル場合外国港間ノ貨客ヲ運送スル為メ日本発着若クハ聯合与国ト策応上ノ貨客ヲ収容スヘキ船腹ヲ減縮スルノ事実アルニ当リ時局ノ対策上必要アル時ニ於テハ外国港間ニ発着スル貨客ノ運送ヲ禁止シ又ハ制限シ以テ本邦若クハ聯合国貨客運送利通ノ途ヲ開クハ自衛上若クハ策応上止ムヲ得サルノ政策ナリ

第五条本条ハ或ル特定ノ航路ヲ指定シ又ハ特定ノ貨客ヲ

指定シテ航行又ハ運送ヲ命スルモノニシテ其区域ハ内外ニ亘リ其範囲モ頗ル広汎ニ渉リ法定上何等局限スル所ナシト雖トモ其実施ニ関シ現実ニ存在スル一二ノ例ヲ挙クレハ外交上ニ於テハ一ノ聯合与国ヨリ他ノ与国ヘ軍需品又ハ軍用労働者ノ輸送ヲ委托セラレ援助ノ意味ヲ以テ之ヲ約諾スル場合ニ於テ船舶業者ト合意ノ成立セサル時ニ在テハ止ムヲ得ス命令ヲ以テ之ヲ強制シ得ルノ途ヲ開キ置クノ要アリ又内国ニ於テモ国家又ハ公衆ノ生存上或ル特定ノ航路ヲ開キ若クハ或ル特定ノ貨客ヲ一地方ヨリ他ノ地方ヘ輸送スルノ必要差迫リタル場合ニ於テハ亦同一ノ処置ヲ執ラサルヘカラス此レ本条ノ欠如スヘカラサル所以ナリ

第六条本条モ亦其区域ノ内外ニ亘リ其範囲ノ広汎ニ渉ルハ前条ト相同シ而シテ其適用ハ必スシモ前条ト関聯セス単独的ニ内外航運ノ傭船料又ハ運賃ニ対シテ発動シ得ヘキハ論ヲ俟タスト雖トモ前条内外二例ノ場合ニ於テ其航海又ハ運送ニ対スル傭船料又ハ運賃ニシテ船舶業者トノ合意成立セサルトキハ勢ヒ相当ノ制限ヲ定メ之ヲ決定セシムルニ非サレハ其運用ヲ完フスルニ由ナシ要スルニ本条モ亦前条ト同ク聯合与国ト策応上若クハ国家又ハ公衆ノ生存上必要止ムヘカラサル場合ニ於テ之ヲ適用スヘキモノトス

第七条本条ハ国家ノ必要上船舶又ハ造船所ヲ収用若クハ使用スルコトヲ規定シタルモノニシテ徴発令ト其旨趣相同シ現下聯合与国ニ於テハ其国籍ニ属スル船舶ノ大部分ハ概ネ収用又ハ使用セラレ造船所モ亦概ネ工場動員令ニ依リ収用セラルト雖モ我国ニ於テハ未タ決定的ニ此等ノ大部分ヲ収用使用スルノ必要ヲ認メス故ニ必要止ヲ得サル場合ニ限リ之ヲ適用シ得ルノ権力ヲ行政処分ニ委任スルノ程度ニ止メタリ

船舶収用使用ノ適用ニ就テハ現下ノ形勢ニ照シ甚タ稀ナルカ如シト雖モ戦局進展ノ須要上我船舶ヲ以テ聯合与国軍事上ノ輸送ヲ援助スルノ必要アルノ時ニ当リ船舶業者ト合意成立セサル場合ニ於テハ勢ヒ之ヲ適用セサルヲ得サルヘク造船所ノ収用使用ニ至テハ是又時局ノ須要上聯合与国ト共同造船ノ計画ヲ立ツル等ノ事アルニ当リ其収用使用ニ関シ造船所ト合意成立セサル場合ニ於テハ勢ヒ之ヲ強制スルニ非サレハ以テ策応ノ目的ヲ達成スヘカラス而シテ船舶又ハ造船所ヲ収用使用スルニ当リ現ニ之ニ属スル船員又ハ操業者ヲ其儘傭使

スルヲ必要トスル場合ニ於テ之ヲ使用セシムルノ途ヲ開ケリ是レ本条ノ規定ヲ要スル所以ナリ

第八条遠洋航路補助法ニ依ル命令航路ニ属スル船舶ハ該法ニ特定シアル条項ノ外当然本令ノ適用ヲ受クヘキハ論ヲ俟タスト雖モ現在ノ命令航路ハ大体上既ニ帝国議会ノ協賛ヲ経タル予算及年限ノ範囲内ニ於テ其儘之ヲ維持継続スルノ考按ナリ其理由ハ現在ノ命令航路ハ平時船価ノ極メテ低廉ナル時ノ計算ニ原キ成立シタルモノナルニ依リ恰モ傭船料ノ最廉ナルニ当リ傭入ヲ約シタル船舶ハ依テ生スヘキ運賃モ亦格段ニ低廉ナルヲ得ルカ如ク他ノ自由航路ニ比スレハ概ネ半額以下ノ運賃ニ限定セラレ之ニ依テ貿易上現ニ公衆ノ享クル利益ハ実ニ鮮少ニ非ス今之ヲ解除スルハ寧ロ受命会社ニ利益ヲ与フヘキモ公衆ハ損害ヲ受クルモノナルヲ以テ海運政策上之ヲ存続スルハ実ニ必要ノ措置タルニ因ルナリ既ニ之ヲ存続スルトセハ依テ生スヘキ障害ハ之カ排除ヲ務メサルヘカラス欧州航路ニ於テハ既ニ八阪丸宮崎丸ノ如キ最高級ノ良船ヲ失ヒタリ同一資格船ヲ以テ之ヲ補充スルコト既ニ難シ今後被害ナキヲ保証スル能ハス矧ヤ内外航路船腹調節上之ヲ伸縮塩梅スルノ必要ニ迫レリ故ニ戦時中ニ限リ稍低級ノ船舶ト雖モ之ヲ命令航路ニ充当スルヲ得ルノ途ヲ開クノ要アリ

第九条本条ハ戦地則チ危険区域ニ発着スル我船舶ニ対シ其乗組員ノ性命健康ニ対スル保護若シ死傷者等アリタル時ハ其手当若クハ扶助料ノ支給法等ノ施設ヲ命シ若クハ必要ノ場合ニ於テハ武装又ハ無線電信ノ設備ヲ命スル等務メテ危険防止ノ途ヲ講セシメントスルニ在リ

第十条以下各条ハ罰則又ハ施行区域、施行期日及経過法等ニシテ一目明瞭特ニ説明ヲ加フルノ要ナカルヘシ

唯附則末項ニ到テハ一言附加ノ要アルヘシ

本令ハ戦時中ニ於ケル特別法令ナルヲ以テ戦時中ノ定義ヲ限定セサルヘカラス戦争ハ講和ヲ以テ終熄スヘキハ論ヲ俟タサレ共斯ル世界的大戦乱ニ在テハ講和ノ瞬間ニ於テ直チニ平時ノ状態ニ復帰スルコト素ヨリ難シ各国ノ例ニ於テハ多ク講和後一年若クハ二年ヲ以テ限度トナセリ依テ本令ニ於テハ一年ニシテ平時ニ復スルヲ以テ最モ適当ナル限度ト認メ斯ク規定セリ

5　大正(7)年9月30日

敬啓　時下秋冷之候、尊台倍御清穆奉慶賀候。陳は不肖

乏を内閣首班に承りてより星霜二歳、幸に各位の提撕翼佐に依りて庶政を燮理し大過なきを得たるも、深く鳴謝する所に御座候。然に客冬病を得てより心身倶に衰憊甚しく、此内外多事の日に当りて荏苒政機を鞅掌するは、徒に職務曠廃の罪を重ぬるに過す候。今秋色漸く深く此上寒冷之候とも相成候はゝ病勢自然相募るへしとの主治医剴切の戒告に顧み、目下政情稍小康なるの機会に於て体骸骨を乞ひ奉りたる次第に御座候。微躯消溜の功無くして尸位今日に至り、病を以て乞骸致候儀は、誠に恕汗に有之候得共、前陳の事情御洞察被下度。茲に多年の厚誼を深謝すると同時に、此時局に際し地方行政の将来益繁雑を加ふへきを推想し、為国家一層御尽瘁の程奉希望候。先は退職に臨み御告別旁御挨拶如斯御座候。敬具

大正七年九月三十日　　伯爵寺内正毅

再伸　過日の米価騒擾に関し、既往を顧み将来を慮り感慨不尠、依て別紙に区々の所感を披陳し清鑑を仰き候。幸に施政上の御参考に供し被下候て、多少稗益するを得は、誠に光栄に御座候。

原　敬書簡

1　明治(31)年8月31日

拝啓　過日御来坂之節は態々御尋被下候処、小生は其刻も申上候通上京致、一昨日帰坂仕候に付、甚御無音に打過多罪此事に奉存候。不在中関西鉄道優待券御恵送被下深謝之至に存候。当地まて全通之上は無論之事、其已前にても、実は伊勢辺全く不案内に付、其内是非貴地辺まて一遊仕、親敷鉄道も拝見仕、且つ緩々御物語も仕度相楽み居候。先は御無音御申訳旁御礼まて申述候。匆々頓首

八月卅一日　　敬

田老台侍史

追而　当地え御出向之節は一寸御報知被下度、且つ何なり共用も御坐候はゝ、無御遠慮御下命奉願上候。

〔註〕「封筒表」伊勢四日市、関西鉄道会社にて、田健次郎〔ママ〕様親展。「封筒裏」大坂東区谷町一丁目一番屋敷、原敬。消印31・9・1。差出年は消印による。

2　明治(34)年3月30日

拝啓　別紙之通申越有之候間、可然御取計被下度奉願上候。匆々頓首

三月卅日　　敬

田老台

〔註〕「封筒表」田総務長官殿必親展。「封筒裏」原敬。

3　明治（　）年5月13日

拝啓　只々御多祥奉賀候。陳は信州之者にて尾沢琢郎なる者、官線鉄道にて生繭運搬に関し事情御聞取置被成下度旨御依頼申上候様申出候に付、御閑暇之節一寸拝謁被許候様偏に御頼申上候。委細は本人口陳可仕候。右御依頼まて申述候。匆々頓首

五月十三日　　敬

田老台

〔註〕「封筒表」田逓信次官閣下、尾沢琢郎持参。「封筒裏」原敬。

4　明治（　）年5月30日

拝啓　昨日御内話之荒川領事え郵便局長兼務之事は差支無之候。書記は可成先般在勤致候某氏か希望仕候に付、少々開館遅延相成候ても同人之来る方は好都合と荒川之意見に御坐候間、何卒右御含可然奉願上候。匆々頓首

五月三十日　　敬

田老台

〔註〕「封筒表」□□〔破レ〕信局長殿親展。「封筒裏」原敬。

5　明治（　）年8月24日

拝啓　山田氏御招に付御来示拝承仕候。幸何等之前約も無之候に付、七時迄に参上可仕候。御返事まて。匆々頓首

八月廿四日　　敬

田老台

〔註〕「封筒表」田健次郎様拝答。「封筒裏」□□〔破レ〕省、原敬。

松方正義書簡

1　明治（44）年7月24日

炎熱之候に候得共御清適之筈と奉賀候。

先日は一寸御窺試候処、御旅行之由、余の義にも無之、

御内願仕置候島津久賢之事に御座候。今般四条男御遠行に就而は、いつれ跡之代りにて、夫も過日も承候通御申合之人も可有之候得共、二七会之人にも為有之由に候間、御都合におひては右島津御助勢被下候儀は出来間敷候哉。兼而御依頼も申上置候上、又々御面働之儀申上候も如何と存候得共、以書面乍失敬御頼迄、如此御座候。頓首

七月廿四日　正義

田健二《ママ》郎殿

〔註〕「封筒表」東京市麻布区本村町、田健治郎殿親展。「封筒裏」鎌倉、松方正義。

2　大正(3)年1月15日

貴書御投与難有拝見仕候。寒威之侯不被為障御壮勝之段大慶之至に候。陳は兼而御依頼申上置候久寛之儀に付、不被捨置御懇篤之段、殊に遠方迄態と為御知被下御厚意深く奉謝候。猶此末宜御心添被成下候様希望之至に奉存候。扨今般桜島墳《ママ》火に就而は、如貴諭誠に大変之出来事に而痛心罷在候。不取敢御礼答迄得御意候。いつれ帰京期拝眉万礼可申述候。拝復

一月十五日　正義

田賢台下

再伸　老骨も追々消光入浴共程々加養罷在候間、乍憚御省念被成下度候也。

〔註〕「封筒表」東京麻布本村町五〇、田健治郎殿貴答親展。「封筒裏」熱海水月荘、松方正義。消印3・1・15。差出年は消印による。

3　大正(3)年6月25日

拝復　来る廿七日午後五時上野精養軒え預御寵招、抛万事欣然参上御礼可申上候。御請迄。草々拝具

六月廿五日　松方正義

男爵田健治郎殿

追而　乍失敬外之諸君も御宜様奉願候也。

〔註〕「封筒表」男爵田健治郎殿御請。「封筒裏」松方正義。

4　大正6年5月(24)日

拝啓　時下愈御清穆大慶に奉存候。陳は拙者今回内大臣拝命致候に付、御叮重なる御祝詞を辱し、御厚情之段奉深謝候。右御挨拶迄、得貴意候。敬具

大正六年五月

侯爵松方正義

男爵田健治郎殿

〔註〕「封筒表」京橋区木挽町官舎、男爵田健治郎殿。「封筒裏」侯爵松方正義。消印6・5・24。差出日は消印による。

5　大正11年10月30日

拝啓　秋冷の候、愈御清適奉賀候。陳は拙老本年八十八歳に相成候処、旧知諸君は米寿記念の祝賀会を起し、巨額の奨学資金を集めて之を帝国学士院に寄贈せられ、同院に「松方記念」の名を永遠に存続せしめらるゝに至りたるは、独り拙者一身のみならす、一門の名誉として洵に感激に堪へす。殊に資金の使途に注意せられ、年来微力を致したる財政経済に重きを置かれたる如きは尤も喜はしく、又祝賀文を以て微功を録せられたるは敢て当る所に無之候へ共、好記念として永く子孫に伝ふへく候。茲に謹みて御厚意を拝謝し、併せて御健康を祈り申候。先は右御挨拶迄得貴意度、如此御座候。敬具

大正十一年十月卅日

松方正義

男爵田健治郎殿

〔註〕「封筒表」赤坂区青山高樹町十二番地ノ七、男爵田健治郎殿。「封筒裏」公爵松方正義、東京市芝区三田一ノ二八。消印11・11・2。

山県有朋書簡

1　大正(6)年4月21日

敬復　特使を以撰挙之結果御報道を忝し深謝之至に候。昨夜来児玉書記官長より電話を以当撰之大勢を伝承、只今迄之情勢にては頗る好結果を得たる事と確信致し候。撰挙之此に立到りたるは、全く老閣之御指導に基きたる儀と為邦家不堪大賀候。過刻児玉翰長え御依頼置候様、両三日中御間隙之際鳥渡御来庵被下間布や、篤と御談合相試申度事件相起り候に付、不取敢申試候。余事期面唔。草々不尽

四月廿一日夜午後七時過

古稀庵老有朋

田逓相閣下内啓

猶乱毫高恕是祈

〔別紙〕山県有朋和歌

撰挙のすみたるあしたよめる
くれてはまたたつ浪のはけしさも
今朝は音なき春の海かな
古稀庵老主朋

〔註〕「封筒表」田逓信大臣殿必親展。「封筒裏」有朋。

若槻礼次郎書簡

1 大正(3)年9月22日

拝啓　益々御清勝大慶之至奉存候。陳は昨日御来省御申聞之件、早速志村勧銀総裁に相談致候処、同総裁は嘗て松尾氏を留任、監事の如きものと為し、其報酬之理事に準せしむることに付、何人かより懇談を受けたることありしか、三人の監事中一人に対し特別待遇を与ふるは、他の監事の感情を損し居るへからすとの理由を以て謝絶したること有之候趣相話されたる後、同氏を理事とするとのことは始《ママ》めて承知する所なるか、元来勧業銀行理事の三人なることは、銀行創立の当時よりの慣例にて、正副総裁の外三人の理事あること、既に同行の如き割合に事務の少き銀行には役員過多の嫌あるに、此上理事の増員を為さんとする如きは、株主に向て説明の辞なき所に有之、総裁として何分左様の決意を為す能はすとて、縷々意見を陳述せられ、小生も至極尤もに相感し、此上本問題を進行することは困難と相認め候に付、事情御諒察被下、不悪御思召被下度、此段御内報迄、如斯に御座候。匆々敬具

九月廿二日　　礼次郎

田男爵殿玉搨前

〔註〕「封筒表」麻布本村町五〇、男爵田健次郎《ママ》殿親展。「封筒裏」大蔵省、若槻礼次郎。

2 大正（3）年12月16日

拝啓　陳は過日幸倶楽部於て大正四年度予算の説明申上候際、諸般追加予算等財源に宛てたる上、尚剰余金約三千万円有之旨申述候処、右は約二千万円の残額と申上へきを誤り約三千万円と申述へたるものに有之、茲に訂正致候間、左様御承知被下、他の諸君にも御伝被下度、此段得貴意候。敬具

十二月十六日　　礼次郎

田男爵殿

〔註〕「封筒表」麻布本村町、男爵田健次郎殿親展。「封筒裏」於貴族院、若槻礼次郎。

3（　）年10月31日

拝啓　益々御機嫌宜敷御起居被遊候段、芽出度慶賀申上候。然る処男爵閣下には先日来御大患ニ而御難儀被成候由、御心痛御察深く御同情申上候。御摂養一日も速かに御平癒被成のこと切に祈上申候。参上御見舞可申上候処、本月十八日より腰痛を起し起坐真に不自由に有之候。略儀書中御尋申上候。不悪御思召被下度願上候。敬具

十月廿一日　若槻礼次郎

田男爵夫人様御許

〔註〕「封筒表」田男爵夫人様御許。「封筒裏」若槻礼次郎。

『田健治郎日記』全七巻の刊行を終えて

尚友倶楽部史料調査室
上田　和子

このたび尚友叢書14―7「田健治郎日記」第七巻を刊行する運びとなった。

男爵・貴族院議員・田健治郎（安政二年～昭和五年）は、明治初年熊谷県に出仕して以来、逓信省逓信局長等を経て、明治三四年政友会から衆議院議員に当選し、政治家としての活動を始める。明治四十年には貴族院議員に勅選され、以後茶話会等に拠って活躍、貴族院における山県有朋派の中心人物として政界に重きをなした。大正五年には寺内内閣の逓信大臣に、同八年には文官として初の台湾総督に就任した。大正十二年には第二次山本内閣の農商務大臣に、大正十四年には枢密顧問官に就任、その死まで在職した。

今回刊行した第七巻は、明治三九年より昭和五年に至る長期間の日記の最終巻である。第一巻刊行は平成二十年で、十年の歳月を経て完結することができた。しかし第一巻刊行開始以前には、さらに十年の歳月をさかのぼることになる。

和紙の罫紙に漢字墨書、和綴じの「田健治郎日記」明治三九年～昭和五年全五九冊の紙焼き複製が、他の田健治郎資料と共に国立国会図書館憲政資料室にて閲覧可能となったのは昭和三九年であった。非常に貴重な史料として研究者の間では直に知られるところとなったが、複写は禁止されており、研究者は憲政資料室で筆写している状況で、しかも全文漢文で書かれており、利用するのが容易ではなかった。

平成九年六月に原本が憲政資料室に寄贈され、複写可能となった。当時憲政資料室主任の広瀬順晧氏がこの資料の価値を認め、何とか翻刻刊行したいと、尚友倶楽部に相談に来られたのは、年を越えた平成十年一月であった。男爵・貴族院議員で、逓信大臣、台湾総督、枢密顧問官を歴任した官僚政治家の膨大な日記には貴族院での政治活動が綿密に記されており、尚友倶楽部でも、史料集としてぜひ取り上げたいものであった。史料室担当三島義温理事、阪谷芳直常務理事を中心に、漢文をどうするか、しかも量も多く完結できるのか、刊行事業化について何度も検討を重ねた。しかし、大正期すべてを含む貴族院議員の長大な日記は、なんとか活字化刊行したいとの意見が強く、読み下し文として翻刻刊行へと決断された。憲政資料室に広瀬氏を訪ね、事業化決定を伝えたのは三月になっていた。

同年五月十日、広瀬氏とともにこの事業に賛同し、編集に参加を表明した創価大学教授季武嘉也氏、麗澤大学教授櫻井良樹氏、宮内庁書陵部内藤一成氏、並びに広瀬順晧氏による編集委員会が立ち上がった。第一回委員会会合には尚友倶楽部から上田和子、堤伊雄、内藤好以も参加し、今後の事業方針を検討した。ここでも漢文読み下しをどのようにするかが大きな課題であった。尚友倶楽部嘱託・松平晴子、渡辺順子両氏が試みに読み下しを行い、また全編集委員が集合して、検討が行われた。試行錯誤の連続であった。当初は読み下しは現代文で翻刻してみたが、時代背景にしっくりせず、あえて大正期の文体にすることになった。十月になり、各巻を編集委員が一人づつ分担することに決定した。松平、渡辺両氏は読み下し入力作業を続けられた。

平成十二年に入り、三島義温理事が田健治郎令孫・田敏夫氏と連絡をつけられ、六月二六日に敏夫氏が尚友倶楽部に来館された。三島、阪谷両理事同席のもとに、敏夫氏からは日記の刊行に快諾をいただくことができた。

一方、複写可能となった後、平成十年から、台湾の中央研究院臺灣史研究所籌備処が、台湾総督時代（大正八、九、十、十一年）を刊行すべく、台湾で解読編纂事業が始まった。編者には広瀬順晧氏も加わり校正作業に従事された。原文の漢文体はそのままで、字体は台湾字体での解読作業は速やかに行われ、平成十三年「田健治郎日記　上」が台湾で刊行された。

広瀬氏を介して平成十四年一月に中央研究院の許雪姫氏、鍾淑敏氏、呉文星氏が尚友倶楽部に来館され、田敏夫氏をご紹介した。中央研究院からは六月までに五回も来館、敏夫氏も尚友倶楽部と中央研究院諸氏の聞き取りに度々、心よく応じてくださった。写真も提供いただいた。以後、中央研究院と尚友倶楽部は協力体制を密にして、刊行事業へと進むこととなった。台湾版は、民国九十年（平成十三年）上巻につづき、民国九五年（平成十八年）に中巻、民国九八年（平成二十一年）に下巻を刊行し完結した。

その間、尚友倶楽部では、校正作業、読み下し文の統一をはかる作業をつづけ、第一巻刊行（広瀬順晧担当）は平成二十年十二月であった。第一巻刊行後、索引を附すために、飯川幸子氏に加わっていただき、索引作成作業をお願いした。櫻井良樹氏担当の第二巻は翌平成二十一年に刊行することができた。第三巻（内藤一成氏担当）は平成二十四年に、二十六年に第四巻（広瀬氏担当）、二十七年第五巻（櫻井氏担当）、二十八年第六巻（季武氏担当）と順次刊行していくことができた。

そして最終巻第七巻は、昭和四年、五年の二年間の日記が他の年より記述が少ないことから、国立国会図書館憲政資料室に所蔵されている田艇吉宛田健治郎書簡一〇三通、松本剛吉宛田健治郎書簡二三通、および伊東巳代治、清浦奎吾、黒田清隆ら十七名の田健治郎宛書簡九九通を収録することとした。

こうして最終巻刊行に漕ぎつけたのであった。

国立国会図書館憲政資料室には何度もうかがってお手を煩わせたが、ご多忙に関わらずいつも丁寧に対処いただいた。

編集委員の広瀬順晧氏、季武嘉也氏、櫻井良樹氏、内藤一成氏は何度も検討会を開き、読み下し文の統一に、校正に、また書簡解読校正、索引校正にと、煩雑な作業に最後まで尽力されつづけた。第四巻校正作業から霞会館非常勤嘱託員松田好史氏が参加され、第七巻では書簡の収録もあり、編集委員として解読、校正に作業いただいた。

尚友倶楽部嘱託松平晴子氏、渡辺順子両氏は、漢文かつ独特の書体を根気よく読み下し、膨大な入力を完結された。索引項目の抽出作業は飯川幸子氏にお願いした。飯川氏は難渋な作業を忍耐強くこなし、完了まで成し遂げられた。芙蓉書房出版平澤公裕氏には長期間、編集過程でお世話頂いた。

企画から二十年に及ぶ長い年月、かくも多くの方々が粛々と仕事に従事され、完結に至ることができたのである。深甚の感謝を申し上げる。


五島美術館前館長五十嵐正氏には第五巻刊行ころより五島美術館用地について連絡をいただき、当倶楽部編者を旧田邸拝観にお招きいただき、撮影もさせていただくことができた。厚く御礼申し上げる。

尚友倶楽部史料調査室から、上田和子、藤澤恵美子、松浦真（写真担当）が参加した。

長い年月のなかに、刊行にお骨折り頂いた田敏夫氏、三島義温氏、阪谷芳直氏、堤伊雄氏が、完結を見ずして逝去された。真に残念である。

かく多数の方々のご協力あってこそ、長い事業を成し遂げられたことを謝し、本書が日本近現代史研究に活用され、学界に寄与できればと心より願う次第である。

田 健治郎　関係系図

- 田　文平 ＝ 園田長喜
  - 田　艇吉
    - 小静 ＝ 西村淳蔵
      - 西村　潔
      - 西村捨子
      - 西村淳次郎
      - 西村長江
      - 西村鶴子
      - 静枝 ＝ 栗村　健
    - 田　昌 ＝ 坂田梅代
      - 田　浩
      - 田　進
      - 田　清
      - 田　望
    - 小谷　哲 ＝ 富貴
      - 小谷正雄
    - 園田　寛 ＝ 山口　桂
      - 園田里美
      - 大原喜美子
      - 押田多喜子
    - 貞子 ＝ 吉田平吾
      - 後子 ＝ 作間　昇
      - 吉田哲郎
      - 吉田禮子
      - 吉田文吾
      - 吉田郁子
      - 吉田晶子
      - 吉田達男
    - 修子 ＝ 大木彝雄
      - 渡邊孝子
      - 大木正路
    - 和子
      - 生駒高原 ＝ 生駒高常
  - **田 健治郎** ＝ 佐野光子
    - 田　篤 ＝ 奥田美枝
      - 田貴多子
      - 田　健一
      - 田　襄二
      - 田　敬三
      - 田佐喜子
      - 田喜代子
    - 田　誠 ＝ 本尾榮子
      - 田美智子
      - 田　敏夫
      - 田　英夫
    - 芳子 ＝ 武田額三
      - 武田精一
      - 武田喜久子
      - 武田愼二
      - 武田弘子
    - 輝子 ＝ 安場保健
      - 安場登喜子
      - 安場美代子
      - 安場保雅
      - 安場華子
    - 田　正
    - 田　勤
    - 雅子 ＝ 町田襄治
      - 町田清子
      - 町田純子
    - 季子 ＝ 野村正二郎
  - 愼 ＝ 太田太右衛門
    - 太田休蔵 ＝ はつ
      - 太田保一郎
      - 太田はる
      - 太田正治郎
      - 太田藤田郎
      - 太田秀太郎
    - 佐登子 ＝ 内田眞造
      - 内田眞佐實
      - 内田道男
      - 内田　登
  - 晴 ＝ 小谷保太郎
    - 小谷富貴
    - 小英 ＝ 上村達治
      - 上村光男

- 重野安居
  - 安

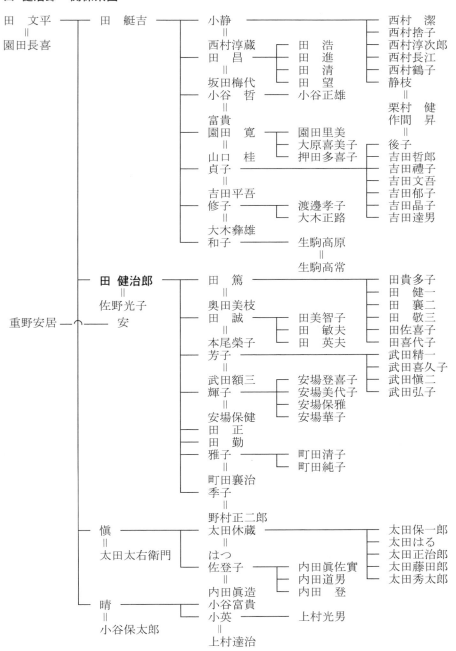

劉銘伝　⑤258
梁士詒　③455, 460 ④136, 140 ⑤520
李烈鈞　④305
林以士　⑤451
林雲龍　⑤52　⑦40
林鶴寿　⑤197
林学伝　⑤356
林季商　⑤77, 270
林喜楽　⑥228
林　闔　③348
林月汀　⑤312
林源一　⑥15, 17
林建寅　④464 ⑤77, 146, 197
林献堂　④285, 306, 307, 364, 380, 409, 416, 464, 506 ⑤13, 19, 21, 25, 30, 34, 37, 48, 50, 52～54, 69, 72, 74, 83, 88, 89, 93, 94, 96, 153, 155, 157, 171, 191, 194, 197, 208, 233, 241, 256, 304, 306, 310～314, 327, 354, 362 ⑥147, 279 ⑦40, 44, 51
林子瑾　⑤9, 72, 147
林資彬　⑤191
林松寿　⑥38, 161
林振宗　⑤61, 96, 97, 99, 145, 178, 297
林瑞騰　④464 ⑤197, 353
林嵩寿　⑤199, 206, 369
林知義　⑤152, 356
林仲樹　④357
林呈禄　⑤21, 176, 208, 227, 233, 235, 298, 346, 368, 378, 383 ④357
林伯可　⑤369
林攀龍　⑤52, 53
林本源　①212 ⑤78, 79, 369, 457, 459, 468
林茂生　⑤320
林熊祥　④473 ⑤77, 78, 193, 265, 458
林熊徴　④57, 72, 281, 344, 347, 351, 363, 380, 398, 435, 453, 458, 473, 477, 503, 506 ⑤9, 76, 78, 90, 93, 94, 96, 97, 99, 102, 103, 138, 139, 146, 152, 154, 187, 247, 250, 261, 290, 294～296, 298, 301～304, 306, 307, 310, 321, 327, 331, 353, 364, 405, 409, 419, 431, 457, 459, 464～466, 468, 493, 511, 557 ⑥8, 50, 58, 79, 83, 93, 200, 202, 209, 258, 320, 322, 324, 362, 425, 480, 520, 522　⑦23, 59, 90
林猶龍　⑤52
林幼春　⑤312
林耀亭　⑤328
黎元洪　③384
連雅堂　④453, 505
呂運亨　⑤76
呂運弘　⑤76
呂運亭　④328～331
呂霊石　⑦40
盧永祥　⑤315

223
陳烱明　④379, 380, 381, 383, 477 ⑤76, 96, 315, 319
陳献琛　⑤362
陳鴻鳴　④294, 470 ⑤410
陳振宗　⑤92
陳全永　⑤451
陳仲和　④377 ⑤92, 394 ⑦218
陳朝駿　⑤465
陳百亭　⑤255
丁敬臣　④20
丁汝昌　②382
程　臻　③342
鄭永南　⑤147
鄭拱辰　⑤460, 461
鄭神宝　⑥322, 329 ⑦67, 218
鄭千石　⑥297
鄭大英　⑦901
杜聡明　⑤191
唐継尭　④354 ⑤90, 252, 374, 379
唐紹驤　④354
梅蘭芳　⑥101
馬育航　⑤96, 122
馬玉航　④379～381
馬時暉　⑤96
馬陳素人　⑤96
馮玉祥　⑥201
馮裕芳　⑤96, 98
朴栄赫　⑦52
朴詠坤　⑥385 ⑦65, 71
朴　埈　⑥399, 425, 499
楊吉臣　⑤312, 313, 409
楊悟英　③406
楊　松　④380, 464 ⑥318
楊　樞　①20, 21
楊鵬搏　④470
葉恭綽　④177
葉清耀　④306 ⑤328, 465
頼雨若　⑤412
頼石伝　⑤147
藍家精　⑥527
藍家鼎　⑥527
藍高川　⑤93, 434 ⑥527
李迂雲　⑥536
李英介　⑥337, 339, 340, 369, 372, 494, 510, 527, 528
李英子　⑦40, 42, 91, 98, 100, 119, 123
李英実　⑥360, 372, 375, 531, 536 ⑦12, 16, 54, 161, 163
李延禧　④393, 395, 397, 460, 461 ⑤56, 93, 302, 408, 411 ⑥88, 252
李家駒　①208, 241, 245
李学樵　⑤466 ⑥331
李　侃　④96
李　垠　⑤251
李景盛　④466 ⑤267
李厚基　⑤72, 75, 78, 314, 315, 319, 321, 330, 331
李讃生　⑤416, 445
李錫俊　⑥527
李種玉　⑤320, 321
李春生　⑤145 ⑥88
李進興　⑤466
李崇礼　④397 ⑤312, 313
李載甲　⑦23, 25, 28, 31
李内山　⑦130, 219
李南夏　⑥533
李宝巽　①10, 21
陸家鼐　③342
陸欽頤　⑤72
柳淵杓　⑥78 ⑦66, 76, 78
劉応泰　⑥211 ⑦91, 92, 106, 158
劉期泰　⑥83, 126
劉孝純　⑤206
劉光彦　⑥436
劉芷亭　⑤451
劉崇倫　④59
劉展超　③455 ④136, 140, 177
劉　蕃　③337, 342
劉明朝　⑤233, 319, 369, 408

昆　春　③432
蔡玉麟　④420 ⑤147
蔡恵如　⑤21, 197, 378, 383
蔡国珍　⑤12
蔡培火　④357, 490 ⑤13, 21, 49, 93, 176, 208, 227, 233, 247, 256, 354, 378, 383
蔡伯毅　⑤98, 169, 174, 181, 200, 219, 228, 256, 315, 412
蔡伯汾　⑤235
志豆機　④300
斯徳恩　①134
謝永年　⑤96
謝汝詮（謝汝銓）　⑤320, 321, 465, 466
謝文達　④449, 462, 473, 474, 476
釈義堂　②140
朱念祖　⑤454
鄒　魯　⑤141
周維全　⑦156
周家義　③342
周再賜　⑦199
周自斉　④136
周汝為　④354, 383
襲廷棟　③406
祝大椿　④59
蕭永東　⑦97
粛親王　③112, 113, 135, 139, 141, 148, 180
徐乃庚　⑥497
蒋渭水　⑤147, 354, 378, 383
荘岩生　①135
荘益衛　①80, 103
荘啓鏞　④425, 428
章宗祥　③270, 324, 327, 328, 339, 340, 457
尚　順　②112 ③55, 56, 57, 66, 71
申太休　⑥535, 538 ⑦44, 45
陣貞光　②357
瑞　錦　①292
瑞　方　①292
施家本　④306, 364, 396
施保頼　⑤365
施履本　⑤514
盛　酣　③433
盛宣懐　①208 ③384 ⑤327
盛沢承　③384, 385
染宗鼎　⑤72
宣統帝　③384
曹　錕　⑤510
宋鐘憲　⑥133
宋秉畯　④337, 338, 341, 358, 428, 484 ⑤344, 345, 370～373, 378, 383, 384, 430, 438, 440 ⑥60, 62, 65, 133
孫逸仙（孫文）　②267, 321 ③392, 398 ⑤76, 121, 315
大桐凰　①54
段棋瑞　③392 ⑥172, 201
段士琪　③385
池運永　④338 ⑦198, 230
池金龍　⑦45, 48, 49, 53～55, 184～186
池黎明　④72
張　園　⑦60
張会紀　②178, 180
張　勲　③384, 385
張　騫　⑥205
張作霖　⑤18, 130 ⑥20, 99, 106, 162, 172, 281⑦15, 74, 76
張之遠　④371
張之洞　⑤72
張秋海　⑤478, 493 ⑥50
張遵旭　⑤72, 75
張福興　④433
姚国楨　③337, 339, 342
沈　琪　③337, 339, 342
沈本円　⑤152
陳英湛　⑤362
陳逢源　⑤378, 383
陳　介　④177
陳啓貞　④377, 451 ⑦218, 222
陳啓峰　④377 ⑤92, 267, 394, 462 ⑦

336, 354, 363〜365, 405, 415, 431, 443, 456, 463, 477, 478 ⑤74〜76, 88, 89, 197, 344, 453, 526
郭春秋　⑤13
岳嶂方　⑤377
甘得中　⑤96, 312
簡阿牛　④296, 459 ⑤70, 93, 155, 193, 250, 380, 385
簡朗山　⑤431, 468
韓昌熙　⑤45
韓相龍　④482 ⑤45, 61
顔雲年　④333, 363, 414 ⑤53, 93, 129, 135, 136, 186, 254, 283, 371, 376, 377, 391
顔欽賢　⑤391
顔国年　④331 ⑤377
顔龍光　④380 ⑤468
魏清徳　④453 ⑤465, 466
丘　哲　④379, 380, 381
許嘉種　⑤191
許冀公　⑤43
許　勤　③337
許崇智　⑤315, 319
許廷光　④294, 399, 470 ⑤93, 148, 194, 320, 321, 410, 413, 462 ⑥161
許南晩　④399 ⑤462
許　丙　④57, 72, 351 ⑤78, 138, 139, 196, 257, 261, 290, 306, 320, 431, 464, 468, 478, 483 ⑥320, 322, 362, 497
金学玖　⑦25, 28
金学元　⑦101
金灌泰　②296
金暁星　⑥83, 126
金玉均　③181 ④338 ⑥176, 208, 209, 257, 260, 261, 472
金漼恭　①24
金寿啓　⑦29
金淑子　⑦47, 50
金振九(金振丸)　⑥176, 208, 209, 211
金容基　⑥286, 297, 359, 447, 533, 536
兼托熙　①136
権　量　③338, 339, 342
源　楊　⑦169
胡　瑛　②267
胡懿徳　①208
辜皆的　④489 ⑤193, 239, 347 ⑥38
辜顕栄　④285, 294, 307, 356, 390, 411, 412, 416, 425, 435, 489, 506 ⑤68, 92, 93, 98, 102, 143, 150, 153, 154, 171, 197, 212, 313, 363, 411, 419, 435, 458, 459, 461〜467 ⑥27, 34, 35, 58, 92, 172, 201, 318, 322, 479, 522 ⑦229
顧品珍　⑤252
呉永栄　⑥455
呉国治　⑤493
呉子瑜　⑤328
呉昌才　④301 ⑤144, 187, 408, 411, 468 ⑥455
呉昌方　⑤93
呉端伯　①240
呉清水　⑤440
呉添右　⑤365, 367
呉佩孚　⑥99, 106
呉邦安　⑤96
洪以南　⑤196, 257, 314, 431
洪元煌　⑤69, 96, 147, 191, 256, 312
洪氏鶱　⑤432
洪長庚　⑤314
洪東茂　⑤258
黄逢時　④439
黄欣然　⑤93, 94, 95, 147, 154, 263, 265, 434
黄朝琴　⑤368
黄土水　⑤14, 26, 39, 327
黄　漢　①10
黄　興　②321
黄呈聡　⑤227, 233, 346, 368, 458
康　誥　③338, 342
高全忠　⑤331, 353
高相大　⑦42, 47, 50

ヘリックス　③283
ベルゾストローム　④93
ヘンリー　⑦57
ペンリングトン　⑤25
ボーヂッチ　⑤151
ボーニング　⑤257
ポーラック　①87
ホオン　⑤134
ボスクレスセンスキー　③308
ボナーロー　⑤322
ボルドウイン　③330
ホワイト　⑤403
マーチン　⑤344
マーリー,キルビー　⑤42
マクラガン　⑤356
マコイ　⑤151
マツグレゴア　⑤356
マルコッソン,アイザック・エフ　⑤222, 224, 257
マンロー(満浪)　⑤127, 128
ミス・ウエストン　②46, 130, 132
ミス・セロバード(セッハード)　②130, 132
ミス・トロット　②130, 132
ミス・バンカム　②130, 132
ミッヘルセン　⑤229
ミハイロヴィチ,ゲオルギー　③147, 182
ミラー,ブルーノ　⑤411
メルラン　⑥49, 50, 52, 128
ラーキンス　⑤145
ラアヨシュー,キシュー　④499
ラアヨビユー,キシュー　⑤38
ライス　③447, 449
ラッセル　③375 ⑤364
ラム(羅武)　①31, 396 ②366
ラリュー(羅流・羅瑠)　①280, 282, 283, 286, 289, 290, 292, 309, 341
ランケン　③437
ランダー　③457
リーサム　⑤458
ルーネン(留念・瑠念)　①99, 100, 103, 105, 116, 126, 133, 134, 143
ルーマニア皇太后(羅馬尼)　②477
ルニヨー(琉爾養)　④126
ルニヨール　④66
レイク(礼喜)　①288, 289, 295
レー　⑤357, 361
レーション　④332
レース　④80 ⑤15
レーニン　③450
レンネル　⑤229
ローズベルト,セオドア　②222
ローマ法王(羅馬法皇)　③412
ローランヂ　⑤125
ロブデル　①9, 17, 19, 33, 52, 72, 96
ワシントン　⑤363
ワルレース　④332
ヲスメニヤ　④263
ヲーエン　⑤151
ヲルフィラ(折平)　②159～161
ヲールブライト　④52

¶　¶　¶

尹致昊　⑤346
袁世凱　②116, 321, 494 ③102, 111, 114, 178, 180, 207
王永泉　⑤315
王学潜　⑤312, 327
王慶忠　⑥153
王国士　⑤96
王　燦　④354
王潤貞　①292
王黻煒　③337～339, 341, 342
王正廷　⑤549, 553
汪大燮　③327, 331, 332
翁俊明　④448 ⑤196
何　纘　④393, 395, 397
何　遂　④393
賀　福　④434
郭春秧　④217, 222, 223, 281, 306, 335,

ゼーゲル　⑥202
ゼーゲル,マリア　⑥202
セールフレサー　①268
セール　⑥142
ソーネ　①87
ソマートン　⑤109
ゾルフ　⑤179, 229, 471　⑥82, 517
ダニー親王　⑥281, 283, 285
ターメーン　⑤363
ダウテー　⑤507
タフト,ウィリアム　②222
チムシ　⑤125
ツブレー　⑥160
ヅーマン(ヅウマン)　④462, 466, 505　⑤232
デグレーブ,ヨンク・ヒール　⑤336
デビス　④354
デルカッセ　③18
ドッゾ,ゼームス　⑤185
ド・マカール　①170, 178, 183
トラウトアン　⑤330
トリヴェリアン　⑤255
ニコルスキー　⑤125
ノックス(能克斯)　②204
ノルトン,ヘンリー・キットレッヂ　⑤219
バージャー　①214, 215
バーシャード　③381
ハーチング　⑤472
バーマン　⑤109
ヴァルズ　④80
バーレット　⑤457
パーレット　⑤62
ハインリヒ(判理非)　②204
バタラー　⑤248
バチー　⑤230
バットラー　④439, 466　⑤142, 146, 185, 258, 260, 325, 328, 361
ハミルトン　⑤20
ハリス(波里斯)　④11
ハリマン(玻理満)　①276
バルッアー博士　⑥388
バンド,エドワード　⑤356
バンナック　⑤156
ピース　④320
ビガロー　⑤56
ビグロー(ビゲロー,ビケロー)　⑤70, 72, 459
ピゴット　⑤368
ビショッフ　④77
ヒショフ　④97
ヒチコック　④439, 462　⑤70, 270, 322
ヒップス(フィプッス)　④502, 504, 505
ピネロウ　③437
ビヤード　⑤399
ヒューバー　⑤507
ファッドベー　⑥423
フィプス(フィリップス)　⑤328, 458
フオンチー　⑥160
フォン・ブレッセン　⑤229
フート,トクトル・エム　⑤157, 179, 180, 185, 223, 229
ブットマン　⑤229
フーバー　⑤501
フライシャー　⑤521
ブラウン　⑤326, 327
フランテ　③321
ブランド　④426
ブリアン　③437
プリンスヲフウエルズ(威爾斯親王)　⑤236, 251
ブルフ　⑤223
フレザー　③438
ブローデン　⑥319
ペーティ　⑤230
ヘーデン,ヂョゼフアール　⑤326, 328
ペーリ,デー・エン　⑤128
ペーレー(プーレー,不礼)　②385, 392
ヘック　③8
ペッドレー,ヒルトン　⑤247
ペトレスコ　③283

外国人

アーノルド　⑤507
アセラン　④463
アボット,ゼームス・フランシス　⑤501
アルピン,リチヤード　③39, 242　④58
アレーン　⑤363
ウィルソン,ウッドロー　②222　⑤206
ウイングフィルド　③320
ウーダン　③381
ウード　④332
ウオカー　⑥142
ウオターハウス　⑤193
ウオルフ　①183
ヴクナ　③379
ウッド,レオナード　⑤149, 151, 214
ウッド,ヲスボルン・シー　⑤151
ウッド将軍(ウード将軍)⑥81, 96, 361
エッケナー博士　⑦88
エリオット(エリヲット)　②215　⑤30, 61, 238, 530, 532
エリヲット大使　⑥237
エルサヘッタ　④416
オーケンツキト,スジスラフ　⑦86
オルセン(折先)　②174, 176
ガートリッジ　④466
ガスリー　③323, 325
ガットリッヂ　④439　⑤146, 256, 459
カロール陛下　④416
カロル親王　④407, 413, 416
ガントレット　⑦91
カンドレット恒子　⑦229
キッチナー,ホレイショ　①290
グッジーア　⑤322
グーディアー　⑤458
クラーメル　⑥79, 85, 86
グロスター公　⑦53
グロスター皇子　⑦60
グリーン　③271
クリップス,アルバート　④474
グレーフ　⑤178
クローサー　①116
ゲアリー　③381, 447
ケート　①9
ケーリ,フランク　⑤247
ケニイー,ヘンリー・ダブリュー　⑤375
ケネヂー　⑤127
ゲリー　③452
ゲヲルギー　⑤229
ゴルデン　⑥160
コンノート公アーサー王子(崑能登親王)　①17〜19　②204, 207　④79, 80, 82, 84, 126
サイリンハ　④482
サジニヤック　④463
里度(サトウ)　②101
差来(サライ)　①215
サンソン　④320
シャーキー　③266
ジャクソン(若遜・惹孫)　①250, 257, 263, 264, 274〜277, 283, 296, 297, 300〜302, 316, 329, 332〜335
シュゾール　①82, 84
ジョージ,ロイド　⑤55, 112, 322
ショーヤー　④332
ジョッフル(恕不瑠)　⑤149, 195, 202, 203, 205, 208
ショルツ　④206
ジョンストン　⑤151
スオープ(スヲープ・スヲーブ)　③378, 381, 436, 447
スコット　⑤222　⑥71, 75
スタッド　④339　⑤132, 134
スチーブンス(斯忠文斯)　①177
ステファン　⑥509, 514　⑦159
ストーン　③366, 370〜372, 377
ストーン,ウイルアム　⑦57
スピラー　③381
スミス,スペンサー　②209
スミス(須味須,須美斯)　③190, 191, 206, 346

9, 304 ⑦18, 37, 78, 79, 81, 82, 89, 100, 104, 112
渡辺章江　②78 ⑥10, 71, 494
渡辺幾治郎　⑥481
渡辺　至　③218
渡辺市松　⑥358, 431
渡辺英太郎　⑤105, 133 ⑥31
渡辺　修　⑥157, 223, 253, 274, 335, 338, 348, 352, 357, 358, 388 ⑦37
渡辺嘉一　①12, 34, 178, 180 ②159, 160, 295, 364 ③400 ⑤73, 75, 76, 214
渡辺鹿児麿　②124, 125
渡辺勝三郎　③457 ④13, 64 ⑤22, 494, 497
渡辺勘十郎　⑥279
渡辺金城　①244
渡辺国武　①21, 32 ④215, 216
渡辺憲治　⑥76
渡辺兼輔　③452
渡辺　豪　⑤299
渡辺広太郎　⑤250
渡辺朔太郎　③47
渡辺茂雄　⑥318, 320, 401, 407, 424, 458, 508, 509, 516, 519 ⑦159, 168
渡辺繁太郎　④24
渡辺静江　⑤96
渡辺七郎　③148, 156
渡辺庄次郎　⑥489
渡辺新太郎　③356
渡辺正二　⑤228
渡辺新平　⑥403, 404
渡辺　孝　①110, 277
渡辺瑳美　③392
渡辺　武　④403
渡辺武亮　④398
渡辺武良　⑤14
渡辺竹三　②364
渡辺千秋　①397 ②107, 121, 124, 125, 191 ④169, 170, 177, 179 ⑤130
渡辺千冬　④151, 153, 229, 323, 330, 360, 432 ⑤26, 130, 134, 442, 490, 513 ⑥150, 212, 235, 239, 311, 313 ⑦18, 77, 78, 80, 81, 88, 103, 229, 235, 237
渡辺　綱　①70
渡辺藤吉　③404
渡辺　亨　②260
渡辺　望　②298 ③47, 126, 245, 273 ④180, 181, 248 ⑤133, 322, 348, 474 ⑥10
渡辺　暢　⑥304
渡辺信成　④481
渡辺　昇　②354～356
渡辺秀子　⑦239
渡辺弗措　②84 ③111, 360 ④248, 267, 269, 379, 403 ⑤64, 65, 300, 306, 322, 348, 540 ⑦111, 158, 198
渡辺文七　②179 ④23 ⑥89
渡辺政治　⑥144
渡辺増子　③111, 126
渡辺万寿太郎　①281
渡辺　汀　②362
渡辺弥二文　②35
渡辺弥蔵　③427
渡辺与一　⑤308
渡辺芳造　③325, 341
渡辺廉吉　⑥135
〔渡部〕　③314 ④295
渡部　信　③256
渡部竜一郎　③321
綿貫熊太郎　⑥310
綿貫重吉　③141, 165 ⑥399 ⑦52
綿貫藤次郎　⑦52
綿野吉二　③409
渡　正元　⑥17
渡利弥生　④223, 224
渡川民雄　②176
渡川成文　③146, 392
和知　勇　③74
藁谷鎧一郎　②447

若槻礼次郎　①301, 302, 319, 321, 326, 327 ②86, 87, 106, 108, 110, 141, 180, 182, 195, 239, 257, 261, 276, 424, 429, 430, 432, 440, 446, 464, 466, 468, 469, 474, 490, 493〜503 ③35, 58〜61, 68, 77, 85, 86, 160, 161, 173, 193, 293 ④197, 418 ⑥61, 126, 136, 145, 150, 236, 270, 278, 279, 281, 283, 284, 287, 292, 293, 305, 307, 316, 318, 321, 322, 341, 342, 343, 430 ⑦125, 149, 157, 189
我妻菊次　④82, 94
若林賚蔵　③304, 366 ④64
若原観瑞　③340 ⑤516
若松喬介　③27
〔若宮〕 ②302, 315 ④217, 244 ⑥37, 132, 155, 214, 243
若宮貞夫　②320, 440, 489 ④139, 194 ⑤111, 367 ⑥10, 39, 42, 49, 52, 243, 437, 508 ⑦160, 173, 216, 233
若宮正夫　④429
若宮正音　①31, 45, 46, 117, 162 ②25, 32, 38, 95, 97, 102, 104, 107, 108, 133, 138, 145, 146, 148, 158, 170, 174, 175, 221, 228, 266, 295, 304, 333, 421, 422, 427, 431, 491 ③15, 18, 21, 22, 169, 203, 254, 263, 264, 267, 280, 298, 332, 334, 342, 361, 372〜374, 377, 396, 397, 399, 401, 406, 407, 409, 413, 414〜416, 419, 431, 447, 451, 454 ④12, 21, 24, 30, 35, 37, 41, 46, 47, 49, 51, 59, 63, 74, 77, 78, 83, 88, 96, 108, 120, 126, 133, 136, 138, 140, 141, 149, 167, 195, 200, 219, 228, 239, 337, 407, 487 ⑤54, 57, 62, 111, 277, 300, 334, 338, 343, 367, 476, 488, 550 ⑥37, 39, 155
若目田利助　③459
脇田　勇　⑥502
脇地捨之助　②368
和久田正虎　④482
和久山貞助　⑥76
分部資吉　⑤13, 15
若生国栄　⑤63
鷲司廓亮　③47
鷲見邦司　⑥230, 263
鷲山貫一　③22
〔和田〕 ①205, 401 ②22, 78, 104, 175, 257, 292 ③313, 367 ④118 ⑤11, 33
和田英作　⑥367, 368
和田織衣代　⑥31
和田一次　④447 ⑤150, 261, 262, 364, 396, 397, 402
和田亀治　④505
和田喜覚　①172, 174, 177
和田　清　③431
和田三郎　③300
和田　潤　⑤113
和田正三　⑤406
和田千吉　⑥370
和田　孝　②80
和田維四郎　①182〜184, 316, 381, 384, 386〜388, 399, 401 ②46, 56, 75, 77, 82, 83, 85, 88, 90, 105, 106, 132, 153, 159, 174, 214, 222〜225, 237, 254
和田豊治　②144, 293, 294, 375 ③276, 279, 305, 316, 346, 416 ④141, 244, 324, 495, 498 ⑤15, 31, 40, 346, 347, 376, 383, 424, 498, 510, 514, 535, 536 ⑥28, 29, 58, 59, 61, 140
和田彦三郎　①254
和田彦次郎　①15, 68, 93, 117, 215 ②111 ③383 ④34, 336
和田　弘　②91 ④52 ⑤470
和田富志夫　⑤224, 398
和田雄三九　⑤17
渡井敏治　③455
渡木貞次郎　①375
〔渡辺〕 ①57, 68, 117, 247 ②47, 96 ③205 ⑤14, 253 ⑥253, 259, 274, 27

〔芳原〕 ①164
芳原 茂 ⑥156
〔吉松〕 ①61, 62, 138, 245, 343 ②128, 348 ③37, 378 ④176, 499 ⑤287
吉松清子 ①70 ⑥295
吉松駒造 ②376, 381, 473 ③229, 230, 233, 274 ④17, 41, 149, 157, 245 ⑤243, 282, 381〜383
〔吉見〕 ①300
吉見奎堂 ②442
吉見勇助 ⑤413 ⑦90
吉村吉之助 ③412
吉村仰観 ⑤363
吉村金作 ③209
吉村鉄之助 ②436, 437 ③325, 330, 346, 402, 454 ④28, 407
吉村万治 ⑥319
吉山百重 ⑤95
〔吉原〕 ①116, 120, 122, 123, 126, 139
吉原元明 ⑤100, 261, 267
吉原重長 ①74, 86〜88, 90, 93, 95〜98, 101, 107, 109〜112, 118, 119, 122, 125, 131, 269, 332 ②200, 207
吉原憲次郎 ⑥125
与田為一 ①253
〔依田〕 ④459
依田鉎次郎 ③456
依田友哉 ③28
依田八郎右衛門 ③399 ④99
〔四井〕 ④36 船主
四井喜一郎 ③415, 450
米川三治 ⑥202, 212 ⑦140
米沢吉次郎 ①16, 17 ④185
米沢善十郎 ②422
米沢 雄 ②201 ④488
米田伊太郎 ①254 ③224
米田喜太夫 ⑥433
米田穣交 ③347
米田奈良吉 ①25 ③314, 315, 319, 416, 418 ④61 ⑥239
米田徳義 ⑤190
米田 穣 ③303 ④81, 97
〔米津〕 ①14
米村靖雄 ②75
〔米山〕 ①292
米山順吾 ⑤255
米山利之助 ①381
米山 学 ⑥474
四方野嘉一郎 ③56
依岡省輔 ①328 ③283
読谷山朝宣 ⑤543 ⑥30, 34, 36, 41, 44, 55, 71, 97, 108, 117, 162, 163, 166, 167, 169, 170, 171, 175〜183, 185, 186, 188〜191, 193, 194, 196, 200, 203〜206, 208, 210, 214, 221, 222, 226〜228, 230〜240, 244, 310, 395, 397, 399, 400, 407, 466

り
李家隆介 ③259

ろ
呂昇義太夫 ③265
呂昇義太郎 ②31
六角政太郎 ①84

わ
若尾幾造 ③323, 330, 339, 351, 378, 381 ④23 ⑤509, 511 ⑥462
若尾逸平 ②20
若尾謹之助 ⑥462
若尾鴻太郎 ④43 ④43, 44, 112, 407 ⑤22, 57, 346
若尾璋八 ③321, 330, 346, 378, 381, 402, 412, 431, 454 ④43, 44, 112, 407 ⑤22, 57, 346 ⑥381, 387
若尾民造 ③313, 319
若沢太吉 ③435
若月保太郎 ④269
若槻徳子 ②165

吉田三右衛門　③454
吉田重長　①118
吉田　茂　①223 ⑥487, 510, 523 ⑦16, 33, 68, 74, 123
吉田実造　①378
吉田俊平　①315
吉田松陰　②347
吉田関篤　②235
吉田碩造　⑥87
吉田善佐　②179 ③264, 265
吉田　妙　①22, 49, 58, 279 ③128, 459 ④51 ⑥312, 432, 467, 480, 500, 536 ⑦32, 34, 52, 53, 106, 123, 232
吉田　高　①60, 95, 102, 130, 132, 208, 262 ②301
吉田武乗　②82
吉田　貞　②470 ③187 ⑥19, 30, 46, 72, 109, 142, 348, 377, 389, 412, 460 ⑦10, 45, 55
吉田忠善　⑤137 ⑤174, 277, 278, 344, 400
吉田忠喜　⑤278, 400 ⑥114, 115, 506
吉田　勉　④449
吉田鉄太郎　④24, 25, 270, 281 ⑤474, 529
吉田哲郎　⑥264
吉田徳郎　②102
吉田寅松　①52, 147, 155, 262, 289
吉田　中　③323, 330 ④23, 105, 121, 122, 167, 347
吉田奈良丸　⑤204
吉田春吉　②350 ③198, 201, 213, 257, 265, 278
吉田秀人　⑤168, 181
吉田文外　③116
吉田平吾　①8, 9, 11, 14, 26, 56, 57, 105, 107, 113, 114, 171, 182, 184, 185, 237, 250, 324, 325, 337, 378, 379 ②96, 102, 201, 202, 206, 293, 310, 333, 334, 337, 435, 438～440, 444, 447, 449, 462, 496 ③25, 37, 75, 102, 121, 146, 148, 209, 244, 250, 270, 274, 292, 403, 418, 426, 427, 441 ④61, 72, 129, 323, 356, 357, 405, 480, 499 ⑤12, 30, 58, 108, 109, 111, 120～124, 133, 136, 139, 141, 146, 148, 149, 154, 159, 160, 185, 186, 194, 236, 254, 255, 257, 261, 265, 266, 269, 270, 293, 296, 310, 316, 320, 326, 328, 331, 352, 357, 364, 436, 437, 441, 442, 453, 459, 461, 462～465, 467 ⑥123, 125, 127, 132, 135, 147, 157, 166, 177, 196, 226, 230, 246, 264, 297
吉田兵吾　①323, 334
吉田正春　④293, 302, 349, 358, 360 ⑤15
吉田正秀　①81 ⑦167
吉田守一　⑦165
吉田安次郎　②163
吉田善佑(吉田善佐)　②54, 60, 85, 197, 209, 330, 486, 493 ⑤132
〔吉武〕 ⑤78
吉武源五郎　①302 ④405, 488 ⑤49, 107, 137, 139, 177, 200, 292, 341, 416 ⑦60
吉積富治　⑤63 ⑥103, 181
〔吉富〕 ④309　参謀
吉成安任　④448
吉馴義信　①104
〔吉野〕 ⑥256, 286
吉野鎌吉　③28
吉野カン　⑥137, 142, 213, 243 ⑦13
吉野圭三　③395 ④10
吉野佐吉　①232
吉野太左衛門　①20
吉野徳太郎　③75, 91, 109
吉原三郎　①103, 109
吉原治郎　⑤530
吉原正隆　⑤273
吉原政道　①128

横山新次郎　⑥484
横山仁三(横山仁之)　③253, 257, 263, 266, 345, 355, 366, 371, 375, 389, 391, 398, 421, 423, 432, 451 ④45, 77, 81, 104, 106, 122, 133
横山助成　⑤520
横山正脩　④420, 491, 504, 505 ⑤241, 269, 271 ⑥312, 371 ⑦119
横山大観　⑦226
横山隆俊　②85, 274 ③315 ④76, 196
横山友義　①267 ③331, 355
横山寅一郎　①51
横山信徴　⑤111
〔吉井〕 ①30
吉井幸蔵　②27 ③249, 388, 391 ④41 ⑥393
吉井武夫　②270
吉池　勇　④363, 377, 382, 387, 398, 471 ⑤267, 268 ⑥254, 260, 380, 393, 399, 416 ⑦189, 219
吉池重為　④363 ⑥364, 380, 384, 497 ⑦189, 219, 233
吉池晴子　④399, 401, 405, 414, 425, 461 ⑤100
吉池慶正　②465
吉植庄一郎　②47, 68 ③330, 346, 353 ④21, 332, 418 ⑤259, 548 ⑥371
吉植庄亮　⑤477
〔吉岡〕 ⑤76
吉岡喜兵ヱ　②277
吉岡兼三　③257, 268
吉岡荒造　④463, 465 ⑤149, 150, 153, 271, 276, 290, 316, 362, 410, 413, 414, 433, 434, 465 ⑥59, 167, 324, 375, 393
吉岡　妙　⑥300
吉岡太三郎　③33
吉賀要作　⑥367
吉川卯三郎　④435
吉川精馬　⑤99, 186, 197, 214, 255
吉川孝秀　①198
吉川雄輔　②66 ⑤517, 524
吉川義章　③248〜250, 258 ④148
吉河為久蔵　⑥358
吉河　清　⑥358
芳川顕正　①133, 282, 389 ③146, 151, 152, 195, 197〜199, 202, 214, 252〜255, 257, 328, 450 ④165, 177, 198, 206, 217, 267, 318, 319, 322
芳川寛治　④318, 319, 331, 351, 352, 355
吉国兼二　④108
吉里　高　①202
芳沢謙吉　⑤396
吉住小種　⑦200, 202, 205, 208
〔吉田〕 ①71, 72, 77, 78, 84, 91, 93, 117, 151, 252, 254, 380 ②37, 43, 172 ③190 ④14, 205, 441, 480 ⑤92, 195, 239, 443
吉田音吉　③337, 339
吉田勝任　①368
吉田稼六　⑥407
吉田勘右衛門　③166, 169
吉田勘三　⑦203
吉田久蔵　①232
吉田清風　④323, 484 ⑤120, 121, 142, 143, 228
吉田清英　④24
吉田銀治　③303
吉田　圭　②231
吉田謙蔵　③289
吉田幸作　①71, 114, 120〜122, 127, 128, 131, 136, 167, 190, 221, 250〜252, 256, 274, 275, 333, 350
吉田耕次郎　⑦227, 231
吉田桜子　⑦213, 214
吉田佐次郎　⑤267
吉田貞子　②221〜223, 449, 452, 463, 477 ③21
吉田三郎右衛門　③329, 346 ④71

湯浅秀富　①39, 270
湯浅凡平　④16
唯　連三　①72
由井久吉　⑥134
結城豊太郎　④401
結城廉造　②470 ⑤341, 474
宥範(大僧正密門)　②404
遊上政五郎　①369
〔湯川〕　⑤349, 448
湯川寛吉　①39, 134, 193 ②79 ③191, 339, 362, 363 ④47, 94, 139, 489 ⑤343 ⑥198, 265 ⑦226
湯川玄洋　②83, 91
湯川忠三郎　⑤393, 502
湯川元臣　①129 ②136, 147, 234 ③123, 168, 176, 253, 257, 262, 266, 273, 284, 292, 297, 298, 307, 313, 315, 320, 322, 323, 325, 431～433 ④13, 113, 119, 136
雪岡重太郎　①86
〔弓削〕　①68
湯崎弘雄　④96
湯沢重隆　④108
〔柚木〕　②150, 442
柚木慶一　①317
柚木慶二　②62
湯地幸平　③354 ④331 ⑤164, 170
由比光衛　②433 ④106
湯本善太郎　⑤233, 251, 254, 321
由利公正　①250

よ

用賀卯吉　①169
除野康雄　⑥458
〔横井〕　①360
横井恵超　①226, 227
横井藤四郎　③355, 428, 430, 459 ④113
横井時敬　①356 ⑥111
横尾謙七　②68
横尾孝之亮　⑥223 ⑦180
横尾頼介　⑤386
横川光正　③120
横川省三　⑥456
横河達子　②385
横沢次郎　④337 ⑤331
横関愛造　②460 ③250
〔横田〕　①80, 113, 116, 165, 311 ④68, 225
横田喜八　③88 ④24
横田国臣　③272 ⑤386, 389
横田五郎　④331
横田季六郎　⑤306
横田千之助　①86, 87, 91, 96, 102, 103, 186 ②30, 47, 140, 159, 173, 257, 490, 494 ③54, 73, 74, 84, 279, 281, 284, 286, 296, 298, 302, 305, 311, 320, 323, 328, 341, 346, 401, 402, 404, 410, 419, 430, 431, 438, 443, 449, 451, 458 ④22, 29, 34, 49, 59, 73, 74, 92, 97, 98, 109, 119, 139, 149, 170, 193, 194, 224, 238, 244, 277, 278, 282, 283, 317, 321, 327, 328, 334, 347, 350, 352, 358, 359, 405, 409, 417, 421, 429～432, 475, 483, 493, 495, 499 ⑤12, 18, 19, 31, 33, 36, 40, 52, 62, 92, 99, 132, 139, 214, 217, 231, 233, 235, 238, 250, 302, 306, 343, 398, 507, 534, 550 ⑥61, 132, 133, 136
横田孝史　④40
横田浠彦　①11, 31, 35
横田秀雄　⑤489 ⑦104
〔横光〕　⑤238
横矢章道　③332
〔横山〕　②239　技師
横山家教　③370 ⑦169
横山勝太郎　④17, 22 ⑤515
横山金太郎　④347
横山四郎右衛門　⑤514, 523, 538, 551, 557 ⑥62, 77

山本左源太　②202
山本実彦　④143
山本三郎　②51 ③319, 456 ④125
山本三次郎　④460 ⑤76, 186, 268, 276, 440, 452, 459 ⑥53, 135
山本　繁　①91～93 ②108, 162, 327
山本静也　③278 ④491 ⑤14
山本春挙　⑥128
山本潤太郎　④279 ⑤271
山本條太郎　①230, 266～268, 271, 326 ②113, 289, 290, 381 ③112～114, 135, 139, 141, 147, 165, 180, 194, 201, 211, 311, 313, 325, 326, 370, 394, 398, 406, 408, 420 ④346, 349
山本軾太郎　①101
山本清三郎　④439 ⑤201
山本清太郎　⑦21
山本善次郎　④446
山本忠興　①81, 99, 104, 106, 108, 114, 122, 129～132, 134, 158, 175, 201, 219, 227, 228, 245 ②177, 182, 207, 264, 276, 319, 462 ③27, 30, 76, 139, 175, 191, 274, 325, 395 ④71～74, 79, 87, 93, 96, 109, 118, 133, 144, 170, 171, 194, 198, 206, 212, 216, 228～230, 353 ⑤50, 139, 140, 501, 510 ⑥31, 42, 94, 224, 340 ⑦123
山本忠秀　①99, 129, 131, 316, 347 ③303
山本達雄　②107, 134, 135, 138, 139, 158, 193, 199, 264, 268, 406 ③172, 325 ④45, 46, 71, 133, 139, 182, 217, 266 ⑤17, 131, 132, 165, 202, 242, 259, 276 ⑥14
山本玉紀　⑤386
山本悌二郎　②209 ④15, 217, 284, 323, 351, 431, 458, 461 ⑤19, 50, 149, 209, 234, 348, 374, 411, 413, 424, 425 ⑥209, 226, 345, 346, 358, 407 ⑦24, 44, 73
山本鉄太郎　①68
山本藤助　③412 ④407
山本利渉　⑥77
山本中興　④334
山本長方　④28
山本梅逸　⑦238
山本　一　④457, 458
山本久顕　③244
山本文七　④349
山本北洲　④137, 142
山本将国　⑤271
山本通雄　⑥224
山本安夫　①33, 36, 39, 40, 58, 83
山本泰雄　①90 ②64
山本安次郎　①43
山本安太郎　④269, 275
山本唯一郎　③407, 415
山本唯三郎　③366, 370, 374, 375, 420, 453, 457 ④113, 170, 357, 414, 422, 429, 431, 496, 500 ⑤139, 337, 339, 343, 349, 371, 387, 392, 400, 438, 544 ⑥162, 173, 176, 207, 345
山本幸彦　①269, 347, 391 ②302
山本芳太郎　④263 ⑤41, 453
山本吉之　③42
山本理一　④47
山本　済　②181
山元亀次郎　④488 ⑤46
山森利一　②347
〔山脇〕 ①164
山脇　玄　⑤548
山脇鼎三　①90 ⑤63
山脇伝太郎　⑦217
山脇俊男　⑦217, 229
山脇春樹　②225, 266 ④402 ⑤549 ⑥274

ゆ

湯浅倉平　④195 ⑥103
湯浅竹之助　⑤171

山田福松　⑤195
山田正隆　②277
山田正治　③66
山田通光　③40, 153
山田道矢　①233
山田友一郎　③94, 103, 271 ④404 ⑤280, 282, 370, 380, 437, 440, 443 ⑥8, 30, 59, 63, 95, 112, 120, 356
山田義雄　①20～22, 24～27, 29, 31, 37
山田隆一　③421 ④58, 193
山名義鶴　③434
山名義路　②64, 90, 286 ③217, 218, 434
〔山中〕 ④383
山中市郎兵衛　⑤470
山中　笑　①160
山中恒三　⑤273 ⑥353
山中拾太郎　④323, 360, 424
山中正道　②124
山中義信　⑤154
山中隣之助　④219
山梨勝之進　①249, 250
山梨半造　④332, 338, 420 ⑤106, 107, 110, 168, 169, 296, 441, 483, 500 ⑥14, 155, 158, 173, 426, 429, 517
山成喬六　④241, 243, 318 ⑤281
山西源三郎　⑦33
山根正次　④51
山根武亮　④76 ⑥454
山根　常　②328 ④197
山野政太郎　①105, 109
〔山之内〕 ①13, 137 ⑤395
山内長人　①247, 329, 354 ②52, 64, 380, 392, 429, 497 ③176, 273, 275, 285, 444, 459 ④48, 143, 158, 198, 281 ⑤243, 438
山内豊景　⑦240, 241
山内確三郎　⑤484, 485, 487, 488 ⑦103
山之内一郎　②400, 401
山之内一次　①8～10, 12, 27, 42, 51, 122, 134, 204, 244, 261 ②47, 136, 140, 143, 148, 251, 257, 261, 279, 297, 298, 303～305, 389, 400, 409, 441, 443, 496 ③125, 134, 154, 184, 185, 256 ④106 ⑤107, 483, 484, 503 ⑥10, 11, 163
山伏高信　③150
山村荘一　④413, 499 ⑤122, 238, 276 ⑥287, 536
山村正治郎　⑤548 ⑥172, 175
山邑太三郎　④407
〔山本〕 ①263 ②297 ③225 ④14, 269, 285 ⑤412
山本　厚　①268 ②358, 365 ⑦144
山本綾子　⑥258, 375 ⑦86, 108, 123
山本岩夫　③264
山本右太郎　④50
山本乙次郎　①219
山本開蔵　④28
山本亀太郎　①315
山本　清　①135, 291, 349 ⑤516 ⑦142
山本久米吉　④452
山本久米之亮　⑥29, 246 ⑦24, 97, 108, 192, 219
山本　精　⑤194
山本昂之助　⑥158
山本権七　④34
山本権兵衛　①124 ②237, 264, 265, 267～271, 274, 275, 277, 278, 281～285, 288～291, 329, 331, 333, 340, 342, 383, 385, 387, 389, 391, 393～396, 399, 405～409, 411, 414～416, 418, 431 ③83, 158, 278 ⑤55, 219, 479, 482～488, 493, 494, 498, 500～503, 505, 510, 512, 513, 516～518, 520, 524, 526, 528, 530, 532～534, 536, 539, 540, 543～546, 548～551, 553～555 ⑥20, 28, 86, 93, 124, 267 ⑦94, 140, 225

山沢幾太郎　②88
山路一善　④294, 302
〔山下〕③358 ④155, 441
山下市助　③410
山下亀三郎　③291, 372～374, 401, 409, 420, 421, 430, 432, 449, 450, 452～455, 461 ④18, 34～36, 64, 71, 80, 108, 127, 135, 181, 191, 204, 208, 269, 275, 281, 320, 351, 356, 360, 482, 499 ⑤24, 53, 59, 102, 109, 115, 137, 169, 219, 238, 240, 306, 336, 382, 388, 440, 451 ⑥17, 44, 50, 52, 64, 105, 106 ⑦194
山下　清　②178
山下慶三郎　⑤142
山下敬太郎　③20, 23, 87
山下源太郎　⑤419～421, 424～426, 428, 429, 441, 452
山下静江　⑥501
山下武夫　⑥501
山下哲夫　⑤409
山下秀実　④354 ⑤199, 243
山下福三郎　①375
山下平之丞　①232
山下唯三郎　③435
山下芳太郎　①116
山地土佐太郎　⑤332
山階宮　③251 ④8 ⑤489 ⑥174 ⑦10, 127, 140
山階宮菊麿王　①181
山階宮妃佐紀子女王　⑤486
山科凌雲　①33
山科礼蔵　③418 ④325 ⑤505, 519, 531
山瀬　肇　⑤91
〔山田〕②67, 332, 353 ⑤34, 444, 445, 447, 448
山田　璋　④451
山田梅吉　⑥378, 443
山田英太郎　③12
山田勝伴　④51
山田克吉　②345 ④82
山田揆一　③415
山田　穆　③424
山田軍太郎　⑤89, 262
山田源之助　①302
山田耕三　④42, 178, 430 ⑤110, 122, 183
山田貞之　⑦132
山田之丞　①379
山田純三郎　⑤121, 122
山田春三　②115, 136, 280, 329, 393, 396, 397, 400, 409 ③71, 77, 78, 150, 154, 156, 296, 383 ⑤139
山田新吾　⑥342
山田末一郎　③151
山田孝使　⑤353
山田忠正　③270
山田為暄　②45
山田為栄　⑤335, 352, 370
山田槌太郎　③81, 82, 84, 85, 90, 104, 155, 161, 185, 213, 218, 219, 223, 229, 230, 246, 335, 343 ④25, 109, 112, 128, 130, 138
山田禎三郎　①67, 70, 244
山田貞助　①50, 164, 165 ⑥160, 179 ⑦36, 128, 159
山田(山口)照子　②498, 503
山田東一郎　①362
山田寅次郎　⑥314
山田直矢　②498, 500 ④236
山田中辰　③12
山田永俊　③336
山谷紫星　③319
山田拍採　⑤110, 451
山田彦八　③19, 123 ④228, 236, 237 ⑥510
山田久米　②113
山田ヒロ　⑥369 ⑦13, 78
山田広媼　⑥36

山口貴雄　⑤349 ⑥213, 222, 226
山口崇義　②159
山口多聞　⑦193
山口テイ子　⑤137, 181
山口鉄彦　⑦59
山口　透　④452 ⑤103, 355, 404 ⑥54
山口直治　②301, 302, 304
山口夏雄　⑥280
山口張雄　②110, 111, 123, 158, 159, 160, 479
山口平六　②106
山口三男　②231
山口宗義　②480 ②61, 88, 89, 106, 110, 130, 131, 213, 238, 259, 303, 332, 345, 381, 384, 446, 498, 500 ③74, 177, 244, 271, 274 ④144, 205, 322, 492 ⑤31, 122, 299, 300, 344, 347, 516 ⑥277, 480 ⑦58, 116, 193
山口百枝　③427
山口嘉蔵　③325, 327
山越菊子　⑥465
山越弘平　⑦36
山座円次郎　②330, 442
〔山崎〕 ①22, 47, 138, 176, 243, 300, 343, 384, 397 ②74 ③13, 102, 188, 189, 441 ④14, 72, 103, 141, 155, 181, 193, 199, 202, 220, 328 ⑤58, 72, 108 ⑥11
山崎梅子　②391, 461 ③236
山崎覚次郎　③14
山崎鶴之助　③409
山崎和子　⑦206
山崎　清　④13, 57, 62, 65, 165, 170, 171
山崎潔治　④420
山崎国武　②379, 461 ④222 ⑤404
山崎賢次　②304
山崎幸四郎　⑦223
山崎光明　②97 ③460
山崎四男六　①11, 18, 21, 32, 35, 38, 40, 43, 50, 80, 88, 90, 101, 105, 112, 140, 171, 220, 245, 251, 254, 263, 276, 371, 373, 378, 395 ②17, 20, 22, 36, 82, 105, 130, 139, 148, 152～154, 164, 165, 192, 249, 252, 257, 260, 266, 272, 298, 300, 301, 303, 307, 317, 338, 340, 349, 354, 355, 365, 382, 384, 401, 434, 439, 444, 447, 450, 460～463, 467, 491, 496, 503 ③120, 124, 125, 210, 274, 284, 297, 319, 321, 333, 341, 395, 421, 435, 444, 445 ④42, 71, 83, 202, 205, 222, 274, 327, 428 ⑤54, 109, 170, 181, 183, 193, 234, 296, 344, 402, 453, 513, 517, 555 ⑥11, 144, 356, 408, 441, 495, 496, 505
山崎士耕　④479
山崎紫路　③316, 457 ④13, 47, 48, 85
山崎四郎　①318 ⑥367
山崎甚五郎　④335
山崎季子　①216 ②440 ③229
山崎純孝　⑤221
山崎正策　④435, 438 ⑤69
山崎善次郎　⑤509
山崎荘重　⑤230
山崎大耕　④446
山崎富策　⑥474
山崎春子　⑦233
山崎秀子　①44, 96, 358, 391 ②13, 18, 112, 113, 124, 147, 156, 165, 167, 175, 212, 258, 274, 291, 308, 321, 333, 391, 437, 464, 477, 484, 495 ③22, 316, 389 ④52, 86, 151, 154, 161, 165, 200, 201, 217, 357 ⑥154
山崎秀馬　⑤193
山崎　広　②335 ④199, 222 ⑤404, 453, 462, 475, 505 ⑥8, 31, 52, 64, 93, 134, 167, 196, 236, 450, 464, 494, 504, 515 ⑦28, 91, 124, 129, 145, 159, 207, 222, 223
山崎　麓　①362, 363 ②61

9, 140, 144, 148, 156〜162, 173, 178〜181, 190〜192, 200, 206, 210〜212, 216, 221, 222, 225〜230, 232, 235〜239, 241, 245〜248, 251, 253, 256, 257, 263, 269, 277, 278, 285, 296〜298, 301, 302, 306, 308, 341, 345, 363, 369, 371, 376, 392, 395, 406, 424, 434, 439, 440, 460 ④31, 34, 38, 56, 64, 69, 75, 80, 91, 93, 101, 108〜110, 112, 122, 127, 132, 134, 137, 153, 154, 159, 161, 162, 164, 170, 175, 177, 178, 188, 199, 220, 224, 226, 248, 249, 251〜256, 258〜260, 262, 267, 269, 271, 272, 277, 278, 282, 283, 305, 320〜322, 330, 339, 341, 344, 347, 349〜351, 359, 404, 406, 407, 414, 426, 428, 493, 494, 498 ⑤13, 14, 18, 23, 26〜28, 33, 34, 37, 42, 54, 56, 58〜60, 63, 106, 109, 124, 129, 134〜136, 138, 161, 171, 173〜175, 177, 192, 200, 201, 203, 205〜208, 210, 211, 215, 218, 225, 227〜229, 234, 314, 373⑥19, 365, 367, 389, 433 ⑦30, 151, 175, 207, 208, 230
山県有道　⑥402 ⑦100
山県伊三郎　①9, 10, 30, 31, 80, 93, 117, 159, 160, 254, 269, 354, 358, 378 ②17, 320, 322, 337 ③167, 181, 313 ④34, 336, 385, 422 ⑤33, 43, 206, 210, 215, 225, 232, 234, 237, 243, 373, 400, 451 ⑥19, 124, 128, 389, 446, 473, 501 ⑦180
山県含雪　⑥455, 474 ⑦45, 123, 238
山県三郎　⑤163 ⑤225, 228, 229, 231, 232, 243, 308, 373, 490 ⑦180
山県初男　④354 ⑤90, 252
山方　泰　②480, 482, 483 ③82
山形要助　④288, 289, 291, 295, 317, 332, 335, 338, 365, 367, 368, 394, 409, 444, 447, 448, 453, 471, 503, 504, 505 ⑤9, 69, 73, 78〜80, 93〜95, 100, 123, 130, 134, 138, 141, 142, 149, 162, 203
〔山上〕　①112 ②94
山上鶩郎　③303, 319
〔山川〕　②110, 121 ⑦73
山川慶嗣　④46
山川健次郎　②143, 144 ④65, 416 ⑤374 ⑦111, 215, 228, 230, 234
山川瑞三　②274, 291, 410 ④324
山川晴月　③348 ④233 ⑤53
山川総太　①215
山川又山　⑥297
山川迪吉　⑦38
山川頼三郎　⑥365, 425
八巻修三　③410
八巻弥一　③274
山木利渉　④478
〔山岸〕　⑦113
山岸正之助　③19
山岸哲夫　④137, 360 ⑤371
〔山口〕　②108, 360 ④14, 151, 331 ⑥217
山口愛三郎　①190
山口栄二　⑤163
山口鋭之助　②106
山口華洲　④409
山口和一　②395, 460 ③127
山口義一　⑤23
山口金吾　④487 ⑤106, 519
山口金太郎　①98
山口国治　③34, 37
山口堅吉(山口堅夫)　②479, 498, 503
山口玄洞　③325
山口実義　②78, 85 ③74
山口準之助　②181
山口正一郎　②256, 258
山根正次　③366, 461
山口正二郎　②257
山口晋一　①78

⑥69
柳田国男　②482, 490, 501 ③60, 92, 110, 123, 176, 266, 440
柳原卯三郎　①297
柳原九兵衛　③408, 428
柳原義光　①330 ②20, 394, 403 ③104, 252 ⑤17
柳本直人　④307
柳谷卯三郎　⑤338, 344, 375, 394
柳谷謙太郎　⑤394
柳瀬万吉　①244
〔矢野〕　①176
矢野　茂　⑦103
矢野縦横　④108, 113
矢野庄三郎　①221
矢野次郎　①37 ②113
矢野晋也　⑥362
矢野滄浪　①360, 379 ③265, 267, 279, 321, 377 ⑤223, 296
矢野恒太　⑤493, 501, 518
矢野又三郎　①48, 55
矢野亮一　①162
矢作栄蔵　⑤543
八原博通　⑦123, 125
矢原銀蔵　③427
矢萩富橘　⑥256
〔藪内〕　②122, 163
藪内敬之助　④226
矢吹秀一　①247 ②497
矢吹省三　③96 ④72, 76, 89
薮田忠次郎　②40
矢部規矩治　②231
山移定致　④309, 392 ⑤254
〔山内〕　①234, 255, 258, 259, 266, 351, 352, 375 ②47
山内卯之助　②40
山内一正　①62
山内喜兵衛　①58, 61, 63〜65, 67, 99, 101, 113〜115, 126, 128〜130, 132, 134, 139, 147, 150, 151, 155, 158〜160, 185〜187, 189〜192, 194, 195, 202, 203, 206, 209, 210, 214〜216, 221, 222, 228, 230, 233〜235〜237, 252, 256, 261, 273, 278, 279, 282, 283, 298, 299, 301, 302, 310, 315, 337, 358, 371, 388, 392, 394 ②13, 15, 51, 77, 82, 86, 103, 109, 110, 206, 427 ④195
山内源吉　⑤196
山内幸吉　①9
山内幸次　①13
山内小藤二　⑤146
山内佐兵衛　①64
山内春渓　②473
山内四郎　⑤460
山内石龍子　⑤373
山内壮平　⑥412
山内　恕　④282, 295, 424, 435, 439, 479, 489
山内豊誠　①167
山内豊中　⑤284
山内豊政　①317 ③176, 461 ④196 ⑦202
山内範造　④43
山内満寿美　②99 ③42
山内光憲　⑤255
山浦貫一　④427
山尾清実　①330 ②345
〔山岡〕　④11, 12 ⑤487, 488
山岡国利　⑤65, 504, 516
山岡順太郎　③262, 454 ④400, 401
山家謙次郎　④430
山鹿昌治　①231, 314, 340, 345, 349, 361 ②126, 128, 148, 236, 299, 381, 424, 470 ③95, 96, 207, 243, 264
山形朔朗　④20, 339, 343, 346, 347, 349, 352
山県有朋　①30, 68, 133, 182, 204 ②74, 198, 200, 341, 342, 364, 406, 413, 414, 416〜418, 431, 432, 494 ③15, 49, 54, 65, 72, 83, 113, 121, 126, 133, 13

安場久子　⑦62
安場末喜　①325, 332 ②28, 33, 46, 53, 54, 56, 64, 153, 171, 175, 176, 185, 186, 202, 220, 222, 229, 253, 260, 278, 329, 339, 340, 388, 400, 402, 407, 448, 451, 452, 454, 458〜460, 479, 481, 482, 488, 492, 496 ③8, 12, 21, 22, 33, 38, 44, 47, 71, 93, 122, 155, 182, 239, 244, 245, 259, 261, 272, 381, 414, 444 ④18, 47, 48, 51, 72, 116, 121, 122, 128, 136, 138, 148, 160, 168, 172, 185, 196, 199, 204, 218, 240, 242, 243, 263, 282, 326, 332, 429, 431, 495, 499 ⑤15, 51, 62, 105, 112, 120, 123, 129, 135, 139, 149, 150, 162, 183, 203, 229, 239, 276, 296, 316, 325, 326, 331, 333, 341, 399, 411, 431, 473 ⑥21, 35, 342, 410, 467 ⑦30, 43, 58, 62, 91, 148, 154, 168, 169, 185, 186
安場美智子　⑦102
安場美代子　⑦169, 216, 220
安場保雄　③41 ④97 ⑤118, 119 ⑥312
安場保和　④48
安場保国　⑦30, 45
安場保定　⑥186
安場保健　②447〜449, 459, 480, 481, 483, 484, 486 ③13, 17, 27, 28, 31, 36, 38, 40, 41, 52, 53, 55, 60, 68, 73, 81, 86, 87, 90, 113, 116, 117, 184, 196, 200, 209, 216, 247, 263, 274, 290, 327, 344, 383, 398, 412, 431, 441, 453, 459 ④14, 20, 45, 60, 62, 64, 80, 85, 91, 94, 97, 113, 115, 116, 118, 122, 124, 228, 229, 237, 240, 241, 257, 270, 326, 335, 349, 405, 419, 432, 492 ⑤15, 41, 58, 61, 109, 111, 116, 118, 138, 146, 161, 164, 173, 183, 213, 220, 227, 239, 277, 292, 298, 307, 333, 335, 341, 349, 350, 366, 394, 402, 437, 440, 443, 451, 452, 471, 473, 474, 478, 494, 504, 507, 520, 541, 554 ⑥8, 33, 57, 75, 81, 102, 108, 120, 122, 124, 141, 144, 162, 166, 176, 180, 185, 189, 221, 230, 235, 261, 263, 311, 312, 324, 334, 341, 342, 351, 357, 360, 384, 385, 387, 390, 393, 397, 400, 401, 408, 413, 422, 435, 443, 451, 453, 455, 464, 469, 475, 476, 498, 517, 528, 532 ⑦21, 22, 23, 27, 33, 39, 72, 95, 101, 119, 147, 151, 152, 178, 179, 187, 192, 198, 204, 210, 211, 215, 216, 217
安場保雅　⑦150, 200, 215, 216, 217, 222
〔安林〕　④244
安彦新吾　③57, 60
〔安広〕　④69, 162
安広伴一郎　⑤180, 229 ②24, 389 ③179, 413
安吉英夫　⑤56
八田祐次郎　①19
矢田岩吉　①282
矢田銀兵衛　④345, 352 ⑥253, 260
矢田　績　③235
矢田長之助　⑥161
矢田部起四郎　①219, 228, 335 ②88〜90, 95, 99, 101, 115, 129, 138, 140, 146, 177〜180, 236, 237, 241, 242, 259, 266, 272, 286, 295, 305
矢田部喜平　⑤477
矢田部甫一郎　①154
谷田部正輝　①219
矢富政助　①315
〔柳川〕　④375
柳川勝二　⑦104
柳内義之進　③199
〔柳沢〕　②71, 74
柳沢保恵　①219 ②139, 142〜144, 154, 187, 273, 282, 349, 394, 410, 412, 498 ③40, 104, 105, 135, 138, 225 ④198

や
矢板　武　①62
八尾新助　①37 ④160
〔矢追〕 ⑦104
八木逸郎　⑤250, 251, 282, 334, 335
八木栄三　③136, 141
八木喜三郎　②31 ③41, 154
八木喜八郎　⑥225
八木五郎　⑥67
八木今次郎　⑤511
八木宗十郎　②274
八木辰馬　①126
八木貞次　⑤146, 150, 195, 196
八木　亨　④97, 99
八木長人　⑤508
八木林作　⑥354
八木沼辰三郎　①171
柳生一義　②56 ③60, 431, 439, 450 ④51, 68, 130, 133, 326
柳生基夫　④333
矢口栄四郎　②232
矢口長右衛門　③329, 372 ④81 ⑤549, 554 ⑥137
矢崎慶八　⑤173
八島　寛　⑦242
矢島三郎　⑥106
〔八代〕 ⑥317
八代吉郎　②303
八代六郎　②424, 440, 464, 474, 493 ③64, 65, 74, 85, 86 ⑦73, 202
家城覚三　①153
安井勝次郎　②100
安井喜平　⑤363 ⑥411
安井喜兵衛　⑦164
安井楠野　⑥401
安井正太郎　①401 ②158, 161, 211, 212, 220
安井助蔵　②291 ③171
安井善兵衛　⑥411
安井藤治　⑥286
安井藤治郎　③130
安江安吉　⑥268, 270, 297, 436, 508 ⑦17, 23
〔保尾〕 ①269
安岡一郎　⑤120 ⑥25, 67, 211, 221
〔安川〕 ③422
安川敬一郎　③381, 384 ④57, 59
安川清三郎　③384
安川第五郎　⑥325, 352, 475, 530
〔保木〕 ④435
〔安来〕 ①391
安河内麻吉　③261, 307, 369, 372 ⑤493, 497 ⑥8, 371
〔安沢〕 ①36 ④295, 299, 300, 303, 304, 306, 307
安沢　要　⑤441
安沢安太郎　③431
安嶋進平　②268, 272, 313
安田　勲　①86
安田亀之助　⑥143
安田松魚　⑥290
安田松真　②231
安田信次　②194 ⑤504
安田善五郎　④151, 152, 165
安田善次郎　③125, 262, 331 ⑤145
安田鎮之助　⑥292
安田鉄之助　⑤321, 322, 328
安田亨久　⑥292
保田将市　①63
安富正造　④323
〔安場〕 ③400, 406 ④103, 201, 216, 322, 332 ⑤275, 412
安場栄子　⑦148
安場嘉知子（安場加智子）　②461, 485
安場久仁子　⑥186
安場健一　⑥57
安場襄二　⑥57
安場多嘉子　⑦62
安場登喜子　⑥435
安場富美子　②496, 497

森　常樹　③104
森　電三　⑤416
森　時之助　⑦21
森　豊之助　①118
森　長徵　③346, 347, 378 ⑤58, 211, 304, 391 ⑦63
森　肇　①81
森　晴吉　⑤301
森　正隆　③313
森　正則　③388
森　芳五郎　③258, 286, 289 ⑤279, 340
森　良造　⑤416
守　房太郎　④443, 449, 459
毛里保太郎　③341, 391
森井吉五郎　②352
森口喜寿郎　③423
森口喜十郎　⑥333
森口朝一　⑥333
森久保作蔵　②262, 422 ③19, 264, 292, 309, 313, 318, 327, 330, 346 ④63
森沢重利　③147, 152 ⑤129, 456
森下亀太郎　⑤550
森下辰之助　①65
森下文次郎　①81
森島こと　⑦42
森島孫次郎　⑦42
守住貫魚　⑦238
〔森田〕 ①58, 67 ③362
森田景三　③289, 290 ⑦10
森田茂吉　①55, 61, 282 ④323 ⑤22, 107
森田俊左久　③309
森田司楼　③309
森田親一(森田新一)　③352, 453 ④99 ⑤280 ⑥287 ⑦27, 47, 58, 125, 227
森田常胤　④360
森田麦軒　②384
森田彦季　②256〜258, 270, 273, 274 ③243, 268, 286, 318, 347
森田久忠　③97
森田正路　④43
守武幾太郎　⑥171, 173
〔森近〕 ①68
守永弥総次　④470
森信一二　③14
〔守松〕 ⑤523
〔森村〕 ②44
森村市左衛門　②46 ④261
森村宜稲　①390 ④155
〔森本〕 ①32 ②47, 72 ④379
森本歓一　④51
森本是一郎　②288 ③305, 366, 398 ④16, 19, 80, 111, 122, 167, 181, 218, 247, 271, 273, 324, 347, 361, 362, 400 ⑤23, 27, 162, 386, 531 ⑥199, 63 ⑦157, 161, 214
森本　駿　③351
森本荘三郎　①135
森本大八郎　①17, 36, 209, 390 ②70, 380
森本鉄太郎　②62
〔守屋〕 ①80, 251
守屋此助(守谷此助)　①58, 63, 64, 67, 69, 74, 76, 84, 113〜117, 120, 123, 128〜130, 132, 134, 136, 143, 147, 154, 159, 187, 191, 196, 205, 219, 222, 235, 238, 242, 243, 246, 247, 252, 254, 258, 261, 272, 278, 290, 297, 298, 303, 315, 361, 366, 370, 371, 382 ②15, 21, 37, 51, 175, 229, 239, 250, 261, 287, 294〜296 ③141
森山経論　③308
守谷又三　②250
守山又三　②230, 238
守山守之　②214
師田守一　⑥491
諸戸北郎　⑤72
諸戸清六　①16〜18, 20〜22, 24, 27, 32, 38, 40, 53, 57, 62 ③408, 410, 424

望月圭介　⑥345, 357, 358, 456, 474
望月小太郎　③341, 402, 404 ④15, 21, 42 ⑤46, 59, 113, 126, 134, 138, 139, 241, 377, 378, 480, 499, 527, 551 ⑥357
望月　茂　⑥478
望月新助　⑦241
物集高士　⑥418
物集高見　⑥317, 319, 428, 478 ⑦12
〔本尾〕 ④224, 358 ⑤14, 200, 370
本尾敬三郎(本尾啓三郎)　④88, 91, 93, 101, 107, 111, 112, 120, 124, 133, 151, 153, 155, 166, 170, 186, 193, 223, 231, 276, 328, 415, 432 ⑤109, 210, 295, 300, 391, 555
本尾玄蔵　④157 ⑥34, 38
本尾小三郎　④346 ⑥423
本尾小二郎　⑤185, 186, 190, 196 ⑥169
本尾小太郎　④101, 115, 177, 195, 196, 328 ⑥308, 314, 361
本尾茂夫　④151 ⑥88
本尾松枝　⑥34
本尾光人　⑤15
本川源之助　④11
本木　晋　⑥535
本沢万吉　⑥375
〔元田〕 ①329 ②297, 298 ③34 ④229, 350
元田菊子　⑥314
元田敏夫　③407 ⑤338, 349, 438, 520
元田　肇　②107, 261, 262, 268, 279, 304, 343 ③295, 329, 385, 449 ④18, 19, 49, 385 ⑤59, 181, 259, 274, 550 ⑥252, 314, 458
本出保太郎　③351
本野一郎　①300 ②336, 362, 395 ③251, 268, 270, 274, 279, 281, 282, 286, 293, 304, 310, 311, 322, 324, 328, 332, 334, 339, 341, 352, 367, 372, 375, 376, 379, 380, 381, 384, 390, 392, 398, 401, 408, 410, 411, 413, 414, 416, 419, 421, 422, 424, 431, 433, 434, 436, 440, 447, 450, 452〜454 ④10, 11, 13〜16, 25, 26, 31, 32, 41, 42, 45, 46, 48〜52, 54〜57, 62, 78, 127, 129, 140
本野　亨　③434
〔本山〕 ①77 ⑤448
本山彦一　①190 ②9, 79 ③266, 292, 461 ⑤69, 70, 77, 140 ⑥332, 385 ⑦57, 184
本山文平　④430, 439 ⑤196, 319
本山又弥　③310
百瀬玄渓　⑦193
〔森〕 ①11, 117 ③170 ⑤223, 376, 409
森　丑之助⑥261
森　義一　②246
森　喜十郎　④269
森　邦武　④144, 193, 197 ⑤16
森　賢吉　①378
森　好三　①26
森　好造　①70, 118, 134, 135, 163
森　好造　③406
森　広蔵　⑤438
森　孝三　⑤182, 279, 300, 453
森　繁夫　⑥376, 377, 380, 401, 404, 409, 424, 441, 442
森　俊六郎　④462〜464, 466, 476, 503 ⑤9, 10, 29, 106, 130, 132, 134, 155, 159, 185, 192, 198, 300
森　清一郎　①30
森　盛一郎　②114
森　清右衛門　④426, 430
森　清左衛門　⑤137
森　孝之　⑤157
森　琢磨　⑤347
森　忠蔵　④96
森　恪　③309, 310 ⑤511
森　津倫雄　⑥468

130, 160, 161, 163, 350, 352, 360, 432 ⑤15, 34, 56, 121, 139, 219, 276, 478, 501
村山熊太　②431, 477 ③52, 54
村山龍平　④487
〔室田〕　②301
室田景辰　①104, 107, 237, 315, 353 ②149, 265, 275
室田義文　①139, 155, 193 ③280, 303, 454 ④494 ⑤139, 477 ⑦185, 212, 240
室田小一郎　⑦210
室伏高信　②307, 328, 352, 464 ③168, 192, 200, 205, 212, 256, 264, 270, 295, 297, 352

め

明尾快雄　③409
明治天皇（天皇陛下, 聖上）①8, 17, 27～29, 63, 72, 133, 142, 145, 155, 158, 165, 216, 217, 223, 226, 227, 248, 290, 303, 382, 400 ②38, 115, 163, 187～190, 193, 199, 206, 214, 221～233, 261, 299, 302, 318, 319, 337, 341, 435 ③80, 94, 120, 219, 357, 393, 435 ④99, 169, 225, 245, 284, 344, 401, 424, 457, 489 ⑤59, 278, 282, 300, 304, 370, 418, 444 ⑥77, 194, 242, 259, 316, 318, 320, 327, 333, 398, 399, 422, 452, 480～482, 494, 523 ⑦57, 106, 117, 174
目賀田種太郎　①208, 238, 300, 318～321, 328, 329 ②11, 16, 53, 60, 62, 124, 131～136, 138, 141, 142, 144～146, 151, 157, 186, 215, 253, 271, 273, 275, 281, 289, 290, 291, 305, 340, 342, 391, 392, 394, 396, 408, 410, 412, 421, 454, 457, 488 ③12, 24, 57, 138, 147, 149, 178, 225, 247, 253, 273, 284, 297, 380, 386, 387, 414, 416, 420, 422 ④20, 47, 48, 108, 169 ⑤201, 274 ⑥269
銘苅正太郎　③278, 279, 290～298, 311, 312, 314 ④17, 20, 25, 29, 159～161, 163, 164, 167, 182, 183, 192～197, 212, 276, 321 ⑤24～26, 29～34, 37, 40, 41, 44, 48, 168, 171, 173, 208, 209～213, 392, 507～512 ⑥11, 29, 105～108
目良　恒　④28

も

毛利五郎　①139, 140, 148, 149, 154, 155, 164, 185, 230, 231, 240, 242, 245, 264, 276, 317, 358, 359 ③127, 130 ⑥247, 248
毛利正子　③128
毛利元忠　②155, 372
毛利元徳　②341 ③278
毛利元良　②302
最上広胖　①97, 103
最上政三　③344 ④325, 406, 495 ⑤59, 106, 183, 241, 289, 299, 343, 512, 551 ⑥12, 21, 80, 83, 220, 323, 356, 372, 458, 525 ⑦72, 173, 204
茂木総兵衛　③378, 401
茂木徳松　④125
持木壮造　④308, 397
持地ヱイ子　⑥265
持地六三郎　③420, 430 ⑤59, 74, 107, 174, 214, 240, 270, 288, 290, 304, 338, 348, 367, 437, 453, 475
持田慶助　⑦105
持田　巽　⑥31
持田常吉　⑤504 ⑦49
持田若作　①82
望月右内　①11, 45, 82 ③302
望月軍四郎　⑦178
望月慶一　①366 ③321, 333 ④49, 347, 355 ⑤550

135, 137, 161, 253 ②322 ③124, 135, 254, 259, 263, 265, 267, 277, 297, 307, 314, 315, 316, 392, 394, 396 ④18, 52, 53, 109
〔宗久〕 ①373
〔村井〕 ①81 ②463 ④246
村井吉兵衛 ①22, 25, 64, 216 ④51, 197, 335, 486 ⑤62, 91, 101, 124
村井光介 ④360
村井貞之助 ①87
村井弥吉 ②176 ③349
〔村岡〕 ①254
村岡長太郎 ⑦77
村岡初之助 ③133
村岡　豊 ⑥433
村上格一 ⑥10
村上貫一 ①153
村上喜十郎 ⑥522 ⑦187
村上恭一 ③369, 276
村上亨一 ①35
村上敬次郎 ①326 ②53, 54, 497 ③39, 42, 57, 59, 154, 383 ⑦23
村上貞次郎 ③30, 33
村上寿太郎 ③88
村上彰一 ①47 ③146
村上昌平 ③103
村上専精 ③114 ⑤218
村上太三郎 ①58〜60, 64, 81, 114, 115, 141, 143, 147, 170, 183, 203, 205, 206, 228, 242, 246, 248, 254, 278, 290, 315, 340, 344, 360, 383, 388, 391〜393 ②21, 24, 36, 45, 47, 51, 53, 57, 77, 85, 94, 105, 112, 134, 171, 186, 206, 223, 267, 276, 292, 293, 363, 366, 374, 375 ③45
村上太七郎 ①79
村上太二郎 ①167
村上唯吉 ⑤442
村上輝賢 ⑤170
村上猶太郎 ③279 ④115, 125, 132
村上雅司 ③27
村上茂助 ⑥522
村上隆逸 ②380
村上隆一 ③303
村川武也 ①375 ②93
〔村木〕 ④201
村木謙吉 ①160, 162, 326 ②23, 70, 99, 382, 496 ③98, 101, 162, 286 ⑤476, 497 ⑥320, 347, 369, 380, 386, 518
村木謙三 ⑤476
村木正憲 ③272, 330, 369
村木雅美 ③284 ④48, 430
村儀保次 ①195
村沢英助 ③297
村島常右衛門 ④81
〔村杉〕 ①110
村瀬周輔 ④71, 80
村瀬春雄 ③240
村瀬　譲 ①87, 115, 304 ②82, 255, 318
村瀬義徳 ④435, 438 ⑤477, 524 ⑥198, 224
〔村田〕 ③13
村田凱一 ④503 ⑦136
村田海石 ①64
村田昇司 ⑥486, 487
村田静一 ④393, 397, 451, 466
村田　保 ②387, 392, 394, 396, 403, 408 ③435
村田丹陵 ④355
村田豊三 ②149
〔村野〕 ①295, 384
村野山人 ①98 ⑤17
村野常右衛門 ②412, 413, 416 ③80, 320, 321, 323, 351 ④49, 68, 74 ⑥375
〔村畑〕 ①69
村松嘉兵衛 ③454
村松孝一 ①33, 35, 37, 39, 170, 191, 197, 200, 201, 208, 209, 226, 392, 393
村松恒一郎 ③264, 271, 342, 370 ④

宮下琢磨　⑦92
〔宮島〕④111
宮島　巌　①65, 66
宮島三郎　④82
宮嶋誠一郎　②27
宮嶋真之　④464 ⑤263, 363
宮嶋幹之助　⑤403
宮嶋巳之助　②203
宮嶋泰夫　③88
宮地茂平　①84
宮添　環　⑤461
〔宮田〕⑤184, 453
宮田左近　②9, 10
宮田　暢　②199
宮田光雄　③13, 229 ④62, 414 ⑤223, 275, 299, 394, 397, 403 ⑥73
宮武南海　⑥45
宮地茂秋　⑤42～44 ⑦10, 140
宮地茂春　⑥423
宮地常助　⑥351
宮都宮紫芳　③183
宮原二郎　④14
宮部　清　①333, 371 ②242, 375, 504 ③44, 48, 95, 351
三山喜三郎　③28
三山近六　②364
見山任達　④308
宮宗春三　③425, 427 ④214
宮本暁誕　⑤441
宮本源之助(宮本源之祐)　③310, 334, 337, 349, 375, 398, 407 ④63, 72, 111, 113, 124, 131 ⑤50, 131
宮本小一　③256
宮本秋四郎　④194
宮本親正　⑤76
宮本祐四郎　④170
宮森富岐雄　②35
三山元樹　⑤76
宮山剛助　③341 ④64
三吉笑吉　①153
〔三好〕②360 ④466
三好丑郎　②484, 489, 491, 495
三好海三郎　②102 ③139 ④48
三好君助　⑥118, 119
三好重道　②66, 309, 332 ②473 ③67
三好退蔵　②448
三好徳三郎　④305, 382, 443, 459, 478, 508 ⑤143, 187, 271, 331, 357, 405, 468 ⑦83, 155
三好徳松　⑤225, 228, 233, 234, 308 ⑥78 ⑦122
三好正道　③244
三和昌二郎　⑥468
三和精一　⑥359, 360
〔三輪〕①80
三輪市太郎　②280, 284, 476, 482, 503 ⑤184, 530, 549 ⑦160
三輪信太郎　③224, 225, 230, 231
三輪楢作　①14, 24, 72, 100, 112, 136
三輪田勢以子　①112
三輪田真佐子　①284 ②104, 147, 222, 487 ④47 ⑤547 ⑥346, 351
三輪田元道　①111 ③30, 182, 185, 290 ⑤396, 547 ⑥234

む

牟田口元学　①270 ③306 ④321
陸奥宗光　①140
〔武藤〕②131 ④338
武藤金吉　③381
武藤山治　③119 ⑥24
武藤恕水　③203
武藤針五郎　④288, 398, 434, 443, 455, 458, 461, 463, 505 ⑤151, 247, 264, 314, 325, 413, 456
武藤俊次　⑤379
武藤光江　⑥460
武藤盛雄　⑦188
宗像　政　③332, 353 ④20
棟居嘉久馬(棟居喜九馬)　①25, 37, 55,

南　弘　①122 ②111 ③104, 383
南　光利　②56, 64, 87, 104, 157
南　廉平　①308, 337, 343
南岩倉具威　②64, 132 ③47, 69, 104, 128, 176, 181, 273, 285, 354, 381, 444, 459, 460 ④48, 195, 196
南里俊陽　②300, 309, 310 ③140
源　象一郎　④74
嶺　八郎　⑥205, 225 ④124, 131 ⑤252, 281, 302, 306, 339, 344
峰　均　④65
峰岸慶蔵　④161
峰岸退耕　③168, 172
峰島利平　⑥535
嶺田時善　①365
箕浦勝人　②142, 253 ④321, 350 ③85, 141, 167, 169, 175, 251, 255, 404 ⑥293, 535 ⑦23, 42, 47, 91, 94
箕原貞明　②36 ③97, 100, 101, 184, 401 ④65
〔美濃部〕①14
美濃部俊吉　①303, 342 ②433, 496 ③219, 264, 265 ④499 ⑥367, 377
美濃部達吉　②185, 186
箕輪焉三郎　③336 ④379
蓑和藤治郎　④458 ⑤88, 212, 223, 247, 248
三原繁吉　④414
美馬儀一郎　③156
三巻俊夫　④307, 397 ⑤143
三巻弘義　⑤407
〔三増〕④62
〔三村〕①217
三村君平　②45, 361～363, 366 ④320
三村三平　④343, 353, 506 ⑤187, 226, 326 ⑥520
三村　周　④449
宮井誠吉　①265 ④25
宮入　②178
宮内国太郎　⑥245
〔宮尾〕⑤370
宮尾舜治　③451 ⑤526, 537 ⑥87
宮岡恒次郎　①298
宮垣矩章　⑤45 ⑥523
〔宮上〕④394
宮川四郎　①31
宮川　純　⑦25, 28, 65
宮川次郎　⑤254, 321
宮川　隆　⑥326
宮川常次郎　⑥531
宮川波衛　⑦155, 178
宮城道雄　⑤439
〔三宅〕③284 ④26, 299
三宅篤夫　⑤49, 151, 387, 504, 526 ⑥12
三宅一夫　②189
三宅驥一　⑤525
三宅高時　③322 ④354
三宅　正　⑥428
三宅藤市　④417
三宅　秀　②253, 329, 400, 454, 497 ③98, 273
三宅豹三　①269, 281 ③336, 366, 389 ④215, 425 ⑥128
三宅福馬　④62, 137 ⑤407, 450
宮坂助治郎　③23
宮崎栄治　①74, 299, 347, 348
宮崎清則　③392 ④131 ⑤281
宮崎敬介　③392, 447
宮崎宣政　③331, 349
宮廻惣太郎　③113
〔宮沢〕④383
宮沢正吉　⑥163
宮沢安太郎　③177, 254, 257, 265, 276, 281, 296, 308, 321, 334, 339, 345, 352, 354, 368, 369, 372, 375, 390, 392, 394, 396, 401, 404, 406, 409, 412, 415, 417, 418, 422, 455 ④28, 48, 71, 84, 87, 94, 101, 106, 113, 116, 274
宮地貞四郎　①55 ②368

水口兵太郎　④398
水口兵二郎　⑤62, 183, 278, 281
〔水越〕　④157, 387, 397, 447, 472, 478, 479, 506
水越幸一　⑤10, 61, 241
水越理庸　⑥181
水沢五十馬　④263～265, 269, 270, 275, 276, 316, 321, 360　⑤22, 41, 180, 453
水沢雄三九　④353
水科七三郎　⑤248
水田栄雄　⑤439
〔水谷〕　①298
水谷弓夫　⑥308
水梨岩太郎　⑥394　⑦105, 110, 235
〔水野〕　④225, 345, 422
水野勝邦　⑦53
水野健治　②18
水野末吉　⑥122
水野禎三　⑤72, 183
水野　直　②410　③383　⑤533　⑥315　⑦54
水野信吉　③412
水野梅暁　④338, 339
水野良方　③183
水野吉太郎　③327
水野錬太郎　③104, 150, 155, 169, 170, 175, 247, 284, 302, 303, 306, 307, 309, 311, 314, 315, 317, 319, 321, 323, 325～330, 332, 334, 335, 337, 338, 340～342, 344, 346, 392, 399, 404　④46, 47, 54, 57, 68, 92, 95, 97, 101, 102, 109, 112, 122, 133, 258, 283, 319, 428, 501　⑤37, 43, 46, 220, 237, 261, 315, 334, 343, 369　⑥10, 188, 468　⑦25
水間此農夫　②412
水町袈裟六　①105, 109, 278, 297　②144　④135　⑦124, 213, 215, 231
水盛佐吉　⑥465
溝部義臣　③282
溝光三郎　⑥455
三田尻松太郎　③266
三谷一二　②78, 103, 121, 122, 172, 184, 195, 197, 231, 337
三谷軌秀　③276, 305
三谷隆信　④360
味田村正次　④186
道岡秀彦　④70　⑤274　⑥124
道重信教　⑥245, 315　⑦233
三井広次郎　②338
三井三郎助　②159
三井清一郎　⑥273
三井高公　④484
三井八郎右衛門　②101　③262, 279, 306, 422, 447, 448　④262, 269, 484　⑤110
三土忠造　③294, 380　④119　⑤175, 183　⑥137, 345, 427　⑦160
光永星郎　①78　③264　④487　⑤376
三橋篤敬　④28
三橋信方　①358, 359
三穂五郎　⑤451
三本武重　①24, 209
〔三矢〕　②131　大尉
三矢宮松　③428
翠川　潔　②399
水上長次郎　⑦104
皆川四郎　①37, 43
皆川哲雄　③257, 258, 265, 273, 300, 330, 348, 366, 368, 423, 435, 438, 451, 456, 457　④25, 37, 48, 50, 62, 90, 92, 93, 106, 108, 122, 127, 161, 220, 259, 265, 342, 352, 406, 481　⑤13, 31, 49, 110, 185, 243, 260, 310, 323, 352, 354, 416, 457
皆川義勝　⑤142
〔南〕　①131　②275　④225, 299
南　源泉　③117
南　春峰　⑤123
南　新吾　④438, 443, 481　⑤53　⑦151
南　惣一郎　③322

政所重三郎　④453

み

〔三浦〕　④307, 445, 465
三浦　功　④353
三浦逸平　③308
三浦悦郎　⑤516, 519, 544 ⑥52, 205, 373 ⑦169, 220〜222
三浦覚一　④315 ⑦155
三浦覚玄　⑥269
三浦勝太郎　①26 ③182, 185, 250
三浦謹之助　①80, 87, 284, 349, 353 ②103, 342 ⑤384, 453, 456
三浦梧楼　③206, 302, 371, 412, 441 ④20, 34, 35, 38, 64, 68, 77, 85, 86, 158, 164, 218, 225, 229, 237, 266, 279, 281, 282, 284, 319, 347, 351, 358, 361, 398, 430, 432, 499 ⑤12, 14, 46, 60, 110, 112, 113, 126, 129, 135, 138, 175, 181, 203, 204, 218, 224, 231, 233, 234, 241, 243, 250, 260, 275, 294, 301, 305, 320, 342, 371, 382, 438, 454, 477, 511, 516, 530 ⑥11, 38, 52, 60, 54, 89, 123, 145, 146, 148, 211, 311, 318
三浦貞之助　②335, 351
三浦実生　⑤510, 532, 539, 541
三浦十郎　②174
三浦泰助　③27
三浦貞之助　⑤68, 78, 159, 246
三浦寅吉　⑥193
三浦松二郎　⑥150, 318
三浦万二郎　③391
三浦光治　⑥482 ⑦127
三浦　安　①177, 399
三浦義質　④156, 158
三浦鉚三郎　④258
三浦碌郎　③114, 180 ⑤195 ⑦192
三笠宮崇仁親王　③130, 131, 134, 251, 403 ④318
三上参次　③73
三上忠雄　③314
三上英雄　③170
三神敬長　④428
三木健次　②455
三木正一　③256, 257, 262, 265, 267, 268, 271, 352, 377, 378, 384, 391, 401, 412, 437 ④62
三木正太郎　④399
三木武吉　④347
三木与吉郎　③330
御木本幸吉　①52 ③357 ④70, 75, 267
御厨規三　④289, 434 ⑤152, 202, 224, 278, 338
〔三崎〕　②93
三崎　和　①130, 360
三崎和民　①278
三崎源之助　④480
三崎弘蔵　①153 ③425 ⑤63
三崎省三　⑥223, 256 ⑦25
三崎雅章　③76
三崎　康　③425
三崎康民　④361
三沢克己　⑦220〜222
三沢良一　②186
三島通陽　⑦191
三島弥太郎　①22, 218, 230, 236, 240, 243, 252, 311, 320, 321, 324, 327〜329, 390 ②11, 14, 41, 88, 114, 115, 125, 136, 139〜141, 154, 176, 190, 193, 210, 251, 254, 277, 278, 280, 283, 285, 329, 398, 408, 409, 411, 430, 431, 457, 498, 499〜501 ③47, 49, 53, 55, 59, 70, 71, 75, 77, 96, 97, 101, 135〜138, 159, 185, 223, 228, 230, 251, 252, 256, 380, 382, 383, 389, 433, 435 ④135, 191, 192, 223 ⑦192
三須精一　⑥413, 418
水尾訓和　①258, 269, 270, 275 ②299, 310, 316, 321, 432 ③89, 214
〔水川〕　④183, 186

0, 24, 26, 28, 29, 30, 32～34, 39, 49, 56, 59, 60, 61, 67, 68, 71, 80, 87, 102, 152, 164
松本高三郎　⑥256
松本幸四郎　②101 ③137
松本恒之助　①20, 24, 25, 52, 70, 79, 85, 87, 121, 160, 174, 243, 264, 277, 394 ②70, 72, 124, 145, 154, 179, 233, 250, 263, 279, 285, 371, 395, 405, 418, 476 ③161, 193, 282
松本三郎　④497
松本賛吉　⑥499
松本需一郎　①300
松本重太郎　①291 ②77, 309
松本十兵衛　④418
松本純吉　①15
松本　蔚　①26, 371
松本烝治　⑥29, 265, 467 ⑤111, 500, 531, 534, 535, 545
松本松蔵　⑥391
松本慎之助　⑤508
松本荘一郎　④230
松本外吉　①16
松本大吉　⑥109
松本　卓(松元卓)　①42, 129, 202, 267 ②113, 154, 246, 503 ③173 ⑦55, 72, 137, 147, 161
松本留吉　②436
松本成美　②408
松本　弘　④121
松本福太　②209
松本正之介(松元正之助)　①16, 23, 24, 26, 32, 40, 52, 59, 60, 69, 83, 99, 114, 121, 124, 126, 142, 149, 170, 204, 245, 332 ②74, 82, 104, 153, 155, 241, 284, 311, 317
松本誠之　②448 ③218, 289, 316, 326, 327, 334, 337, 341, 353, 374, 377, 390, 393, 397 ④8, 40, 45, 59, 98, 99, 104, 115, 119, 124, 126, 141, 150, 168, 169, 187, 189, 231, 324, 346, 356, 361, 428 ⑤15, 60, 121, 229, 283, 401, 533, 555
松本米蔵　⑤382, 450, 471, 482 ⑥8, 23, 33, 82, 87, 378, 400, 422, 430, 484, 537 ⑦10, 29, 168
松本良太郎　⑦35
松守敏夫　⑥423, 512
松山岩三郎　①168
松山幸逸　⑦69
松山捨吉　⑤75
松山忠二郎　③388
松山隆治　⑤77, 155, 196, 269
松浦　厚　②157, 193, 290 ③122, 147, 171 ④207 ⑤125 ⑥202
万里小路通房　①357 ②275
〔的野〕　②92
的場　中　①115, 117, 120, 207, 232, 233, 364
的場半介　②39
真鍋嘉一郎　⑤276, 277, 281, 282, 288～290, 292, 295, 304, 323, 339, 348, 377, 378, 386, 388, 390, 391, 393, 398, 401, 409, 429, 438, 439, 442, 452, 454, 474, 510, 515, 545, 547 ⑥27, 42, 48 ⑦112
真鍋　斌　①206 ③73, 102 ④76
真野真二　②42
馬淵鋭太郎　③367, 372 ④64 ⑤11
丸井圭治郎　④398, 420, 430 ⑤316, 321, 335
〔丸尾〕　③357
丸尾千代太郎　③308
丸田治太郎　④300, 326, 371, 372, 497
丸毛兼通　③148, 156
丸山郁之助　⑥32, 124
丸山進三郎　④98
丸山新十郎　①81
馬渡俊雄　③429
万木直次郎　⑥462

413, 416～418, 420～426, 430, 435, 436, 440～442, 444, 446, 447, 451, 452, 460, 466, 468, 475, 478, 481, 486～492, 494, 498, 500, 501, 503, 504 ③9～11, 13, 20, 21, 23, 24, 26, 30, 42, 48, 51, 53, 54, 63, 70～73, 81, 82, 84, 87～89, 96, 98, 102～104, 113, 114, 117, 125, 126, 128, 133, 134, 136, 139, 140, 144～146, 148, 152, 153, 155, 159, 162, 164, 165, 168, 173, 175, 178, 181, 184, 185, 191, 193～195, 199, 201, 206, 208, 210, 213～215, 217, 219, 220, 222, 226, 228, 230, 231, 233, 236, 237, 240, 242, 244～250, 253～257, 267, 274, 276, 278, 280, 281, 283, 286, 288～292, 296, 302, 304, 306, 309, 311, 314, 316, 320, 322, 331, 332, 334, 335, 341～343, 347, 348, 355, 361, 363, 364, 372, 374, 378, 381, 385, 386, 389, 393, 399, 401～403, 405, 417, 420, 422, 425, 432, 441, 445, 447, 448, 454, 456, 460 ④18, 24, 25, 31, 40, 41, 47, 49, 57, 58, 61, 70～74, 83, 85, 86, 94, 96, 101, 104, 106, 108, 117, 127, 130, 131, 133, 136～138, 140, 141, 142, 144, 145, 148, 149, 151, 153, 154, 157, 160～165, 166, 167, 168, 170, 174, 175, 182, 176, 185～192, 194, 197, 199, 202, 205, 207, 208, 213, 215, 217～220, 225, 228, 231, 233, 236, 238, 239, 244, 245, 248～251, 253～256, 258, 259, 262, 264, 267, 269, 271, 273, 276～279, 281, 282, 283, 284, 288, 293～295, 305, 307, 309, 311, 316, 319～324, 328, 330～332, 334, 336, 338～343, 345～352, 354, 355, 357, 358, 360, 361, 384, 400～402, 404, 406～608, 410, 412, 414, 415, 417, 418, 420, 422, 424, 426, 427, 429～432, 435, 436, 440, 443～445, 454, 479, 482, 491, 493, 495, 497, 498, 499～503, 506 ⑤8, 10, 11, 14, 15, 17, 18, 22～26, 28, 33, 34, 37, 39, 40, 42, 44, 46, 47, 49, 52, 54, 55, 58, 63, 65, 68, 92, 96, 99, 104～110, 113, 115, 121, 123～126, 129, 131, 132, 134～140, 143～145, 159, 161, 162, 166, 168, 170, 171, 173～175, 177～179, 181～184, 187, 193, 199～201, 203, 205, 211, 213, 214, 217～225, 227, 229, 231～233, 235, 237～239, 241, 242, 244, 245, 249～251, 256, 260, 261, 263, 273, 274, 276～278, 281, 283, 288～290, 293, 294, 296, 299～301, 303～308, 315, 333, 335, 338～340, 343, 345, 349, 365, 367～369, 370, 371, 372, 375～377, 380～382, 385, 386, 388, 389, 392, 393, 395, 396, 397, 400～402, 411, 415, 416, 437～439, 441, 443～445, 447, 448, 450～454, 459, 460, 462, 468, 470～473, 476～479, 482, 486, 487, 494, 496, 502, 503, 507, 509～511, 515, 517, 523, 526, 530, 531, 533, 534, 537, 539, 545, 546, 548, 549, 551, 553, 556, 557 ⑥8, 10, 11, 14, 15, 17, 21, 24, 25, 30, 32, 33, 35, 37, 43～45, 47, 49, 52～54, 55, 57, 59, 60, 63, 65, 71, 75, 80, 87, 95, 96, 98, 100, 101, 109, 112, 116, 117, 118, 120, 123, 127, 128, 131, 132, 141, 148, 149, 151, 154, 157, 162, 169, 179, 180, 193, 200, 209, 227, 243, 253, 256, 262, 267, 269, 271, 279, 282, 291, 294, 302, 315, 316, 318, 324, 326, 328, 329, 335, 341～343, 348, 350, 355, 357～359, 364, 365, 369, 372, 375, 377, 379, 380, 383, 384, 385, 388, 389, 390, 392, 394, 395, 400, 402, 407, 409, 411～413, 425, 435, 442, 444, 460, 463, 465, 467, 474, 477, 485, 489, 501, 502, 512, 527, 528, 537 ⑦2

61, 380, 382, 383, 387, 390, 393 ②29, 51, 60, 181, 498 ③39, 42, 44
松平康荘 ④484
松平頼和 ②162
松平頼寿 ②491 ③104, 105 ⑥64, 151
松永丑松 ⑤38
松中種吉 ④77
松長規一郎 ④28
松永安左衛門 ③260, 273, 341, 354, 407, 430 ④22, 51, 74, 122, 346 ⑥131, 138, 159, 208, 258, 291 ⑦164
松波仁一郎 ②234 ③249, 269, 319, 332, 400, 447, 454 ④72
松波英子 ③447
松野鶴平 ④315
松野勝義 ⑦92, 124, 130, 131
松林桂月 ⑦78, 87
松原栄之 ③271
松原　栄 ⑤73
松原恒二 ②484
〔松村〕 ④304 ⑤329, 498
松村貞明 ③273
松村純一 ⑤95, 96
松村真一郎 ③352, 458 ④350, 421
松村　伝 ⑤249
松村法吉 ⑤76
松村松年 ⑦76
松村光訓 ⑤391
松室　致 ②239 ③250, 251, 264, 323, 331, 337, 342, 344, 349, 454 ④25, 57, 95, 96, 100, 107, 130, 133, 200, 449 ⑤36, 37, 547 ⑥317 ⑦104
〔松本〕 ①76, 196 ②72, 93, 250, 257, 274, 489 ③168, 188, 451 ④365, 376, 377, 482, 499 ⑤40, 550
松本愛子 ③224
松本朝之助 ②358 ⑥442
松本永治 ④352, 440
松本栄治 ④495
松本永治 ⑤50, 157
松本閑薫 ⑤497
松本　和 ②23, 367
松本菊次郎 ①66
松本喜多 ⑥402
松本　京 ④404
松本京子 ③224
松本喬子 ⑤402 ⑥141
松本恭子 ⑤167
松本群一 ④396
松本君平 ①379 ③319 ⑤116, 304 ⑥409, 426
松本　恵 ②258, 271, 313, 315
松本敬治 ⑤508
松本源吉 ⑥501, 502⑦71, 87, 88, 135
松本源三郎 ②262
松本健次郎 ③384
松本剛吉(松元剛吉) ①11, 12, 16, 17, 19, 20, 24, 27〜29, 33, 38, 41, 42, 48〜59, 63, 66〜72, 79, 82, 85〜90, 92, 98, 99, 101〜103, 106, 109, 113〜116, 120, 123, 128〜130, 132, 134, 135, 138, 139, 142, 143, 145, 147, 149, 154, 155, 158, 159, 161, 163〜165, 167, 171, 173, 175, 178, 179, 182〜184, 186, 193, 196〜198, 200〜202, 204, 207, 214, 219, 221〜223, 227〜229, 232, 233, 237, 241, 242, 243, 246, 257, 258, 261, 264, 266, 268, 270, 271, 277, 280〜282, 291, 305, 310, 314, 317, 319, 324, 325, 332, 336, 342, 343, 349, 360, 366, 370, 381, 389, 391, 402 ②24, 29, 30, 34, 36, 37, 44, 47, 49, 62, 68, 69, 76, 78, 97〜99, 101, 105, 112, 116, 125, 129, 130, 133, 137, 140, 145, 149, 151, 158〜160, 163, 165, 167, 171〜174, 176〜178, 181, 186, 188, 189, 193, 194, 197, 200, 206, 220, 231, 234, 238, 242, 253〜255, 257, 258, 260〜262, 264, 288, 294, 300, 302, 308, 310, 311, 318, 336, 340, 345, 391, 403,

〔松木〕 ①13, 137 ④338
松木幹一郎　①13, 16, 56, 60, 135 ②16, 25, 29 ③274, 291, 307, 346, 361, 366, 373, 391, 404, 413, 414, 444, 455, 457 ④10, 58, 70, 83, 135, 284, 326, 357, 487 ⑤139, 512, 513 ⑦137, 142
松木正之介　①23
松木宗隆　①328
松倉照三郎　①302
松坂　茂　⑤259
松坂安蔵　⑦92
〔松崎〕 ⑤324
松崎寿三　⑤378
松実喜代太　③387
松沢光憲　①44
松下　清　⑦200, 220, 230
松下軍治　①141 ②161 ③113 ④191 ⑥312, 396
松下孝一　⑦198
松下鐘吉　⑥396
松下禎二　⑤135, 162, 224, 227
松下禎三　⑤222, 241, 450
松下登美　⑥312
松下牧男　①70, 186 ③325, 329 ④206 ⑤235 ⑥138
松下勇三郎　④348, 349, 403, 410, 428, 431, 484, 498 ⑤40, 105, 108, 138, 178, 181, 200, 212, 224, 276, 279, 302, 333, 344, 392, 502, 519 ⑥32, 396
松下吉郎　⑦15
松島　惇　①14, 41, 118, 135, 158～160, 169, 297 ②8, 73, 376 ③22, 23, 28, 301, 309, 330 ④200, 340, 345, 426, 501 ⑤180, 345, 439 ⑥335, 370 ⑦186
松島一郎　③340
松島　孝　④165, 239 ⑤52, 109, 547 ⑥187, 247, 254
松島　肇　③355
松代松之助　⑥187, 248
松城二威　④324
〔松田〕 ①266, 270 ②13, 251 ④480, 499 ⑤199, 201, 226, 232, 465
松田一道　③57
松田栄助　⑥451, 467
松田栄亮　③277
松田健治　⑦111
松田源治　②151 ⑤381 ⑦77, 78, 111, 208, 214, 241
松田三徳　④85, 167, 189, 194, 240, 244, 275, 285, 310, 316, 328, 341, 400, 402, 407, 408, 428, 479, 489 ⑤17, 50, 65, 105, 108, 121, 140, 182, 223, 231, 232, 237, 243, 249, 251, 257, 265, 266, 269, 270, 272, 276～278, 280, 283, 284, 287, 289, 291, 293～296, 298～303, 305～308, 322, 343, 345, 349, 351, 355, 360, 364, 365, 375, 379, 382～384, 387, 389, 392, 395, 402, 405, 425, 432, 435, 439, 441, 442, 448, 450～452, 454, 463, 464, 472, 496, 554, 556 ⑥30, 51, 108, 118, 522 ⑦43
松田承久　⑦145
松田四郎　①68
松田富雄　⑤289
松田正久　①9, 38, 104, 160 ②138, 142, 268, 271, 279, 281, 404, 405
松田義雄　②382 ③183, 210
松田義政　⑦69, 219
松平容大　①353
松平勢津子　⑥502
松平親信　②290, 296, 503
松平恒雄　⑤505 ⑥499 ⑦191
松平直次郎　②181, 182
松平直徳　②346
松平直平　③271 ④10
松平直之　③104, 105, 175
松平正直　①24, 149, 171, 175, 177, 221, 223, 227, 229, 231, 234, 238, 240, 243～245, 247, 261, 275, 280, 336, 354, 3

松浦和作　④364
松浦鎮次郎　③331 ⑥25
松浦泰次郎　⑦84, 134
松浦由太郎　⑥452
松浦与三郎　③319, 352, 412 ④51, 166, 343
松江武二郎　①69
松江春江　④452
〔松尾〕 ①342〜344 ③209, 347, 352, 353, 389
松尾円治　⑥354
松尾音次郎　②359
松尾寛吾　⑤303
松尾寛二　①11, 13, 14, 70, 71, 113, 121, 137 ②39
松尾寛三　①68, 72, 77, 80, 93, 172, 312〜314, 323, 335, 338, 364, 365, 378, 384, 390, 400 ②9, 15, 16, 26, 34, 58, 59, 62, 101, 107, 156, 159, 178, 185, 202, 263, 269, 274, 285, 287, 289, 320〜322, 324, 328, 331, 333, 357, 436, 442, 445, 446, 448, 460, 467, 468, 469, 491 ③148, 168, 194, 242, 245, 247, 274, 280, 302, 313, 331, 349, 410, 416 ④42, 58, 140, 181, 197, 255, 409, 430, 500 ⑤38, 65, 136, 213, 264, 280
松尾恒四郎　⑤145
松尾臣善　②157, 160, 169, 222, 229, 317 ③191 ④151
松尾主記　①338
松尾四郎　①318
松尾玉子　③311
松尾広吉　②101, 445, 446, 467〜469
松尾　寛　⑤303
松尾秀子　⑥101
松尾義夫　⑥338, 537
松尾良吉　②184
〔松岡〕 ④499
松岡静雄　④428, 482 ⑤259
松岡俊三　③313
松岡道軌(範宗)　④155, 157, 222 ⑤63, 219, 228, 510
松岡富雄　④282, 348, 397, 423, 477, 506 ⑤68, 92, 94, 105, 121, 127, 132, 157, 179, 241, 254, 257, 275, 303, 335, 363, 456
松岡正男　③258 ⑤109
松岡光子　②499
松岡康毅　①9 ②405, 408, 499 ③20, 383 ⑤546
松岡洋右　④67 ⑦62
松風嘉定　⑤502
松方　巌　②32, 35, 223, 346, 367 ③333, 340 ⑤307
松方乙彦　②35
松方金次郎　①53
松方正作　②289, 314, 367, 381, 383〜385, 423, 425〜429, 434, 447, 448, 466, 467, 469, 470, 471, 473, 480, 482, 487〜489, 491, 496, 502, 503 ③112, 183, 184, 186, 193, 373 ④255, 258, 261, 263
松方正熊　④322, 354, 415, 432 ⑤144, 147, 148, 334, 362, 466
松方正義　①33, 53, 84, 92, 101, 122, 129, 133, 148, 284, 348, 349, 372, 391, 395 ②46, 61, 70, 75, 150, 192, 235〜237, 239, 248, 381, 382, 414, 416〜419, 442, 443, 494 ③72, 179, 201, 212, 221, 241, 248, 351, 255, 285, 352, 369, 373, 460 ④56, 91, 127, 132, 134, 177, 178, 448, 483, 498 ⑤26, 28, 33, 55, 56, 108, 192, 203, 204, 262, 275, 281, 288, 290, 293, 294, 305, 307, 375, 376, 380, 382, 384, 398, 430, 432, 441, 451, 454, 466, 507, 556 ⑥8, 10, 11, 26, 44, 69, 70, 72, 98
松上安次　③48
松川曽右衛門　③166
松川俊治　⑥49, 50

②42 ⑥157, 170, 174, 330, 363, 415 ⑦136
増島葦沙子　⑥171, 256 ⑦13
〔益田〕 ①16, 18, 263
益田　孝　②40, 43, 49, 64, 74, 125, 209, 216 ③303, 306, 313, 314, 319, 326, 329, 418 ④74, 181, 268
益田信世　④181
益田元亮　⑥180
〔増田〕 ①137 ③305
増田義一　①20
増田熊六　④195
増田小三郎　①137
増田　知　①381 ②24
増田治作　③27, 30
増田穣三　③332, 338 ⑦115
増田次郎　①177 ②471, 475, 477, 478, 481 ③254, 256 ⑥351
増田進一　②158, 440
増田信一　②435
増田高頼　④293, 321
増田知蔵　①381
増田秀吉　④360 ⑤248
増田　碩　①216
増田正穂　⑥385
増田礼作　①176, 326 ③448
増谷新三　①190 ②440, 454 ⑤208
升巴陸猷　③256
増永吉次郎　⑤313
増野周万　⑤250
枡本卯平　⑤524
増本敏三郎　③417
枡谷音三　⑤502
増山忠次　②40
間瀬秀治　①23, 94
股野　琢　④218
松浦泰次郎　④347
町田清子　⑦166
町田経宇　⑤277 ⑥183, 186, 187, 201, 241, 254, 284, 330, 460, 465, 476, 492, 507, 509, 520, 539 ⑦51, 82, 128
町田敬二　⑥214 ⑦56
町田厚備　②428
町田実雄　⑥174, 181, 233, 234, 236, 237, 238
町田重備　①87, 366 ②82, 103, 302 ③391 ④98, 137, 407 ⑤61, 138, 211
町田襄治　⑥335, 357, 367, 378, 383, 386, 415, 485, 487, 493, 494, 498, 507, 513, 515, 516, 518, 523, 526, 530, 531, 532, 534, 535 ⑦10, 12, 14, 22, 23, 36, 37, 43, 49～52, 56, 58, 77, 79, 82, 88, 94, 99, 103, 118, 120, 128, 135, 140, 163, 166, 172, 210, 229, 232
町田忠治　②104 ⑦157, 161
町田常雄　②102
町田ハナ　⑥215
町田秀雄　⑥190, 197
〔松井〕 ③428
松井慶一　⑥15, 156
松井慶四郎　③436 ⑥10, 163
松井拳堂　⑦228
松井幸蔵　④77, 82, 97, 325
松井里久　④127
松井　茂　③364, 365, 367, 372
松井甚四郎　④124
松井多作　⑦142, 164
松井敏之　③187
松井春生　⑤457
松井久男　③458
松井弘義　①35
松井文次郎　③313
松井文太郎　③312, 314, 326, 328, 353, 354 ④23, 44, 137 ⑤513
松井松子　⑦164
松井　盈　③187
松家徳二　③324, 339
松内良治　①134 ③110
松浦孝治　②384
松浦五兵衛　⑤518

144, 146, 411 ④204 ⑤124
前田又吉　②253, 264, 275 ③34, 85, 127, 133, 137, 141, 152, 177, 206, 334, 456
前田米蔵　③281, 346 ⑤235, 301, 374
前野助市　①101
前野保定　①150
〔前原〕 ①104
前原助一　①105
前原助市　⑥175
前原富義　⑤77
真壁忠三郎　④230 ⑤334, 336
牧　悦三　⑤391
槇　哲　④295, 340, 356, 392, 483 ⑤352
槇　哲二　⑥291
真木勝太　⑦36, 152
真木真義　③322
牧田　環　⑤371, 376, 438
牧野菊之助　⑦43, 103, 192, 232
牧野国芳　④383, 453 ⑤336, 344, 370, 441
牧野耕造　①108, 358
牧野貞亮　⑤440, 443
牧野弼茂　③427
牧野忠篤　①79, , 240, 243, 244, 266, 327 ②58, 88, 139, 172, 297, 329, 385, 386, 393, 396～398, 400, 410, 457 ③40, 55, 56, 96, 147, 150, 154, 156, 172, 175, 383, 427 ④326 ⑤247
牧野輝智　⑤499
牧野豊次郎　⑦235, 237
牧野伸顕　①9, 23, 24, 37～39, 64, 85, 89, 216, 218, 223, 237, 278, 283, 347, 350, 361, 369 ②56, 138, 139, 177, 208, 209, 223, 267, 277, 289, 290, 305, 331, 363, 387, 399, 403, 431, 475, 501 ③123, 192, 207, 210, 216, 411, 430, 458 ④10, 93, 94, 139, 151, 159, 162, 260, 268, 275 ⑤54, 61, 136, 137, 179, 181～183, 243, 275, 280, 287, 288, 290, 292, 293, 316, 344, 368, 372, 378, 380, 382～384, 402, 411, 416, 418, 420, 424～426, 429, 431, 432, 440, 442, 443, 453, 484, 498, 555 ⑥11, 127, 136, 153, 156, 196, 348, 472, 473, 510, 516 ⑦34, 75, 76, 213
牧野伸通　③458
牧野彦太郎　③305, 309, 325, 327, 329, 336, 339 ④84 ⑥161, 472, 473, 516 ⑦50
牧野宝一　③344
牧野行雄　⑤387
牧山清砂　⑤334, 466
馬越恭平　①60, 71, 117, 121, 122, 127, 128, 228, 246 ②32, 97, 104, 108, 138, 145, 479 ③306 ④91, 262, 321, 331, 333 ⑤134, 220, 276, 294, 505 ⑦184
馬越徳太郎　②479
馬越利夫　①84
政尾藤吉　③344 ④327
正垣人二　⑥343
正木吉右エ門　⑦77, 85
正木寿郎　⑤180
正木照蔵　③383, 434, 444 ④15, 22, 35, 40, 55 ⑤549
正木清一郎　③377
正木虎蔵　⑤163
真崎領一　⑤75
正村達次　②218
政安三作　⑤544
益子逞輔　④57, 403, 447 ⑤56, 183, 333 ⑦172, 179, 183, 226
馬島　渡　②98
増井潤一郎　⑥456, 499 ⑦175
増形監物　⑦178
〔増沢〕 ②214
増島六一郎　①99, 100, 102～105, 107, 114, 117, 118, 125, 126, 133, 134, 163

本郷信夫　②212
本郷房太郎　②74 ③119, 190, 192, 280, 296, 306, 307, 396, 401, 404 ④35, 157, 160, 161, 182, 242, 263, 265, 268, 353, 416, 429, 499, 500 ⑤23, 46, 56, 114, 120, 139, 177, 227, 367, 389 ⑥146, 181, 513 ⑦146, 157, 161
〔本庄〕 ①110 ②107 ③183
本庄兼則　⑦163, 179, 185, 191, 192
本庄京三郎　⑥199
本庄久兵衛　①153 ④184
本庄　繁　②336 ④10 ⑥20, 99
本庄甚治　①25
本庄忠作　①121
本庄忠治　①103, 131, 185, 268, 308, 364 ②171 ③397 ④14, 184 ⑤170, 478 ⑦64, 152
本庄弁次　⑥510
本城清彦　②121
本城靖彦　①185
〔本田〕 ②57 ⑤398
本田周作　①82
本田仙太郎　⑤535 ⑥376
本田親清　③457
本田親済　①247 ②33, 69, 82, 270, 399
本田親雄　③281
本田恒之　⑤22
本田正隆　⑦231
〔本多〕 ④441
本多熊太郎　⑥261 ⑦145
本多貞次郎　③325
本多始次郎　④420
本多為三郎　①154, 380 ②34, 86, 129, 152, 300, 316, 317, 334, 335, 336, 338, 345, 355, 357, 358, 361, 372, 478, 504 ③27, 30, 40, 56, 76, 78, 79, 198, 202, 224 ④98, 161, 188, 237, 248, 255, 258, 261 ⑤34, 39, 388, 392 ⑥253, 254, 256, 292, 332, 358, 361, 469, 472, 480, 482, 484, 485, 498 ⑦18, 60, 147
本多為蔵　②276 ⑥391
本多貞二　①120
本多政以　②73, 131, 139, 142, 250, 260, 402 ③39, 139, 266
本多政材　⑥465
本多理三郎　⑤343
〔本間〕 ④446, 454, 467, 503 ⑤482
本間善庫(本間善庸)　⑤150, 451
本間為次郎　②188, 305
本間徳次郎　②417
本間靖也　⑦219, 235

ま
前角茂十郎　②30
前川虎造　④21, 62
前川万吉　①379 ②91, 302 ③46
前沢長次)郎　⑤114, 123
〔前嶋〕 ①68
前島　密　①249, 258, 326 ④212, 218
前島　寛　⑤312
〔前田〕 ①20
前田月明　④62, 63
前田顕一郎　④45
前田浩平　⑥265
前田繁一　④428～430, 481, 488, 492, 495, 499 ⑤13, 56, 552
前田滋樹　②46
前田青莎　③285
前田利男　⑤175
前田利一　②54 ②175, 329, 392, 393, 396, 397, 400, 410 ③104, 155, 162, 163, 197, 382, 383 ④54, 90, 96, 98, 423 ⑤24, 41, 262, 338, 354, 394
前田利定　⑥10, 12, 28
前田利為　③349, 353 ⑥136, 153, 176, 273, 278, 374
前田秀夫　④25
前田文吉　②486, 488, 498
前田正名　①330, 338, 342 ②23, 26,

54, 269, 272, 327
細見啓太郎　②438
細美源太郎　②150
細谷源四郎　⑤254
細谷巖太郎　②372, 400
細見菊吉　⑥404
〔堀田〕 ①292
堀田 鼎　⑦199, 201
堀田義次郎　⑤437, 469, 470
堀田富貴　⑦197
堀田正恒　⑥176, 179, 181, 357
堀田正養　①173, 227, 247, 348 ②45
堀田正由　①301
堀田　貢　④58, 80, 135
堀田元次郎　③412 ⑥515
穂積重威　②225, 234
穂積陳重　②234 ③117, 413, 456 ⑤24, 175, 200, 375, 544 ⑥153, 252
穂積八束　②12, 16, 24, 26, 34, 76, 96, 115, 138, 146, 149, 151, 197, 200, 203, 206, 213, 214, 225
甫野丈吉　①79
〔堀〕 ①9, 59, 250, 251
堀　啓次郎　③308, 373, 409, 422, 425, 450 ④37, 54, 135, 339, 495, 501 ⑤105, 339, 366 ⑥183 ⑦219
堀　三太郎　②30, 134
堀　三之助　⑤205
堀　駿次郎　⑤90
堀　真五郎　②349
堀　孝　⑦53
堀　貞　①13, 14, 37～39, 42, 45, 51, 55, 56, 58, 61, 80, 88, 120, 143, 177 ②83, 178, 181, 363 ③124, 273, 310, 405 ④113, 114, 346 ⑤525, 526 ⑥373, 465
堀　虎次郎　⑥222
堀　昇　①9
堀　正一　③104
堀　基　②159
堀　幸寿　⑤376 ⑥55
保利　茂　⑦205
堀家虎造　③270, 313, 316, 323, 355, 389
〔堀内〕 ④157, 182, 298, 302, 392, 444, 448, 473, 478 ⑤143
堀内明三郎　④431
堀内和子　②130
堀内三郎　④304 ⑤15, 23, 40, 65, 177, 296
堀内次雄　⑤9, 172, 186, 260
堀内鶴雄　④57, 60～62, 67, 74, 75, 89
堀内廣助　④423
堀内文次郎　②483 ③219 ④501 ⑤448 ⑥146
堀内良平　①330
堀江景之　⑦109
堀江源吉　⑥127
堀江源吾　⑤38
堀江秀雄　③460 ④9
〔堀尾〕 ⑤69
堀尾茂助　③354
堀川長兵衛　④28
堀川直吉　③147, 157
堀川万次　⑤40, 43 ⑥315, 356, 401, 412, 483, 510, 512 ⑦28, 131
堀川万助　⑥129
堀川護麿(堀河護麿)　③156, 169, 175
堀口栄吉　②145, 179
堀口季雄　⑥524
堀越源次郎　②131
堀米豊治　③57, 60
〔堀之内〕 ④109
堀部善兵衛　③348
本阿弥成善　①159
本阿弥吉賢　①187
〔本郷〕 ①226, 241 ②36, 131, 212, 428 ④343
本郷伝次郎　③354
本郷貫之助　②74, 75

古河虎之助　①219 ②101
古川久吉　①144 ③63
〔古木〕 ①208
古木章光　⑤193, 405, 406, 408, 409, 467
古倉季夫　⑥30
古倉仙吉　⑥30
〔古沢〕 ②131 ④383, 396
古沢懿人　②140
古沢　滋　①210, 215, 222, 227, 291, 303, 310, 313, 348, 368, 369, 372, 383, 400 ②12, 16, 59, 113〜115, 159
古沢憲介　④397
古沢丈作　③231
古沢篋三郎　②127〜129, 131, 133, 272, 322, 504 ③8, 10, 12, 87 ④404 ⑤138, 482, 543
古沢満津子　②159
古荘嘉門　③53
古原美雅　⑥537, 538
古谷久綱　④17, 186
古山栄三郎　⑤23, 248, 388
古山又三郎　①43 ③331, 349

へ

別府総太郎　④136
別府良三　⑤455

ほ

法貴顕貞　⑦239, 242
北条氏輝　④69
北條時敬　②364
宝性確成　③256, 456
坊城俊良　⑤344
法水了禅　⑥469
星　信吉　③146
星　亨　①92, 113 ②180, 208, 309 ⑤505
星　一　⑥148, 212 ④309, 328, 340, 360, 413, 414, 422, 427, 430, 484, 493, 497, 499, 500 ⑤12, 38, 51, 59, 65, 105, 122, 126, 139, 169, 183, 227, 232, 295, 366, 472, 497
星　兵衛　④354
星谷辰男　⑦46, 49
星野桂吾　⑥8
星野光三　③401
星野　錫　②212, 436, 445, 446, 467 ⑤511
星野佐昭　③380
星野知常　⑦128, 131
星野半六　⑥364, 369 ②59, 339 ③435 ④127
星野勉三　②59, 62, 96, 339
星野政敏　④477 ⑤158, 329, 338
細井　肇　②391 ③400
細貝啓太郎　②288
〔細川〕 ⑥312, 315, 316, 317, 322, 324, 325, 326, 378, 380, 393, 396, 401, 431, 444, 456, 459, 489, 502〜504 ⑦11, 17, 23, 52, 54, 91, 108, 126, 157, 174, 184, 188, 207, 210
細川潤次郎　①258
細川風谷　②150, 158, 372 ③45
細川護成　②462, 465, 477
細川護立　②477 ③21 ⑤125, 128
細川　瀏　④409
細川八太郎　⑥206, 208, 328, 339, 344, 345, 379, 414, 417, 431, 452 ⑦94
〔細田〕 ⑥146, 201, 202, 312, 358
細越政夫　⑦221, 222
細田冉三　⑤476 ⑥35, 224, 350, 394, 395, 414 ⑦10, 21, 41, 64
細沼　秀　⑦221
〔細野〕 ①196, 279 ③128
細野繁勝　③84, 313 ④424, 431, 495 ⑤277, 338, 476, 504, 546
細野伝次郎（細野伝二郎） ①176, 179, 181, 186, 187, 189, 193, 199, 200, 204, 208, 209, 219, 229, 231, 234, 243, 2

藤本政之助　①314
藤本壽雄　①264
藤盛信次郎　⑥524
〔藤山〕　②233
藤山安次　④43
藤山雷太　①67, 190, 296, 350　②446, 467　③52, 276, 305, 311, 322, 330, 391, 406, 418, 432, 436　④137, 141, 324, 498　⑤40, 48, 108, 116, 237, 386, 511, 513, 514, 519, 522, 525, 526　⑥58, 61, 68, 88, 109, 113, 129, 284, 442, 466, 475, 528, 530　⑦39, 206
藤渡儀一郎　⑤463
藤原伊三郎　⑥122
藤原亥夫　④50
藤原喜一　④241
藤原銀次郎　③405　④128　⑤489, 497, 526
藤原重夫　④120　②171
藤原誠一　⑥455
藤原義之　②242, 265, 266
伏野貞吉　⑥275
伏野義雄　④13
二方芳松　②234, 237
二神駿吉　④315
二上兵治　③269, 392, 414　④33, 417, 421　⑤397, 494, 502　⑥255, 305, 319, 413, 417, 427, 474, 477, 486, 487, 515, 536　⑦146, 193, 194, 195, 197, 215, 216, 218, 223, 226, 227, 229, 241
双川喜一　⑥353
二木保幾　③126, 141, 153, 161, 177, 183
二股卓爾　⑤89
二荒芳徳　⑤263, 267, 268, 276, 509
〔船川〕　⑥146
〔船木〕　③112
鮒岸　梅　①122
船越楫四郎　④309, 323, 441, 443, 444
船越隆義　①381
船越　衛　①177, 223, 227, 229, 231, 234, 238, 243～245, 247, 258, 261, 275, 279, 281, 291, 297, 303, 316～323, 326, 329, 336, 353～355, 370, 372, 381～383, 387, 390, 392, 393　②11, 12, 16, 29, 43, 62, 89, 154, 169, 288, 372, 374, 497
船越光之丞　③71, 92, 168, 180, 191, 329, 337, 347　④33, 113, 122, 166, 337, 347, 360　⑤50, 206, 239, 276, 498, 554　⑥178
船越雄尾　⑥474
船田　中　⑤374
舟津敬太郎　①136
船水武五郎　①379, 380
布野万長　①134, 256～258　④323, 424, 456
富美宮允子内親王　①343
経島　崇　③192, 199, 211, 300, 338　④215
降矢　寿　⑥519
古池聿三　②179
〔古市〕　①292
古市干次　⑤445
古市公威　①10, 16, 18, 20, 21, 91, 115, 118, 119, 132, 133, 208, 234, 253, 265, 292, 317, 348, 400　②16, 47, 60, 62, 71, 74, 75, 101, 124, 128, 140～142, 146, 147, 163, 253, 267, 290, 294, 296, 395, 400, 402, 407, 490　③18, 94, 110, 128, 153, 181, 266　④325　⑤59　⑥129, 153　⑦197
古市昇吉　①118, 119
〔古川〕　①207, 248, 258, 332　③166　⑤64
古川　清　③343, 351, 353, 384　④341
古川孝七　①254, 378
古川孝介　①252
古川阪次郎　②138　③55
古川庄八　②138

459 ④74, 76, 161, 222, 265, 275, 420 ⑤225
藤岡市助 ①283 ③270, 271 ④30, 31
藤岡圭助 ④30
藤岡好春 ②131
藤岡好古 ②131
〔藤川〕 ①304
藤川　年 ④484
藤川利三郎 ⑤505
藤崎三郎助 ②274
藤崎済之助 ⑤150
〔藤沢〕 ①278 ②289
藤沢　東 ⑥135
藤沢幾之輔 ⑥270, 284, 458
藤沢静象 ②34
藤沢宅雄 ⑤393, 439
藤沢利喜太郎 ⑥338
藤島範平 ④28, 74
〔藤庄〕 ①138
藤代三九三 ⑤257
藤代徳次郎 ①209
藤瀬政次郎 ③381 ⑤16 ⑥312
〔藤田〕 ①13, 137 ④499 ⑤472
藤田栄介 ④364, 365, 380, 381, 443 ⑤76, 355, 475 ⑥208, 209 ⑦188
藤田謙一 ⑤24, 505
藤田剣吾 ⑤544
藤田四郎 ①269, 363, 371 ②289, 356, 384, 469, 488 ③69, 75, 148, 164, 242, 284, 314 ④26, 48, 261, 265, 337, 421, 495 ⑤33, 38, 40, 41, 50, 56, 377, 551
藤田忠四郎 ④406 ⑤275, 278, 334 ⑥117, 378
藤田経孝 ③417
藤田彲力 ①102, 214, 321 ②66
藤田伝三郎 ②154, 155 ③364 ④168, 201, 229, 234, 264
藤田東湖 ⑦112
藤田尚徳 ⑤95
藤田秀寿 ①281, 335, 380 ②108, 344
藤田平太郎 ①134, 249 ②79 ③258, 275, 344, 383 ④143, 145, 148, 150, 152, 158, 164, 318, 319, 337, 344 ⑤446 ⑥136 ⑦194
藤田政輔 ⑦87
藤田胸太郎 ③338, 340, 341, 343, 349
〔藤波〕 ⑤312
藤波言忠 ②29 ④179 ⑤125
藤波茂時 ④144, 182 ⑤109
〔藤沼〕 ⑤11
藤野至人 ②460 ③154, 177
藤野正年 ③424
藤野　幹 ④485
藤平寛道 ⑥25, 67
伏見宮貞愛親王 ①85, 184, 332 ②153, 191, 207, 239, 419 ③114, 251, 285, 377, 460 ④8, 49, 61, 308, 318, 416 ⑤375, 377, 379, 555 ⑥396
伏見宮博恭王 ⑤533 ⑦10, 58, 77, 126, 140
伏見宮博義王 ⑤418～421, 423～427, 429
伏見宮博英王 ⑥289, 294
伏見知子女王 ⑥129
藤村重道 ⑤519
藤邨密憧 ②404, 413 ③276 ④96, 416 ⑥14
藤村武一 ⑦91
藤村義苗 ⑤518
藤村義朗 ④51, 76 ⑤17, 50, 548, 554 ⑥10, 355
藤邨武一 ⑥510
〔藤本〕 ①80
藤本　薫 ③193
藤本閑作 ④105, 111
藤本槌重 ⑥459
藤本照吉 ④168
藤本照玄 ④63, 64, 203, 285 ⑤56, 92, 394, 396 ⑥156, 492 ⑦164

9, 431, 435, 455～457, 460, 461, 464, 465, 467, 468, 473, 476, 486, 490, 500, 535, 554, 557 ⑥11, 13, 86, 87, 94, 113, 119, 186, 292 ⑦50, 178, 179
福田正俊　③79
福田　豊　⑤338, 348
〔福地〕 ①164
福地載五郎　④425, 428
福地文一郎　④28
福留喜之助　⑤233 ⑥182
福永吉之助　②402
福原有信　①120, 121, 127, 190, 205, 256, 257, 296, 333, 350
福原　元　④489 ⑤62, 106, 173, 228, 300
福原謙七　①83, 288 ②441 ③331 ⑤446, 447, 459, 461 ⑥21, 79, 82, 85, 90
福原俊丸　②194, 247, 257, 301, 306, 379, 380, 382, 388, 404, 407, 460, 486, 497 ③10, 82, 123, 141, 158, 194, 208, 215, 263, 281, 282, 354, 410 ④105, 163, 168, 169, 171, 181, 182, 186, 204, 345, 421, 429, 494, 499 ⑤50, 111, 125, 126, 139, 169, 206, 210, 281, 305, 333, 490 ⑦131
福原芳次　③415
福間甲松　①329, 344 ②82 ③259, 264, 277, 278 ④43, 84, 136
福間豊吉　④326, 332
福光繁太郎　⑥401, 430
福本　誠　③394 ④128, 185
福与平三郎　④356, 379, 385, 387, 435, 441, 448, 504, 505 ⑤42, 70, 73, 77, 78, 195, 196, 251, 252
福良茂雄　④82
福良虎雄　③279, 297, 368, 391, 402, 418 ④45, 62, 103, 106, 108, 114, 118, 126, 130, 156, 158, 268 ⑤244, 411, 412 ⑥222
藤　金作　②18
藤　利�　⑤315, 328
藤　正言　①267
藤　正純　③454
藤　正路　①267
〔藤井〕 ①176 ④296
藤井愛次郎　⑥26
藤井包総　①247, 329, 354 ②497, 498 ③42, 176 ④138, 141, 143
藤井啓之助　⑤76, 257, 259, 261, 331
藤井茂太　①85
藤井庄之助　⑤408, 435
藤井慎二　⑤411
藤井精次　⑤292
藤井節太郎　⑥411, 412 ⑦28, 52, 55, 163, 193
藤井千代雄　②411, 498
藤井　貞　⑥178, 194, 387, 389
藤井直喜　⑤146 ④380 ⑥395, 418
藤井直善　⑥445
藤井富士太郎　⑥512, 515
藤井光五郎　②394
藤井鳳龍　①279
藤井恭敬　④447
〔藤江〕 ②40
藤江章夫(藤江彰夫)　①55～57, 77, 106, 137, 149～151, 153, 166, 186, 190, 191, 193, 196, 205, 206, 210, 214, 219, 220, 233, 235, 252～255, 261, 272, 276, 278, 279, 282, 287, 288, 291, 292, 295, 300, 318～320, 330, 332, 333, 340, 349, 350, 352, 362, 370, 371, 374, 377～379, 388, 397 ②10, 26, 27, 38, 41, 56, 78, 105 ④73, 144, 161, 167, 180, 181, 193, 209, 228～230, 490 ⑤29, 44, 65, 244, 349 ⑥526
藤江周輔　②27
藤江章吉　①232
藤江正治　⑦43, 66, 68
藤枝雅之　②55, 60 ④328 ⑤438, 477
藤大路親春　②64 ③176, 181, 209, 285,

広田　保　③14 ④52, 140
広田久次郎　③14
広田弁太郎　⑦105, 108
広田理太郎　⑥315
広橋賢光　①21, 25, 48
広幡忠隆　③394 ④96, 137
広幡忠康　⑥53
広原亀之助　③315
〔広部〕 ③290
広松良臣　⑥258
広海二三郎　①24
樋渡彦九郎　⑤281

ふ
深井三二　⑥483 ⑦214
深江基太郎　①72, 305 ②62
深尾隆太郎　④50
深川繁治　⑤75, 78, 228, 373 ⑥162
深口基太郎　①134
深沢鑑一郎　③335
深津金五郎　②305
深野一三　②374, 375 ④83
深野金市郎　②303
深野憲一　⑦223
深野半蔵　⑦223
深町錬太郎　①62
深見栄子　⑦116, 186
深見寅之助　⑤534
深見尚行　⑦119
〔福井〕 ②131
福井乙丸　④392
福井菊三郎　②373 ④141
福井菊二郎　④269
福井菊太郎　③305 ④324 ⑤40
福井邦蔵　⑤247
福井準造　②281
福井精三　②180
福井発太郎　②180
福井茂兵衛　③94
福井義夫　⑤445, 446
福岡作兵衛　③109
福岡孝悌　④192
福岡利三　⑥213
福垣　薫　③116
福川忠平　③345, 440
福崎清太郎　①293
福迫忠亮　④360, 380, 398, 461 ⑤72, 180, 182, 247
〔福沢〕 ①292
福沢駒吉　④15
福沢捨次郎　②314 ③390
福沢桃介　①178 ③256, 279, 292, 314, 335, 337, 340, 355, 364, 396, 408, 417, 420, 431 ④15, 85, 131, 132, 344, 418 ⑤12, 44, 501 ⑥142, 174, 182
〔福島〕 ①59 ②496 ④26
福島宜三(福島宣三) ①8, 9, 11～13, 62, 334 ②352, 360, 437, 440, 484 ⑥334
福島謙七　①17
福島潤太郎　④87
福島八郎　③265
福島保三郎　②147
福島安正　④187
〔福田〕 ①331 ④322, 332, 335, 355, 356, 420, 424
福田純一　①161 ②180, 298, 333, 460 ③90, 307 ⑤50
福田辰五郎　③346 ④16, 104, 106
福田徳太郎　⑥495
福田久松　①48, 68 ②352
福田雅太郎　⑤7, 43, 47, 56, 59, 73, 91～94, 96～98, 100, 141, 142, 147, 148, 150, 154, 156, 160, 162, 168, 170, 171, 182, 186, 190～192, 194, 196, 198, 239, 249, 250, 253, 255～257, 260, 261, 263～265, 271, 309～311, 316, 319, 321～324, 339, 342, 351～353, 355～357, 360～365, 404, 407, 411, 412, 416～418, 420, 421, 424～426, 42

4, 372, 382, 413, 417～420, 437, 454, 464, 488 ③36, 69, 94, 111, 112, 114, 134, 137, 148, 151, 153, 156, 157, 159, 160, 179, 213, 249, 250, 253, 273, 307, 339, 392, 401, 456 ④48, 79, 121, 128, 162, 169, 177, 179, 195, 201, 234, 264, 266 ⑤43, 116, 180, 233, 374, 450 ⑥17, 127, 163 ⑦101, 233
平山　泰　②23, 339, 384
平山洋三郎　⑦233
〔蛭川〕　①277～282
蛭沢喜三郎　③353
蛭田岱次郎　⑥391
弘　道輔　⑤69, 75
〔広井〕　①16, 18
広石貞二　③425
広内繁光　①391 ④265
広内繁吉　①126 ②120, 153, 155 ③118 ④272, 277, 335, 337 ⑤182 ⑦69, 127, 129
広内　武　③82 ⑤182
廣内黙咲　①97, 98
広江万次郎　⑤76
〔広岡〕　④499
広岡宇一郎　③400 ④34, 40, 49
広岡卯一郎　④62 ⑥458
弘岡幸作　⑤180
〔広沢〕　①292
広沢金次郎　②33, 199 ③105, 111, 135 ⑥535
広沢範敏　②179
〔広瀬〕　②129, 477 ③108
広瀬宰平　②393
広瀬三郎　⑥422 ⑦222
広瀬小照(広瀬小輝)　①50, 125, 163, 230, 231, 270, 280, 344 ②286 ③218 ⑤59, 346, 439, 473 ⑥260, 303, 412, 468, 490, 503 ⑦17, 36, 85, 118, 137, 138, 144, 147, 192, 194
広瀬昌三　①12, 16, 36, 53, 63, 69, 86, 90～92, 95, 96, 103, 110, 111, 115, 118, 119, 125, 128, 132, 138, 147, 149～154, 162, 178, 194, 195, 221, 235, 241, 245, 256, 272, 279, 289, 290, 296, 299, 302～304, 308, 314, 321, 328, 333, 337, 342, 343, 350, 365, 402 ②83, 95, 98～100, 115, 120, 127, 130, 202, 272, 286, 350, 358～360, 366, 382, 411, 430, 453, 476 ③8, 29, 61, 90, 191, 246, 278, 300, 407 ④88, 127, 136, 139, 146, 154, 166, 167, 273, 319, 357, 411, 432, 497 ⑤15, 44, 50, 211, 297, 398, 546 ⑥10, 54, 96, 265, 299, 320, 333, 367, 375, 378, 391, 413 ⑦10, 14, 41, 47, 65, 79, 88, 109, 111, 114, 124, 137, 140～143, 146, 150, 163, 171, 173, 174, 176, 178, 179, 190, 192, 194～196, 204, 205, 214, 216, 222, 226, 227, 228, 229, 230, 231, 232, 234, 242
広瀬新平　①230
広瀬節男　⑥10, 140, 167, 171, 193, 207, 236, 422, 447, 452, 465, 488, 533 ⑦10, 19, 45, 65, 113
広瀬忠雄　⑥127
広瀬淡窓　⑥353
広瀬千秋　③137
広瀬平治郎　⑤305, 395
広瀬真男　②411
広瀬昌之　①82, 217, 369 ④139, 193, 259
広瀬松子　⑦142
広瀬満正　②138, 141, 143, 210, 214, 284, 393 ③137, 138, 163, 284
広瀬雄二　①45
広瀬義弘　⑤397
広瀬吉郎　③366 ④51
広瀬和育　③73, 88, 197
弘世保三郎　④406 ⑥466
弘田勝太郎　④11
広田繁吉　②154, 177

7, 159, 160, 178〜182, 184, 193, 200, 206, 209, 210, 213, 214, 221, 222, 228, 241, 245〜247, 249〜251, 267, 269, 272, 285, 290, 298, 301, 307, 322, 339, 347, 357, 369, 378, 379, 385, 389, 411, 456 ④25, 26, 48, 67, 79, 86, 95, 99, 101, 102, 110, 116, 121, 128, 131, 134, 138, 154, 162, 171, 177, 178, 179, 210, 215, 223, 234, 244, 261, 266, 277, 281, 319, 320, 331, 359, 407, 482, 487, 498, 500 ⑤7, 24, 28, 37, 47, 52, 56, 58, 110, 124, 135〜138, 177, 181, 189, 200, 203, 208, 217, 218, 220〜222, 229, 231, 233, 241〜243, 250, 260, 278, 281, 288〜290, 293, 294, 299, 301, 304, 305, 339, 359, 367〜369, 372〜374, 377, 384, 389, 393, 396, 398, 399, 401, 438, 440, 451, 472, 476, 478, 479, 482, 484, 490, 511, 520, 523, 530, 531, 545, 546, 551, 553, 556, 557 ⑥8, 10, 13, 17, 21, 25, 52, 54, 55, 57, 59〜61, 66, 80, 87, 98, 107, 112, 116, 123, 153, 158, 160, 188, 368
平田篤次郎　⑤466
平田　昇　②266 ⑤490
平田　学　①18
平田盛胤　⑤175
平田義道　④384
平塚　篤　⑥296, 517, 535, 537
平塚広義　③309, 371 ④64 ⑤530
平塚米次郎　③343 ④128, 414
平沼騏一郎　②364 ③310, 353 ④419 ⑤483, 485, 487〜489, 503, 513, 533, 546, 551, 555 ⑥12, 253, 256, 262, 269, 272, 273, 289, 290, 304, 305, 314, 322, 327, 329, 339, 341, 343, 346, 348, 442, 468, 523, 525 ⑦20, 75, 77, 98, 100, 218
平沼専蔵　②269, 289
平沼亮三　⑥369
〔平野〕　①98
平野嘉七郎　②395
平野嘉智子(平野加智子)　⑥30, 124, 449 ⑦163
平野恭三　③64 ⑤445
平野邦太郎　②291
平野健二　③64〜66, 103, 296, 331 ④125, 169
平野善之助　⑤514
平野豊実　④497
平野　尚　①97, 100, 107, 109, 381, 384 ②202
平野長祥　①317, 323, 325, 331, 336, 357, 387 ②69 ③54, 176, 285, 386, 452, 459, 460 ④94, 196 ⑤530 ⑥138, 174, 176
平野　熙　①97
平野正雄　②466
平野光雄　②94, 110, 230, 247, 254, 267, 274, 279, 417, 424, 447 ③153, 156, 158, 161, 181, 183, 202, 214, 215, 248〜250, 254, 264, 269, 278, 282, 311, 374, 391, 407, 410, 412, 416, 420, 423, 430, 434, 436, 437, 440〜442, 444, 445, 452, 454 ④102, 120, 127, 262 ⑤543
平野吉雄　②292
平野義太郎　⑦163, 197, 210
平林政博　②161 ③136
平福百穂　⑤278, 281 ⑦90
平松亮卿　⑤394
〔平山〕　④410
平山　萃　⑤91, 101, 124
平山午介　④74, 331 ⑤68, 94, 95, 149, 249, 263
平山忠順　①153
平山藤次郎　①140, 344, 345
平山成信　①328, 378 ②13, 62, 76, 94, 96, 115, 124, 127, 141, 197, 203, 206, 221, 235, 251〜253, 264, 268, 311, 36

日根野　直　②12
日野鶴之進　②438, 461
日野辰次　③420
樋畑雪湖　⑦190
日比勝治　④185
日比重明　①215, 216
日比野　正　⑦140, 144
日比野　寿　⑥385, 416 ⑦89
日比野正久　⑥327, 329
日比野正之　⑥326, 331, 484, 490 ⑦10, 140
日比谷平左衛門　④331
〔樋村〕　⑥8
百合文卿　④267
檜山鉄三郎　③275, 276, 296
日吉槌吉郎　①71
日吉槌次郎　①9, 32, 33, 44, 49, 57, 65, 67, 69, 82, 110, 129, 135, 140, 155, 162, 210, 219, 247, 252, 368, 369, 381
日吉槌太郎　①96, 111, 155
日吉　端　①253
〔平井〕　①9, 13, 21, 23, 43, 69, 137, 138, 253, 292, 293, 332 ②130, 188, 334
平井喜久松　④414
平井晴一郎　①104
平井晴二郎　①125, 126, 206, 234, 334, 345 ②22, 23, 47, 66, 132, 136, 201, 235, 239, 240, 267, 300, 304 ③12, 20, 285 ④55, 414 ⑥255, 279
平井千太郎　②393
平井宣英　⑦136
平井晴雄　⑥296
平井文雄　③285
平井政遒　②202 ③87, 187, 188, 190, 353 ④61, 157, 275, 493 ⑤18, 203, 384
平井良太郎　③459
平岩雅造　③371
平尾竹霞　②325, 327 ③122, 124 ④403
平尾光雄　④105, 131
平岡定太郎　①80, 81, 93, 98, 99, 107, 112, 214, 249 ②29, 398, 425～427, 429, 431, 437, 438, 446 ③202, 366, 367
平岡重太郎　②295
〔平賀〕　⑤448
平賀新九郎　④208
平賀　一　⑤302
平賀　敏　③316, 363, 391, 417, 443, 452 ④14, 39, 55, 78, 96, 129, 141, 152, 165, 166, 263, 264, 271, 400, 401 ⑤306, 367 ⑥24, 74 ⑦230
平賀義美　③281
平川潤亮　①70, 77, 220, 254, 258, 288, 377, 399 ②93, 307, 421, 422, 427 ③285, 302 ④87 ⑥477
平川浩然　③422, 452 ④197 ⑥236
〔平嶋〕　②389
平瀬弥代次　⑥246, 248
〔平田〕　⑤209
平田栄二　①296 ⑥164
平田剛太郎　④448, 477
平田末治　⑤146, 194, 248, 256, 271, 329 ⑥475, 478 ⑦238
平田東助　①145, 197～199, 221, 223, 232, 267, 296, 310, 317, 319～321, 327～329, 358, 360, 382, 393, 395, 401 ②15, 16, 22, 58, 63, 64, 74, 76, 84, 85, 87, 88, 96, 124, 156, 179, 197, 198, 200, 203, 206, 221, 235, 237, 238, 258, 261, 267, 268, 275, 277, 281, 289, 291, 311, 314, 331, 341, 342, 364, 373, 374, 381, 382, 388, 389, 397, 398, 402, 406, 413～418, 420, 431, 437, 444, 446, 456, 464, 465, 469, 488, 493, 494, 495, 501 ③15, 17, 36, 42, 48, 49, 51, 58, 59, 61, 65, 66, 69, 70～73, 80, 81, 83, 84, 92, 101, 111, 114, 121, 122, 127, 134, 136～138, 148, 149, 153, 15

269, 312, 320, 350, 367, 369, 373, 387, 389, 390, 391, 392, 393, 394, 395, 396, 397, 408, 447, 466, 469, 479, 484, 491, 492, 493, 496, 497, 498, 499, 502, 506, 514, 515, 519, 529, 532, 534, 537, 538 ⑦10, 13, 31, 55
〔樋口〕 ③265, 429, 430 ④23, 24
樋口市左衛門 ⑥412 ⑦163
樋口卯太郎 ⑥198
樋口善太郎 ⑥456
樋口達堂 ⑤446
樋口達兵衛 ⑤73, 75
樋口忠太郎 ⑦163
樋口誠康 ②403
樋口典常 ④92, 443, 451 ⑤9, 158, 198, 211, 224, 247, 255, 344, 468 ⑦166
樋口寿雄 ④93
樋口秀雄 ⑤259, 266
樋口秀房 ②461
樋口松之助 ⑥522
樋口茂助 ④435, 439, 450 ⑤54
日隈　曠 ④108
〔肥後〕 ③165, 168, 172, 174, 255, 263, 267, 290, 394
肥後八次 ①143 ②350 ③141, 396 ④23, 141, 360 ④43, 49, 71, 148 ⑤343, 494 ⑦150
久内大賢 ①69, 83, 90
久田宗作 ③257, 258, 265
久野謂雄 ③390
久野歌雄 ③311, 349 ④408, 409
久野昌一 ②436 ③242, 244, 245, 256, 319, 349
久宮祐子内親王 ⑥443, 444, 445, 446
久松信親 ⑥349
久宗　薫 ④243, 342 ⑤438
久芳長次郎 ①206
〔土方〕 ①33
土方久徵 ④43
土方久元 ②170, 233 ④150
土方　寧 ⑤43 ⑥150
菱田静治 ④309, 340 ⑤126, 334
菱田勇逸 ③183
菱田義民 ①15
菱沼右一 ③21
菱村彦十郎 ⑤287
熊取谷七松 ⑤18, 182, 212
肥田景之 ②125 ③254, 264, 304, 305, 310, 311, 327, 335, 337, 348, 354, 355, 372, 402, 409, 420, 434 ④14, 16, 51, 70, 87, 93, 99, 119, 120, 126, 132, 138, 168, 282, 324, 335, 341, 357, 377, 404, 431 ⑤243, 376, 526 ⑦25, 100, 230
肥田玄次郎 ⑥156, 159, 161, 164, 168, 179, 180, 182, 197, 200, 214, 218, 222, 230, 232, 249, 259, 278, 296, 337, 350, 351, 353, 355, 358, 378 ⑦227
肥田琢司 ③302, 306 ④108, 109, 120, 124, 134, 347 ⑤182, 372 ⑥337
肥田武治 ②125
肥田辰之助 ③339
肥田理吉 ③306, 309 ④43, 46, 73, 74, 79, 81, 93, 105, 108, 112, 115, 118, 119, 126, 129, 132, 134, 182, 303, 324, 345, 347, 488 ⑤392⑥238
〔日高〕 ②176
日高　明 ⑦13, 51
日高岩太 ④319
日高栄三郎 ①216, 337 ②114, 115, 142, 297, 329, 400 ③307, 422 ⑤518, 548 ⑥58, 491, 532
日高謹爾 ②466
日高賢吉郎 ④20
日高兼次郎 ⑤451
常陸山谷右エ門 ①255 ②436
秀村得一 ③141, 148, 191
一柳権二 ⑤116
人見次郎 ③310, 314 ⑦87, 165
日向輝武 ④72

原田　正　①272, 274, 278, 301, 313, 323, 355, 365, 369, 384, 390, 401
原田立之祐　④11, 55, 76, 77, 79　⑤529
原田徳之丞　①294
原田虎次郎　①399, 401
原田帀太郎　②24
原田有恒　③320, 322
原田了哲　⑤445
原田六郎　③374, 434, 442, 450
原谷悦遵　⑤267
針貝金次郎　⑥394, 435
春名成章　④223, 239, 255, 272, 334, 353, 406, 431　⑤277　⑥75, 179, 208
春山胤通　②223
春山録郎　①363
晴山庸三　⑤14
半沢玄益　⑥37
半沢玉城　②153, 163　③338, 437, 442, 444, 452, 455　④13, 23, 34, 37, 50, 72, 91, 93, 101, 353, 404, 428, 485　⑤15, 18, 26, 61, 105, 113, 114, 122, 167, 183, 241, 290, 439　⑥37, 45
半田庸太郎　①114, 193
坂東正雄　⑦173
板東勘五郎　②151　③412, 421　④43
阪東富雄　②107, 485　⑤170
阪東宣雄　⑥434, 512
伴　斗兵　④456
伴　直之助　⑤68
伴　徳政　④259, 260
伴　正順　①104

ひ

〔日置〕　①68, 94, 138, 233　②15
日置　益　②181　③347　④115　⑥286
日置春良　⑥468
日置藤夫　①135　④401　⑦46
日置雅章　①19, 20, 28, 41, 49～51, 53, 54, 57, 58, 61, 63, 69, 71, 74, 85, 89, 90, 99～102, 108, 110, 112～114, 116, 120, 122～124, 126, 128, 130, 147, 151, 167, 183, 184, 186, 187, 189～192, 194, 195, 206, 207, 214, 221, 226, 228, 232, 242, 243, 246, 247, 391　②51, 187, 200, 206, 211, 213, 266　③300　④62, 402　⑦46
日置黙仙　①11, 13, 14, 21, 27, 28, 31～34, 36～44, 49, 51, 52, 56, 58, 61～63, 65, 71, 77, 91, 94, 95, 99, 106, 111, 112, 121, 122, 125, 128～130, 134, 135, 139, 144, 149, 160, 163, 164, 168, 172, 186, 187, 191, 199, 206, 216, 217, 221, 227, 233, 249, 255, 266, 273, 275, 278, 301, 349, 359, 362, 369, 373, 377, 378, 386, 388～390, 402　②10～13, 15, 17, 18, 20～22, 26, 29, 30, 32, 35, 44, 62, 68, 77, 79, 84, 85, 89, 117, 142, 162, 180, 202, 348, 354, 357, 362, 365, 375, 403　③12, 14, 74, 110, 112, 128, 151, 181, 184, 186, 212, 219, 258, 270, 296, 312, 402, 426, 441, 461　④149, 228, 238, 318, 335, 398, 420, 441, 444, 486, 488　⑤54
桧恒五郎　①155
東久世秀雄　②173, 387　⑥471
東久世通禧　①138, 139, 146　②121
東久邇宮　③251　④8, 318, 489　⑤377, 438, 489　⑦10, 126, 140
東久邇宮師正王　⑤486
東伏見宮　⑦10, 126, 140
東伏見宮依仁親王　②25, 28, 467　③103, 110, 131, 251, 460　④8, 126, 131, 177, 214, 341　⑤267, 269, 291
日置健太郎　②438, 442
匹田鋭吉　④16
引地　明　③127
引地与五郎　⑤473, 475　⑥34, 58, 122, 123, 125, 166, 186, 221, 225, 227, 228, 229, 230, 231, 232, 233, 234, 235, 236, 237, 238, 239, 240, 241, 242, 243,

5, 58, 60, 62, 106, 109, 110, 112, 126, 129, 134, 137～139, 157～162, 173～175, 183, 184, 242, 391, 524 ⑥218, 530, 532, 535 ⑦30, 56, 116
原　忠一　⑥299
原　富太郎　③445 ⑤494, 497 ⑥331, 369 ⑦51
原　夫次郎　③311, 323, 341, 353, 410 ④255 ⑤480 ⑥275
原　守　⑥452
原　母二郎（原母次郎）　①135, 147 ③309, 420
原　道太　⑤95
原　恭　④87
原　安二郎　①201
原　保太郎　①21, 38, 163, 239 ②11, 12, 16, 20, 29, 62, 74, 96, 113～115, 126, 127, 130, 141, 197, 203, 206, 221, 235, 237, 247, 251～253, 268, 273, 275, 311, 329, 340, 342, 344, 364, 380, 382, 393, 396, 398, 400, 402, 413, 416, 417, 420, 421, 426, 430, 437, 454, 464, 475, 484, 488, 500 ③36, 69, 94, 98, 111, 114, 128, 137, 159, 199, 250, 292, 314, 331, 390, 406 ④18, 48, 79, 95, 110, 116, 121, 128, 130, 146, 169, 176, 185, 187～189, 195, 201, 216, 234, 255, 264, 266, 345, 494 ⑤28, 58, 110, 138, 161, 181, 207, 225, 229, 270, 281, 302, 375, 392, 448, 502 ⑥263, 326, 400, 460 ⑦47, 50
原　譲　③432
原　義顕　⑤136
原　嘉道　⑥345, 346, 456, 457, 474, 504, 505 ⑦26, 104
原　六郎　①130 ②210, 213, 355, 479 ③274 ⑥486, 487, 489, 510, 513
〔原口〕 ①21
原口　要　①9, 10, 208, 292 ③315
原口兼済　①247, 329, 336, 354, 357, 371, 372②13, 43, 53, 54, 124, 132, 144, 253, 275, 380, 382, 425, 430, 488, 497 ③36, 42, 153, 158, 176, 273, 284 ④68, 76, 229
原崎源作　④65
〔原田〕 ①79, 115, 120, 246 ④98, 304 ⑤12, 370
原田　勇　④478
原田　巌　⑥38
原田斧太郎　④396
原田　馨　⑤391
原田一道　①398
原田清美　⑥237
原田金之祐　⑥109, 513, 533 ③271, 300, 301, 303, 323, 325, 331, 334, 335, 337～339, 355, 417, 420, 422, 424, 430, 433, 435, 436, 439, 444, 448, 449, 452, 455 ④17, 23, 43, 47, 52, 54, 62, 75, 76, 96, 106, 132, 138, 156, 178, 214, 223, 356, 431 ⑤289, 454
原田熊雄　②498
原田恵二　⑥395
原田玄秀　⑤439
原田憲次郎　③449 ④11, 52, 63, 75, 76, 93, 108, 111, 141, 151, 256, 305, 322 ⑥199, 230, 394, 402, 405
原田静子　⑤10, 109, 200, 322 ⑥199, 330, 349 ⑦211, 241
原田十衛　③300, 352
原田春吉郎　②177
原田二郎　④43, 45
原田次郎　①246, 392 ④972
原田種雄　⑥204, 207 ④499 ⑤20
原田太郎　④51
原田藤次郎　⑥159, 264
原田東馬　②266, 285 ③250, 289, 292 ④499 ⑤49, 120, 121, 518 ⑥94
原田芳則　⑦50
原田慎次　②42, 116
原田　宣　⑤251, 308, 311, 364

林　武治　⑥122
林　董　①60, 119, 348 ②139, 140, 141, 170, 223, 314
林　環　④181
林　玉子（林多摩子）①34, 265 ②445, 467, 481 ③75, 390 ④191, 328, 489, 497 ⑥276, 295, 391, 500 ⑦34, 66, 174
林　多満　⑥349
林　民雄　③341, 367
林　為良　③376, 386 ④39
林　貞次郎　③371 ④105, 120, 122, 125, 127, 130, 132
林　徳太郎　⑦148
林　友幸　①143, 144 ③172
林　寅三助　③114
林　浜子　⑦33, 54, 164
林　彦市　①63
林　尚　②87, 178, 254
林　寛明　②483
林　博太郎　③128 ⑤41 ⑦59
林　復夫　②236, 241, 243
林　平四郎　③360 ④195, 198, 362, 433 ⑤436 ⑥102, 246
林　道子　③447
林　有造　⑤187
林　嘉雄　①376
林　義信　②130, 131 ⑥465, 467, 474
林　両太　④51, 69 ⑥38
林　和太郎　②363
林　安繁　⑥198 ⑦195
林田亀太郎　③80 ⑤224, 514
林田甚八　⑤469
林屋（林商店）①32, 63, 66, 67, 71, 78, 80, 82, 84, 85, 87, 91, 92, 94, 99, 106, 116, 138, 160, 189, 191, 206, 228, 233, 234, 242, 280, 299, 304, 349, 350 ②171, 200
早田文蔵　⑥68
早水太郎　①250
早速整爾　③23, 458 ⑥196
速水太郎　①67 ⑤73, 75
〔原〕　①70, 80, 227, 383, 399, 400 ②76, 94, 154, 157, 219 ③213, 249, 273, 307, 339, 381, 456 ④68 ⑤123, 141 ⑦11, 13, 24, 28, 35, 44, 83, 85
原　梅三郎　⑥87
原　吉次郎　④139
原　錦吾　⑤538
原　鶴次郎　④452
原　邦造　②479 ③422
原　国蔵　⑦173, 174
原　国太郎　⑥98, 99, 123
原　鴻太郎　⑤270
原　十太　④274
原　脩次郎　⑤149
原　象一郎　③337
原　総兵衛　⑥167
原　祐道　④228
原　善一郎　③445
原　退蔵　⑥467
原　敬　①9, 92, 93, 160, 167, 171 ②138, 142, 145, 251, 268, 399, 407, 410, 422, 466, 487, 488, 495 ③82, 84, 185, 206, 249, 252, 290, 308, 312, 316, 318, 319, 323, 337, 341, 347, 354, 369, 370, 383, 385, 402, 411, 441, 442, 449 ④12, 18, 22, 30, 31, 34〜46, 57, 64, 71, 87, 93, 94, 104, 110, 120, 127, 132, 133, 134, 137, 139, 148, 149, 158, 170, 182, 188, 193, 194, 198, 199, 208, 218, 220, 225, 238, 242, 244, 248, 251, 266, 268〜271, 277〜279, 282, 283, 301, 305, 311, 320, 321, 322, 325, 327, 328, 331, 336, 337, 339, 344〜347, 349, 350, 354, 357, 358, 403, 404, 407, 410, 413, 417, 421, 424, 429〜431, 446, 475, 481, 483, 486, 487, 495, 497〜499 ⑤12, 14〜16, 18, 23, 24, 27, 32〜34, 36, 38, 41, 42, 44, 47, 49, 5

214, 235, 241, 254, 441 ④119, 139, 216, 217, 225, 266, 348, 349 ⑤106, 110, 314, 319, 322, 336, 347, 383 ⑥97
早川鉄治 ①71 ②232 ③325 ④398, 408, 498 ⑤15, 49, 59, 107, 139, 179, 218, 280, 305, 334, 388, 451, 456
早川利一 ①207 ④358 ⑥269
早川直義 ④425, 428
〔早坂〕 ⑤324
早崎一二 ②180
早崎雅之助 ②99
〔林〕 ①9～11, 14, 20, 22, 23, 32～34, 36, 37, 49, 53, 54, 56～61, 63～65, 67～70, 72, 76, 77, 80～82, 84, 85, 87, 92, 94, 97～100, 105, 113～117, 120, 121, 123, 124, 126, 128～130, 132, 142～144, 148, 149, 154, 155, 159～161, 163～165, 167, 169, 170, 174, 177, 178, 181～184, 187, 189, 190, 193, 196, 198, 199, 201, 203, 206～211, 214, 217, 221～223, 227, 228, 230, 232～234, 242, 243, 246, 247, 249, 252, 254, 255, 257～259, 261, 266～268, 278, 281, 283～285, 289, 290, 295, 297～299, 311, 313, 319, 342, 349, 350, 368, 379, 381, 388, 391, 397, 399, 401 ②110 ④238, 243, 496 ④10, 157, 175, 176, 190, 191 ⑤68, 448
林　明 ⑤518 ⑦32, 33, 39, 43, 56
林　泉 ⑦218
林　市蔵 ④285 ⑤448
林　瑛 ②197, 306, 348 ③38, 256
林　勝三郎 ②130, 131
林　包明 ①317 ③103, 354 ④97, 107, 406
林　嘉陽 ②351
林　久治郎(林久次郎) ④447～449, 503 ⑤78, 259, 261, 315, 319 ⑥278
林　恭平 ④440, 489 ⑥275, 276
林　喬平 ⑥349, 351
林　清 ⑥474
林　毅陸 ③295, 382 ④16, 119, 285
林　謙吉郎(林謙吉朗) ①9, 23, 31, 44, 50, 52, 60, 62, 65, 66, 71, 74, 88～90, 96, 99, 105, 112, 116, 122, 135, 143, 147, 152, 154, 167, 174, 179, 191, 204, 219, 234, 252, 257, 258, 262, 277, 283, 334, 336, 355, 392 ②15, 30, 32, 33, 35, 44, 64, 69, 70, 73, 77, 82, 83, 95, 97, 102, 113, 115, 123, 130, 144, 149, 163, 171, 172, 173, 176, 200, 209, 230～232, 235, 255, 262, 291, 293, 294, 296, 298, 314, 391, 397, 410, 411, 417, 421, 422, 424～426, 447, 448, 451, 452, 461, 471, 477, 489 ③10, 12, 19, 20, 49, 57, 68, 70, 72～77, 80, 102, 114, 128, 131, 133, 134, 136, 138, 141, 144, 145, 164, 216, 240, 249, 256, 258, 270, 272, 274, 275～278, 286, 292, 299, 300, 301, 304, 309, 314, 316, 319, 320, 325～330, 332, 333, 343, 344, 346, 348, 352, 406, 407, 410, 418, 430, 432, 434, 438～441, 445, 447, 449, 451～454, 458 ④10～13, 18, 52, 55, 60, 62, 71, 73, 94, 127, 140, 153, 156, 170, 187, 189, 193, 194, 198, 224, 241, 244, 277, 282, 323, 326, 342, 353, 412, 427, 432, 438, 440, 443, 489, 490 ⑤97, 348 ⑥275 ⑦25, 34
林　謙二 ②355, 386
林　小平 ①60
林　権助 ④179, 332, 343, 346, 385 ⑤18 ⑥345
林　定夫 ③65
林　定吉 ①135 ②203, 259, 260
林　重二郎 ④404
林　譲二 ②448
林　季彦 ⑥242
林　大作 ⑤310
林　健 ②426

鳩山和夫　①85, 330 ②90
〔羽鳥〕 ④366, 443　医官
羽鳥精一　⑤68, 74, 102
花井卓蔵　②142 ③64 ④22 ⑥129, 252 ⑦56, 103
花岡敏夫　⑦104
花沢吉之介　④24
葉梨新五郎　⑥156, 474, 483
花田仲之助　⑤212, 316, 325, 328, 378 ⑥495
花野彦三　①11 ③439 ④171 ⑥197, 244
英　修作　①63, 65, 71, 78, 80, 81, 88〜90, 103, 134, 299 ②288
花房崎太郎　①133, 314, 340, 344, 360, 371 ②424 ③87, 215, 217, 375 ④277
花房直三郎　⑤54
花房義質　③388
塙　常太郎　④203
塙　保己一　④247
埴原正直　⑤222
羽田如雲　⑤279
羽野鶴羽　⑤344, 346
〔馬場〕 ④421 ⑤453 ⑥316
馬場鍈一　⑤23, 176, 180, 293, 336, 338, 369, 397, 453 ⑥259, 264
馬場一衛　⑤519
馬場惟夫　①205
馬場静代　⑤511
馬場恒吾　③348, 371 ⑤493
馬場成章　①84, 92, 100
馬場愿治　⑦105
浜　万喜雄　②334
浜尾　新　①397 ③238, 239, 416 ④109, 317, 318, 406, 417, 484 ⑤160, 163, 165, 166, 168, 180, 200 ⑥213, 214, 215, 518
浜尾サク子　⑥518
浜岡光哲　③352, 358 ⑤531 ⑥393
浜岡達郎　⑥393
浜口雄幸　②500 ③50, 166, 293, 333 ④326, 333 ⑥61, 134, 258 ⑦74, 142, 160, 162, 220, 221, 225, 228, 237
浜口吉右衛門　①242, 318, 327 ②62, 124, 128, 142, 144, 146, 185, 253, 345, 366, 367, 372
浜崎永三郎　②40
浜崎健吉　②40
浜田国松　③378, 398 ④57, 89
浜田恒之助　⑥68
浜武元次　⑤76
浜田健次郎　④17
浜田政壮　④377, 431
浜田　彪　①152
浜田恒之助　③373
浜田豊城　⑤439
浜田信夫　②217
浜地常武　⑥194
浜地八郎　①49 ②317 ③216
浜野末太郎　⑤329 ⑥52
浜村与吉　④333, 340, 347 ⑤18, 133, 452
羽室蒼治　②479
羽室庸之助　①186 ②111, 442 ⑥324 ⑦157
〔早川〕 ①103 ②257, 426 ③282, 447 ④68, 85, 118, 165, , 225, 330, 407, 421, 499 ⑤233
早川　員　③32, 33, 56, 61, 62, 71, 73, 76, 79, 87, 89, 98, 138, 139, 140
早川茂一　①83
早川昇策　①22, 128, 172, 207, 219, 289, 365 ②231, 237 ③28, 29, 32, 39, 55, 56, 61, 79, 86, 91, 93, 95, 102, 103, 110, 116, 138〜141, 146, 187, 204, 207, 209, 217, 219, 222, 257, 259, 266, 267, 298, 394, 431, 444 ④13, 50, 60, 358 ⑥131, 177, 209, 248, 269, 294
早川仁助　⑥50
早川千吉郎　①12, 388 ②283 ③177,

410, 411
長谷部隆諦　④465
長谷部辰連　①354
〔秦〕　①76　②67, 475　④421
秦　克太郎　①153
秦　源祐(秦源助)　①11, 12, 33, 35, 45, 59, 67, 71, 88, 118, 127, 138, 158, 171, 197, 198, 267, 310, 311, 320, 333, 366, 372, 382　②46, 81, 130, 160, 293, 334, 475　③184～186, 330　⑤226
秦　新吉　⑥395
秦　豊助(秦豊介)　①25, 26, 76, 109, 134, 152, 310, 311, 318, 333　②123, 160, 161, 195, 201, 251, 253, 337, 347, 383　③10, 23, 40, 162, 246, 301, 310, 346, 421　④14, 27, 29, 160, 205　⑤53, 54, 437, 526, 548　⑥259, 265, 395　⑦56, 60, 62, 74, 160, 194
畑　英三郎　③378, 436
畑　英太郎　④52
畑　七右衛門　⑤496　⑥103
畑　精吉郎　①28, 155, 284
畑　八英　②186
畑　良太郎　③410
畑江徳太郎　⑤334
幡生弾二郎(幡生鐸一郎)　②348, 349, 380
畠山敏行　⑥67, 142　⑦194
畑中宗甲　⑦10
波多野兼蔵　③128
波多野承五郎　⑤22
波多野次郎　⑤297
波多野敬直　①133, 236, 243, 245, 247, 251, 258, 261, 275, 279, 281, 291, 297, 316, 318, 323, 324, 329, 336, 345, 354, 361, 386, 392, 394　②9, 28, 31, 42, 45, 53　③131, 238, 241, 251, 444　④9, 90, 154, 178, 179, 192, 342, 405, 485　⑤297, 298
波多野忠勇　③425
波多野秀治　⑥458, 489
波多野宗高　⑥357, 458, 483　⑦28, 51, 52
波多野宗周　⑥489
波多野保二　③316, 379, 401, 403, 406, 407, 415　④83
波多野　庸　①226, 308　②82　⑤386
籏谷松蔵　①149
八馬永蔵　③374
八馬兼介　③458, 459
蜂須賀正韶　④44, 178, 270　⑤510, 514　⑥15, 88, 154
蜂須賀茂韶　①21, 83, 158, 181, 267, 312, 324, 355, 364, 374, 394　②22, 50, 169, 170, 223, 237, 242, 257, 296, 303, 305, 309, 335, 351, 438　③98, 276, 405, 413　④20, 23, 44, 178
蜂須賀善亮　④453
八田善之進　⑤394, 395, 397
八太　茂　⑤498
八田宗吉　⑤543
八丁春太郎　④447
〔服部〕　④301, 303, 307, 309, 335, 338, 343, 345, 347, 351, 385, 387, 398, 434, 438, 441, 468, 503
服部一三　②37, 48, 465　③97, 101, 119, 123, 133, 386　④24, 61, 204　⑤28, 38, 171, 243, 548　⑥298
服部鋭之　③206
服部一正　⑦17
服部教一　⑤221, 223～225
服部小十郎　①188
服部伝次　①49, 52
服部奈良吉　②125, 163
服部仁蔵　⑤9, 68, 101, 144, 148, 149, 168　⑥275
服部文四郎　⑤518
服部兵次郎　⑦17
服部正次　⑥509
羽藤幾次郎　②9

羽沢善衛　④307
橋口惟州　①65
橋口九十馬　⑦29
〔羽島〕　④383, 385, 387, 393, 394
〔橋本〕　①76, 147, 150, 151, 172, 189, 191, 192, 194, 195, 198, 230, 234, 235, 259, 260, 277, 278, 285～287, 299, 311, 312, 338, 339, 347, 351, 352, 355, 374, 375, 388, 390　②9, 10, 17, 18, 36, 37, 45, 74, 131, 284, 293　⑤531
橋本市次郎　③326
橋本五雄　②60, 72, 89, 100, 112, 125, 143, 146, 155, 172, 195, 222, 236, 297, 315, 332, 344, 381, 389, 405, 413, 415, 424, 434, 441, 445, 480, 484, 487　③66, 75, 95, 177, 216, 220, 266, 307, 332, 346, 409　④14, 90, 216, 263, 268, 317, 333, 337, 338, 343, 358, 408, 418, 428, 484, 486, 488, 500　⑤14, 50, 110, 162, 279, 344, 345, 372, 373, 383, 440, 472, 554　⑥13, 60, 62, 65, 71, 294, 428, 433, 437　⑦42, 49, 50
橋本梅太郎　⑤180, 213, 504
橋本喜造　③374, 380, 409, 439, 450
橋本義太郎　③344
橋本圭三郎　⑤511　②62, 64, 123
橋本　繁　②70
橋本実朗　⑥330
橋本信次郎　③274, 281
橋本節斎　①386
橋本立雄　④132
橋本辰二郎　③246　⑤453
橋本忠次郎　③144
橋本綱常　①18, 79, 80, 87, 132, 232, 234, 235
橋本定二　⑤72
橋本徹馬　④73, 74, 79, 142　⑤36, 59, 107, 128, 138, 200, 277
橋本八右衛門　⑥218
橋本正治　⑤350, 516
橋本増治郎（橋本増次郎）　①128, 199, 216, 235　②26, 58, 90, 94, 115, 171, 185, 255, 262, 263, 460, 461, 472, 473　③23, 81, 184, 197, 241, 335, 351　④88, 96, 103, 148, 149, 255, 421　⑤347, 475　⑥28, 53, 140, 356, 418　⑦226
橋本保夫　⑤362
橋本鏈太郎　⑤530
橋本芳衛　⑤478
橋本芳蔵　⑦218
橋本義文　⑥355
橋本和三郎　⑤444
柱本瑞俊　④338, 339
蓮井藤吉　⑤47, 53
蓮沼門三　④102
葉住利蔵　③284, 336
蓮見鉀之助　⑥106
蓮見義隆（蓮見義高）　②385　③313, 328　⑤383, 514, 554　⑥21, 24, 76, 106, 196, 378, 397, 450, 506, 531, 539　⑦198, 232
〔長谷川〕　①205, 207, 222, 299, 332　②91　③410
長谷川　絎　③140
長谷川喜多子（長谷川多喜子）　②130, 132
長谷川謹介　①217, 246　⑤130, 293
長谷川光太郎　③273
長谷川　喬　②236
長谷川卓郎　⑥386
長谷川赳夫　③184　⑤513
長谷川辰次郎　①166
長谷川廷　②482
長谷川直吉　④384
長谷川正吉　⑤463
長谷川雄記　⑤72
長谷川芳之助　①250
長谷川好道　③254, 258, 273, 274　④90　⑥17
長谷場純孝　①232, 294　②139, 142,

野田鶴雄　⑤513
野田豁通　①232 ②33, 53, 246, 247
野田義夫　⑤144, 153
野津三次郎　⑤328
野津　操　④55
野津鎮彦　⑥384
野津道貫　①214
野中万助　③410
野中　清　⑦219
野並慶定　③149, 207
〔野々村〕 ①138 ②106, 108, 109, 155, 384, 479
野々村キク　⑤447
野々村鎭雄　⑦180, 182
野々村政也　①11, 67, 81, 83, 110, 124, 148, 161, 171, 208, 234, 257, 318, 347, 397 ②61, 70, 73, 78, 85～87, 96, 100, 127, 130, 131, 208, 263, 468, 473, 480 ③156, 254, 292, 313, 393, 424 ④23, 60, 121, 135, 151, 153, 161, 202, 267, 338 ⑤65, 241, 244, 291, 383, 446, 506, 546 ⑥199, 222, 223, 355, 405, 475, 506 ⑦180, 181, 182
信沢皐三郎(信沢奉三郎)　①66, 344
延原観太郎　⑥158, 213, 222
登藤石太郎　①24, 134
野間清治　⑦28
野間五造　①63 ③75～77, 88, 192, 207, 214, 216
野間誉雄　③28
野間立造　③214
〔野村〕 ①10, 13, 135, 137, 292 ④145
野村亀蔵　③260 ④47
野村嘉六　④22
野村幸太郎　①153
野村重太郎　①96
野村節雄　⑥506
野村雪堂　⑤113, 139, 177, 207, 211, 213, 220, 234
野村仙次郎　⑤105, 503, 517 ⑥32, 44, 64, 124, 241, 262
野村鑒太郎　③94
野村　徳　①137, 285
野村徳七　②40 ⑥506
野村秀雄　③37, 85, 391
野村政也　⑤38 ⑥24
野村三利　③191, 193
野村弥三郎　①51 ④155, 161
野村　靖　①229, 230 ②37, 53, 353
野村利吉　⑦157, 194
野村龍太郎　①298, 396 ②37, 201, 206, 304, 336, 375, 393, 421 ③274, 306, 336, 338～340 ④25, 35, 208, 408 ⑤279 ⑦158
野村礼譲　⑤348
野依秀市　⑥537
乗杉嘉寿　③242
則竹玄敬　⑤92, 93
法水了禅　④463, 466 ⑤150, 151, 240, 256, 257, 326
則元由庸　③140
乗山鉄男　④416
野呂　寧　④365, 383, 385, 449, 450, 453, 492, 495 ⑤13, 101, 197, 211, 219, 238 ⑦13, 118

は

倍明圭造　③375
芳賀鍬五郎　④392 ⑥371
萩野栄三　①273
萩野栗蔵　①159, 161 ②285
萩野貞次郎　④60
萩野貞一　②296
萩野俊隆　⑤58 ⑥463
〔萩原〕 ⑥256, 259
萩原拳吉　⑥187
萩原弘之　②178, 179, 213, 215, 220, 240, 268
萩原守一　①325 ②51
箱石朝政　⑥319

〔丹羽〕 ②45

ぬ

布山富章 ⑥482
沼 謙至 ⑥473, 482
沼田一郎 ④239, 259
沼田才治 ④222, 432, 476, 477, 489 ⑤14, 145, 178, 241, 297
沼波武夫 ⑥264
沼本謙三 ①332, 344

ね

根岸 栄 ①169
根岸崎太郎 ③315, 316
根岸 伝 ①83, 92, 94 ④172, 174, 175, 281 ⑤119 ⑥122 ⑦239
根岸常次郎 ①80, 281
根岸由太郎 ①277 ②98, 103, 319
根田天堂 ⑤276
根津嘉一郎 ①81, 283 ②209, 366 ⑤233, 441, 453, 505, 543 ⑥356, 363, 518, 531
根津 一 ②413
〔根本〕 ⑥434, 438
根本亀男 ③310
根本剛蔵 ⑥434
根本又重 ⑤200

の

能嶋 進 ④453, 462
〔納富〕 ①233 ④296 ⑤78
納富六三 ①214～216, 230, 234, 235, 259, 272, 285, 287
能美茂雄 ②374
乃木希典 ①42 ②25, 28, 87, 204～207, 434 ③101, 144, 189 ④382, 446, 448 ⑤94, 272 ⑥270, 386 ⑦238
〔野口〕 ①117, 138 ⑤324
野口景義 ④34
野口鉄彦 ④285, 308
野口彦兵衛 ②129
野口栄世 ①31, 32, 36, 67, 68, 117, 129, 131, 140, 141, 143, 144, 146, 163, 214, 271, 309, 326, 332, 341 ②33, 74, 82, 129, 130, 192, 201, 215～219, 223, 236, 248, 308, 445 ③36, 53, 74, 194, 216, 230, 274, 290, 376 ④8, 120, 208, 240, 318, 490 ⑤59, 297 ⑥8, 116, 190, 242, 248, 422 ⑦140, 195, 227, 243
野口 寧 ⑦184
野口幽香 ①81, 88, 96, 99, 104, 111, 114, 130, 131, 134
〔野崎〕 ⑤260
野崎 惇 ③309 ④132, 143
野崎広太 ④351
野沢鶏一 ①61
野沢雞一 ②208
野沢源次郎 ②157, 160 ⑤515
野沢源之丞 ④257, 321, 324, 334 ⑤297, 352, 364
野沢竹朝 ②222
野沢枕城 ④114
野尻狂介 ④97
野尻岩次郎 ⑥345
能勢辰五郎 ①167, 188 ②47
野添宗三 ②154 ③259, 409, 419 ④40, 258
野添愛善 ③355
野田 勇 ④479
野田宇太郎 ①17, 22, 329 ②412 ③383, 431, 442 ④15, 34, 49, 133, 134, 139, 140, 145, 224, 239, 244, 266, 278, 279, 284, 315, 360, 421, 499 ⑤17, 33, 36, 53, 109, 165, 168, 199, 400, 550 ⑥269, 323, 324, 325, 326
野田亀喜 ④76
野田耕天 ③420
野田勢次郎 ④266
野田詮海 ⑥425 ⑦113

西村原蔵　①105
西村公明　②476 ②342, 350 ③26, 34
西村小静　②324 ③426 ⑤342, 446 ⑥172 ⑦29, 33
西村作兵衛　①17, 260, 399
西村定男　⑥285
西村淳一　①181, 363 ②302 ④238, 278
西村淳一郎　②325 ③8 ④245, 246 ⑤210, 213, 239, 276, 332〜336, 342, 345, 346, 367, 392, 401, 507, 524, 533 ⑥158, 162, 174, 193, 222, 232, 340, 376, 389, 394, 408, 413, 423, 448, 450, 464, 484, 513, 527 ⑦13, 29, 36, 89, 99, 110, 123, 144
西村淳二郎　②91
西村駿次　①56
西村淳蔵　①20, 126, 134, 207 ②91, 92, 327, 336 ⑤244, 345, 348, 444, 475 ⑦154
西村淳三　③360
西村庄兵衛　①126 ⑥172
西村二郎　③266
西村捨三　①160
西村精一　④76
西村善三郎　⑥522
西村丹治郎　④16
西村天囚　①31 ②334
西村涛一郎　①92
西村時彦　①45, 125 ③68, 73, 165 ⑤25, 43 ⑥78
西村俊吉　⑤300
西村彦馬　②330
西村正則　③351
西村保吉　③304, 396 ④64 ⑤300
西村楽天　⑤330
西村隆次　④343
西村諒一郎　⑤242
西村亮吉　②144, 394 ③385
西村諒蔵　⑥43
西村六左ヱ門　②325
西村録太　①246, 268
西山　彰　④167, 194
西山小太郎　①135 ⑦48
西山志澄　①317
西山真平　①171
西山想治　②100, 102, 109
西山総八　⑥205
西山哲治(西山悊治)　②150, 160, 433 ③258, 275, 292, 309, 332, 399 ④244, 337 ⑥94, 152, 185 ⑦171
二條厚基　⑥15, 143
二條正磨　②260 ⑤283, 442 ⑥12, 178
二條基弘　①303 ②115, 148, 150, 241, 374, 410, 412, 415, 493 ③56, 378 ⑥317
西和田久学　③244
〔新田〕　②438 ⑥268
新田小一郎　①261 ④484
新田忠純　②229, 249 ③176, 181, 285, 459 ④145, 196 ④160
新田長次郎　③362
新渡戸稲造　②249, 257 ④71, 73, 75 ⑥126, 352
〔二宮〕　②18
二宮清徳　④255, 275
二宮桂僊　⑤458 ⑥187, 514
二宮治重　③181, 281
二瓶源五　④381 ⑤328
仁村　俊　⑤250
若王子文健　①323, 331, 354, 357, 387 ②54, 64, 249, 250 ③47, 54, 140, 176, 181, 285, 386, 452, 459, 460 ④94, 144, 168, 169. 193, 196, 257, 358, 361, 487
韮沢幾蔵　②70
韮沢信次(韮沢信治)　④354, 482, 492 ⑤106, 475, 477, 496, 497, 503, 504, 513, 516, 518, 519, 523, 545, 549, 552 ⑥185, 241, 246, 268, 303, 478, 483

391
新元華子　⑥483 ⑦50, 192, 211
新元春子　134, 167
新元八津雄　②147, 156, 161, 204, 242, 246, 335, 379, 451, 452, 456, 461 ④111, 197, 201, 243, 258, 327, 411, 421 ⑤16, 234, 404, 474, 482, 483, 505 ⑥8, 9, 38, 39, 52, 56, 58, 80, 82, 90, 93, 95, 100, 111, 116, 117, 118, 119, 125, 133, 135, 171, 174, 179, 193, 204, 207, 222, 234, 252, 253, 258, 287, 308, 316 ⑦179, 218
新屋茂樹　③282
新納時哉　④494
新納楽山　⑤15
仁尾惟茂　①302, 318〜321, 355 ②56, 74, 82, 124, 136, 142, 253, 400, 407, 409 ③98, 156, 160, 172, 268, 273, 381 ④48, 140, 194, 201, 447 ⑤50, 59 ⑦184
〔西〕　①217
西　巌　④65
西　佐之助　⑦76
西　紳六郎　⑤238
西　大助　③23
西　竹一　②496
西　徳二郎（西徳次郎）　①212, 215〜217 ②148, 149, 482, 496
西有穆山　①396
西池成義　③353, 370, 385
西浦天洋　⑥387
西尾三郎　④387
西尾新平　⑤302
西尾米子　⑥487
西大路吉光　⑤36, 37, 243, 249, 250, 254, 529
西岡竹次郎　⑤116
西岡忠夫　③286, 461 ④95
西岡恒之進　①40 ⑥367
西岡ゑい　⑥367
西垣勘三郎　⑥328
西垣健次郎　①295
西垣重雄　③67
西川幸蔵　⑥317, 319 ⑦12
西川荘三　③411
西川成亮　①325
西川忠雄　②212, 234 ④14, 254
西川忠亮　②186
西川敏郎　⑥23, 132
西川義方　⑦215
西川利藤太　⑥45
錦　幸蔵　⑥480
錦織　幹　⑤453
錦古里忠久　⑤480
〔西久保〕　⑥296
西崎順太郎　④291, 441
西沢岩太　②253
西沢三助（西沢之助）　⑥204, 485 ⑦106
西沢正太郎　①210
西沢清次　③311
西沢葉水　③154, 168, 183, 452
西谷金蔵　①34, 43, 54, 55, 63, 78 ②325 ③405, 432 ⑤505, 512
西谷雅孔　⑥344
西野喜与作　②318, 339, 432, 457
西野守蔵　②79
西原亀三　③163, 175, 205, 245, 247, 265, 305 ④55, 113, 135 ⑥302, 375, 384, 385
西原矩彦　⑤331
二島菊次郎　⑤413
西牧季蔵（西牧季造）　②322, 333, 416, 424, 432, 457, 473, 484 ③48, 181
〔西村〕　②280 ④255
西村歌子　⑥301, 330, 372, 383, 394, 454 ⑦11, 29, 54, 59, 64, 96, 137, 179, 241
西村　潔　⑤444
西村源一郎　⑥182
西村健吉　⑥385

南部広矛　②194
南部甕男　②45, 52, 63, 501 ③127 ⑤502
南摩紀麿　⑤75
南木　清　①248

に
二位景暢　②456, 461, 463, 467, 480 ③73
二井藤三郎　⑦197, 199, 200, 201, 202, 203, 204, 215
仁井田秀穂　⑦45
仁井田益太郎　⑦45, 105
新館イツヨ　④498
新館謹次郎　②310, 311 ③310, 312 ④80, 114, 343, 361, 432, 448 ⑤91, 144, 192, 256, 410 ⑥361, 437, 445, 478 ⑦35, 40, 45
新館正雄　⑦40
新館隆次郎　④413
新津政造　②295
新妻駒五郎　④315
新名憲隆　⑥253
〔新元〕 ①26 ②23, 37, 38, 77, 82, 83, 87, 89, 96, 148, 152, 153, 200, 202, 208, 211, 253, 414, 423, 453, 460 ③200, 400, 437, 441 ④14, 52, 53, 55, 58, 66, 141, 146, 155, 308, 309, 476 ⑥252, 253, 254, 258, 260, 281, 285, 287, 292, 300, 308, 317, 322, 324, 340, 341, 349, 357, 366, 372, 377, 379, 390, 391, 392, 405, 408, 412 ⑦142, 175, 176, 180, 185, 205, 206, 209
新元和子　⑥323, 337, 345, 348
新元鹿之助　①32～38, 47, 135, 176, 197, 200, 211, 237, 243, 291, 293, 295, 297～300, 302, 330, 332, 335 ②12, 13, 23, 32, 34, 36～38, 71, 384, 418, 423, 424, 441, 466, 503 ③21, 22, 28, 117, 120, 124, 125 ④48, 49, 62, 69, 197, 288, 294, 295, 307, 363, 365, 379, 381, 391, 393, 394, 397, 411, 413, 419, 441, 444～446, 448～451, 458, 460～462, 465, 466, 468, 477, 478, 502, 504, 505 ⑤8, 9, 66, 68, 70, 75, 80, 83, 89, 93, 98～102, 104, 143～145, 148, 149, 151, 152, 155, 157, 184, 185, 191, 193, 194, 197, 246, 248, 249, 265～268, 270, 271, 310, 314, 317, 318, 321, 322, 323, 326, 328, 346, 353, 356, 357, 364, 367, 406, 409, 411, 413, 415, 422, 432, 458, 461, 462, 464, 467, 558 ⑥123, 125, 132, 138, 180, 196, 209, 242, 322, 329, 339, 349, 383, 386, 388, 422, 431, 443, 444, 446, 451, 453, 455, 467, 472, 480, 485, 493, 497, 501, 504, 510, 511, 513, 515, 530, 533 ⑦10, 13, 40, 71, 86, 108, 121, 140, 163, 176, 184, 187, 192, 208, 233, 242
新元静子　②451, 453, 469, 504
新元新子　①207, 209 ②73, 83, 94, 147, 150, 154, 157, 257, 259, 262, 272, 274, 279, 285, 286, 288, 300, 303, 306～309, 449～453, 458, 460, 461, 463, 498 ③104, 195, 201, 205, 207, 211, 235, 236, 244, 267, 384, 390, 392, 398, 407, 413, 422, 432, 435, 442, 444 ④15, 23, 50, 67, 68, 139, 144, 151, 154, 156, 157, 160, 161, 193, 195, 197, 199, 204, 206～208, 211, 307, 351, 353, 356, 357, 369, 375, 380, 384, 386, 393, 445 ⑤74, 78, 87, 100, 150, 159, 186, 249, 334, 342, 380, 432, 558 ⑥10, 55, 59, 72
新元新平　④162
新元田鶴子　⑥331 ⑦29, 241, 242
新元鉄雄　②452, 461 ④193, 202, 204 ⑥260, 454
新元哲雄　④243, 258, 351
新元則子　③205 ④15, 52, 53, 302, 351,

中山孝麿　①139
中山忠三郎　⑦45
中山富貞　⑥21
中山尚之助　①10 ②241
中山信儀　④76
中山秀次郎　①96, 118, 119, 133
中山秀之　⑤94, 95
中山松子　⑦24
中山弥七郎　⑦119
中山猷次　②152
中山龍次　①12 ②235, 240, 298, 300, 303 ③92, 96, 245, 254～256, 342 ④53, 54, 60, 61, 64, 243 ⑥211
中山龍沢　①390
永山武敏　④148, 200, 203, 204, 216
永山止米郎　⑤14, 99, 252, 363, 520 ⑥323, 519 ⑦50
永山盛興(永山盛典)　③23, 268, 457 ④76, 77, 143, 144, 196
長山　徹　①105, 270, 273
長山輝堂　⑥387, 424
梨羽時起　①329, 336, 354, 357 ②128, 132, 497 ③42, 176 ④76 ⑤182 ⑥102
梨本宮守正王　③251 ④8, 405, 421 ⑤164, 377, 438, 555 ⑥422 ⑦10, 126, 140
梨本規子　⑥231
茄野陽之助　⑤362
名田代冠　①304
夏井保四郎　③330
那波光雄　①141, 159, 175, 219, 263 ⑥348
那波吉雄　②18
鍋島嘉門　⑤346
鍋島　透　⑥363
鍋島直明　③458 ⑤283 ⑦216
鍋島直虎　③139
鍋島直大　②437, 484, 485
鍋島彦七郎　⑥153
鍋島　幹　②329
鍋島陸郎　②383
並河真広　⑤113
波部悦三　⑦47, 164
名村恭蔵　①130
奈良三郎　⑥119, 120
奈良武次　⑤170, 206, 387, 416, 426, 429, 437, 442, 443
楢木　寿　⑤401 ⑥48, 54
楢崎篤善　⑤91
楢橋篤義　⑥282, 286, 400
楢橋重威　⑦129
楢林文吾　①110, 113, 124, 132
奈良原　繁　①215, 216, 223, 226, 238, 332 ④111
成沢金兵衛　②387
成田栄信　③258, 298, 300, 322, 330, 396, 432, 457 ④80, 81, 314, 315
成田軍平　③271
成富公三郎　④318, 458, 484 ⑤107, 266
成清徳太郎　②334, 337, 345, 375, 380, 381, 416
成毛基雄　⑤516
鳴海喜一郎　④401
名和長憲　②358 ③103, 370, 459, 460 ④196
名和　靖　③73
南郷三郎　③441 ④181
南郷茂夫　①140
南郷茂光　①214, 299, 300
南郷次郎　①313 ③451 ⑥372, 422, 423 ⑦10, 13, 142, 196
南郷茂吉　①231
南波登発　③312, 320
南波礼吉　③318
難波作之進　⑤556
難波礼光　④324
南部球吾　②42, 56, 57, 194, 216, 223, 234, 258, 286, 363, 366, 375 ⑥519

中村小定　③63 ⑥54, 59
中村是公　④54, 57, 71, 78 ⑤36 ⑥328
中村静与　③355 ④122
中村修水　④492
中村純九郎　②280, 291
中村城太郎　⑥508
中村甚松　⑥25
中村静嘉　②23
中村精七郎　③168〜170, 173, 186, 255, 341, 342, 374 ④79, 335
中村清造　⑤551
中村瀬右衛門　③166, 167, 170
中村忠雄　④330
中村辰五郎　③173 ④335
中村達治　①71
中村長五郎　⑥122
中村諦亮　⑥106
中村照子　④330
中村友三郎　①85
中村豊次郎　①19, 37, 38, 66, 69, 88, 116, 134, 143, 167, 180, 186, 199, 200, 247, 250〜254, 257〜259, 261, 308 ②469 ③42, 83, 126, 169, 207〜209, 217, 219, 222, 257, 259, 266, 267, 274, 298, 307, 328, 367, 394, 431, 444 ④13, 20, 50, 60, 136, 142, 345, 494 ⑤494 ⑥131, 177, 209, 294 ⑦42
中村虎之助　③276
中村直敬　①37, 215, 309, 346, 347, 400 ②173, 304
中村原次郎　④241
中村秀子　①45
中村福助　③259
中村房次郎　④241
中村文夫　⑤525 ⑥198, 378, 403
中村昌恵　③347
中村正雄　⑥416, 443, 444, 453, 466
中村　学　⑤162
中村幹治　②461
中村安得　④228
中村弥六　③339, 348
中村雄次郎　①15, 76, 174 ②19, 66 ③11, 13 ④229, 405, 408, 484, 485 ⑤26, 55, 215, 516 ⑥12, 511, 513, 531
中村美明　⑦219
中村嘉寿　③457
中村竜二　③127
〔中元〕　②35
中本章蔵　①187, 188, 199, 234, 235
中本甫之　②34
長森藤吉郎　①118, 134
中屋重治　④503 ⑤74, 76, 108
永屋　茂　④347
中安信三郎　⑦49
中柳勝次　④316, 352, 357, 404, 409, 481, 500 ⑤26, 62, 105, 132, 139, 169, 171, 183, 202, 209, 276, 296, 299, 336, 339, 349, 372, 383, 452, 471, 538 ⑥10, 52, 61, 81, 112, 169, 170, 176, 200, 220, 238, 253, 434, 458, 533, 535
〔中山〕　①100, 385 ②233 ③42, 75, 94, 188, 263, 441 ④343
中山慶子　①137, 139 ②125
中山孝太郎　④398
中山佐市　①69, 97, 99, 100, 107, 115, 117, 118, 131, 133, 134, 169, 183, 197, 218, 280, 285, 331, 375, 390, 392 ②84, 90, 94, 95, 103〜108, 112, 113, 116, 125, 127, 129〜131, 147, 159, 182, 195, 211, 220, 237, 240, 257, 355, 374, 405, 411, 413〜415, 423, 436, 447, 471, 489 ③39, 93, 136, 193, 207, 283, 370, 390, 397, 457, 461 ④26, 34, 87, 88, 140, 153, 161, 164, 166, 187, 203, 219, 247, 252, 272, 323, 326, 332, 346, 347, 349, 353, 357, 358, 404, 482, 491, 495 ⑤14, 53, 110, 133, 203, 240, 306, 500, 508, 509, 517 ⑥464, 465
中山純市　②125
中山説太郎　③454, 455

424, 460 ④49, 51
中野直枝　②46 ⑤427, 442
中野初子　②395
中野　洋　⑥220, 226
中野　浩　⑤279, 298
中野勇吉　⑤455, 458
中野勇二　①39
永野永三　⑤144
永野　光　④339
長野　幹　③355, 372
中橋徳五郎　①10, 40, 182, 285 ②38, 49, 57, 66, 79 ③252, 255, 367, 404, 441 ④49, 133, 136, 137, 198, 225, 229, 266, 282, 284 ⑤18, 19, 24, 26, 27, 33, 36, 38, 41, 42, 55, 175, 179, 227, 233, 242, 259, 550 ⑥14, 51, 62, 345, 376, 448, 456 ⑦16, 167
永橋剛一郎　⑥393
永橋至剛　②352, 360, 363, 376, 389, 391, 436, 440, 491 ③75, 245, 278, 307, 310, 313, 326, 327, 372 ④13, 61, 321, 360, 408, 484, 495, 498 ⑤62, 179, 288, 496 ⑥10, 65, 74, 102, 106, 107, 147, 151, 194, 242, 269, 301, 322, 392, 434, 439, 442, 486, 487
中畑米次郎　④228
永畑大太郎　④124
中鉢美明　②111
長浜和吉郎　②483
中林竹洞　⑦238
中林政博　③68
長林密蔵　⑦27, 45
〔中原〕 ①269
中原岩三郎　③335, 366 ④54
永淵清介　③38
〔中松〕 ⑤544, 545
中松盛雄　⑤532 ⑥185
長松篤棐　①323, 336, 387 ②22, 50, 53, 69, 128, 132, 429 ③176, 181, 182, 285, 459, 460 ④196 ⑤501～503, 507, 514, 518, 523, 525, 535, 557 ⑥135, 389, 400
中溝徳太郎　④76, 143
中道伊兵衛　①51, 134, 190, 242, 243, 268, 317, 324 ②146, 315, 316, 325, 373 ③48, 124, 363, 376 ④335 ⑤64, 145, 190
中道伊与勝　①118
中道対石　⑤354, 362
中道　養　⑦34
長満欽司　⑤507, 510, 530, 539
永峰兼松　④326
永峰光名　⑤540
永嶋峯吉　③194
長嶺　茂　④364
長峰与一　③377, 391 ⑤23
中牟田倉之助　①298 ③189
中牟田五郎　①118
中牟田武正　①311
〔中村〕 ①77, 115, 132, 233, 248, 249, 255, 257～259 ②131 ③98, 433, 447 ④24, 68, 108, 200, 243, 266, 473 ⑤34, ⑤42
中村亮道　④330
中村　明　①278, 295
中村卯三郎　⑤551 ⑥24
中村英吉　①79
中村円一郎　⑤46
中村円次郎　④65
中村　修　⑤76, 452
中村嘉寿　⑤505, 540
中村嘉藤治　⑤88
中村兼弥　①248 ②324, 481, 503 ⑤525 ⑥54
中村雁次郎　③205
中村啓次郎(中村桂次郎)　①203 ②195 ③382 ④293, 342, 490 ⑤61, 133, 136, 219 ⑦167
中村敬太郎　①400 ②51, 247, 292, 427
中村謙一　⑦40

2, 55, 62, 78, 79, 81, 92, 101～105, 107, 111, 115, 117, 133, 149, 182, 200, 215, 275, 277, 320, 326, 334, 350, 360, 413, 496, 500 ⑤15, 16, 24, 36, 37, 59, 201, 212, 217, 314, 338, 341, 530 ⑥13, 15, 126
中末郁二 ⑥340, 370, 380 ⑦14, 183
〔中田〕 ①244, 374 ②438 ⑤349
中田栄次郎 ⑤310
中田敬義 ①349 ②94, 101
中田鉄五郎 ⑤475
中田時懋 ⑤391
中田愛成 ④269, 275, 317, 352
〔永田〕 ③303, 307, 309, 311, 314, 317, 319, 321, 323, 325～330, 332, 334, 335, 337, 338, 340, 342, 344 ④14, 120, 132, 200 ⑤37, 324
永田　巌 ③388
永田隼之輔 ④288, 296, 358, 365, 383, 399, 476, 491 ⑤12, 42, 54, 150, 194, 342, 349, 361, 408, 462, 475 ⑥24
永田仁助 ③435, 450 ④16, 17, 72 ⑥323, 325, 330, 331, 335
永田忠吉 ①392, 393, 395
永田綱明 ④446
永田貞次郎 ②85
永田秀次郎 ④130, 337, 343 ⑤50, 62, 490, 542, 545, 548 ⑥127 ⑦46
永田秀太郎 ④46
永田正明 ②228
〔長田〕 ①80, 86
長田　馨 ①56, 68, 71
長田博光 ⑥278, 287, 318, 326, 329, 340, 348, 361, 397, 407, 416, 431, 439, 462, 490, 528, 530, 538 ⑦11, 14, 15, 32, 37, 41, 44, 81, 100, 113, 124, 132, 161, 180, 190
長田守勝 ⑥217, 220, 221
〔中武〕 ④468
〔中谷〕 ①13, 137
中谷弘吉 ①13, 96, 117, 137, 166, 209, 295 ②15, 23, 153, 154, 158, 222, 223, 225, 426 ③166, 367 ⑤518, 523, 525
長塚源次郎 ③315, 321
中塚虎太郎 ⑤74
永積純次郎 ②163
永富貞平 ⑥256
永富雄吉 ④74 ⑤42
長友安夫 ⑤290
永長与藤二 ⑤519, 523 ⑦222
〔中西〕 ②75 ③360, 374, 389, 396～398, 443, 445, 447 ④102, 180 ⑥157, 223, 348, 352
中西四郎 ③290 ④224, 350, 403, 409, 414 ⑤243, 516, 520 ⑥155, 174, 196, 236, 253, 265, 266, 312, 323, 337, 347, 362, 388, 393, 408, 423, 430, 435, 441, 462, 488, 518, 538 ⑦146, 189, 211, 227
中西清一 ④134, 140
中西清兵衛 ⑥354
中西常之助 ⑥467
中西正夫 ①81
中西正樹 ②354 ⑤59
中西用徳 ⑦104
中西安次郎 ⑤297
中西六三郎 ③388 ⑤22, 29, 234, 530
長沼謙至 ⑥473, 482
中根　栄 ⑤438
長根津一 ⑥324
〔中野〕 ②46 ③322, 367
中野邦一 ⑤445
中野信吾 ③404
中野正剛 ⑤19
中野武営 ①249, 373 ②96, 105, 194, 249, 254, 274 ③272, 303, 324, 333, 334, 336, 337, 340, 424 ④139
中野太右衛門 ⑦36
中野寅次郎 ③257, 327, 333, 339, 349,

長坂金雄　②222
長崎英造　③407, 411, 430 ④31, 67, 82, 148, 356 ⑦40
長崎省吾　④466, 471, 487 ⑤38, 59
長崎竹十郎　④429 ⑤305
長崎豊十郎　④190
中里重次　⑤206
中里辰男　⑦177
中里日勝　④10, 157, 160
中沢晋作　⑤37, 38, 41, 190, 193, 194
中沢　正　⑥296 ⑦131
中沢　亨　④193
中沢彦吉　⑤243, 380
中沢武兵衛　①194, 195
中沢安江　⑤128
中沢　義　⑤380
長沢寿庵　①335
長沢寿一　①335
長沢徳玄　④476 ⑤29
長沢林太郎　③268, 270 ⑥314, 355, 459, 472
中治稔郎　④306
〔中島・中嶋〕　①96, 252, 295, 391 ②23, 41, 216 ④243, 296 ⑤332 ⑦12, 144, 194, 229
中島栄吉　④383, 387, 388
中島亀次郎　④275
中島喜市　②188
中島気崢　②102
中島清重　③460
中島久万吉　①325, 336 ③267, 284, 285, 305, 314, 322, 347, 349, 351, 370 ④37, 74, 94, 105, 132, 136, 141, 143, 158, 165, 168, 181, 186, 196, 224, 241, 324 ⑤31, 40, 58, 220, 307 ⑥157
中島弘蔵　①69
中嶋幸平　①363
中島滋太郎　③284 ④74
中嶋滋広　①308
中島滋麿　⑦38
中島知久平　②504 ⑥460
中嶋長蔵　①363
中島輝声　⑥257
中島徳四郎　④159, 167, 323, 404, 489 ⑤12, 168 ⑥491, 493, 529 ⑦12, 14, 136, 150, 177, 178, 193
中島敏之助　①69 ⑤63, 224 ⑥103
中島豊太郎　③435
中島永元　②146, 457 ③35 ⑤333
中嶋正之　②293
中嶋又五郎　①120
中島盛利　⑥272
中島弥高　②473
中島行孝　①38
中島嘉則　②123, 183, 217, 312, 313, 322
中島利一郎　⑥481
〔長島〕　②110, 257, 444
長島八郎　④326
長島隆二　①331 ②154, 157, 158, 287, 414 ③199, 209, 215, 217, 218, 222, 223, 225, 229, 230, 243, 244, 247, 248, 256, 298, 307, 338, 339, 366, 374 ④87, 94, 96, 99, 101, 106, 108, 111, 115, 120, 145, 146, 150, 163, 171, 234, 239, 240, 273, 284 ⑤46, 47, 174, 373, 376, 379, 387, 399, 480, 502
長嶋鷲太郎　②151, 412
中条精一郎　③272
仲小路　廉　①10, 31, 166, 233, 326, 390 ②16, 20, 23, 26, 60, 63, 98, 108, 111, 125, 162, 195, 239, 248, 249, 256, 344, 360, 364, 447 ③20, 44, 57, 58, 61, 88, 138, 146, 149, 150, 155, 161, 166, 172, 178, 182, 205, 206, 243, 247, 250～253, 261, 263, 264, 270, 272, 274, 276, 279, 283, 284, 286, 293, 300, 310, 313, 322, 332, 353, 361, 373, 375, 376, 383～385, 390, 405, 431, 442, 446, 447, 450, 454 ④35, 45, 48, 5

長井越作　④229, 259
長井増次郎　②172
長井益太郎　③102, 216 ④19, 318, 482 ⑤441, 527 ⑥400 ⑦53, 58, 63, 121
〔中江〕 ①77
永江為政　③76
中尾五郎　②47, 73, 102
中尾多一郎　③341
永尾幸雄　②212
〔長尾〕 ④148, 347～350
長尾景徳　④295, 303, 360, 365, 392, 435, 438, 464, 484, 494 ⑤89, 92, 94, 96, 101, 147, 150, 187, 315, 364
長尾定造　⑥156
長尾半平　②231 ④108, 112～124, 153, 151, 165, 233, 324, 360, 409, 487 ⑤18, 130, 374 ⑦167
長尾正元　⑤424
中岡彌高　⑥474
〔長岡〕 ③458
長岡乙彦　④465
長岡外史　③181 ④10, 88, 104, 131 ⑤13 ⑦190
長岡克暁　⑤271
長岡長平　④146
長岡秀賢　⑥14
長岡安平　③422, 430, 432 ④41, 66, 70, 74, 78, 91, 199, 203, 208, 215, 222, 224, 243 ⑤212～215, 222, 224, 227, 231, 235, 240, 291, 295 ⑥247
中上君亮　②29, 319
中上友三郎　⑤253
〔中川〕 ①319 ②22 ④387, 388, 464, 466 ⑤92, 102, 141, 412 ⑦152
中川一郎　①68, 80 ④206
中川興長　②54, 64, 200, 382, 410 ③47, 71, 176, 181, 214, 284, 354, 459 ④27, 181, 192, 196, 391
中川和雄　⑥198, 354
中川亀三郎　②309 ③459
中川　澄　①291, 325, 350, 358, 366 ④136
中川健蔵　③271, 300, 302, 372, 375, 393, 396, 397, 401, 447 ④23, 45, 55, 83, 91, 146, 208, 236 ⑤515, 516, 520, 546 ⑦89
中川浩介　⑥394
中川幸太郎　④360 ③399, 426, 444 ④40, 43 ⑤501
中川小十郎　④54, 57, 281, 335, 337, 352, 382, 404, 415, 428, 431, 454, 455, 463, 464, 466～478, 487, 491, 499 ⑤19, 30, 50, 60, 74, 75, 88, 89, 93, 96, 99, 123, 130～132, 136, 138, 153, 173, 202, 241, 277, 296, 303, 341, 349, 371, 389, 397, 399, 411, 416, 435, 453, 472, 494, 520, 526 ⑥279, 294
中川　敏　⑦131
中川繁丑　④305, 307
中川七郎　④380 ⑤249
中川十郎　⑤362, 468
中川四郎　②133, 135, 136 ③423 ④59, 439, 508
中川良長　⑤27 ⑥15, 73, 127
中川竹三郎　③425
中川伝治　①70 ⑤367
中川友次郎　③340, 355, 423, 429
中川　望　③459 ⑤490, 516, 529 ⑥198, 260 ⑦170, 192
中川　一　④206
中川久任　②203, 269
中川守格　①35, 37, 40
中川行秀　⑥65
中川良太郎　④325
中川隣之助　③353, 402 ④121
永川俊美　④275, 349, 499 ⑤12, 51, 121
長久保　晴　④315
中隈敬蔵　⑤337 ⑥34
中倉万次郎　④430

富永敏麿　②447, 451, 460, 479, 481, 482, 496 ③39, 51, 77, 86, 145 ④14, 28 ⑥141, 535
富永益三　③276
富永義高　⑥223
富永れい子　⑦164, 167
富村順一　⑥380
留岡幸助　③205
友田久雄　①39, 40 ③398
友綱(力士)　①161
友綱貞太郎　⑤31
友常俊次　③44, 47
戸谷一雄　③178
富山　薫　⑥490, 527, 530
〔豊川〕　②57, 107, 235, 254, 283
豊川武雄　②458 ③38, 75, 104, 109
豊川良平　①269, 281, 316 ②42, 44, 45, 56, 57, 60, 68, 75, 88, 90, 95, 98, 104, 113, 137, 140, 144, 149, 158, 159, 165, 169, 170, 171, 176, 198, 211～216, 220, 223, 225, 234, 237, 258, 286, 290～297, 299, 300, 305, 306, 314, 338, 339, 356, 362, 363, 366, 375 ③77, 191, 193, 207, 208, 265 ④401, 403
豊島直通　⑦104
豊島石五郎　④39 ⑥299
〔豊田〕　④453, 454, 459～461, 463, 464 ⑤252
豊田勝蔵　⑤387, 388 ⑥80
豊田周作　③166, 170
豊田正治　⑦155
豊田道之助　③51, 108
鳥居鉱太郎　①297
鳥居忠文　①332 ②20, 47, 66, 483
鳥居龍蔵　①229
鳥尾　光　①21
鳥潟右一　③357 ⑤453
鳥越雅一　⑤514, 523
鳥沢豊吉　④89
鳥野幸次　②307
鳥淵鋭太郎　④401
鳥山敬三郎　①69, 83, 112 ③261, 296, 349, 401 ④39, 87, 88
鳥山敬二郎　①67, 68, 71, 81
戸渡史郎　②236

な

内藤市蔵　①79
内藤勝蔵　⑤389
内藤憲一　②308, 375
内藤正太郎　④306, 364 ⑥66, 81
内藤敏之助　①72
内藤巴城　③294
内藤浜治　④400
内藤彦介　①11, 136
内藤久寛　①68, 170 ③305, 418, 420 ④141, 324 ⑤207, 208
内藤英雄　⑤394
内藤正義　③264
内藤守三　①72, 254, 317, 344 ③73, 168, 261, 309, 319 ④52, 53, 355, 430
内藤守之助　①175
内藤守之　⑤546
内藤保治　③264
直居史郎　②38
〔中井〕　⑤524
中井錦城　②354
中井房五郎　④63
中井正吉　①139
〔永井〕　①91 ⑤401
永井嘉六郎　⑤229
永井儀四郎　⑤326
永井久一郎　②246
永井金次郎　⑤427, 530
永井甲南　③181
永井二郎　⑤142
永井哲夫　⑤170
永井徳照　⑤248
永井松右衛門　①78
永井好信　④271

得能通昌　②32, 300
徳久恒範　①38, 65, 81, 116, 118, 120, 137, 163, 172, 208, 210, 223, 270, 349 ②8, 13, 469
徳久弘範　①30
徳光好文　①395
徳山浩一　⑥272
戸倉能利　①218 ②98, 326 ⑤386 ⑦69
床次竹二郎(床次竹次郎)　②268, 310, 319, 336, 467 ③78, 111, 138, 225, 239, 252, 291, 307, 308, 321, 323, 327 ④15, 46, 133, 167, 192, 202, 203, 228, 242, 266, 347, 482 ⑤55, 164, 167, 169, 242, 281, 303, 346, 397, 400, 550 ⑥14, 54, 57, 126, 136, 151, 182, 212, 240, 241, 245, 265, 286, 316, 318, 348, 430, 482, 489 ⑦20, 24, 30, 35, 40, 55, 62, 63, 69, 73, 75, 76, 78, 83, 101, 107, 145
土佐熊蔵　③306, 309, 398
戸沢純夫　⑥412
〔利光〕　①313, 347 ③257, 362
利光鶴松　①71, 85, 86, 92, 93, 120, 121, 127, 128, 136, 175, 190, 250, 256, 263, 269, 274～276, 281, 283, 296, 300, 316, 334, 350 ②68, 69, 99, 188, 259～262 ③26, 30, 369, 451 ⑦13
利光平夫　③254
土州山(力士)　②57
〔戸田〕　①133 ⑤348, 383, 385, 394, 395, 397, 399, 402, 420, 431, 437
戸田氏共　②28
戸田氏秀　⑥65
戸田鉦吉　⑥341
戸田保忠　⑤523, 524, 526, 527, 533
栃内曽次郎　③421 ④11 ⑤165, 490
〔戸根川〕　④72
殿村碩亮　①133, 162 ②146 ③314, 338
戸張志智之助　③388
富井政章　②187, 279 ③61, 138, 148, 155, 157 ⑤180, 530 ⑥258 ⑦48, 99, 101, 104, 152, 162, 215
富岡貞吉　③333
富岡定恭　②178
富岡周蔵　①56, 57, 60, 63～67, 69, 98, 107, 121, 124, 130, 200 ②152, 165, 167, 178, 179 ③43 ④45, 324 ⑤132 ⑥369
富倉林蔵　①59, 60
富島祥子　⑤44, 310 ⑥524
富島暢夫　③354 ④21, 45, 47, 114, 121, 167, 170, 347
富島元治　④288, 294, 296, 301, 305, 306, 308, 309, 363, 365, 379～381, 383, 384, 387, 393, 394, 396, 399, 434, 439, 451, 466 ⑤9, 44, 68, 102, 142, 252, 268, 323, 362, 364, 410, 413, 416, 424, 425, 434, 464 ⑥55, 166, 355, 520
戸水寛人　⑤341
富田幸次郎　③393, 404
富田達三郎　⑥177
富田松彦　⑤173, 287, 289, 295, 301, 334, 389, 397, 402, 467 ⑥426
富田光増　③262
富田弥平　⑥478
富田勇太郎　②292
富田良男　③30, 33
富谷銈太郎　⑦103, 104, 208
富谷鉄太郎　⑥138
富谷泰一　⑦208, 233
富地近思　⑤94, 254 ⑦235
富取卯太郎　⑤543
富永一二　②207
富永数麿　④412
富永孝太郎　⑤516
富永猿雄　⑥153
富永二郎　①365
富永総一　⑦164

41, 42, 44, 47, 54, 89, 104, 201, 221, 223, 226, 229, 307, 434, 440 ④42, 77, 156, 186, 194, 199, 215, 241, 267, 274, 496 ⑤16, 133, 134, 225, 254, 307, 367, 378 ⑥127, 247, 475, 530, 536
東条勝友　④431
道善良平　⑥25, 116
藤堂憲丸　①386 ③157
藤堂高成　②69, 73, 153
藤堂義成　③18, 281
頭本元貞　③266, 300, 322, 329, 330, 351, 384, 385, 396, 438, 456
富樫虎次郎　②437
戸狩権之助　②151 ③360
土岐悦蔵　④502, 503 ⑤144, 191
土岐嘉平　④70 ⑤516 ⑥526
土岐龍太郎　⑥134
土宜法竜　④416
時岡三級浪　③345, 378
時実秋穂　⑥351
時乗　寿　⑥469
常磐盛衛　⑤393
徳川　厚　②43, 54, 260 ③98 ④260 ⑥64
徳川家達　①13, 24, 70, 86, 95, 142, 167, 173, 185, 187, 223, 229～232, 241, 242, 303, 313, 314, 330, 331, 336, 387, 388, 398～400 ②20, 25, 29, 30, 115, 131, 132, 138, 139, 148, 150, 153, 159, 170, 171, 173, 187, 190, 193, 195, 199, 203, 241, 252, 260, 268～270, 271, 276, 279, 281, 283, 284, 285, 290, 318, 346, 360, 374, 387, 392, 396, 404, 407, 409, 410, 413, 415, 416, 418, 419, 427, 429, 440, 441, 462, 464, 479, 482, 483, 490, 491, 493, 501 ③39, 40, 47, 49, 53, 56, 60, 63, 73, 88, 93, 103, 115, 123, 126, 131, 138, 153, 157, 167, 199, 242, 251, 252, 256, 295, 372, 376, 388, 452, 459 ④42, 43, 168, 196, 199, 416 ⑤19, 45, 203, 205, 207, 208, 211, 236, 368, 381, 495, 498, 547, 549, 552 ⑥19, 433, 437
徳川　治　②272, 273
徳川喜久子　⑦150, 157
徳川圀順　⑤125
徳川達孝　②139, 142, 196, 269, 282, 406 ③251, 403 ④278, 279, 283, 284, 317, 358, 483 ⑤61, 108, 160, 338, 439
徳川義礼　⑥146
徳川好敏　②164
徳川慶喜　①145 ②358～361 ③147
徳川慶久　②147, 150, 269, 296, 310, 346, 359, 415 ⑤125, 199, 200 ⑦155
徳川頼貞　③275 ⑥325
徳川頼倫　①210 ②139, 142, 193, 269, 272, 278, 407 ③128, 130, 275 ④192, 284, 356, 487 ⑤540 ⑥11, 172
禿氏岳山　③454
徳島清松　③410
徳島元治郎　⑥330
徳島元太郎　⑤302 ⑥128, 206, 213, 286 ⑦12, 20
徳島吉太郎　⑥158
徳田金一　②284, 286
徳田多喜丸　④385, 387
徳大寺実則　②195 ④225
徳富一敬　②436
徳富蘇峰(徳富猪一郎)　②436, 449 ③247, 252, 315, 316, 318, 369, 452 ④74, 131, 230, 253, 321 ⑤224, 493 ⑥146, 278, 426 ⑦57, 160
徳富　迪　⑤206
〔徳永〕　⑤151, 194, 476
徳永乾堂　⑤270
徳永　庸　⑦167, 210
得能佳吉　④339
得能通要　①209 ②34
得能正憲　④307

4, 77～79, 83, 85, 86, 88～96, 99, 101～112, 115～118, 120, 121, 124～127, 129, 130, 132～135, 137, 139, 148, 150, 154, 157, 159, 160, 171, 176, 185, 199, 238, 273～275, 278, 282, 284, 317, 318, 348, 360, 363, 397, 398, 403 ⑤262, 350 ⑥290, 375, 384, 518 ⑦89, 115
寺江鯉一　④399
寺上正雄　⑥180
〔寺坂〕　①110
寺沢忠之　⑤125 ⑥274
寺師義信　⑤250
〔寺島〕　③135
寺島秋介　①92
寺島誠一郎　①317, 332 ②139, 169 ③94, 101, 104, 108, 111, 123, 126, 223, 225, 226, 229, 275, 386 ⑤478 ⑥314 ⑦26, 58, 59
寺島善八　⑤178, 180, 183, 276, 474, 527
寺島天園　④48
寺島敏一　③90
寺島敏三　④76
寺島成信　⑥498, 500, 502, 518
寺島茂登子　⑥314
寺田市正　①280, 304 ②36
寺田　栄　④51 ⑤232
寺田源七　⑥122
寺田省帰　③326, 327, 341, 395
寺田祐之　①67
寺田教之　①134
寺田　弘　①84, 348, 349, 371 ②109, 235, 334, 363 ③68, 73, 135 ⑤25 ⑦188
寺野精一　④28
寺原長輝　①117, 169, 285 ②241
照木昌爾　⑤299 ⑦54, 55
照木敏雄　⑦53, 54, 66
照宮成子内親王　⑦12, 20, 207
出羽重遠　②456
田　雑五郎　④316
田　淳吉　④309, 382 ⑤69, 142, 150, 361, 363, 382, 460
田　捷治　⑥71
田　慎治　①98 ⑤363, 364
田　哲造　④345
田　友吉　①153 ③116 ⑤142, 150

と

土井市兵　③427
土井権大　④40
土井季太郎　⑤252
土井宗三郎　①209
土井利安　②372
土井利美　②372
〔土居〕　①77 ③362 ⑤89
土居勝郎　③325
土肥江雲　⑤372, 391
土居剛吉郎　③452
土居貞弥　①72, 81 ③152, 254, 296, 304 ⑤179
土居愛明　③323
土居道夫　②79
土居通夫　③91, 263, 273, 363, 410
土居通予　①174, 269, 281 ⑤181, 202
土肥竹次郎　③341～343, 352, 373
土肥主税　⑤332, 335, 336, 343
土肥了介　⑤92
戸井田　司　④493 ⑤92
塘　才二郎　⑤555
塘　みつ　⑥119
道家　斉　⑥228, 230
道源権治　②29 ⑤552
東郷平八郎　①255, 256 ②25, 28, 85 ④25 ⑤165, 518
東郷　実　⑦167
東郷　安　②29, 53, 73, 138, 145, 153, 172, 270, 285, 290, 294, 296, 310, 335, 339, 385, 393, 454, 455, 479 ③21,

82, 284, 417, 444 ④26, 27, 48, 71, 97, 110, 136, 138, 144, 152, 168, 169, 186, 193, 204, 326 ⑥507
妻　孜一郎　⑥37 ⑦92
〔妻木〕 ①76 ②45, 47, 67
津本貞三　③184
津本義雄　⑥49, 50, 124
津屋幸右衛門　⑤404, 521 ⑦136, 242
鶴岡喜八郎　③265, 274
鶴岡小太郎　③343
鶴我松太郎　⑤251, 308, 310, 311, 364
鶴田甲窪　③281
鶴田小太郎　③336, 337, 341
鶴田留吉　①19, 27, 40, 43 ⑤201
〔鶴原〕 ①87 ②174
鶴原鶴羽　⑤366, 397
鶴原定吉　①316 ②412
鶴淵　毅　④150
〔鶴見〕 ④154 ⑤473 ⑥29, 31, 40, 58, 66
鶴見愛子　⑥31
鶴見左吉雄　②225 ③276, 303, 349 ⑤178, 498, 501, 506, 507, 515, 531, 533～535, 539, 545, 554 ⑥29, 66, 231 ⑦81, 122, 145
鶴見祐輔　②269, 478 ④88, 97, 119 ⑤129, 178, 224 ⑥40, 439, 501⑦183, 185

て
貞明皇后　②163, 204, 308, 354, 423, 435 ③35, 130, 189, 193, 254, 269, 272, 288, 300, 325, 340, 343, 355, 376, 379, 394, 403, 412, 419, 435, 443, 460 ④8, 16, 22, 25, 38, 45, 58, 82, 104, 112, 113, 134, 207, 214, 279, 283, 317, 357, 358, 392, 404, 405, 408, 412, 419, 422, 424, 432, 483, 486, 500 ⑤52, 60, 61, 88, 108, 136, 158, 160, 169, 181, 200, 209, 236, 239, 255, 277, 283, 284, 327, 334, 343, 348, 366, 384, 402, 437～439, 453, 461, 484, 489, 494, 505, 507, 509, 513, 526, 529
出口直吉　③166
手島精一　③256 ④16
手島敬通　①352, 375 ⑤407
手塚栄太郎　③290, 425 ④137
手塚　孝　③333
手塚省三　⑦98
手塚敏郎　⑤178, 235
手塚正次　③338
出淵勝次　⑥136, 239, 243, 244, 284, 468, 487, 493, 502, 505 ⑦41, 45
寺阿弥三郎　③259
寺井栄三郎　②40
寺井駒三郎　①300
寺内綾子　⑦89
寺内毅雄　④274 ⑥148 ⑦90, 91
寺内寿一　④318, 321, 403, 414 ⑤23, 507 ⑥144
寺内正毅　①9, 30, 68, 93, 134, 168, 169, 174, 197, 236, 321, 362, 371, 383, 400 ②17, 24, 29, 37, 90, 109, 181, 187, 197, 198, 200, 202, 319, 320, 328, 329, 361, 375, 402, 403, 431 ③39, 45, 55, 83, 116, 171, 182, 212, 214, 215, 221, 222, 224～229, 232, 235, 237～242, 246, 248～253, 255～264, 268, 269, 271, 272, 274, 275, 279, 282～284, 288, 293, 295～298, 301, 302, 304～306, 308～310, 312～314, 318, 325～328, 333, 336～338, 343, 346～349, 351, 353, 354, 360, 366, 367, 369, 370, 371, 373, 376, 377, 379～385, 392～394, 396, 399, 401, 402, 405, 406, 408, 410, 413, 414, 416, 417, 419～423, 429, 431, 433, 435, 440, 441, 444～446, 450, 452～454, 457, 459 ④8～10, 13～16, 21, 22, 24, 26, 29, 30, 41, 42, 45, 48～54, 56, 57, 59, 61, 62, 64, 65, 69, 7

③322, 347
土谷金次　⑤129 ⑥38
土屋国麿　④315
土屋達太郎　④449
土屋藤三　⑥353
土屋具治　③323
土屋秀直　⑦152
土屋正直　⑤439 ⑦154
土屋光金　⑤213 ⑥148
筒井丑太郎　④458 ⑤193, 247, 364
筒井喜平　③341
筒井定之丞　②83
筒井住蓮　②111
筒井信郎　③330
都筑馨六　①10, 101, 160, 172 ③188 ⑤462 ⑥70 ⑦175
〔堤〕 ④96, 496
堤　功長　②358
堤　雄長　④330
堤　清六　④23, 128
堤　定次郎　③103, 113, 126, 145, 156, 168, 183, 195, 205, 216, 225, 245, 249, 279, 284, 290, 296, 321, 324, 346 ④108
堤　正誼　②306, 308 ③71
堤　義路　②306
鼓　包美　④279, 284, 328, 335, 337, 338, 346, 347, 354, 357, 403, 404, 406, 408, 413～415, 417～420, 430, 432, 447, 451, 459, 464, 466, 481～483, 485, 492, 494, 495, 499 ⑤12, 15, 17, 18, 34, 43, 48, 51, 52, 58, 61, 107, 110, 113, 114, 124, 131, 185, 194, 197, 213, 219, 232, 241, 270, 303, 320, 321, 336, 339, 386
筒水龍水　③37
堤林数衛　④415, 463, 477, 495 ⑤74, 77, 88, 271, 300, 344, 377 ⑥30, 528
津中翠嵐　⑦147
常石正雄　⑥222
常岡隼雄　③340
恒川重一　⑥274
恒川直吉　⑤387
恒次九水　③335, 336, 361, 424 ④126, 324, 492 ⑤22, 543 ⑥55
恒久王妃昌子内親王　④208
恒松隆慶　①65, 67, 69, 78, 82, 134 ②326 ④24, 31, 34, 411
常吉曾登　②406 ⑥496 ⑦98
常吉太一　③8, 82, 86
常吉徳寿　①253, 255, 256, 396, 398 ②17, 18, 29, 42, 43, 306, 332, 343, 378, 389～391 ③82, 88, 327, 329, 330, 354 ④191, 197, 209, 216, 324, 337, 346, 353, 357, 413, 426, 431, 482, 490, 497, 499 ⑤12, 23, 30, 34, 42, 58, 61, 106, 108, 113, 122, 123, 132, 138, 149, 154, 155, 159, 184, 200, 202, 248, 252, 254, 263, 265, 271, 311～313, 317, 328, 329, 361, 364, 365, 408, 409, 422, 435, 442, 449, 450, 453, 454, 462, 466, 467 ⑥123, 126, 142, 162, 167, 170, 171, 177, 222, 247, 317, 322, 326, 336, 337, 343, 345～347, 355, 356, 362, 369, 376, 379, 388, 390, 395, 401, 409, 410～412, 424, 426, 428, 431, 434, 441, 447, 463, 465, 467, 475, 485, 487, 496, 497, 515, 519, 527 ⑦12, 87, 97, 147, 150, 151, 165, 170, 183, 197, 224, 229, 234, 243
〔角田〕 ④296
角田武雄　①328
角田不二男　④221
角田正喬　⑦34
津原　武　⑤548
坪井九八郎　①177, 300 ②9, 25, 28, 53, 54, 56, 64, 132, 138, 153, 173, 175, 185, 186, 247, 270, 278, 286, 339, 379, 380, 382, 388, 391, 399, 489 ③34, 47, 56, 93, 102, 178, 180, 239, 263, 281, 2

〔辻川〕 ②37 ⑤440
辻川英一 ③192
辻川保三 ①99
津下猪太郎 ⑤450 ⑥501
津島吉兵衛 ⑤328
津島憲一 ④11, 20, 79 ⑥331, 367
津島憲三 ④289
津島真砂 ④153
津島正己 ④20 ⑥331
対馬憲一 ④94
辻村楠造 ④263〜265, 271, 347, 350 ⑤496
辻本正春 ⑤431
津末良介 ③406, 422, 434 ④121
津田敦雄 ⑥332, 341, 391
津田梅子 ⑦90
津田 要 ①18
津田官次郎(津田官治郎) ①84 ②161, 249, 276, 388, 502 ③177
津田毅一 ③334, 340, 343, 348, 453, 459, 461 ④22, 44, 97, 111, 115, 120〜122, 294, 346, 351, 396, 398, 438, 450, 497 ⑤11, 47, 52, 69, 93, 94, 122, 147, 150, 154, 159, 234, 238, 264, 266, 306, 321, 339, 356, 457, 505
津田憲一 ⑤490
津田謙介 ①153, 168, 289, 291 ②20
津田孝吉 ⑦152, 188
津田左次馬 ⑦152
津田十次郎 ⑥454
津田慎治 ②486
津田誠治 ①168
津田 頼 ⑤476 ⑥396, 398
津田輝雄 ②108
津田弘道 ①334 ②28, 69, 132, 153, 270, 339, 410 ④76 ⑦178, 181
津田万吉 ①296
津田万蔵 ⑤399
津田素彦 ⑤353
津田守一 ①91, 100, 152 ⑥29
津田右子 ①80
津田要吉 ①91
津谷政介 ⑤325
〔土田〕 ⑤445
土田綾子(山本綾子) ①38, 40, 41, 79, 81, 88, 96, 99, 101, 104, 106, 108, 111, 112, 114, 118, 122, 129〜131 ②57, 69, 70, 72, 128, 272, 309, 365, 424, 484, 489, 495 ③14, 21, 30, 45, 139
土田卯之助 ①153, 198, 199, 204, 384, 385 ②79, 91, 120, 306, 324, 503 ③23, 28, 32, 33, 218, 262 ④213 ⑤446, 504 ⑥141, 338 ⑦65, 223, 234
土田右馬太郎 ③216 ⑤400 ⑥248, 325, 347, 393, 458, 526 ⑦57, 222
土田 潤 ⑤238
土田政次郎 ①100, 131, 168
土田 孝 ⑦223
土田 昇 ①324 ③152, 153 ⑤110, 111, 241 ⑥339, 343, 453 ⑦142, 175
土田徳子 ⑦142
土田 元 ⑥453, 467, 537⑦32, 46, 68, 128, 142, 187, 194, 195, 204, 207, 229
土田文次(土田文治) ①104, 111, 130〜132, 153, 222, 316, 384 ②78, 91, 92, 309, 319 ③30, 42, 44, 45, 228, 360, 399, 425, 426 ④75, 136, 219, 228〜230, 360, 361 ⑤81, 348, 386, 446, 496 ⑥103, 106, 280, 290, 292 ⑦68, 106, 171, 243
土田睦子(青山睦子) ②128, 177, 207, 236, 263, 264, 269, 276, 285, 309, 319, 484, 489 ③21, 27, 30, 40, 42, 55, 342
土橋一次 ③56
〔土屋〕 ④201
土屋運八 ①38
土屋栄一 ⑥485
土屋観道 ⑥235
土屋金次(土屋金治) ②206, 214, 250

〔筑紫〕　③379
筑紫今朝彦　⑤280
筑前豊治　①140
千坂高雅　②20, 235
秩父宮雍仁親王　④318 ⑤277, 282, 343, 438, 555 ⑥8, 28, 149, 316, 422, 427, 487, 497, 499, 502, 507, 508, 509, 539 ⑦10, 113, 126, 136, 137, 140
千頭清臣　②290 ③239
遅塚麗水　⑥389
千葉　滋　③315
千葉胤義　④261
千葉平次郎　④305, 505 ⑥214, 226
千葉長作　⑥414, 416, 429
地場伝一郎　⑥23, 25
千早正次郎　②274 ③306
千代田筑峰　③282 ④15
珍田捨巳　①98, 117, 133, 180, 184, 204, 206 ③313, 436, 440 ④34, 336 ⑤33, 133, 137, 214, 280, 287, 293, 305, 306, 322, 344, 372, 383, 385, 387, 402, 410, 416, 418, 420, 424～426, 428, 429, 431, 432, 437, 440, 442, 443, 508 ⑥163, 534 ⑦13, 15, 16, 34, 36, 56, 102, 146
珍田秀穂　⑦146

つ

〔塚口〕　②93
塚口邦之亮　②473
塚口賰治　①134 ②473 ③340, 402, 409
塚口三之助　⑦31
塚口誠一　⑤134
塚口積太郎　②473 ⑥413, 415
塚口　漸　④202
塚田幸次郎　①139
塚田幸三郎　①139 ②365
塚田正一　⑥218, 325, 352
塚原周造　⑤114, 538 ⑥170, 388
塚村敏夫　⑦216
塚本岩三郎　③60
塚本喜三郎　⑤191
塚本幸太郎　③62
塚本貞一郎　⑥8, 152, 370
塚本寿一　⑦56, 69, 73, 192, 218, 220
塚山信三　②17
津軽承昭　②429
津軽英麿　④203
津川謙光　②145
津川福一　⑦191
〔津久井〕　③222
津久井　茂　③278, 351
津久井誠一郎　⑤74, 124, 255, 288, 329
津久井平右衛門　①283
〔築紫〕　④152 ⑤150, 165
佃　一予　①316
佃　安之丞（佃市之丞）　③333, 338, 347, 352, 356, 357, 360, 364, 425, 441 ④47, 57, 67, 70, 71, 75, 81, 89, 96, 114, 144
筑田和平　①12, 96, 122, 130, 134, 198, 223, 257, 266, 279, 283 ②110, 279 ③66
津倉亮一　⑥344
柘　丁吉　①127, 259 ②79, 83, 122, 175, 217, 366
柘植土雄　①78
津崎尚武　⑤221, 505
辻　嘉六　②132, 179, 201, 215, 243 ③125 ⑤45, 61, 109, 139, 472, 554
辻　健介　①362 ②64 ④76
辻　新次　②55 ③133, 285
辻　高衛　⑤229
辻　太郎　③154 ⑤68
辻　徳　①201
辻　寛　①16, 87, 97
辻　衛　⑦93
辻　鉞太郎　②363
辻岡順郎　⑤397

⑦42, 209
田原鎭雄　⑤336
田原禎次郎（天南）　⑤157, 172, 226, 228, 249
田房秀之助　⑤100, 320, 328, 344
〔田部〕　①23, 139, 334
田部　芳　⑦104
田部信成　①129, 130, 135〜140, 144, 146, 159, 165
田部良彦　⑤108, 505, 507, 509, 513, 517〜519, 526, 537
玉井揆一　③170, 415
玉江義朗　⑦11
玉生武四郎　⑤166
玉置栄吉　⑤196
玉田友右ヱ門　⑦26
玉利庄次郎　③152, 248〜250
〔田村〕　④155 ⑤154
田村市右衛門　④223
田村市郎　①134, 150, 196, 246, 347 ②9, 78, 207, 372, 421 ③43, 216, 336, 342, 360, 409 ④53, 64, 71〜75, 80, 85, 93, 94, 112, 144, 155, 161, 180, 193, 194, 205, 206, 208, 209, 216, 219, 220, 228, 230, 250, 285, 316, 318, 335, 361, 391, 410, 490 ⑤29, 40, 44, 50, 140, 244, 299, 378 ⑥268, 280, 506 ⑦29, 33, 35, 39, 62, 86, 125, 128, 137, 164, 178
田村音次郎　④48
田村寛一　⑦233
田村啓三　⑤339, 506 ⑦148
田村浩之介（田村浩之助）⑦137, 151, 161, 209
田村三治　④331
田村七五郎　⑦19
田村周作　⑥268
田村順之助　⑤259
田村新吉　③284, 285, 407 ④31 ⑤546, 547
田村新次郎　⑦113
田村澄子　⑥30, 94
田村全宣　④484 ⑤28, 34, 45, 56, 107, 113, 114, 137, 172, 241, 276, 341, 439, 453, 490, 497, 516, 517, 518, 546
田村忠雄　⑥386
田村治子　⑥292 ⑦70, 86, 106, 109, 123, 151
田村半輔　①83, 99
田村　寿　⑦69, 71, 218, 220, 221, 222, 226
田村啓之　④410
田村平輔　①140, 229
田村　良　①134 ③374, 402, 404 ⑥224, 236, 243, 255, 290, 454, 464 ⑦21, 29, 33, 35, 46, 68, 72, 86, 119, 132
田村良子　①377 ②207, 216 ③42, 43, 292 ⑥224, 236 ⑦21, 34, 151
田門平八　④477
多門二郎　⑥444, 449, 453
田山停雲　⑥25
多羅尾源三郎　④315 ⑤506
樽美好三郎　②150
俵　孫一　③108 ④44, 66, 70, 137 ⑤367, 520, 555 ⑦77, 99, 134
団　伊能　⑤338
団　琢磨　①267 ③306, 421, 445, 447 ④35, 36, 330, 333, 360 ⑤281, 338, 339, 342, 496, 498, 500
丹野茂正　②325
丹波七郎　③205
丹波秀伯　⑤530, 537, 551, 552

ち

千浦友七郎　⑤251
〔千枝〕　⑤324
千賀大次郎　⑥156
千賀崎健次郎　③21
力石雄一郎　③261, 367 ④415 ⑤527
千種宇佐美　③425, 426 ⑦78

48, 50～52, 54, 61, 64, 67, 68, 72, 78, 82, 83, 89, 90, 96, 97, 104～106, 107, 115, 116, 120, 124, 127, 130, 133, 137, 139, 143, 149, 150, 160, 169, 171, 175～179, 183, 184, 192, 196, 202, 210, 211, 213, 216, 223, 231, 249, 288～291, 293, 295, 299, 303, 304, 307, 315, 338, 353, 355, 363, 364, 366, 397, 425, 426, 435, 473 ③10～12, 96, 116, 144, 145, 169, 214, 216, 219, 239, 245, 258, 276, 279, 286, 296, 309, 326, 331, 333, 342, 343, 346, 377, 378, 380, 381, 383, 384, 388～391, 395, 398, 401, 407, 415, 417, 422, 424, 430, 434, 435, 447, 454～456 ④12, 25, 40, 41, 59, 66, 82, 83, 86, 119, 132, 137, 138, 148, 154, 175, 190, 191, 207, 219, 241, 318, 335, 346, 407, 410, 421, 428, 429, 432, 440, 490, 499 ⑤61, 63, 96, 97, 99～102, 113, 115, 132, 170, 182, 243, 244, 250, 257, 268, 274, 275, 279, 287, 289, 300, 304, 309, 333, 342, 347, 382 ⑥177, 178, 362, 383 ⑦152
田辺　操　③327
田辺　実　③349 ⑤478
田辺良彦　⑤515
田辺米子　⑥243, 295, 383, 391, 428, 447 ⑦174, 236
田辺隆二　④83
田鍋安之助　②354, 439 ③63, 180 ④274
谷　嘉兵衛　⑥437
谷　干城　①223, 241, 282, 303, 325 ②46 ③349, 350
谷　親男　④490, 491 ⑤54
谷　文八郎　③354, 379
谷　基太郎　①153
谷　了悟　④397, 465 ⑤467
谷垣芳太郎　④61, 285 ⑥132
谷川利善　⑤526, 527 ⑥34, 78, 214
谷河梅人　⑤150, 158, 255, 352, 459
谷口留五郎　③186
谷口尚真　⑦193
谷口房蔵　③362 ⑥297
谷口守雄　⑤241, 276, 307, 367
谷島喜太郎　⑥399
谷田定素　④409 ⑤54, 56, 114, 279, 369
谷田閫電　⑥489
谷田守雄　⑤22, 39, 61, 105, 138, 202, 348
谷野　格　④295, 353, 360, 384, 464 ⑤10, 89, 93, 95, 96, 99, 107, 114, 141, 149, 150, 151, 185, 196, 228, 236, 253, 262, 263, 271, 288, 291, 292, 295, 323, 364, 416, 454, 455
谷道耕太郎　③410
谷村一太郎　②214
谷村定次郎　③219
谷本伊太郎　③284
谷森真男　①298 ②151, 329, 353, 457 ③59, 77, 78, 123, 161, 169, 170, 175 ⑤50 ⑥115
〔谷山〕　⑥155, 162, 163, 166, 167, 169, 170, 171, 175, 176, 177, 178, 179, 180, 181, 182, 183, 185, 186, 188, 189, 190, 191, 193, 194, 196, 200, 203, 204, 205, 206, 208, 210, 214, 221, 222, 226, 227, 228, 230, 231, 232, 233, 234, 235, 236, 237, 238, 239, 240, 244
田沼　健　①264 ④345
田沼大吉　②38
田沼富三郎　④87
田沼秀実　②209
〔種村〕　⑤332
田野　豊　④12
田能村直入　②325
頼母木桂吉　③355 ④55
田端幸三郎　④438, 503
田畑政治　⑥265, 291, 320, 327, 342

田中弘之　③460
田中福松　①40
田中平八　①12, 15, 18, 25, 31, 129, 132, 247
田中正夫　②45
田中益太郎　③110, 126
田中又吉　④315
田中万逸　④47, 83, 119
田中光顕　①133, 138, 143 ④169, 170, 177〜179, 181, 192, 322 ⑥437, 458 ⑦192, 240, 241
田中都吉　⑥14, 169, 183, 538 ⑦240
田中守平　⑤181, 388
田中寧一郎　⑤425
田中　康　①61, 64, 70, 94, 136, 292, 321, 332, 350 ②15, 36 ③189 ④78, 146, 148, 151, 155, 164
田中保太郎　②174, 303 ⑤19
田中矢徳　①168
田中芳男　③211
田中義成　①396
田中隆三　④498 ⑥198 ⑦125
田中亮蔵(田中亮三)　①134, 265, 345 ②123 ⑦37
田中霊鑑　①187, 310, 313, 386, 389, 393, 395 ②12, 13, 35, 42, 44, 45, 54, 348
田中館愛橘　③65
田中丸祐厚　⑤499 ⑦178
田中丸善吉　②184, 185, 313
棚橋琢之助　④83 ⑥352, 353
〔田辺〕①8, 23, 30, 55, 60, 61, 68, 71, 72, 77, 80, 81, 85, 87, 94, 97, 100, 116, 117, 124, 128, 142, 158, 161, 182, 187, 191, 192, 206, 228, 243, 246, 251, 257, 258, 268, 289, 332, 343, 344, 350, 362, 374〜376, 379 ③267, 274, 396, 399, 441 ④69, 125, 157, 406
田辺勉夫　①161, 248 ⑤169
田辺勝次郎　②97
田辺勝哉　④247
田辺熊一　③421 ⑤238, 259
田辺貞吉　①147, 205, 252, 255, 283, 291, 295, 301, 336, 348, 371, 390, 391, 393, 395 ②10, 11, 22, 27, 36, 41, 45, 93, 186, 214, 223, 294, 298, 299, 315, 338, 366, 458
田辺七六　③340, 347
田辺昇一　③331
田辺上弥　⑥401
田辺清助　④491
田辺政之助　⑤276
田辺民次郎　①257
田辺為三郎　⑥49
田辺長吉　⑤222
田辺輝雄　①17, 108 ②348, 349 ③186, 274, 309, 346, 437 ④11, 54, 71, 90, 91, 96, 175, 176, 230, 236, 323 ⑤105, 199, 273, 274, 322, 323, 326, 329, 330, 368, 500, 554 ⑥187, 188
田辺輝五郎　③266 ⑥243 ⑦157
田辺輝実　①15, 28〜30, 39, 60, 92, 95, 154, 158, 161, 163, 170, 229, 248, 323 ②8, 12, 20, 29, 146, 181, 200, 225, 240, 312, 372, 384, 441, 500 ③55, 144, 145, 165, 166, 184, 192, 256, 378, 406 ④70, 71, 175, 176, 187〜190, 254, 274, 323, 342, 427 ⑤18, 55, 137, 161, 171, 173〜175, 179, 182, 204, 225, 243, 250, 333, 335, 362, 382, 439, 473 ⑥10, 11, 100, 172, 272, 302, 362
田辺東太郎　③329, 331, 336
田辺直之　①138
田辺治通　④224 ⑥256
田辺尚雄　⑤222
田辺勉吉　①17, 74, 77, 97, 98, 103, 107, 108, 116, 120, 122, 125, 138, 144, 149, 158, 159, 167, 170, 197, 204, 223, 226, 242, 254, 259, 266, 269, 272, 309, 313, 325, 340, 361, 373, 377, 378, 397 ②8, 12, 15, 18, 23, 25, 28, 35, 38, 43,

184
田中舎身　⑦136
田中庄作　①389
田中章介　⑥441
田中省三　③412 ⑤248, 506
田中正平　③334
田中二郎　②481, 486
田中次郎　①16, 166 ②171, 207, 279, 303, 343, 344 ③232, 289, 297, 300〜302, 314, 316, 320, 392, 395, 451, 456 ④337
田中真次郎　④70
田中新七　①13, 20, 55, 134, 216, 244, 381 ②12, 16, 27, 42, 200, 201, 203, 212, 214, 238, 250, 309 ③256, 261, 283, 307, 442 ⑤207
田中新平　⑥441
田中数三郎　⑦131
田中清次郎　②375
田中成太郎　③258
田中善助　③330
田中善立　③151, 434, 444
田中　遜　②382 ③459
田中泰治郎　⑥483
田中　隆　④144
田中貴道　②39
田中武雄　①11, 27, 50, 51, 61, 62, 67, 79, 93, 107, 108, 114, 115, 123, 130, 141, 155, 163, 177, 178, 190, 197, 206, 216, 217, 223, 228, 233, 240, 254, 262, 267, 277, 291, 299, 311, 320, 334, 355, 366, 370, 381, 391, 401 ②12, 17, 83, 89, 140, 163, 206, 349, 401, 468, 471 ③339 ④27, 29 ⑥478
田中武雄　④396
田中太七郎　②40
田中唯七　⑥260
田中龍夫　⑦129, 234
田中　貞　④156, 225, 284, 334, 361, 385, 444 ⑤48 ⑥422
田中筑閼(田中筑関・田中筑閧)　①25, 38, 40, 42, 43, 58, 89, 98, 108, 101, 124, 136, 139, 166, 189, 198, 245, 271, 295, 304, 313, 360, 362, 378, 383, 385, 387, 389, 391, 392, 395, 397, 401 ②9, 29, 30, 31, 51, 54, 56, 70, 73, 89, 96, 120, 124, 140, 146, 150, 161, 162, 164, 166, 167, 176, 260, 285, 302, 304, 309, 314, 331, 338, 348, 351, 356, 357, 376, 378, 425, 439, 442, 450, 468, 469, 473, 480, 483, 497, 504 ③10, 13, 14, 22, 24, 27〜29, 31, 32, 37, 38, 40, 41, 59, 60, 62, 64, 74, 76, 78, 80, 86, 95, 97, 184, 192, 243, 291, 366, 375, 377, 389, 415, 432, 442, 444, 445, 455, 458, 461 ④9, 11, 29, 44, 50, 61, 65, 70, 73, 78, 81, 91, 98, 103, 115, 119, 142, 146, 152, 157, 161, 169, 181, 186, 191, 194, 199, 203, 206, 207, 212, 215, 220, 225, 233, 240, 241, 243, 244, 255, 256, 264, 268, 275, 282, 320, 348, 353, 405, 409, 415, 419, 422, 426, 429, 486, 494, 497 ⑤16, 42, 45, 58, 107, 123, 133, 139, 161, 162, 171, 173, 174, 178〜180, 182, 203, 210, 218, 222, 225, 231, 235, 240, 275, 291, 297, 305, 334, 347, 374, 387, 400, 440, 510, 513, 516, 532 ⑥8, 40, 118, 182, 208, 239, 280, 329, 334, 335, 343, 344, 357
田中艇一　②110
田中貞三　②475, 477, 481, 482, 485
田中徳隣　①168, 170, 173, 216, 282, 308 ②165, 309 ③290
田中友二郎　⑤263
田中徳次郎　⑥256, 274, 365
田中徳清　②379
田中彦八　⑦183
田中寿一　⑥324, 334
田中　広　⑦46
田中　博　⑥167 ⑦49

伊達宗陳　⑤377
伊達　基　②230
立石駒吉　④126, 346
建川美次　④338
樋田五大　②66
立野徳次郎　⑤251, 261, 379, 393
立松義章　⑥475
田寺俊信　⑥275
田所敬子　⑥186
田所美徳　⑥187
田所美治　⑤37, 501, 503, 506, 507, 529, 530, 535 ⑥186
〔田中〕 ①13, 56, 81, 137, 176, 217, 249, 390 ②13, 310 ③188 ④70, 78, 199, 203, 222, 224, 236, 309, 448 ⑤232 ⑥257
田中浅次郎　①220 ②9
田中朝吉　③256 ④13, 58, 93, 94, 98, 108, 109 ⑥32 ⑦116, 242
田中浅太郎　①243, 317 ②16, 19, 34, 35, 142, 295, 305, 310, 315～317, 319, 328, 339, 346, 348, 358, 363, 365～371, 375, 403, 437, 439, 440, 444, 458, 469, 475, 477, 487, 490 ③11, 20, 23, 29, 34, 61, 68, 75, 82, 83, 96, 97, 102, 104, 108, 109, 117, 125, 133, 136, 140, 141, 167, 183, 186, 189, 193, 197, 199, 200, 211, 221, 241, 242, 281, 282, 289, 327, 328, 329, 394, 406, 408, 443
田中文子　②258, 500
田中市右衛門　④51, 80, 129, 153, 156, 157, 159, 161, 171, 331 ⑤49, 132, 135, 176, 218, 267
田中市太郎　①204
田中市兵衛　①377
田中伊八　⑥428, 441
田中右平　①70, 82 ②132, 436
田中英一　⑦186
田中栄八郎　①239 ③405
田中乙松　⑥337, 338
田中悔一　②115
田中　和　⑤44
田中一二　⑤148, 158, 247, 316
田中釜吉　①31
田中亀七　③166
田中喜一　①389
田中義一　②490 ③179, 269, 277, 422 ④62, 133, 160, 162, 198, 233, 234, 277, 279, 325, 359, 413, 420, 429, 492, 499 ⑤44, 174, 203, 204, 214, 240, 242, 243, 281, 289, 369～372, 388, 432, 479, 484, 493, 503, 513, 546, 551, 554, 555 ⑥123, 124, 128, 133, 137, 151, 154, 155, 159, 169, 173, 192, 193, 211, 212, 246, 259, 316, 318, 345, 425, 427, 442, 456, 459, 460, 462～464, 467, 468, 472, 474, 487, 489, 505, 511, 515, 517, 518, 521 ⑦10, 11, 13, 14, 16, 20, 24～27, 30, 32, 39, 43, 44, 46, 54, 55, 57, 58, 60～63, 65, 67, 69, 73, 102, 105, 133, 177, 189, 190, 194, 234
田中喜兵衛　①364
田中喜代治　⑦99
田中京三郎　③282
田中清輔　③387
田中清文　③338 ⑥151
田中金七　①78, 89
田中賢治　③31～33
田中源太郎　②400, 481 ③98, 121, 122, 161 ④48, 402 ⑤73, 233
田中恒三　②309, 379
田中鉱太郎　③28, 177
田中駒造　①97
田中坤六　①72
田中定吉　③338
田中重忠　⑤163 ⑥333, 338, 350, 358, 367, 423, 428, 434, 439, 441, 446, 512, 516, 517, 535 ⑦10, 15, 31, 36, 115, 116, 120, 131～133, 140, 145, 183,

竹平治作　②274
竹藤峰治　⑤93, 265
竹間友次郎　④137
武見喜三　③170, 175
竹村欽次郎　②409, 442
竹村金太郎　②412
竹村良貞　④35
竹屋春光　④135 ⑤475 ⑥275 ⑦72
武山光規　⑤361
田阪千助　④460～462, 466, 467, 476, 503, 504 ⑤40, 102, 150, 459
田崎桂一郎　⑤533
田沢震五　⑤68
田島竹之助　③229
田島　薫　②210, 211, 477
田島象二　①230
田島達策　③315, 316, 334, 398
但馬直衛　⑥24, 30
田治米吉郎左衛門　⑤386
田治米　續　②100
田治米亮造　①135 ③79
田尻稲次郎　④47, 102, 236 ⑤476
田尻　直　③126, 136, 259, 352
田代　庫　⑤301
田代進四郎　④16
田代但之　③259
田代担之　①59, 67
田代平五郎　①144
田代　衛　④259
田代安定　④431
田住豊四郎　①386, 388, 392, 398 ⑥79, 90, 238
多勢亀五郎　④226
田添忠敏　②184
多田恵一　④360
多田次平　④311
多田正雄　⑥408
多田満長　②455, 486, 490 ③34, 45, 75, 81, 113, 126, 248, 254, 273, 282
多田好問　②393
立柄教俊　⑤93
立川雲平　①87 ②58
立川　清　①40, 70, 72, 78, 80, 83, 172, 279, 280, 288, 301 ②154
立川太郎　④132, 347
立川勇次郎　③335
立川　連　④483, 488 ⑤74, 252, 254, 450, 466
立花　馨　⑦24
立花小一郎　⑦24
立花　敏　①67
立花俊吉　④493
立花義順　④137
橘　薫　①33
橘　健三　④154
橘　瑞超　②179
橘　善治　④406
橘　善四郎　④355, 361
龍居頼三　①134 ③309 ④124, 151
龍池密雄　⑥511
龍江義信　④9
田附音次郎　③447
田付七太　③369
辰野亀男　④418, 439 ⑤245
龍野周一郎　①14～16, 18, 23～25, 83, 85～87, 89, 91, 166, 248 ②96 ③284, 292, 300 ④70, 77, 78, 340, 420, 431 ⑤49, 167, 237, 274
田鶴浜次吉　④92 ⑤134
辰馬吉左衛門　③374
立見尚文　①90
伊達　憲　③225, 286 ④428, 429, 500 ⑤241
伊達源一郎　③255, 388
伊達仁三郎　⑥482
伊達　時　④429
伊達正人　②230
伊達宗敦　②9
伊達宗曜　②102, 230 ④60, 75, 97 ⑤276

131, 136, 206, 231, 237, 238, 241, 243, 318, 357, 404, 422, 447, 476 ⑤121, 257
武嶋合大　②85
〔武田〕 ①392 ②171, 189, 203 ③210, 389, 397, 398, 400, 406, 444 ④14, 30, 53, 60, 63, 76, 153, 241, 251, 315, 346, 413, 465, 497 ⑤275, 442
武田綾太郎　④
武田額三　②84, 90, 94, 95, 104〜108, 110, 112, 114, 116, 125, 129, 133, 139, 143, 145, 147, 148, 154, 157, 159, 164, 170, 172, 173, 175, 176, 177, 180, 191, 195, 196, 202, 213, 223, 229, 234〜236, 246, 248, 254, 255, 260, 301, 311, 320〜322, 329, 334, 337, 338, 345, 347, 353〜355, 356, 357〜359, 363, 380, 384, 436, 453, 460, 471, 473, 476, 485, 504 ③27, 43, 55, 198, 254, 418, 423, 431, 438, 441, 442, 461 ④8, 9, 51, 80〜82, 185, 186, 244, 432, 454, 463, 486, 490 ⑤20, 34, 52, 58, 101, 105, 108, 111, 114, 116, 118, 119, 122, 132, 138, 160, 202, 211, 222, 227, 235, 239, 277, 288, 289, 296, 299, 301, 304, 306, 333, 335, 342, 345, 349, 368, 371, 387, 392, 400, 437, 453, 454, 472, 473, 476, 480, 482, 500, 504, 511, 515, 518, 521, 525, 527, 540, 554 ⑥8, 17, 21, 29, 30, 33, 57, 77〜79, 82, 98, 108, 114, 116, 120, 269, 271, 272, 279, 322, 323, 326, 327, 331, 333, 334, 336, 346, 349, 351, 392, 399, 408, 411, 416, 425, 443, 464〜467, 471, 472, 477, 491, 494, 520
武田和夫　⑤508, 514
武田　菊　⑥318, ⑦36
武田喜久子　⑥265, 267, 300, 302, 435 ⑦10, 113, 220, 239
武田吉平　④54
武田内蔵之丞　①315
竹田五岳　⑥353
武田省吾　②130, 131, 175, 321, 322, 358, 449, 473 ③67, 136, 137 ⑥269, 283
武田慎二(武田慎治)　⑤378 ⑥515 ⑦13, 21, 113, 119, 161, 212
武田精一　⑥21, 111, 146, 186, 191, 192, 193, 205, 258, 265, 424, 452, 487 ⑦22, 58, 83, 85, 88, 89, 119, 124, 135, 161, 167, 173, 176, 207, 215, 226, 227, 229
竹田武男　④315 ⑤248, 278
武田徳三郎　④464
武田秀光　⑤504
武田弘子　⑦31
武田文定　⑥485, 494
竹田政智　③342
武田良三　⑥465
竹田柳吉　③408
武田亮太　⑥464, 465, 475, 487, 537 ⑦54, 99
竹田宮恒久王　②207 ③251, 403 ④8, 208 ⑤438 ⑦10, 126, 140
竹田房子内親王　⑥321
武市常喜　④272, 273, 275, 404
武知健三　⑥73
武富時敏　②142, 424, 441 ③85, 126, 140, 149〜151, 160〜162, 238, 294, 382, 404, 458 ④21 ⑦112
竹中宮内　②340
竹中貞太郎　①17
竹中保一　⑥478, 482
〔竹原〕 ①245 ②108, 109
竹原荘治郎　②40
竹原釧太郎(竹原釧次郎・竹原源太郎) ①69, 109, 117, 118, 120, 126, 131, 132, 138, 276, 390, 393, 395 ②30, 31, 39, 53, 121, 335, 375
竹原慶作　⑦37, 64

1, 128, 136～138, 143, 154, 177, 181, 200, 201, 205, 234, 269, 412, 501 ⑤36, 47, 202, 465 ⑥45, 129, 153, 295, 299, 370
武石橘次　②114 ④46
武石浩坡　②297
武市彰一　③254, 351, 444 ④55, 87, 88, 90, 92, 103, 115, 120, 124, 132, 144, 276
〔竹内〕 ①71, 278, 364 ②22, 104, 408, 411 ③131, 347 ⑥253, 256, 258, 259, 262, 265, 267, 270, 274, 275, 278, 289, 294, 295, 298, 299, 304, 306
竹内克己　③82 ⑤248, 249, 329
竹内邦言　①12
竹内邦吉　⑤520
竹内強一郎　⑦123
竹内清之助　⑥363
竹内　綱　①187, 189～195, 197, 198, 200, 203～208, 210, 211, 214, 218, 223, 234, 244, 246～248, 252, 256, 257, 261～264, 266, 278, 282, 297, 302, 316, 326, 361, 365, 371, 382, 391, 393 ②12, 18, 22, 27, 103, 106, 112, 160, 171, 186, 206, 223, 338, 363, 396～399, 431 ⑦123
竹内文彬　⑦74
竹内正輔　②460, 486, 490 ③78, 265
竹内友三郎　①275
竹内正志　④349
竹内明太郎　①191, 202, 204, 206, 210, 214, 311, 316 ②26, 105, 194, 196, 208
竹内女二郎　①186
竹内友次郎(竹内友二郎・竹内友治郎) ①27, 83, 275 ②105, 112, 380, 424, 426, 431, 486, 488 ③33, 41, 65, 73, 81, 88, 110, 113, 123, 128, 133, 145, 152, 162, 177, 180, 197, 214, 215, 224, 249, 264, 290, 300, 321, 343, 394, 439, 449, 455 ④8, 17, 20, 42, 69, 88, 118, 120, 131, 139, 142, 156, 178, 197, 209, 213, 230, 231, 248, 274, 318, 342, 348～350, 357, 403, 424, 428 ⑤11, 12, 38, 173, 181, 298, 303, 310, 315, 331, 333～335, 337, 354, 356, 361～364, 369, 404～406, 412, 425, 432, 435, 441, 442, 450, 462～465, 467, 534, 537, 544, 546, 548, 552, 554, 557 ⑥8, 12, 16, 24, 31, 33, 37, 39, 40, 51, 52, 55, 62, 63, 70, 76, 78, 81, 88, 102, 113, 114, 125, 133, 138, 148, 152, 156, 157, 158, 159, 167, 170, 177, 178, 180, 181, 189, 193, 194, 201, 207, 224, 239, 246, 249, 258, 262, 270, 294, 298, 304, 306, 422, 424, 430, 431, 439, 447, 462, 465, 467, 470, 485, 490, 517, 522, 533, 537 ⑦15, 25, 39, 40, 49, 56, 58, 60, 62, 63, 69, 73, 74, 78, 83, 92, 101, 119, 156, 140, 149, 154, 158, 159, 162, 167, 188, 191, 193, 202, 207, 216, 230, 240
竹内良三　⑦123, 124
武内信太郎　③92
武内鶴之助　②353
武内隆太郎　③75
武内徹三　⑦126
武尾勝弥　①105, 109
竹腰龍五郎　⑦156
竹腰正己(竹腰正巳) ②34, 64, 113, 134, 240, 249, 285, 371, 491 ③136, 176, 177, 181, 182, 285, 378, 458, 459 ④196
竹腰與三郎　⑦158
〔竹沢〕 ③425
武沢熙載　④170
竹沢徳蔵　④13
竹沢太一　⑥255
竹下文隆　⑤137
竹下正雄　①38
竹下康之　①29, 116 ③456 ④38, 68,

高見松太郎　③156
高見保三　②209
高峰譲吉　③209 ④42, 43, 51, 65, 66, 88, 97, 148, 337, 338 ⑤281
〔高村〕 ②150, 329
高村琢也　④77
高森宗光　⑥46
高柳豊三郎　④421
高山覚威　③313 ④225, 237, 240, 321
高山　仰　④408, 421, 444, 451, 484 ⑤34, 59, 89, 102, 111, 139, 168, 269, 296
高山圭三　②371 ③432
高山権次郎　①26
高山長幸　⑤235, 237
高山正之　⑥493
高幸良興　⑤63
財部　彪　②46, 69, 85, 109, 111, 431 ⑤171, 441, 484, 503, 513, 524, 542, 548, 550, 551, 553, 555 ⑥10, 11, 61, 129, 173 ⑦125, 189, 220, 221, 225, 228, 232, 237, 238
田川辰一　④449
田川大吉郎　③303
田川崇夫　③14
田川大吉郎　⑦103
田川辰一　⑦17
田川藤三郎　②287 ③327 ⑤244
田川藤吉　⑦219
〔滝〕 ①80, 81
滝　定助　⑤75, 111
滝　兵右衛門　①77, 83, 101 ④17
滝　又右衛門　①153
多木久米次郎　③201, 390, 438 ④49, 75, 193 ⑤23, 548 ⑥132, 136 ⑦160
滝川儀作　⑤502
滝川秀雄　②440
滝川弁三　②48
滝沢永二　③277 ④13
滝沢吉三郎　①165, 166
滝田伝吉　⑤40, 73, 247, 438
〔滝原〕 ④434
滝本藤助　②284, 287, 288, 298, 300, 303, 338, 356, 436, 445, 451, 452, 456, 483〜485 ③21, 40〜42, 44, 46, 48, 95, 144, 217
滝本直次郎　②161, 163 ⑦22
滝本寿勝　⑦22
田切古城　①105
宅　徳平　②97, 104
〔田口〕 ②437
田口精爾　⑥185
田口清次郎　②360, 438 ⑤341
宅間立顕　④115
〔竹井〕 ②67
竹井澹如　②193
竹井貞太郎　①173, 228 ②143, 175, 479 ③84, 90, 113, 180, 224, 250, 285, 288, 292, 296, 363, 394, 395 ④13, 52, 60 ⑤34, 127, 128, 224, 480, 483, 520 ⑥158, 325, 347, 524
武井守正　①68, 221, 229, 240, 243, 245, 247, 258, 275, 279, 281, 283, 291, 297, 318, 329, 336, 386, 390, 392 ②9, 16, 27, 28, 31, 42, 53, 54, 56, 60, 76, 84, 85, 96, 130〜132, 141, 143, 149, 150, 161, 169, 197, 100, 203, 206, 210, 215, 221, 222, 232, 235, 249, 251〜254, 258, 262, 264, 268, 273, 275, 306, 311, 331, 336, 338, 354, 356, 364, 380, 382, 383, 387, 388, 393, 396, 398, 400, 413, 417, 420, 424, 428, 430, 437, 442, 443, 454, 464, 484, 488, 495, 497, 500, 501 ③36, 42, 54, 56, 58, 68, 69, 72, 73, 80, 83, 92〜94, 98, 111, 134, 137, 148, 149, 151, 153, 155〜157, 159, 170, 176, 180, 191, 213, 228, 245, 249, 250, 253, 266, 268, 273, 307, 331, 339, 349, 381, 423, 437, 444, 456 ④25〜27, 55, 67〜70, 74, 76, 78, 79, 12

418, 421, 430, 483, 499 ⑤16, 28, 30, 107, 110, 112, 161, 167, 171, 173, 179, 180, 183, 199～201, 208～210, 215, 218, 219, 221, 222, 227, 229, 231, 233, 235, 237, 239, 241, 243, 246, 249, 250, 259, 260, 262, 275, 279, 289, 299, 302, 337, 398, 399, 479, 495, 498, 501, 507, 536, 537, 544, 550 ⑥8, 14, 17, 28, 51, 54, 60, 61, 62, 71, 89, 129, 132, 142, 148, 155, 171, 192, 211, 345, 346
高橋作衛　③62～64 ④326
高橋帯庵　④351
高橋少太郎　①82
高橋新吉　②76, 96, 107, 115, 114, 141, 157, 197, 200, 203, 204, 206, 221, 235, 237, 248, 254, 266, 268, 275, 289, 290, 291, 305, 311, 314, 380, 398, 400, 408, 411, 431, 442, 484 ③14, 36, 51, 111, 127, 128, 133, 134, 137, 145, 162, 180, 210, 213, 247, 273, 307, 339, 455, 456 ④79, 159, 160 ⑤483
高橋新八　④186
高橋清一　⑤455, 458
高橋清其　⑤73
高橋太平　③455
高橋琢也　③274, 304, 313 ④63, 65, 79, 108, 202, 212 ⑤113, 130, 135, 276
高橋辰也　②102
高橋太郎兵衛　③124 ④247
高橋親義　④308
高橋仲次　④145
高橋次夫　⑥324, 329
高橋貞三郎　③405
高橋偵造　⑤361
高橋鉄太郎　③321
高橋伝吉　⑤425
高橋徳衛　⑤315, 322, 329, 382, 386, 451
高橋俊益　①89
高橋　虎　⑦179
高橋直治　③344, 367 ④81
高橋伸次　③181
高橋範信　⑤278
高橋文之助　⑦104
高橋　甫　④128
高橋　信　④10
高橋政右ヱ門　②388
高橋真砂　⑤91, 109
高橋光威　④139, 225, 229, 244, 282, 283, 421, 499 ⑤14, 36, 112
高橋茂寿慶　⑥464
高橋本吉　③348
高橋康世　③300, 344
高橋要治郎　③404
高橋善一　①172 ②285, 310, 314, 336, 337 ④26 ⑤114, 442
高橋義信　③339
高橋義比　④34
高橋隆一　④169, 170, 180, 199
高畑済吉　⑥189, 244
高畑友次　⑤458
高林益太郎　①148
高原昌隆　①264, 277, 329 ③265
高原　操　⑤353, 361
高原慶之　④179
高平北郎　③368, 378
高広次平　①99
高松豊吉　③44 ⑥185
高松正道　③395, 408
高松豊次郎　③334, 338
高松宮宣仁　③251, 336 ④8, 318 ⑤284, 377, 461, 555 ⑥422 ⑦10, 19, 126, 128, 140, 146, 147, 151, 154～156, 159, 160, 173, 175, 179
〔高見〕 ⑥185
高見丑松　②425～427
高見　成　④193, 209, 266, 331 ⑤121, 438, 440, 451
高見　茂　③451

高階貞蔵　③368
高階瓏仙　②142, 375
〔高嶋〕　②88～90, 97, 100, 102, 103, 110 ③190～192, 195
高島嘉右衛門　②478 ⑥349
高島鉱橘　④430, 452
高島小金治　⑤107
高島鞆之助　③148
高島呑象　⑤500
高島晴雄　⑤498
高島鈴三郎　⑥373 ⑦80, 189
高嶋金次　④430
高嶋天南　⑥110
高嶋容考　⑤512, 529
〔高須〕　④452, 453 ⑤329
高州一万太郎　③127
高須時太郎　⑤105, 215
高杉金作　①85
高杉孝二郎　⑥342, 485
高瀬善十郎　③139
高瀬　伝　⑥260
高瀬元義　④404
高瀬　量(高瀬暈) ②24, 31
〔高田〕　②234, 257 ⑤183, 203
高田早苗　③85 ④197 ⑤168, 225, 297
高田慎蔵　①31 ③323, 329 ④429
高田清六　②237
高田雄種　⑤122, 241
高田忠周　⑤437, 442 ⑥212, 235, 242 ⑦18
高田忠良　⑥458
高田富蔵　⑤98, 131, 141, 151, 185, 303, 308, 323, 364, 397, 406, 407, 409, 421, 442, 450, 465 ⑥53
高田　坦　⑥122
高田広海　⑤243, 307, 392
高田政久　①57
高田元治郎　④285, 288, 295, 306～309, 320, 363, 365, 379, 381～384, 396～399, 438, 439, 443, 446, 447, 481, 502, 503 ⑤9, 10, 52, 53, 66, 70, 73, 78, 88, 89, 91～93, 98～100, 103, 121, 123, 124, 127, 130～132, 135, 141, 144, 145, 168, 169, 183, 223, 241, 276, 281, 283, 291, 310, 333, 342, 396, 452, 475, 515 ⑥32, 81, 135, 498
高谷貞次郎　⑥355
高地安三郎　④114
高千穂宣麿　③310, 346 ④76, 91
〔高津〕　③460
高津菊明　⑤220
高塚康一　④347
高津亀太郎(高津久太郎) ②469, 470
鷹司信輔　④79
鷹司熙通　③212, 227, 251, 268, 269, 300, 358 ④67, 68
高月一郎　⑤49
高槻済吉　⑥227
高取伴好　①194
鷹取田一郎　④452, 453 ⑤155, 159, 412 ⑥522
〔高梨〕　②131
高梨哲四郎　①82～84, 167 ③54, 338
高野敬録　③152, 167
高野孟矩　③323
高野親章　③168
〔高橋〕　④143, 347, 358 ⑤18, 405
高橋　篤　⑤361
高橋卯一　⑥134
高橋栄治　③388
高橋克親　③337, 346
高橋　鼎　③401
高橋邦太　⑦218
高橋熊吉　③259
高橋虎豹太　②110, 124, 147, 195, 212, 250, 480 ③285
高橋是清　②112, 268, 277, 281, 282, 392, 406 ③161, 442 ④133, 190, 225, 242, 251, 253, 258, 266, 271, 278, 282, 322, 325, 326, 334, 359, 410, 413,

92 ③36, 59, 89, 105, 117, 118, 120, 124, 127, 130, 131, 134, 147, 179, 189, 193, 221, 270, 272, 285, 288, 300, 306, 307, 325, 333, 340, 343, 355, 371, 376, 379, 393, 394, 403, 412, 416, 419, 433, 435, 442, 455, 460 ④8, 9, 16, 22, 25, 38, 39, 45, 57, 61, 79, 99, 104, 112, 113, 123, 127, 134, 170, 189, 207, 214, 236, 278, 279, 283, 296, 317, 357, 358, 392, 408, 412, 419, 422, 424, 480, 483, 484, 488, 493, 500 ⑤60, 61, 88, 108, 136, 148, 158, 160, 163, 169, 181, 209, 255, 277, 282～284, 334, 348, 366, 370, 384, 402, 418, 438, 453, 461, 484, 489, 494, 509, 513, 514, 526 ⑥307, 316, 328, 337, 342, 370, 400, 416, 417, 443, 537 ⑦57, 136
大地儀之亮　②288, 290
太地五郎作　②368～370
多賀正作　⑦71
田賀奈良吉(多賀奈良吉) ⑤177, 336, 344, 345, 366, 369, 371, 383, 387, 389, 435
高石清助　④503 ⑤265
高泉節治　④366, 391, 397, 399, 401, 419, 420 ⑤400, 402, 435, 437, 439～441, 443, 445, 446, 448, 452, 463, 468, 470～475, 477, 481～483, 533, 557 ⑥8, 10, 13, 27, 30, 38, 46, 50, 75, 76, 141, 230, 244, 339, 349, 350, 351, 354, 355, 358, 373, 388, 469
高浦　要　①36, 37, 134, 147 ④479, 480 ⑤106
高江三郎　②384 ③185
〔高岡〕 ③261, 372
高岡重吉　⑤180
高岡唯一郎　④98, 328
〔高木〕 ②312 ④97, 438, 466 ⑤102, 223, 247, 264, 327, 457
高木磐雄　④307
高木兼寛　①302, 320, 327, 328, 353, 384 ②53, 114, 126, 136, 141, 150, 173, 199, 208, 222, 229, 240, 253, 265, 305, 306, 354, 356, 372, 380, 382, 387, 400, 401, 408, 410, 428, 441, 442, 443, 454, 465, 467, 471, 472, 474, 485, 490, 491, 499 ③33, 35, 59, 93, 98, 131, 150, 153～156, 159, 161, 169, 172, 175, 176, 214, 254, 273, 305, 381, 387, 420 ④26, 48, 143, 168, 169, 199, 205, 212, 236, 403
高木憲一　④199
高木兼二　③429 ④18～20, 23, 24, 26, 29, 212
高木鉱太郎　①212, 241
高木小五郎　⑥299
高木鉄男　④299
高木友枝　④299, 305, 308, 348, 380, 381, 391, 393, 460, 461, 463, 477, 504, 505 ⑤54, 92, 93, 146, 154, 157, 185, 197, 213, 223, 232, 243, 247, 249, 263, 271, 310, 329, 352, 361, 364, 384, 386, 387, 389, 391, 396 ⑥24, 115, 322 ⑦96, 108
高木豊三　①24 ②32, 146 ④38
高岸豊太郎　①60
高木信威　②161 ③320, 321
高木正年　③377, 443 ④55 ⑤29
高木益太郎　③307, 381 ④16, 71, 82 ⑤239 ⑦132
高木義枝　④449
高木喜寛　⑤442, 450
高北四郎　⑤248, 326
〔高崎〕 ①195 ④26, 201, 229, 266
高崎親章　①17 ②47, 79, 144, 265, 403, 492 ③106, 108, 111, 114, 128, 135, 202, 210, 272, 425 ④21, 48, 181, 506
高崎正風　②55, 143, 145, 173, 186
高崎弓彦　④76, 181
高沢　寿　④449

曾根藤九郎　⑤330
曾根俊夫　⑤458 ⑥400
曾根敏夫　⑥377
曾根安輔　⑥456
曾根用天堂　④318
曾根廉四郎　⑤329
曾根廉郎　①146 ⑤307, 334, 335 ⑥110, 115, 367, 385
曽根類子　⑦123
曾禰荒助　①9, 71, 90, 123, 133, 182, 184, 185, 192, 193, 253, 266, 267, 311, 376 ②356 ⑦37
曾根田元堂　③272
曾根田誠作　⑤338
薗　広倍　②363
曽野作太郎　⑥506, 516, 520 ⑦90, 166
園田栄五郎　①253, 264, 267, 292, 334 ②193, 208, 348, 438 ③62, 95, 108, 128, 187, 190 ④14, 38, 109 ⑥170, 211, 352, 448, 522 ⑦35, 205
園田音三郎　①384 ②349
園田亀蔵　①384
園田　桂　②127, 255, 258, 328, 332, 477, 487, 493 ③98, 229 ④45, 61, 140, 156, 180, 183, 195, 203, 212, 237, 269, 275, 320, 346, 404 ⑤15, 52, 171, 211, 276, 296, 300, 304, 333, 349, 371, 400, 402, 446, 453⑥8, 30, 45, 54, 72, 109, 124, 233, 256, 277, 294, 307, 310, 367, 389, 413 ⑦14, 58, 97, 116, 134, 140, 141, 163, 193, 206, 238
園田孝吉　⑤516
園田里美　⑦140
園田実徳　②26, 138, 491 ③300, 311, 314
園田武彦　⑦185, 193
園田多祐　③184 ④196, 419 ⑤65
園田半次郎　①384
園田　寛　①385, 396, 399, 401, 402 ②8, 9, 30, 36, 37, 44, 48, 50, 53, 56, 57, 68～70, 78, 85～87, 90, 91, 96, 98, 101, 103～108, 116, 121, 130, 146, 147, 154, 170, 188, 196, 200, 213, 225, 234, 248, 290, 297, 303, 305, 324, 325, 329, 337, 354, 373, 379, 391, 396, 406, 413, 417, 426, 435, 447 ③25, 101, 102, 131, 201, 213, 219, 244, 248, 267, 274, 290, 292, 297, 298, 304, 316, 327, 335, 340, 371, 376, 391, 393, 401, 402, 412, 423, 426, 427, 433, 443 ④8, 26, 30, 37, 39, 63, 97, 108, 112, 122, 126, 134, 139, 145, 158, 165, 167, 170, 178, 179, 181, 186, 192, 195, 204, 205, 214, 228, 229, 243, 245, 246, 257, 265, 272, 277, 278, 319, 323, 329, 339, 341, 349, 353, 404, 408, 415, 431, 432, 482, 487, 499 ⑤15, 22, 30, 42, 58, 61, 64, 108, 109, 111, 114, 122, 136, 160, 179, 182, 203, 213, 221, 235, 260, 332, 377, 395, 396, 401, 491, 497, 507 ⑥8, 53, 58, 111, 310, 332, 408, 410, 418 ⑦10, 15, 68, 100, 172
園田勉次郎　④137
園田　稔　①198, 199, 368
園田　実　①304 ②363, 381, 438
園田安賢　①32, 304 ⑥80
園田　譲　①384
園部和一郎　⑤202, 256
杣本正之助　①277
曾山義彦　④488

た

大庵庸一　④334
大器俊保　⑦210
大正天皇(東宮殿下, 皇太子殿下) ①8, 27, 34, 138, 145, 158, 184, 210, 217, 226, 248, 255, 309, 347 ②163, 188, 190, 204, 222, 224, 225, 228～230, 239, 241, 263, 303, 308, 341, 349, 354, 373, 423, 435, 442, 457, 459, 461, 485, 4

関原二男　⑤402, 405, 413, 432, 442, 451, 454, 471, 476
関原弥里　①40 ④189, 259, 318
関本虎蔵　④128
関谷孝蔵　④185, 231
関屋忠三　③232
関屋貞三郎　⑤61, 121, 139, 207, 339, 341, 344, 349, 383, 385, 394, 400, 402, 437, 440, 452, 489, 498, 525, 555 ⑥11, 289 ⑦157, 181
世古政次郎　①22, 66
〔瀬田〕　⑦232, 234, 238
瀬沼伊兵衛　③167
妹尾与志夫　⑤544
瀬谷和一　⑦241
瀬山　粮　⑦116, 161
世良義成　⑤472
〔芹沢〕　②352, 437
芹沢孝太郎　①47
芹沢政温　①47
千家尊福　①38, 173, 242, 257, 263, 283, 305, 361 ③203 ④9
仙石政固　③432
仙石政敬　②308, 310 ⑤496 ⑦51, 217
仙石　貢　①218, 220, 382, 401 ②57, 98, 94, 95, 229, 354～356, 358～360, 447, 492 ③55 ⑥61
千秋秀隆　②64, 382 ③176, 181, 285, 459, 460 ④77, 88, 196
千住喜作　②30, 122
千田軍之助　①326
千場陽三　⑦92
仙波　健　⑤507, 529 ⑦222
仙波太郎　④406, 415, 425 ⑤13, 25, 273, 394

そ

左右田喜一郎　③35
左右田金作　③35
相馬孟胤　④350
相馬半治　④349, 412, 425, 494, 495, 505 ⑤44, 91, 174, 256 ⑥330
副島千八　⑤539
副嶋寅二郎　⑤88
副島延一　①114, 193, 379, 390 ②18, 20, 22, 23, 30, 46, 53, 113, 115, 128, 133, 134, 146, 171, 225, 251, 293, 294 ③284 ⑥498
副島道正　④496
副島八十六　③439, 440
添田敬一郎　③308, 372, 459 ④135
添田寿一　①192, 193, 198 ②351 ③205 ⑤496 ⑥252, 259 ⑦79
曾我祐邦　⑤507, 514
曾我祐準　①167, 218, 236, 237, 249, 298, 302, 311, 320, 325, 328, 329, 356 ②11, 37, 47, 74, 114, 125, 137, 139, 142, 151, 169, 170, 182, 190, 193, 199, 210, 254, 261, 270, 277, 281～283, 285, 290, 296, 310, 329, 353, 383, 388, 389, 393, 394, 396～400, 402, 403, 405, 407, 409, 410, 412, 415, 462, 495 ③40, 48, 53, 61, 125, 253
素木晃治　②42
素木得一　④392, 393, 503 ⑤441, 443, 467, 554 ⑥10
曾田孝一郎　④286, 293, 296, 304, 305, 309, 364, 365, 383, 441, 444, 448, 460, 463, 505 ⑤40, 297, 441
外海鉄次郎　④28
外島信之助　⑤545
外島直次郎　⑤545 ⑦226
外松孫太郎　⑥256
曾根静夫　②104
曾根盛銀　①220
曾根盛鎮(曾根鎮盛)　①20, 108, 233, 273, 274, 308, 365, 379, 381 ②71, 455 ③236, 346 ④97, 121, 144, 155, 168 ⑦124
曾根　隆　④155, 168 ⑦123

⑤17, 104, 157, 187, 215, 223, 232, 243, 266, 270, 328, 341～343, 349, 367, 389, 402, 437, 439, 454, 472, 508 ⑥24
角居謙太郎 ⑤181
住浦友吉 ①221
隅田惟基 ④268
住友吉左衛門 ①134 ③361, 366, 422 ④216 ⑤349 ⑦226
澄宮崇仁親王 ③134 ⑦10, 126, 140, 240
〔隅本〕 ④380
頭本元貞 ⑤357
諏訪満房 ④326
諏訪礼次郎 ④400 ⑤54, 90, 247, 310

せ

清 崟太郎 ②438
正源寺寛吾 ⑤173
瀬尾雅太郎 ⑥117, 311
世川憲次郎 ⑤389
瀬川正夫 ⑥448, 450, 454, 472, 473 ⑦33, 37, 46
瀬川弥右衛門 ⑥217
〔関〕 ①113, 397 ③378 ④176
関 亮 ③349, 437 ②62, 72, 105, 160, 192, 213, 236, 284, 287, 298, 380, 385, 392, 399, 416, 429, 432, 448, 498
関 和知 ④21 ⑥137
関 清英 ①30, 83, 84 ②131, 273, 281 ⑥317
関 源吾 ①234
関 健亮 ⑤336
関 幸吉 ④47, 99
関 鶴子 ⑥367 ⑦44, 47, 66
関 徳 ④181, 248, 267, 269, 379 ⑤322, 333
関 徳起 ④419
関 直彦 ③382 ⑤193 ⑦103
関 秀子 ⑥367, 400 ⑦44, 47, 140, 156, 208
関 北溟 ②94, 237, 299 ③319, 330, 332, 334, 392, 457 ④48, 126 ⑤168, 174
関 正雄 ④78, 138
関 宗正 ⑦142
関 宗喜 ①9, 11, 15, 22, 27, 31, 39, 43, 47, 72, 78, 88, 106, 107, 118, 127, 131, 134, 144, 179, 182, 206, 219, 220, 228, 229, 234, 242, 246, 248, 253, 254, 262, 266, 270, 273, 298, 302, 310, 313, 345, 370, 388 ②10, 26, 43, 60, 62, 69, 81, 95, 99, 100, 130, 131, 144, 149, 176, 182, 233, 236, 243, 248, 249, 257, 269, 293, 312, 344, 356, 375, 401, 413, 421, 422～426, 431, 433, 443, 448, 473, 479, 492, 496 ③11, 20, 32, 49, 68, 135, 161, 177, 181, 186, 187, 190～192, 198, 214～216, 218, 219, 222, 232, 235, 239, 241, 248, 250, 252, 256, 258, 266, 272, 278, 279, 289, 306, 309, 324, 328, 329, 333, 346, 352, 353, 360, 364, 367, 371, 389, 397, 398, 406, 418, 419, 422, 424, 430, 434, 436, 439, 441, 445, 448, 453 ④13, 18, 20, 21, 23, 36, 43, 61, 68, 76, 103, 131, 135, 138, 142, 154, 156～160, 170, 195, 244, 494 ⑥287
関 義臣 ①219, 226 ②240, 253, 273, 292, 340, 342, 400, 454, 478, 479, 484 ③354, 367
関 義知 ⑦202
関 義寿 ②479
関 礼太郎 ⑥287
瀬木幸次郎 ①134
〔関口〕 ④381
関口有文 ②46
関口曾兵衛 ⑥117, 286
関口 寿 ③272, 273 ⑥202
関口宮之輔 ④330
関野金次郎 ①59, 69

～278, 280～282, 285, 289, 291, 296, 302～304, 308～310, 312, 313, 315, 316, 321, 324, 332～336, 341, 342, 348, 350, 357, 364～366, 370, 379, 382, 386, 389～391, 395, 396, 398, 400, 401 ②12, 14, 20, 22, 25, 46, 49, 61, 74, 75, 77, 82～84, 90, 91, 94, 106, 110, 111, 128, 130, 158, 163, 167, 174, 179～181, 187, 200, 209, 212, 235, 236, 242, 273, 284, 287, 288, 298, 305, 308, 310, 314, 319, 328, 334, 346, 347, 349, 360, 375, 380, 385, 396～398, 410, 411, 416, 418, 421, 422, 424, 426, 428, 431, 437, 438, 441, 448, 462, 463, 477, 478, 481, 486, 503 ③25, 34, 47, 54, 61, 65, 75, 78, 81, 94, 110, 136, 141, 185, 186, 194, 216, 240, 248, 250, 256, 260, 263, 268, 274, 283, 289, 298, 301, 308, 319, 326, 332, 339, 354, 371, 376, 387, 391, 395, 401, 413, 414, 417, 427, 433, 447 ④9, 28, 67, 70, 72, 74, 194, 198 ⑦19, 29
鈴木敏彦　②101, 102
鈴木　春　⑦19
鈴木久次郎　④11 ⑤514
鈴木英也　③286
鈴木富士弥　⑤548
鈴木兵右衛門　①121
鈴木正信（鈴木信正）②81, 129, 169, 210, 211
鈴木万次郎　⑤505
鈴木充美　①21, 43, 49, 51, 52, 84, 91, 129 ②19, 20, 24, 32
鈴木宗久　⑤526
鈴木茂三郎　③409 ⑤520 ⑥180
鈴木元吉　③344
鈴木元義　④154
鈴木紋次郎　④55
鈴木右吉　④143, 146, 153, 156, 157, 170, 210, 223, 352 ⑤135, 176, 279, 288, 302 ⑦16, 113, 120, 148
鈴木与一郎　⑦132
鈴木輿三郎　⑦205
鈴木義雄　⑤191, 192, 362, 364
鈴木よね　⑦165, 168
鈴木連三　⑤128
鈴木録寿（鈴木禄寿）①108, 340, 360, 362 ②9, 38, 83
鐸木直之助　④377
鈴村　薫　⑥338
鈴村　茂　⑦217, 219
鈴村秀二（鈴村秀三）　②158 ③103 ④224, 337
鈴村秀之　⑥338
〔須田〕　③149, 181
須田勝雄　④79
須田孝太郎　⑦29, 178
須田利信　③340, 398 ④30 ⑥173
須田雅六　⑦45
須藤伊左衛門　⑥253, 259, 293, 300, 356
須藤喜三郎　⑥21, 38, 39, 40, 50, 116, 118, 200, 287, 357, 358, 361, 362, 370, 450, 473, 491, 518, 534
須藤四郎　①121
首藤十三雄　④134
首藤文雄　①141, 147 ③67, 133 ④261
首藤　諒　①389
〔須永〕　①79
須永　清　①72, 96, 140
砂田重政　③458
須原次郎兵衛　⑤386
周布兼道　③97, 226 ④13, 142～144
周布公平　①8 ④13, 142 ⑤30
〔須麻〕　⑤376
〔須見〕　④165
角　猪之助　⑦218, 220, 221, 222, 226
角　源泉　①22 ③312, 420, 424, 442, 461 ④52～54, 60, 138, 156, 209, 284, 308, 391, 408, 431, 481, 488, 499

〔図師〕　①137
調所広丈　①140 ②121
調所恒徳　④76, 88 ⑤69
漱川源司　⑤205
〔鈴木〕 ①71, 106, 138, 186, 217, 221, 343, 390, 391 ②17, 18, 54, 85 ③188, 348 ⑤115, 129, 225, 447
鈴木充美　③376
鈴木市次郎　①69
鈴木宇一　⑤520
鈴木右平　②366, 367, 368, 370, 371, 397, 439, 440, 441, 447 ③85, 193, 194
鈴木梅四郎　③381 ④15, 326, 414, 488, 495 ⑤62, 111, 212, 213, 369, 373, 397, 451 ⑦167
鈴木梅太郎　⑤339, 341
鈴木栄作　⑤76, 77
鈴木　薫　⑤374
鈴木カツ子　⑦51
鈴木一雄　③408, 418
鈴木一馬　⑤392
鈴木勝広　⑦46
鈴木　款　⑦220
鈴木貫太郎　②441 ③203, 328 ⑥173 ⑦16, 23, 89, 132, 133, 148, 211
鈴木喜三郎　⑤460, 473, 485, 487, 525, 539 ⑥10, 150, 346, 347, 358, 370, 390, 439, 440, 456, 460, 462, 463
鈴木久五郎　①250〜252, 257〜259, 261, 399
鈴木久次郎　①60, 64〜67
鈴木金吾　⑦177
鈴木金次郎　⑤9
鈴木銀次郎　⑥281
鈴木釼三　②125
鈴木幸七　⑥446
鈴木磬太郎　⑥531, 532 ⑦28
鈴木五六　⑤530
鈴木三郎　④440, 503
鈴木三郎助　⑤539
鈴木左馬也　③257
鈴木重秋　⑦19
鈴木重臣　④394, 450 ⑤90, 252, 361, 408
鈴木重隆　⑤538
鈴木重瓊麿　⑦55
鈴木繁太郎　②43
鈴木重春　②84, 442 ④74, 78, 80, 153, 186, 194, 198, 231, 240 ⑤127
鈴木重義　⑥115
鈴木修一郎　⑥380, 392 ⑦31
鈴木信太郎　⑤520
鈴木清作　②295
鈴木清之輔　③260
鈴木善一　⑦228
鈴木善六　①204
鈴木左右吉　⑦101
鈴木総兵衛　③409
鈴木荘六　⑤473 ⑥449, 465, 477 ⑦159, 165
鈴木速三　④395
鈴木達治　⑥25, 28, 30, 31, 323, 332, 361 ⑦39, 167
鈴木大亮　①83
鈴木　隆　⑥442
鈴木竹芝　④492
鈴木武範　⑦120
鈴木貞一　⑤373
鈴木鉄五郎　③344
鈴木藤左衛門　⑤118 ⑥122
鈴木徳太郎　①40
鈴木徳松　①17, 18, 23, 52, 58, 62〜68, 70, 71, 83, 85〜87, 90, 92, 95, 97, 99〜104, 107〜109, 112, 114, 116, 121, 123〜138, 140〜143, 146〜149, 154, 155, 159〜168, 170〜172, 176, 178, 179, 182〜188, 190〜192, 196〜199, 201〜205, 207〜211, 214, 216〜221, 223, 226〜230, 234, 235, 240〜248, 250, 254, 257, 261, 263〜266, 268, 274

杉浦重剛　④55
杉浦宗三郎　⑤38, 69, 70, 73
杉浦初太郎　③60
杉浦正雄　⑤78
杉浦益造　③125
杉木斎之助　③326, 327 ④14 ⑤444, 520 ⑤520
杉木松三郎　⑤504
杉坂　実　⑤501
〔杉下〕 ⑤527
杉下晴太郎　⑥8
杉田定一　⑦38
杉渓言長　①317, 320, 323, 325, 354, 357, 359, 387, 390, 398 ②20, 29, 32, 35, 47, 49, 53, 56, 64, 90, 126, 132, 222, 246, 247, 260, 278, 358, 375, 379, 388, 402 ③23, 47, 55, 117, 172, 176, 181, 285, 315, 354, 386, 459 ④41, 74, 122, 136, 138, 141, 193, 196, 210, 259, 260, 337, 432 ⑤13, 16, 17, 34, 110, 114, 207, 228, 237, 277, 401, 494, 524, 525
杉渓由言　⑤17, 20
杉戸正三　⑥516
杉中種吉　②485 ③44, 78, 93, 94, 102, 121, 125, 128, 256 ④18, 98, 112, 115
杉野耕三郎　③310, 315
杉野耕三　⑤107
〔杉原〕 ③225
杉原亀之進　①24
杉原惟敬　③21, 30
杉原長成　⑥175
杉原義威(杉原鉄城) ⑤199, 202, 203, 233, 243, 393 ⑥170 ⑦24, 100, 104
杉村虎一　①70, 111
杉村　濬　②371
杉村陽太郎　②371, 373, 375, 376 ⑥185
〔杉本〕 ①308 ②67, 68, 75, 275, 276, 315, 323, 329 ③209, 441
杉本栄次　①39
杉本庫治　③140
杉本斎之助　③353
杉本重遠　①79
杉本　蔚　①23, 52, 139, 178, 226, 281, 292, 330～332, 386 ②82, 88, 89, 91 ⑤362 ⑦135
杉本東造　⑥193
杉本　恵　②46, 222～224, 250, 289, 312, 313, 404
杉本　良　⑤74, 219
杉森與吉　⑤271
〔杉山〕 ①222, 233, 240, 248, 249, 261, 334 ②34, 254 ⑥466, 471
杉山市松　①201
杉山岩三郎　③267
杉山金太郎　⑥44
杉山孝一　④465
杉山孝次　⑤517, 519, 520, 544, 546, 547, 549, 554 ⑥293, 536 ⑦67
杉山茂丸　①10～13, 50, 70, 141, 143, 144, 165, 169, 182, 183, 206, 217, 220, 227, 247, 311 ②38, 51, 69, 137, 256 ③133, 136, 149, 168, 170, 186, 260, 283, 416 ④248, 253, 318, 328, 408, 458 ⑤130, 278, 289, 368, 370～374, 378, 379, 384, 430, 505 ⑥396, 527, 530
杉山四五郎　③459 ⑥426
杉山叙四郎　⑥129
杉山辰子　⑥62, 114, 281, 380 ⑦31, 42
杉山千代子　⑤398 ⑥487
杉山友之輔　⑤146
杉山福造　①64
杉山靖憲　⑤440 ⑥220
杉山義雄　④29, 33, 34
須佐美雄造(須佐美雄蔵) ①135 ②45, 200, 206, 346, 365, 382, 383, 397 ③26, 150 ④321, 327, 335, 338, 352, 360, 432 ⑤183, 276

新庄直陳　②291, 293
新荘光学　⑤362
新荘吉生　③270, 381
〔新宅〕　②91
新谷郡廉　①134
新谷隆俊　⑥283, 304
新谷憲隆　⑥254
新谷盛融　⑦80
進藤勇之助　②233
進藤良英　⑤310, 311
新藤新平　⑦19
神保左一郎　②171 ③145 ④176
神保左七郎　②172
神保貞明　④188, 191, 342
神保真明　③291 ⑤127

す

居石義門　⑥168
〔末吉〕　②260 ③24, 42, 66 ⑤481
末富達雄　③268, 346, 378, 408 ④16, 28, 47, 54, 86, 116, 141, 146, 212, 237, 338, 341, 346 ⑤513
末永一三　⑤489, 499
末延道成　①38, 217, 218, 253, 336 ②17, 233, 236, 249, 254, 257, 331, 478 ③455 ⑤529
末松偕一郎　①18, 20, 23, 132 ③259, 367 ④350, 439, 481, 483, 488, 492〜494, 497, 502〜506 ⑤9, 10, 66, 70, 88, 89, 92, 93, 95, 96, 98, 99, 110, 111, 114, 120, 143, 144, 148, 149, 151, 156, 174, 178〜180, 182, 183, 199, 200, 264, 303, 304, 310, 315, 324, 329, 333, 345, 348, 375, 448, 480, 505, 520, 532 ⑦232
末松謙澄　①16, 135, 287, 288 ③11, 64, 123, 279, 397, 405, 412, 413, 457 ④39, 57, 109, 417, 460
末松三郎　⑦34, 48
末松俊造　④303 ⑤265
〔須賀〕　⑦103
菅　啓助　④426
菅　重義　④29
菅田　①138 ②82
菅田政次郎　①25, 57, 60〜63, 65〜68, 79, 89, 95, 107〜109, 112, 117, 123, 129, 132, 137, 142, 169, 171, 172, 209, 210, 247, 273, 277, 303, 313, 315, 316, 319, 321, 401 ②8, 12, 13, 17, 20, 21, 24, 37, 41, 43, 46, 50〜52, 60, 64, 70, 72, 83, 87, 88, 96, 99, 110, 113, 173, 212, 301, 305, 307, 308, 318, 329, 335, 338, 358, 365, 366, 376, 416, 439, 496 ③12, 28, 66, 423 ④409
菅田清太郎　④411
菅田宙馬　②408
菅沼寛蔵　④308
〔菅野〕　⑤98, 99
菅野善三郎　④295, 301, 353, 360, 393, 398, 464, 465, 484, 505 ⑤142, 145, 243, 263, 271, 322, 323, 327, 374, 452, 501, 508 ⑥94
菅野忠五郎　⑥125
菅野吉蔵　①86
管野伝右衛門　①86
管野尚一　⑤170
菅原恒覧　⑤75 ⑦98
菅原　伝　②412 ④54
菅原時保　③405
菅原秀昭　⑥314, 315
菅原通敬　①317〜319 ④29 ⑥227
杉　謙二　②287, 293, 316, 317, 351, 384, 434 ③23, 33, 35 ⑥330
杉　精三(杉精一)　③315, 319, 418, 425, 456 ④54, 59, 142, 180, 181 ⑥14, 64, 108
杉　伝三郎　③35
杉　宜陳　④178
〔杉浦〕　③103
杉浦茂雄　②279

5, 259, 261～263, 268, 274, 277, 279, 280, 282, 287, 292～294, 305～307, 313, 322, 327, 334, 339, 341～344, 347～349, 351, 352, 354, 355, 365～368, 370, 371, 375, 376, 378～380, 382, 383, 385, 387, 389, 393, 394, 397, 400～402, 404～406, 410, 411, 415～432, 434, 435, 437～439, 443～445, 447, 448, 452, 453, 455, 461, 463, 470, 478, 479, 484, 485, 496, 498, 500, 508, 525, 526, 536, 547, 554～556 ⑥8, 13, 15～17, 37, 40, 44, 50, 57, 59, 65, 138, 154, 196, 248, 254, 255, 258, 259, 271, 272, 276, 282, 284, 285, 287, 289, 290, 292, 295, 296, 299, 301～305, 311, 313, 321～323, 325, 327, 331, 333, 339, 346, 350, 361, 363, 364, 367, 368, 370, 388, 395, 396, 400, 409, 412, 414, 416～419, 425, 427, 476, 478, 480, 482, 500, 505, 513, 515, 517, 531, 534, 536 ⑦24, 33, 44, 48, 50, 51, 53, 56, 61, 65, 66, 70, 72, 73, 77, 79, 80, 95, 96, 100, 101, 103, 111, 121, 124, 127, 130, 142, 159, 182, 237
〔白井〕 ⑤71
白井嘉市（白井嘉平） ⑦20, 26, 32, 39, 44, 115, 146
白井新太郎 ③278, 346, 371, 410, 447 ④135
白井貞次郎 ⑤509
白井朝吉 ④380, 417
白井 一 ④425, 428
〔白石〕 ①244, 266
白石源吉 ⑤508, 514, 516, 537, 538, 545, 550 ⑥24
白石 重 ⑥511
白石恕水 ①318
白石直治 ①31, 193, 194, 198, 199, 203, 217, 249 ②47, 49, 56, 57, 71, 82, 88, 90, 94, 95, 104, 105, 106, 108, 127, 147, 153, 174, 181, 192, 229, 355, 356, 430 ③11, 77, 140, 141, 208 ④187
白石元治郎 ③460 ④45
白岩龍平 ②212 ③92, 346 ④119 ⑥206
〔白尾川〕 ③210
白男川謙介 ④480 ⑤11, 529
白男川実福 ①125
白川玖城（白川球城） ④288, 296, 351, 391, 393, 394, 398, 438, 445, 446, 451, 473 ⑤68, 69, 71, 72, 78, 87, 100, 101, 153～157, 186, 249, 250, 254, 257, 265～267, 270, 271, 290, 310, 326, 328, 330, 331, 342, 343, 348, 367, 370, 373, 374 ⑥162, 330, 334, 340, 349, 350 ⑦173, 211, 231, 242
白川友一 ②412, 495
白川則子 ⑥165, 180, 182, 334, 359 ⑦209, 241
白川義則 ⑤321, 512 ⑥272, 345, 360, 465 ⑦83
白城定一 ④10, 70, 83
白倉吉朗 ④357
白崎栄次郎 ⑥506
白沢武平 ②209 ③161
白沢保美 ③53
白荘司芳之助 ④324
白勢黎吉 ④294, 303, 305, 385, 387 ⑤90, 328
白鳥庫吉 ②131, 355 ④490
白仁 武 ①41 ②416, 484, 498 ④36, 61, 167 ⑤488, 517, 523, 524, 526, 527 ⑥110
白根松介 ⑤438
白山 等 ②295, 313
白田柳次郎 ③268, 332, 345, 352, 410 ④98, 103
白柳次郎 ④236
進 経太 ①74, 76, 83, 115, 117, 147 ②50 ④28

148, 155, 178, 215, 387
下田歌子　①49 ⑤477 ⑦122
下長暢夫　④64
下長根　澄　③420 ④15
下平儀作　①56
〔下村〕 ①13, 137, 268 ④450 ⑤184, 194, 197
下村充郎　⑤167, 182, 277, 474
下村文子　④354, 431, 478
下村忠兵衛　③103
下村当吉　③121, 122
下村寿一　③205
下村　宏　①15 ②121, 222, 223, 447 ③110, 130, 136, 141, 163, 169, 171, 178, 214, 270, 297, 301, 303, 309, 315, 374, 392, 420, 424 ④13, 46, 53, 57, 79, 142, 165, 279, 286, 288, 293〜296, 298〜306, 308, 309, 322, 324, 325, 327, 328, 330, 332, 333, 335, 338〜340, 342〜347, 349〜352, 354〜358, 361, 362, 379, 397, 399〜401, 404, 413〜422, 428, 434, 435, 438〜441, 443〜454, 458, 459, 462〜469, 471, 472, 474〜479, 482, 487, 501, 503 ⑤12〜18, 21〜23, 31, 32, 35, 37, 48, 49, 62, 66〜68, 70, 72, 73, 75, 77, 88, 89, 91〜93, 95, 96, 98, 99, 101, 103〜106, 108, 109, 120, 129〜132, 139, 195, 202, 232, 240, 283, 290〜292, 294, 320, 321, 323, 325, 331, 357, 372, 406, 494 ⑦45, 151
下村房次郎　②269, 345
〔下山〕 ①343
下山英五郎　⑤460
下山二郎　⑤73
下山密宥　③93
重城　巌　①137
十谷武治　④71
首藤文雄　①141, 147
昭憲皇太后　①8, 27, 32, 140, 145, 158, 185, 198, 215, 226, 248, 308, 361, 389 ②38, 101, 163, 190, 199, 204, 216, 417, 423, 430, 431, 434, 435 ③39, 40, 94, 120, 340, 357 ④203, 284, 401, 489 ⑤401, 444, 477
城西周雄　⑤56
庄司市太郎（荘司市太郎） ②231 ③53
庄司義基　③87, 137, 146, 152, 199, 257 ④214 ⑤383
東海林儀八　①90
荘田　①68, 253 ④304
〔庄田〕 ④363, 395, 434
〔勝田〕 ①265
勝田主計　②279 ③37, 164, 255, 257, 258, 280〜282, 284, 285, 293, 305, 310, 312, 313, 321, 352, 367, 370, 376, 378, 380, 383, 390, 399, 401, 419, 421, 433, 438, 441, 446, 450, 454, 458 ④11, 13〜15, 18, 21, 26, 36, 52, 55, 86, 92, 101, 102, 108, 126〜129, 133, 200 ⑤37, 212, 503 ⑥10, 28, 330, 468
勝田四方蔵　②269, 275, 372, 373, 384, 387, 402, 416 ④76
松濤舜海　③189, 198, 283, 335, 336
松濤孝源　⑥245, 247, 295, 302, 337, 370, 413 452, 482, 535 ⑦41, 133, 168
松濤賢定　⑥241
上郎新二　⑥369
上郎清治　⑥369
昭和天皇（東宮, 皇太子, 摂政宮, 聖上） ②224, 346, 351 ③118, 122, 242, 262, 268, 273, 277, 280, 336, 349, 355, 405, 439, 449, 453 ④8, 25, 142, 204, 213, 214, 317, 392, 404, 406, 408, 412, 419, 424, 484, 486, 493, 498 ⑤13〜15, 18, 27〜29, 34, 36, 37, 39, 50, 55, 60〜62, 88, 91, 108, 113, 121, 130, 133, 135〜139, 149, 152, 154, 158, 160〜166, 168〜170, 182, 195, 199, 207, 209, 210, 214, 227, 236, 239, 242, 25

清水市太郎　③453 ④88 ⑤62
清水一郎　⑦103
清水栄次郎　④315, 356
清水嘉一郎　④42
清水　澄　⑥49
清水儀六　④325
清水国太郎　⑥265
清水景吉　⑥32
清水重造　⑤108
清水順治　⑥351
清水四郎　⑥497, 527
清水資治　①359 ②359
清水住之助　③309, 321, 326, 327, 346, 376, 398 ⑤46
清水辰三郎　③441, 452 ④20, 42, 64, 77, 85, 86, 96, 118, 119, 134, 279, 339, 342
清水辰重　④104
清水忠吉　⑦206
清水半次郎　①302 ②378 ③10 ⑥24, 30, 97, 206, 233, 255 ⑦95, 129, 136
清水文之助　③318 ⑤518
清水平右衛門　⑤303
清水孫秉　⑤478
清水政子　⑥464
清水麻佐子　⑦122
清水万蔵　⑥90
清水万太郎　④321
清水満之助　③219
清水安衛　①61
清水喜重　③254 ⑤292, 307, 455 ⑥395, 411, 417, 472, 491, 492, 520 ⑦94, 97, 228, 243
清水吉太郎　①105
清水美英　②158
〔志村〕　⑤525
志村源太郎　②468, 469 ③258, 263, 398, 451 ④141, 324 ⑤40, 280, 297, 512, 545, 554 ⑦222
志村鐺太郎　③398
志村原太郎　⑤498
志村平八　②167
志村保直　⑥255
下　啓助(下啓介)　①11, 18, 19, 24, 50, 88, 93, 125, 126, 129, 138, 154, 158, 169, 226, 271, 284, 298, 299, 348, 350, 370, 372, 373, 394, 395, 397 ②37, 38, 76, 94, 103, 130, 153, 176, 235, 274, 399, 486 ③98, 101, 133, 139, 162, 266, 271, 303 ④9, 14, 124, 360, 431 ⑥203, 207, 242, 249, 386 ⑦12, 23, 156, 160, 229
下　長発　①48, 217, 268, 296, 298 ②37, 38
下　秀顕　②174
下　秀燦　①324
下　安子　①23, 35, 44, 49, 63, 85, 169, 207, 232, 265, 272, 277, 336, 350, 372 ②157, 175, 301, 500 ④182 ⑤234, 282, 306, 371, 474, 477, 478
下出高義　③364
下出民義　③355
下岡忠治　①355 ②22, 249, 414, 438 ③22～24, 26, 35, 149, 228, 382 ④40 ⑥127, 132, 190, 236, 237, 527
霜上正太郎　④184, 186, 187, 427, 428
下郷伝平　①18, 24 ③170 ⑤445
下坂藤太郎　⑤138, 281, 503
下沢光三郎　⑥8, 205, 335 ⑦45
〔霜下〕　④165
霜島幸次郎　⑤509
〔下条〕　②497 ③35, 36, 37, 409 ④9, 279 ⑤402
下条於菟吉　⑤491
下條悌五郎　②27, 28
下條正雄　①303, 317, 400 ②11, 27, 60, 62, 113, 114, 125, 142, 157, 253, 454 ③128, 223, 253, 272 ④493
下条康麿　④136
下瀬謙太郎　④473, 497 ⑤47, 70, 90,

渋谷伊之彦　②405
渋谷金次郎　④30
渋谷啓三　⑦227
渋谷作助　②405
渋谷繁雄　⑤250, 260
渋谷襄二　⑦727
渋谷信吾　⑤251
志保田鉎吉　④325 ⑤89, 265
島　甲子二　①165 ③269
島　順子　⑦48
島　末文　③311 ③313, 314
島　善四郎　②315
島　徳蔵　③375, 416, 430, 447 ④11, 139, 156, 401 ⑤448
島　秀雄　⑥190, 338, 411, 466, 519, 529, 533
島　安次郎　①28, 134, 224, 249, 344, 345 ②11, 180, 287, 332, 473 ③165, 194, 404, 413 ④13, 58, 76, 140, 197, 220, 322, 326 ⑤20, 295, 496 ⑥39, 109, 190, 241, 345 ⑦48, 51
島内国彦　⑤254, 355
島岡亮太郎　③45
〔島崎〕 ④441
島崎新太郎　②490 ③152, 154, 391 ④122, 127, 132, 195
島崎忠作　⑤494
島薗順次郎　⑥325
島田乙駒　③318, 352, 374, 378, 390, 395
島田　薫　②243, 469
島田　薫　③42, 48, 176 ④61
島田幸吉　④259
島田三郎　②385, 493 ③64, 295, 380, 382 ④15, 16, 334, 422 ⑤241
島田志良　④60, 62
島田藤吉　④253
島田俊雄　⑤23
島田弥市　⑤195
嶋田義助　⑥210
嶋田雅六　⑥205, 297
島津珍彦　①354, 355, 357 ③282 ④168, 169, 182, 193, 204 ⑤50
島津健之助　①273 ③103, 146, 340, 367, 399 ④11, 76, 78, 88
島津忠亮　①168, 262, 273
島津忠夫　③296
島津忠重　③354
島津忠済　③89
島津忠麿　①273 ②15 ③146, 340
島津長丸　③176, 181, 198, 285, 296, 378, 419, 459 ④88, 194, 196 ⑤12, 208, 212 ⑥146
島津良能　⑤102
島津隼彦　②17, 116 ④76
島津久賢　②61, 62, 64, 69, 70, 150, 161, 165, 242, 248, 305, 306, 372, 380, 381, 423, 425, 428, 429, 440～444, 445, 491 ③8, 10, 11, 19, 20, 21, 42, 44, 49, 75, 78, 103, 104, 110, 111, 125, 126, 145, 152, 158, 168, 181, 191, 213, 223, 239, 249, 259, 291, 307, 308, 348, 417, 422, 435 ④19, 52, 77, 88, 158, 177, 259, 325, 419 ⑤62, 293
島津久広　②468
島津久光　②341 ③278
島津良知　①76
島峰　徹　④140, 144, 146, 149, 160, 162, 182, 219, 220, 223, 226, 228, 281, 338, 419
〔島村〕 ⑤165
島村浅夫　④74 ⑤308～311, 348, 476
嶋村足穂　⑤107
嶋村友三郎　③366
島本英隆　①125
島山敬三郎　③277
島山敬次郎　①97
志水小一郎　⑥131
志水吉太郎　①91
〔清水〕 ①343 ④421

幣原　坦　⑥426, 449
品田俊平　④263, 354
篠川　直　③46
篠田賢則　⑤142, 143
篠田要次郎　③431
篠塚千太郎　④50 ⑥282, 297, 298, 299
篠原雲洲　⑤175
篠原和市　③256, 262, 295, 297, 319, 327, 335, 354, 375, 398, 417 ④86, 92～94, 99, 100, 102, 103, 105, 108, 110, 116, 120, 122, 129, 406, 428, 481 ⑤110 ⑥322
篠原陸朗　④429, 446
四宮　桂　⑤213, 303
四宮精一　①18 ②202, 264 ③12
四宮正寛　③12
芝　染太郎　④484 ⑤122
芝　義太郎　①66, 186
柴　五郎　②169 ④279, 281, 284, 303～305, 307, 309, 320, 363～365, 379, 382, 384, 399, 434, 439～441, 444, 448, 450, 460, 463～468, 471～476, 478, 482, 486, 488, 502, 503, 505, 506 ⑤8, 9, 59, 66, 69, 70, 73～77, 106, 109, 114, 165, 225, 380, 440, 472, 476, 557 ⑥8, 9, 32, 33, 436, 465 ⑦20, 208
柴　四朗　②142 ③447
柴　太一　②169
柴　太一郎　④320 ⑤440
柴　平四郎　⑦211, 222
斯波淳六郎　⑦206, 207
斯波忠三郎　③215, 377 ④28, 204 ⑦48
斯波正夫　⑦48
地場伝一郎　⑤277, 370
芝川新次郎　④28
〔柴木〕　④320
柴崎清吉　①183, 189
芝田太吉　②40
〔柴田〕　①93, 117, 205, 254 ②181 ③313, 363 ④34, 336
柴田家門　①302, 318 ②111, 239, 342 ④256
柴田軍一　③319
柴田甲四郎　③459
柴田権次郎　⑦72
柴田　哲　⑤179
柴田質朴　⑤251
柴田善右衛門　①36, 65, 103, 109, 134, 137, 182 ③290, 319, 346 ④65, 431 ⑤336
柴田善左衛門　①20, 22 ②260 ③25, 30, 33
柴田　環　②139
柴田鉄四郎　⑤347
柴田徳次郎　③279
柴田　嘉　③371
柴田善継　①20, 48, 49, 81, 85, 97, 149, 170, 211 ②417 ③42 ④42
柴田美継　①71, 100
柴原仁造　①273 ②140, 171, 176, 214 ⑤252 ⑥33
芝原豊三　⑤62
渋川善助　⑦220
渋木太吉　⑦167
渋沢栄一　①219, 235, 305, 312 ②170, 194, 209, 210, 222, 231, 249, 252, 254, 259, 263, 270, 271, 274, 474 ③279, 316, 319, 320, 322, 323, 334, 340, 342, 343, 367, 368, 402, 408, 421, 422, 424, 432, 438, 447 ④11, 42, 59, 82, 167, 179 ⑤121, 122, 233, 495, 498, 501, 508, 514, 536, 537 ⑥296 ⑦71
渋沢義一　⑥89, 91
渋沢秀雄　③342
渋沢正雄　⑥137
渋沢元治　④132
渋田常太郎　⑥255
渋谷健一　⑦227
〔渋谷〕　④13

重野厚次　⑥310, 331, 375 ⑦10, 140, 176, 207
重野小芳　①197, 199, 200
重野紹一郎　①10, 12, 15〜20, 22, 33, 36, 39, 40, 43, 52, 57, 58, 61, 63, 67, 79, 80, 85〜88, 91, 93, 104, 138, 144〜147, 163, 188, 196, 272, 279, 290, 324, 334, 350, 370, 372, 373, 379, 397, 394, 398, 401 ②12, 14, 71〜73, 76, 82, 96, 114, 121, 124, 130, 165, 172〜174, 220, 235, 246, 260, 263, 265, 278, 301, 307, 308, 311, 319, 354, 379, 462, 476, 477 ③88, 146, 148, 165, 194, 198, 236, 349 ④39, 69, 70, 139, 202, 357, 420 ⑤13, 171, 179, 239, 377, 515 ⑥260, 266, 277, 285, 294 ⑦10, 140, 141, 143, 144, 158, 209
重野成翁　③183 ④260, 494
重野隼太　⑥377
重野彦熊　①60, 61, 64, 189, 199 ②126, 264 ⑤40 ⑥473, 509, 530 ⑦22, 80
重野秀顕　①370
重信栄熊　①323
重野英子　⑥476, 477, 491, 518, 519, 531, 532, 534 ⑦19, 25, 28, 35, 37, 54, 58, 63〜65, 68
重野安居　①11, 25, 31, 34〜37, 41, 50, 56, 66, 69, 72, 81, 108, 114, 118, 135〜138, 154, 161, 176, 200, 218, 226, 241, 243, 265, 266, 289, 297, 299, 311, 345, 395 ②19, 34, 74, 112, 130, 165, 202, 258〜263, 270, 285, 300, 301, 303, 304, 307, 310, 311, 354, 357, 360, 365, 376, 421, 462, 463, 466, 467, 503 ③56, 113, 236, 423, 441, 454 ④13, 20, 25, 45, 52, 65, 124, 128, 139, 151, 154, 187, 240, 241, 321, 327, 328, 331 ⑤18 ⑥134, 138 ⑦236
重野安繹(重野成斎) ①8, 15, 17〜19, 37, 38, 45, 50, 70, 78〜80, 83, 85, 87, 89, 92, 93, 96, 108, 125, 131, 132, 134, 138, 170, 177, 178, 182, 199, 207, 227, 240, 241, 263, 266, 276, 284, 285, 288, 296, 300, 315, 324, 325, 330, 335, 343, 346, 348, 349, 350, 353, 354, 359〜361, 369, 370, 372, 373, 378, 379, 382, 386, 389, 391, 394〜398 ②12, 109, 114, 235, 299, 306, 307, 314, 316, 326, 334 ③68, 73, 133, 135, 165, 166, 183, 194, 198, 202, 210, 211 ④49, 76, 494 ⑤13, 25, 43, 45, 59, 61, 107, 175, 285, 362, 363, 540 ⑥78, 189, 204, 225
重野安虎　①95
重野蓉子　②300, 311, 312, 476 ⑥262, 264, 461, 467, 509 ⑦141, 158, 188, 204, 207
重信直通(重信直道) ④493 ⑥156, 438
重久　俶　⑤133, 205
重藤鶴太郎　③140 ④193
重松栄一　④449
宍戸省三　①314, 350 ③265, 267, 283, 284, 289, 300, 310, 311
宍戸忠吉　③331
宍戸鼎三　⑤175
宍戸義治　①66
志々目藤彦　①294
〔四条〕 ⑤511
四條隆平　②69
四条隆英　⑥10, 32
四條達雄　⑥359, 360
志田鉀太郎　③166 ⑤518
志立鐵次郎　③284
〔志知〕 ④343
志津野又郎(志津野三郎) ①59, 169, 274 ②299
幣原喜重郎　③170, 263, 264, 314, 339 ④51, 194 ⑤236 ⑥60, 127, 144, 255, 275, 283, 319, 339, 343 ⑦77, 100, 117, 133, 145, 220, 221, 225, 228, 241

佐野彪太　②479 ④18, 26, 29, 30, 121, 122, 154, 156, 183 ⑤129 ⑥29, 30, 41, 98, 423
佐野林造　⑤252, 253
佐野　渡　③112
佐原竹次郎　②70, 73
佐分利　①70, 100
佐分利一嗣　①54, 57, 143, 115, 183, 185, 186, 221, 242, 253, 254, 258, 319, 349, 350 ②35, 44, 200, 318 ③255 ⑤69, 70, 73
佐分利貞男　①239 ⑥268
〔鮫島〕 ⑤204, 205, 283, 287, 288, 333, 335, 476, 478, 479 ⑥11, 25, 27, 30, 141, 142
鮫島武之助　①79 ③383
鮫島秀彦　⑤530
佐柳藤太　③444
〔猿田〕 ④429, 479, 480, 501 ⑤10
沢崎寛猛　②394
沢田牛麿　④136, 315, 351 ⑤283 ⑥194
沢田捨三郎　①153
沢田誠一　①200 ④120, 136, 330, 343, 345, 347, 421 ⑤12, 105, 276, 335 ⑥324
沢田日東　④193 ⑤401
沢谷星橋　⑤250
沢原亮二　④347
沢村熊平　⑤284
沢本熊三郎　①127
沢柳政太郎　②272 ④194 ⑤34 ⑥416, 417
佐和山弥六　⑥441
三条公美　②196
三条実美　②341 ③278 ⑤369, 376 ⑥356
山東宥海　⑦22, 35, 84, 86

し
椎塚蕉華　③9, 79 ④204
椎名初勢　⑥147
椎野吉次郎　②171 ②165
椎谷英一　⑥125, 466, 484, 495, 499
塩入多輔　①37, 45
〔塩川〕 ⑤489
塩坂雄策　③146, 170
塩崎成男　④300
塩沢渓夫　⑦166
塩野季彦　⑥256
塩原千代　⑦54
〔塩田〕 ②242, 246 ④157 ⑤291, 295
塩田奥造　①71
塩田泰助(塩田泰介) ②67 ④55
〔塩原〕 ①343
塩原又策　①345 ②126, 473 ③209 ④19, 51, 150, 157, 161, 164, 337, 338, 360 ⑤110, 139, 183, 228, 243, 281, 304, 339, 341, 375 ⑥186, 187, 362, 474 ⑦28, 53, 59, 160
塩見一咲　④260
塩見平之助　⑤314
塩谷吟策　①25
塩谷恒太郎　④214
塩谷伴造　④433 ⑤263
塩谷益次郎　④333
志賀直温　⑤68
志賀和多利　⑤548
鹿倉吉次　④450
志方　鍛　⑦105
式　正次　⑤255, 256
〔重野〕 ①40 ②103, 336, 343, 434 ③274 ④14, 151, 497
重野栄熊　⑤40
重野菊子　①21, 49, 52, 58, 63～67, 69, 70, 79, 80, 89～92, 99, 102, 105, 121
重野謙次郎　③313, 315, 321, 324, 326, 327, 330, 335, 339 ⑥407, 482 ⑦30, 31

佐藤吉三郎　⑥435
佐藤健治　⑥111, 300　⑦66, 76
佐藤伸太郎　⑥122
佐藤新吉　⑥85, 87
佐藤多吉　⑥158
佐藤達次郎　⑥232
佐藤　続　④449　⑤73
佐藤禎三郎　②369
佐藤得太郎　⑤43
佐藤敏夫　⑤370
佐藤友右衛門　⑤238
佐藤寅太郎　⑤129
佐藤直道　⑦237
佐藤信安　③329
佐藤秀顕　③437　④318　⑤48
佐藤仁寿　③344
佐藤　暢　①65
佐藤顕理　⑤110
佐藤　信　②83, 135　③402　④76
佐藤正俊　⑤327　⑥354
佐藤万平　⑤127
佐藤茂一郎　④167
佐藤求己　⑤250, 327
佐藤元治郎　⑤126
佐藤　矢　⑤520
佐藤陽三　③332, 344
佐藤善夫　②84, 192, 193, 228, 259, 305, 430
佐藤愛麿　②442
佐藤義雪　②454
佐藤隆蔵　③266
里見謹吾　②395, 469　③375, 442
里見敬三(里見敬二)　③278, 444
里見謙吉　③398
佐中幸之助　①255
〔真田〕　①292
真田幸正　③291
真田幸世　①177, 231, 244, 245, 247, 281, 291, 297, 387, 392, 394　②31, 45, 54, 132, 161, 306, 342, 356, 380, 428, 488, 497　③42, 47, 56, 123, 176, 191, 192　④68, 138, 143
実吉安純　②403　③104
〔佐野〕　①233, 255, 260, 301, 339, 343, 351, 374, 399　②94, 300, 345　③32, 38, 40, 46, 48, 49, 166, 232～236　⑤78, 115　⑥30, 253, 255, 257
佐野金儀(佐野金城)　②436, 438, 446, 473, 486　③56, 81, 127, 141, 152, 183, 185
佐野貞夫　②272
佐野貞光　①259
佐野貞吉　①89, 98, 125, 131, 187, 285, 287, 375　②9, 10, 90, 91, 115, 126, 130, 178, 187, 199, 224, 228, 229, 231～234, 247, 258, 290, 291, 302, 306, 315, 332, 334, 339, 342, 347, 363, 375, 382, 406, 427, 436, 469, 473, 476, 477, 479　③77, 152, 200, 208, 250　④168, 270, 279, 284, 288, 293, 294, 296, 301, 302, 309～311, 319, 321, 333, 337, 344, 345, 378, 379, 382, 387, 391, 401, 410, 435, 440, 447, 458, 461, 462, 479, 480, 501　⑤10, 58, 63, 100, 101, 114, 116, 118, 119, 124～128, 140, 152, 159, 182, 288, 291, 301, 336, 396, 472, 477, 493, 549　⑥123, 189, 205, 233, 239, 243, 245, 253, 270, 279, 280　⑦42, 46
佐野実親　①28, 67, 96, 115, 121, 155, 277, 342　②56, 120, 140, 144, 146, 257, 260, 301, 302, 440　④486　⑤202, 241, 278, 337　⑥59, 283, 394, 467, 473, 477, 530　⑦28, 108, 241
佐野新三郎　④380　⑤140, 141, 193, 362, 468
佐野竹子　②212　⑦46
佐野藤次郎　⑤186, 193, 196
佐野友吉　①89, 134　④218, 345, 356, 393, 432　⑥11, 25, 31, 46, 76, 144

佐々木清麿　②436
佐々木国重　④308 ⑤100, 198, 211, 212, 219, 352, 451
佐々木茂枝　③180
佐々木隆興 ⑥201, 203
佐々木武生　③343, 351 ④324
佐々木貞次郎　⑤520 ⑥439
佐々木天洋　③276, 282, 285, 296, 351, 451
佐々木成村　④128
佐々木文一　③421
佐々木平次郎　④23, 30, 120 ⑤499
佐々木政吉　③47
佐々木幹三郎　④392
佐々木蒙古　⑤19
佐々木弥三郎　①344 ②161, 169
佐々木安五郎　③63
佐々木保太郎 ⑥378
佐々木勇太郎　②23, 28
佐々木好生　④40
佐々木芳照　⑤217, 247
佐々木与兵衛 ⑥351
佐佐木高行　①324 ②174, 237
佐佐木高美　①401 ②34, 36
佐佐木行忠 ⑥151
笹沢三善　⑤508, 514, 530
佐々田　懋　①16, 81, 84, 183, 186, 240, 242, 244, 266, 278 ②22, 115, 138, 236, 300, 351 ③296, 305, 340, 431 ④87, 88
笹田員一郎　①390
笹田伝右衛門　①220
佐々部　秀　①130, 131
佐々部茂右衛門　①177
佐治実然　③275
佐治章一郎　⑥19 ⑦227
指田泰助　④59
指田義雄　②436, 445, 446, 448, 467 ③284, 289, 296, 302, 338, 352, 442, 443 ④45, 59, 494, 495, 497, 498 ⑤202, 502, 505, 507 ⑥110, 275
佐多武彦　④290, 470
座田達二　③349
〔佐竹〕 ②254 ⑤125, 225, 395
佐竹作太郎　②249, 412 ③87
佐竹三吉　⑦125, 133
佐竹義雄　①371
佐竹義生　③26
佐竹義準　②161, 268, 397, 428 ③49, 72, 81, 90, 93, 94, 124, 163, 263, 281, 282 ⑥38
佐竹義文　①294 ③304 ④64 ⑤529
佐竹隆輔　⑤392
佐塚庄蔵　③175
佐々庚午郎　⑥501
佐々友房　①10～12, 19, 52
佐々廉平　⑥40
佐渡金太郎　④270
佐東孝一郎　①206, 216, 258
〔佐藤〕 ②103, 121, 216 ③416 ④39, 209, 365 ⑤184, 352
佐藤氏治　①229
佐藤貝村　③452
佐藤　歓　⑤239
佐藤菊一郎　③173
佐藤吉治郎　④478 ⑤103, 186, 263, 357, 493
佐藤　清　①84, 95, 308
佐藤熊次郎　⑤193
佐藤玄斎　②443
佐藤顕理　③259
佐藤浩洋　②434
佐藤小次郎　⑤37, 75, 91, 148, 155, 158, 195, 196, 250, 264, 266, 438
佐藤佐一　②249
佐藤三吉　③429, 430
佐藤昌介　⑤95
佐藤庄太郎　④24
佐藤四郎　④393
佐藤　勧　④448 ⑥170

坂野小六　④23
坂野鉄次郎　②233, 236, 309 ③163, 263, 273, 274, 360, 388, 424 ④139
坂野鉄太郎　⑥325
坂場忠恕　⑥391, 501
〔坂部〕 ②131 ③223
阪部秀次郎　③172
酒巻貞一郎　⑤135, 440, 442
〔坂本〕 ①132 ②79 ④153 ⑤50
坂本金弥(阪本金弥)　③382 ④15, 51, 239
坂本健吉　③127, 133
坂本治郎　⑤300
坂本志魯雄　④263～265, 271～273, 275, 276, 321, 338, 347
坂本鈴之助　②376
坂本素魯哉(阪本素魯哉) ④303, 338, 392, 406, 428, 441, 465 ⑤23, 32, 46, 51, 74, 93, 147, 150, 158, 232, 251, 263, 266, 320, 328, 367, 416, 435 ⑥21, 176, 347, 361, 524
坂本辰之助　②270, 307, 329, 364 ③389, 412, 414 ④43 ⑦12
坂本俊篤　③389 ④431
坂本直也　⑦16
坂本則実(阪本則美) ①22 ②335
坂本　一　④45
坂本正治　③374
坂本芳治　④156 ④430
坂本龍馬　③454
阪本釤之助　①293, 294 ④327
阪本志智雄　④284
阪本則俊　①83
相良　歩　⑤108
相良長発　①55, 56, 200, 201
相良行政　③125
相良花子　⑥386, 390
酒匂常章　①265 ②383
崎川才四郎　③303 ⑤488 ⑥9, 32
先山栄治　③133
〔崎山〕 ⑥441
崎山比佐衛　④72, 103
柵瀬軍之佐　⑤47, 106, 107, 130, 136, 139, 183, 233, 241, 254, 255, 259, 333, 349, 367, 378, 394, 405, 438, 488 ⑥90, 157
佐久間耕造　⑤493
佐久間貞治　②290, 291
佐久間左馬太　①211, 267, 268 ③58, 63, 84
佐久間象山　②342, 357
佐久間鉄園　①248 ②447 ③353, 441 ④71, 131, 319 ⑤13, 69, 97, 300 ⑦238
佐久間豊蔵　④160
佐久間秀雄　④79, 170
〔桜井〕 ①165 ④150, 152, 363
桜井伊兵衛　⑥38
桜井円次郎　③205
桜井義肇　④355
桜井好一　⑥31
桜井　駿　③333
桜井錠二　⑦73
桜井省三　①317 ⑤201
桜井　勉　⑦36
桜井恒次郎　⑤352
桜井鉄太郎　①238, 325 ②145 ④339, 348, 365, 379, 381, 382, 383, 392, 431, 432
桜井寿康　④326
桜井文江　⑦184
桜井兵五郎　⑤182
桜井　貢　④403 ⑤57, 92, 99, 202
桜井芳次郎　⑤195
桜内幸雄　④65
〔迫田〕 ①169
佐々井一晃　⑦112
〔佐々木〕 ②163
佐々木嘉市郎　④414 ⑤108
佐々木勝三郎　⑤455, 458

〔三枝〕 ①216
三枝光太郎　③395 ⑤378
三枝染之助　①14
早乙女忠国　③326
坂　千助　⑥274
阪　仲輔　③370
〔酒井〕 ①286, 375 ②10, 47, 92, 93, 122, 123, 184, 217 ③447
酒井　明　①91
酒井勝軍　①28
酒井寛三郎　③198 ⑥252
酒井菊子　⑥136
酒井健吉　⑦191, 206
酒井憲吉　⑦167, 181
酒井忠亮　①320 ②58, 66, 88, 150, 151, 270, 271, 274, 392, 495 ③40, 55, 56, 96, 147, 156, 175, 268, 286, 318, 347, 383 ④54 ⑤499, 503 ⑥489
酒井忠興　②221
酒井信正　⑦14
酒井秀雄　②346
酒井正之　⑥282
酒井又夫　⑥110, 156
酒井　康　⑥465, 474, 494
坂井郁太郎（阪井郁太郎） ⑤111, 147, 315, 322, 329
坂井和東　④409
阪井重季　②196, 401, 497 ④177〜179 ⑤218
阪井徳太郎　③348
阪井利兵衛　③340
堺　忠七　③256, 389
阪井田民吉　①136
坂入喜蔵　①160 ③63
寒河江堅吉　③154, 161, 176〜178, 185, 247〜250, 263, 371 ⑤494, 500, 503
榊　富次郎　⑥478
榊原浩造　②347
榊原経武　⑥291, 294, 324
榊原義男　⑤292
坂口武之助　③419
阪口彦三郎　②40
坂倉喜太郎　①64
坂崎　馨　⑤551
坂崎　斌（阪崎斌） ①145 ②265〜267, 278
坂崎　但　③344
坂田　厚　②208
坂田一雄　④184, 185, 280
坂田巌三（阪田巌三） ①9, 24, 26, 27, 46, 112, 196 ②334, 335, 337, 339, 367, 385, 440, 441
坂田重次郎　③22
坂田長之助（阪田長之助） ①147, 148, 163, 201, 229, 235, 238 ②101, 104, 106, 107, 110, 165, 210, 223, 249, 302, 306, 365 ③185
坂田帰之助　①196, 205
坂田秀雄　⑦191
坂田文雄　⑥381
坂田幹太　④316
坂田　実　④414, 415, 417
坂田六堂　⑤118
阪田厚之助　①193〜196, 375 ②93, 123, 230
阪田巌之　①12, 13 ②338
阪谷希一　③185
阪谷芳郎　①9, 87, 93, 100, 103, 105, 115, 117, 133, 160, 161, 177, 215 ②46, 51, 64, 111, 235, 257, 356, 492 ③13, 93, 176, 185, 195, 197, 204, 208, 262, 263, 265, 266, 268, 273, 279, 296, 303, 313, 333 ④34, 37, 39, 88, 336, 413 ⑤16, 24, 33, 36, 41, 50, 91, 171, 219, 394 ⑥69, 126, 187, 296 ⑦14, 29, 92, 146, 206
阪谷朗盧　⑦146
坂手英雄　④25, 47
〔坂野〕 ③166
〔阪野〕 ①137 ③362

178, 276, 438, 439, 477, 502 ⑥396 ⑦15, 17, 19
斉木　斉　③398
西郷午次郎　③321
西郷従道　④376
西郷従徳　③273, 275
税所　篤　①356, 358 ②222, 439 ⑤42
税所篤秀　⑤110 ⑦207
税所篤一　①282, 356, 358 ⑦207
税所辰七　⑤42, 110
最所文二　③343 ④137, 345 ⑤451
〔斎藤〕　①23, 68, 204 ②131 ⑤133, 226, 387, 441, 533, 542, 557 ⑤86, 401, ⑥203, 237
斎藤愛二　④295, 392, 435, 438, 462 ⑤9, 102, 103, 123, 141, 151, 198, 245, 251
斎藤酉男治　⑤132, 138, 162, 299, 301, 549 ⑥8, 12, 30, 45, 117, 120, 137, 163, 170〜172, 178, 189, 190, 202, 234, 244, 248, 254, 278, 297, 302, 323, 369, 392, 416, 423, 430, 454, 466, 482, 537 ⑦11, 60, 113, 147, 186, 227, 239, 240
斎藤亀吉　⑥87, 88, 89
斎藤完治　⑤69, 257
斎藤珪次　①267 ④97, 105 ⑤201, 243, 380 ⑥449
斎藤馨之助　⑤233
斎藤孝作　①106, 107
斎藤浩介　③422 ⑤339, 347, 453, 557 ⑥32, 69, 108
斎藤幸之助　⑤64
斎藤佐四郎　⑥241, 242
斎藤定義　②347
斎藤参吉　④282, 319
斎藤参次　⑤468
斎藤七五郎　②363, 365
斎藤士郎　①297
斎藤二郎　②18
斎藤獅浪　⑦91
斎藤　斉　⑥174
斎藤蒼右衛門　①300
斎藤隆夫　②445 ③213, 321, 388 ④40 ⑥437, 486, 489, 510, 513 ⑦154, 160
斎藤智昇　③201
斎藤嘲爾　④138
斎藤　淘　①35
斎藤藤四郎　⑥478
斎藤徳松　④274
斎藤紀一　⑥526
斎藤半三郎　④89
斎藤半六　②247, 249
斎藤不二三　③341
斎藤　実　①9, 61, 93, 98, 117, 173, 197, 215, 250, 254, 256 ②13, 16, 23, 111, 135, 138, 238, 239, 385, 392〜394, 396, 405, 406, 416, 431 ③313, 437 ④34, 258, 263, 283, 332, 336, 341, 346, 412 ⑤33, 36, 180, 199, 209, 210, 315, 331, 380, 385, 392, 399 ⑥291 ⑦14, 28, 94, 108
斎藤又右衛門　④30
斎藤巳三郎　④414, 425
斎藤勇吉　②131
斎藤与市郎　①144
斎藤　芳　③35 ⑥518, 530, 532, 534
斎藤李枝　⑤250
斎藤良衛　⑤415
〔佐伯〕　③338
佐伯　顕　④465
佐伯有義　④247
佐伯岩見　④23, 31
佐伯信太郎　①103, 104 ⑤263
佐伯仲蔵　⑦156
佐伯正孝　②110, 217, 314
佐伯美津留　③379, 437
佐伯宥純　③276 ④62
佐伯好郎　⑤54

近藤慶一　④45
近藤敬三郎　⑦127, 128
近藤健三郎　④327, 332, 334
近藤賢次(近藤賢二)　④62 ⑥332
近藤健三　④360
近藤浩之介　⑦70, 106, 119, 123, 124, 127
近藤　貞　⑦127
近藤三之介　⑦127
近藤成虎　⑤538
近藤滋弥　②162
近藤　茂　①66
近藤士郎　⑤543
近藤翠石　⑤408, 435
近藤　進　①370
近藤　孝　⑥76, 423 ⑦140
近藤達児　⑤550
近藤千鶴　⑦127
近藤常尚　⑦94
近藤常松　⑥170
近藤鎮蔵　⑤93
近藤富寿　⑥509
近藤悳吉　⑤247
近藤浜五郎　②338, 351, 360
近藤久次郎　④300 ⑤458
近藤久敬　②11, 12, 14, 18, 23, 37, 43, 83, 274 ③28
近藤政定　①274
近藤基喜　②193, 194
近藤守三　②231
近藤弥三郎　③282
近藤優吉　⑤159
近藤利兵衛　①62 ⑥164
近藤林蔵　⑦123
近藤廉治　③259
近藤廉平　①12～14, 36, 37, 122, 160, 370 ②162, 169, 194, 223, 232, 234, 249, 262, 263, 265, 274, 297 ③149, 176, 180, 210, 255, 259, 273, 274, 279, 283, 292, 296, 301, 304, 308, 320, 321, 325, 341, 343, 347, 355, 367, 368, 373, 395, 397, 401, 409, 417, 421, 422, 431, 433, 438, 439, 447, 448 ④13, 35, 37, 55, 63, 73, 76, 77, 113, 138, 140, 167, 223, 335 ⑤25, 27, 34
権藤正行　④465, 481
紺野常二　②18
今野正蔵　②59, 86, 109, 112, 115, 217 ④15, 16
今野房雄　⑥326
今野保之輔　⑤301

さ

西園寺公望　①9, 13, 22, 79, 94, 95, 116, 133, 142, 159～161, 173 ②13, 76, 126, 135～139, 142, 144, 152, 153, 190, 191, 193, 198, 199, 208, 210, 233～235, 238, 239, 247, 251, 256, 261, 263, 264, 267, 269, 273, 275, 281, 419 ③242, 248, 251, 302 ④34, 64, 91, 93, 95, 132, 134, 162, 177, 256, 279, 321, 336 ⑤26, 28, 42, 55, 56, 133, 161, 175, 220, 221, 229, 233, 241～243, 249, 250, 260, 262, 274, 275, 281, 288～290, 293, 294, 299, 303, 305, 320, 338, 340, 368, 376, 382, 385, 399, 401, 445, 450, 451, 473, 476～479, 482, 494, 496, 511, 515, 530, 532, 533, 545, 553, 556 ⑥8, 10, 14, 17, 21, 43, 44, 53, 54, 57, 59, 60, 65, 69, 80, 87, 98, 100, 101, 116, 123, 127, 132, 136, 141, 145, 148, 154, 158, 179, 185, 192, 195, 196, 199, 203, 225, 227, 253, 259, 267, 269, 271, 278, 302, 328, 335, 342, 348, 355, 359, 379, 400, 402, 425, 437, 441, 444 ⑦30, 40, 75, 76, 80, 171, 172, 173
西園寺八郎　④321, 330 ⑤34, 137, 383, 385, 394, 397, 431, 437, 438, 443
〔才賀〕　①330
雑賀梅治　④348, 430, 487, 498 ⑤106,

小林林之助　①15, 171, 377, 378 ②10 ③355
小林霊学　⑤473, 475 ⑥216, 232, 236, 431, 445, 510 ⑦10, 24, 50, 120, 122, 141, 152, 162, 175, 191, 208, 222, 232, 242
小堀貞一　②177
駒井喜太郎　③173 ④148, 153
駒井文夫　①97
小牧茂彦　⑤337
小牧昌業　①371, 372, 395, 396, 398 ②18, 100, 109, 253, 329, 294, 355, 356, 400, 403, 454 ③56, 73, 98, 103, 284 ⑤13, 107, 175, 327
〔小松〕　①13, 137
小松楠弥　④293
小松謙次郎　①81, 117, 118, 135, 143, 215, 234, 292 ②82, 86, 98, 108, 126, 140, 141, 176, 212, 430 ③22, 86, 155, 167, 275, 383, 417, 449 ④29, 39, 57, 90 ⑤43, 69 ⑥10, 18, 40
小松重利　④495
小松徹二　③400
小松利一　⑤517
小松直之進　⑥399 ⑦114
小松嘉蔵　⑤520, 542 ⑥280
小松吉久　④294, 365 ⑤103
〔小松原〕　②131
小松原英太郎　①12, 16, 18, 117, 171, 197～199, 202, 232, 238, 239, 267, 310, 317, 319～321, 327, 355～357, 395 ②15, 16, 19, 22, 29, 69, 76, 87, 88, 94, 96, 115, 127, 128, 138, 140, 141, 143, 144, 156, 179, 197, 198, 200, 203, 206, 221, 235, 240, 252, 253, 261, 268, 275, 276, 278, 284, 291, 311, 331, 337, 340～342, 359, 364, 374, 376, 382, 388, 389, 396～400, 402, 403, 409, 413, 417, 420, 431, 437, 454, 455, 458, 464, 484, 488, 492, 493, 497, 500, 501 ③26, 36, 45, 49, 53, 56～59, 68～70, 72, 73, 75, 80, 94, 96, 114, 131, 134～137, 148, 149, 156, 157, 169, 175, 206, 207, 213, 226, 228, 241, 246, 254, 304, 320, 334, 339, 405, 413, 445, 456 ④162, 177, 279 ⑥483, 536
五味均平　④247
小美田成義　④65, 113
小美田隆義　③334, 336, 375, 444, 450
小美田利義　③318
小宮元之助　④308, 392, 398, 435 ⑤78, 289, 313, 322
小宮山正道　⑤128, 129
小村欣一　⑤169 ⑥10, 268 ⑦40, 71, 106
小村寿太郎　①8, 133, 231, 327, 329, 356 ②14, 105, 107, 186 ③94 ④44, 256 ⑤169
小村俊三郎　③191
小室翠雲　④351 ⑥442
小森七郎　④13, 33, 216, 226, 351, 491 ⑤232, 346, 402, 447 ⑥214
小森忠夫　⑦220
小森徳治　④504
〔小山〕　⑦105
小山寛蔵　④16
小山健三　④285, 333, 401, 409, 421, 433, 491, 501 ⑤33, 65, 105, 228, 239, 244, 302, 308, 447, 448
小山三郎　③38 ④494 ⑤26, 52, 374
小山禎三　①79
小山富三　⑦29
権田万寿男　⑤476 ⑥154, 364
金土伊勢太　⑤120, 121, 367
〔近藤〕　①32, 301 ②45, 283 ③426 ④30, 458, 461 ⑤68
近藤市蔵　④337 ⑤404
近藤精男　③54
近藤九一郎（近藤九市郎）①153 ⑤379 ⑥293, 302

後藤隆三　①44, 135 ②323
後藤六弥　①42, 79 ⑤48, 68, 70 ⑦97
後藤和左　④408
後藤和左二　⑤314
後藤文夫　⑥92
後藤勇吉　⑥444
厚東禎造　⑤441, 449, 452, 462, 464 ⑥19, 35, 52, 266
〔小西〕　④441
小西勝次郎　⑤136, 139
小西孝太郎　①175
小西新右衛門　⑤228
小西千代子　⑦119
小西貞助　③282 ⑦119
五野上道映　④144
近衛秀麿　⑤125
近衛文麿　⑤125, 205 ⑥136, 141 ⑦181, 231
木場貞長　①93, 117, 205, 254 ②111, 276
小橋一太　④58, 135 ⑦124, 133
小橋藻三衛　④74
小幡酉吉　⑥163
〔小早川〕　⑤284, 509
〔小林〕　①64, 68, 98, 100, 137, 176, 300, 346, 364 ②8, 72, 497 ⑥40, 122, 225, 428, 432, 452, 466, 469, 475, 484, 491, 495, 538 ⑦154, 194, 240
小林丑三郎　⑦148
小林栄司　④140
小林音八　③443 ④83, 97
小林一男　⑤460
小林峨亭　②325, 326
小林　鼎　①314
小林喜与昌　⑦133
小林くみ　⑥265
小林啓七　⑤467
小林賢治　⑦171
小林源蔵　①16, 162, 402 ③351, 421
小林作太郎　③390
小林佐太郎　①138
小林重威　②66
小林静雄　⑤412, 413, 416, 463, 477
小林二郎　①114
小林助太郎　②295
小林　進　⑤480
小林清一郎　①30, 34, 37, 38, 41, 51, 55～57, 61, 62, 64, 67, 69, 71, 72, 77～79, 82～84, 113, 114, 118, 120～122, 127, 141, 143, 146, 165, 169, 171, 175, 179, 181, 187, 189～191, 245, 250, 253, 256, 257, 263, 269, 274～278, 283, 284, 289, 295, 296, 316, 317, 329, 332, 333, 344, 349, 350, 354, 361, 365, 367, 368, 379 ②248, 249, 253, 256, 259～261, 287, 288, 356, 374 ③26, 309, 371 ④321
小林躋造　②69
小林　節　①149, 193
小林武一　②317
小林龍男　⑦144
小林太之助　④397
小林民吉　④315
小林　勉　⑦155, 158, 240
小林常三郎　③425
小林徳一郎　④310, 315, 345, 362, 400, 433, 479 ⑤11, 14, 65, 517
小林利昌　⑤447, 480
小林南八　④190 ⑥279
小林　蕃　②483 ③37, 40
小林彦三郎　⑤14
小林　弘　⑥365
小林　寛　①376
小林正助　⑥135
小林誠義　①65, 186
小林　靖　①247 ②476 ③10, 11, 33, 40～44, 48, 50, 90, 91, 93, 103, 112, 221, 222, 274, 344, 399
小林好愛　③455
小林米蔵　②455

小寺房次郎　⑤529, 537 ⑥32
五島慶太　⑥434, 444, 446, 447, 451, 452 ⑦20, 24, 88
〔後藤〕 ②34, 110, 254, 289, 461
後藤朝太郎　⑤14, 48
後藤一蔵　①276 ②478 ③240 ④48, 149, 154, 182 ⑤30, 38 ⑥31, 232, 246 ⑦60, 111, 125, 146, 176
後藤勝蔵(後藤勝造)　②448 ③86
後藤環午　③352
後藤環爾　④346, 401, 433, 480 ⑤208, 349, 444, 445, 502 ⑥89 ⑦241
後藤国彦　②504
後藤貞子　⑦111
後藤　茂　⑤322
後藤繁太郎　⑥270
後藤春太郎　③265, 267, 274, 277, 279, 295, 306, 325, 330, 338, 344, 346, 348, 352, 354, 371, 375〜377, 396, 408, 412, 431, 456 ④30, 31, 33, 45, 127, 163
後藤象二郎　①117, 123, 269, 281, 366 ②237, 319, 480 ③454 ⑥490, 527 ⑦56
後藤新十郎　④71
後藤新平　①12, 13, 87, 197〜199, 233, 257, 258, 264, 265, 288, 310, 313, 318, 324〜326, 348, 356, 362, 363, 368, 370, 387, 388, 395 ②11, 15, 17, 20〜22, 26, 32, 42, 69, 71. 80, 85, 87, 88, 98, 116, 141, 156, 158, 169, 180, 182, 186, 193〜195, 197, 201, 224, 234, 235, 237, 239, 242, 251, 256〜258, 263, 273, 274, 311, 316, 338, 353, 359〜361, 364, 389, 393, 398, 414, 418, 441, 448, 451, 460, 479, 481, 484, 485, 496 ③11, 14, 39, 47, 48, 57, 58, 61, 82, 89, 92, 111, 120〜122, 126, 131, 136, 137, 139, 146, 147, 149, 153, 156, 166, 180, 186, 189, 195, 200, 207, 212, 216, 219, 225, 228, 229, 236, 240, 244, 247, 249〜253, 261, 264, 270, 271, 274, 276, 277, 282〜284, 289, 290, 292, 296, 298, 300〜303, 306〜308, 311, 312, 314, 316, 318, 320, 321, 323, 328, 331, 336〜338, 342, 343, 346, 348, 352, 354, 355, 366, 369, 382〜384, 387, 394, 395, 421, 422, 430, 432, 441, 453. 454, 456 ④14, 15, 18, 21, 26, 41, 43, 44, 46, 48〜50, 53, 54, 56, 58, 61, 63, 68, 78, 79, 81, 82, 88, 89, 91, 92, 94〜96, 99〜102, 104, 105, 110, 114, 116, 117, 119, 122, 126, 128, 132, 133, 148〜150, 153, 154, 158, 159, 162, 168, 179, 182, 186, 273, 319, 328, 332, 336, 337, 346, 404, 410, 415, 430, 488, 494, 493, 496, 498, 500 ⑤21, 30, 38, 40, 49, 54, 58, 59, 62, 110, 134, 138, 179, 180, 212, 219, 220, 240, 338, 342, 343, 345, 371, 386, 388, 391, 473, 479, 483, 484, 493, 501〜504, 513, 515, 519, 526〜529, 534〜538, 543, 545, 546, 548, 550〜553, 555 ⑥28, 40, 54, 63, 86, 126, 147, 162, 191, 335, 385, 395, 399, 407, 434, 435, 447, 484, 522
後藤祐明　④487 ⑤517
後藤清一　⑤308
後藤政次郎　④449
後藤卓爾　⑤513
後藤武夫　③200 ⑥486 ⑦168, 188
後藤武三郎　⑤161
後藤猛太郎　①249 ②110, 364, 365
後藤玉城　②79
後藤哲治　②323
後藤長春　③253
後藤初勢　②478
後藤春子　⑦111
後藤元信　③194, 216
後藤元良　④380
後藤雪子　④17

小竹即一　⑤535
小谷源蔵　①153
小谷広吉　①153 ③425, 426
小谷広次　①153
小谷　哲　①97, 152, 178, 180, 193, 196, 259, 261, 287, 288, 338, 348, 377, 379, 385 ②9, 10, 39, 41, 65, 68, 78, 91, 93, 94, 123, 183, 185, 216, 218, 312, 313, 367, 371 ③118, 197, 363, 395, 402 ④26, 180, 181, 213, 214, 316, 361, 401, 439, 473, 484, 487, 492, 495, 498 ⑤15, 22, 42, 49, 122, 135, 136, 153, 160, 170, 179, 199, 212, 213, 222, 240, 283, 301, 308, 333, 396, 446, 473, 480, 494, 501, 502, 507, 526, 531, 542, 554 ⑥8, 30, 32, 33, 36, 44, 45, 47, 52～57, 63, 65, 73, 74, 76, 78, 82, 85, 92, 96, 102, 103, 107, 108, 112, 115, 125, 128, 133, 141, 163, 171, 180, 190, 200, 202, 207, 208, 222, 224, 226, 230, 243, 246, 249, 253, 258, 260, 272, 294, 301, 310, 321, 322, 328, 334, 348, 349, 350, 355, 370, 372, 376, 377, 381, 383, 389, 391, 402, 407, 414, 422, 428, 432～436, 442, 452, 458, 472, 489, 496, 498, 511, 513, 518, 527 ⑦10, 38, 39, 41, 57, 61, 64, 66, 74, 81, 83, 90, 102, 104, 108, 122, 129, 140, 141, 146, 147, 157, 162, 179, 180, 181, 196, 204, 207, 208, 210, 216, 217, 218, 226, 231, 234
小谷常英　④351
小谷富貴　②78 ⑤304, 371 ⑥19, 72, 109, 262, 383, 422, 433, 454, 458, 469, 472, 483, 492 ⑦10, 36, 60, 81, 91, 147, 163, 179, 207, 208, 229
小谷　晴　①363
小谷英夫　①202
小谷福喜　⑤283
小谷正雄　⑤222, 276, 446 ⑥19, 262 ⑦10, 61, 140
小谷雅之　③13
小谷松次郎　②193
小谷保太郎　①134, 153, 338, 384 ②78, 83, 91, 277 ③425 ④213 ⑤63, 446 ⑥106, 107 ⑦171
小谷雄一郎　⑥37, 39, 508 ⑦233
小玉呑象　⑤393
〔児玉〕　①80, 86 ③366 ④68, 200
児玉貫一　③367
児玉謙次　⑥275
児玉源太郎　①12, 26, 42, 43, 248 ④97, 100 ⑥484
児玉淳一郎　③40, 197
児玉隼槌　①136 ⑤69
児玉四郎　⑥494 ⑦176
児玉孝顯　⑤546
児玉利国　⑥164
児玉秀亮　④502
児玉秀雄　②320, 322, 360, 402 ③171, 275, 303, 304, 306, 307, 309, 311, 314, 317, 319, 321, 323, 325～330, 332～335, 337, 338, 340～342, 344, 391, 394, 440, 451, 452 ④25, 46, 56, 60, 87, 93, 95, 105, 106, 113, 115, 117, 118, 120, 121, 131, 135～137, 148, 163, 168, 193, 225, 274, 278, 282, 317, 348, 349, 405, 409, 499 ⑤37, 52, 61, 108, 110, 134, 166, 176, 181, 240, 241, 280, 304, 441, 480, 498, 503, 504, 511 ⑥53, 144, 265 ⑦240
児玉真子　④16
児玉右二　③370, 389, 431, 439, 440 ④15, 16, 51, 77, 92, 121
小塚貞義　③266 ⑥189
小手川豊治郎　①81, 104
小寺英策　⑥75
小寺英粲　②428 ③101, 162
小寺謙吉　⑦50
小寺秀顕　①401

神山郡昭　②28, 69, 153, 249, 270, 339　③69, 263, 281, 282
護得久朝惟　③57, 66
郡山　智　⑦112
久我通久　①21, 32, 33, 38, 49, 91, 106, 160, 164, 244　②32, 87　④29, 30　⑥125
久我通保　①300, 337　④29　⑤171, 173, 183, 219, 224, 235, 277, 303, 333, 348, 391　⑥161
久我通政　⑥177, 369
古河好吉　①15
〔古賀〕　①259
古賀春一　②289, 290
古賀伝吉　③412
古賀三千人　④440, 451, 493　⑤46, 73, 74, 93, 124, 136, 146, 153～155, 266, 300, 339, 373, 400, 416, 424, 434, 454
古賀庸三　①72
古賀廉造　②374　④165, 169, 226, 317, 327, 335, 349, 350, 352, 353, 405, 407, 421, 428, 475, 493　⑤17, 52, 62, 94, 154
国府小平　⑤508
国分済吉　①120
国分虎吉　①202
小久保喜七　①127, 128　②151　④21, 337
故倉兼五郎　①88
木暮武太夫(小暮武太夫・木暮武太郎)　⑦196, 198, 199, 201
〔古在〕　②249
小佐井清平　⑥320, 453
小坂文治　①139
小坂紋次　①260
小坂覚四郎　⑦88
小崎弘道　④384
小笹正人　④218
越井醇三　④356
小塩八郎右衛門　⑤509
越川三郎　⑦96
越川晋一　④377, 387, 471　⑤212, 255
小篠清根　①379
小柴為二　⑤221
〔小島〕　①9, 13, 137, 343, 377　②154　⑤204
小島英一　⑥33, 34
小島桜村　⑥355
小島久右衛門　⑥172
小島憲一郎　⑥465
小島憲太郎　⑤468
小島好祐　⑦228
小島省斎　④196, 205, 213, 242, 295　⑤257
小島静三郎　①134
小島精太郎　④28
小島高踏　③307, 457　④120, 164, 354
小島徹三　⑥155, 157, 162, 163, 158, 170, 172, 178, 181, 182
小島友吉　①36　②40, 79, 391, 455　③118, 276　④196, 205, 213　⑤166, 322, 349, 468
小島正勝　①11, 134, 353　②333　③173
小島美智子　⑥363
小島元吉　③445
小島八重子　③84
小嶋清友　⑤173, 281
小嶋　誠　①345, 358　②127, 130, 449　③84
児島惟謙　①38, 190　⑥252
児島富雄　⑥252
児島惣次郎　⑤321
〔越山〕　⑤57
越山太刀三郎　④94, 351
越山太刀太郎　③311, 321, 326, 339, 348, 378, 381, 436, 438, 454　④67, 119
小杉　潔　⑤274
小杉久蔵　②288
小杉辰造　④29
小平権一　⑤537

こ
小網源太郎　②209, 233 ③161, 175
許斐友次郎　⑥351
小池国三　②20, 22, 38, 42, 45, 113〜115, 251, 292, 361, 363, 366 ③323, 343, 344 ⑤479 ⑥140, 158
小池国英　⑥392
小池靖一　③399
小池張造　④21, 29, 61, 98 ⑤16, 34
小池信美　①360
小池正直　②379
小泉　敦　①336, 367
小泉策太郎　②430 ③432, 438 ④63
小泉又次郎　⑤511 ⑦78, 118, 163, 234
小泉龍吉　⑥361, 386
小出　詮　②81
小出熊吉　⑤505
小出成五　⑤524, 539, 550, 554
小出武夫　④269 ⑤342
小出成立　⑥15
小出光子　⑥328, 333
〔鯉沼〕 ⑤443
小岩三郎　⑦26
〔郷〕　①222 ③242, 367
郷　純造　①396
郷　誠之助　①251〜253 ②30, 33, 34, 56, 64, 99, 223, 289, 488 ③73, 192, 254, 257, 276, 297, 300, 303, 305, 322, 326, 333, 339, 340, 342, 347, 375, 421, 424, 432, 434, 435, 438, 444, 452, 453 ④46, 137, 141, 144, 156, 196, 205, 210, 244, 264, 272, 324, 325, 425 ⑤36, 40, 376, 506, 510, 512, 524, 525 ⑥140
香西実一　⑥332
香西文次　⑦201
香西与一郎　①14, 77, 89, 97, 103, 105〜107, 164, 165, 193, 226, 330, 333, 337 ②212, 292, 307, 332, 345 ③57, 79, 264, 285, 373, 394, 428 ④15, 20, 35, 74, 82, 114, 139, 144, 149, 150, 161, 182, 231, 238, 256, 259, 273, 333, 337, 344, 352, 406, 431, 485, 497 ⑤16, 21, 233, 393, 478, 546 ⑥14, 21, 466, 475 ⑦104, 148, 158, 175, 187, 235
幸坂平太郎　①140
香坂昌康　⑤520, 529
香淳皇后（良子女王） ④142 ⑤13〜15, 18, 25〜27, 55, 135, 228, 313
〔郷田〕 ⑤174
郷田兼安　⑤212, 213, 360
〔神足〕 ⑤468
甲田良造　①54
厚地盛茂　⑥186
郷津茂樹　⑥12
上月　進　⑤280, 520, 544, 546, 549 ⑦153, 189, 218, 220, 222
香月文雄　⑥224
広内黙咲　①167
〔鴻池〕 ④267 ⑤506
河野一郎　⑦192
河野健治　⑦192
河野公明　③146, 168, 181, 336, 338, 343, 349, 354, 394 ④68, 78, 114, 346, 347, 407, 408, 429, 484 ⑤110, 135, 200, 300, 335, 342, 372, 398 ⑥163, 167, 234, 254, 269, 281, 287, 296, 298, 324, 357, 361, 380, 386, 389, 392, 399, 413 ⑦177, 243
河野繁雄　②207
河野通玄　②164, 165, 234, 252, 260, 263, 292, 301, 317
河野徹志　③363, 389 ④106, 113, 140
河野信治　⑤279
河野広中　③10, 85, 447 ④105, 108, 111, 119
河野通明　④482
河野通久　③174
河野四方作　⑥474
光明寺三郎　⑦31

栗塚乙骨　①362
栗塚省吾　④26
栗野慎一郎　③207, 330, 374　⑦232
栗野英子　⑦232
栗林鶴治　⑤128
栗林健蔵　⑥43
〔栗原〕　①32
栗原宣太郎　②167
栗原　正　⑤477
栗原種芳　②184
〔栗本〕　⑤149, 153
栗生武右衛門　①62, 280　③284
久留島武彦　③34
久留島政治　⑥274
来栖三郎　⑤157
来馬琢道　①32, 36
車久太郎　①220
胡桃正貞　①122
紅林七五郎　③380
黒井富太郎　④121
黒岩周六　②399
黒岡八重　⑥261
黒川幸七　②40
黒川幹太郎　④76, 196
黒木三次　③201　⑤402
黒木為楨　③11　⑤375, 377
〔黒河内〕　④447, 463
黒河内信次　⑤392
黒沢次久　③402　④13
黒沢　迪　②309, 425　③99
黒瀬義門　①247, 329, 354　②52〜54, 69, 497
黒瀬川(力士)　②57
〔黒田〕　④22, 480, 501　⑤125, 442
黒田甲子郎　③326
黒田和志　③296
黒田清隆　③11　⑥424
黒田清綱　③334
黒田清輝　⑥74
黒田周一　④306, 379, 381, 383, 393, 449, 477　⑤9
黒田綱彦　②300
黒田直道　⑥209
黒田長和　②139, 429　③282, 283
黒田長成　①223, 302, 325, 327〜329, 370　②139, 150, 193, 261, 281, 407, 462　③251　④18　⑥15, 17　⑦211, 214, 215, 216, 222, 230
黒田英雄　⑤293, 304　⑥346
黒田又吉　⑥317
黒田良子　⑦211
桑島留吉　⑥25, 125, 137, 173, 187, 208, 282　⑦38, 72, 73, 95
桑島寿雄　③296, 310, 330
桑嶋秀之助　⑥117
桑田熊蔵　②114, 139, 142, 151, 410　③229
桑田房吉　③43
桑畑弥十郎　⑦205
桑畑芳蔵　⑦205
桑原伊十郎　③329
桑原一郎　④310
桑原重矩　③37
桑原忠夫　⑤479
桑原　政　①77, 100, 147, 159, 183, 191, 206, 214, 228, 233, 257, 259, 260, 263, 283, 285, 288〜291, 295, 300, 315, 336, 350, 352　②10, 203
桑原賢鏡　⑦109
桑村常之助　④358
〔桑山〕　③260, 331, 343, 369, 374, 403, 406, 407, 447　④23, 91, 177
桑山鉄男　④137, 140, 171, 194, 208, 217, 234, 360, 432　⑤58, 239, 278, 348, 453, 476, 529, 557　⑥55, 62, 138, 322, 349, 426, 526　⑦17, 77, 147

け

釼持百喜　①90

久原光夫　⑤186, 191
〔久保〕　③101
久保伊一郎　①59, 318
久保三郎　⑥256
久保誠之　③108, 278, 389
窪添之介　④54
久保木誠一郎　⑥17 ⑦98
久保島留吉　④303
久保田勝美　②425, 481 ⑤494, 505
久保田宗作　②179, 413
久保田政周　①62 ⑥128
久保田譲　①133, 251, 258, 300 ②149～151, 169, 208, 210, 229, 283, 342, 359, 374, 383, 385, 387, 388, 396, 407, 484 ③40, 45, 48, 49, 57, 58, 67, 70, 71, 75, 94, 96, 97, 101, 136～138, 150, 151, 153, 154, 207～209, 212, 237, 253, 271, 285, 349, 376, 380, 454 ④50, 110, 113, 126, 154, 162, 262, 430 ⑤24, 32, 52, 135, 180, 297, 305, 438, 530 ⑥211 ⑦73, 215, 229
〔窪田〕　④151
窪田勝次　④491
窪田勝太郎　④495
窪田勘六　③87, 116 ⑦48, 152
窪田謙太郎　①61
窪田四郎　③319 ④11, 13, 135, 156, 158, 198, 223
窪田伝一　⑤280, 517, 520, 544, 546, 549, 554 ⑦27
窪田与三吉(窪田与之吉)　④308 ⑤144, 191, 364
熊井駒之助　⑦26
熊谷五右衛門　③401, 405, 428, 433 ④46, 47, 72 ⑤234, 529 ⑥239 ⑦205
熊谷五郎左衛門　⑤533
熊谷直太　④121
熊谷正躬　①266 ③63
熊川千代喜　⑦189, 192, 194
熊川知幾(熊川知義)　⑥506 ⑦42, 144, 183
隈本繁吉　⑤212, 304, 549
〔久米〕　⑥357 ⑦232
久米金弥　⑤532
久米孝蔵　⑤335, 352, 361, 380, 415, 443, 465
久米民之助　①217 ④342, 350
久米次郎　⑥484, 501
久米竹次郎　⑥430, 431, 433～439, 442～445, 448～450, 452～454, 456, 458～460, 463, 469, 471～473, 490～503, 505, 508, 510, 511, 514, 517, 518 ⑦97, 235
倉内覚之丞　④180
蔵内次郎作　②133
蔵内正太郎　⑥228, 238, 262, 517
倉岡彦助　⑤196, 215, 364
蔵川永充　⑥9, 32
倉重哲三(蔵重哲三)　②192, 207, 223, 225, 272, 275
倉科広晴　①270
倉田金十郎　①121
倉田孫三郎　④326
倉知鉄吉　②249, 257, 288 ⑥210
倉塚源太郎　③425
倉富勇三郎　⑥290, 304, 317, 342, 414, 417, 523 ⑦44, 79, 81, 101, 237
倉長　恕　①176, 217 ③254
倉橋　鋕　⑤412, 415 ⑥202
蔵原惟昶　④497
蔵原惟郭　④364
倉持勝次郎　②108, 145, 148, 160, 295 ③389
栗崎松之助　①231
栗栖宗一郎　②339
〔栗田〕　⑤136
栗田覚治　③333
栗田教道　④476
栗田　進　①292 ②313
栗田　勤　⑥263, 266

楠田相子(楠田愛子)　⑦199, 202
〔楠〕　①186 ④288, 293, 300, 306, 363, 365, 381, 383, 393, 398, 435
楠　正弘　③225, 246, 258, 262, 265, 300, 333, 344, 354, 390, 394, 396, 399, 402, 423, 434, 435, 456 ④50, 82, 86, 92, 94, 99, 103
葛原猪平　①263, 332 ⑤306, 330, 367, 389, 401, 438, 508, 509 ⑥32, 86, 147, 226
〔楠本〕　④165, 180
楠本正隆　②69, 382
楠本正敏　①336, 356 ③176, 181, 182, 285, 459 ④196
葛山鉉蔵　③230
久世義之助　①30, 55, 77, 147, 149〜153, 159, 170, 182, 186, 190, 193, 196, 261, 270, 288, 300, 340, 377, 384, 391, 393, 395 ②10, 40, 185, 313, 371 ⑥339
久世庸夫　⑥351
朽木綱貞　⑤315, 321, 324, 325
〔工藤〕　②131
工藤金作　①78
工藤　謙　③187
工藤十三雄　②140, 333, 347, 385, 395, 404, 411, 413, 415, 418, 421, 422, 440, 447, 457 ③127, 161, 254, 264, 267, 270, 271, 304, 327, 339, 340, 345, 361, 367, 371, 376, 378, 391, 408, 409, 412, 420 ④86, 195, 205, 341, 408, 491, 498 ⑤15, 37, 42, 43, 50, 56, 106, 121, 122, 168, 173, 175, 183, 241, 349, 366, 373, 392, 396, 438, 513, 555 ⑥19, 31, 40, 300
工藤浜五郎　②334
工藤八十雄　②422
国沢新兵衛　②266 ⑥202
国沢富美子　②266
国司浩助　⑤469
国田孝一　④58, 67, 75, 81, 85, 101, 103
〔久邇宮〕　③251, 294 ④8, 306, 318, 381, 404, 406, 418, 451, 456, 460, 461, 463, 465, 466, 472〜476, 482, 484, 486, 488, 499, 500 ⑤195, 507, 555 ⑥422, 445, 472〜474, 533, 539 ⑦10, 17〜19, 26, 40, 56, 57, 81, 82, 103, 126, 231
久邇宮邦彦王　⑤15, 21, 44, 49, 53, 59, 75, 92, 99, 107, 109, 112, 135, 136, 139, 165, 181〜183, 202, 217, 226, 229, 243, 277, 313, 348, 349, 371, 377, 515, 519 ⑥13, 280, 473 ⑦17, 19, 56, 81, 150
久邇宮朝融王　⑤220, 277 ⑥129, 142, 163, 280, 301
久邇宮邦久王　⑤371
久邇良子女王　⑥13
国見山(力士)　①161
国吉良太　②389
久野玉子　⑥30 ⑦135
久野知義　⑥226
久原庄三郎　①224
久原大亮　⑥506
久原房之助　①20, 218, 221, 244, 310, 315 ③11, 13, 19, 21, 24, 43, 152, 164, 214〜216, 245, 256, 270, 279, 286, 300, 301, 311, 314〜316, 326, 332, 335, 336, 344, 346, 374, 380, 381, 383, 384, 396, 399, 407, 417, 420, 422, 430, 434, 441, 445, 447, 451, 454, 456, 458, 461 ④52, 53, 62, 80, 82, 85, 86, 98, 125, 156, 171, 216, 241, 335, 350, 407, 410, 412, 421, 428〜432, 490, 491, 499 ⑤9, 34, 61, 62, 96, 97, 99, 106, 107, 113, 132, 186, 297, 301, 341, 347, 366, 392〜395, 442, 453, 472, 557 ⑥25, 32, 113, 280, 286, 290, 425, 439, 462, 467, 468, 500, 506, 524 ⑦24, 29, 34, 61, 67, 94, 145, 167

84, 396, 412, 417, 419, 423, 430, 431, 433, 434, 438, 439, 442, 446, 448, 452, 454, 456, 457 ④10, 11, 13～15, 17, 20, 23, 25～29, 31, 34, 35, 37, 38, 41, 45, 50, 52, 59, 62, 65, 72, 74, 75, 79, 80, 83, 85, 86, 88, 90～94, 97, 99, 102～106, 108, 114, 115, 118, 120, 126, 127, 130～132, 134, 141, 153, 155, 170, 178, 189, 204, 231, 238, 242, 270, 323, 342, 345, 360, 412 ⑤32, 45, 63, 296 ⑥27
清野　勇　②496
清野謙次　②496, 497 ⑥187
清野長太郎　③259, 309, 358～360, 372, 418, 419 ④64, 103, 105, 181 ⑥271
清野文子　⑥185
清原徳次郎　④327
清藤秋子　⑦48, 50
吉良宗一　⑤173
雲英元孝　⑤217, 221, 408, 409, 411, 415, 428, 431, 435, 456, 457, 461, 463, 466, 467
桐島像一　③77 ⑦164
桐島友一　⑦164, 167
切田太郎　④397 ⑤99
木脇　良　①18, 19, 79, 80, 349, 360
錦光山宗兵衛　③370
金城清松　⑤509
金田一国士　⑥314 ⑦186
金田一光　⑥217

く

杭全初郎　③409
久我懋正　④304 ⑤217, 391, 544 ⑦208, 223
九鬼盛隆　⑥226, 227, 233, 242
九鬼紋七　③26, 273, 286, 309, 318, 321, 342, 352, 417
九鬼隆一　④332, 344 ⑤36, 177, 276, 375, 525 ⑥126, 128, 277
久家恒衛　③256, 402
〔日下〕　①244
日下亥三郎　③327
日下覚蔵　①105, 170
日下甚之助　①134
日下　寛　④342 ⑤43, 107
日下真佐市　②140
日下雅太郎　⑤224
日下安左衛門　①30, 134, 135 ②484 ④114
日下義雄　②97, 104, 158, 163, 175, 179 ⑤56
草鹿砥祐吉　⑤314
日下部三九郎　④28, 29, 30
日下部東作　②299
日下部半次郎　④424, 438
草郷清四郎　④63 ⑥80, 90
〔草野〕　④288
草野関平　①345
草野門平　②285
草野義一　⑤277
草場九十九　②351 ③275
日部信成　①164
草間太郎　①279, 386
草間時福　①42, 51, 333 ②308 ③54, 123, 124, 191, 268 ④12
草間雅義　⑥149, 188, 318
櫛笥隆督　⑤201 ⑥276, 291 ⑦163
久下豊志　④424, 438, 447
串田万蔵　②144, 307 ③305 ④141, 324
櫛部荒熊　④85, 99, 103, 115, 122, 128, 151, 163, 166, 247, 321
葛籐六郎　①246, 256
楠瀬一貫　④457, 458
楠瀬幸彦　②392
楠田　清　④380
楠田　靖　⑤9
楠田善達　②393
楠田洲子　⑦199, 200

228, 438 ⑦161, 164, 165
木村欣一（木村欽一・木村欽市） ⑥124, 145, 153, 278, 282, 292, 294, 298, 303, 310, 447, 455, 510, 522
木村久寿弥太（木村楠弥太） ②361, 363, 366 ⑦128
木村条市（木村久米市） ①50, 56, 65, 90, 91 ②336, 480
木村謙吉 ④466
木村昴平 ④244
木村駒吉 ⑥198
木村五郎兵衛 ③416
木村作次郎 ③320
木村定勝 ②106, 115
木村定治 ④385
木村省吾 ①250, 251, 253, 254, 257～259, 280, 281, 288, 295, 299, 302, 304, 319, 401 ②113, 115, 163, 165, 167, 171～173 ③94
木村治朗 ③442 ④12
木村信次 ⑦183, 184
木村鈴四郎 ②284, 286
木村清治 ④98
木村清四郎 ④135, 351 ⑤31
木村政次郎 ③321, 346 ⑤61
木村誓太郎 ④244
木村静幽 ⑦132
木村壮介 ①108, 110
木村大見 ②340, 342, 345, 350 ③14, 399
木村泰治 ⑤100
木村　匡 ④308, 392, 396, 446, 448, 466, 506 ⑤142, 145, 238, 253, 331, 468 ⑥66
木村探元 ⑥283
木村長十郎 ⑦202, 211
木村徳衛 ②255, 257, 258 ③44
木村富蔵 ⑤499
木村八生 ④360
木村英俊 ④475 ⑤12, 14, 15, 50, 99, 105, 135, 136, 167, 182, 202, 228, 277, 300, 333, 343, 344, 348, 394, 467 ⑥46, 52, 131, 223, 227
木村平八 ⑦132
木村増太郎（木村増次郎） ④206, 217, 231, 262, 264, 271, 407, 413, 425
木村松二郎（木村松次郎） ③261, 283, 395, 404, 447
木村町子 ⑦164
木村　幹 ③410, 435, 445
木村儀男 ③398
木村利右衛門 ④255
木村棣之 ⑦56
木村若子 ②131
肝付兼英 ⑦40
肝付兼行 ①16, 18, 328 ③104 ④118
京田武男 ⑤380
清浦奎吾 ①69, 83, 133, 139, 181, 251, 253, 255, 259, 281, 282, 324, 355, 364, 374, 394 ②22, 50, 113, 115, 169, 223, 237, 278, 310, 376, 418～423, 427, 430～432, 444, 451, 452, 458, 467, 468, 470, 478～483, 485, 493, 494 ③67, 112, 126, 180, 206, 215, 225, 254, 328, 338, 353, 405, 409, 416, 453, 457 ④10, 90, 122, 150, 162, 177, 269, 279, 325, 358, 406, 417, 422, 498 ⑤17, 177, 180, 199, 203, 215, 219, 233, 262, 275, 400, 432, 441, 451, 454, 477, 487, 498, 530 ⑥8～11, 13～16, 18, 28, 51, 53, 54, 57, 60～62, 64, 66, 88, 107, 117, 126, 128, 181, 193, 209, 221, 242, 247, 295, 507, 522 ⑦43, 136
清浦利信 ①79
清岡平麿 ①101
清岡巳九思 ④307
清瀬一郎 ⑤19, 29 ⑥458
清瀬規矩雄 ③97, 113, 120, 122, 123, 240, 242, 246, 249, 250, 256, 305, 309, 312, 321, 343, 346, 355, 371, 376, 3

北畠浩房　③206
北林信次　④59
北原確三　⑤37, 197　⑥209, 214, 380
北原種忠　⑤203
北原太郎　⑦92, 119, 185
〔北村〕　④466
北村英一郎　①31, 37, 81
北村吉之助　④440
北村七郎　⑥64
北村　徹　⑤466
北村正信　②345
北村令司　④137
北山弥三郎　②436
喜多山普茂衛　⑤179
北脇隆一　⑥180
木津太郎平　①86
木津無庵　⑤509
吉川桜水　③298
吉川重国　③183
吉川重吉　①177, 220, 221, 223, 231, 236, 243～245, 247, 279, 297, 316～318, 320, 323～325, 328, 329, 336, 354, 357, 361, 386, 388, 392　②9, 23, 31, 42～45, 50, 52～54, 56, 58, 64, 114, 115, 125, 132, 139, 142, 151, 161, 193, 223, 254, 261, 280, 290, 306, 356, 380, 382～384, 386, 387, 391, 392, 396～398, 400, 402, 403, 409, 410, 488, 495, 497　③30, 34, 42, 53, 56, 58, 77, 141, 152, 155, 166, 183, 210
吉川重武　②384
橘川司亮　⑥244
橘木喜造　③355
木槻幸吉　③92
木戸幸一　③417
木戸　孝　③278
木戸孝正　①267　②39, 41, 206　③397, 398, 417
木戸孝允　②341
城戸四郎　⑦135
木藤　郁　③438
木梨精一郎　①341
衣笠　清　③53
衣笠　寿　④492　⑤31, 47
衣川佐兵衛　③427
衣川誠蔵　⑥343
衣川退蔵　③399　⑤224　⑥106　⑦151, 154, 160
衣川鶴太郎　④477
衣巻市太郎　②372
木野崎吉辰　①37
城崎彦五郎　④458
〔木下〕　③208, 429
木下吉之丞　③138～140
木下謙次郎　④120, 133, 135, 141, 145, 155, 157, 340, 341, 349, 409　⑤19, 27, 60, 110, 182, 243, 259
木下新三郎　④337, 345
木下甚三郎　⑤517
木下　猛　③236, 262　⑤225　⑥474　⑦67, 69, 118
木下淑夫　②38, 54, 310, 314　③74, 258, 296
木下道雄　④136
木下安敦　①294　②154
木下淑夫　⑤524
木下立安　①20, 61　⑤14
木場貞長　③313, 330　④34, 336　⑤33
木原利兵衛　④98
木部新三郎　⑥326
〔君塚〕　①195
君野順三　③341　④77
〔木村〕　②402　③59　④418, 469, 482, 488, 499　⑤370　⑥8
木村　梓　①370, 373, 379, 381
木村　良　②209　③322, 336, 397
木村かをる　⑦161
木村勝蔵　②196, 209
木村喜作　⑦203
木村久太郎　④318　⑤15, 21, 136, 168,

151, 229 ⑤505
来住泰次郎　③88, 96
喜早要人　⑥500, 502, 518
喜多愛枝(喜多愛杖)　④497 ⑥200, 483 ⑦208
喜多孝治　④31, 52, 53, 257, 267, 293〜296, 301, 302, 304, 309, 311, 314, 315, 319〜321, 331, 332, 335, 337, 349, 351, 352, 361, 365, 379, 382, 384, 385, 387, 391, 394, 399, 401, 402, 404, 406, 410, 414, 415, 417〜420, 424, 428〜432, 435, 436, 440, 441, 447〜449, 451, 452, 458, 460〜463, 465, 466, 468, 469, 472, 478〜480, 482, 486, 488, 489, 491, 493, 494, 496, 497, 500〜502, 506 ⑤8, 10, 12〜17, 20, 22〜24, 26, 28〜32, 34, 36〜40, 42〜45, 47, 49, 52〜54, 56, 57, 59, 63, 67, 70, 75, 78, 89, 91, 101, 105, 108, 110, 113〜115, 120, 121, 123〜126, 129〜132, 134, 136, 140, 143, 144, 147, 149, 151, 152, 159, 160, 162, 183, 189, 217, 219, 220, 223, 224, 231, 248, 250, 254, 257, 261, 265, 266, 268, 289, 290, 293〜296, 298, 301, 302, 306, 308, 315〜317, 319〜321, 326, 330, 331, 354, 357, 359, 361, 364, 404〜406, 408, 412, 423, 435, 457, 458, 463, 465, 467, 468, 470, 475〜477, 486, 506, 508 ⑥85, 92, 114, 320, 322, 324, 365, 368, 373, 376, 378, 379, 383, 387, 389, 393, 402, 409, 415, 416, 426, 428, 433, 441, 445, 457, 465, 469, 472, 485, 491, 511, 520, 522525, 532 ⑦13, 14, 23, 39, 45, 47, 48, 51, 54, 58, 61, 65, 77, 78, 97, 116, 121, 130, 136, 145, 147, 154, 156, 158, 159, 166, 167, 188, 189, 207, 210, 230, 238
喜多文子　⑥137
北　一輝　③144
北井波治目　③345, 406, 440 ④15, 23, 44, 97, 113, 121
北尾直樹　④350 ⑤14, 215
北大路実信　②54, 260
北岡直衛　⑥15, 34, 157 ⑥130, 137, 181 ⑦67
北岡好子　⑥34
北岡楮三郎　③66
北垣確男　③439
北垣国道　①8, 26, 38 ②20, 141, 181 ③124, 150 ⑤376
北川恒俊　⑤158, 192
北川長次郎(北川長二郎)　⑥265 ⑦217
北川信従　①179 ③261, 309, 372, 406, 429, 444
北川米太郎　④65
北川佐喜次郎　⑥92
木田川奎彦(喜田川奎彦)　③309, 364, 372
喜多川整二　⑤526, 540
北国袈裟男　⑤518
北里柴三郎　③460 ④172
北里　蘭　⑤229
北嶋謙次郎　⑤407, 414
北嶋斉孝　②64 ③176, 181, 285, 459, 460 ④16, 153, 158
北白河宮　③251, 403 ⑤438
北白川能久王　④208, 286, 288, 290, 318, 366, 390, 469, 470, 473, 489 ⑤406
北白川宮成久王　④8, 318, 410 ⑤15, 109, 164, 165, 167, 171, 215, 276, 277, 377, 409〜411, 448, 453
北白川宮房子内親王　⑤318, 409〜412 ⑥22
北白川永久王　⑦10, 126, 140, 159
北田主義　①318
北田新蔵　③327, 329
北野元峰　⑤370, 389
木田橋友治　④137

278, 303, 334, 392, 475, 488, 496, 503, 508, 518, 534, 549 ⑥32, 242, 287, 393
菅野盛次郎　①374
官林伊勢吉　②109
神林為吉　⑤56, 58, 75
神林虎雄　③259
〔蒲原〕　③343
蒲原久四郎　④233
〔神戸〕　①65, 138, 245, 340, 368 ②94
神戸源右衛門　①91, 136, 184, 239, 374 ②15, 88, 163, 198, 233 ③229, 270
神戸挙一　③311, 320, 326, 375 ④57, 67, 136 ⑤50, 57 ⑥163, 298
神戸徳太郎　⑥163
神戸政郎　⑦235, 237, 238, 240
神戸万太郎　②93

き
木内重四郎　③197, 258, 305, 331, 357, 358, 367, 372, 425 ④12, 34, 70 ⑤46, 343, 520 ⑥125, 142
木内　端　③137, 148
気賀勘重　③331, 353
菊川丈夫　⑤154
菊沢貞雄　④207, 223
菊沢勇三郎　①94
〔菊池〕　②123 ③304 ④350, 453, 454, 459, 503 ⑤22
菊池逸郎　⑥55, 128
菊池於菟太郎　①377 ⑤62
菊地侃二　①326 ③330
菊池恭三　③424 ⑥91, 198
菊池暁汀　②232
菊屋剛十郎　②146
菊池剛太郎　③343
菊池艮六　①193 ②152 ③397
菊地　茂　③114, 153, 176, 177, 209
菊池脩一　⑤384
菊池慎之助　⑤132, 167, 204, 342 ⑥133, 380
菊地慎八郎　③459
菊池大麓　③402
菊池武夫　⑥409, 455
菊池武臣　①302
菊池武徳　③263, 409 ④42, 44
菊池武芳　④309, 317, 383, 393, 397, 398, 465, 466, 481, 483, 485, 488, 506 ⑤35, 77, 120, 150, 154, 167, 179
菊池長四郎　①51
菊池敏彦　⑤62
菊池秀次郎(菊池秀治郎)　①364, 374 ②313
菊池安二　⑤377
菊池吉蔵　③374, 415, 450
菊池良一　⑤93, 122
菊池和三郎　②303
木口九一　②219, 335
木越安綱　②239 ④356 ⑥389
木佐木幸輔　②442
岸　一太　③122, 270, 432, 433
岸敬三郎　③284
岸　幸吉　①118, 119
岸耕三郎　④196, 199
岸　進　⑥15, 134
岸　太一　②421, 422
岸由太郎　⑥171, 231
岸田四郎　①337
岸田太郎　⑥161, 169, 208
岸田　実　①386
〔岸本〕　④338 ⑤170, 405
岸本啓三　④391
岸本源三　⑤356
岸本兼太郎　③374, 421, 450 ④35, 36, 58
岸本順吉　④391
岸本豊太郎　②121
岸本康通　③353 ④402
木庄定治　①134
来住正雄　③88, 96, 212, 242, 377 ④

〔川原〕　④353
川原儀六　⑤381, 391, 448, 514 ⑥28
川原茂輔　②65 ③330～332, 354 ④75, 379 ⑥434 ⑦58
河原弥三郎　③395 ④78
川淵龍起　⑦105
〔河部〕　④422
河部恵水　⑤76
川辺真蔵　②90
川真田徳三郎　①24
川真田悳三郎　④160
川俣徳熊　④203, 247
川村景明(河村景明)　①292 ④50, 158
川村数郎(河村数郎)　③325, 327, 328, 331, 437
川村十三郎　⑦50
川村十二郎　⑥477, 487, 500 ⑦41, 44, 50, 56
川村　惇　④99, 163 ⑥324, 330, 335, 340 ⑦29
川村竹治　①15, 109, 185 ③292 ④142, 343 ⑤12, 49, 107, 110, 173, 176, 178, 180, 232, 300, 371, 499 ⑥64, 478, 480, 485, 500, 515, 530 ⑦12, 19, 84, 88, 151
川村田鶴子　⑥253, 254, 330
川村貞四郎　⑤438
川村貞次郎　③373
川村鉄太郎　⑤32, 36
川村直岡　⑤74
川村　曄　④106
〔河村〕　①58, 113, 114
河村　徹　④51, 487
河村譲三郎　②402
河村隆実　①65, 81
河村金五郎　②111
河村善益　②364
河村秀男　⑦98
河村福一　⑥109
河村有外　①42
〔河本〕　①131
川本栄太郎　①107
河本勘一　③141
河原井喜久雄　⑥132
河原田稼吉　⑥515⑦41
閑院宮載仁親王　①24, 134, 158, 211, 214, 226 ②207, 349 ③251, 253 ④8, 61, 106, 190, 202, 318, 416, 486 ⑤15, 36, 133, 164, 165, 167, 171, 201, 220, 227, 277, 342, 343, 372, 373, 375, 438, 439, 489, 555 ⑥28, 183, 422, 427, 533, 539 ⑦10, 82, 126, 137, 140
閑院宮春仁王　⑥255
閑院宮寛子女王　⑤486
神崎東蔵　③341, 351
神社柳吉　⑤95
神田氏人　①297
神田喜三郎　①14 ③420, 430
神田沢子　③271
神田選吉　①275
神田乃武　①327, 328, 345 ⑤9, 221, 252 ⑥12
神田兵右衛門　③360 ⑤17
神田正雄　⑤353, 361
神田鐳蔵　①9, 15, 17, 20, 32～35, 38, 45, 55, 56, 60, 61, 67～69, 80, 81, 83, 85～87, 99, 101, 109, 126, 138, 202, 208, 226, 235, 242, 258, 282, 292, 296, 309, 325, 329, 337, 346, 380, 390, 398 ②9, 23, 71, 82, 84, 97, 102～105, 112, 130, 133, 155, 157, 160, 161, 170, 178, 180, 233, 236, 259, 348, 410, 433, 441, 467, 470, 487, 497 ③18, 22, 32, 52, 56, 76, 84, 179, 260, 415, 433, 443, 451, 455 ④9, 20, 26, 43, 51, 63, 72, 75, 78, 80, 103, 106, 114, 120, 135, 154, 155, 161, 162, 164, 194, 220, 231, 262～264, 318, 330, 338, 343, 358, 413, 421, 432, 499 ⑤34, 51, 105, 114, 124～126, 129, 162, 226, 240, 241,

444, 447, 448, 450〜454, 459, 462〜466, 468, 476, 478, 483, 502, 503, 504, 505, 508 ⑤9, 66, 68, 72, 80, 89, 92, 93, 96, 98, 100〜102, 123, 141, 143, 144, 148, 149, 151, 158, 184, 185, 192〜194, 196, 198, 199, 217〜220, 223, 224, 226, 231, 520, 522, 523 ⑦87, 126, 237
川崎達夫　⑤554
川崎鉄三　④334
川崎　肇　⑤514, 535 ⑥135
川崎寛美　①245 ②236 ⑥268
川崎やす子　⑦237
川崎芳太郎(川崎芳三郎)　③421, 422 ④92, 216
川崎芳之助(河崎芳之助)　①84, 124, 154 ④418
河崎助太郎　③331, 348 ④121
河崎義男　⑤477 ⑦217, 218, 221, 222, 233
〔川島〕 ①138
川島甚兵衛　②304 ③357
川島純幹　③326, 428
川島園子　②188
川島滝蔵　③377
川島猛太郎　②431
川島浪速　③141
川島正久　①46, 49, 51, 52, 55, 71, 79, 83, 86, 92, 97, 104, 120, 125, 222
川島友次郎　③276, 449, 450 ⑤212
〔河島〕 ③43　　陸軍大尉
河嶋　醇　②42
河島孝子　⑥466
川島早司　⑥363, 491
川島義忠　⑦14
川角和男　⑦243
〔河瀬〕 ①60, 360
川瀬和吉　⑤127, 145
川瀬善太郎　④356
河瀬秀治　①14, 20, 21, 32, 37, 49, 106, 161, 173, 217, 220, 229, 231, 233, 255, 278, 279, 301, 380, 389, 391, 397 ②21, 22, 24, 26, 30, 84, 216 ③20, 219, 335, 405, 408, 412 ④120　⑥259, 452
河瀬真孝　④267
河瀬三平　⑥73, 82, 537
〔川添〕 ②185
川添清麿　②361, 363, 366
川副綱隆　①150, 151, 172 ②39, 40, 148, 149, 184, 313 ④54
川田　順　⑦226
川田　鷹　①93, 263 ②249, 252, 258, 265, 270, 271, 274, 288, 495 ③117
川田長兵衛　①281 ④476
川田友之　⑤312, 315
川田力夫　①109 ③29
河田　烋　①64, 176 ②24
河田荘太郎　④26
河田春雄　②210, 216
川竹駒吉　④482
〔河内〕 ④59
河内研太郎　③374, 404, 450
河内茂太郎　⑤316, 325
河津祐之　①361
河津　暹　①361
河津益雄　①361
河手恒三(川手恒三)　①82, 84, 163, 204 ②300, 311
河手長平(川手長平)　①17, 21〜28, 30, 50, 81〜85, 90, 91, 93, 108, 114, 116, 134, 140, 162, 163, 209 ②196, 213, 318, 348, 430, 486, 494 ③145, 181, 183, 184, 186, 191〜193 ⑦40
河手捨二　⑦40
河戸靭男　④477
川中子安治郎　④294, 388 ⑤327
河南常一　③302 ④59, 75
川野直太郎　②147
河鰭公篤　①397

26, 140
賀陽宮大妃好子　⑤486, 498
茅原華山　③299, 301 ④87, 164
茅原　茂　①13, 83, 98, 125, 207 ③66, 298, 299, 301, 347, 354, 393, 445 ④23, 24, 86, 87, 105, 169, 257, 492 ⑤243, 297, 394
嘉山幹一　⑦103
〔唐沢〕　③372
辛嶋知巳　⑤274
唐橋在正　①327
唐端清太郎　④40
唐橋蓮友　①153 ②79, 80, 324, 358
軽部守信　②22
川井重蔵　①338
川井彦三郎　⑤332
川合　董　③315
川合喜一郎　④124, 151
川合慶次郎　②179
河井　漢　⑥136
河井重蔵(河合重蔵)　⑥129, 138
河合　清(川合清)　①14, 16, 19, 22, 32, 34〜36, 165 ②102
河合紘吉(河合絹吉)　⑤367
河合　竈　③303, 305, 310, 367, 447 ④51, 60, 139, 224 ④315
河合得二(川合得二)　①76 ⑥131, 430
河合得三(川合得三)　②16, 179 ③453 ④433, 501 ⑤184, 519 ⑥350
河合　致　⑤477
河合　操　⑤402 ⑦215, 225, 228, 230
河井弥八　①215 ③161, 319, 320 ⑤232 ⑥138
河合良成　⑤512
〔河相〕　①358, 370
河相保四郎(川相保四郎)　①362, 373〜375, 378, 379, 381, 384, 386〜388, 390, 400, 401 ②8, 13, 16, 20〜23, 25〜27, 34〜36, 39, 40, 45, 50〜52, 67, 68, 75, 82, 83, 92, 93, 97, 108〜110, 122, 123, 152, 153〜155, 173, 175, 183, 184, 210, 214, 216, 217, 222〜224, 287, 333
川井田　尚　③345, 352 ④121 ⑤109
河井田義匡　⑥480
〔川上〕　⑤344
川上熊吉　④350, 493 ⑤213, 228, 240, 279, 304, 343, 382, 386, 451
川上清次郎　①105
川上操六　①182
川上直之助　②298 ⑤342
川上麟也　④383
河上哲太　③360
川岸豊治　⑤98
川北徳三郎　①84
川喜田久太夫　③437 ④43, 53, 62
〔川口〕　②254
川口宇太郎　②140
川口木七郎　④40
川口国次郎　②140, 171, 309
川口国太郎　②297
川口仁造　②140
川口清栄　②330 ③85
川口清次郎　①99
川口武定　①90
川口彦治　⑤402
川久保建　③208, 209
川越守男　⑤168
河越虎之助　⑥355
〔川崎〕　②131 ⑤153
川崎寛五　④487
川崎軍治　④356, 482, 503, 506 ⑤9, 10, 184, 195, 196, 296, 304, 333, 349, 457, 468
川崎末五郎　④448
川崎卓吉　③261, 307, 367 ④288, 299, 300, 304〜306, 308, 309, 333, 335, 337〜340, 343〜346, 350, 354, 356, 357, 403, 405, 406, 408〜410, 413〜415, 417〜420, 434, 435, 439, 440, 441,

樺山資英　⑤545 ⑥315 ⑦176, 178
加福均三　⑤329
加福豊次　④289, 294, 379, 396, 468, 469, 501, 504 ⑤10, 12, 17, 40
加福力太郎　⑤62, 89, 90
兜山余芳　⑤257, 300, 306, 322
釜石宗雪　⑥364, 378
鎌倉長子　⑤546
〔鎌田〕 ④326, 504, 505
鎌田栄吉　①328 ②149, 193, 408 ③451 ④356 ⑤41, 242, 262, 374, 396 ⑥325, 414, 69, 140, 146
鎌田勝太郎　①71 ②139, 402 ③334, 338
蒲田楚石　④306, 379, 385, 387, 458, 477, 506 ⑤73, 255, 263
蒲田丈夫　⑤310, 353, 361, 456
鎌田　一　②232
鎌田泰敏　④203
上泉徳弥　②183 ③268
神尾光臣　②497
神坂静太郎　③424
上崎雪子　①170
上條迂太郎　②446
上條鍬次郎　②446, 454 ④36, 321
上瀧安正　①331
上滝柳作　⑥226
神谷規輔　⑦160
神長倉豊　⑤546 ⑥296, 299
〔上西〕 ①77
上西亀之助　③374, 415
神野　③264 ④499, 500 ⑤183, 215, 237
神野金之助　①24 ⑤214
上棒幸助　①296
上村　進　②274
上村彦之丞　①8 ②50 ③225
神谷景昌　③63
神谷貞広　⑤347
神谷卓男　④21
神谷忠雄　②274
神谷伝蔵　①40
神谷伝兵衛　①14, 19, 32, 33, 36, 37, 52, 56, 62, 74, 76, 77, 79～81, 94, 115, 134, 143, 160, 164, 191, 206, 217, 221, 228, 233, 246, 252, 253, 255, 278, 279, 298, 301, 336, 340, 390～393, 398, 401 ②11, 13, 15, 17, 18, 21, 23, 27, 31, 45, 57, 60, 72, 94, 105, 134, 140, 149, 158～160, 163, 171, 206, 212, 223, 250, 276, 292～295, 300, 315, 342, 353, 361, 363, 439 ③53
神谷昌雄　④35, 52
〔上山〕 ③242 ④162
上山英三　③447
上山柑太郎　⑥427
上山ヒナ　⑥83
上山満之進　①357 ②499～501 ③11, 225, 421, 437 ④37, 267 ⑤37, 493, 547, 549, 552 ⑥150, 252, 279, 314, 317, 365, 371, 373
上山良吉　①103, 137 ②107, 174, 270, 485 ⑤170 ⑥83 ⑦152
〔神山〕 ①291
神山喜一　⑥297, 335, 363444 ⑦21, 122, 133, 140
神山閏次　④166
上与二郎　⑤193, 196
亀井英三郎　②272
亀井宜純　②195
亀井陸朗　③181, 184
亀谷新一　⑤314, 334, 336, 343, 367, 374, 398, 451, 478, 510 ⑥20, 97, 117, 125, 141, 147, 171, 190, 194, 200, 206, 214, 228, 310, 335, 368
〔亀山〕 ⑥217
加舎千代野　②347, 383
加舎　稔　②383 ⑥345, 393 ⑦112
〔賀陽宮〕 ③251 ④120 ⑤266, 275, 472, 555 ⑥174, 214, 253 ⑦10, 17, 1

金谷倭四郎　⑤538
金谷静謙　⑦129, 197, 201
金谷貞男　⑥411, 422, 493 ⑦91, 125, 129, 140
金谷ツタ　⑥415, 427, 467, 471, 475, 497, 499, 500, 514, 519, 520, 526, 527, 530, 532, 539 ⑦11, 13, 14, 17, 20, 21, 24, 26, 28, 31〜35, 37, 39, 43, 45, 52, 53〜55, 58〜60, 62, 64〜68, 70, 71, 83〜85, 87, 88, 89, 91, 96, 97, 99, 101, 108, 110, 112, 130, 137, 143, 145〜148, 149, 154, 155, 157, 158, 163, 165, 167, 173, 177, 181, 185, 189, 196, 198, 199, 202, 203, 211, 213, 214, 216, 222, 227, 228, 231, 232, 234, 238
金谷範三　⑦159
金山尚志　①170
可児弥太郎　①10, 11, 31, 34, 50, 58, 63, 92, 113〜115, 120, 126, 132, 143, 147, 149, 158, 163, 165, 167, 170, 183, 190, 193, 197, 203, 206, 246, 251, 252, 254, 256〜260, 263, 265, 266, 273, 278, 284, 289, 290, 292, 344, 345, 350, 361, 366, 370〜372, 374〜377, 379, 381, 382, 384, 386, 392 ②15, 44, 83, 98
兼井林蔵　⑦135, 154, 228. 230
〔金子〕　②54, 110 ④271, 412
金子喜代太　④318
金子堅太郎　①276 ②98, 213, 220 ③102, 144, 279, 405, 453 ④59, 109, 417 ⑤204 ⑥343, 397, 480, 481 ⑦54, 62, 117, 174, 215, 216, 221, 222, 225, 228, 230
金子四郎　④505
金子　直　⑤185
金子直吉　③359, 397, 407, 411, 430, 455 ④16, 31, 52, 67, 68, 82 ⑤11, 25, 65, 308, 436, 454, 508, 523
金子八郎　⑥265, 342
金子末利　②487
金子光利　④87
金子恵教　④439, 505 ⑤51
我如古楽一郎　④168
金坂吉三　⑥492
金太仁作　③396, 409 ④384, 391, 392, 400, 428, 432, 485, 497 ⑤62
兼田秀雄　②234, 291, 330, 359, 385, 397, 399, 401, 403, 404, 406, 410, 413, 417, 418, 423, 426, 432, 454, 457, 460, 464, 483, 490 ③30, 35, 44, 54, 55, 78, 81, 82, 84, 125, 127, 128, 138, 146, 150, 152〜154, 209, 250, 270, 275, 284, 296, 322, 348, 367, 378, 392, 416, 430 ④55, 75, 127, 140, 156, 274, 346
金近　靖　⑥25
兼松　熙　①134 ③66, 313, 322, 339
〔鹿野〕⑥98, 264, 266, 267, 268 ⑦141
鹿野三郎　⑤441
鹿野勇之進　②73, 128, 132, 154〜156, 159, 423, 428
狩野豊松　③319 ④74 ⑤232
加納定彦　⑥436
加納辰三　④270, 275, 276, 325, 396, 398, 400 ⑤90, 100, 247 ⑥33, 436
加納友之助　⑥508
加納久宜　①41, 84, 90, 165, 242, 355 ④190
加納光造　③204, 211, 217
加納　豊　④108 ⑤56
嘉納治五郎　⑤303, 353
嘉納徳三郎　④83
鹿小木小五郎　④66 ⑤232
〔樺沢〕　④468
樺島　一　④108
樺島礼吉　②436 ③75, 372 ⑥147
樺山愛輔　⑤291, 439
樺山資紀　①294 ④245 ⑤209〜211, 291, 376, 406

5, 59, 112, 125, 337, 367, 454, 479, 495, 498, 501, 535～537, 546 ⑥54, 57, 59, 60, 127, 129, 131, 141, 153, 154, 159, 191, 192, 194, 196, 234, 506
加藤辰弥　③375
加藤常助　⑥205
加藤恒忠　①316 ②296 ③320
加藤　強　②397, 416
加藤貞次郎　⑦161, 164
加藤徳三　①118
加藤友三郎　①171, 249, 250, 381 ②421, 422 ③85, 99, 251, 264, 270, 280, 353, 376, 384, 441, 454 ④10, 25, 35, 49, 50, 68, 90, 92, 94, 101, 133, 139, 150 ⑤165, 203, 222, 236, 261, 262, 277, 306, 323, 324, 334, 346, 348, 355, 366, 367, 394, 398, 400, 402, 438, 453, 475, 477, 478, 486 ⑦74
加藤虎蔵　③332
加藤八太郎　④62
加藤弘之　①80, 132
加藤房蔵　②308 ③318, 321, 322, 330, 338 ⑥292
加藤抱菊　④113
加藤　信　⑤395
加藤正生　④318 ⑤194, 269
加藤政夫　⑥284
加藤正英　①18
加藤正義　①12, 13 ②213, 338, 340, 358, 375 ③149, 283, 301, 303, 416 ⑤134, 219
加藤増雄　①389
加藤守蔵　②172
加藤盛信　④77, 78, 79
加藤弥助　⑥361
加藤　結　③389 ④23
加藤義蔵　④46
加藤　良　④29
河東倍二郎　①190
上遠野富之助　③272, 417 ⑤504, 518, 531 ⑥16, 255, 256, 469
河東田義一郎　④449
角川憲司　⑤175
門田幸吉　⑥398
門田正経　⑥115
角田真平　③453 ④197
門野幾之進　⑤503, 514
門野重九郎　⑥287
角屋謹一　④316 ⑤56
門屋亀吉　⑥455, 476
門屋尚志　③284, 424
楫取素彦　②197
門脇武助　①152 ②122
金井重雄　②101 ⑤217, 219, 222, 224, 241, 345, 375
金井芳治　③269
鼎武八郎　⑤362, 363
金岡勝副　①163
〔金沢〕 ②82
金沢謙蔵　④23, 131 ⑤233
金沢仁作　③373, 392, 407 ④80, 97, 113, 121, 128, 132, 144, 158, 384
金沢信豊　②43, 52, 64, 95, 96
金沢羽岸　④404 ⑤175
金沢吉松　⑦198
金杉英五郎　③79, 341, 454, 455 ④22, 51, 97, 112, 120, 122, 430, 452 ⑥279
金地政一　②21, 24
金士伊勢太　②265, 270, 278, 305, 353 ③186
金丸宗之助　①93
金光庸夫　③331 ⑤524, 544
金森吉次郎　①69, 135 ④28, 154, 214 ⑤168, 229, 241, 276, 367, 399 ⑥137, 327, 358, 400, 409 ⑦13, 95
金森　広　⑤455
金森通倫　⑤193
金森　鴻　⑥204, 225
〔金谷〕 ④338 ⑤170

89, 190, 193, 196, 198～200, 202, 203, 206～211, 213～215, 220, 221, 223, 227～230, 232～235, 237, 238, 242, 243, 245～255, 257, 258, 261, 264, 266～272, 275～277, 280, 283, 285, 289, 291, 295, 298, 301, 309, 312～314, 317, 324, 325, 328, 342, 344, 350, 354, 362, 364, 366, 369, 372, 373, 379, 380, 381, 387～389, 391～393, 395, 398 ②11, 15, 18, 22, 30, 36, 38, 42, 45, 51, 57, 81, 82, 84, 87, 94, 97, 104, 109, 110, 112, 115, 131, 148, 149, 160, 163, 170, 171, 175～177, 185, 223, 229, 255, 290, 291, 294, 296, 298, 315, 348, 364, 426 ③14, 22, 27～29, 32, 34, 43, 61, 66, 76, 110, 114, 136, 155, 165, 207, 447, 450 ⑥396
桂　太郎　①8～10, 12, 22, 25, 41, 43, 50, 55, 71, 87, 98, 122～124, 133, 134, 138, 142, 143, 145146, 148, 155, 159, 164, 182, 183, 186, 187, 191, 197, 207, 223, 228, 231～233, 237～239, 246, 247, 257, 258, 263, 269, 270, 271, 301, 305, 310, 311, 317～319, 321, 327, 329, 331, 332, 355, 356, 358, 369, 372, 395, 399, 400 ②11, 13, 16～18, 20, 24, 25, 29, 35, 37, 42, 45, 51, 74, 76, 80, 88, 110, 132, 134, 135, 137, 143, 156～158, 166, 170, 175～180, 182, 189, 192～198, 200, 208, 236～239, 242, 247～249, 251～256, 261～264, 269, 284, 287, 289, 297, 303, 308, 315, 331, 333, 339, 340～348, 355, 360, 364, 391, 419, 425, 444, 474, 475, 477 ③104, 158, 278, 319, 323 ④270 ⑤55 ⑥222 ⑦107, 176
桂　広太郎　⑥222
桂　与一(桂与市) ②179, 297, 303, 308, 309, 315
葛山磐次　⑤496
葛山鉉蔵　①153 ⑤37
門　政吉　⑤135, 139, 162, 171, 174, 178, 180, 209, 210, 215, 218, 222, 228, 235, 240, 254, 255, 289, 498, 503, 505, 506, 510, 513, 516, 517, 520, 521, 524, 532, 543, 556, 557 ⑥9, 11, 19, 34, 41, 42, 44, 92, 97, 114, 131, 227, 232
門石松次郎　②325, 481, 482
〔加藤〕 ②169 ④343, 385, 432, 479, 482 ⑤10, 11, 398
加藤　暁　⑥291, 361
加藤　勇　⑦44, 47, 48, 50, 58, 62, 66, 68, 73, 79, 81, 129, 140, 206
加藤市蔵　②72
加藤逸平次　⑤252
加藤確治　④346
加藤寛治　⑥282
加藤久米四郎　⑤225, 228, 243
加藤敬三郎　①21, 112, 134, 168, 197, 345 ②45, 263, 361, 393, 417 ③349 ④143 ⑤304, 344⑥110
加藤剣三郎　⑦48
加藤定吉　⑥389
加藤重三郎　③346
加藤繁信　④303
加藤秀一　③335, 345
加藤　駿　⑤10, 103, 191, 248, 249, 255, 256, 261, 310, 329, 331, 356, 468, 472
加藤正造　⑤452
加藤次郎　⑦161
加藤誠一郎　①103
加藤正治　⑦104
加藤晴司　⑥52, 76
加藤咄堂　⑤155
加藤高明　①9, 219 ②144, 159, 239, 261, 424, 440, 454, 455, 457, 458, 460, 464～466, 493, 494 ③50, 51, 57, 58, 66, 72, 83, 85, 86, 191, 206, 212, 226, 237, 239, 241, 246, 249, 312, 369, 370, 371 ④85, 176 ⑤16, 17, 44, 46, 5

梶原仲治　⑤338, 344
春日正直　①172
粕谷義三　⑤381, 498 ⑥210, 211 ⑦184
粕谷末吉　⑥362, 509 ⑦25, 133
粕谷義三　③421
糟谷廉二　⑤455, 458
〔加太〕 ②141
加太邦憲　①401 ⑥138
加田直治　⑥349
〔賀田〕 ②110, 202
賀田以武　⑤277 ⑥24
賀田金三郎　①391〜393, 398, 401 ②27, 36, 38, 51, 57, 102, 106, 112, 148, 160, 206, 223, 250, 300, 315, 342, 353, 361, 363, 366, 376 ④334, 341, 346, 500 ⑤105, 139, 270, 277 ⑥24
賀田直治　④406 ⑤211, 277, 517 ⑥24
〔片岡〕 ②174
片岡　歌　⑤134, 135, 169
片岡正一　④161
片岡清四郎　②21
片岡利和　①214
片岡直輝　③339, 367
片岡直温　①132, 249 ②144, 209 ③294 ④16, 325 ⑤55 ⑥196, 270, 341, 342
片岡　昇　⑤480
片岡茂十郎　①326
片岡　安　⑤503
〔片桐〕 ④327
片桐貞夫　③104, 108
片田猪之助　②425 ③41
〔片野〕 ①90
片野かつ子　⑥338
片野清夫　⑥338
片野重久　①110
片野千寿郎　①104
片平茂市郎(片平茂一郎・片平茂十郎) ①191, 197, 216, 220, 266, 277, 282, 296, 309, 333, 340, 349, 387, 395 ②35, 47, 82, 105, 111, 133, 486 ③296, 366, 454 ④49, 57, 65, 85, 90, 108, 110, 124, 135, 272
〔片山〕 ②242 ④396, 441, 503
片山畏三　③375
片山丑松　⑥347, 350
片平小十郎　③341, 343
片山舟二　②37, 74
片山純次　⑤393
片山誠一　①153
片山徹太郎　③231
片山徳市　④417
片山永治　①153 ③27
片山ハル　⑥431, 480
片山　春　⑥79
片山秀太郎　④383 ⑤42, 47 ⑦30, 121
片山睦太郎　②61
片山義勝　③351, 412
華頂宮　③251 ④8 ⑤195, 377
勝　海舟　①35
勝　卓朗　⑥380
勝木　信　③20
勝田銀次郎　③374, 392, 401, 415, 419, 420, 451, 452, 454, 457 ④11, 29, 31, 35, 36, 58, 81, 141 ⑤502
勝野正節　①246 ②17
勝野秀雄　②441
勝野秀麿　②109, 110, 115, 124, 167, 177, 202, 212, 221, 248, 266, 284, 329, 421, 491
勝間順蔵　⑥101, 102
勝村順照　③79
勝村豊三　③79 ⑤546 ⑥15
桂　二郎　①58, 63〜65, 67〜69, 71, 72, 74, 76, 80, 81, 84, 91, 97〜101, 104, 112〜117, 120, 123, 126, 128〜130, 132, 134, 142, 144, 147〜149, 154, 155, 159〜161, 163, 164, 167, 169, 170, 174, 177, 178, 182, 183, 186, 187, 1

94, 497, 501, 508 ⑤7, 9, 29, 45, 98, 103, 106, 108～111, 119, 121, 123, 124, 137, 141～145, 156～160, 185, 189, 195, 197, 198, 208, 209, 211～215, 217, 219, 221, 223, 227, 229, 232, 234, 237, 245～249, 251, 252, 254, 255, 257, 261～263, 265～267, 269～271, 304, 309～311, 313～316, 323, 324, 327, 329～333, 335, 336, 338, 339, 341～348, 351～357, 359, 361～365, 367～369, 371, 373～376, 378～381, 383～386, 389, 396, 399, 401, 403～405, 412, 413, 415, 416, 419, 423～425, 429, 431, 442, 455～462, 464～468, 508, 509, 511, 526, 544, 545, 548, 554, 557 ⑥9, 12, 19, 22, 27, 28, 30, 31, 33, 36, 40, 44, 58, 65, 68, 79, 89, 94, 96, 164, 165, 168, 215, 242, 347, 364, 414, 422, 454, 471, 474, 480, 534 ⑦16, 42, 73, 86, 146, 162, 183, 209
賀来倫二郎 ⑤233
筧 克彦 ②261, 270
筧正太郎 ⑤529
景山甚右衛門 ③335, 338
景山正吾 ⑤382
影山清雄 ⑤529
影山正三 ⑤186, 191
影山銑三郎(影山鉄三郎・影山鉄二郎) ③289, 290, 292, 298, 374, 389, 401, 447 ④61, 76, 113, 212, 320, 334, 360, 405 ⑤22, 120, 217, 243, 346, 511 ⑥176, 181, 197, 223, 325
蔭山義三郎(影山義三郎) ①84, 108, 126, 164, 176, 202, 216, 273, 390 ②354 ③355, 459
籠 加寿恵 ⑦218
鹿児島沢弥 ④289
笠井愛次郎 ①189
笠井信一 ③303, 367, 372 ④70 ⑦83
笠島孝作 ⑤196, 340
笠野英三 ①137
〔笠原〕 ④419, 432, 467
笠原 恵 ①290, 296 ②89
笠原主定 ⑤374
笠原英三 ①101
笠原文太郎 ⑤499, 513, 518
笠原又四郎 ⑥460
笠原立定 ①36, 99, 112, 118, 145, 158 ②107, 189, 190 ③144, 188, 189, 198, 201, 213, 247, 288, 332, 401, 402, 445 ④39, 45, 159, 201, 240 ⑤231, 303, 304, 340, 437, 472, 554 ⑥11, 31, 32, 36, 39, 46, 49, 60, 63, 72, 113, 142, 189, 212, 213, 215, 221, 226, 235, 237, 245, 247, 249, 255, 272, 295, 302, 315, 323, 330, 337, 356, 358, 364, 370, 392, 413, 427, 446, 452, 460, 467, 475, 477, 483, 499, 535 ⑦33, 79, 97, 132, 144, 166, 207, 231, 233
笠間杲雄 ⑤128
風間武三郎 ⑥365
花山院親家 ⑥31
梶源太郎 ④411
梶 為三 ①97, 99
楫 喜雄 ⑥223
〔梶浦〕 ②63 ④296, 309, 361
梶塚武松 ②475 ③45, 79, 104, 125, 141, 194, 224
楫場 徹 ④302
鹿島岩蔵 ①298, 299 ②140
加島敏郎 ③445 ④52 ⑤322
鹿島房次郎 ②48 ④31
鹿島秀麿 ⑦102
〔梶本〕 ①167
勧修寺経雄 ⑥147
柏尾具包 ④365, 381, 450 ⑤461
柏村桂谷 ⑦52
〔柏木〕 ①110, 111, 119
柏木藤太郎 ③266
柏原小南人 ⑥30

～331, 339, 341, 343, 345, 349, 352, 360, 365, 367, 388, 389, 391, 392～394, 397, 399, 401, 402, 405, 406, 409, 413, 425, 432, 435～437, 439, 443～445, 447, 448, 450, 452, 457, 458, 464, 465, 468, 470～478, 480, 483, 489, 490, 496, 510, 515, 521, 530, 537, 554, 557 ⑥8, 11, 13, 15, 19, 23, 24, 30, 32, 38, 39, 48, 50, 51, 54, 62, 71, 78, 81, 83, 94, 99, 109, 112, 119, 124, 128, 132, 137, 142, 154, 160, 165, 169, 170, 174, 181, 183, 194, 197, 201, 212, 213, 220, 233, 237, 240, 243, 248, 254, 255, 264, 278, 291, 304, 429, 456, 517
尾松瀧蔵　⑤214
面高　英　⑦121, 133, 140
尾本良三　④426
小山　温　⑦104
小山東助　③434, 444
小山田剣南　③415, 457, 458 ④76, 113, 482, 491
小山田信蔵　③353 ④441 ⑥93
折田兼至　①293, 294
折田彦市　①401 ②11
折橋時太郎　②395, 403
折原巳一郎　⑤365
恩田鉄弥　⑥78
恩地　功　④450 ⑤228

か

甲斐健一　③319, 336, 366
甲斐　純　①128, 137
甲斐幸雄　①79
貝塚卯兵衛　③28
海東要造　⑥353
改野耕造　①38, 203, 227, 281, 330 ②28, 148, 151, 152, 157, 181, 316, 412 ③11, 13, 409 ④196 ⑤273 ⑥468
改野重五郎　②28
開発正之助　⑤398, 526
海寶　精　⑤49
楓井金之助　④316
各務謙吉　③240 ⑤499, 501～504, 507, 509, 514, 516, 523, 525, 527, 530, 534～536, 540, 542, 557 ⑥135, 452
各務幸一郎(各務孝次郎)　②90, 94, 95, 98, 104, 106～108, 112, 114～116, 120～123, 132～134, 139, 140, 147, 149, 152, 153, 160, 162, 163, 169～171, 173, 175, 186, 194, 202, 203, 206, 210～212, 214, 215, 220, 222～224, 229, 231, 233, 250, 258, 271, 274, 286, 288, 291, 293～296, 298, 299, 314, 315, 323, 329, 332, 336, 338, 342, 346, 348, 351, 361～363, 366, 437 ⑥452
各務孝成　①239
加賀美蔵夫　⑥223
加賀美芳太郎　③62
香川悦次　④209 ⑤110
香川則之　③139
賀川豊彦　⑤196
柿内照康　③399
垣尾増太郎　⑤386
垣崎三郎　⑥478
柿崎善祐　⑥212
蛎崎富三郎　①108, 109, 384 ②167, 173, 236, 248, 250, 302, 385, 470, 473 ③19, 29, 37, 39, 120, 121, 128, 130, 190, 335 ④205, 246, 456
柿島主計　⑥261
柿沼竹雄　③261
柿沼長豊　①39
柿本雷雲　③339 ④81, 105
加来美知雄　⑤129
賀来宏一郎　⑤233
賀来佐賀太郎　④290, 295, 298, 302, 305, 307, 308, 330, 333, 339, 347, 350, 356, 361, 384, 392, 398, 422, 428, 431, 438～440, 443～449, 453, 458, 460, 461, 466, 473, 482, 488, 491, 492, 4

88, 391 ②15, 113, 115 ③273, 317 ⑤184, 398
小野三郎　④315
小野次順　⑥25
小野秋太郎　①209 ⑥19
小野俊三　⑥89
小野哲郎　⑤494
小野得一郎　④383, 506 ⑤147, 158, 183, 304
小野敏雄　④36
小野敏夫　⑥287, 474, 536 ⑦27, 42, 67
小野彦三郎　①78
小野秀雄　④40
小野英義　②364
小野正雄　⑤191
小野光景　②115, 491 ③128 ④264
小野吉景　②127
尾上梅幸　③137
小野崎篤造　⑥314
小野田周斎　③315, 316
小野田元熙　②145, 173, 185, 186, 203, 206, 208, 212, 214, 238, 250 ③117 ④228
小野寺直助　⑤411
小畑美稲　②228 ③239, 243, 281
小畑大太郎　②501 ③69, 85, 176, 216, 218, 224, 237, 240, 245 ④88, 105 ⑤378
小畑敏四郎　④112
小畑米次郎　③428
小幡文三郎　③373
〔小原〕 ③98, 191
小原詮吉　①336
小原司決次　⑦105
小原俊一　⑦216, 218
小原忠迪(小原忠適)　①328, 336
小原達明　④358 ⑤499, 501, 507, 514, 530, 535, 540
小原敏丸　④226, 496
小原富太郎　⑤225, 334, 335
小原友吉　⑦149, 150
小原朝忠　③216
小原　直　③204, 216, 274 ④415, 419 ⑥490
小原正樹　⑥256
帯谷伝三郎　⑤444, 520
〔帯屋〕 ⑤141
小布施新三郎　③318
〔於保〕 ⑤466
尾間　明　⑥39, 105
尾間郡治　④35
尾間忠雄　⑤316
尾間　信　⑦10, 140
尾間立顕　③152～156, 158, 161, 165, 172, 175, 194, 204, 207, 208, 211, 213, 214, 216～218, 220, 221, 224, 228～230, 236, 239, 242, 245～250, 254, 255, 257～259, 261, 263, 271, 274, 278, 282, 289, 293, 294, 297, 304, 306, 307, 312, 321, 326, 328, 329, 335, 336, 339, 340, 341～344, 346, 354, 367, 369, 371, 375～379, 384, 385, 387, 389, 392, 395, 399, 401, 404, 406～410, 412～414, 416～420, 423, 435, 438, 444～446, 448, 451～453, 456, 457 ④9, 17, 24, 25, 27, 29, 31, 35, 43, 44, 46, 49, 50, 54, 55, 59, 62, 64, 65, 67, 74, 75, 78, 79, 82, 83, 85, 86, 88, 92～99, 102～104, 106, 108, 110, 115, 118, 120, 122, 125, 127～130, 132, 133, 140, 155, 164, 169, 177, 179, 191, 194, 197, 203, 218, 230, 239, 251, 265, 269, 274, 277, 285, 316, 321, 324, 328, 330, 340, 345, 354, 360, 403, 408, 410, 417, 419, 429, 432, 485, 495, 497, 500 ⑤13, 19, 25, 31, 37, 50, 59, 105, 110, 114, 120, 130, 140, 145, 169, 181～183, 199, 233, 261, 270, 272, 276～278, 280, 281, 283, 288～296, 298～308, 311, 316, 317, 320, 325, 326, 336, 329

尾崎秀実　⑤441
尾崎元次郎　④65
尾崎勇次郎(尾崎勇三郎)　②432, 482 ③32, 48, 102, 111, 175, 218, 275, 282, 291, 423, 458 ④12, 55, 118, 119, 268 ⑤15, 23, 121, 226, 451, 507, 525, 529, 530, 545, 554 ⑥20, 22, 23, 24, 27, 100, 124, 156, 193, 236, 314, 383, 428, 434, 437, 438, 439, 441 ⑦128, 227
尾崎行雄　②261, 262, 424, 425, 501, 502 ③62, 85, 99, 102, 157, 293〜295, 306, 313, 316, 380, 382, 398 ④15, 16, 21, 42
尾崎麟太郎　①332, 369 ②69, 137, 144, 173, 249, 299, 308, 339, 373, 387, 423
長田桃蔵　③330, 344, 376, 389 ④182, 324 ⑤308
〔小沢〕　②131
小沢武雄　①177, 231, 244, 245, 247, 258, 275, 291, 297, 318, 323, 328, 336, 354, 361, 389, 392 ②31, 45, 54, 114, 132, 139, 143, 150, 223, 247, 290, 305, 306, 329, 356, 359, 380, 388, 389, 393, 397, 400, 428, 442, 443, 488, 497 ③59, 77, 92, 123, 176, 444 ④138, 142, 143, 198, 205, 229 ⑥173
小沢長濤　⑤107, 205 ⑥25, 40, 67
小沢秀次郎　⑥254
小沢隆八　③183, 194, 198 ⑤43, 45, 59, 61 ⑥204, 225
尾沢琢郎　④23
押上森蔵　③306 ⑤113
小塩高弘　⑥401
押川　奨　④348
押川則吉　①250, 251, 301, 302, 320, 348, 355 ②47, 99, 209, 410, 487 ③67, 69, 123, 134, 167, 334, 421 ④11, 23, 24
押川方義　①69 ③382
押野　初　②34
尾島岩吉　③201
押村　奬　⑤249, 263
尾関本孝　④503
小田紅涯　⑤350
小田貴雄　①84
尾田徳次　⑦171
〔織田〕　①14 ②96
織田三郎　⑥463
織田信親　①9, 74, 120, 123, 135, 142, 197, 226, 252, 267, 299, 354, 382 ②60, 70, 291, 302, 316, 317 ④318, 328 ⑥29, 397, 398
織田信恒　⑥397
織田信大　④318, 339 ⑤170, 335 ⑥29, 100, 108, 160, 355, 463, 471, 512, 515 ⑦152, 188
織田昇次郎　①62 ③318 ④449
織田　一　②469
織田正誠　⑦64, 66, 183
小平浪平　③284
小高長三郎　⑤211
小田切延寿　③373
尾立維孝　④284
小田部胤康　④52 ⑤515 ⑥218, 263
〔落合〕　⑤443
落合庭太郎　④137
落合幹三郎　②56
小津清左衛門　③333
尾寺百助　①21
〔音羽〕　④294, 303, 305
鬼倉重次郎　⑤380 ⑥81, 85, 106
鬼谷重次郎　⑥163
〔鬼丸〕　④296
小貫修一郎　⑥233, 286
〔小野〕　①283, 364, 374 ②22, 50
小野義一　①101
小野金舟　④497
小野金六　①147, 183, 200, 206, 214, 252, 253, 269, 274〜277, 282, 291, 295, 299, 304, 315, 336, 355, 361, 364, 3

大給　恒　①309
荻原丈夫　③335 ④83
荻原弘之　②97
奥 繁三郎　①331 ②151 ③334 ⑤381 ⑥88
奥　保鞏　②145 ⑤165
奥秋雅則　⑤206
〔奥田〕 ①105 ②154, 161, 170, 371, 375, 406, 430, 488 ④14, 37, 209, 321
奥田家三　⑥30
奥田永吉　⑥471 ⑦15, 110
奥田謙二郎　②476
奥田源三　⑥186
奥田重栄　⑤89, 262, 421, 508
奥田正吉　⑥62
奥田象三　①313, 316, 320～322, 326, 333, 341, 343, 348, 353, 354, 372 ②12, 129, 130, 174, 199, 211, 319, 408, 479 ③12, 41, 92, 274 ⑤338, 342, 386 ⑥471, 474
奥田新之丞　②147
奥田剛郎　③409
奥田正香　①16, 25, 53, 65, 81, 134, 255～257
奥田昌三　②249
奥田吉慶　①103, 104 ②337
奥田義人　②268, 281, 294, 304, 327, 404 ③138, 148, 401, 404, 409
奥田(西川)若子　②231
奥平忠善　③344
奥平昌恭　②403 ③104, 147, 150～152, 155, 175, 211, 252, 379, 395 ⑤40
奥平頼寿　③229
小国謙三　⑤181
奥野市次郎　①87 ③394, 460 ④258
奥野七郎　④114
奥野義雄　⑤49
奥原駒吉　④140
奥宮　衛　⑥282
〔奥村〕 ③235
奥村簡二　②82, 83
奥村宣次郎　⑥168
奥村　猛　③274
奥村寅次郎　③274, 281 ⑤53, 134, 140, 308
奥村久三郎　②295
奥村久郎　③284
奥村安太郎　④402, 480
奥村　漣　⑤37
奥元　清　①247 ②467
奥山紫明　③347
奥山政敬　②403 ③155, 217
奥山正路　②339
奥山万次郎　④77
〔小倉〕 ②122
小倉和市　⑤90
小倉清彦　②92, 184, 216
小倉　哲　④44
小倉鉎一郎　⑥119
小倉狙峰　③308, 445, 453
小倉武之助　①126
小倉文吉　④303
小倉正恒　⑦226
小倉道敏　③139 ④45
小倉可夫　④484, 488 ⑤17
〔小栗〕 ④418
小栗一雄　③175
小栗富五郎　④28
桶田操代　⑦189, 228, 231
小比木為二　⑤99, 252, 271, 457 ⑥284
〔尾崎〕 ①104, 365, 368 ③53, 214
尾崎角次郎　⑥271
尾崎啓蔵　①121, 234, 240
尾崎貞俊　③151
尾崎三良(尾崎三郎) ①190, 361, 391, 400 ②61, 161, 294, 296, 335, 429, 491, 497 ③41, 59, 61, 71 ④140, 142
尾崎敬義　③407
尾崎文英　④45
尾崎秀真　⑤191, 251

岡本治平　④146, 148
岡本季正　⑥84, 88
岡本太右衛門　③373 ④31
岡本忠蔵　③388 ④30
岡本　佃　④448 ⑥203
岡本延弌（岡本延一）⑤303, 520, 527, 529, 532, 555, 557
岡本延哉　⑥8
岡本　学　②53, 384
岡本与之助　⑤281
岡安直方　②174, 195 ③221
〔小川〕　②131 ③199 ⑤199, 445 ⑥259, 265, 284 ⑦90
小川鈾吉　④233
小川伊勢吉　②347
小川　至　①100 ③314
小川栄太郎　④28
小川嘉一　⑤195 ⑦133
小川一真　④86
小川菊水　④408, 410 ⑤135
小川義堂　①43, 162 ②120
小川賢香　①78, 107, 120, 122
小川郷太郎　③348, 352, 353, 368, 385, 407, 434, 452 ④43, 65, 94, 120〜122, 135, 158, 170, 196, 239, 274, 324, 340, 341, 343, 347, 348, 361, 383, 384, 400〜402, 410, 428, 432, 480 ⑤11, 50, 63, 65, 140, 232, 244, 294, 304, 308, 351, 367, 394, 416, 444, 532⑥20, 33, 51, 55, 74, 119, 161, 182, 185, 196, 265, 322
小川静馬　⑤377, 399
小川秋蔵　①244
小川澄郎　①90, 136
小川仙能　③133
小川恒三郎　⑦89
小川碇一　③274, 375
小川　徹　⑤459
小川尚子　①63, 64
小川直子　②11, 30
小川平吉　②151, 412 ④16, 49, 82, 385, 407 ⑤162, 459, 548 ⑥136, 138, 143, 145, 155, 160, 345 ⑦101, 125, 148
小川平助　②40
小川政子　①16
小河滋次郎　③205
沖　貞男　②213, 233 ⑦91
沖　禎介　⑥456
沖　守固　①24, 141, 142, 206, 208, 210, 227, 229, 240, 243, 245, 247, 258, 262, 265, 275, 280, 281, 283, 291, 297, 317〜323, 326, 327, 337, 343, 353, 354, 360〜362, 366, 375, 379, 381〜383, 386, 389, 390, 392, 398, 401 ②9, 11, 15, 16, 21, 25〜28, 33, 42, 44〜46, 49, 51〜54, 56, 57, 58, 60, 64, 76, 85, 94, 96, 97, 101, 102, 114, 115, 125, 127, 128, 131〜137, 139〜142, 144, 150, 153, 161, 169, 173, 178, 179, 195, 198, 203, 206, 208, 210, 211, 213, 215, 216, 240, 298, 339, 460 ③102, 223
荻田悦造　⑤501
荻田国雄　③86
〔荻野〕　②298
荻野栗蔵　①42, 319 ②174, 228, 270, 286, 293, 298〜300, 302, 303, 308, 315, 319, 337, 350, 503
荻野序太郎　①36, 42, 127, 247
荻野善五郎　⑤224 ⑥181
荻野卓雄　⑤170
荻野竹四郎　③217, 245
荻野貞次郎　①134 ③346, 424 ⑦83
荻野俊隆（荻俊隆）①105, 109, 170, 176 ⑤31 ⑥20, 44 ⑦243
荻野春次郎　①127, 132
荻野兵吉　⑤386
荻野正夫　⑤497
荻野万之助　①216
荻野陽之助　⑤190
荻野喜輝　⑦216

1, 502, 503, 509, 513, 514, 526, 536, 551, 553, 555 ⑥215, 247, 248
岡野才太郎　⑤187, 247, 253
岡野繁蔵　⑦150
岡野方太郎　④424, 452
岡林幾三郎　①14, 134, 135, 229 ②195, 263 ③69, 397 ④8, 182, 333
岡林義三郎　①284
岡林成郎　①284
岡林輝行　⑥291
〔岡部〕 ①233, 252, 283, 325, 392 ③188 ④345
岡部　薫　⑤185
岡部直三郎　④413
岡部長景　⑤396
岡部長職　①197, 227, 267, 310, 395 ②16, 88, 190 ③53, 135, 138, 147, 150〜156, 159〜162, 169, 175, 228, 237, 317, 392, 405 ⑤180, 531, 546 ⑥249, 262
岡部則夫　①54, 232, 257
岡部則光　①8, 9, 11, 12, 17, 27, 37, 49, 110, 134, 360, 369, 378, 382, 389, 390 ②9, 18, 25, 63, 68, 81, 84, 90, 103, 124, 128, 130, 131, 149, 163, 169, 172, 188, 193, 211, 220, 221, 230〜232, 234, 247, 253, 259, 264, 270, 277, 300, 316, 320, 329, 347, 351, 352, 357, 362, 363, 365, 381, 389, 396, 400, 420, 422〜424, 433, 437, 438, 445, 461, 475, 482, 483 ③31, 66, 67, 90, 102, 126, 136, 150, 183, 209, 221, 225, 232, 243, 250, 256, 258, 267, 274, 281, 289, 297, 310, 326, 331, 341, 347, 395, 402, 404, 409, 458 ④9, 49, 64, 87, 92, 99, 112, 128, 130〜132, 134, 136, 139, 143, 141, 142, 145, 146, 148, 149, 151, 152, 153, 157, 159, 186, 160, 164〜166, 170, 177, 180, 188, 195, 196, 202, 212, 223, 231, 237, 261, 247, 255, 258, 259, 263〜267, 269〜273, 276, 310, 311, 314〜316, 331, 333, 335, 343, 349, 352, 358, 361, 382, 384, 391, 393, 414, 415, 417, 430, 461, 462, 472, 473, 482, 485, 487, 491, 495, 497, 499, 501, 502 ⑤12, 17, 47, 48, 50, 57, 65, 99, 101, 102, 110, 120, 130, 135, 162, 177, 200, 212, 218, 219, 229, 238, 243, 280, 296, 306, 343, 401, 454, 471, 476, 479, 490, 504, 505, 513, 519, 520, 526, 535, 537, 538, 543, 547, 554 ⑥8, 19, 20, 33, 35, 39, 45, 47, 48, 57, 59, 62, 72, 79, 80, 82, 87, 93, 96, 97, 101, 103, 109, 118, 119, 128, 167, 176, 177, 185, 189, 196, 203, 214, 234, 240, 242, 243, 252, 264, 271, 289, 297, 303, 328, 333, 348, 358 ⑦29
岡部則之　①65
岡部則吉　①176, 266, 272, 282, 291, 299, 315, 323, 327, 329, 334, 335, 337, 340, 341, 344, 354 ④27
岡部久次郎　④23
岡松参太郎　⑤181
岡村勝次郎　⑤198, 248, 325
岡村清蔵　⑤63
〔岡本〕 ④458, 506, 507 ⑥504
岡本英太郎　⑤123, 133, 140, 159, 162, 183, 194, 195, 198, 227, 243, 266, 267, 272, 277, 283, 308, 316, 317, 325, 329, 331, 332, 345, 349, 360, 364〜366, 381, 391, 394, 401, 402, 405, 413, 432, 435, 437, 439, 443〜448, 451, 452, 465, 468, 470〜479, 484, 485, 487, 490, 493, 495, 496, 501, 503, 510, 513, 515, 521, 523, 524, 526, 527, 531, 534, 535, 537, 539, 544〜546, 548 ⑥37, 212, 392, 518, 519
岡本喜久男　⑥212
岡本桂次郎　③445, 456
岡本賢超　⑥482

岡　安胤　②174, 231, 259
〔岡崎〕 ①32, 62 ④244 ⑥126, 136, 159, 173, 192, 194, 196
岡崎祇照　①135
岡崎国臣　③375 ⑤518
岡崎邦輔　①23 ②142, 209 ③73, 299, 304, 305, 321, 323, 325, 327, 338, 342, 344, 347, 371, 383, 418, 454, 455 ④18, 46, 47, 98, 148, 266, 351 ⑤209, 210, 550 ⑥159, 192, 269 ⑦34, 47
岡崎忠雄　③450
岡崎哲真　⑤256
岡崎藤吉　③374, 445 ④144 ⑤248, 530, 540
岡崎豊治　④447
岡崎久次郎　⑤509, 544 ⑦58
岡沢　精　①221
小笠原角蔵　①131
小笠原菊次郎　⑥182
〔岡田〕②47, 54, 122, 123, 183, 184, 217 ④50, 200
岡田栄一　③312, 335 ④214, 324
岡田　修　②45, 53, 54, 99, 100, 103, 104, 113, 121, 159, 234, 240, 261, 296, 438, 439, 444
岡田勝治　④115 ⑤477
岡田啓介　⑥345, 366, 371, 381, 397, 518
岡田幸治郎　⑥84
岡田重久　④294, 304, 365, 434 ⑤114, 133
岡田四郎　②12, 71
岡田治衛武　⑦120
岡田隆文　④142
岡田忠彦　③372, 429 ⑤517
岡田外喜雄　①137
岡田虎二郎　②17～20, 23, 25, 28, 30, 33, 37, 41, 44, 46, 51, 53, 56, 58, 59, 61, 63, 69, 71, 74, 82, 84, 86, 89, 94, 97, 99, 100, 102, 105, 108, 110, 112, 114, 125, 128, 131, 133, 135, 140, 143, 146, 149, 154, 157, 160, 165, 171, 173, 176, 178～180, 182, 186, 187, 189, 192, 194, 197, 199, 201, 202, 206, 208, 210, 213, 220, 222, 223, 228, 231, 233, 235, 237, 240, 249, 252, 257, 260, 263, 266, 269, 272, 274, 277, 280, 285, 287, 288, 292, 295, 297, 298, 300, 304, 306, 309, 316, 317, 323, 449 ③69, 75, 77, 404 ④25, 26, 29, 30, 33, 44, 49, 51, 59, 60, 61, 63, 66, 70, 72, 73, 79, 81, 84, 86, 87, 93, 95, 141, 144, 146, 150, 152, 164, 166, 184, 193, 196, 199, 206, 212, 216, 218, 219, 223, 229, 236, 239, 242, 276, 328, 335, 347, 349, 412, 415, 418
岡田彦七郎　③271
岡田　震　⑤43
岡田文次　③344, 389, 398 ④9, 66, 130, 135, 210
岡田　信　⑤102, 136
岡田正之　⑤43
岡田元太郎　⑦200
岡田良一郎　③8
岡田良太郎　⑥408
岡田良平　②111 ③250, 251, 256, 264, 270, 323, 329, 331, 337, 343, 379, 415, 446 ④21, 59, 65, 101, 133, 140 ⑤36, 37, 212, 547, 552 ⑥48, 61, 129, 143, 149 ⑦123
岡田和一郎　①311
緒方稜威雄　②483
緒方金吾　①78, 80, 141
緒方多策　④399
緒方頼明　⑤554
緒方力三郎　④292
岡出幸生　⑤403
〔岡野〕 ①328
岡野敬次郎　③138, 148, 154, 172 ⑤261, 281, 400, 483, 484, 488, 489, 49

大庭　啓　②432
大庭貫一　②432
大庭景陽　①83
大庭茂馬　③309
大庭慎之助　①39
〔大橋〕　②39
大橋岩吉　⑤469
大橋幸太郎　⑤385
大橋貞通　①101
大橋新太郎　①230 ②249, 252, 254 ③290 ③279 ⑤500, 503, 511, 544, 549, 550, 552, 554 ⑥59 ⑦77
大橋只三郎　②310
大橋常次郎　①257
大橋直俊　①101
大橋八郎　③344 ⑥340, 355
大橋安太郎　⑤386
大林白松　①78
大林森次郎　④240, 316, 341, 354
大原英太郎　③18, 20
大原重朝　④166
大原実太郎　①317, 389
大原達雄　⑥535
大原哲治　②335
大原万千百　⑤511
大東長次郎　④490
大平進一　⑦70, 191, 218
大平　洋　①380, 381
大平安孝　⑤519, 530, 545 ⑥511 ⑦16, 68, 222
〔大道〕②47
大道良太　①345
大海原重義　⑤163 ⑥522
〔大村〕④18
大村武輝　⑥119
大村彦太郎　④402
大村和吉郎　③135
大室建三　④495
大本露舟　②332
大森英太郎　②435
大森鉱太郎　⑥255
大森鍾一　③269 ④283, 317, 358, 500 ⑤61, 160, 181, 284, 439, 509 ⑥327, 328
大森房吉　⑦138
大森平太郎(大森英太郎)　③77, 116
大森益徳　⑥223, 224, 316, 436
大森松四郎　②296,　389
大森与三次　④40
大森亮順　⑤29
大屋　敦　③366, 373, 408 ④47, 103
大屋建三　④423, 425⑥44, 238 ⑥74, 75
大矢馬太郎　③300, 383 ⑥217
大谷正男　⑦31
大藪房次郎　③374, 458
大山　巌　①133, 180, 184 ②414, 416, 417 ③54, 72, 179, 241, 248, 251, 273, 275, 278, 281 ④323
大山与一　⑤299
大和田市郎　③307, 422
大和田房七　②440
〔岡〕　③167, 380 ④283, 326
岡市之助　②144, 424, 459, 464, 472, 493, 502 ③66, 98, 122, 126, 149～151, 178, 181, 217
岡儀三郎　②47
岡喜太郎　③370 ③383 ④142, 229 ⑤161, 164, 168, 170
岡　敬三　⑥269
岡　漆郎　⑥50
岡　精一　①240 ②143
岡　哲夫　①19
岡　正矣　①25, 36
岡　正英　①22
岡　実　①392 ②22, 34, 464 ③44, 113, 114, 117, 138 ④136, 150, 161 ⑤41 ⑥363
岡　隆太郎　②241
岡井藤之丞　③325, 327, 329, 331

太田口福松　③104
大竹　勇　⑤241
大竹敬助　③108
大竹博吉　③343 ④142
〔大谷〕⑤50
大谷嘉兵衛　①52, 206 ②249, 335, 446 ③303, 352 ④55 ⑤553 ⑦51
大谷喜久蔵　④106
大谷吟右衛門　③264
大谷光瑩　⑤213, 378
大谷光瑞　②141, 166, 170, 437 ③29 ④276, 282, 338, 346, 361, 362 ⑤39, 40, 234, 349⑥23, 111, 334, 338, 354, 355, 534
大谷光尊　⑥355
大谷光暢　⑥534
大谷光明　②166, 167 ⑤513
大谷誠夫　②399 ⑤55
大谷順作　⑤506, 507, 535
大谷新蔵　①79
大谷尊由　②166, 169, 170 ③358 ④282, 401, 402, 480 ⑤208, 368, 444, 513 ⑥338
大谷忠四郎　⑤205 ⑥110, 156
大谷藤次郎　⑥88, 89
大谷　靖　⑦167
大津周造　⑤234
大津淳一郎　①61, 120 ②389
大津敏也　⑤519
大津麟平　③258, 304, 371 ④64
大塚　薫　②308, 315
大塚楽堂　④49, 213, 487 ⑤471, 473, 478, 544
大塚勝太郎　①140
大塚関三　①69
大塚喜平　⑥293 ⑦27, 67, 217, 222
大塚惟明　①379 ③281
大塚周三　①24～30, 59～64, 66, 68, 72, 82, 99
大塚信太郎　③141
大塚善太郎　①389 ②86, 105
大塚常次郎　①65, 71, 84, 86, 91, 102, 121, 122, 127, 190, 262～264, 269, 274～277, 282, 298, 300, 316, 335, 350 ②260 ④274
大塚秀之丞　③438, 439, 445, 451, 452
大塚良吉　①220
大槻龍治　③364 ⑤447 ⑥366
大辻黙堂　⑦67
大鳥圭介　①27, 324, 356 ②28, 30, 57, 58, 63
大鳥富士太郎　①324, 345 ②30, 73, 456 ④430 ⑤442
大西朝夫　②438
大西亀次郎　③119
大西賎雄　④393 ⑤148, 153
大西冬蔵　⑤526
大西慶寛　①96
大西良吉　①81
大西良慶　⑤323, 330
大西理平　⑥260, 261
大貫龍城　②49, 57, 69, 72
大野亀三郎　①135, 137～139, 155 ②423
大野恭平　④398
大野銀次郎　⑦12
大野盛都　③358
大野吉太　⑦117, 119, 129, 144
大羽豊治　⑥380
〔大場〕⑤211
大場　基　④168
大庭　亨　①11, 32, 59, 91, 93, 134, 138, 180, 187, 198, 199, 202, 204, 207～209, 211, 214, 218, 227, 230, 236, 243, 244, 254, 256, 265, 267, 273, 278, 283, 289, 297, 299, 310, 313, 314, 318, 319, 327, 332, 340, 342, 350, 354, 358, 360, 361, 365, 367, 371, 384, 385, 388, 390, 391, 393, 395, 397 ②11, 31, 45, 84, 85, 432

大島勇造　⑤45
大島義豊　④406
大島義脩　④182
大島義昌　①185
大杉　栄　⑤500, 503
大杉律太郎　⑤533 ⑥56
大隅菊次郎　①365, 398 ②12, 17, 27, 38, 42, 51, 75, 83, 90, 94, 101, 107, 108, 114, 115, 121, 124, 138, 140, 143, 147, 159, 165, 167, 186～188, 192, 193, 204, 207 ③76 ⑥258
大角岑生　⑦185
大関敬三　③82, 91, 96, 104, 113, 114, 116, 154, 161, 183, 186, 207, 215, 218, 243, 248～250, 327, 370, 371, 377, 391 ④171
〔太田〕②237, 357, 451 ④300, 384, 414, 503 ⑤243④
太田浅右衛門　②325 ④53
太田一平　⑥91
太田氏也　⑤252
太田嘉太郎　⑤544
太田休蔵　①237 ②100 ③442, 443 ④480 ⑤445 ⑥107, 295
太田恭三郎　⑥107, 110
太田錦城　⑥159
太田賢次郎　⑤118 ⑥122
太田吾一　④451
太田香露　⑥17
太田先三郎　②165
太田稠夫　③398
太田七兵衛　④203
太田　慎　①152, 287, 341 ②68, 75, 76, 91, 92, 320, 324, 484 ③402, 461 ④180, 255, 256, 285, 401 ⑤240, 446 ⑥522
太田慎一　④106
太田清蔵　①164, 170
太田壮二郎　④480
太田太右衛門　①255, 257, 330, 334, 341, 342 ②320, 348, 349, 371, 442, 443, 448 ③54 ④213, 214, 412～414 ⑤63, 240, 400, 446 ⑥401, 430 ⑦154
太田太左衛門　①134 ②78, 91, 99 ④180
太田達五郎　①253
太田玉子　②45, 128, 136, 343, 349, 360, 380, 424, 479, 503 ③21, 55, 146, 148, 209, 242, 244, 245, 247, 278, 307
太田民也　④308 ⑤144, 191
太田為三郎　④356
太田徹夫　⑥327
太田輝次　①46, 65, 189, 199～201, 226, 228, 297～299, 302, 308, 314, 324, 326, 327, 329, 330, 332, 334, 335, 337, 342～344, 346, 399 ②12, 15, 16, 148, 153, 163, 165, 200, 288, 320～322, 325, 328, 330, 337, 347, 348, 360, 503 ④255
太田信光　①120, 122, 127, 128, 133, 167, 221, 368, 372, 373, 391
太田寿一　④203 ⑥13, 15, 24, 34, 124, 173
太田秀穂　④333 ⑤73, 248, 529
太田丙子郎　④50
太田正隆　⑦67, 166, 168, 185, 188, 195, 197, 240
太田政弘　⑤522, 523
太田政之　③318
太田光熈　③326 ④13 ⑥266
太田峯尾　⑥203
太田峰三郎　①13, 231, 370 ②164, 201, 404, 423
太田弥作　④430
太田保太郎　④31
太田雄之　①35, 37, 47, 48, 90, 104, 108, 162, 180. 197, 202, 222, 231, 236, 237 ②172, 259, 294, 325
太田良三郎　③311, 363, 409
大滝龍五郎　⑥484, 485

大久保佑市　⑤512, 539
大久保和喜子　②112, 129
大窪登一　⑤369, 406
大熊一郎　⑥337
大熊三之助　③339
大熊土次郎　⑥337
大隈重信　①33, 62, 140, 145, 272 ②151, 170, 239, 321, 418, 424～426, 430, 432, 438, 440～442, 445, 446, 455～457, 460, 464, 465, 467, 472, 476, 477, 487, 490, 492～495, 501, 502, 505 ③24, 39, 42, 47, 49, 50, 52～55, 57, 60, 62, 66, 68, 72, 77, 78, 81, 83～85, 89, 98, 99, 101, 111, 112, 114, 119, 121, 122, 126, 133, 135, 136, 140, 147, 149～152, 155～158, 160～162, 165, 171～173, 176～179, 181, 193～195, 197, 199, 200, 206, 210～212, 214, 215, 219, 221, 222, 224～230, 235, 237～248, 252, 253, 262, 263, 269, 277, 283, 294, 305, 311, 402, 404, 435 ④23, 91, 132, 135, 176, 237, 242, 279, 281, 323, 404 ⑤55, 59, 125, 154, 177, 179, 192, 193, 197, 210, 303, 380, 435 ⑥124
大隈信常　③149, 404 ④281 ⑤200, 218 ⑥124
大熊安右衛門　④371, 373 ⑤92, 461
大倉喜三郎　④357 ⑤48, 72, 75, 180, 182, 377
大倉喜七郎　⑥137, 179, 187 ⑦48, 148, 174, 190
大倉喜八郎　①57 ③36, 45, 262, 265, 272, 455, 460 ④45, 51, 60 ⑥458, 459, 460, 499 ⑦48
大倉邦彦　③438
大倉周八郎　⑦144
大蔵久米馬　①293
大幸喜三九　③409
〔大河内〕 ①58, 79, 114 ③320 ④26, 327 ⑥259, 348
大河内甲一　⑥447
大河内輝剛　①283
大河内信威　⑦217
大河内正敏　⑤222, 228, 341, 533 ⑦217
大越九蔵　④504
大越大蔵　⑤83, 84, 367
大越成徳　①70
大迫尚敏　②234 ③416
〔大沢〕 ③179
大沢栄之　⑦20
大沢界雄　②46
大沢貫道　①138
大沢清高　⑤261
大沢暁一　⑥212
大沢箴三郎　④483
大沢善助　⑥325
大沢彦太郎　④175
大芝惣吉　③458
〔大島〕 ①343 ②154 ③257 ④14
大島金太郎　④318, 347, 434, 459 ⑤33, 92, 249, 408
大嶋久満次　①216, 217, 267 ③351 ④59
大島健一　②211, 473, 479 ③179, 223, 277, 286, 289, 305, 366, 384, 441, 451, 454 ④35, 48, 68, 90, 92, 94, 97, 101, 103, 104, 106, 107, 112, 117, 133, 150 ⑤36, 38, 50, 212 ⑥131, 356, 363
大島小太郎　③331
大島貞敏　④52
大島藤太郎　①347
大嶋徳次郎　③63
大島直道　③340 ④427
大島永憲　④77
大島久忠　⑦189
大島久直　④150 ⑤62, 209
大島富士太郎　⑤451, 491
大嶋正満　⑤150

32, 37, 47, 56, 57, 60, 245 ④31, 48, 95, 99, 105 ⑥326, 327, 339, 389, 473 ⑦175
大城戸仁兵衛　③33
大城戸愉喜子（大木戸由喜子）　②484 ③32, 33, 37
大木戸千歳　⑥494
正親町実正　①229, 303 ②275, 372 ④79, 166, 278, 283, 317, 405, 483, 500 ⑤61, 108, 160, 181, 182, 232, 459
正親町季董　②34, 132, 263, 306 ③390 ④12
大草愿吉　①77, 79, 97, 209 ②223, 439 ③377, 397 ④79
〔大口〕　⑥259
大久保勇子　②37, 178
大久保　梅　①104
大久保兼子　⑥372
大久保寛三　②376
大久保甲東　⑥356
大久保佐和子　②176
大久保沢子　④489 ⑤42 ⑦239
大久保三九郎　④47
大久保治市郎　⑥453, 454
大久保周八　⑥497
大久保駿熊　②165, 170
大久保高明　④182, 274 ⑤216 ⑥87, 206, 324, 372
大久保忠順　②432
大久保利賢　②112, 129, 135
大久保利武　①62, 250, 292, 315, 337, 342 ②170, 430 ③123, 357, 360, 362, 363, 372, 408, 409, 418, 453, 454 ④281 ⑤43, 59, 61
大久保利和　①9, 11, 17～19, 21, 37, 50, 58, 69, 70, 78～80, 83～88, 90, 93, 124, 134, 154, 159, 235, 254, 266, 285, 300, 304, 345, 347～349, 353, 368～370, 372, 373, 382, 383, 394, 395, 402 ②8, 16, 17, 31, 52, 64, 79, 80, 81, 112, 113, 165, 170, 260, 261, 263, 270, 299～301, 303, 306, 307, 309, 311, 349, 352, 354, 359, 365, 383, 384, 421, 422, 434, 438, 439, 449, 450, 452, 453, 497 ③19, 59, 61, 90, 98, 103, 117, 118, 120, 121, 123～125, 136, 137, 186～189, 203, 204, 206, 278, 283, 373, 429, 430, 452, 457 ④11, 13, 33, 35, 45, 53, 73, 81, 86, 135, 139, 145, 158, 166, 168, 228, 231, 236, 237, 261, 265, 269, 270, 281, 347, 425, 501 ⑤109, 139, 211, 277, 516 ⑥22, 59, 99, 187, 230, 466, 472, 475, 490, 503, 509, 510 ⑦18, 51, 225
大久保利通　②341, 434 ③19, 123, 278 ⑤369 ⑥466, 490, 498, 503, 535 ⑦225
大久保尚子　①10, 19, 21, 33, 38, 40, 45, 48, 56, 69, 91, 93, 96, 147, 149, 159, 164, 222, 231, 233, 235, 253, 266, 270, 273, 277, 279, 289, 290, 298, 300, 304, 311, 315, 318, 342, 343, 353, 363, 373, 383, 394, 401, 402 ②8, 14, 16～18, 22, 30, 34, 38, 64, 79, 105, 107, 111, 113, 115, 128, 130, 131, 172, 176, 178, 192, 204, 219, 235, 241, 258, 260, 301～303, 306～309, 312, 314, 332, 349, 355, 361, 365, 383, 421, 427, 433, 438, 449, 450, 452～454, 460, 462, 486～489, 491, 495, 499 ③26, 27, 45, 47, 55, 56, 61, 81, 88, 92, 98, 99, 102, 103, 110, 113, 117, 120, 121, 123～125, 130, 137, 141, 178, 184, 186～188, 203, 204, 211, 274, 278, 283, 373, 379, 429, 430, 441, 444, 457 ④11, 45, 50, 51, 53, 62, 73, 81, 86, 90, 133, 135, 138, 139, 142, 158, 181, 231, 270
大久保八朔　②488 ③155 ④432, 481 ⑤28, 107, 448, 507, 524
大久保　勇　④17

大石誠一　①153, 183 ②72, 91
大石鶴子　②324, 448
大石貞次郎　②448
大石正巳　②253 ④273 ⑤495, 498, 510, 517, 535, 536
大岩弘平　③65, 67, 413 ⑥279
大内愛七　④28
大内正雄　④397 ⑤467
大浦兼一　④136, 155, 267 ⑤25, 232 ⑥504
大浦兼武　①9, 10, 12, 14, 15, 20, 23, 39, 50, 64, 82, 86, 98, 111, 115, 116, 133, 135, 139, 143, 145, 148, 155, 164, 173, 175, 179, 182, 197〜200, 205, 218〜221, 223, 232, 233, 239, 243, 245, 250, 261〜264, 267, 276, 277, 280, 299, 301, 305, 310, 316, 318〜321, 323, 325, 327, 328, 332, 372, 374, 378, 385〜388, 393, 395 ②11, 14, 15, 20〜22, 24, 25, 29, 32, 57, 58, 61, 62, 64, 69, 74, 76, 80, 84, 85, 87, 88, 94〜96, 105, 114〜116, 124, 126〜128, 130, 135, 136〜138, 140, 141, 143, 144, 152, 158, 172〜174, 176, 179, 181, 186, 193, 194, 197, 198, 202, 203, 206, 208, 221, 223, 232, 233, 235, 238, 239, 242, 248, 249, 251, 252, 253, 254, 255〜257, 259〜262, 264〜266, 269〜271, 273〜275, 277, 285, 293, 296, 303, 306, 311, 316, 342, 360, 364, 380, 382, 387, 388, 394, 399, 424, 427, 429, 430, 437, 438, 440, 441, 444〜446, 452, 458, 464, 466, 475, 479, 485〜487, 494, 495, 499〜501 ③10, 14, 23, 26, 35, 36, 47, 51, 62, 70〜74, 80, 81, 83, 85, 86, 99, 101, 102, 111, 133, 134, 145, 179, 184, 200, 240, 241, 256, 257, 267, 269, 286, 290 ④85, 131, 135〜137, 142, 143, 209, 267, 277 ⑤110, 302 ⑥45, 252, 278, 504 ⑦235
大浦佐助　⑤25 ⑥252 ⑦119
〔大江〕④343
大江乙亥門　⑥177, 179, 298, 307, 298, 307, 508, 513, 519
大江亮之　④326
大江　卓　①166, 219, 229, 336 ③202, 399 ⑤139
〔大岡〕④269, 282, 499
大岡育造　②141, 142, 143, 404, 502 ③378, 382, 388 ④30, 68, 263, 266, 326, 339 ⑥431
大岡忠綱　④499
大賀基作　④440
大賀雄次郎　⑤538
大垣虎三郎　⑤226
大角桂巌　③312, 332, 340, 352, 360
〔大川〕⑤461
大川正司　②208
大川平三郎　③460
大川盛行　④454, 463 ⑤151, 478
〔大木〕①76 ②154 ④14, 246 ⑤239, 443
大木遠吉　①311 ④192, 385 ⑤113, 262⑥64, 185, 235
大木　修　③25, 98⑥19, 30, 72, 109, 296, 343, 348, 377, 381, 389, 412, 413, 460 ⑦193, 229, 238
大木　収　④61, 269
大木亀太郎　②220, 498 ③300, 321
大木彜雄　①400, 401 ②8, 9, 11, 12, 23, 30, 34, 35, 52, 106, 147, 302, 334, 353, 389, 480 ③53, 82, 92, 190, 202, 203, 274, 441 ④39, 205, 241, 247, 321, 323, 358, 420, 432 ⑤12, 58, 298 ⑥31, 376, 464
大木俊九郎　⑤143
大木房英　③376
大木宗保　①58
大木露舟　②348
大城戸仁輔（大木戸仁輔）②455 ③

⑤24, 38, 41, 50, 125, 221, 225, 345, 495, 498, 501, 532, 536, 537 ⑥10, 48, 115, 129, 146, 153 ⑦44, 74, 100, 160
江木　翼　③162, 175, 210 ⑤31, 33, 36, 368 ⑥61, 92, 96, 196, 292, 295 ⑦77, 103, 104, 159
〔江口〕 ④267, 274, 296, 309, 444 ⑤357
江口　治　⑥261
江口　襄　⑦238
江口定條　②42, 68, 75, 89, 95, 104, 163, 171, 174, 175, 258, 271, 286, 295, 339, 342, 362, 363, 366 ③417, 421 ④31 ⑤16, 182, 383, 451 ⑥66
江口良三郎　⑥291
江阪芳五郎　③109
江崎秀雄　③213
江崎真澄　⑤40, 73, 91, 94, 254, 331
江島久米雄　②389
〔江尻〕 ③289
枝　徳二　④356, 358, 384, 434, 470 ⑤9, 79, 143, 149, 159, 196, 247, 268, 364, 459 ⑥180, 322 ⑦177, 180, 181, 186
江藤甚三郎　③20
江藤哲蔵（江東哲蔵）③319, 321, 323, 325, 327, 329, 332, 334, 335, 337, 338, 340〜342, 383 ④46, 60, 231, 233
江藤喜雄　①78
〔榎本〕 ①70
榎本吉太郎　②167
榎本武揚　①214
榎本武憲　⑥108
江橋活郎　③371
江原素六　②373 ③351 ④198 ⑤241, 254
江原辰之助　⑤516
江原田平　②61
江原芳平　⑥439
海老友次郎　③311
海老原角佐ヱ門　⑦239
海老原重　②279
海老原正之　⑤349
江間俊一（江間俊三）①49, 51, 58 ⑥52, 58
〔江村〕 ①114
江村義三郎　③9 ④28
江村源助　③9
〔江森〕 ①58
〔遠藤〕 ①55
遠藤金五郎⑥21
遠藤所六　④459, 465
遠藤治郎　③11
遠藤忠太郎　⑤171, 372
遠藤　達　⑦31
遠藤素三　②271 ④28, 29, 33〜35, 41, 128, 196, 337
遠藤柳作　⑤518
遠藤良吉　④46

お

緒明圭造　③374
及川鼎寿　⑥401
尾池禹一郎　⑤457
尾池清治郎　③265, 267, 270, 274, 280, 283, 284, 302, 352, 373, 379, 401, 436, 451, 456 ④10, 37, 46, 47
鉅鹿赫太郎　⑤199, 206
近江時五郎　⑤228, 265
近江谷栄次　①53, 110 ⑦91
〔大井〕 ①13, 137 ④238 ⑤57
大井伊太郎　⑥124
大井才太郎（大井方太郎）　①96, 117, 223 ②83, 303, 308 ④68, 81 ⑥124
大井成元　⑥12
大井寅蔵　⑥83
大井卜新　①239
〔大石〕④163 ②297
大石士龍　⑥168
大石慎次　③343

内野五郎三　①81
内村鑑三　③43
内村茂一　③438
内山越山　③266 ⑤31, 291
内山小二郎　④483
内山三郎　⑤391
内山敏樹　①66
宇都宮太郎　②130, 131
宇都宮金之丞　③184, 191, 193 ④255
内海光太郎　①122
鵜殿輝長　⑤463
鵜沼　直　②43
〔宇野〕 ①187 ②347, 353, 360 ④444, 446, 450, 453, 464, 467, 503
宇野市左衛門　①186
宇野乙士　②68
宇野乙女　⑥338
宇野重喜　①348
宇野末次郎　⑥209⑦129
宇野英種　④294, 368, 399 ⑤153, 250, 261, 421, 457, 458, 463 ⑥33, 34
宇野松千代　⑤458 ⑥209 ⑦129
宇野木忠　⑤496
生方喜八　⑦115
生原忠右衛門　③340, 341
馬屋原彰　②253, 273, 340, 342, 400, 454, 475, 492 ③98 ④178
馬屋原二郎　③117
〔梅浦〕 ①103
梅小路定行　①79
梅ヶ谷　①255
梅謙次郎　①373
梅田雲浜　⑦158
梅田寛一　⑥234, 238
梅田広蔵　①137
梅谷貞明　④451
梅谷直吉　④393
梅谷光貞　④286, 304, 305, 308, 348, 435, 436, 437, 440, 441, 443, 492 ⑤221, 223, 248, 252, 263, 270, 304, 310, 311, 313, 317, 320, 364, 406, 409, 421, 432, 441, 442, 450, 466, 527 ⑥257, 264, 279, 362, 393 ⑦216, 233
梅地璉造　⑥150
梅野明二郎　⑤361
梅原亀七　②40
梅原静雄　⑦221
〔梅松〕 ④309
梅村貞明　③108, 315, 319, 329 ④52, 60, 118, 123, 142, 146
梅本英太郎　⑤95
梅山玄秀　③316
梅若万三郎　①299
浦　三四子(浦四三子、浦輿美子) ⑤123, 400 ⑥110 ⑦208, 235
浦上　格　①313
浦上新吾　①20
浦田周次郎　④265
浦田芳朗　③266, 320
瓜生外吉　①184 ⑤279
瓜生　剛　②439
漆　昌巌　③327, 336
漆間真学　①134 ②404 ③276, 349, 352, 379
嬉野八郎　③398
海野　章　②372
海野力太郎　③270, 399 ⑤53, 68, 107

え

〔江頭〕 ④441
江木千之　①208 ②60, 62, 115, 116, 124, 130, 136, 139, 143〜146, 240, 253, 272, 273, 276, 288, 289, 294, 299, 329, 332, 337, 340, 359, 372, 373, 382, 388, 392, 393, 394, 396, 405, 407, 420, 475, 491, 492 ③24, 26, 36, 55, 56, 58〜60, 131, 140, 147, 156, 160, 170, 172, 205, 250, 253, 273, 274, 380 ④48, 49, 62, 166, 168, 194, 201, 223, 234, 242, 262, 264, 266, 268, 326, 327

臼杵喜三郎　④352, 353
臼田卯一郎　①159
太秦供康　②11, 26, 30, 64, 429 ③176, 181, 285, 459, 460 ④196 ⑥131
〔鶉尾〕①292
宇多田之助　⑥58
宇田友猪　①267
宇陀又三郎　①70
〔宇高〕①158, 226, 308, 346, 366 ②165, 274
宇高　果　①158, 159, 346, 347
宇高文尉　①41
宇田川浅蔵　⑤557 ⑥149
内池九皐　⑥102
〔内田〕①13, 137 ②424 ③354, 431 ④58, 88, 137, 181, 343, 499 ⑤50, 110, 386
内田嘉吉　①13, 82, 95, 182, 215, 233, 234, 371, 372 ②33, 36, 56, 87, 139, 154, 237, 272, 286, 440, 497 ③13, 15, 58, 100, 110, 112, 114, 131, 135, 214, 217, 257, 275, 279, 297, 298, 304, 321, 323, 325, 336, 339, 346, 347, 359, 360, 372～375, 381, 392, 394～402, 405～407, 409, 413～416, 419, 429, 431, 438, 443, 447, 448, 451, 453 ④9, 16, 21, 24, 30, 33, 35, 37, 41, 45, 47, 49, 55, 63, 71, 77～79, 83, 91, 102, 124, 130, 131, 133～135, 140, 141, 142, 145, 148, 150, 160, 198, 200, 203, 206, 217, 222, 229, 244, 241, 245, 247, 261, 334, 338, 339, 343, 349, 355, 360, 484, 492, 494, 495, 498, 500 ⑤16, 24, 28, 50, 52, 109, 138, 179, 218, 226, 232, 233, 340, 371, 373, 376, 378, 383, 392, 432, 477, 483, 486, 488, 489, 506, 509, 537, 544, 557 ⑥12, 13, 16, 20, 22, 23, 24, 40, 55, 58, 66, 67, 71, 73, 74, 75, 80, 85, 162, 167, 190, 191, 194, 198, 207, 226, 233, 234, 246, 330, 335, 373, 379, 452, 467, 522 ⑦31, 39, 45, 65, 87, 120
内田国造　⑦69, 216
内田　栄　⑦71, 74
内田佐登　⑤446
内田信也　③281, 306, 311, 323, 355, 374, 390, 401, 404, 407, 419, 443, 450, 452, 454, 457 ④11, 26, 35, 36, 58, 64, 67, 68, 74, 77, 86, 103, 134, 156, 158, 245, 258, 266, 324, 347, 361, 493 ⑤46, 59, 65, 139, 171, 501, 507 ⑥285 ⑦192
内田誠太郎　②74 ③281, 310, 353 ④106, 198
内田　隆　⑤349, 472, 554 ⑥322 ⑦16, 17, 41, 98, 151
内田太郎　④379
内田直之　③290
内田　寛　③304 ⑤241
内田邦逸　①70, 78, 132, 199
内田邦造　①126, 135
内田邦槌　①80
内田　誠　④472
内田正学　①364
内田正敏　①247, 280, 318, 329, 336, 354, 387, 400 ②11, 128, 156, 171, 234, 287, 382, 497 ③52, 264, 354, 422～444 ④35, 51, 66, 356 ⑤235, 251
内田政彦　②313
内田真道　④106, 108, 180 ⑤63, 234, 241, 400, 521 ⑥522
内田康哉　①302 ②101, 102, 126, 133～135, 139, 143, 152 ③278, 280 ④26, 27, 75, 133, 182, 216, 227, 238, 242, 261, 325, 413 ⑤16, 109, 199, 202, 355, 367, 369, 377, 396, 484 ⑥16, 34, 73, 75, 163, 235 ⑦67, 70, 73, 74
内田良平　③336 ④12 ⑤375, 378, 430 ⑦155
打田庄六　⑤76, 257, 259, 261, 455, 458

106, 279, 332, 338, 356, 359, 363, 420, 424 ⑤47, 59, 130, 132, 164, 167, 168, 170, 171, 175, 177, 219, 221, 239, 243, 283, 299, 301, 321, 350～352, 360, 362, 363, 368, 371, 380, 432, 441, 450, 454, 505, 545, 546, 555, 557 ⑥32, 54, 124, 128, 133, 137, 163, 171, 278, 290
上原好雄　⑥369
植原悦二郎(植原悦次郎)　④143, 181 ⑤489 ⑥11, 75
植原正直　④85
植松　京　②58
上村金六　④403, 423
上村耕作　①202, 206, 223, 229, 338 ③363, 364 ④43
上村達治　①338 ②93, 218
上村　普　②431
上村良明(上村良助)　④114, 192 ⑤210 ⑦179
〔植村〕 ②163
植村清尚　④119～121, 123, 124, 136, 138, 142, 146
植村喜六　⑤526
植村甲午郎　⑤486, 490, 510, 516, 517, 521, 526, 527, 542, 545, 551, 554 ⑥9
植村俊平　②47, 48, 79, 412, 417
植村澄三郎　①172, 173 ④261
植村正久　①104, 106, 129, 131, 343 ③303 ④490
植村正冬　⑥124
宇賀三十三　⑥530, 532, 535
鵜飼辰次郎　⑤466
宇垣一成　⑤513 ⑥10, 61, 135 ⑦205
浮田郷次　③266
浮田秀彦　④232
宇佐川一正　③370 ④156 ⑥401, 409
宇佐美勝夫　⑤162～164, 168, 170, 220, 227, 508, 511
宇佐美千七郎　⑦106
宇佐美千尋　⑤31, 48, 121, 143, 291 ⑦81
鵜沢宇八　②278 ③54, 444
鵜沢聡明　②151, 172, 355, 422 ③73, 148, 162, 291, 343, 344, 382 ④16, 18, 22, 49
〔潮〕 ③167
潮恒太郎　①78
牛沢為五郎　③268, 343
〔牛島〕 ⑥10, 12, 13, 24～27, 29, 30, 141, 142
牛島　保　④207～210, 212, 264, 265 ⑤200, 238, 243, 275～277, 279, 281, 282, 288～292, 294～296, 298, 299, 301～304, 306, 307, 333～335, 339, 341, 343, 348, 377, 378, 386, 388, 390, 391, 393, 395, 398, 401, 443, 474～479, 489, 490, 494, 510, 513, 515, 543, 547, 551 ⑥30, 226
牛田国五郎　⑤250
牛田唯一　③349
後川文蔵　⑥524
後宮信太郎　④308 ⑤136, 260
臼井　④421, 422, 499 ⑤18
臼井兼蔵　⑦131
臼井常司　④327
臼井哲夫　①11, 20, 37, 86, 93, 214, 227 ②455, 463 ③42, 82, 126～128, 139, 145, 158, 201, 224～226, 228, 230, 255, 292, 297, 304, 305, 309, 310, 320～323, 325, 328, 329, 332～334, 348, 360, 366, 370, 373, 395, 397, 402, 406, 432, 435, 438, 442, 453, 456 ④12, 45, 54, 60, 68, 73, 85, 86, 93, 94, 104, 106, 111, 115, 119, 126, 133, 139, 144, 218, 225, 266, 282, 323, 324, 332, 343, 347, 350, 406, 429, 494 ⑤38, 108, 131, 298, 347, 371, 498 ⑥11, 25, 33, 76, 244 ⑦63
薄井龍之　②339

256
岩田武夫　④61
岩田武儀　①391
岩田宙造　⑦103
岩田徳義　①387 ⑤20, 23, 42, 129, 221, 223, 235 ⑥85
岩田久太郎　④299
岩高寅次郎　①347, 348, 351
岩垂邦彦　③379, 381, 436
岩永省一　①39 ②276
岩永有一　②291
岩永裕吉　②291 ④332 ⑤56, 209
岩波総平　⑥453
岩波貴夫　⑥63
岩波太郎　②381
岩波常景　①92 ②381
岩橋静彦　①20
岩原謙三　①222 ③283 ④328
〔岩淵〕　④366
岩淵　潔　⑤142 ⑥257
岩間　半　③441
岩村　透　③272
岩村政寿　⑤166
岩村通俊　③24
岩村弥太郎　⑤108
岩本栄之助　②40
岩本　栄　⑤136, 238, 526
岩本秀雄　④113
岩山愛敬　②176

う
〔植木〕　②218
植木憲吉　⑦178
植木平之充　②67
植木致一　⑥129, 132
〔上田〕　④200
上田確郎　③124 ⑥409, 413, 425, 525
上田健太郎　④420
上田信太郎　④428 ⑥489
上田　進　⑤517
上田捨蔵　①114, 125, 170
上田外男　②198 ③345
上田　務　⑤135
上田　隼　①197
上田万秋　⑤393
上田万平　③73 ⑤273, 402
上田　寧　①69
上田弥兵衛　③353, 434 ④22, 120 ⑤503
上田善夫　⑤77
上田義夫　⑥265
〔植田〕　②40, 67
植田俊吉（殖産局長）⑦112
植田為造　②56
植田天龍　④495
上谷　続　③284
上西圭之　①210, 211, 244, 256, 300, 333, 374, 381 ②460
上野敬三　⑤77
上野季三郎　⑤338
上野大安　⑤240, 243
植野徳太郎　②494
上野呑風　②337
上野福松　③340, 343, 345, 349, 351, 371, 379, 388, 392, 409, 412, 417, 452, 460 ④13, 57, 79, 108, 130, 132, 133, 137, 192, 233, 234, 239, 255, 269, 342, 352, 358, 405, 408, 410, 481, 492 ⑤114, 121, 132, 139, 178, 180, 181, 205, 233, 234, 276, 296, 302, 450, 496, 504, 509, 517, 526, 532, 537, 538, 542, 543, 552, 554 ⑥83, 254
上野安太郎　②209 ③325
上野　沃　①22
上野理一郎　①285
植場　平　③294
上畠益三郎　⑤25
上原重平　⑥122
上原武十郎　③334, 336, 373
上原勇作　②157, 158, 233 ③251 ④

233, 314, 329〜352, 364, 393, 431, 435, 456, 459, 466 ⑥86
井本恵隆　③57
井本迅三　⑤190
井元久馬　⑥448
鋳谷正助　③450
入江　魁　⑤548
入江貫一　③161 ④153, 162 ⑤18, 314 ⑥211 ⑦207, 208
入江為守　①243, 299, 354, 355 ②58, 60, 88, 114, 139, 142, 157, 305, 329, 374, 375, 386, 393, 396〜398, 400, 409, 410 ③405 ④317, 406, 484 ⑤17, 133, 160, 182, 206, 305, 366, 383, 385, 416, 426, 428, 429, 437, 443, 463, 508, 555, 556 ⑥196
入江淵平　③450
入沢達吉　③289〜291 ④29, 266 ⑤221, 292, 295, 298〜301, 306〜308, 310, 315, 316, 321, 330, 334, 343, 384, 452, 454, 456
色部米作　④441 ⑤43, 89, 267, 316
岩井　敦　②378
岩井直七　⑤11
岩石憲人　⑥259
岩城卯吉　③415, 457 ④65, 136
岩切重雄　⑥262
〔岩倉〕 ①388, 390 ②31
岩倉具定　①133, 220, 334, 335
岩倉具張　②71, 154
岩倉具視　②341 ③278 ⑤369
岩倉具光　②51
岩倉道倶　②14, 57, 63, 64, 71, 73, 105, 154, 159, 172, 240, 288, 339 ③47, 281 ④91 ⑤226, 376, 379, 392, 402, 478 ⑥293 ⑦29, 178
岩倉嶺厳　②33
〔岩佐〕 ②173, 298
岩佐　新　④76
岩佐義一　①308
岩佐伝次郎　①321, 322
岩佐伝太郎　①237, 243, 244, 295
岩佐伝八郎　②121 ④225
岩佐徳三郎　⑥184
〔岩崎〕 ②76, 78 ⑤531
岩崎　勲　③346 ⑤550 ⑥317
岩崎潔治　④481, 493 ⑤53, 114, 299 ⑥371, 373, 380
巌崎健造　②338
岩崎幸治郎　①369
岩崎小太郎　①69, 245
岩崎小弥太　①186 ②60, 362, 480 ③417 ⑥66, 527
岩崎清七　④115 ⑤386, 505, 541, 544
岩崎セン　①125
岩崎総十郎　④34
岩崎土雄　①65
岩崎徳次郎　③336
岩崎奈於子　②435 ③55, 114
岩崎直英　①24 ④2
岩崎初太郎　③191
岩崎彦松　②18
岩崎久弥　①152, 268, 271, 290 ②60, 101, 149, 215, 220, 258, 271, 297, 339, 342, 362, 367
岩崎真英　④347
岩崎弥之助　①173, 186, 271 ⑥66
岩崎要蔵　⑥208
岩崎力雄　①67
巌沢金次郎　④316
岩沢彰二郎　⑤74
〔岩下〕 ①222 ②289
岩下清周　①43, 230, 316 ②51, 265, 313, 413 ⑥35, 448
岩瀬為吉　③303, 315, 321
岩瀬又吉　③249, 401, 409 ④54, 75, 78, 121
岩田広三郎　①110
岩田作兵衛　①253
岩田庄三郎　①106, 128〜130, 137, 138,

9, 488, 495～499 ⑤12, 15, 16, 29, 30, 38, 40, 47, 54, 56, 63, 110, 120, 122, 132, 134, 138, 162, 170, 171, 176～178, 182, 336, 342, 344, 347, 378, 386, 389, 396, 424, 437, 438, 442, 446～448, 450, 451, 454, 472, 474, 478, 480, 499, 510, 513, 524, 531, 539, 545, 554, 557 ⑥11, 15, 16, 20, 23, 24, 29, 33, 43, 45, 50, 51, 62, 76, 81, 95, 96, 107, 111, 223, 227, 253, 267, 275, 340, 347, 361, 365, 369, 396, 407, 431, 436, 441, 502, 503, 512, 517 ⑦15, 39, 43, 49, 57, 64, 71, 77, 95, 155, 173, 190, 206, 214, 216, 232
井上誠夫　⑦195
井上正人　⑥340, 453
井上正共　③280
井上　勝　①167, 217, 218, 248, 253, 262, 309, 332, 366, 378 ②492
井上道雄　③184
井上元吉　③368 ④141
井上保次郎　①358
井上泰岳　①389
井上良馨　⑤165, 518
井上良三　③87
井上麟吉　③122
井下多美雄　③79
井野博道　③201, 261, 302 ④67, 144, 171, 199, 216 ⑤44
猪俣治大　⑥256
猪俣直二　⑥511 ⑦16, 45
伊庭琢磨　②239
〔井原〕 ④171, 174, 175
井原外助　⑥223, 325
井原頼明　⑦20, 21, 22, 29, 30, 31, 33, 48, 57
井原百介　⑤448
茨城鹿二(茨木鹿三) ③40, 55, 108
〔今井〕 ④335
今井郁三郎　②421
今井梅吉　①204
今井久蔵　③459
今井兼次　⑦158
今井広太郎　②167
今井幸太郎　④258
今井五介　⑤490, 496, 501, 505, 512, 520, 539
今井周三郎　⑤434
今井泰三　⑥97
〔今泉〕 ①20
今泉　実　①379
今井田清徳　④84
今井琢四郎　⑤270
今井健彦　②330, 446, 466, 469 ③66, 134, 146, 202, 222, 229, 250, 323, 343, 414
今井彦四郎　②18
今井彦太郎　③96
今井昌治　⑤253
今井嘉幸　④15
今岡純一郎　④28 ⑤332
今岡達治　④100
〔今川〕 ④394, 435, 460, 461 ⑤330
今川宇一郎　③204 ⑤43
今川　淵　⑥391, 483, 492, 500 ⑦57, 71, 88, 135, 147
今木七十郎　①275, 277, 280, 282, 283, 286, 287, 289, 290, 292, 297, 302, 341
今倉百合之介　②417
今里準太郎　⑥214
今沢正秋　⑤143
今城勇平　⑥456
今園国貞　④76, 196
今田　徹　⑤250
今西林三郎　③331 ⑥84
今林彦太郎　③76, 77
今福新一　②92, 217
今村善吉　①347, 348
今村信行　①279
井村大吉　⑤136, 158, 192, 215, 226,

井野英一　⑦43
井野小夜子　⑦43
井野博通　⑥283
〔井上〕 ①78, 113, 361 ②229, 265, 272, 293, 294, 305, 365, 401 ③229, 230, 271 ⑤184, 371 ⑥253, 256, 259, 267, 269, 275, 276, 284, 285, 295, 431, 436, 441, 453, 458, 468, 475, 485, 502, 503, 506, 508, 512, 517, 527, 530, 535, 536
井上幾太郎　②465
井上一郎　⑦239
井上　馨　①133, 204, 216, 249 ②210, 213, 215, 220, 341, 342, 438, 494 ③72, 91〜93, 102, 111, 407 ④351, 352 ⑤132, 205 ⑥506 ⑦53〜55, 85
井上角五郎　①130, 217, 269, 281 ③298, 313, 329, 330, 414 ⑤344 ⑥527, 530
井上角二郎　②412
井上勝之助　③111, 236, 275 ⑤132, 337, 346, 387 ⑥101, 117, 118, 129 ⑦16, 44
井上勝好　③409
井上嘉六　⑥284, 535
井上儀兵衛　②483
井上　清　②19, 134
井上軍二　⑤46
井上桂月　⑤193
井上敬次郎（井上敬二郎）①283 ②201, 202, 350 ④135, 267, 274, 496 ⑤298, 473, 557 ⑥325
井上源太郎　①285
井上源之助　⑤525
井上孝平　⑥114
井上定次　②97
井上三郎　①98 ③275 ⑦128, 131
井上重敬　⑥248
井上修一　④13
井上準之助　③305, 333, 340 ④141, 263, 324 ⑤29, 31, 40, 49, 50, 179, 484, 488, 493, 496, 498, 500〜503, 506, 507, 514, 518, 521, 524, 527〜529, 531, 534〜536, 540, 545, 548, 555 ⑥11, 60, 116, 125, 127, 211, 328, 360
井上正進　③126
井上　鑲　⑦49
井上二郎　①62, 77, 112, 119 ②182 ③351
井上申一　②188
井上清助　⑤136
井上清蔵　⑦178
井上泰岳　②34
井上孝哉　③307, 428, 460 ④69
井上宅治　③319
井上　猛　③441
井上匡四郎　⑥285, 310, 319
井上藤兵衛　⑥154
井上徳三郎　②214
井上徳次郎（井上徳治郎）①40, 179, 372 ③13
井上友一　③205, 265, 418 ④9, 134, 139, 162, 225, 226
井上友次郎　⑥310
井上直太郎　③243
井上　昇　⑤344
井上浜子　③13
井上秀尭　④339
井上正明　⑤28
井上雅二　①54, 114, 116, 174, 268, 313, 318, 347 ②36, 44, 46, 56, 85, 98, 107, 228, 272, 355, 417, 421, 424, 429, 485, 495 ③10〜13, 15, 21, 23, 28, 34, 69, 70, 114, 125, 155, 177, 187, 193, 197, 213, 270, 274, 286, 290, 310, 354, 375, 389, 401, 430, 452 ④71, 75, 80, 82, 158, 165, 178, 185, 190, 199, 205, 206, 214, 216〜218, 241, 264, 265, 267, 320, 333, 339, 340, 349, 350, 352, 353, 358, 360, 405, 409, 473, 476〜47

伊藤全治　⑤392
伊藤大八　②151, 412
伊藤痴遊（伊藤仁太郎）③297, 328, 337, 342 ④324, 330 ⑤92〜94 ⑥503, 510 ⑦207
伊藤長次郎　①134, 244, 245, 278 ②24 ④112, 499
伊藤鉄児　③92, 108, 169, 171, 185, 189 ⑤207, 213, 240, 255, 263, 316, 320, 461, 467 ⑥129, 459 ⑦14, 41, 147, 158
伊藤伝七　④83, 331 ⑥81
伊藤徳太郎　②23, 174
伊藤俊道　④398 ⑤93, 363, 412
伊藤虎助　⑤232
伊藤博邦　③112　④276 ⑤287 ⑥171, 335
伊藤博精　⑥171
伊藤博文　①12, 13, 15, 119, 126, 127, 132, 133, 134, 154, 165, 172, 247, 266, 287, 289, 290 ②74, 219, 237, 341 ③214, 231, 278, 350 ④276, 323, 424, 460, 462 ⑤58, 179, 205, 343 ⑥42, 54, 290
伊藤文吉　③67, 361 ⑤213 ⑦176
伊藤平三　③119
伊藤政宣　⑤520
伊藤理基　⑤415
井戸川辰三　⑦63
糸山孝夫　①299
稲垣長次郎　④294, 302, 303, 306, 307, 382, 392, 473, 506, 508 ⑤9, 39, 49, 160, 162, 166, 171, 238 ⑥154, 155, 165, 166, 168, 170, 181, 192, 197, 203, 206, 212, 230, 232, 242, 497 ⑦112
稲垣恒吉　⑥523
稲垣伯勝　③257, 267, 279, 282, 306〜308, 316, 319, 323, 328, 333, 339, 344, 345, 352, 354, 355, 369, 371, 378, 381, 383, 384, 391, 392, 399, 402, 404, 407, 409, 411, 415, 422, 431, 445, 451 ④10, 13, 16, 21, 23, 24, 28, 29, 41, 42, 44, 47〜50 ⑤26, 28, 59, 62, 508 ⑥140
稲垣孫兵衛　⑥538
稲垣満次郎　①234
稲垣　豊　①41, 59, 62, 65, 68, 78, 79, 117, 122, 125, 147, 200, 278, 279, 296, 340, 344, 353 ②44, 99, 322, 433 ③52, 66 ④358, 360 ⑤37
稲田昌植　⑤370 ⑥134, 392, 505
稲葉宗瑞　④321 ⑤14 ⑦21
稲畑勝太郎　③335, 348, 352, 353, 358, 368, 385, 417 ④120, 347, 401, 402, 408 ⑤349, 393, 447, 502, 523, 525 ⑥280, 281 ⑦156, 158
稲畑二郎　⑥381
稲部三千治　①79
稲見泰治　⑤500, 507, 514, 529, 531, 546
稲村和次　⑤183
稲荷義太郎　⑤222 ⑥133
乾吉兵衛　③374, 450
犬飼新雄　⑥299, 356, 361, 363, 364, 365, 367, 368, 370〜373, 375, 377, 379, 382, 386, 387, 422, 435, 436, 444, 449, 450, 452, 453〜455, 457, 459, 471, 473, 484, 486
犬飼柔吉　④138, 200 ⑥49
犬養　毅　②425 ③206, 294, 295, 312, 313, 369, 370, 371, 373, 391, 411, 420, 438, 441, 451, 452, 458 ④10, 31, 46, 77, 81, 110, 120, 141, 149, 163, 224, 229, 247, 273, 281, 325, 326, 430 ⑤17, 134, 136, 371, 479, 483, 484, 493, 496, 504, 509, 511, 513, 529, 533, 536, 551, 555 ⑥17, 60, 61, 159, 163 ⑦29, 72, 107, 149
〔犬塚〕④165, 226
犬塚勝太郎　②67
〔伊野〕②92

伊東祐亨　①294 ②382, 383
伊東祐吉　③330, 336 ④84
伊東祐穀　③165, 177
伊東太郎　②108, 111
伊東忠太 ①21, 221, 233, 255, 278, 301, 399 ②17, 18, 85
伊東鉄造　⑤183
伊東英泰　⑤543, 557 ⑥66
伊東巳代治　①13, 49, 69, 111, 135, 136, 141, 142, 146, 155, 160, 200, 207, 217, 252, 273, 288, 291, 304, 332, 354, 358～360, 366, 396, 399 ②49, 69, 85, 108, 111, 112, 133, 144, 169, 188, 193, 207, 212, 230, 231, 232, 235, 237, 240, 251, 253, 257, 264, 277, 280, 284, 303, 320, 332, 345, 364, 389, 394, 409, 420, 430, 432, 445, 452, 458, 468, 477, 483, 485, 500 ③39, 50, 51, 81, 92, 116, 122, 134, 147, 155, 162, 175, 208, 214, 218, 225, 226, 228, 229, 232, 235, 244, 247, 250～252, 257, 267, 281, 282, 288, 291, 302, 303, 306, 310, 312, 313, 316, 318, 320, 326, 333, 337, 346, 353, 360, 369, 370, 391, 399, 404～408, 410, 411, 413, 414, 416, 420, 438, 451 ④9, 10, 21, 24, 33, 43, 45, 46, 55, 61, 62, 82, 95, 96, 99～101, 109, 112, 122, 125, 134, 154, 171, 181, 230, 245, 262, 272, 279, 319, 350, 351, 359, 398, 410, 430, 432, 483, 498, 501 ⑤15, 17, 59, 62, 106, 134, 178, 233, 234, 279, 307, 337, 343, 356, 365, 371, 392, 453, 486, 490, 498, 500, 503, 529, 535～537, 539, 543, 545, 552, 555, 557 ⑥9, 10, 25, 28, 52, 55, 62, 66, 86, 99, 100, 110, 117, 120, 126, 155, 173, 245, 255, 258, 279, 284, 289～291, 325, 342, 343, 347, 475, 505, 511, 523, 536 ⑦26, 36, 67, 70, 72, 80, 111, 136, 193, 215～217, 220, 221, 223, 227, 229, 230, 233, 237
伊東義五郎　②94, 138, 145, 153, 159, 161, 162, 429 ③18
伊東義路　④425, 428
伊東由太郎　②144
伊東米治郎　④30 ⑤16, 34, 56, 62, 134, 239, 392, 480
伊東錬次郎　①40
〔伊藤〕 ①391 ②29, 47, 57 ③36 ④454 ⑤183, 195, 198, 244, 269, 272, 450, 523
伊藤一郎　④430
伊藤梅子　⑥42
伊藤英一　②411～443
伊藤円定　⑤252
伊藤勝典　⑦56
伊藤兼吉　⑤441
伊藤義平　③264
伊藤欽亮　②254 ④110
伊藤金女　②117 ③42
伊藤邦太郎　③339
伊藤重治郎　③455
伊藤　茂　⑥297
伊藤俊介　⑤506, 535
伊藤信作　⑤95
伊藤助治郎　④257, 259
伊藤清一郎（伊東清一郎）①16, 18, 33, 34, 36, 47～52, 70, 115, 135, 163, 168, 191, 196, 197, 209, 223, 224, 226, 237, 257, 271, 279, 309, 315, 316, 320, 323, 399 ②57, 82, 112, 125～129, 159, 164～166, 185, 186, 191, 192, 219, 221, 252, 255, 257, 258～260, 263, 272, 273, 286, 287, 292, 297, 299～301, 334, 362, 414, 418, 420, 421, 423, 424～429, 432, 470, 471, 473, 474, 476, 498, 499 ③186, 187, 219, 228, 230, 231, 244, 245, 265, 288～295, 297, 298, 301, 306, 308, 310, 371, 452, 458 ⑤287, 397, 450, 509 ⑥63, 98, 392, 456

7, 138, 142, 155, 170, 183, 184, 185, 201, 207 ⑤138, 139
伊丹春雄　②132, 163, 247, 249, 261, 273, 274, 278, 334, 382, 478 ③176, 181, 182, 285, 459, 460 ④17, 78, 89, 138, 171, 194, 196, 356
伊丹弥太郎　⑥142
板本幹一郎　①60
板谷宮吉　③374
〔市川〕②20
市川斎入　②101
市川繁夫　②36
市川甚作　①51
市川　習　①79, 104, 120, 162, 197 ⑥289
〔市来〕④39
市来乙彦　③257, 386, 421, 435, 443 ④11, 37, 200 ⑤61, 261, 277, 281, 293〜297, 307, 335, 345, 347, 373, 377, 380, 381, 385, 386, 391, 396, 402, 450, 495, 498 ⑥424 ⑦162, 176
市来源一郎　③310
市来半次郎　④294, 371, 373, 374, 443, 444 ⑤69, 100, 252, 255, 415 ⑥60
市来正吉　②16
伊地知幸介　①16 ③296
市嶋徳厚　⑤17
市野光雄　②460
〔一瀬〕②45
一瀬一二　②202 ④60, 62, 64, 404, 485 ⑤109, 229, 343
一瀬粂吉　⑤447
一瀬勇三郎　⑥252
市野徳太郎　⑤526
一宮房次郎　④70
市村羽左衛門　③205
市村慶三　③425
一森彦楠　⑤531
一森彦輔　③317
伊塚松治　⑥55
一木喜徳郎　①24, 93, 117, 205, 215, 254, 273 ②11, 23, 43, 71, 74, 111, 115, 138, 146, 151, 197, 200, 203, 206, 221, 235, 251, 264, 268, 270, 311, 340, 364, 380, 382, 407, 410, 413, 417, 420, 424, 429, 431, 437, 440, 479, 488 ③8, 29, 35, 36, 43, 51, 54, 62, 85, 95, 96, 98, 99, 110, 119, 126, 131, 133, 134, 150, 160〜162, 166, 169, 175, 179, 213, 215, 248, 284, 307, 313, 339, 381, 405, 413, 416, 456 ④34, 136, 162, 267, 336 ⑤24, 33, 130, 136, 180, 233, 450 ⑥153, 214, 258, 279, 284, 286, 289, 292, 301, 304, 321, 342, 418 ⑦50, 105, 130, 136
斎　豊三郎　③262, 265
五辻治仲　②187, 196
〔井出〕⑤62
井出季和太　⑤459
井出謙治　③380
井出継男　⑦196, 199
井手一郎　③401
井手群治　②187
井手三郎　③286
井手二郎　③336, 337, 339, 340, 342, 343, 348 ⑦60
井手佐三郎　③153, 367
〔糸井〕①56 ③426
糸井巌達　①141, 147
井東岸郎　⑥499, 510
〔伊東〕①137 ②103, 146, 220, 268 ④373 ⑤40 ⑤227
伊東三郎　⑤17
伊東治五郎　②482
伊東治三郎　①107
伊東二郎　②287 ③326 ④350
伊東四郎　⑤365 ⑥158
伊東真一　⑤179, 181, 183
伊東祐忠　①68 ③336 ④135 ⑥367
伊東祐保　②482

〔石部〕　②170, 193
〔石丸〕　③44
石丸重美　⑤517
石丸祐正　⑤43
石光真臣　⑤486 ⑥468 ⑦20
〔石本〕　①216
石本五雄　⑥215, 509
石本勝子　⑥215
石本恵吉　⑥491
石本新六　①93, 97, 109, 117, 174, 205, 233 ②107, 111, 112, 139, 156 ③313 ④34, 336 ⑦14
伊集院兼知　③104, 105, 108 ⑦165, 178, 179, 187, 194
伊集院清彦　⑥507
伊集院五郎　⑤12, 13
伊集院虎一　②302 ③35 ④208 ⑥162, 507
伊集院彦吉　①79, 87, 209, 279, 379 ②331, 380, 494 ③35, 123, 177, 183 ④343 ⑤36, 371, 375, 399, 400, 500, 501, 507, 546, 553, 555 ⑥46, 162, 163
〔石渡〕　①13
石渡邦之丞　①100, 188, 218, 341, 378 ②103 ⑥459
石渡敏一　①93, 117, 123, 155, 205, 254 ②111, 405, 407, 415 ③162, 163, 169, 175, 225, 247, 301, 313, 383, 387 ④34, 336 ⑤36, 551 ⑦104
石渡泰三郎　⑥385
伊豆富人　⑤511, 518
伊豆嶋宝昌　①332
泉　研介　③218 ④346
泉　智等　⑥14
和泉邦彦　①83
出水弥太郎　①134, 204, 275 ②456
〔伊関〕　①8, 9
伊勢吉　②334
伊瀬知好成　①401 ②11
井芹継忠　⑤501
井芹康也　③98
磯谷幸次郎　⑦104
磯貝　浩　④97
礒野達一郎　③302
磯野長蔵　④275, 277, 406 ⑤241
磯部栄一　⑥365, 493
磯部包義　①38 ③376
磯部吉司　⑤299 ⑥102
磯部四郎　①127, 128, 221, 301 ③343, 346, 394
磯部鉄吉　②308
磯部利夫　①167
磯部　尚　③327, 343, 346
磯部正春　⑤557
磯部美知　⑤156
〔磯村〕　③135
磯村市太郎　②162, 163, 167, 170
磯村音助　①265
磯村豊太郎　①117 ⑤370, 392, 498
磯本幸市　⑥487
井田守三　⑥371
井田磐楠　⑦40
井田久万吉　①337
井田啓左右　⑥432
井田武雄　⑦50
井田東陽　⑦19
井田信子　①106 ②30, 323, 496, 500 ③388
板垣退助　①22, 86, 261, 262, 264, 267, 297, 391 ③170, 309, 331, 335, 349, 394, 401 ④121, 162, 164, 186, 239, 241, 242, 247, 276, 419
板垣六一　④162
〔板倉〕　④198
板倉勝憲　⑤129, 440⑥176
板倉　中　③70
板橋祖一　③133
〔伊丹〕③429
伊丹　繁　④17, 18, 20, 23, 24, 27, 29～31, 62, 63, 67, 79, 83, 120, 124, 13

石川藤吉　④266
石川　一　④161, 165, 166, 203, 205, 209, 215～217, 219, 223, 225, 231, 237, 240, 241, 243, 245, 258, 267, 269, 274, 318, 333, 338, 343, 346, 348, 349, 352, 358, 403, 406, 407, 431, 481, 494～496, 498, 499 ⑤13
石川正次　①99
石川芳次郎　⑥525
石川良道　②66
石川　疏　②211 ⑤511 ⑥80
〔石黒〕 ②20, 141, 353 ③178, 252, 253, 456 ⑤50
石黒五十二　①285, 359 ②183, 495 ③74, 91, 135, 247 ④15, 39, 121, 145, 429 ⑤52
石黒一郁　④94
石黒涵一郎　③346, 366, 370, 395, 420
石黒樹一郎　③422
石黒景文　②336
石黒健(二)　①31, 36
石黒忠篤　⑦157
石黒忠悳　①149, 330, 354, 357 ②74, 139, 353, 380, 394, 426, 430 ④68, 181, 260, 338, 343 ⑤203 ⑥11, 54, 145, 179 ⑦44, 73, 146, 232, 237
石黒英彦　⑥445
石毛竹治郎　⑤305
〔石坂〕 ①248
石崎丈太郎　⑦53, 59
石崎政一郎　⑦53, 59
石崎政蔵　①251
石関　春　⑤64
石田英造　⑤497
石田　収　①259, 260, 272, 285～287, 338, 339, 345, 348, 351, 352, 363, 374～377 ②10 ⑥203
石田音吉　③123
石田　馨　⑤161
石田謹一　①41, 52, 97
石田新之輔　⑤301
石田藤蔵　⑥147
石田豊造　③120
石田貫之助　③202, 270
石田弥太郎　④85, 99, 101, 103, 108, 127
石谷伝四郎　⑤50, 52
石津幸太郎　⑥478
〔石塚〕 ④421
石塚卯一郎　⑦195
石橋和訓　⑥159, 161, 463
石塚周造　⑥149, 190, 194, 264, 428, 447
石塚英蔵　③273 ⑤50, 237, 333, 424, 454 ⑦84, 87, 91
石塚正治　④20
石野三雄吉　④187
石破彦麿　③454
石橋　和　①350
石橋謹二　⑥127
石橋　茂　⑤182
石橋為之助　⑤502
石橋　甫　③253, 280, 281 ④137
石橋平吉　①76
〔石原〕 ①347 ②142, 143 ③210, 333, 358, 403 ④39, 68, 70
石原健三　②33, 141 ⑦11
石原正太郎　④189 ⑥252, 253
石原広一郎　④345, 409 ⑤443, 532
石原　拡　④28
石原正次　①32～40, 42～44, 47～49, 56, 57, 59, 61, 63, 65～70, 78, 82, 88, 90, 94, 97, 100, 105, 107, 109, 111, 112, 115, 118, 121, 122, 124, 126, 128, 130, 132, 134, 136, 138, 141, 145, 146, 149, 161, 165, 168, 172, 174, 176～181 ④263
石原　烈　①25
石原廉吉　①298, 299, 302 ②325 ④255 ⑤282

生駒親忠　②69, 90 ③55, 56, 176, 342
生駒定蔵　⑤329
生駒八十弥　①124, 134, 136, 190, 199, 226 ③203, 256 ④136, 176, 345 ⑤445 ⑥363, 512
伊佐謙三郎　②155
伊佐宗太　⑤378, 475
井坂　孝　⑤497, 507, 535 ⑥135, 331
諫早家興　②159
諫早家崇　②53, 64, 126, 128
諫山春樹　⑥375, 466, 467, 485
伊沢修二　②125 ③352, 353
伊沢多喜男　②33 ④285, 307, 443, 458 ⑤44 ⑥85, 170, 212, 215
井沢長十　④426
井沢　弘　③333, 405
井沢真民　⑤150
石　忠治　⑥425
〔石井〕 ①181, 192 ②62, 157 ④288, 293, 322, 323, 335, 347, 361, 400, 413, 414, 420, 447, 449, 463, 466, 501 ⑤12, 68, 76, 115, 120, 129, 199, 201, 226, 232, 283, 308, 397, 437
石井淳雄　④347
石井　勇　②160
石井糸子　④427
石井　要　①93
石井鎖一郎　④77
石井菊次郎　②111, 141 ③114, 133, 136, 151, 178, 182, 372, 375, 377, 390～392, 440, 445～447, 451, 454 ④39, 45, 46, 89, 326, 385 ⑦23, 73, 92
石井喬平　①139
石井謹一郎　①101
石井貞次郎　⑤547
石井健三郎　⑥70, 266, 268, 270
石井三郎 ④85, 103, 113, 120, 128, 139, 248, 360, 409, 427, 431, 481, 488, 499 ⑤13, 58, 65, 68, 107, 113, 131, 139, 168, 182, 205, 206, 274, 283, 297, 375, 442, 453, 504, 554 ⑥8, 10, 17, 30, 57, 93, 108, 115, 255, 261, 262, 263, 266, 267, 294, 337, 339, 356, 357, 396, 423, 424, 439, 442, 471, 478, 484 ⑦34, 52, 72, 116, 143, 152, 156, 189, 227, 239, 240
石井重任　③454 ④98
石井俊市　⑥231
石井俊平　①107, 226, 309
石井正太郎　③432
石井澄之助　⑥261
石井千太郎（石井千次郎）　①32, 90, 104, 106, 107, 134, 180, 182～184, 187, 188, 190, 191, 197, 199, 204, 205, 221, 229, 234, 247, 259, 270 ②35, 36, 82, 470 ④429 ⑤60, 113
石井宗三郎　①139, 188, 189
石井為雄　⑥17
石井常造　⑤321
石井藤太郎　②36
石井　徹　④424 ⑤56, 92, 93
石井久太郎　③191
石井文治　⑥511 ⑦16, 221, 222
石井光次郎　⑤29, 235, 249, 255
石射文五郎　④34
一氏義良　③399
石垣徳蔵　②368
石垣豊吉　③342
石上金治　⑤458
〔石川〕 ①76 ④338
石川一郎　③26
石川　清　④144, 238 ⑤505
石川景蔵　②272, 276, 278, 293, 305
石川顕一郎　①60, 65～67, 83
石川玄三　④120
石川志静　③259
石川甚作　①49, 51, 52
石川長二郎　⑥157
石川貞次郎　⑤28, 56, 132, 274, 276, 304, 333, 334, 338, 339, 439, 476, 551

6, 253, 270, 285, 302, 304, 308, 315, 319, 337, 350, 366, 479, 486, 503 ③12, 30, 65, 67, 75, 76, 84, 86 ⑥10, 21, 23, 27, 32, 34, 36, 46, 51, 59, 62, 66, 74, 82, 97, 106, 107, 116, 124, 128, 211, 238, 249, 300, 423 ⑦11, 119, 138, 140, 210, 227, 244
池上幸操　③166, 167, 169, 170, 380
池上小寅　③30
池上沢吉　⑤533, 557 ⑥27, 36, 46, 66, 82, 97
池上秀畝　④351
池上平三郎　①150 ②68, 78, 91, 129, 133, 218, 236, 246, 284, 287, 366 ③41, 44 ④180, 213 ⑤151
池上政太郎　⑤213
池上芳太郎　⑤174, 178, 180, 215, 228, 506, 510, 513, 517, 521, 532
〔池田〕 ①137～139, 245, 343 ②36 ③378 ④383, 466
池田　旭　⑤376, 379, 402 ⑦31
池田勝吉　②398
池田寒山　⑤374, 404 ⑥272, 316, 389 ⑦180, 197
池田喜市郎　⑦98
池田久米次郎　⑥501
池田憲治　⑤477
池田兼次郎　⑤125
池田謙蔵　②23 ⑥86
池田幸甚　④365, 461 ⑤92, 123, 144, 149, 150, 151, 153, 185, 193, 247, 250, 271, 339, 355, 412, 415, 458, 470, 477, 526
池田権一　②330, 380 ③258, 259, 266, 273, 277, 314, 327, 330, 331, 334, 336, 342, 344, 345, 348, 352 ④58, 67, 84, 90, 98, 127, 131, 144
池田季苗　⑤24, 225
池田実山　⑤509
池田十三郎　①10, 12～14, 41, 51, 52, 79, 127, 136, 171, 203, 242, 311, 324, 337, 342 ②12, 103, 179, 331, 413, 421, 431 ③25, 322, 333, 367, 404, 405 ④62, 135, 190, 217, 428, 449 ⑤62, 137, 235, 509, 520, 524, 526, 535, 556 ⑥140, 199, 280
池田四郎兵衛　④247
池田草庵　②336 ⑥484, 501
池田常吉　④449 ⑤66, 73, 89
池田寅二郎（池田寅次郎、池田虎次郎） ①20, 94, 96, 378 ②264 ③37, 144, 172 ⑤334, 336, 349 ⑦104, 151
池田長康　③95 ④76, 88 ⑤125, 554
池田成彬　③305 ④141, 142, 324 ⑤40, 220
池田彦助　①78
池田　弘　①44
池田　宏　④62 ⑤503 ⑥517
池田兵三郎　①303
池田又四郎　②
池田雄一　③323
池田有二　⑦222
池田林儀　④153
池野成一郎　⑤193
池袋秀太郎　③67
池辺龍一　④135, 223
池松時和　③305 ④64 ⑤244
池松文雄　⑦222
〔生駒〕 ③113, 427, 441
生駒和子 ③191, 390 ⑥307 ⑦60, 140, 193, 208, 229, 238
生駒高常　②108 ③88, 96～98, 102, 203, 204, 206, 226, 274, 298, 304, 410 ④14, 89, 205, 208, 215, 218, 276, 311, 315, 335, 421, 449, 451, 465, 478, 503 ⑤10, 60, 66, 68, 72, 91, 100, 103, 137, 173, 181, 182, 193, 196, 197, 250, 255, 260, 261, 265, 270, 271, 316, 320, 323, 325, 326, 331, 357, 426, 435, 448, 452 ⑥35, 70, 77, 522 ⑦40

9, 306, 349, 375, 394, 440 ⑥13, 62, 79, 85, 110, 263, 268, 275, 281, 290, 297, 310, 362, 392, 399, 436, 469, 485, 508 ⑦17, 23, 39, 71, 74, 118, 119, 149
〔飯田〕 ①40, 137 ④269, 354 ⑤441
飯田義一　①135
飯田九州雄　⑥91
飯田三郎　④122
飯田新右衛門　①267
飯田精一　①80, 316 ②23, 40, 412 ③351 ④51
飯田清之助　③161, 175
飯田俊助　②417
飯田帋蔵　②455
飯田延太郎　④146, 148
飯田久恒　⑤196, 311, 328, 457
飯田平吉　①393
飯田盛敏　⑤308, 467, 555
飯高勇三　④448
飯谷留治　⑦78, 87, 107, 142, 170, 195
飯塚　納　④48 ⑤526
飯塚千鶴子　⑥365
飯塚敏夫　⑥365
飯野　巌　⑦146
飯野吉五郎　③447 ④105, 127 ⑥483
飯野吉三郎　③329, 348 ④62, 67, 83, 108, 111, 119, 120 ⑤26, 27, 124, 132, 289, 291, 349, 477, 486, 488, 498, 502, 538, 544, 546 ⑥168, 169, 390 ⑦65, 221
飯野吉次郎　④92, 116, 501
〔飯牟礼〕 ②36
伊江朝助　⑥134
家村覚四郎　③244
庵崎貞俊　②415, 430 ③83, 152
伊尾　準　③182, 413, 423
筏　水処　④319
筏　安太郎　④489
〔五十嵐〕 ①137, 138, 176 ④146 ⑤324
五十嵐　力　①166
五十嵐富蔵　②358
五十嵐秀一　②98
五十嵐秀市　④87
五十嵐秀雄　④106
五十嵐秀助　①21, 35, 44, 56, 122, 173, 196, 207, 223, 263 ②98, 99, 146, 240, 316, 320, 329, 332, 336, 344, 371, 376, 381, 454, 473, 482 ③141, 162, 249, 278, 330, 367, 374, 410 ④34, 44, 60, 106, 426 ⑤48, 57, 340 ⑥103
五十嵐秀郎　①134
五十嵐美礎雄　④432
五十嵐保作　⑥476
井川得良　⑦110
井川正直　⑤322
伊木七十郎　①318
生江孝之　③205
生田　葵　④347, 351
生田義助　⑤289
生田喜八　⑦33
生田槌太郎　⑤207
生田利助　⑤278
井口一郎　⑦74
井口省吾　①85
井口春久　②316, 317, 320, 332, 338, 340, 344
幾度　永　⑥198
〔生野〕 ④453
生野順一　③181, 271, 323
幾野武夫　④400
池内甚之助　①72
池内虎次郎　①72
〔池浦〕②214
池尾清次郎　④51
池尾芳蔵　⑦195
〔池上〕 ②298
池上慶造　①15, 158, 178, 179, 242, 250, 266, 270, 273, 275, 334, 397 ②24, 81, 87, 107, 115, 129, 202, 228, 242, 24

3, 372, 405, 444 ④78, 98, 119, 122, 136, 181, 482 ⑤7, 126, 130, 182, 189, 359, 363
有馬　駿　⑥270
有馬新一　①300
有馬頼万　⑥291
有馬頼寧　⑥291
有馬頼之　③353
有松英義　②137, 151, 260, 348, 389, 404 ③104, 127, 135, 136, 139, 149, 156, 179, 181, 191, 247, 275, 293, 297, 298, 301, 303, 306, 307, 309, 311, 314, 317〜319, 321, 323, 325〜327, 329, 334, 337, 338, 341, 344, 353, 366, 402, 404, 413, 414, 456 ④46, 47, 55, 60, 67, 97, 113, 118, 120, 135, 137, 162, 167, 198, 200, 259 ⑤37, 91, 396, 530 ⑥173, 221, 377, 396
有松　昇　⑥402
有村藤兵衛　①270 ②38 ③457 ④425 ⑤72, 133, 304, 478, 479, 529, 557 ⑥292, 491, 510, 522
有本隆一　⑤366
有安堅三　③334
〔有吉〕 ⑤401
有吉喜兵衛　③154
有吉鴨外　③183
有吉三七　③457
有吉忠一　③280, 418, 451 ④285 ⑥185, 202, 331
有賀　潔　⑤128
有賀長文　④356 ⑤109, 243, 320, 329, 336, 349, 374, 440, 499
粟津清亮　②97, 104, 108, 145, 158, 202 ③351
粟津義隆　⑦33, 36, 43, 44, 46, 48, 51, 56, 60, 63, 64, 136
安城 環(安城環城) ①134, 169, 193 ⑤249
安東貞美　③58, 136 ④79 ⑥320
〔安藤〕 ①68, 370, 372, 373, 378 ③167 ⑤129
安藤一郎　④397
安藤　覺(安藤覚堂) ⑦16, 221, 222
安藤謙介　②121, 122 ④401, 402
安藤元節　④365, 383, 448, 461 ⑤9, 100, 196, 252, 255, 356, 364, 500 ⑥28, 31
安藤鉱七　③86, 91, 93, 95, 98, 102, 103, 110, 116, 146, 187
安藤広太郎　⑤170, 218, 224
安藤　盛　⑤362, 372 ⑦61
安藤新太郎　①11
安藤俊雄　⑥261, 356 ⑦52, 166, 168, 175
安藤直雄　②28, 35, 52, 54, 132, 153, 339 ③47, 181, 281
安藤　柱　④324, 325, 335
安藤久次郎　①153
安藤広太郎　①68, 103, 318 ②114, 485
安藤広之　①109, 110〜113, 119, 128, 132, 140, 141, 143, 149, 155, 190, 290, 292
安藤正純　⑤201
安藤嶺丸　③401
安藤保太郎　⑤61
安中球一郎　③412
阿武久吉　①79
安蒜亥明八　⑤233 ⑥21
安楽栄治　④506
安楽兼道　①24 ②460

い
井伊直安　②346
飯阪忠正　①129 ⑥392, 494 ⑦10
飯島魁郎　③353, 355
飯島忠夫　②260
飯島哲郎　③320, 322, 372 ④72
飯泉良三　⑤12, 40, 46, 56, 110, 177, 202, 207, 213, 237, 240, 281, 291, 29

〔荒川〕 ②160 ③121
荒川　済（荒河済） ①22, 27, 44, 97, 135, 155, 158, 178, 226, 303, 330, 331, 334, 366 ②59, 72, 196, 303, 309, 335, 373, 380, 477 ③84, 215, 397 ④97, 216 ⑤84
荒川三郎 ②295
荒川佐多子 ⑥83
荒川沢之助 ①17
荒川隆義 ⑥290, 317
荒川太郎 ①314
荒川寅之丞 ⑥174
荒川秀太郎 ②391 ③99, 149
荒川真澄 ②208, 236
荒川巳次 ①146, 149, 163, 185, 189, 333 ②439 ③22, 125
荒川義太郎 ①76, 285, 401 ②11 ③165, 169 ④229, 266, 431 ⑤38, 50, 52, 241 ⑥339
荒木安宅 ⑤278
荒木栄一 ⑤206, 254
荒木敬吉 ⑤77
荒木啓次郎 ①288 ②336 ⑥205, 402, 432
荒木恒太郎 ①15
荒木貞夫 ②465 ⑥282
荒木政次郎 ②79
荒木善次 ⑦12, 15
荒木寅三郎 ③434
荒木直躬 ③204, 212, 217, 219, 246, 258, 282, 334, 352, 355, 360, 389, 391, 393, 396, 421 ④14, 77, 193, 229, 353, 356, 420 ⑥185, 338, 339, 340
荒木武行 ⑤523, 551
荒木林太郎 ①134
荒巻鉄之助 ④366, 367, 381, 450 ⑤73, 158 ⑥340
荒牧　守 ④360
有川貞寿 ①294
有島健助 ⑥132, 330
有島　武 ③276
有栖川宮栽仁王 ①175, 176
有栖川宮威仁親王 ①134, 158, 175, 187, 226 ②313〜315, 341 ③251 ④279 ⑤376
有栖川宮威仁親王妃慰子 ⑤461
有栖川宮熾仁親王 ⑤376
有栖川宮熾仁親王妃薫子 ⑤376, 381, 438
〔有田〕 ①158, 343 ②131 ③80 ④402 ⑤89
有田寛治郎 ④113
有田喜一 ①72, 170 ⑥494
有田喜市 ①125, 168, 180, 185
有田喜一郎 ①39 ②248 ④20, 259 ⑥384
有田邦敬 ①214 ④325
有田平一郎 ②125
有田義資 ①135
有地品之允 ①15, 16, 18, 19, 167, 171, 214, 221, 223, 231, 241, 246, 316, 336, 353, 354, 361, 386, 390 ②9, 27, 28, 33, 42, 52〜55, 57, 64, 76, 85, 94, 96, 101, 114, 115, 127, 131, 132, 136, 139, 141, 142, 145, 146, 149, 150, 153, 154, 161, 193, 197, 200, 203, 206, 221, 222, 234, 235, 240, 246, 247, 249, 250, 251, 253, 254, 264, 265, 275, 278, 280, 283, 285, 289, 290, 306, 311, 333, 329, 339, 340, 356, 364, 380〜382, 386〜389, 391, 393, 396〜400, 402, 403, 409, 410, 413, 420, 421, 426, 428, 437, 442, 443, 454, 456, 462, 464, 475, 479, 484, 492, 493 ③36, 40, 47, 53, 56, 59, 60, 69, 77, 78, 92〜95, 110〜112, 121, 134, 138, 148, 149, 153, 155〜157, 159〜161, 172, 175, 176, 178, 191, 205, 206, 208, 213, 232, 237, 239, 245, 250, 253, 258, 263, 266, 273, 281, 282, 307, 336, 339, 344, 348, 35

阿部市三郎　②18
阿部鶴之輔　②242, 407 ③315, 319, 348, 390, 415 ④62, 74, 131, 323, 500 ⑤61, 113, 120, 181, 182, 337, 519
阿部嘉七　⑥354
阿部和子　⑦10, 233
阿部　銀　④136
阿部銀子　③255, 266, 307
阿部恵水　④480
阿部幸之助　④487, 488 ⑤105, 132
阿部三四　③284
阿部新五左衛門　③367
阿部　正　④330
阿部常次　⑤64
阿部信行　⑦205
阿部寿準　④62
阿部　浩　②235 ④230, 428
阿部　滂　④279, 281, 317, 324, 328, 338, 339, 347, 350, 354, 356, 403, 406, 409, 415, 424, 435, 446～448, 451, 453, 454, 459, 461, 463, 464, 466, 483, 492, 493, 496, 498～500 ⑤7, 12, 17, 22, 32, 42, 49, 51, 52, 60, 73, 77, 91, 93, 102, 103, 120～122, 124, 142～145, 148, 149, 151, 153, 160, 162, 172, 173, 177, 179, 180, 181, 183, 189, 200, 207, 213, 214, 220, 223, 224, 229, 232, 237, 247, 270, 271, 310, 316, 319, 324, 328, 332, 336, 338, 339, 342～345, 348, 349, 351, 359, 364, 366, 369, 371, 380, 383, 386～389, 391～393, 396, 397, 399, 401, 402, 411, 412, 448, 453, 460, 462, 467, 478, 489, 510, 511, 532, 554, 557 ⑥12, 24, 43, 77, 131, 157, 230, 242, 291, 296, 299, 425, 467, 518 ⑦14, 113, 150, 172
阿部政太郎　⑥218
阿部　操　⑤54 ⑥32
阿部守太郎　②331
阿部和総治　④24
安保清種　⑦238
安保庸三　③330, 338, 349, 371 ④14
天岡直嘉　③391, 392, 394, 396 ④109, 183, 357, 485 ⑤57, 113, 291 ⑥147 ⑦101, 124
甘粕正彦　⑤500, 502, 503, 510, 511
天城勲彦　②273
尼崎伊三郎　②417 ③270 ④15
尼崎伊太郎　②144
天田策堂　⑤92, 93
〔天野〕　②260
天野伊左衛門　①81, 83, 84, 86
天野銀蔵　⑤118
天野龍郎　⑤156, 157, 319
天野富太郎　④357
天春文衛　③364
天春又三郎　①44, 369
天本平蔵　⑥512
網野一寿　④463
雨宮敬次郎　①56, 71 ②12
雨宮　宜　④122
雨森巌之進　②380
雨森芳州　⑥198
天羽英二　⑤455, 458
綾部　致　②44
綾部竹次郎　①267, 277, 361 ②163
鮎江銀蔵　②368
鮎川政輔　③335
鮎川弥八　③335
新井栄吉　④128
新井亀太郎　⑤70
新井達夫　⑦69, 217, 219
新井マサ　⑦197
新井有貫　①83, 103
荒井賢次郎　⑤154
荒井賢太郎　①248 ②19, 402, 421, 422 ③67 ⑤225, 262, 337, 484 ⑦215, 223, 225, 230
荒井泰治　②438 ③14 ⑤439, 508
荒井提次郎　③191, 330

7, 135, 142, 159, 171, 176, 190, 206, 219, 243
芦田哲之　⑥331
芦田　均　⑦158, 163
葦津耕太郎　⑥206
足羽清美　⑤520, 526, 527, 529, 530, 537, 538, 544, 546, 550, 552〜554 ⑥11, 25, 45
東　高雄　⑤153
東　忠蔵　④448 ⑤259, 290, 319, 320 ⑥35, 127, 176, 456
東　則正　④46
東　正義　①17
東　保高　⑥353
安住伊三郎　③311, 340, 363
安住藤太　③139
〔麻生〕①63, 99
麻生太吉　④83, 196
麻生政包　②466
麻生誠之　④367, 489, 493 ⑤19, 111, 147, 213, 240, 279
安宅弥吉　③392 ⑤499
〔足立〕 ①8 ②307
足立荒人　③327, 331
足立佐市　⑥522
足立重雄　⑥106
足立純一郎　③314, 316, 319
足立俊吉　③113
足立忠二三　⑥446
足立泰作　①83
足立太郎　①13 ②207
足立忠右衛門　⑤386
足立孫六　②71
足立泰治　①52, 53, 55〜58, 60〜62, 64, 67, 69, 131, 313, 369 ⑥431
足立安綱　①30
安立綱之（安達綱之、足立綱之）①41, 43, 56, 120, 198, 205, 358, 368, 297 ②186, 236, 262, 265, 309, 310, 345, 351, 384 ③54, 55, 146, 149, 153 ④136, 345, 429 ⑤50, 238, 276, 334, 508
〔安達〕 ①158, 300 ⑥278, 280, 281
安達いく　⑥193
安達健三郎　④23
安達謙蔵　②230 ③98, 173 ⑦169
安達　純　①26
安達宅次　⑤98
安達常助　④316, 324, 343, 358, 412, 440, 447, 494 ⑤37, 50, 90, 91, 94, 98, 99, 102, 198, 260, 266, 290, 299, 303, 317, 329, 364 ⑦65, 70
安達峰一郎　⑦178, 205
安達紋五郎　③318
厚地盛茂　③423
淳宮　③251, 336
〔吾妻〕 ②200
吾妻　懋　③277
厚見純明　③90
厚母二郎　④217
阿童健治　③330
後川元蔵　③119
後川文次郎　①69
後川文蔵　①170, 197, 243
後川文蔵　⑤11, 441, 444, 445, 532
跡田直一　③272
穴沢清次郎　①232
阿南常一　③378, 397, 401 ④114, 131, 349
油屋熊八　⑥354
〔安倍〕①184
安倍午生　⑤344
安部か称　⑥345
安部小東太　③38
安部善吉　③259
安部民次　③275
安部俊夫　⑥341, 348, 413, 422⑦10
安部尚一　②316
安部正也　⑥234, 348, 349, 454
安部義也　⑥407
〔阿部〕③403, 497

370, 372, 382, 389, 394, 395 ②96, 97, 104
朝倉　満　④262, 264, 271
〔浅田〕 ②26
浅田恵一　⑤161
浅田秀太　①144
浅田新吉　③371
浅田進五郎　②22
浅田宗伯　⑤473
浅田徳則　①234, 283, 330, 348, 400 ②33, 60, 62, 101, 115, 116, 124～126, 139, 141～146, 157, 209, 240, 251, 253, 329, 372, 373, 387, 390, 395, 400, 407, 426, 443, 454, 475, 491, 492 ③55, 133, 156, 159, 161, 166, 175, 180, 210, 242, 253, 273, 380, 381 ④48, 164, 167, 168, 170, 179, 186, 196, 201, 204, 216, 223, 234, 242, 262, 264, 266～268 ⑤7, 38, 50, 56, 189, 359, 512 ⑥20, 69, 210, 252, 275, 473, 511
浅田知定　④452 ⑤94
浅田正(政)文　①115, 120, 132, 141, 184, 246, 248, 252, 266, 298, 381, 388, 391～393, 401 ②11, 14, 18, 19, 23, 27, 29, 37, 47, 51, 53, 70, 73, 77, 83, 85, 103, 148, 156, 160～162, 171, 175
浅田正吉　②181
麻田駒之助　③177
朝田又七　②379
〔浅野〕 ①13, 137, 138 ②234, 422, 424, 474 ④152, 155, 179, 205, 217
浅野応輔　①12, 30, 32, 82, 117, 134, 311, 316, 320, 322, 330, 342, 343, 345 ②17, 127, 157, 239, 479, 482 ③25, 271 ④18, 30, 65, 120, 143, 154, 244 ⑥176, 259, 272
浅野岳吉　④449
浅野源吉　③183, 336
浅野総一郎　①171, 172, 174, 176, 186 ②488 ③252, 254, 270, 275, 279, 280, 313, 314, 320, 322, 334, 337, 373, 375, 379, 381, 399, 400, 421, 422, 436, 442, 447, 451, 453, 459～461 ④11, 12, 14, 33, 37, 45, 318, 352, 406, 409, 428, 477, 482, 488 ⑤111, 180, 493, 496, 504, 517, 531, 550 ⑥164, 343
浅野輝雄　⑥272
浅野春子　⑤442, 508 ⑥494
浅野光貞　①39
浅野安吉　⑤454
浅野泰治郎　④297 ⑤42, 43
浅野良一郎　④352
浅野良三　④33
浅野和三郎　④299
〔浅羽〕 ④171, 175
浅羽　靖　①234 ②480
浅原正巳　⑥110
朝比純治　②274
旭　藤市郎　②308
朝日福太郎　③338, 339, 341～345, 349, 351, 363 ④28, 40, 48, 51
朝比奈貞英　①263
朝比奈知泉　①12, 13, 215, 311
朝比奈亮　⑥392, 395, 398, 406, 408, 411, 427, 430, 431, 441, 444, 448, 450, 452, 454, 455, 459, 463, 469, 472 ⑦92
朝吹英二　④17 ⑥260, 537
浅村成功　④120, 127, 130, 132, 160, 429 ⑤27, 139
芦田勝一郎　⑤69
芦田敬蔵　①210 ②408
芦田耕太郎　①178, 179
芦田　健　④325
芦田哲造　①134 ③346, 347, 445 ④63, 114, 130, 142, 153, 171, 202, 255, 354, 430, 489 ⑤30, 59, 183, 242, 302, 336, 452, 473 ⑥23, 109, 126, 448, 517, 518 ⑦12, 23, 44, 53, 54, 66, 88, 10

526
赤木亀一　③321, 322
赤座政明　④181
赤坂善次　②310, 311
赤沢保次　①64
赤沢好直　⑤531
赤司鷹一郎　①89
赤司初太郎　④328, 356, 420 ⑤12, 13, 24, 30, 53, 58, 105, 121, 124, 127, 132, 136, 157, 158, 174, 218, 228, 252, 254, 277, 304, 313, 321, 340, 347, 374, 397, 452 ⑥90
明石元二郎　④75, 88, 279, 281, 286, 303, 304, 382, 472, 473, 475 ⑤31, 323
明石元長　⑤31
赤瀬俊次　①76
赤瀬保次　①63, 78, 79
赤羽隆次　③333
赤星国清　③183, 186
赤星鉄馬　①183 ②496 ③210
赤堀鉄夫　④413
赤堀鉄吉　⑤76, 78, 276
赤松寅七　④305, 446, 460, 464 ⑤9
赤松範一　④76
赤松則良　①226
赤松万太郎　⑤525
赤松連城　②141
赤峰一郎　⑤93
阿河久吉　①81
秋岡義一　②218, 219
秋田　清　③331, 384 ④51, 92, 99, 163, 414 ⑤105, 333, 480
秋田忠義　③455, 456 ④93, 121, 132 ⑥400
秋田寅之助(介)　③315, 316, 318, 332, 344, 355, 381, 389, 444 ④17, 18, 25, 40, 111, 124, 285, 337, 342, 433 ⑤436, 529
秋月新太郎　②12, 299
秋月種英　⑤217
秋野公顕　⑥225, 241
秋野孝道　④78, 492
秋葉喜作　③249
秋元興朝　②435 ③173, 348, 374
秋元不二三　⑤250
秋本政衛　⑤527
秋山運次郎　①28
秋山一裕　①265
秋山源蔵　①276, 277, 333
秋山真之　②433
秋山定輔　②256
秋山禎介　③336, 341
秋山　達　⑥188, 204
秋山雅之介　③167, 401, 413 ④11, 197 ⑤439
秋山林太郎　①392
秋吉音治　⑥352
阿久沢直哉　⑤436
〔阿久津〕　④27, 29, 31, 33～35, 37, 39, 41, 46, 50, 62, 67, 83, 206, 237
阿久津三郎　⑦183
阿久津四郎　⑤373
安久津白鳥　⑦30, 31
明比実平　④396 ⑤356
浅井栄熙　③21
浅井将秀　②69
浅井義暚　⑤540
朝枝三蔵　⑤95
浅尾勝弥　⑤498 ⑥182, 270, 477
安積昴太郎　④74
安積艮斎　⑦111
朝香宮　③251 ④8, 318
朝香宮妃允子内親王　⑤436
朝香宮鳩彦王　①343, 352 ⑤277, 377, 409～412, 436 ⑥450 ⑦10, 126, 140
浅川一衛　⑤373
浅川彰三　④28
朝倉景信　⑤445
朝倉長恕　②41, 354
朝倉文三　①284, 348～350, 353, 369,

あ
相浦紀道　①231, 317 ②33
相賀照郷　④295, 296, 364, 384, 391, 398, 434～445, 452, 453, 455, 458, 461, 463, 502, 505 ⑤66, 68, 123, 141, 144, 185, 186, 191, 193, 196, 248, 303, 310, 316, 320～323, 356, 363, 405, 407, 421, 426, 461, 465
愛川求馬　④448
相川善太郎　⑤480
合川豊三郎　①16, 83 ②430
藍川清成　⑥274, 325
相沢伊一郎　③435
愛沢直哉　④396
愛沢寧堅　①20, 67, 84 ③339 ⑤366, 389, 442 ⑦30
相島勘次郎　①303
会田謙四郎　⑤557 ⑥8, 82
合田　平　③289
相田良雄　③205
相原信太郎　⑤445, 452
青池　諭　④435, 439 ⑤93, 152, 192
青木栄蔵　②184
青木一男　⑥91
青木敬次　⑤329
青木周三　②47 ⑥252
青木周蔵　②397
青木俊三郎　⑦91
青木精一　④497, 498 ⑤451, 517
青木　仙　③116
青木大三郎　①63, 117 ②25 ③335, 366 ⑤339 ⑥90
青木達四郎　③327
青木得聞　⑥165
青木宣純　②355
青木信光　①12, 13 ②66, 175 ③382, 383 ④54, 90, 96, 99, 155 ⑤52, 122, 234, 238, 306, 442, 495, 498, 533, 536, 537 ⑥315, 316, 335, 398 ⑦162
青木正徳　④449, 453
青木宗隆　③88
青木往晴　①365
青木ルイ　⑥333
青田朝太郎　①229, 231 ⑥537
青地雄太郎　②293 ③367, 431, 458 ④15, 73
青野勝次郎　⑤502
青野三郎　⑥433
青柳篤恒　⑤297
青柳郁太郎　①3 ②202, 211, 213, 223, 241, 254, 256, 274, 285 ⑥45, 81, 87 ⑦216
青柳徳太郎　⑥20, 36, 160, 175, 358, 360
〔青山〕　①278, 395 ⑥256, 259
青山　士　③21, 27, 30, 43, 45, 54, 55, 115, 175, 177, 230, 274 ④151 ⑤168
青山忠精　⑥391
青山忠允　①167, 249, 372
青山胤通　③281, 284, 455, 460
青山　元　②28, 53, 54, 56, 64, 73, 138, 192, 222, 229, 270, 339, 387 ③71 ④136, 137, 143, 144
青山睦子　⑥162, 243, 292 ⑦174
青山幸宜　③97, 128, 184 ⑦159
青山禄(録)郎　②107～109, 201, 436 ③456 ④65, 79 ⑥431
赤池　濃　④64 ⑤279, 293
赤石定蔵　④285, 304, 307, 364, 380, 382, 392, 397, 399, 415, 429, 449, 461, 466, 503 ⑤69, 92～94, 99, 100, 108, 120, 132, 133, 136, 143, 150, 158, 172, 182, 191, 194, 202, 215, 232, 233, 247, 250, 255, 267, 276, 289, 299, 310, 316, 321, 335, 347, 354, 357, 361, 369, 389, 397, 431, 435, 442, 454, 476, 490, 508, 538 ⑥293, 335, 358, 360, 408, 450, 471, 530
赤壁徳彦　③390
赤川源一郎　③330 ⑤516, 519, 523,

人名索引

・この索引には、日記本文に出てくる人物を採録した。但し、田健治郎の家族（兄弟、子および田姓の孫）は原則として採録しなかった。
・配列は日本人と外国人に分け、姓の50音順配列とした。登場する頁を①120（第１巻120頁）のように表記した。連続する場合は〜で示した。
・日記文中で姓のみの記載の場合、人物が特定できるものはその人物の項へ、それ以外は姓のみを〔 〕に一括した。
・田の誤記が明らかなものは正しいと思われる表記としたが、不明なものは（ ）に併記した。

編者

一般社団法人 尚友倶楽部（しょうゆうくらぶ）
1928年（昭和3年）設立の公益事業団体。
旧貴族院の会派「研究会」所属議員により、相互の親睦、公益への奉仕のため設立。戦後、純然たる公益法人として再出発し、学術研究助成、日本近代史関係資料の調査・研究・公刊、国際公益事業、社会福祉事業の支援などに取り組んでいる。

広瀬 順晧（ひろせ よしひろ）
駿河台大学名誉教授。1944年東京都生まれ。
主要編著書：『史料で透視する近代日本』（共編、ゆまに書房）、『昭和史の一級史料を読む』（共著、平凡社）ほか。

季武 嘉也（すえたけ よしや）
創価大学文学部教授。1954年東京都生まれ。東京大学大学院博士課程単位取得退学。
東京大学文学部助手を経て現職。博士（文学）。
主要編著書：『大正期の政治構造』（吉川弘文館）、『選挙違反の歴史』（吉川弘文館）、『原敬』（山川出版社）、『児玉源太郎関係文書』（同成社）。

櫻井 良樹（さくらい りょうじゅ）
麗澤大学外国語学部教授。1957年千葉県生まれ。上智大学大学院博士課程単位取得退学。博士（史学）。
主要編著書：『大正政治史の出発』（山川出版社）、『国際化時代「大正日本」』（吉川弘文館）、『加藤高明』（ミネルヴァ書房）、『華北駐屯日本軍』（岩波書店）。

内藤 一成（ないとう かずなり）
宮内庁書陵部編修課主任研究官。1967年愛知県生まれ。日本大学大学院博士後期課程単位取得退学。博士（歴史学）。
主要編著書：『貴族院と立憲政治』（思文閣出版）、『貴族院』（同成社）、『華族令嬢たちの大正・昭和』（吉川弘文館）、『河井弥八日記』（信山社出版）。

松田 好史（まつだ よしふみ）
霞会館非常勤嘱託員。1977年生まれ、鳥取県出身。早稲田大学大学院文学研究科博士後期課程満期退学。博士（文学）。
主要編著書：『内大臣の研究』（吉川弘文館）、『周布公平関係文書』（共編、芙蓉書房出版）、『貴族院研究会の領袖　水野直日記』（共編、芙蓉書房出版）、『保科正昭日誌』（共編、霞会館）

田《でん》 健治郎日記《けんじろうにっき》 7 ［昭和四年〜昭和五年、書簡、人名索引］

2018年 3月25日 第1刷発行

編 者

一般社団法人尚友倶楽部《しょうゆうくらぶ》・広瀬順晧《ひろせよしひろ》・季武嘉也《すえたけよしや》

櫻井良樹《さくらいりょうじゅ》・内藤一成《ないとうかずなり》・松田好史《まつだよしふみ》

発行所

㈱芙蓉書房出版

（代表 平澤公裕）

〒113-0033東京都文京区本郷3-3-13

TEL 03-3813-4466 FAX 03-3813-4615

http://www.fuyoshobo.co.jp

印刷・製本／モリモト印刷

ISBN978-4-8295-0735-3

阪谷芳郎 東京市長日記

尚友倶楽部・櫻井良樹編　本体 8,800円

大正初期、財政破綻の危機に瀕していた東京市の第三代市長の日記。行政組織の簡素化・効率化、市営事業による収益改善など行財政改革に果敢に取り組んだ様子が読みとれる。六冊の日記原本を人名注記などの校訂を加え完全翻刻。

阪谷芳郎関係書簡集

専修大学編　本体 11,500円

阪谷芳郎が大蔵省に入省した1884年から亡くなる1941年までの57年の間に受け取った書簡1300余通を翻刻。差出人は、明治～昭和期に政治・経済・教育などの世界で活躍した錚々たる人物420余名で、すべて未発表書簡。

上原勇作日記

尚友倶楽部編集　櫻井良樹・清水唯一朗・小林道彦解説　本体 6,800円

明治末期～大正期を代表する陸軍軍人の日記。明治22年～昭和６年前半まで書き綴った37冊の日記のうち連続的に残っている大正６年～昭和６年分を翻刻。

三島弥太郎関係文書

尚友倶楽部・季武嘉也編　本体 7,800円

「政治家」として（貴族院会派「研究会」のトップリーダー）、「銀行家」として（横浜正金銀行頭取・日本銀行総裁）、明治末から大正期にかけて活躍した三島弥太郎の人物像を明らかにする貴重な史料集。書簡339通、日記、書類、関係書簡総目録（国会図書館・日銀・三島家所蔵の全書簡の目録）、解説などで構成。

伊沢多喜男関係文書

伊沢多喜男文書研究会（代表／吉良芳恵・大西比呂志）編　本体 9,800円

警視総監・台湾総督・東京市長などを歴任し、民政党結成にも尽力、貴族院議員・枢密顧問官としても活躍した伊沢は、配下に優秀な官僚を擁し「官界の大御所」とも言われた政治家。書簡（発簡・来簡）、伊沢多喜男談話速記、意見書類、講演、人物回想、昭和20年日記、伊沢多喜男関係資料総目録、解説などで構成。

武部六蔵日記

田浦雅徳・古川隆久・武部健一編　本体 9,800円

植民地経営、内政で活躍したエリート官僚の日記。内務大臣秘書官、秋田県知事を経て満洲国における日本の権益機関関東局で活躍し1939年企画院次長、40年から敗戦まで満洲国国務院総務長官を務めた人物。武部六蔵日記（昭和10～15年）、解題、特別寄稿、家系図、人名索引。